Pu Yi:
Ich war Kaiser von China
Vom Himmelssohn zum Neuen Menschen
Die Autobiographie des letzten
chinesischen Kaisers

Herausgegeben und aus dem Chinesischen übersetzt
von Richard Schirach und Mulan Lehner
Mit 107 Fotos

D1929343

Deutscher
Taschenbuch
Verlag

dtv

Ungekürzte Ausgabe
1. Auflage September 1987
4. Auflage Januar 1988: 71. bis 110. Tausend
Deutscher Taschenbuch Verlag GmbH & Co. KG,
München
© der deutschsprachigen Ausgabe:
1973 Carl Hanser Verlag, München
4., erweiterte und ergänzte Ausgabe 1987
ISBN 3-446-15054-4
Titel der chinesischen Originalausgabe:
Wo-ti ch'ien-pan sheng. Peking 1964
Umschlaggestaltung: Celestino Piatti
Umschlagfoto: Jugendfilm-Verleih GmbH, Berlin (West)
(Standfoto aus dem Film »Der letzte Kaiser« von
Bernardo Bertolucci)
Gesamtherstellung: C. H. Beck'sche Buchdruckerei,
Nördlingen
Printed in Germany · ISBN 3-423-10710-3

Das Buch

Vom »Sohn des Himmels« zum »Sohn des Volkes«, das sind die beiden Pole der abenteuerlichen Lebensgeschichte des letzten Kaisers von China, Pu Yi, seines Weges vom absolutistischen Herrscher auf dem Drachenthron zum gläubigen Untertan Maos. Dieser Weg, der beispiellos ist in der Geschichte, führt von der phantastisch entrückten Welt des kaiserlichen Hofes in Peking über die Wirren des chinesischen Bürgerkriegs zu den Gefängnissen der Volksrepublik mit ihren »Gehirnwäschen«. Durch Pu Yi erfährt man zum ersten Mal Einzelheiten aus der mit ihm versunkenen Welt der Verbotenen Stadt, von Eunuchen und Hofschranzen, Intrigen und Mord und von dem Zwang des Hofzeremoniells. Nach seiner Vertreibung aus Peking durch die Bürgerkriegstruppen hofft er in seinem Exil in Tientsin noch auf eine Rückkehr auf den Drachenthron – eine Hoffnung, die sich unter gespenstischen Umständen erfüllt, als ihn die Japaner zum Marionetten-Kaiser des »Kaiserreichs Mandschuguo« machen. Nach 1945 ist Pu Yi – zunächst in russischer, dann in chinesischer Gefangenschaft – nur noch ein hilfloser, von Todesangst gepeinigter Mensch und als solcher Objekt einer höchst raffinierten Umerziehung, die aus dem ehemaligen Herrscher über Millionen einen überzeugten Anhänger Maos, den »Neuen Menschen«, macht.

Der Autor

Pu Yi, im Februar 1906 als ältester Sohn des Prinzen Tschün II. in Peking geboren, wird schon im Dezember 1908 als Kaiser Hsüan Tung inthronisiert. Im Februar 1912 muß er unter dem Druck der ersten chinesischen Revolution abdanken. Nach Restaurationsversuchen zweite Abdankung im Juli 1917. 1924 Verteibung aus Peking und Exil in Tientsin. 1929 gerät Pu Yi unter den Einfluß der Japaner und wird 1934 von ihnen zum »Kaiser von Mandschuguo« gemacht. Im Sommer 1945, nach dem Einmarsch der Russen in Mandschuguo, gerät Pu Yi in sowjetische Gefangenschaft, wird 1950 an China ausgeliefert und 1959 nach intensiver »Umerziehung« durch einen Gnadenerlaß Maos freigelassen. Ab 1961 arbeitet Pu Yi als Literatur- und Geschichtsforscher für den »Ausschuß für Historisches Material der Politischen Konsultativ-Konferenz des Chinesischen Volkes«, in dessen Auftrag er seine Autobiographie schreibt. Im Oktober 1967 stirbt er in Peking.

我的前半生

爱新觉罗·溥仪

Für Herbert Franke

Hinweis für den Leser

Die Familienchronik des Kaisers, in der Pu Yi im Original 50 Jahre bewegter chinesischer Geschichte mit entsprechend vielen Namen und Ereignissen umfangreich darstellt, wurde im Kapitel »Rückblick« konzentriert und zwischen die zwei ersten Kapitel des ersten Teils eingeschoben. Dies erlaubt dem mit chinesischer Geschichte wenig vertrauten Leser, die Stelle zunächst zu überspringen, ohne daß ein Verlust an Zusammenhang entsteht. Orientierungshilfe für den Leser geben spezielle Übersichten im Anhang:

1. eine alphabetische Aufstellung, die außer den Namen aller wichtigen Figuren im Buch jeweils in Stichworten eine Personenbeschreibung gibt, so daß bei anfänglichen Orientierungsschwierigkeiten infolge ähnlich lautender Namen die nötige Erklärung bequem nachgeschlagen werden kann (S. 440);
2. eine Zeittafel, die Pu Yis persönliche Daten denen der chinesischen Geschichte gegenüberstellt (S. 436);
3. der Stammbaum des Hauses Tsching (S. 441) und der Stadtplan von Peking (S. 435).

Inhalt

I. Auftakt

13. November 1908. Abend. In der Residenz des Prinzen Tschün II. herrscht größte Aufregung. Gerade hat der Prinz selbst als neuernannter Regent das Edikt der Kaiserinwitwe vorgelesen, das seinen zweijährigen Sohn Pu Yi zum Thronfolger bestimmt, und nun ist die Alte Dame des Hauses ohnmächtig zusammengebrochen.

Während Eunuchen und Zofen versuchen, die Ahne mit Ingwertee wiederzubeleben, und sich immer mehr Ärzte um sie versammeln, werden im Nebenzimmer Stimmen laut, übertönt von dem Geheul eines kleinen Jungen, der sich nicht beschwichtigen lassen will.

In dem entsetzlichen Durcheinander, das nun beginnt, verliert der Prinzregent seine letzte Beherrschung. Kopflos stottert er dem wartenden Großrat und den Eunuchen etwas vor, um gleich darauf seine Leute anzuschreien, man solle Pu Yi sofort für die Kaiserliche Audienz in Hofgewänder kleiden. Darüber vergißt er ganz, sich, wie es einem Sohn geziemt, um seine ohnmächtige Mutter, die Prinzessinwitwe, zu kümmern.

Glücklicherweise erholt sich die Alte Dame soweit, daß sie in die Inneren Gemächer gebracht werden kann. Doch der neue Thronfolger widersetzt sich immer noch dem »Höchsten Befehl« und schlägt schluchzend und weinend nach den Eunuchen, die ihn aufnehmen wollen. In dieser schwierigen Situation suchen die Eunuchen Hilfe beim Großrat, der wiederum auffordernd den Prinzregenten anblickt, aber dieser wackelt nur stumm verzweifelt mit dem Kopf.

Schließlich hat Frau Wang, die Amme, den Einfall, dem Kleinen die Brust zu reichen, und das Geheul verstummt. Mit der einkehrenden Ruhe finden auch Prinzregent und Großrat ihre Fassung wieder und man einigt sich darauf, den Thronfolger wider alle Gepflogenheit von der Amme an den Kaiserhof tragen zu lassen.

So trifft der zukünftige Kaiser in den Armen seiner Momo in der Verbotenen Stadt ein. – Plötzlich ist der kleine Junge von einer Menge fremder Leute umgeben, und jetzt kommt hinter einem schweren, dunklen Seidenvorhang ein eingefallenes, furchterregend häßliches Gesicht zum Vorschein. –

Es ist Tze Hsi …

47 Jahre hatte die Herrschaft der Kaiserinwitwe gedauert.

Und meine Familie hatte ihr in all den Jahren treu gedient, hatte »kaiserliche Gunstbeweise, Glück und Aufstieg« gekannt, während sie unzählige andere Menschen demütigte, in den Tod schickte und das chinesische Volk in immer größeres Elend geriet.

Tze Hsi oder die »Westliche Kaiserinwitwe«, wie sie auch genannt wurde, war ursprünglich als Palastdame aus dem Yehonala Klan an den Hof gekommen und erst während ihrer Schwangerschaft zur Kaiserlichen Nebenfrau zweiten Grades avanciert. Als ihr Kind, Dzai Dschün, als einziger Sohn Kaiser Hsiän Fengs (1831–1861) mit sechs Jahren seinem Vater auf den Thron nachfolgte, erhielt sie dann den Rang einer Kaiserinwitwe.

Wie es heißt, hatte Kaiser Hsiän Feng befürchtet, daß seine Zweite Nebenfrau Yi (die spätere Tze Hsi), einmal zur Kaiserinwitwe erhoben, alle Möglichkeiten ihrer Stellung wahrnehmen würde, um die Macht an sich zu reißen – zumal seine Hauptgemahlin, die Kaiserin (und spätere Tze Än oder »Östliche Kaiserinwitwe«) aus dem noblen Niuhulu Klan, von milder Wesensart war und kaum für Intrigen geschaffen schien. Er hinterließ deshalb ein Geheimdekret, das seiner Kaiserin im Notfall die Möglichkeit gab, die Zweite Nebenfrau Yi in die Schranken zu weisen.

Kaiser Hsiän Fengs Einstellung zu seiner Zweiten Nebenfrau war das Resultat einer letzten Kabale gewesen, mit der Su Schun sein Leben krönte. Denn Su Schun, seit langen Jahren erklärter Günstling des Kaisers, Vizegroßrat, Großsekretär des Finanzministeriums und mächtigster Mann seiner Zeit, erreichte damit, daß Hsiän Feng ihm und seinen sieben Mitverschwörern kurz vor dem Tod die Regentschaft für seinen noch unmündigen Sohn Dzai Dschün übergab.

Doch Su Schun war nicht nur der mächtigste, sondern zugleich auch der bestgehaßte Mann im Reich der Mitte: Ehrgeiz und Geldgier gepaart mit Willkür und Grausamkeit hatten ihm die unauslöschliche Feindschaft des Mandschuadels und der chinesischen Bevölkerung eingetragen.

Schon bald nach dem Ableben Kaiser Hsiän Fengs in Jehol, wohin sich der Hof nach der Niederlage des Zweiten Opiumkrieges geflüchtet hatte, wurde der Thron in einer Eingabe gebeten, die Regentschaft den zwei Kaiserinwitwen anzuvertrauen. Su Schun, in große Unruhe versetzt, ließ die beiden Gemahlinnen Kaiser Hsiän Fengs sofort streng bewachen, um jede Kommunikation nach außen zu verhindern. In seinen Bemühungen um Absicherung auf allen Seiten war ihm jedoch der tödliche Irrtum unterlaufen, den in Peking zurückgelassenen Prinzen Gung als Gegenspieler zu unterschätzen. Prinz Gung hatte den undankbaren Auftrag erhalten, mit den siegreichen Alliierten, den Engländern und Franzosen, einen annehmbaren Frieden auszuhandeln. Sein »Vertrag von Peking« brachte China dann zwar schwerste Demütigungen und erheblichen Territorialverlust, aber für ihn selbst bedeutete er der Anfang seines Aufstiegs: Durch seine Verhandlungen hatte er sich die Achtung der ausländischen Mächte erworben, und er war auch durchaus der Mann, daraus Kapital zu schlagen, noch dazu, da er als Onkel des Kindkaisers direkteren Anspruch auf die Regentschaft gehabt hätte als Su Schun und dessen Clique.

Wie es Prinz Gung gelang, mit den beiden Kaiserinwitwen in Verbindung zu kommen, ist nicht mehr abzuklären. Fest steht nur, daß ein geheimer Kontakt stattfand, der ausreichte, um Tze Hsis ersten Staatsstreich in Szene zu setzen. – Su Schun wurde gefangengenommen, als er den Sarg des verstorbenen Kaisers nach Peking begleitete; die anderen sieben Mitregenten erlitten in der Hauptstadt das gleiche Schicksal. Ein Dekret, von Tze Hsi und Tze Än im Namen des Kindkaisers erlassen, setzte dann den Schlußstrich unter den Usurpationsversuch der acht Verschwörer: Su Schun wurde öffentlich enthauptet, die Prinzen Dscheng und Yi durften sich als Angehörige der Kaiserlichen Familie selbst das Leben nehmen, und die restlichen fünf »Regenten« wanderten ins Gefängnis oder wurden in die Verbannung geschickt.

An diesem Punkt setzt die eigentliche Verknüpfung meiner Familie mit Tze Hsis Schicksal ein. Denn der Mann, der Su Schun gefangengenommen hatte, war niemand anders als mein Großvater, Prinz Tschün I., damals 21 Jahre alt. In den ersten Monaten von Tze Hsis Ko-Regentschaft wurde er, der sich am Hofe seines Bruders Hsiän Feng nie sonderlicher Gunst erfreut hatte, plötzlich mit Titeln und Ämtern überhäuft. Ja, rückblickend läßt sich sagen, meines Großvaters Karriere hat damit begonnen, daß Tze Hsi, die Schwester seiner Hauptgemahlin, Kaiserinwitwe geworden war und er sich in der entscheidenden Stunde auf ihre Seite gestellt hatte.

Als Kind glaubte ich, daß dieser unerwartete Aufstieg meinem Großvater sehr viel bedeutet hatte, aber heute weiß ich, daß ich mich darin täuschte. Zwar wird er sich als Einundzwanzigjähriger wohl erst einmal vom Glanz des Hofes haben blenden lassen, doch die Erfahrungen der darauffolgenden dreizehn Jahre, während derer Tze Hsi für Tze Än und Tung Dsche [Regierungstitel ihres Sohnes Dzai Dschün] das Zepter führte, mögen ihn bald eines Besseren belehrt haben.

Tze Hsi schien gleich von Anfang an von einem unersättlichen Machthunger getrieben. Es war, als ob sie nie freiwillig wieder etwas von dem aufgeben konnte, was sie einmal an sich gerissen hatte. Von ihrem Standpunkt aus waren moralische Grundsätze und überkommene Prinzipien nur dazu da, ihren Bedürfnissen zu dienen. Und wenn es um ihre Macht ging, kannte sie keine Grenzen. Beamte, Prinzen oder ihr eigen Fleisch und Blut – für alle galt der gleiche Grundsatz: Wer ihr gehorchte, gedieh, wer sich gegen sie stellte, ging unter.

Als Tung Dsche durch seine Heirat mit 16 Jahren mündig wurde, zog sich Tze Hsi offiziell von den Regierungsgeschäften zurück; aber hinter den Kulissen änderte sich nur wenig an den Machtverhältnissen. Jeder wußte, daß sie den Kaiser und die Kaiserin täglich bespitzeln ließ.

Falls mein Großvater bis dahin noch letzte Zweifel an Tze Hsis wahrem Charakter hatte, wird sie das plötzliche Ableben Tung Dsches im zweiten Jahr seiner Regierungszeit beseitigt haben; denn als Eingeweihter muß er die wahren Hintergründe dieses Todes gekannt haben.

In historischen Romanen heißt es zwar, Tung Dsche sei mit 18 Jahren an einer Geschlechtskrankheit gestorben. Aber mir ist von vielen Seiten bestätigt worden, daß er nur die Blattern hatte, eine Krankheit, die sich auch damals leicht hätte kurieren lassen. (So steht es auch im Tagebuch seines Tutors, Weng Tung-hö.) Tung Dsche erlitt jedoch während dieser Zeit einen Schock, der »seine Geschwüre nach innen aufbrechen ließ«. Tatsächlich hatte Kaiserin Alute ihn an seinem Krankenlager besucht und ihm vorgeklagt, wie schlecht sie von Tze Hsi behandelt werde. Tze Hsi indes, über diesen Besuch unterrichtet, hatte sich hinter die Türe gestellt, um das junge Paar zu belauschen. Als sie nun hörte, wie der arglose Tung Dsche Alute damit tröstete, daß auch ihre Zeit einmal kommen werde, stürzte sie wutschnaubend herein, packte ihre Schwiegertochter an den Haaren und schlug wie eine Rasende auf sie los. Als sie dann auch noch Order gab, die Prügelstöcke herbeizuschaffen, schwanden Tung Dsche die Sinne; bald darauf stellte der Hofarzt seinen Tod fest.

Da Alute zu jener Zeit schwanger war, hätte die mögliche Geburt eines Sohnes Tze Hsi nachträglich noch gefährlich werden können. Deshalb beschloß sie, ihrer Schwiegertochter die Schuld an Tung Dsches Tod zuzuschieben, worauf sie ihr »zur Strafe das Maß von

Speise und Trank beschränkte«. – Zwei Monate später war auch Kaiserin Alute dem jungen Kaiser ins Jenseits gefolgt.

Nach den Thronfolgegesetzen hätte nun ein naher Verwandter Tung Dsches aus der nächstjüngeren Generation zum neuen Kaiser bestimmt werden müssen. Dies würde jedoch die Regentschaft Tze Hsis beendet haben, die sie nur als Kaiserinmutter beanspruchen konnte. Es lag somit ganz auf ihrer Linie, allen Protesten zum Trotz, ihren Neffen Dzai Tiän, der als Sohn ihrer Schwester der gleichen Generation wie Tung Dsche angehörte, zum Thronfolger zu machen und ihn zu diesem Zweck zu adoptieren.

Mein Großvater, der Tze Hsi zu Tung Dsches Zeiten wie gesagt aus nächster Nähe erlebt hatte, war wie von Sinnen, als man ihm mitteilte, daß sein dreijähriger Sohn Dzai Tiän als Kaiser Guang Hsü den Drachenthron besteigen sollte. Weng Tung-hö notierte damals in sein Tagebuch: »Der Prinz schlug mit der Stirn auf den Boden und weinte bitterlich; dann brach er zusammen, und obgleich man ihn stützte, vermochte er sich nicht mehr aufrecht zu halten.«

Von da an fällt im Leben meines Großvaters auf, daß Tze Hsi ihn wiederholt mit hohen Auszeichnungen ehrte, die er seinerseits ebensooft dankend ablehnte. Auch legte er, sowie sein Sohn in den Kaiserpalast eingezogen war, all seine offiziellen Ämter nieder und behielt einzig den erblichen Prinzentitel, den er nicht zurückgeben konnte. In den nun folgenden Jahren beschäftigte er sich ausschließlich damit, die Studien des Kaisers zu überwachen und Tze Hsi – zum Wohle seiner Familie – in allem loyal zu dienen.

Nachdem Prinz Gung, dessen Sohn der Erbfolgeregelung nach an Guang Hsüs Stelle Anspruch auf den Drachenthron gehabt hätte, in Ungnade gefallen war, ging Tze Hsi dazu über, meinen Großvater auch in Regierungsangelegenheiten zu konsultieren. Aber dieser neuerliche Aufstieg ließ ihn nur noch vorsichtiger werden. Als Guang Hsü nach seiner Heirat volljährig wurde, war er denn auch der erste, der Tze Hsi in einer Bittschrift ersuchte, für den unerfahrenen Kaiser weiter die Regierung zu führen.

Tatsächlich waren Tze Hsis Wutausbrüche während ihrer zweiten Regentschaft noch unberechenbarer geworden. Jeder kannte die Geschichte des Eunuchen, der im Eifer des Schachspiels ungeschickt genug war auszurufen, »der Sklave schlägt dieses Pferd des Erhabenen Stammvaters« (die Kaiserinwitwe ließ sich gern als Mann anreden). Tze Hsi geriet darüber so in Rage, daß sie ihn augenblicklich hinausschleifen und zu Tode prügeln ließ. Alle Eunuchen, außer ihrem Liebling Li

Liän-ying, zitterten schon lange bevor sie zum Kammerdienst antreten mußten, seit einer der Ihren ausgepeitscht worden, nur weil ihm ein Haar der Kaiserinwitwe im Kamm hängengeblieben war, das er in seiner Aufregung nicht schnell genug vor ihren Blicken versteckt hatte.

Nun wird das Schicksal von Tze Hsis Eunuchen meinen Großvater nicht sonderlich berührt haben; denn Auspeitschungen und tödlich auslaufende Bastonaden waren in den Prinzenhaushaltungen Pekings durchaus keine Seltenheit. Der Tod der »Östlichen Kaiserinwitwe« hingegen war nicht spurlos an ihm vorübergegangen.

Während Guang Hsüs Regierungszeit hatte die arglose Tze Än einmal ihrer Mitregentin die Existenz jenes Geheimdekrets des verstorbenen Kaisers Hsiän Feng verraten, und Tze Hsi hatte nicht geruht, bis sie ihre nun plötzlich gefährlich gewordene Rivalin durch Einschmeichelungen dazu brachte, das ominöse Papier zu verbrennen. Kurz darauf war Tze Än gestorben; wie es hieß, hatte ihr Tze Hsi eine besonders leckere Speise zukommen lassen.

Das Wissen meines Großvaters, daß mit jedem Aufstieg der Sturz unweigerlich um so tiefer sein mußte, schlug sich in zahlreichen Inschriften und Ermahnungsgedichten nieder, mit denen er sich und die Seinen vor Stolz und Übermut zu bewahren suchte. Seine Vorsicht ging bald so weit, daß er aus der Notwendigkeit, sich die Gunst seiner Schwägerin zu erhalten, eine Tugend machte, in deren Dienst er sein ganzes Leben stellte. So ist es auch erklärlich, daß er seinen Auftrag, eine Marine aufzubauen, dazu benutzte, um den Großteil der verfügbaren Gelder für den Sommerpalast abzuzweigen, den sein Sohn, Kaiser Guang Hsü, der Adoptivmutter Tze Hsi aus »Dankbarkeit für ihre Regentschaft« wiedererbauen wollte. Gerade als 1890 die letzten Verschönerungsarbeiten am Palast im Gange waren, brach jene katastrophale Überschwemmung über Norddscheli (heute Hopeh) herein. Sie nahm so ungeheure Ausmaße an, daß ein Zensor anregte, die verschwenderischen Bauten einstweilen einzustellen, um Unruhen unter den Flutopfern vorzubeugen. Doch mein Großvater konnte und wollte keine Unterbrechung dulden. Deshalb ließ er es zu, daß jener mutige Zensor seines Amtes enthoben und den zuständigen Behörden zur weiteren Maßregelung überantwortet wurde. Darauf trieb er die Arbeiten noch mehr voran: Er hat die Vollendung des Sommerpalastes gegen Ende jenes Jahres nur um ein paar Tage überlebt.

Vier Jahre später fand auch die »Marine«, die zu schaffen seine Aufgabe gewesen wäre, während des Koreakrieges ein unrühmliches Ende. Von Chinas Flotte, für die ursprünglich Millionen und Abermillionen von Silbertaels aufgebracht worden waren, blieb einzig Tze Hsis marmornes »Schiff« im neuen Sommerpalast übrig...

Tze Hsi hatte sich 1896 entgegen allen Erwartungen in den Sommerpalast zurückgezogen. Und auch wenn Guang Hsü täglich bei ihr zur Audienz erscheinen mußte, griff sie doch nur noch in Staatsgeschäfte ein, wenn wichtige Interessen oder persönliche Gefühle im Spiel waren. Unglücklicherweise ließ sich Kaiser Guang Hsü dazu verleiten, die Regierungsgewalt ganz an sich reißen zu wollen. Sein Tutor Weng Tung-hö brachte ihn mit den führenden Progressiven Kang You-wei und Liang Tschi-tschao und deren Parteigängern in Verbindung, und es folgte die berühmte »Reform der 100 Tage«. Während dieser Zeit ließ Guang Hsü eine Reihe von umgreifenden Neuerungen einleiten. Sämtliche Beamte, die sich gegen das Reformprogramm sperrten, sahen sich von einem Tag auf den anderen entlassen. In dem allgemeinen Wehklagen um verlorene Pfründen, das nun im Lager von Chinas Reaktionären anhob, gab es einen Mann, der klaren Kopf behielt. – Und das war Rung Lu.

Rung Lu war ein politischer Emporkömmling aus dem Mandschubannerheer, der es vom einfachen Offizier der Palastwache zum wichtigsten militärischen Berater Tze Hsis gebracht hatte. Er verkörperte seit langem die »Partei der Kaiserinwitwe«, so wie Weng Tung-hö, der Tutor Tung Dsches und Guang Hsüs, die »Partei des Kaisers« vertrat.

Als Rung Lu nun bei der Kaiserinwitwe vorstellig wurde, um sie von der Staatsgefährlichkeit der Reformen zu unterrichten, fand er nur zu gern Gehör: Weng Tung-hö wurde in den Ruhestand gezwungen – und Rung Lu, der »treuergebene Sklave Ihrer Majestät«, sah sich plangemäß an Wengs Stelle zum Großsekretär und Vizekönig der Provinz Dscheli ernannt, was ihn zum Oberbefehlshaber aller Garnisonen im Umkreis von Peking machte.

Sein nächster Schachzug war, die Kaiserinwitwe zu überzeugen, daß Guang Hsü von der Macht entfernt werden müsse. Auch hier war Tze Hsi sogleich bereit, die Meinung ihres Ratgebers zu teilen. Guang Hsüs Thronfolge war ohnehin illegal (daß sie selbst diesen Gesetzesverstoß durchgedrückt hatte, vergaß sie gern), und jetzt hatte er auch noch begonnen, unbequem zu werden – eine Vermessenheit, die nicht zu vergeben war. Und so setzte die Kaiserinwitwe mit Rung Lus Hilfe an zu ihrem zweiten Staatsstreich.

Doch Kaiser Guang Hsü war entschlossen, um seine Macht zu kämpfen. Sowie er von dem geplanten Anschlag Kunde erhielt, rief er seine engsten Ratgeber unter den Reformern zusammen. Nach langer Beratung wurde erklärt, daß nur ein Weg zum Erfolg führen konnte. Guang Hsü mußte der Kaiserinwitwe und Rung Lu zuvorkommen und die beiden selbst bei der Truppenschau in Tientsin (wo der Anschlag gegen ihn hätte stattfinden sollen) gefangensetzen. Waren diese beiden gefährlichsten Gegner des Kaisers erst in sicherem Gewahrsam, würde es auch zu keiner weiteren Rebellion im Lande kommen.

Leider verfielen Guang Hsüs Ratgeber auf die Idee, einen gewissen Yüan Sche-kai, der als Untergebener Rung Lus die moderne Beiyang Armee befehligte und sich immer als einer der Ihren ausgegeben hatte, mit diesem delikaten Auftrag zu betrauen. Yüan Sche-kai nannte die ihm gestellte Aufgabe ein Kinderspiel – und verlor denn auch keine Zeit, seinen Kaiser an Rung Lu zu verraten. Daß er eben noch Guang Hsü Treue und Ergebenheit geschworen hatte, war leicht vergessen, wenn man bedachte, wie einträglich eine solche »Vergeßlichkeit« werden konnte. Die Kaiserinwitwe würde Yüan Sche-kai zu belohnen wissen.

Tatsächlich hatte sich Yüan nicht getäuscht; sein Verrat wurde ein profitables Geschäft. Doch für Guang Hsü und China bedeutete er mehr als nur das Ende eines Reformversuches. Diesmal schlug Tze Hsi mit der ganzen Härte zu, deren sie fähig war. Über Nacht ließ sie Guang Hsü unter Arrest stellen und die wichtigsten seiner Ratgeber hinrichten. Nur Kang You-wei und Liang Tschi-tschao waren rechtzeitig gewarnt worden und entgingen dem Massaker.

Kurz darauf wurde den ausländischen Mächten die »schwere Erkrankung« Kaiser Guang Hsüs gemeldet, und Tze Hsi erfüllte ihre schmerzliche Pflicht, einen neuen Thronfolger zu bestimmen. Um den zukünftigen Kaiser vorzustellen [Pu Dschün, der Sohn Prinz Duäns], bat sie die Gesandten am Neujahrstag zur Audienz. Doch die Vertreter Englands, Frankreichs, der USA und Japans gaben sich unerwartet nicht dazu her, ihren Usurpationsplänen Vorschub zu leisten. Im Gegenteil, sie meldeten ernsthafte Bedenken an. Man würde ein plötzliches Ableben des Kaisers »nicht verstehen«. Das Interesse, das diese vier Mächte mit einemmal dem leiblichen Wohle Guang Hsüs entgegenbrachten, kam auch nicht von ungefähr, galt es doch unter allen Umständen zu verhindern, daß die mit dem zaristischen Rußland liebäugelnde »Partei der Kaiserinwitwe« weiterhin an Macht gewann.

Bisher war Tze Hsi den Vertretern der ausländischen Mächte nie nahegetreten. Ungleiche Verträge, Territorialverluste und enorme Reparationsgelder, die das Ausland von China während ihrer Regentschaft erzwungen hatte, berührten sie nicht weiter. Aber jetzt hatten sich die »Barbaren« erkühnt, ihre eigene Herrschaft in Frage zu stellen, und das war mehr, als sie zu ertragen bereit war. Zwar gelang es Rung Lu, der die militärische Schwäche Chinas aus nächster Anschauung kannte, die Kaiserinwitwe vorerst davon abzuhalten, sich mit den Gesandten zu überwerfen. Auf sein Drängen hin wurde der Titel des designierten Thronfolgers Pu Dschün zu dem unverfänglicheren Da-a-gö [Großer Bruder] abgeändert; und Kaiser Guang Hsüs Gesundheitszustand begann sich sichtlich zu verbessern.

Doch lange hielt Tze Hsis vorsichtiges Taktieren nicht an. In China waren damals als Folge der immer drückender werdenden Steuerlast unter dem einfachen Volk jene Boxerunruhen ausgebrochen, die anfangs den Sturz der Mandschudynastie zum Ziel hatten, um sich dann in einer jener unerklärlichen Kehrtwendungen von Revolutionen gegen die Macht der ausländischen Kirchen und Gesellschaften zu richten. Prinz Duän, der die Degradierung seines Sohnes zum Da-a-gö nur mit Unwillen hingenommen hatte, riet nun Tze Hsi, die fremdenfeindliche Boxerbewegung als Druckmittel gegen die ausländischen Gesandten einzusetzen, damit diesen anmaßenden Barbaren ein für allemal klar würde, daß China keine Einmischung in interne Angelegenheiten duldete.

Tatsächlich war die innere Lage gegen 1900 so ernst geworden, daß Tze Hsi praktisch nur zwei Möglichkeiten hatte. Entweder sie vertraute den Boxern, die sich übernatürlicher Kräfte rühmten, und versuchte, sie auf ihre Seite zu ziehen, oder sie entschied sich dazu, die Aufständischen, falls nötig mit Hilfe des Auslands, niederzuschlagen.

Gerade als der Hof in zwei Lager gespalten war – mit Prinz Duän an der Spitze der Befürworter einer Legalisierung der Boxerarmee – und keine Einigung möglich schien, erhielt Tze Hsi eine gefälschte Geheiminformation zugespielt, wonach die ausländischen Mächte sie dazu zwingen wollten, die Regierungsgewalt an Kaiser Guang Hsü zurückzugeben.

Kaum hatte die Kaiserinwitwe von dem ausländischen Komplott gegen ihre Macht erfahren, fand ihr Zaudern ein Ende. In furchtbarem Zorn befahl sie, das Gesandtschaftsviertel angreifen zu lassen. Die Boxerführer, nun zu loyalen Dienern des Drachenthrones erklärt, erhielten reiche Gelder aus der Kaiserlichen Privatschatulle, und für jeden getöteten Ausländer wurde eine Kopfprämie ausgesetzt. Ja, Tze Hsi ging in ihrem Eifer, den Ausländern ihre Entschlossenheit zu zeigen, sogar so weit, die wichtigsten Führer der Antiboxerpartei am Hof auf der Stelle enthaupten zu lassen.

Erst als der Anschlag auf das Gesandtschaftsviertel fehlschlug und die Vereinigten Armeen der Acht Mächte nach der Eroberung der Taku

Forts und Tientsins bereits kurz vor Peking standen, wurde ihr klar, daß sie auf die falsche Karte gesetzt hatte. Nun änderte sie abrupt ihre Taktik und ließ die belagerten ausländischen Gesandten wissen, daß der Boxerangriff nicht von ihr ausgegangen sei und sie im Gegenteil alles versucht habe, um die Aufständischen unter Kontrolle zu bringen. Als Peking fiel, floh sie, Kaiser Guang Hsü mit sich schleppend, überstürzt nach Sian. Aber sie wäre nicht Tze Hsi gewesen, hätte sie nicht erst noch gewisse Vorkehrungen getroffen.

Um ihre »Unschuld« überzeugend darzutun, ließ sie die ihr am wenigsten nahestehenden Befürworter des Boxerangriffs am Hof kurz vor ihrem Aufbruch der Reihe nach köpfen und gab dann noch schnell den Befehl, Guang Hsüs fähige Lieblingsfrau, die Perlkonkubine, in einen Teppich gewickelt in den Hofbrunnen zu stürzen, damit ihr diese mögliche »Rivalin« in einer nunmehr unsicheren Zukunft nicht gefährlich werden konnte.

Während der politische Kurs von einem Extrem zum anderen schwankte, hatte selbst Rung Lu Mühe gehabt, nicht in den Sog der Ereignisse zu geraten. Doch er verfügte über eine unschätzbare Hilfe in Gestalt seines Freundes Li Liän-ying, des Lieblingseunuchen Tze Hsis, und in seiner Zweitfrau, die bei der Kaiserinwitwe ständig ein und aus ging. Obwohl er sich stets auf die jeweiligen Stimmungen Tze Hsis einstellte, gelang es ihm doch, einen ungefährlichen Mittelkurs zu steuern und gleichzeitig den Rückzug vorzubereiten, den er von Anfang an für unvermeidlich gehalten hatte. So hatte er zwar auf Tze Hsis Order hin das Gesandtschaftsviertel auch durch seine Truppen attackieren lassen, aber in weiser Voraussicht dazu keine schweren Artilleriegeschütze berausgegeben. Auch ließ er den belagerten Gesandten heimlich Früchte zukommen – als Zeichen seiner Anteilnahme.

Nachdem die Truppen der Acht Alliierten Peking besetzt hatten und der Hof geflohen war, formulierte Rung Lu den Satz, der für die chinesischen Friedensunterhändler alleine bindend war: »Alle Bedingungen sind annehmbar, solange die Kaiserinwitwe nicht für den Angriff verantwortlich gemacht wird und die Regierungsgewalt in ihren Händen bleibt.« So kam es zu dem Friedensvertrag von 1901, der Tze Hsi ungeschoren ließ, dafür aber China eine Kriegsentschädigung von einer Milliarde Silbertaels (einschließlich Zinsen) abverlangte und den acht ausländischen Mächten das Recht einräumte, in Peking Truppen zu stationieren.

Nach den Worten Liang Tschi-tschaos »vereinigte Rung Lu nun in seiner Person die höchsten zivilen und militärischen Ämter, und seine

Macht übertraf selbst die des Hofes«. Alles, ob von geringer oder großer Bedeutung, wurde ihm zur Entscheidung vorgelegt.

Als äußere Zeichen von Tze Hsis Dankbarkeit für seine Dienste trug er nun die zweiäugige Pfauenfeder am Hut. Ritt er aus, erschien er meist in einer Reitjacke in Kaisergelb. Doch weit wichtiger war die nächste große Auszeichnung, mit der Tze Hsi ihren Favoriten belohnte: Sie erkor seine Tochter zur Gemahlin des Prinzen Tschün II.

Später habe ich von alten Angehörigen unseres Hauses gehört, daß Tze Hsis Ehevermittlung von langer Hand geplant gewesen war. Seit ihrem Staatsstreich von 1898 war ihr die Prinzenfamilie Tschün immer verdächtiger geworden. Sie fürchtete wohl insgeheim, daß einmal der Tag kommen könnte, wo mein Vater, Prinz Tschün II., die Art, wie sie seinen Bruder Guang Hsü behandelte, nicht länger hinnehmen würde. Auch war ihr das ungebührliche Interesse, das die ausländischen Gesandten für den gefangenen Guang Hsü und seine Brüder bekundeten, schon lange ein Dorn im Auge gewesen. Daß Prinz Tschün II. – den sie auf Verlangen von Graf Waldersee, dem Oberbefehlshaber der Acht Alliierten, an den deutschen Kaiserhof geschickt hatte, um das Bedauern der chinesischen Regierung über die Ermordung des deutschen Gesandten von Ketteler auszudrücken – in Berlin mit großartigem Gepränge empfangen wurde, war ein Grund mehr zu größerem Mißtrauen. Als ihr dann auch noch hinterbracht wurde, daß auf der Grabstätte des Prinzen Tschün I. ein mächtiger Gingkobaum gewachsen war, geriet sie vollends in Panik. Das Zeichen »Gingko« enthält bekanntlich das Zeichen »weiß«, das in Verbindung mit dem Zeichen »Prinz« das Wort »Kaiser« ergibt. Diese Symbolik genügte, die abergläubische Tze Hsi davon zu überzeugen, daß der nächste Himmelssohn aus der Prinzenfamilie Tschün hervorgehen würde.

Vorsorglich ließ sie den ominösen Baum fällen; aber wohl fühlte sie sich immer noch nicht. Was lag da näher, als das Beste aus einer schlimmen Lage zu machen? Wenn sie Prinz Tschün II. durch Heiratsbande mit der Familie Rung Lus verknüpfte, konnte das Unabwendbare wenigstens in für sie günstigere Bahnen gelenkt werden. Daß Prinz Tschün II. bereits eine Braut hatte, die sich aus Scham über die Auflösung des Verlöbnisses das Leben nahm, übersah sie großzügig. Hauptsache, sie selbst war gegen böse Überraschungen abgesichert. – Und so wurde Rung Lu zu meinem Großvater mütterlicherseits.

Auf Druck der ausländischen Mächte hin war Prinz Duän für die Boxerunruhen verantwortlich gemacht worden, und damit verlor sein Sohn, der Da-a-gö, alle Rechte und Titel. Tze Hsi wiederum hatte aus den Boxervorfällen genügend gelernt, um die Frage der Thronfolge vorerst ruhen zu lassen.

Das größte politische Problem, dem Tze Hsi nach 1901 gegenüberstand, war Yüan Sche-kai. Dieser Mann hatte 1898 entscheidend zur Niederlage der Reformpartei beigetragen und sich auch während des Boxeraufstandes aus jeder Verwicklung herausgehalten. Aber sein Opportunismus war notorisch, und mit der modernen Beiyang Armee hatte er eine Macht im Rücken, die selbst Tze Hsi nicht ignorieren konnte. Überdies war er eng mit Prinz Tsching befreundet, einem ehrgeizigen Mandschu, der es durch Bestechung und Kauf von Ämtern von der niedersten Adelsklasse bis zum Prinzen der höchsten Stufe und tonangebenden Großrat gebracht hatte und außerdem auf die Unterstützung von mindestens acht ausländischen Gesandten zählen konnte. (Die anderen Prinzen hatten meist nur ein Land hinter sich.) Im Bestreben, die Macht dieses Freundespaares zu brechen, hatte Tze Hsi den Prinzen zu entlassen gesucht und Yüan Sche-kai 1907 zum Außenminister gemacht und von seiner Armee »wegbefördert«. Doch unter dem Druck des Auslands (das durch eine Indiskretion zu früh von ihren Plänen erfahren hatte) verblieb der Prinz in seinem Amt, und auch Yüan Sche-kai büßte nichts an Macht ein, wenngleich die Beiyang Armee formell nun nicht mehr direkt seinem Kommando unterstand.

Gerade als Tze Hsi ihren nächsten Schritt gegen die beiden vorbereitete, erkrankte sie am 3. November 1908 während ihrer Geburtstagsfeier an Ruhr. Auf dem Krankenbett erreichte sie die Schreckensnachricht, Yüan Sche-kai plane einen Anschlag gegen Guang Hsü und wolle den Sohn des Prinzen Tsching in den Kaiserpalast bringen.

Tze Hsi erkannte sofort, daß dieses Komplott nur scheinbar gegen Guang Hsü gerichtet war. In Wirklichkeit ging es gegen die Hausmacht der Aisin-Gioro [Klan der Kaiserlichen Familie] und sie selbst. Deshalb setzte sie kaltblütig an zum Gegenschlag.

Prinz Tsching wurde mit einem Scheinauftrag aus der Hauptstadt entfernt und die Einheiten der Beiyang Armee, die in Peking stationiert waren, abkommandiert und durch zuverlässigere Truppen ersetzt. Darauf ernannte sie am 13. November meinen damals vierundzwanzigjährigen Vater, Prinz Tschün II., zum Regenten, und befahl ihm, sofort seinen kleinen Sohn in den Kaiserpalast zu bringen. Als Prinz Tsching nach Peking zurückkehrte, war die Thronfolge bereits geregelt; aber dafür überraschte ihn Tze Hsi mit einer neuen Auszeichnung: Sie hatte, um ihm die Niederlage schmackhafter zu machen, seiner Familie den Prinzentitel für alle folgenden Generationen zugesprochen.

Am 13. November war ich in den Palast gekommen. Am 14. starb Kaiser Guang Hsü, und am 15. »bestieg auch Tze Hsi den Drachen, um in die Lüfte zu entschweben«.

Kaiser Guang Hsüs Tod hat Anlaß zu den verschiedensten Gerüchten gegeben. Denn wie es in dem heute noch einsehbaren Befund des damaligen Großhofarztes heißt, hatte der Kaiser nur an einer leichten Grippe gelitten. Tatsächlich verschlechterte sich sein Zustand erst nach dem »Einnehmen einer gewissen Medizin«. Unter all den Versionen, die nach Guang Hsüs plötzlichem Ableben am Hofe zirkulierten, fanden zwei die meisten Anhänger. Die eine behauptete, jene Medizin sei dem Kaiser von Yüan Sche-kai zugeschickt worden. Nach der anderen hatte die Kaiserinwitwe, als sie ihren hoffnungslosen Zustand erkannte, den Kaiser vergiften lassen, damit er sie nicht überlebe.

Diese zweite Version mag auf den ersten Augenschein viel für sich haben, aber ich glaube nicht, daß die Kaiserinwitwe sich schon dem Tode nahe fühlte, als sie mich zum neuen Thronfolger designierte. Hatte sie nicht zwei Stunden nach Guang Hsüs Ableben meinem Vater noch befohlen: »Der Regent hat alle Staatsgeschäfte im Einklang mit Unseren Anweisungen zu führen«? Erst am Tag darauf sagte sie: »Von tödlicher Krankheit betroffen und ohne Hoffnung auf Genesung befehlen Wir nun, daß die Regierung des Reiches ausschließlich in den Händen des Regenten ruhen soll. Bei wichtigen Entscheidungen hat der Regent indes die persönliche Instruktion der Kaiserinwitwe Lung Yü (als Tze Hsis Nichte war sie Guang Hsü als Kaiserin aufoktroyiert worden) einzuholen und dann entsprechend zu handeln.«

Es scheint doch, daß Tze Hsi meinen anerkannt unfähigen Vater zum Regenten bestimmt hat, weil sie selbst nicht mit einem so jähen Tode rechnete. Als Kaiseringroßwitwe [das heißt Kaiseringroßmutter] hätte sie zwar nicht wie bisher unmittelbar anstelle des Kaisers regieren können. Doch ein gehorsamer Regent zwischen ihr und einem Kindkaiser würde ihr gestattet haben, die Macht indirekt auszuüben wie zuvor.

Daneben mochte sie, wie es ihre Art war, glauben, mit dieser Wahl auch für die Zukunft des Aisin-Gioro Klans gesorgt zu haben, durfte sie doch annehmen, daß mein Vater als Bruder Guang Hsüs wenigstens dem Ränkespiel Yüan Sche-kais nicht zum Opfer fallen würde.

Zwei Jahre und zehn Monate alt, wurde ich am 2. Dezember 1908 unter dem Regierungstitel Hsüan Tung auf den Drachenthron gehoben. Es war dies eine feierliche Zeremonie – wenngleich sie auch infolge meines unkaiserlichen Schreiens und Brüllens der letzten Würde entbehrt haben mag...

Vor der eigentlichen Inthronisation hatte ich bereits der Reihe nach die Ehrenbezeigungen der Kommandanten der Palastwache und der Superintendenten der Internen Palastverwaltung in der Thronhalle der Zentralen Harmonie entgegennehmen müssen, und das lange Stillehalten in bitterer Kälte hatte mich so ungnädig gestimmt, daß ich, nachdem ich endlich für die »Große Zeremonie« selbst in die Halle der Höchsten Harmonie getragen worden war, mich mit Händen und Füßen dagegen wehrte, auf den übergroßen Drachenthron dort gehoben zu werden. Mein Vater kniete, wie es die Etikette für den Prinzregenten verlangte, auf einem Bein unter mir nieder, ohne indes seinen Versuch aufzugeben, mich mit ausgestreckten Armen so gut es ging auf dem Thronsitz zu halten – bis ich zwischen trotzigem Schluchzen laut schrie: »Ich will aber nicht! Ich will wieder nach Hause!« Väterliche Gewalt trug letztlich den äußeren Sieg davon, und darauf begann das Defilee der zivilen und militärischen Würdenträger, die mir, einer nach dem andern, mit den vorgeschriebenen drei Verbeugungen und neun Kotau ihre Huldigung erwiesen. Je länger sich die Zeremonie hinzog – und sie dauerte Stunden –, desto vernehmlicher wurde mein erneuter Protest, und schließlich gebärdete ich mich so wild, daß mein Vater, trotz Kälte nunmehr schweißgebadet, mir in äußerster Verzweiflung zurief: »So sei doch ruhig! Es dauert ja nicht mehr lange, bald ist doch alles vorbei!«

Nachdem die »Große Inthronisation« zu Ende gegangen war, hob unter den Würdenträgern ein entsetztes Geflüster an. Wie konnte der Regent bloß sagen: »bald ist doch alles vorbei!« Und der Kaiser, hatte er nicht gerufen, er wolle »wieder nach Hause«? Das konnte doch für die Zukunft nur Schlimmstes bedeuten! – Die unglücklichen Worte meines Vaters sind später, als für die Tsching Dynastie tatsächlich »alles vorbei« und der Kindkaiser »nach Hause« zurückgekehrt war, in vielen Tagebüchern der Zeit als böses Omen ausgelegt worden.

In Wirklichkeit hat der Untergang der Tsching nur wenig mit meiner

Inthronisation zu tun; denn wenn man in den offiziellen Geschichtsannalen nachliest, findet sich manche Stelle, die schon zu Kaiser Guang Hsüs Zeit (1871–1908) den drohenden Sturm ankündigt.

Mit der Rückberufung Yüan Sche-kais in meiner Regierungszeit kam dann zu der Revolution von außen noch die Unterhöhlung von innen, die das Ende besiegeln mußte.

Von 1908 bis 1911 habe ich, ohne recht zu wissen, wie mir geschah, meine Rolle als »Kaiser der Großen Tsching« gespielt; dann folgte die Abdankung.

Aus jenen Tagen ist mir nicht viel in Erinnerung geblieben; aber eine Szene sehe ich immer noch deutlich vor mir: Die Kaiserinwitwe Lung Yü sitzt auf einem Kang in einem Seitenraum der Thronhalle des Geistigen Wachstums und wischt sich mit einem Tuch die Augen. Vor ihr kniet auf einem roten Kissen ein fettleibiger alter Mann, dem die Tränen nur so über das Gesicht strömen. Ich selbst sitze zur Rechten der Kaiserinwitwe und bin ganz verwirrt, weil ich nicht verstehe, wieso die beiden Erwachsenen weinen. Außer uns dreien ist niemand da; eine unheimliche Stille umfängt den Raum. Plötzlich beginnt der dicke Mann unter lautem Schneuzen und Schluchzen zu reden. Ich kann mir aber aus seinen Worten keinen Sinn zusammenreimen.

Später habe ich dann erfahren, daß dieser schluchzende Dicke niemand anders als Yüan Sche-kai war ...

Einem Gerücht nach soll Kaiser Guang Hsü meinem Vater in einer letzten Anstrengung kurz vor dem Tod noch befohlen haben, Yüan zu töten. Ich glaube zwar nicht, daß dieses Gespräch zwischen den beiden Brüdern je stattgefunden hat. Tatsache ist, daß mein Vater als Regent gleich zu Anfang seinen Entschluß bekanntgab, Yüan hinrichten zu lassen, und darin von Pu Wei [Sohn des Prinzen Gung] unterstützt wurde. Die beiden sahen es als ihre Pflicht an, den Verrat von 1898 zu rächen. Nun war dies jedoch leichter gesagt als getan, zumal Prinz Tsching dem Hof sehr klar zu verstehen gab, daß eine Verurteilung Yüans die augenblickliche Meuterei der Beiyang Armee zur Folge haben würde. Lung Yü, die sich der Logik dieses Argumentes nicht verschließen konnte, setzte durch, daß Yüans Leben verschont blieb; sie enthob ihn jedoch all seiner Ämter und schickte ihn vom Hof, »damit er sein Fußleiden kurieren könne«, wie die diplomatische Formulierung hieß. Yüan hatte sich darauf – zur Verwunderung der Ausländer – tatsächlich, wenn auch grollend, zurückgezogen.

Nur, seine Vertrauensmänner blieben in Peking, und durch sie war er ständig über die neuesten Entwicklungen am Hofe unterrichtet. Als dann am 10. Oktober 1911 der Aufstand von Wutschang losbrach und sich die moderne Beiyang Armee unter ihrem neuen Mandschubefehlshaber weigerte, gegen die meuternden Truppen einzuschreiten, wußte er, daß seine Stunde gekommen war. Und wirklich, der Aufstand griff innerhalb kürzester Zeit auf ganz China über und die Lage wurde so ernst, daß dem Prinzregenten letztlich keine andere Wahl blieb, als Yüan – trotz bösester Vorahnungen – an die Spitze der Beiyang Armee zurückzurufen.

Yüan ließ sich bitten, einmal, zweimal, dreimal. Erst als ihm der Hof auch noch den Posten des Ministerpräsidenten und Obersten Befehlshabers aller Truppen als Dreingabe anbot, war er dazu zu bewegen, sein »Fußleiden« zu vergessen, um mit der Beiyang Armee gegen die meuternden Truppen ins Feld zu ziehen. Doch schon nach der Wiedereroberung Hänyangs ließ er seine Soldaten haltmachen. Die militärische Lage mußte in der Schwebe bleiben, wollte er den Hof in der Hand haben.

Der Mann, dem Prinzregent und Kaiserinwitwe in den nun folgenden Audienzen gegenüberstanden, war nicht mehr der Gegner, den Tze Hsi gekannt hatte. Zu der politischen und militärischen Stärke war noch etwas Wichtiges hinzugekommen: Die ausländischen Mächte, insbesondere England, hatten begonnen, auf Yüan zu setzen. Nach dem Fall von Hänyang war der englische Konsul dort sogar so weit gegangen, ihm im Namen seiner Regierung eigens mitzuteilen, daß »England ihm gegenüber die freundschaftlichsten Gefühle hege«. Doch für den Hof weit gefährlicher war die Tatsache, daß Yüan über Wang Dsching-wei* sich auch die nötigen Freunde unter den Aufständischen selbst zu verschaffen gewußt hatte.

Ja, dieser Yüan war mächtiger denn je. Und so dauerte es keinen Monat, bis er über Prinz Tsching meinen Vater dazu gebracht hatte, sein Amt als Regent niederzulegen. Darauf zwang er Lung Yü, ihm die Kaiserliche Palastkasse auszuhändigen, und zwar unter dem Vorwand, er brauche alles verfügbare Geld, um die Unkosten der Armee zu bestreiten. Schließlich kamen die Prinzenfamilien und der restliche Mandschuadel an die Reihe: Auch sie mußten mit hohen Kontributio-

* Dieser Wang hatte früher ein mißglücktes Attentat auf den Prinzregenten verübt und war der Todesstrafe nur durch die Intervention Japans entgangen. Während des Wutschang Aufstandes war er dann entlassen worden, worauf er die neue Freiheit nutzte, um Yüan seine Dienste anzubieten. Bald war er zu Yüans wichtigstem Mann hinter den Kulissen aufgestiegen. Er war es, der Yüan mit den Führern der Republikaner bekannt machte und ihn ständig über die Vorgänge im revolutionären Lager informiert hielt. [Anmerkung des Verfassers]

nen an die »militärischen Ausgaben« dem Mann der Stunde zu Gefallen sein.

Nun, da Yüan seine militärische und politische Macht auch finanziell abgesichert hatte, inszenierte er seinen nächsten Coup. Zunächst veranlaßte er die diplomatischen Vertreter Chinas im Ausland, telegraphisch die Abdankung des Tsching Kaisers zu verlangen. Und dann überreichte er der Kaiserinwitwe Lung Yü im Namen des Kabinetts ein geheimes Memorandum, worin die sofortige Gründung einer Chinesischen Republik gefordert wurde.

Yüan muß dieses Memorandum genau an dem Tag vorgelegt haben, wo ich ihn auf jenem roten Kissen knien sah. Dies würde erklären, weshalb die Kaiserinwitwe damals so in Tränen aufgelöst war. Es ließ an Klarheit auch nichts zu wünschen übrig. Selbst eine Flucht der Kaiserlichen Familie würde die Dynastie nicht mehr retten können, hieß es da. Daneben gab es Hinweise auf das Ende Ludwigs XVI. und Marie Antoinettes während der Französischen Revolution.

Yüans Auftritt hatte die Kaiserinwitwe so erschreckt, daß sie wie gelähmt sitzen blieb. Doch dann ließ sie, immer noch fassungslos, den Kronrat zu einer Sitzung zusammentreten. Sie mußte die plötzlich akute Gefahr unverzüglich mit den Kaiserlichen Prinzen und anderen Mandschuadligen besprechen.

Auch im Kronrat schlug das Memorandum wie eine Bombe ein. Wohl hatten die meisten Prinzen und Adligen Yüan Sche-kai schon immer mißtraut, aber daß er dem Kindkaiser so schnell in den Rücken fallen würde, hatte doch niemand erwartet. War Yüan nicht noch kurze Zeit zuvor auch nach außen hin als entschiedener Gegner einer Republik aufgetreten? Hatte er dem Hause Tsching nicht gerade erst in einem langen Brief versichert, er werde »den Waisensohn [Pu Yi] und die Witwe [Lung Yü] nie verraten«? Wie konnte ein Mann, der – nachdem der Mandschuzopf auch offiziell abgeschafft worden war – einem Hofbeamten gegenüber betont hatte, er selbst werde »seinen Zopf immer in Ehren halten« – wie konnte ein Mann sich von einem Tag auf den andern so ändern? – Die Entrüstung war groß. Denn kaum einer der Kronräte außer Prinz Tsching kannte die eigentliche Vorgeschichte von Yüans spektakulärer Kehrtwendung.

Kurz nach seiner Rückberufung nach Peking hatte Yüan den Revolutionären im Namen des Kindkaisers die konstitutionelle Monarchie angeboten. Darauf waren beide Seiten übereingekommen, die Verfassungsfrage so lange zu vertagen, bis eine provisorisch eingesetzte Nationalversammlung darüber abstimmen würde. Als aber der Hof sein Heil in ständigen Verzögerungen suchte und sich scheinbar grundsätzlich keine Einigkeit über die Zusammensetzung, den Ort und die Zeit einer solchen Versammlung erzielen ließ, rissen die Republikaner die Initiative an sich, indem sie in Nanking eine Provisorische Regierung mit Dr. Sun Yat-sen als Staatspräsidenten aufstellten.

Jedem Politiker in China war damals klar, daß Yüan den größten Teil der ausländischen Mächte hinter sich hatte und daß seine Verbindungen zur Armee mehr als ausreichten, um die Aktionen der Kaiserlichen Truppen und die der Revolutionären Front zu kontrollieren. Da er in seiner Eigenschaft als Ministerpräsident des Tsching Kabinetts gleich zu Beginn der Verhandlungen die konstitutionelle Monarchie angeboten hatte, waren die ehemaligen Konstitutionalisten unter den Revolutionären immer mehr zur Überzeugung gelangt, Yüan sei ihre einzige Hoffnung auf baldige Verwirklichung der Republik. Mit dieser Haltung hatten sie dann ihre rein republikanischen Freunde angesteckt und damit bewirkt, daß die »Revolutionspartei« unterderhand Yüan das Amt des zukünftigen Staatspräsidenten der Republik in Aussicht stellte, wenn er auf ihre Seite träte. Dies hatte sich geradewegs mit Yüans Vorstellungen getroffen; denn er wußte, daß sich am Hofe eine Gruppe von Verschwörern um den von ihm abgesetzten Regenten geschart hatte, die ihm nach dem Leben trachten würde, ganz gleich, ob er die Revolutionäre niederwarf oder nicht. Er war also bereits fest entschlossen gewesen, das »feindliche« Angebot anzunehmen, als die Nachricht eintraf, Dr. Sun Yat-sen habe sein Amt als Provisorischer Staatspräsident angetreten.

Für Yüan war nun keine Zeit mehr zu verlieren: Hatten die Republikaner erst einmal eine rechtmäßige Nationalversammlung in Nanking konstituiert, würde es so gut wie unmöglich sein, sich ihrer von Peking aus wieder zu entledigen. Und so kam es, daß er der Kaiserinwitwe »unter Tränen« jenes ominöse Memorandum überreichte, ihr schnell noch den »Wohlwollenden Vertrag« als Lockmittel hinhielt und sich dann unter dem Vorwand, sein Leben sei in Gefahr*, nicht mehr am Hofe blicken ließ. Sein Plan war klar: Er hatte die Weichen so zu stellen, daß die Kaiserinwitwe, auf die es allein ankam, ihm, halb unter Druck und halb geködert, durch ein sofortiges Abdankungsedikt den Weg zur Staatspräsidentschaft öffnen würde.

Aber noch standen die Zeichen auf Sturm. In dieser ersten Kronratssitzung der Kaiserinwitwe wiesen die Kaiserlichen Prinzen und Man-

* Tatsächlich hatte kurz zuvor vor den Palasttoren ein »mißglücktes Attentat« auf Yüan stattgefunden. [Anmerkung des Verfassers]

dschuadeligen zunächst schon allein den Gedanken auf einen Thronverzicht erbittert zurück, und Prinz Tsching, der Lung Yü im Auftrag Yüan Sche-kais vorschlug, zu resignieren, wurde so heftig und lautstark angegriffen, daß er es vorzog, sich vorerst bei Hof nicht mehr zu zeigen. Die Anti-Yüan Partei befürwortete darauf einen Kampf bis aufs Messer, um die überall im Reich hingemordeten Mandschubannerleute zu rächen. Nachdem sich Lung Yü über die Gesinnung ihres Kronrats informiert hatte, gab sie bekannt, sie wisse durch Prinz Tsching, daß es der Dynastie an Waffen, Munition und Geld fehle, um den Kampf gegen die zu allem entschlossenen Anführer der Revolutionspartei aufzunehmen. Die ausländischen Mächte würden dem Hof jedoch zur Hilfe eilen, sowie der Regent abgedankt habe.

Pu Wei [Prinz Gung II.] ließ das nicht gelten. Der Regent habe sein Amt schon lange auch offiziell niedergelegt, ohne daß sich die Ausländer gerührt hätten, meinte er entrüstet. Feng Guo-dschang, ein Beiyang General unter Yüan, brachte weitere Schützenhilfe und verstieg sich dabei zuletzt gar zu der Behauptung, drei Monate Sold und Nachschub für die Truppen genügten, um die Revolutionspartei bis zum letzten Mann aufzureiben. Was blieb da Lung Yü anderes übrig, als seufzend einzugestehen, daß Yüan ihr schon lange die Kaiserliche Palastkasse abgenommen habe. Nein, Mittel waren keine mehr vorhanden, und auf ein militärisches Abenteuer durfte man sich nicht leichtfertig einlassen. Lung Yü versuchte nun, sich von den anwesenden Generalen verläßliche Informationen über die Schlagkraft der verfügbaren Truppen zu beschaffen. Doch schon der erste, den sie ansprach, wagte nicht für die Kampftüchtigkeit seiner Einheit einzustehen. Unter diesen Umständen war Lung Yü nicht bereit, auch noch den »Wohlwollenden Vertrag« aufs Spiel zu setzen. Mit einem »Geht jetzt!« beendete sie die Sitzung. Und obwohl Pu Wei gerade noch den »Wohlwollenden Vertrag« als leere Versprechung abgetan hatte, ließ sie den Gedanken an einen bewaffneten Widerstand fallen.

Während der Kronrat in den nun folgenden Tagen immer wieder zusammentrat, ohne sich zu einer Entscheidung durchzuringen, nahm die Zahl derjenigen, die auf eine militärische Lösung drängten, zusehends ab, zumal auch Telegramme von der Front eintrafen, worin die chinesischen Befehlshaber der Beiyang Armee, dem Beispiel Duän Tschi-rueis folgend, der Dynastie die Loyalität aufkündigten und die Abdankung des Tsching Kaisers verlangten. Verzweifelt flohen Prinz Gung II. [Pu Wei] ins deutsche Tsingtao und Prinz Su ins japanische Port Arthur, um von dort bei den beiden befreundeten Kaiserhöfen für die Dynastie um Unterstützung zu bitten. Aber was half es? Die ausländischen Beamten verweigerten den zwei Prinzen unter allen möglichen Vorwänden die Ausreise: Die Mächte waren im stillen bereits übereingekommen, Yüan als den zukünftigen ersten Mann anzuerkennen.

Am 12. Februar 1912, 76 Tage nach jenem »Memorandum«, erließ die Kaiserinwitwe Lung Yü in meinem Namen das Edikt meiner Abdankung. Ein Großteil der Prinzen und Adligen suchte daraufhin Zuflucht in Pekings Gesandtschaftsviertel. Prinz Tsching verzog sich mit Familie und angehäuften Reichtümern in die ausländische Konzession nach Tientsin. – Und mein Vater, der während all der Kronratssitzungen kein einziges Wort geäußert hatte, eilte »nach Hause zu den Kindern«.

Yüan Sche-kai aber organisierte, wie von der Kaiserinwitwe befohlen, eine Provisorische Republikanische Regierung, worauf er als »Ministerpräsident des Reiches der Großen Tsching« von der Szene abtrat und als frischgebackener »Staatspräsident der Republik China« wiederkehrte. Und ich wurde als »Kaiser des Kleinen Hofes« vorerst der Nachbar des neuen Präsidenten in der Verbotenen Stadt, ganz wie es der »Wohlwollende Vertrag« verfügte.

Dies ist sein Wortlaut:

In Anbetracht der Tatsache, daß der Kaiser der Großen Tsching öffentlich seine Zustimmung zur Errichtung eines republikanischen Regierungssystems bekanntgegeben hat, werden hiermit die nachfolgenden Artikel bezüglich der »wohlwollenden Behandlung des Kaisers der Großen Tsching nach seiner Abdankung« aufgestellt:

1. Nach der Abdankung des Kaisers der Großen Tsching ist seine Titelwürde uneingeschränkt beizubehalten; die Republik China wird ihn mit der Höflichkeit behandeln, die das Protokoll für ausländische Monarchen vorsieht.

2. Nach der Abdankung des Kaisers der Großen Tsching wird er von der Republik China eine jährliche Apanage von 4 000 000 Taels empfangen. Dieser Betrag ist nach der Währungsreform auf 4 000 000 mexikanische Dollar abzuändern.

3. Nach der Abdankung des Kaisers der Großen Tsching mag er vorerst weiterhin im Palast [in der Verbotenen Stadt] residieren; später soll er sich jedoch in den Yi-hö Park [Sommerpalast] verfügen. Seine übliche Leibwache kann er behalten.

4. Nach der Abdankung des Kaisers der Großen Tsching werden die Ahnentempel und Mausoleen der Kaiserlichen Familie für alle Zeit erhalten und die Opferdienste wie vorgeschrieben fortgeführt werden.

Die Republik China übernimmt durch Aufstellung von militärischen Wachen die Verantwortung für den hinreichenden Schutz dieser Stätten.

5. Da das Tschung Mausoleum für den verstorbenen Kaiser Dö Dzung [Guang Hsü] noch nicht vollendet ist, werden die Arbeiten in Beachtung der überkommenen Vorschriften [für Kaisergräber] zu Ende geführt; die Zeremonie der Grablegung wird ebenfalls in Übereinstimmung mit den alten Riten vollzogen werden. Alle effektiven Kosten hierfür sind von der Republik China zu tragen.

6. Die Dienste jeglicher bislang im Palast beschäftigten Personen der verschiedenen Stufen können beibehalten werden; doch sind in Zukunft keine weiteren Eunuchen in das Personal aufzunehmen.

7. Nach der Abdankung des Kaisers der Großen Tsching wird sein Privateigentum gesichert werden und unter dem Schutz der Republik China stehen.

8. Die Kaiserliche Palastwache wird in der zur Zeit der Abdankung gegebenen Zusammensetzung der militärischen Kontrolle des Kriegsministeriums der Republik China unterstellt. Sie soll in ihrer ursprünglichen Stärke bestehen bleiben und die gleiche Besoldung erhalten wie bis anhin.

II. Meine Kindheit

Erstes Kapitel

Mein Leben als Kaiser

Artikel III des »Wohlwollenden Vertrags« hatte verfügt, daß ich »vorerst weiterhin im Palast residieren« konnte; und abgesehen von den drei großen Hallen des Dschung-Nän-Hai Palais, die der Republik abgetreten wurden, blieb denn auch die Verbotene Stadt ungeteilt als Residenz des Kaisers bestehen.

In diesem kleinen Stück Welt verbrachte ich die absurdeste Kindheit, die sich nur denken läßt. Ich sage absurd, da ich zu einer Zeit, in der China Republik geworden und die Menschheit ins 20. Jahrhundert eingetreten war, weiterhin im Stil eines absolutistischen Kaisers lebte, für den die staubigen Traditionen seiner Vorfahren allein maßgeblich waren.

Sooft ich an meine Kindheit zurückdenke, legt sich ein Schleier von Gelb über meine Erinnerungen: Die glasierten Dachziegel waren gelb; die Sänfte war gelb; die Sesselkissen waren gelb; das Futter meiner Kleider und Hüte, der Gürtel um meine Hüfte waren gelb; die Schalen und Teller, aus denen ich aß und trank, waren gelb; die Einbände meiner Bücher, die Vorhänge in meinen Zimmern, die Zügel meines Pferdes – es gab nichts um mich, was nicht gelb war. Diese Farbe, das sogenannte »Strahlende Gelb«, war ausschließliches Privileg der Kaiserlichen Familie und flößte mir schon von klein auf das Bewußtsein ein, ich sei etwas Einzigartiges und besäße eine »himmlische« Natur, die mich von allen anderen Menschen unterscheide.

Als ich zehn Jahre alt war, entschieden die Kaisergemahlinnen, daß mich meine leibliche Mutter und meine Großmutter von nun an in regelmäßigen Abständen für einige Tage besuchen und dabei auch zur Gesellschaft meinen Bruder Pu Dschiä und die älteste meiner Schwestern in den Palast mitbringen sollten.

Der erste Besuch verlief anfangs sehr langweilig: Meine Großmutter setzte sich zu mir auf den Kang und sah mir zu, wie ich auf einem Tischchen Domino spielte; Bruder und Schwester standen steif daneben und starrten mich unverwandt an, wie Yamendiener auf Wache. Schließlich kam ich auf den Gedanken, den Geschwistern meinen Palast des Geistigen Wachstums zu zeigen, und als wir dort waren, fragte ich Pu Dschiä:

»Was spielt ihr bei euch zu Hause?«

»Pu Dschiä kann Verstecken spielen!« gab mein Bruder, der um ein Jahr jünger war als ich, ehrerbietig zur Antwort.

»Was? Ihr spielt Verstecken? Das spielen Wir selbst auch so gern!«

Ich war begeistert. Verstecken hatte ich zwar schon oft mit Eunuchen gespielt, aber noch nie mit Kindern, die jünger waren als ich. Wir fingen gleich an, und im Eifer des Spiels verloren meine Geschwister ihre Befangenheit. Später ließen wir noch die Fensterläden herunter, um überall dunkel zu machen. Meine Schwester, die zwei Jahre jünger war als ich, kämpfte nun ständig zwischen Spaß und Angst, und während mein Bruder und ich sie von einem Schrecken in den andern jagten, wurden wir gar nicht gewahr, wie laut wir lachten und herumlärmten. Als wir zu guter Letzt ermattet auf einen Kang kletterten, um etwas zu verschnaufen, bat ich sie, sich ein neues Spiel auszudenken. Pu Dschiä dachte einen Augenblick nach und grinste mich dann wortlos an.

»An was denkst du?« Er grinste weiter. »So sag doch schon!« drängte ich ungeduldig, da ich glaubte, er hätte sich bereits ein neues Spiel ausgedacht. Aber zu meiner Überraschung platzte er heraus:

»Ich dachte..., ouh, Pu Dschiä dachte, daß Eure Majestät ganz anders wären. Die Kaiser auf der Bühne tragen immer so lange Bärte...«

Bei diesen Worten strich er sich einem imaginären Bart entlang. Das war sein Verhängnis. Denn als er seine Hand hob, war mein Blick auf das Innenfutter seines Ärmels gefallen, das von einer mir sehr vertrauten Farbe war.

»Pu Dschiä, was ist das für eine Farbe? Wer hat dir erlaubt, sie zu tragen?« fragte ich finster.

»Ist... das nicht Aprikosengelb?«

»Lügner! Das ist Kaisergelb!«

»Jawohl, Majestät, zu Befehl, Majestät...«

Pu Dschiä wich sogleich einen Schritt zurück und nahm Haltung an, während meine kleine Schwester sich vor Schreck weinend hinter ihm aufstellte. Aber ich hatte noch nicht zu Ende gesprochen:

»Das ist ›Strahlendes Gelb‹, du hast kein Recht, diese Farbe zu tragen!«

»Zu Befehl, Majestät.«

Damit war mein Bruder wieder zum Untertan des Kaisers geworden.

Der Klang des »Zu Befehl, Majestät« ist schon lange verhallt, und wenn ich heute daran denke, kommen mir diese drei Worte lächerlich vor. Aber damals war ich von klein auf daran gewöhnt und hätte nie zugelassen, daß mir anders geantwortet wurde. Das gleiche galt auch für Verbeugungen und Kotau. Seit meiner Kindheit kannte ich es nicht anders, als daß Menschen vor mir niederknieten, um mir mit Kotau zu huldigen. Personen, die gut ein dutzendmal älter waren als ich, Würdenträger der Tsching Dynastie, Familienältere, ja, selbst in Hoftracht oder westliche Anzüge gekleidete Beamte der Republik bezeugten mir stets auf diese Art ihren Respekt.

Auch eine andere Eigentümlichkeit meines Lebens war mir zu jener Zeit schon selbstverständlich geworden: der riesige Aufwand, der am Hof tagtäglich betrieben wurde.

Es gibt heutzutage junge Leser, die die Schilderungen aus dem »Traum der roten Kammer« für unglaubwürdig halten. Sie können nicht begreifen, warum Gestalten wie die ›Alte Ahne‹ oder ›Frau Phönix‹ nie einen Schritt tun sollten, ohne daß ihnen ein Schwarm von Zofen und Bediensteten nachfolgte. Dabei ist der in diesem Buch geschilderte Pomp noch bescheiden, wenn man ihn mit dem vergleicht, was im Kaiserpalast selbst üblich war.

Jeden Morgen, wenn ich zum Unterricht getragen wurde oder den Kaisergemahlinnen meine Aufwartung machte, heftete sich ein langer Schweif von Menschen an meine Fersen. Verließ ich die Verbotene Stadt für einen Ausflug in den Sommerpalast, folgte mir nicht nur unweigerlich eine lange Kolonne von Fahrzeugen, auch die Polizeibehörden der Republik waren jedesmal vorher ersucht worden, entlang der gesamten Reiseroute Posten zu meinem Schutz aufzustellen. Eine einzige solche Spazierfahrt dürfte einige tausend Silberdollar verschlungen haben.

Wenn ich die Kaiserlichen Gärten zum Spielen aufsuchte, reihte sich eine Riesenprozession auf: An der Spitze schritt ein Eunuche der Internen Palastverwaltung, der die Funktion einer Autohupe wahrnahm – er zischte unaufhörlich »Tschh!... tschh!...«, um jede Person in der Nähe zu warnen; zwanzig bis dreißig Schritte dahinter folgten zwei Generaleunuchen, die querbeinig auf beiden Seiten des Wegs einherwatschelten; und mit weiteren zehn Schritten Rückstand kam dann das Hauptstück der Prozession – ich selbst oder die Kaiserinwitwe in meiner Begleitung. Wurde ich in der Sänfte getragen, schritten zwei Jungeunuchen links und rechts neben mir, um meiner Wünsche gewärtig zu sein. Ging ich zu Fuß, griffen sie mir unter die Arme, um mich zu stützen. Hinter mir folgte ein Eunuche, der einen großen seidenen Baldachin balancierte, und wieder dahinter schloß sich eine große Schar von weiteren Eunuchen an, von denen ein Teil gar nichts, die anderen aber alle möglichen Arten von Utensilien mit sich trugen: einen Stuhl zur Rast, Kleider zum Wechseln, Regenschirme, Sonnenschirme. Nach diesen Kammereunuchen der Kaiserlichen Präsenz kamen die Eunuchen des Kaiserlichen Teebüros, die in einer Sammlung von Schachteln und Behältnissen tausenderlei Arten von Gebäck, kleinen Erfrischungen und Delikatessen und zahllose Teesorten nebst großen Kannen mit heißem Wasser und dem nötigen Geschirr mit sich führten. Ihnen folgten die Eunuchen der Kaiserlichen Apotheke mit Tragstangen, an denen alle möglichen Mittel für den Hausgebrauch und für Notfälle in Kästen verstaut baumelten. Die Grundausrüstung bestand aus Tränken von Lampendochtbinsen, Chrysanthemen, Schilfwurzeln, Bambusblättern und Bambusschalen; im Sommer wurden zusätzlich gepreßte Begonien zur Regulierung des Atems, Sechs-Harmonien-Pillen zur Festigung der Zentralorgane, vergoldete Zinnoberpillen gegen Hitze, Bällchen aus klebrigem Duftreis, Salben für Universalzwecke, Arzneien gegen Koliken und Pulver gegen Ansteckung mitgeführt; und zu keiner Jahreszeit durfte das ›Elixier der Drei Unsterblichen Genien‹ für leichte Verdauung fehlen. Den Schluß der Prozession bildeten Eunuchen, die Nachtstuhl und Nachttopf mit sich schleppten. Und falls ich zu Fuß ging, folgte in letzter Position noch die Sänfte, die je nach Jahreszeit offen oder geschlossen war. Dieser buntscheckige Aufzug aus Dutzenden von Menschen bewegte sich mit stummer Würde und Ordnung, sofern er nicht durch mich durcheinandergebracht wurde.

Als ich noch sehr klein war, tollte ich genauso gern wie andere Kinder herum; dann hastete und stolperte die ganze Prozession hinter mir her, bis die Eunuchen schließlich keuchend nach Luft schnappten und alles in heillose Verwirrung geriet. Nachdem ich etwas älter geworden war und gelernt hatte, Befehle zu erteilen, gebot ich den Eunuchen jeweils rechtzeitig, stillzustehen und auf mich zu warten. Dann verharrte das ganze mit Lasten und Tragstangen beladene Gefolge außer ein paar mich begleitenden Jungeunuchen neben dem Weg, bis ich vom Laufen genug hatte, worauf sich die Prozession aufs neue formierte.

Ich war gewohnt, immer und ständig einen Schwarm von Menschen um mich zu haben, und es wurde mir stets unbehaglich zumute, wenn ich die Geschichte des letzten Kaisers der Ming hörte, dem am Ende nur noch ein einziger Eunuch zum Gefolge geblieben war.

Den größten Aufwand aber an Mühen, Geld und Material verschlangen die Mahlzeiten. Es gab hierfür spezielle Termini, die sich auf die Kaiserliche Tafel bezogen. Sie nicht korrekt anzuwenden, galt als Sakrileg, das unweigerlich schwer geahndet wurde. So wurden Speisen nicht Speisen, sondern »Viktualien« genannt, Essen hieß »Inanspruchnehmen der Viktualien«, Auftragen hieß »Darreichen der Viktualien«, die Küche »Kaiserliche Viktualienkammer«. Der Zeitpunkt der Mahlzeiten hing allein vom Kaiser ab, und wenn ich den Befehl gab: »Reicht die Viktualien dar!«, nahmen die Jungeunuchen ihn auf und gaben ihn an die Eunuchen, die außerhalb der Haupthalle standen, weiter; diese wiederum rapportierten ihn den Eunuchen vom Dienst, welche in der Westlichen Allee warteten, und von dort lief der Befehl in die Kaiserliche Küche.

Noch ehe das Echo meines Befehls ganz verhallt war, nahte schon eine imposante Prozession – wie ein Brautzug, der die reiche Mitgift der Tochter ins Haus des Bräutigams überführt. Diese Truppe von einigen Dutzend sorgfältig gekleideter Eunuchen trippelte eilig, beladen mit allerlei verschieden großen Tischen und unzähligen rotlackierten und mit goldenen Drachen bemalten Kästen, zu meinem Palast. Vor der Haupthalle wurde ihnen von den Jungeunuchen in weißen Ärmelstutzen die Last abgenommen und im Ostgemach meines Palastes aufgestellt. Gewöhnlich gab es zwei große Tische für die Hauptgerichte und dahinter noch einen dritten für Gesottenes; dazu kamen kleine Tischchen mit allen Arten von Gebäck, Suppen, Reis, Vorspeisen und Salzgemüse.

Das Eßgeschirr bestand aus kaisergelbem Porzellan, das mit Drachenmustern verziert war und die Inschrift »Zehntausendfaches Leben ohne Ende« trug. Im Winter aß ich aus silbernen Tellern, die auf mit heißem Wasser gefüllten Porzellanschalen standen. In jeden Teller und in jede Schüssel war ein Silberplättchen eingefaßt als Vorsichtsmaßnahme gegen einen Giftanschlag. Aus dem gleichen Grunde wurden auch alle Speisen vor dem Auftragen von einem Eunuchen probiert, was »Kosten der Viktualien« genannt wurde. War alles vorgekostet und serviert, rief ein Jungeunuche, kurz bevor ich mich auf meinem Platz niederließ: »Entfernt die Deckel!« Die übrigen Eunuchen begannen daraufhin die silbernen Deckel von Platten und Schüsseln abzunehmen, sammelten sie in ein großes Behältnis ein und trugen sie hinaus. Erst jetzt konnte ich die »Viktualien in Anspruch nehmen«.

Was waren das nun für Speisen, die auf den ›Einhundert Quadratfuß‹ ausgelegt waren? Von Tze Hsi hatte die Kaiserinwitwe Lung Yü den extravaganten Luxus übernommen, zu jeder Mahlzeit über einhundert verschiedene Hauptgerichte auftragen zu lassen; mehr als sechs große Tische waren dabei allein für die Fleischspeisen notwendig. Mein Aufwand war etwas geringer. Ich brachte es auf etwa dreißig Platten. Der Entwurf eines Speiseplans für den März 1911, der vor mir liegt, zählt folgende Gerichte für die erste der zwei Hauptmahlzeiten auf:

Ente der dreifachen Köstlichkeit (Ente, Schinken, Huhn mit Pilzen in besonderer Soße)
Geschnetzeltes Hühnerfleisch mit Gemüse
Ein ganzer gesottener Schinken
Ein ganzes gedämpftes Huhn mit Kaiserlichen Pilzen
Geschnetzeltes Rindfleisch mit gedünstetem Gemüse
Hammelfleisch mit zartem Spinat und Bohnenquark
Süße, frische Südliche Kirschen mit Kartoffeln
Gedämpftes Fleisch und Gemüse im Feuertopf
Seeigel in eingekochter Entenbrühe
Glasierte Ente scharf gewürzt
Kaiserlicher Reis mit Süßkartoffeln
Gebackene Pilze
Schweinefleisch in Würfeln mit Broccoli
Hauchdünn geschnetzeltes Lammfleisch mit gewürzten Gemüsen
Geröstete Auberginen
Charlotten mit geschnetzeltem Fleisch
Kalte Kutteln mit Wein und Gewürzen mariniert
Bohnenquark angerichtet mit Gewürzen, Soja-Bohnensoße und getrockneten Gemüsen
Getrockneter, geräucherter Bohnenquark mit Bambussprößlingen, Ingwer und anderen Gewürzen
Gewürztes, trockenes Wildbret
In Fett gebratenes ausgesuchtes Gemüse
Fleischbrühe zum Gedenken der Ahnen
Gedünstete Kutteln und Lunge

Aber all diese Gerichte, die mit so großem Aufwand hergeschafft wurden, dienten nur als Dekor. Die Speisen konnten nur deshalb unmittelbar nach meiner Anordnung serviert werden, weil sie bereits Stunden oder einen ganzen Tag im voraus in der Kaiserlichen Viktualienkammer zubereitet und über dem Feuer warmgehalten wurden. In der Küche wußte man, daß – wenigstens seit der Zeit Guang Hsüs – der Kaiser nicht darauf angewiesen war, seinen Hunger an diesen durchgekochten Speisen zu stillen. Ich aß nur die Gerichte, die mir von der Kaiserinwitwe und, nach ihrem Tod, von den vier Kaisergemahlinnen geschickt wurden. Sie verfügten alle über eigene Küchen und einen Stab meisterlicher Köche, die mehr als zwanzig erlesene Speisen zu jeder Mahlzeit lieferten. Diese Speisen wurden unmittelbar an meinem Platz serviert, während das, was aus der Kaiserlichen Viktualienkammer kam, rundum als Staffage aufgestellt wurde. Abgesehen davon hatten die vier Kaisergemahlinnen zur Bekundung ihrer Liebe und Zuneigung eigens einen Generaleunuchen damit beauftragt, ihnen darüber Bericht zu erstatten, wie ich die »Viktualien in Anspruch nahm«.

Zu Neujahr oder an anderen Festlichkeiten wie dem Geburtstag Lung Yüs, dem sogenannten ›Tag der Zehntausend Herbste‹, lieferte auch meine Küche eine große Anzahl verschiedener Gerichte als Ausdruck meiner kindlichen Pietät an die Kaiserinwitwe. Diese Speisen lassen sich kurz so beschreiben: beeindruckend, aber nicht nahrhaft; verschwenderisch, nutzlos, fade.

Wieviel kostete nun dieses Eßritual im Monat? In einer Aufstellung, worin über den täglichen Verbrauch der Kaiserlichen Viktualienkammer an Fleisch, Geflügel, Wildbret und so weiter Rechnung geführt wurde, sind folgende Angaben zu finden: Im ersten Monat meines zweiten Regierungsjahres wurden beispielsweise von der Kaiserinwitwe, den vier Kaiserlichen Gemahlinnen und mir selbst an die 40 Zentner Fleisch und 388 Stück Geflügel verbraucht, wovon schätzungsweise 1000 Pfund Fleisch und 240 Stück Geflügel auf mich fielen, ein damals vierjähriges Kind. Hinzu kamen die Zubereitungen für die zahlreichen Menschen, die in unseren Diensten standen, wie Mitglieder des Kronrates, die Kaiserliche Leibgarde, Tutoren, Hanlingelehrte, Maler, Kalligraphen, Eunuchen von Rang, Schamanenpriester und so weiter. Die Gesamtausgaben für diesen Monat beliefen sich auf 14 794 Silberunzen, wobei die Ausgaben für Gebäck, Süßigkeiten, Früchte und Obst sowie Getränke, die zu allen Tageszeiten gereicht wurden, in dieser Summe noch nicht berücksichtigt sind. Und dieses Geld wurde – abgesehen von Unterschlagungen – allein dazu verschwendet, die Grandeur des Kaisers zur Schau zu stellen.

Genauso wie Speisen in großen Mengen zubereitet, aber nie verzehrt wurden, mußte ständig ein großer Bestand an Kleidern, die ich nie trug, für mich angefertigt werden. Ich kann mich heute nicht mehr an Details erinnern, aber mir ist noch im Gedächtnis, daß für die Kaiserinwitwe und für die vier Gemahlinnen hierfür ein gewisses jährliches Budget vorgesehen war, während es für mich keine Einschränkungen gab. Alles, was ich trug, war stets neu.

Vor mir liegt eine Aufstellung, aus welchem Jahr läßt sich nicht mit Bestimmtheit sagen, mit der Überschrift »Liste derjenigen Materialien, welche tatsächlich zur Anfertigung der Kleidung Seiner Majestät während der Zeit vom 6. Tag des 10. Monats bis zum 5. Tag des 11. Monats verarbeitet wurden«. Danach wurden folgende Kleidungsstücke für mich geschneidert: 11 Pelzjacken, 6 pelzgefütterte Ober- und Unterkleider, 2 Pelzwesten, 30 wattierte Westen und ebenso viele Hosen. Sieht man von den Kosten für die aufgewandte Arbeit und die wichtigsten Materialien ab, so schlug allein die Rechnung für kleine Zutaten wie Borten, Taschen, Säume, Knöpfe, Zwirn und Faden mit 2137 Silberunzen zu Buch.

Wann und wie oft ich meine Garderobe wechseln mußte, war alles bis ins kleinste festgelegt und oblag dem Eunuchen des Kaiserlichen Kleiderspeichers. Selbst gewöhnliche Kleider, die ich täglich trug, gab es in 28 verschiedenen Ausführungen, angefangen von dem Schwarzen Gewand mit weißem Pelzfutter, das ich jeweils am 19. Tag des ersten (lunarischen) Monats anlegte, bis hin zu dem Zobel, den ich an jedem ersten Tag des 11. Monats anzog. Selbstverständlich waren die Gewänder bei zeremoniellen Anlässen und hohen Festtagen wesentlich aufwendiger.

Für den reibungslosen Ablauf dieses Prunks stand eine entsprechende Vielfalt von Verwaltungsorganen und Personal zur Verfügung. Dem Hofamt, das für die Verwaltung des Palasts verantwortlich war, unterstanden sieben Abteilungen und 48 Büros. Diesen sieben Abteilungen – für Lagerhaltung, Sicherheit, Protokoll, Rechnungsführung, Prämiierung guter Ernten, Strafvollzug und Bauwesen – waren wiederum Magazine, Werkstätten und so weiter angegliedert. Die Abteilung für Lagerhaltung beispielsweise hatte Magazine für Silber, Pelze, Porzellan, Seide, Kleider und Tee unter sich.

Nach einem Beamtenkalender aus dem Jahr 1909 umfaßte das Personal des Kaiserlichen Hofamts 1023 Personen (ohne die Palastwache, die Eunuchen und die einfachsten Diener, die sogenannten »Sulas«); nach Gründung der Republik (1911) verringerte sich diese Zahl auf etwas über 600.

Zwar kann man sich eine so große Organisation, die so viele Menschen beschäftigte, noch vorstellen, nicht aber die Trivialität mancher ihrer Tätigkeiten. Ein Beispiel zur Illustration: Eines der 48 Büros, das sogenannte »Wunschbüro« (Ruyi Guän), war nur dazu eingerichtet, für die Kaiserinwitwe und die vier Gemahlinnen Malereien und Kalligraphien anzufertigen. Wenn es der Kaiserinwitwe in den Sinn kam, etwas zu malen, so wurden vom »Wunschbüro« die Umrisse für das betreffende Sujet angefertigt, so daß nichts anderes mehr zu tun blieb, als das Bild zu kolorieren und mit einem Titel zu versehen. Die großen Schriftzeichen für Wandtafeln wurden von den Experten der »Halle des Großen Fleißes« oder sonst einem Hanlin-Akademiker der ›Südlichen Bibliothek‹ bereits in den Konturen vorgezeichnet. Fast alles an kalligraphischen Kostbarkeiten aus der späten Tsching Zeit, was angeblich aus Kaiserlicher Hand stammt, ist auf diese Weise entstanden.

Mit der stillschweigenden Duldung der republikanischen Regierung führten wir unser Leben im Palast weiter wie bisher und verschwendeten den Schweiß und das Blut des Volkes, um unsere parasitäre Existenz aufrechtzuerhalten.

Abgesehen von dem aufwendigen täglichen Hofzeremoniell wirkten auch die Gebäude um mich herum und die Ausstattung des Palasts unmittelbar auf meine Erziehung ein. Nicht nur die goldgelb glasierten Ziegel auf den Dächern, sondern auch die Höhe der Gebäude selbst waren ausschließliches Privileg des Kaisers und verbürgten mir von klein auf, daß »alles Land auf Erden dem Kaiser untertan ist« und selbst der Himmel darüber keinen anderen Herrn kannte.

Von Kaiser Tschiän Lung [1707–1799] wurde erzählt, er habe einst verfügt, daß nichts im Palast je verlorengehen dürfte. Um diesen Erlaß in die Tat umzusetzen, legte er einen Büschel Grasblätter auf einen der Tische im Palast und gab den Befehl, die Anzahl der Gräser täglich zu kontrollieren, um sicherzugehen, daß auch nicht ein einziges abhanden gekommen war. Das wurde »die Gräser zum Maßstab nehmen« genannt. Selbst während all der Jahre, die ich im Palast verbrachte, wurden diese verdorrten und vertrockneten Gräser in einer hellblauen Cloisonné-Schale in meinem Palast des geistigen Wachstums aufbewahrt: Dieses verdorrte Büschel Gras erfüllte mich mit grenzenloser Verehrung für meinen Vorfahren und mit ungezügeltem Haß auf die Revolution von 1911.

Zweites Kapitel

Viele Mütter und ein Sohn

Ich zog als Adoptivsohn der verstorbenen Kaiser Tung Dsche [gest. 1874] und Guang Hsü [gest. 1908] in die Verbotene Stadt ein, was mir in deren Witwen eine stattliche Anzahl von neuen »Müttern« bescherte. Nach den Gesetzen des Tschinghofes sollte ich in erster Linie als Sohn Tung Dsches und nur in zweiter Linie als Sohn Guang Hsüs gelten, aber Lung Yü, die Hauptgemahlin Guang Hsüs, benutzte ihre Stellung als Kaiserinwitwe, um sich ihrer Rivalinnen zu entledigen. Es dauerte nicht lange, bis die Kaiserlichen Konkubinen Tung Dsches ihrer mütterlichen Vorrechte verlustig gingen und auch die Jadekonkubine, eine Nebenfrau Guang Hsüs, nicht länger als »Mutter« angesehen wurde. Trafen wir bei einem Essen zusammen, so saßen nun nur noch Lung Yü und ich, während die anderen uns stehend Gesellschaft leisten mußten. Dies änderte sich erst mit Lung Yüs Tod, als sich die drei Konkubinen Tung Dsches mit der Jadekonkubine verbündeten und beim Rat der Mandschuprinzen und Adligen vorstellig wurden. Der Rat erhob sie zu Konkubinen ersten Ranges mit dem Titel »Kaisergemahlin«, und danach nannte ich sie wieder »Erlauchte Mütter«.

Obwohl ich reichlich mit Müttern versehen war, habe ich doch nie Mutterliebe kennengelernt. Wenn ich zurückdenke, so bestand ihre »mütterliche Fürsorge« vor allem darin, mir zu jeder Mahlzeit die erwähnten Speisen zu schicken, um dann den Rapport des Generaleunuchen entgegenzunehmen, der Kaiser habe »alles mit Genuß in Anspruch genommen«.

In Wirklichkeit konnte ich damals nur selten etwas »mit Genuß« konsumieren, da ich an einer chronischen Magenverstimmung litt, die ich möglicherweise gerade jener »mütterlichen Fürsorge« zu verdanken hatte.

Als Fünfjähriger hatte ich mich eines Tages an Kastanien übergessen. Daraufhin setzte mich die Kaiserinwitwe über einen Monat lang auf eine Schonkost von trocken geröstetem Reis. Natürlich plagte mich bei dieser unmenschlichen Diät der Hunger, aber ich konnte nach mehr Essen verlangen soviel ich wollte, niemand achtete auf meine Not. Ich erinnere mich, wie die Kaiserinwitwe Lung Yü während dieser Zeit bei einem Ausflug an den Dschung Nän Teich meinen Eunuchen befahl, altes Brot für die Fische mitzunehmen. Unterwegs verlor ich plötzlich die Beherrschung: Wie ein Dieb griff ich nach einem dieser trockenen Brote und stopfte es mir hastig in den Mund. Aber selbst dieses jämmerliche Schauspiel meines Hungers ließ Lung Yü nicht zur Einsicht kommen, im Gegenteil, sie verschärfte nur noch ihre Kontrollmaßnahmen.

Ein glücklicher Zufall führte mich am 15. darauf in den westlichen Teil der Verbotenen Stadt, wo gerade die halbmonatlichen Tributgerichte aus den prinzlichen Haushaltungen für die Kaiserinwitwe eingetroffen waren. Blindlings schoß ich auf den Gabenberg los und bemächtigte mich mit einer Art von sechstem Sinn einer Eßschachtel, die bis obenhin mit kaltem Schweinefleisch gefüllt war. Ich griff nach dem fettesten Rippchen und hatte schon meine Zähne angesetzt, da stürzten die Eunuchen, zu Tode erschrocken, über mich her, und obwohl ich mich aus Leibeskräften wehrte, so half es doch nichts. Der köstlich duftende Bissen wurde mir wieder abgejagt, kaum daß ich ihn erobert hatte.

Auch später wurde ich noch oft das Opfer meiner »Eß-Sünden«. Einmal verschlang ich heißhungrig sechs Frühlingsröllchen auf einmal. Als dies dem amtierenden Generaleunuchen hintertragen wurde, verfiel dieser in seiner Angst um meine Gesundheit auf eine kühne Idee. Er wies zwei Eunuchen an, mich rechts und links an der Schulter unterzufassen und Kopf voran ein paarmal kräftig gegen den Ziegelboden zu rammen. Von dem Ergebnis dieser verdauungsfördernden Kur zeigten sich alle höchst befriedigt und waren nicht von der Meinung abzubringen, sie hätten mich solcherart vor einer schlimmen Magenverstimmung errettet.

Mag dieser Vorfall auch etwas naiv erscheinen, so gab es doch in meiner Erziehung noch viel unvernünftigere Dinge. Bis ich etwa sieben, acht Jahre alt war, wurden gelegentliche Anfälle von Jähzorn oder schlechter Laune so kuriert: Der oberste Eunuch Dschang Dschien-hö oder sein Stellvertreter stellten die Diagnose »Der Herr der Zehntausend Jahre hat Feuer in seinem Herzen. Laßt ihn das Feuer heraussingen!« und sperrten mich kurzerhand in ein kleines Zimmer; meist war es die Abstellkammer im Palast der Glückschaffenden Tugend. Dort wurde ich alleine gelassen und konnte nun schreien und toben, um Hilfe rufen oder gegen die Tür treten so laut ich wollte, keiner nahm Notiz von meinem Lärmen. Erst wenn ich mich ausgeweint oder nach ihrem Sprachgebrauch »ausgesungen« hatte und »das Feuer verraucht war«, wurde ich wieder herausgelassen. Doch muß gesagt sein, daß diese Therapie nicht der Willkür der Generaleunuchen oder einem Einfall der Kaiserinwitwe Lung Yü entsprang. Es war dies vielmehr eine ehrwürdige Tradition der Kaiserlichen Familie, und auch meinen Brüdern und Schwestern, die im Palast meines Vaters zurückgeblieben waren, blieb diese Behandlung nicht erspart.

Als ich sieben Jahre alt war, starb meine »Mutter« Lung Yü, und so bleiben meine Erinnerungen an ihre »wohlwollende Liebe« auf die wenigen Beispiele beschränkt, die ich eben angeführt habe.

Etwas enger in Berührung kam ich mit den vier Kaisergemahlinnen. Aber auch sie sah ich immer nur kurz, und ich kann mich nicht erinnern, daß wir uns auch nur ein einziges Mal wie normale Leute zu einer gemütlichen Unterhaltung zusammengefunden hätten. Dafür mußte ich jeden Morgen schon in aller Frühe bei allen »Erlauchten Müttern« einzeln zur Morgenvisite antreten. Viermal vollzog sich das gleiche

Zeremoniell. Sowie ich eintraf, legten die Eunuchen ein gelbes Seidenkissen auf den Boden, worauf ich einen Kniefall tat und dann respektvoll stehenblieb. Diese Anstandsvisite fiel auf die Stunde der Morgentoilette, so daß die »Erlauchten Mütter« gewöhnlich gerade ihr Haar frisiert bekamen, während die üblichen formellen Sätze an mich gerichtet wurden: »Hat der Kaiser wohl geruht?« – »Es ist kalt geworden, Ihr solltet Euch wärmer anziehen!« – »Wie weit ist der Kaiser in seinen Studien vorangekommen?« Es waren immer die gleichen Belanglosigkeiten. Manchmal wurden mir auch noch ein paar Tonfiguren oder ähnliches Spielzeug in die Hand gedrückt, aber dann wurde ich unweigerlich mit den Worten entlassen: »Kaiser, geht jetzt spielen!« Damit war meine Pflicht getan, und ich sah die »Erlauchten Mütter« den ganzen Tag nicht mehr.

Die Kaiserinwitwe und die vier Kaisergemahlinnen redeten mich alle mit »Kaiser« an, ja, selbst meine eigenen Eltern und Großeltern wagten nicht, mich anders zu rufen. Jedermann sonst hatte mich mit »Eure Majestät« anzusprechen. Zwar habe ich einen persönlichen Namen [Pu Yi] und einen »Milchnamen«, aber die waren mit meiner Ernennung zum Kaiser tabu geworden. Ich habe oft sagen hören, jemand brauche nur an seinen Kosenamen von früher zu denken, um sich sogleich an seine Kindheit und die warme Fürsorge seiner Mutter zu erinnern. Aber bei mir haben sich nie solche Assoziationen eingestellt.

Jemand erzählte mir einmal, daß er noch als Student im Ausland jedesmal, wenn er krank wurde, sehnsüchtig an seine Mutter und ihre liebevolle Pflege dachte. Auch ich war als Erwachsener oft krank, und wenn ich im Bett lag, dachte auch ich unwillkürlich an meine Kinderkrankheiten zurück; doch meine Erinnerungen weckten in mir keinerlei Sehnsucht nach den »Erlauchten Müttern«.

Als ich klein war, litt ich regelmäßig mit Einsetzen des kalten Wetters an Darmverstimmungen und Grippe; und dann besuchten mich die Kaisergemahlinnen der Reihe nach. So ein Krankenbesuch dauerte, wenn es hoch kam, zwei, drei Minuten – gerade Zeit genug, die obligaten Fragen »Geht es dem Kaiser etwas besser? Hat er ordentlich geschwitzt?« zu stellen. Aber immer noch sehe ich den Schwarm von Eunuchen vor mir, die jeder Kaisergemahlin nachfolgten und mein kleines Schlafgemach bis zum äußersten Eckchen ausfüllten. Bis sich der letzte Eunuch hereingepreßt hatte, brach die Kaisergemahlin schon wieder auf, so daß während der ganzen Zeit ihres Besuches ständig kalte Luft hereinkam; und war sie endlich mit ihrem Gefolge verschwunden, tauchte bereits die nächste Kaisergemahlin im Vorzimmer auf. Meine

Kammer füllte und leerte sich viermal nacheinander, was hieß, daß ich im Verlauf eines Tages viermal einem mörderischen Luftzug ausgesetzt war. Glücklicherweise fühlte ich mich gewöhnlich am zweiten Tag meiner Krankheit schon erheblich besser, und damit kehrte in meinen Privaträumen wieder Ruhe ein.

Die nötigen Arzneien lieferte meist die Apotheke der Kaisergemahlin Duän Kang im Palast der Ewigen Harmonie. In der Tat übertraf die Apotheke der Jadekonkubine alle anderen am Hof an Reichhaltigkeit: Sir hatte ursprünglich der Kaiserinwitwe Lung Yü gehört und war nach deren Tod an Duän Kang [Guang Hsüs Nebenfrau], die im selben Palast wohnte, übergegangen. Duän Kang hatte begonnen, sich mehr um mich zu kümmern als die anderen »Erlauchten Mütter« und vertrat dabei die Position der verstorbenen Lung Yü. Nicht, daß es dafür einen Präzedenzfall im Hause der Tsching gegeben hätte. Ihre Vormachtstellung ging allein auf eine Intrige Yüan Sche-kais zurück, der nach dem Ableben der Kaiserinwitwe Lung Yü »vorgeschlagen« hatte, die vier Konkubinen Tung Dsches und Guang Hsüs im Rang zu Kaisergemahlinnen zu erheben und Duän Kang das Senioriat zu geben, obgleich sie die rangjüngste der vier Witwen war. Was für Gründe Yüan Sche-kai dabei bewegt haben mochten, weiß ich nicht, aber ich erinnere mich, daß weder mein Vater noch die anderen Kaiserlichen Prinzen dagegen Einspruch erhoben. Nachdem Duän Kang ihre Vormachtstellung als »Erste Mutter« etabliert hatte, geriet ich immer mehr unter ihre Fuchtel.

Ich wuchs unter der »Fürsorge« meiner vier Mütter auf, bis ich etwa zwölf Jahre alt war und nun, wie andere Kinder auch, nach etwas mehr Abwechslung verlangte. Um mich bei Laune zu halten, besorgten mir meine Eunuchen von Zeit zu Zeit Spielzeug aus der Stadt. Einmal überraschten mich meine beiden Leibeunuchen mit der nachgeschneiderten Uniform eines Generals der Republik China, komplett mit quastenbesetztem Helm, Säbel und Koppel. In diesem Anzug gefiel ich mir ganz außerordentlich. Wer hätte ahnen können, daß Duän Kang in rasende Wut ausbrechen würde, als sie davon erfuhr. Sofort wurde eine Untersuchung eingeleitet, und dabei kam zutage, daß ich auch noch ausländische Socken trug. Duän Kang war aufs äußerste erbost über diesen Vertrauensmißbrauch meiner Leibeunuchen und zitierte die beiden in den Palast des Ewigen Friedens, wo sie zweihundert Schläge mit dem schweren Stock erhielten und zu einfachen Putzsklaven degradiert wurden. Dann kam die Reihe an mich. »Unglaublich!« fuhr sie mich an, »der Kaiser der Großen Tsching schämt sich nicht, die Uniform eines

Generals der Republik anzuziehen und ausländische Socken zu tragen?!...« Unter ihrer Aufsicht mußte ich meine geliebte Uniform samt Säbel und ausländischen Socken wieder hergeben und statt dessen meine Hofgewänder und Tuchstiefel mit Drachenmuster anziehen.

Hätte sich Duän Kang mit der Überwachung meiner Garderobe zufriedengegeben, so hätte ich nicht gegen sie rebelliert; denn gerade diese Art von Bevormundung bestärkte mich im Bewußtsein, anders als gewöhnliche Menschen zu sein, wie mich auch meine Lehrer mit ihrem Unterricht glauben machten.

In Wirklichkeit aber trachtete die Jadekonkubine Duän Kang nur danach, es der verstorbenen Kaiseringroßwitwe Tze Hsi gleichzutun, die für sie in jeglicher Beziehung ein Vorbild blieb, obschon ihre eigene Schwester, die Perlenkonkubine, durch die Hand ebendieser Tze Hsi umgekommen war.

In Tze Hsis Schule hatte sie nicht nur gelernt, Eunuchen halb zu Tode prügeln zu lassen, sie hatte sich auch gemerkt, wie man dem Kaiser nachspionierte. Nachdem sie sich meiner zwei Leibeunuchen entledigt hatte, zog sie ihren Generaleunuchen ins Vertrauen und schickte ihn als ihren Spion in den Palast des Geistigen Wachstums. Er mußte ihr täglich rapportieren, was ich alles getrieben hatte, genau wie damals, als Kaiser Guang Hsü auch von morgens bis abends unter der Kontrolle Tze Hsis stand.

Welche Absicht sie damit verfolgte, mag dahingestellt bleiben, aber eines ist sicher, sie verletzte mit ihrer Spioniererei meinen kaiserlichen Stolz. Als mir mein Lehrer Tschen Bao-schen, der über Duän Kangs ungebührliche Einmischung ungehalten war, einen Vortrag über den Rangunterschied von Kaiserinnen und Konkubinen (zu denen die Jadekonkubine ja gehört hatte) hielt, fühlte ich mich erst recht provoziert.

Duän Kangs willkürliche Entlassung eines Arztes des Kaiserlichen Medizinalamtes löste die Explosion aus. Obwohl es sich in diesem Falle um einen Privatarzt Duän Kangs handelte und mich die Sache nicht persönlich anging, konnte ich meine Ohren doch nicht vor den Reden meiner Lehrer und der Eunuchen verschließen, die sich einig waren, daß Duän Kang in die Schranken gewiesen werden mußte. Mein Hauptlehrer Tschen hielt mir immer wieder vor: »Die Herrschsucht dieser Frau geht weit über das hinaus, was sich eine einfache Kaiserliche Konkubine erlauben darf.« Auch der Spitzel, der vorher meine beiden Leibeunuchen denunziert hatte, ergriff nun plötzlich meine Partei und stichelte: »Ist der Herr der Zehntausend Jahre nicht auf dem besten Wege, ein zweiter ›Guang Hsü‹ zu werden? Selbst Euer Sklave kann das nicht länger ansehen! Was die Entlassungsaffäre angeht, so steht da noch Euer letztes Wort aus!« Die Anspielung auf Guang Hsü genügte. Außer mir vor Wut rannte ich in den Palast der Ewigen Harmonie und schrie Duän Kang schon von weitem entgegen: »Wieso ist dieser Arzt entlassen worden? Sie sind zu herrschsüchtig! Sind Wir nicht der Kaiser? Wessen Wort gilt hier, Ihres oder Unseres? Wir werden diese Willkür nicht länger dulden!« Ich war so in Fahrt geraten, daß ich gar nicht darauf achtete, was die vor Zorn erblaßte Duän Kang auf meine Anschuldigungen zu erwidern hatte; mit einer wütenden Armbewegung beendete ich meinen Auftritt und rannte zur Türe hinaus.

Als ich danach wieder im Palast des Geistigen Wachstums auftauchte, überschütteten mich meine Lehrer mit großem Lob. Duän Kang war zu aufgebracht, um mich zurückzurufen, und schickte statt dessen gleich nach meinem Vater [dem Regenten] und den anderen Kaiserlichen Prinzen und forderte sie unter Toben und Schluchzen auf, den Streit zu entscheiden. Doch keiner der Prinzen hielt es für ratsam, sich festzulegen. Darauf ließ ich die Prinzen zu mir ins Studio kommen und hielt ihnen eine hochtrabende Rede: »In der ganzen Geschichte unserer Dynastie hat es nie einen Kaiser gegeben, der eine einfache Konkubine des vorangegangenen Kaisers ›Erlauchte Mutter‹ genannt hat, und was ist diese Frau anderes als eine niedrige Konkubine? Sollen denn alle Unterschiede zwischen Kaiserinnen und Konkubinen fallengelassen werden? Falls es in unserer Zeit keine Würde mehr gibt, wieso redet dann Pu Dschiä nicht auch die Konkubinen seines Vaters mit ›Erlauchte Mutter‹ an? – Wie kann man von Uns verlangen, die Jadekonkubine ›Erlauchte Mutter‹ zu titulieren und ihr zu gehorchen?!«

Die so abgekanzelten Prinzen wagten nun noch weniger, Partei zu ergreifen. Doch nun kam eine meiner Mütter, die sich mit Duän Kang schon immer schlecht verstanden hatte, hereingelaufen und meldete: »Man sagt, die Herrin des Palasts des Ewigen Friedens habe nach Eurer leiblichen Mutter und Großmutter schicken lassen. Mag der Kaiser sich vorsehen!«

Duän Kang hatte meine Mutter und Großmutter aus der Tschün Residenz herbeizitiert. Mochte sie auch den Prinzen nicht beikommen, bei den beiden blieb ihr Toben nicht ohne Wirkung. Besonders meine Großmutter wurde ganz fahl vor Schreck und warf sich zitternd mit meiner Mutter zu Boden. Sie versprach, auf mich einzuwirken.

Als ich im Palast der Ewigen Harmonie eintraf, stieß ich schon in der Vorhalle auf meine Mutter und Großmutter, die aufgewühlt dem Toben und Rasen in den inneren Gemächern zuhörten. Ich wäre am liebsten gleich wieder hereingestürzt, um weiterzustreiten, doch Mutter und Großmutter redeten schluchzend auf mich ein. Schließlich konnte ich ihren Tränen nicht länger widerstehen und versprach, mich bei Duän Kang zu entschuldigen. Widerstrebend, da ich mich immer noch voll im Recht fühlte, ging ich zu Duän Kang, stotterte ohne sie anzusehen »Erlauchte Mutter, Wir haben gefehlt« hervor und verdrückte mich gleich wieder. Doch ihr Gesicht war nun gewahrt, und damit hörte die Raserei schlagartig auf.

Zwei Tage später erhielt ich die Nachricht, meine Mutter habe sich das Leben genommen.

Meine leibliche Mutter hatte als Tochter Rung Lus und Protegé Tze Hsis nie ein schlechtes Wort gehört und konnte die unerwartete Zurechtweisung nicht verwinden. Sie muß gleich nach ihrer Rückkehr aus dem Palast der Ewigen Harmonie Opium geschluckt haben.

Da Duän Kang nun meine Rache zu fürchten hatte, schlug sie eine neue Taktik ein. Sie hörte nicht nur auf, mich zu überwachen, sie wurde umgänglicher und ließ auch andere Meinungen gelten.

Danach herrschte in der Verbotenen Stadt wieder Eintracht, und ich nahm mit den Kaisergemahlinnen meine alten »Mutter-und-Sohn«-Beziehungen wieder auf. Aber dafür hatte ich meine leibliche Mutter geopfert.

Drittes Kapitel

Studium im Palast der Glückschaffenden Tugend

Als ich fünf Jahre alt wurde, wählte die Kaiserinwitwe Lung Yü unter den Gelehrten des Reiches drei Tutoren für mich aus. Und nachdem die Hofastrologen einen günstigen Tag bestimmt hatten, begann ich am 10. September 1911 um sieben Uhr in der Früh mit meiner ersten offiziellen Unterrichtsstunde.

Anfänglich fand dieser Unterricht in einer Bibliothek im Winterpalast statt; später wurde mir der Palast der Glückschaffenden Tugend zugewiesen, wo schon Kaiser Guang Hsü als Kind studiert hatte.

Der Yü-tsching Palast, oder Palast der Glückschaffenden Tugend, ist nicht groß. Er besteht aus einem Haupttrakt, der sich zwischen zwei Reihen von engen, kleinen Kammern zwängt, was dem Gebäude die

Form eines H gibt. Benutzt wurden zu meiner Zeit nur die zwei westlich gelegenen, etwas größeren Räume. Der Rest des Palastes blieb verschlossen.

Die beiden Studios waren karg und nüchtern eingerichtet. Mein Unterrichtsraum enthielt nichts als einen Tisch unter dem Südfenster mit Hutablage und verschiedenen Vasen, einen Kang an der Westwand, zwei lange Tische für Schreibutensilien und Lehrbücher an der Nordwand, einen heizbaren Stuhl und ein Teetischchen entlang der Ostwand sowie den Tisch der Acht Unsterblichen in der Mitte des Zimmers, wo ich zu ebener Erde studierte. An den beiden Seitenwänden hingen Bildrollen mit Gedichten und Ermahnungen, die mein Großvater eigens für seinen Sohn, Kaiser Guang Hsü, verfaßt hatte.

Ein unerwarteter Anblick war allerdings die monströs groß geratene Uhr an der Nordwand mit einem Durchmesser von gut zwei Metern und Zeigern, die länger als meine Arme waren. Das Uhrwerk selbst befand sich hinter der Mauer und mußte mit so etwas wie einer Wagenkurbel aufgezogen werden. Woher dieses absonderliche Stück Mechanik stammte und warum es ausgerechnet an diesem Ort angebracht worden war, kann ich nicht sagen. Denn obwohl die Uhr wahrlich den ganzen Raum beherrschte, blieb die »Zeit« im Palast der Glückschaffenden Tugend ein Wort ohne Bedeutung. Die Liste meiner Lehrbücher mag dies illustrieren: Ich studierte von 1911 bis 1922 die »13 konfuziánischen Klassiker«, das »Buch des Großen Lernens«, die neokonfuzianischen »Kommentare des Dschu Hsi«, eine »Sammlung väterlicher Lehrsprüche«, die Edikte meiner wichtigsten Vorgänger auf dem Drachenthron sowie die Geschichte der Gründung der glorreichen Tsching Dynastie selbst. Von meinem dreizehnten Altersjahr an wurde dann mein Studienprogramm um Englischstunden erweitert, was hieß, daß ich nunmehr den »English Reader«, »Alice in Wonderland« und eine englische Fassung der »Vier Bücher« [vier der dreizehn konfuzianischen Klassiker] zu lesen bekam.

Aber in all den elf Jahren habe ich nicht einmal die vier Grundrechnungsarten gelernt, von Naturwissenschaften ganz zu schweigen. Über die jüngere Geschichte meines eigenen Landes wußte ich ungefähr so viel wie in dem Werk »Blütezeit unter den Kaisern Tung Dsche und Guang Hsü« kompiliert war, und in bezug auf das Ausland beschränkten sich meine Kenntnisse auf die Reisen, die ich mit Alice ins Wunderland unternommen hatte.

Die Entstehung der Welt stellte ich mir so vor: »Das Große Absolute hat die zwei Prinzipien des Yin und Yang gezeugt, die zwei Prinzipien des Yin und Yang haben die vier Symbole geschaffen, und die vier Symbole haben die acht Trigramme hervorgebracht.« Falls meine Lehrer nicht von sich aus gerne über Dinge, die nicht auf dem Lehrplan standen, gesprochen und ich nicht nebenher eine Menge zusätzlicher Bücher gelesen hätte, würde ich noch mit 16 Jahren nicht einmal gewußt haben, in welchem Teil Chinas Peking liegt, oder daß Reis aus dem Erdboden herauswächst.

In meinen frühen Geschichtsstunden tauchten mitunter gar Unsterbliche und andere hilfreiche Geister auf (meine Lehrer wagten nicht, diese Erfindungen einfach wegzulassen), so daß ich lange der Meinung war, der Stammvater meiner Dynastie sei der Sohn der Fee Fokulun gewesen und aus einer Purpurbeere entstanden. Auch von praktischen Wirtschaftsfragen hatte ich keine Ahnung, und nie hätte ich als Kind daran gezweifelt, daß nicht jede Familie in China täglich an einem reichgedeckten Tisch ihre Mahlzeit einnahm.

Es wäre nun anzunehmen, daß ich nach elf Jahren ausschließlichen Studiums der Klassiker wenigstens ein fundiertes Wissen über altchinesische Literatur und Sprache hatte; aber dem war bei weitem nicht so. Das lag zunächst einmal daran, daß ich alles andere als fleißig war. Denn abgesehen davon, daß ich schon die geringste Unpäßlichkeit zur Ausrede nahm, um nicht im Unterricht zu erscheinen, kam es auch oft vor, daß ich einfach einen Eunuchen zu meinen Lehrern schickte, um sie für den Tag zu beurlauben, wenn mir der Sinn danach stand.

Mein Lerneifer wurde jedoch vor allem dadurch beeinträchtigt, daß mich, bis ich etwa neun Jahre alt war, die Zypressen vor dem Palast der Glückschaffenden Tugend weit mehr interessierten als die Bücher im Innern. Im Sommer gab es dort eine Unzahl von Ameisen, die den ganzen Tag emsig an den Stämmen auf und ab liefen. Ich konnte mich stundenlang damit beschäftigen, diese Ameisen zu beobachten, ihnen zu helfen, ihre Nahrung zu transportieren, oder sie mitKuchenkrümeln zu füttern. Immer wieder habe ich darüber oft das Essen vergessen. Später, als sich mein Interesse Grillen und Würmern zuwandte, startete ich eine Zucht in allen antiken Porzellanschüsseln, deren ich habhaft werden konnte. Saß ich dann im Studio über einem besonders trockenen, langweiligen Stoff, so schweiften meine Gedanken automatisch zu meinen vielen Tierfreunden, und statt mich zu konzentrieren, sann ich nur noch auf Mittel und Wege freizukommen, um mich mit ihnen zu vergnügen.

Von meinem zehnten Lebensjahr an begann ich allmählich zu verstehen, daß ein Kaiser notwendigerweise studieren mußte. Ich wollte nun mit einem Male wissen, warum ein Kaiser ein Kaiser ist, auf welchen Grundsätzen sich das Herrschertum aufbaute und vor allem wie man zu einem »guten Kaiser« wurde.

Aber Konfuzius, Menzius und die anderen Weisen des Altertums hatten scheinbar weniger für den Herrscher als für die Untertanen geschrieben, und ihre Lehrsätze handelten denn auch mehr von den Rechten eines Kaisers als von seinen Pflichten. Diese an sich schon recht angenehme Moral wurde von meinen Lehrern in ihrer Auslegung der Texte noch besonders herausgestrichen, was zur Folge hatte, daß ich ihren schmeichelhaften Kommentaren bald mehr Aufmerksamkeit schenkte als den Klassikern selbst.

Wie es heißt, haben viele große Gelehrte der Vergangenheit ihren Aufstieg der Tatsache zu verdanken gehabt, daß sie sich in ihrer Jugend dazu zwangen, in mühseliger Arbeit sämtliche Klassiker auswendig zu lernen. Sei dem, wie es will, ich jedenfalls mußte ohne diese Hilfe auskommen. Meine Lehrer trugen mir nie etwas zum Auswendiglernen auf und begnügten sich damit, die Texte jeweils mehrmals vorzutragen und lesen zu lassen. Vielleicht vertrauten sie darauf, mir die Klassiker auf indirektere Art memorieren zu helfen; denn sie beauftragten meinen Generaleunuchen damit, schon in aller Frühe die am Vortag behandelten Stellen vor meiner Kammer laut zu rezitieren. Daneben mußte ich dieselben Stellen auch noch einmal der Kaiserinwitwe bei meiner täglichen Anstandsvisite vorlesen. Aber ob ich mir die Lektionen so merken konnte und inwieweit sie mir letztlich im Gedächtnis haftenblieben, danach fragte niemand.

Keiner meiner Tutoren hat mich jemals über den Unterrichtsstoff geprüft oder mich Aufsätze darüber schreiben lassen. Da ich jedoch gerne schrieb, verfaßte ich von mir aus Parallelsätze und Regelgedichte und legte sie meinen Lehrern vor. Leider erregten meine literarischen Spielereien kein Interesse, und so schrieb ich bald nur noch zu meinem eigenen Vergnügen.

Mit zwölf Jahren begann ich, neben dem Unterricht eine Menge Bücher zu lesen. Ich verschlang alles, was mir in die Hände kam – Tagebücher und Memoiren der Ming- und Tschingzeit, Geschichtswerke über den Sturz der Ming und Aufstieg der Tsching, Ritter- und Zauberromane, Kriminalerzählungen – und wohl kaum eine Publikation der Boulevardpresse wird meinem Lesehunger entgangen sein. Später verschaffte ich mir auch noch ein paar englische Romane. Dabei fing ich an, nach diesen Vorlagen und mit einem Schuß eigener Phantasie auch selber kleine Werke zu verfassen. Mit der Zeit hatte ich es auf eine ganze Reihe von historischen Novellen und Abenteurergeschichten gebracht, die ich mit eigenen Illustrationen versehen und unter einem Pseudonym an verschiedene Zeitungen einsandte – ohne Erfolg. Niemand wollte mich publizieren. Ich erinnere mich noch, wie ich aus Unmut darüber einmal kurzerhand ein Gedicht eines Ming Poeten abschrieb und unter dem Namen Deng Huei-lin an eine kleine Zeitung schickte. Der Herausgeber fiel prompt darauf herein: Das Gedicht erschien in einer der nächsten Ausgaben der Zeitung. Aber nicht nur dieser Herausgeber, sondern auch mein Englischlehrer Reginald Johnston, dem ich das Gedicht später zeigte, ließ sich von mir täuschen. Johnston hat es auch ins Englische übersetzt, um es in seinem Buch »Zwielicht in der Verbotenen Stadt« als Beweis dafür zu veröffentlichen, wie poetisch begabt sein kaiserlicher Schüler gewesen sei.

Mein schwächstes Fach war Mandschurisch, wo ich es aus Desinteresse in all den Jahren, bis mein Lehrer starb, nicht einmal bis zum vollständigen Alphabet brachte. Das einzige Mandschuwort, das ich bis jetzt behalten konnte, ist »Yili!« (Steh auf!). Das mußte ich nämlich jedesmal sagen, wenn ein Mandschu-Würdenträger bei mir zur Audienz erschien und mit den Worten »Der Sklave entbietet respektvoll seinen Wunsch, Eure Majestät möge sich bester Gesundheit erfreuen« vor mir niederkniete.

Angesichts der Mißerfolge der ersten Jahre hatte ich schon mit acht Jahren Studiengenossen erhalten, da man sich davon eine günstige Wirkung auf meinen Lerneifer versprach. Meine Mitschüler hatten Anspruch auf ein Geldgeschenk von 80 Unzen Silber im Monat und wurden außerdem mit dem Privileg ausgezeichnet, zu Pferd in die Verbotene Stadt einzureiten.

Empfänger dieser selbst zur Zeit der Republik immer noch äußerst begehrten Ehre wurden mein Bruder Pu Dschiä und Yü Tschung, der Sohn meines Vetters Pu Lun, die zusammen mit mir die Chinesischstunden besuchten. Später kam dann noch Pu Dschia, der Sohn meines Onkel Dzai Tao, hinzu, um meinen Englischunterricht zu teilen. In der Ehre inbegriffen waren allerdings auch Tadel und Strafen, die meine Mitschüler stellvertretend für mich entgegennehmen mußten, wenn ich schlecht gelernt hatte oder mein Betragen sonstwie zu wünschen übrigließ. Der Kaiser durfte nicht angetastet werden! Weil Pu Dschiä als mein Bruder ebenfalls tabu war und auch Pu Dschia meist ausgespart wurde, mußte gewöhnlich immer der unglückliche Yü Tschung als Prügelknabe herhalten.

Von den Chinesischstudenten im Palast der Glückschaffenden

Tugend stand Pu Dschiä mit Abstand in der Spitze, da er noch einen eigenen Hauslehrer hatte und nur gesellschaftshalber zu unseren gemeinsamen Stunden erschien. Die schlechtesten Resultate zeitigte Yü Tschung, was wohl damit zusammenhing, daß er dauernd getadelt wurde, egal, ob er gut vorbereitet war oder nicht. Kein Wunder, daß er unter solchen Umständen bald sein Interesse an den Klassikern verlor und buchstäblich das Opfer seiner Auszeichnung wurde.

Meine Lehrer hatten auch noch einen anderen Grund gehabt, an Studiengenossen für mich zu denken. In meinen ersten Schuljahren war ich oft wirklich unerträglich gewesen. War ich gut aufgelegt, landeten meine Tuchstiefel unweigerlich auf einem der Tische, wo sie mein Tutor nach dem Unterricht holen mußte, um sie mir wieder anzuziehen. Ich erinnere mich auch an andere Ungebührlichkeiten, wie damals, als ich einer plötzlichen Eingebung folgend meinen Lehrer Hsü Fang herangewunken hatte und ihm dann schnell entschlossen ein besonders langes Haar aus seinen buschigen Brauen riß. Hsü Fang war nicht lange nach dem Vorfall gestorben, und meine Eunuchen waren sich einig, daß sein vorzeitiger Tod damit zu erklären sei, daß der Herr der Zehntausend Jahre ihm das ›Haar des langen Lebens‹ ausgezupft hatte.

Nachdem ich Studiengefährten erhalten hatte, besserte sich mein Betragen tatsächlich etwas, und ich brachte es immer häufiger fertig, mich ruhig auf meinem Platz zu verhalten.

Mein Studientag begann gewöhnlich um acht Uhr vormittags und endete um elf. Später, als Englisch hinzukam, folgten noch einmal zwei Stunden von nachmittags ein bis drei Uhr. Kurz vor acht wurde ich in meiner gelben Sänfte in den Palast der Glückschaffenden Tugend getragen. Sobald ich angekommen war, rief ich: »Dschiao!« [Ruf sie!] Darauf holte der mich begleitende Eunuche Lehrer und Mitschüler aus dem Nebenzimmer, wo sie auf mein Eintreffen gewartet hatten. Als erster betrat ein Eunuche mit den Büchern das Studio. Ihm nach folgte der Tutor der ersten Stunde, und am Ende des kleinen Zuges kamen die Mitschüler. Der Tutor blieb als Zeichen der Begrüßung vor mir stehen und schaute mir in die Augen. Das hieß aber nicht, daß ich seinen Blick erwidern mußte; denn »auch der Lehrer bleibt Untertan«, wie das Buch der Riten sagt. Hierauf bezeugten mir Pu Dschiä und Yü Tschung ihren Respekt, indem sie vor mir niederknieten. Nun war der Etikette Genüge getan und wir setzten uns alle gemeinsam nieder. Die Sitzordnung war genauestens geregelt: Ich selbst saß auf dem Ehrenplatz im Norden, das Gesicht dem Süden zugewandt. Der Tutor hielt sich zu meiner Linken und blickte nach Westen, die Mitschüler nahmen an seiner Seite Platz. Inzwischen hatten die Eunuchen die Hüte auf dem dafür vorgesehenen Tisch abgelegt und sich zurückgezogen. Der Unterricht konnte beginnen.

Unter meinen Papieren habe ich ein paar Blätter des Tagebuches gefunden, das ich als Fünfzehnjähriger geführt hatte. Die Eintragungen des 27. und 29. des 11. Mondmonats des 12. Jahres von Hsüan Tung (dies war mein offizieller Kaisername; nach neun Jahren Republik wurde am Hof immer noch die Jahreszahl vom Zeitpunkt meiner Inthronisation an datiert) mögen einen ersten Eindruck meines Schulalltages wiedergeben.

27. Klares Wetter. Um 4 Uhr aufgestanden, achtzehnmal das Zeichen »Glück« in großer Kalligraphie geschrieben. Acht Uhr zum Unterricht, zusammen mit Pu Dschiä und Yü Tschung gelesen: »Analekten«, »Dschou Riten«, »Buch der Riten«, »Tanggedichte«. Lehrer Tschen erklärte die »Allgemeine chronologische Geschichte mit Anmerkungen des Kaisers Tschiän Lung«. 9.30 Uhr Ende der Eßpause. Lasen zur Wiederholung in den Kommentaren von Tzo und Gu Liang. Darauf Erklärungen Lehrer Dschus zum »Großen Lernen«, Parallelsätze geschrieben. 11 Uhr Schluß des Unterrichts. Machte den Kaiserlichen Gemahlinnen meine Aufwartung. Johnston kam heute nicht, wegen leichter Grippe. Kehrte deshalb zum Palast des Geistigen Wachstums zurück. Schrieb weitere 30 Seiten voll »Glück« und »Langes Leben«. Zeitung gelesen, um 4 Uhr gegessen, um 6 Uhr zu Bett. Im Bett gelesen: »Anthologie alter Literatur«; sehr interessant.

29. Klares Wetter. Wachte um 1 Uhr in der Nacht auf, fühlte mich schlecht. Fiel plötzlich zu Boden. War die kohlenverpestete Luft. Zwei Eunuchen eilten herbei und führten mich hinaus. Vor der Kammer wurde mir schwindlig. Legte mich wieder auf mein Lager zurück, konnte aber nicht richtig einschlafen. Auch die beiden Eunuchen hatten Schwindelanfälle; habe erfahren, daß sie heute vor der Gefahr von Kohlengasen gewarnt wurden. Ging um 8 Uhr wie gewöhnlich zum Unterricht. Nachmittags Englisch. Um 3 Uhr Schulschluß. Essen. Schon um 6 Uhr ins Bett.

Meine ersten drei Tutoren, noch von der Kaiserinwitwe Lung Yü bestimmt, waren Lu Rün-hsiang, Yikodan und Tschen Bao-schen. Lu Rün-hsiang stammte aus Kiangsi und war vor seiner Ernennung Großsekretär gewesen. Er starb ein Jahr nachdem er sein Lehramt übernommen hatte. Yikodan, mein Lehrer in der Muttersprache der Tsching, war ein Mandschu des Weißen Banners, der es durch seine Übersetzungen ins Mandschurische zu höchsten akademischen Würden gebracht hatte. Er mühte sich neun Jahre mit mir ab, bis ihn der Tod von seinen vergeblichen Anstrengungen erlöste.

Tschen Bao-schen, der Dritte im Bunde, kam aus Fukien. Er hatte sich in seiner Provinz schon früh den Ruf eines großen Gelehrten erworben und wurde bereits mit zwanzig Jahren Hanlin-Akademiker. Unter Tze Hsi hatte er als Unterkanzler des Großsekretariats und Vizepräsident des Ritenministeriums amtiert. Da er sich mehrmals erkühnte, die allgewaltige Kaiserinwitwe Tze Hsi zu kritisieren, wurde er 1891 unter einem Vorwand um fünf Grade degradiert, worauf er sich in die Provinz zurückzog. Dreißig Jahre später wurde ihm am Vorabend der Revolution wieder ein Gouverneursposten angeboten. Unterwegs zu seinem neuen Amt in Shansi erhielt er dann die Berufung zum Tutor.

Nach dem Ableben von Lu Rün-hsiang übernahm Hsü Fang, Vizepräsident der Kaiserlichen Akademie, meine Ausbildung in chinesischer Geschichte. Daneben wurden noch Dschu Yi-fän, ein Hanlin-Akademiker der Südlichen Bibliothek, und Liang Ding-fen als Lehrer für klassisches Chinesisch verpflichtet. Liang ist der junge Gelehrte, der sich in ganz China einen Namen gemacht hatte, als er das Grab von Kaiser Guang Hsü mit einer Föhre bepflanzte und schwor, so lange Trauerwache zu halten, bis der Setzling zu einem Baum gewachsen sei.

Den größten Einfluß von all meinen Lehrern übte Tschen Bao-schen auf mich aus. An zweiter Stelle folgte später dann Reginald F. Johnston.

Tschen ist seit dem Tage seiner Ernennung an meiner Seite geblieben, bis ich nach Nordostchina aufbrach. Unter all den Beamten im Dienste der Tsching Dynastie war er einer der standhaftesten und zugleich auch einer der vorsichtigsten. In meinen Augen gibt es keinen Mann, der mir und dem Hause der »Großen Tsching« je die gleiche unerschütterliche Loyalität bewiesen hat. Bevor ich später im Leben seine Neigung, aus Vorsicht zu zögern, als Belastung zu empfinden begann, war er meine einzige Autorität. In allen wichtigen und unwichtigen Fragen habe ich seinem Rat vertraut.

Tschen hatte eine eigene Art, seine Stimmungen auszudrücken. War er mit mir zufrieden, so lobte er mich mit den Worten: »Der Kaiser ist noch klein, aber er ist ein würdiger Sohn des Himmels!« Dabei lächelte er, und während er sich langsam über den Bart strich, zogen sich seine Augen zusammen, bis nur noch zwei Schlitze hinter den Brillengläsern übrigblieben.

Aber es lag vor allem an der Art seiner Unterhaltung, daß ich mich so gut mit ihm verstand. Als ich etwas größer war, ging Tschen dazu über, mich jeden Morgen vor dem Unterricht über den neuesten Stand der politischen Lage in der Republik zu informieren. Durch ihn habe ich von den Spannungen zwischen Norden und Süden gehört, von den Rivalitäten der Bürgerkriegsgenerale und den getrübten Beziehungen zwischen Präsident und Parlament erfahren. Hatten wir die aktuellen Fragen genügend beredet, kam Tschen gerne auf die »Blütezeit unter den Kaisern Tung Dsche und Guang Hsü« und das »Goldene Zeitalter unter den Kaisern Kang Hsi und Tschiän Lung« zu sprechen, um bei günstiger Gelegenheit auch die Probleme und besonderen Umstände neu zu analysieren, die ihn damals bewogen hatten, Tze Hsis Ungnade zu riskieren.

Für Tsching Beamte, die zur Republik übergelaufen waren, hatte er nur Zorn und Verachtung übrig. Er betrachtete sie als Verräter an der Dynastie und nahm in seiner Kritik an ihnen nie ein Blatt vor den Mund. Ihm zufolge konnten Revolution, Demokratie und Republik nur zu einer Katastrophe für China führen, und alle, die damit zu tun hatten, waren für ihn nichts als verkappte Räuber und Banditen. Daneben war er aber der festen Überzeugung, daß die Verdienste, die sich die Tsching Dynastie in 200 Jahren um das Volk erworben hatte, letztlich zur Restauration des Drachenthrones führen mußten.

Mein Lehrer Dschu Yi-fän war von einem ganz anderen Schlag. Bei ihm gab es keine privaten Unterhaltungen; auch machte er immer einen etwas niedergeschlagenen Eindruck. Später habe ich dann erfahren, daß er mit Leib und Seele dem Mahjong verfallen war und meist die ganze Nacht durchspielte. Dabei kam der Schlaf natürlich etwas zu kurz. Andererseits galt er als ein erfahrener Arzt. Er wurde sogar einmal an mein Bett gerufen, als ich krank war.

Liang Ding-fen, der seiner Föhre vorzeitig davongelaufen war, war wiederum von der gesprächigen Sorte. Er unterschied sich aber von Tschen Bao-schen darin, daß er am liebsten von sich selbst redete.

So ungleich meine Tutoren auch waren, einen Zug hatten sie gemeinsam. Denn all den Bemühungen ihres Meisters Konfuzius zum Trotz (der von Göttern und Geistern nicht viel hielt) glaubten alle drei an Wahrsagung und Orakel. Sie unterschieden sich nur in der Wahl ihrer Mittel – Tschen befragte meist den Kriegsgott Guän-di, Dschu schwor auf Sanddivination, während Liang es vorzog, sich an Hellseher zu wenden.

Mit den Jahren begann mir die einseitige Gelehrsamkeit meiner Tutoren unerträglich zu werden, zumal sie in Widerspruch zu ihrem doch recht tüchtigen Geschäftsgeist stand, der Literaten bekanntlich abgehen soll. Meine Lehrer wußten sehr genau, wie sie mir reiche Belohnungen entlocken konnten, und so ist denn im Laufe der Zeit eine nicht unbeträchtliche Menge von wertvollen, alten Kalligraphierollen, antiken Kunstgegenständen, frühen Büchern und Malereien aus der Verbotenen Stadt in ihre Residenzen gewandert. Ich verstand ja als Kind nichts vom Wert dieser Sachen. Heute, nach all der Zeit, ist es mir nicht mehr möglich, noch aufzuzählen, was mir damals alles abgebettelt oder ausgeliehen und nicht wieder zurückgebracht wurde. Aber ohne jemandem Unrecht zu tun, läßt sich sagen, daß meine Tutoren alles von mir bekamen, was sie sich von mir wünschten, während sie mir ihrerseits alles gaben, was sie mir geben wollten.

Obwohl ich keinen Prüfungen unterzogen wurde, bot sich mir mit neunzehn Jahren eine Gelegenheit, meinen Erziehern zu beweisen, daß ihre unermüdlichen Bemühungen und Belehrungen nicht ohne Wirkung geblieben waren und ich wohl gelernt hatte, zwischen »Aufrechten« und »Verrätern« zu unterscheiden.

Zu ebendieser Zeit war nämlich Prinz Tsching gestorben, und seine Angehörigen hatten sich mit einer Bittschrift an den Hof gewandt, um für ihren Toten einen posthumen Titel zu ergattern. Das Hofamt schickte mir eine Liste mit Vorschlägen zu, die ich, wie in solchen Fällen üblich, mit meinen Tutoren hätte besprechen sollen. Aber an diesem Tage lag ich gerade mit einer Erkältung im Bett und mußte ohne ihren Rat auskommen. Schon beim ersten Überlesen wurde ich von Unmut erfüllt. Prinz Tsching war ein Verräter an der Dynastie gewesen. Wie konnte man ihn da mit einer Ehrenbezeichnung belohnen!? Entschlossen strich ich mit meinem Pinsel sämtliche Vorschläge durch und setzte eine Reihe von beschimpfenden Ausdrücken darunter. Das so verbesserte Schriftstück ließ ich darauf vom Hofamt wieder abholen. Nach kurzer Zeit erschien mein Vater in der Tür und bat mich, wie immer vor Aufregung stotternd, den Schimpf wenigstens durch einen ehrenvollen Zusatz abzuschwächen. Doch ich konnte mich dafür nicht begeistern und hielt meinem Vater statt dessen einen Vortrag darüber, daß Prinz Tsching sich nicht nur von Yüan Sche-kai hatte bezahlen lassen, sondern auch noch die Kaiserinwitwe Lung Yü dazu überredet hatte, sich der Abdankung nicht zu widersetzen. War nicht das über 200jährige Reich der »Großen Tsching« durch seine Schuld verlorengegangen?

Mein Vater versuchte mich zu einem Kompromiß zu bewegen und schlug den Zusatz »Aufopfernd« vor, der mit dem Zeichen »Hund« an der Seite geschrieben wird. Doch ich durchschaute die List und lehnte zornig ab. Darauf war mein Vater am Ende seiner Weisheit und verschwand ratlos in der Hofbibliothek.

Als ich am nächsten Morgen den ganzen Vorfall Tschen Bao-schen erzählte, wurden seine Augen wieder einmal zu zwei engen Schlitzen: »Eure Majestät haben sehr gut daran getan, den Vorschlag des Regenten abzulehnen. Der Kaiser ist noch klein, aber er ist ein würdiger Sohn des Himmels!« Inzwischen waren die Hanlin-Akademiker der Südlichen Bibliothek konsultiert worden, die das Zeichen für »Geheim, Verschwiegen« vorschlugen. Dazu gab ich meine Einwilligung. Später bin ich dann zufällig auf eine entlegene Stelle in der alten Literatur gestoßen, wo dieses Zeichen mit positiver Bedeutung verwendet worden war, aber da war es schon zu spät.

Meine Auseinandersetzung mit meinem Vater, dem Regenten, brachte mir jedoch noch lange Zeit Anerkennung ein. Tschen Bao-schen und die anderen Tutoren hatten keine Zeit versäumt, den Vorfall weiterzuerzählen, und bald wußten sämtliche Tsching Veteranen davon, daß ihr Kaiser keinen Unwürdigen belohnte.

Viertes Kapitel

Die Eunuchen

Meine Kindheit ist undenkbar ohne Eunuchen.

Eunuchen kleideten mich an und aus, geleiteten mich zum Unterricht, bedienten mich beim Essen, überwachten meinen Schlaf – und wurden von mir dafür belohnt oder bestraft. Sie waren meine wichtigsten Spielgefährten, Sklaven und zugleich auch meine ersten Lehrer.

Ich weiß nicht, vor wieviel hundert Jahren das Eunuchensystem in China eingeführt wurde; aber dafür kann ich auf den Tag genau sagen, wann der letzte Eunuche entlassen wurde: Das war nach der Kapitulation Japans am Ende des Zweiten Weltkrieges, als ich zum drittenmal vom Thron gestürzt wurde. Zu der Zeit war der Eunuchenstab allerdings schon arg zusammengeschrumpft, hatte ich doch nur noch etwa 10 »Mann« in meinem Gefolge im Vergleich zu den 100 000 in der Ming Dynastie und den immer noch stattlichen 3000, die zu Tze Hsis Zeiten am Hof beschäftigt wurden. Der größte Teil dieser Eunuchen war während der Revolution von 1911 davongelaufen. Obwohl der »Wohlwollende Vertrag« Neueinstellungen verbot, nahm die Palastverwaltung unterderhand Ergänzungen vor, so daß die Statistik von 1922 wieder 1737 Eunuchen vermerkt. Zwei Jahre später gelang es mir jedoch, einen Massenexodus zu erzwingen; im Dienst verblieben einzig 200 persönliche Eunuchen der Kaisergemahlinnen und meiner Gattinnen (die sich darüber hinaus noch an die 200 Zofen hielten). Danach setzte sich meine Bedienung aus der stark reduzierten Palastwache und männlichen Gefolgsleuten zusammen.

Früher, als die Tsching Gesetze noch galten, durften sich von einer bestimmten Tagesstunde an außer des Kaisers engster Familie und den diensttuenden Wachen kein »unversehrtes« männliches Wesen in der Verbotenen Stadt aufhalten. Der Hof funktionierte dann nur noch mittels Eunuchen. Aber auch tagsüber waren die Eunuchen mit vielen Aufgaben betraut. Da gab es solche, die Bittschriften und Tribute entgegennahmen und Audienzen vorbereiteten, und andere, die Antiquitäten, Bücher und Bildrollen verwahrten und Geschenke an Würdenträger überbrachten; wieder andere waren mit den täglichen Besorgungen betraut, versahen den Küchendienst oder betreuten die Lieblingsvögel der Kaisergemahlinnen. Ja, es standen sogar eigene Eunuchenmönche und -lamas zur Verfügung, die stellvertretend für die Kaiserliche Familie religiöse Riten zelebrierten. Vom Übermitteln Kaiserlicher Edikte bis zum Auspeitschen fehlbarer Kollegen, vom Vorlesen der Klassiker und Theaterspielen bis zum Reinigen der Palasträume war jede kleinste Arbeit geregelt und in die Hände eines bestimmten Eunuchen gelegt.

Grob gesehen gab es zwei Klassen: 1. die Eunuchen der Aufwartung im persönlichen Dienst des Kaisers, der Kaiserin sowie der Konkubinen, und 2. alle anderen. Jede Klasse war wiederum streng unterteilt in Generaleunuchen, Obereunuchen und gemeine Eunuchen. Eine Kaiserin oder Kaiserinwitwe verfügte über einen Generaleunuchen, während Kaiserliche Konkubinen nur Anspruch auf einen Obereunuchen hatten.

Der höchste Rang, der einem Eunuchen offenstand, war »Beamter der III. Klasse«, aber nachdem Tze Hsi für ihren Günstling Li Liänying schon einmal die Beförderung in die II. Klasse durchgesetzt hatte, erhielt auch mein Generaleunuche Dschang Tschiän-hö dieselbe Auszeichnung. Der Superintendent der 48 Verwaltungsbüros war ein Beamter der III. Klasse mit dem Recht, eine Pfauenfeder zu tragen, während die Ränge der Generaleunuchen, die den einzelnen Büros vorstanden, von der III. bis V. Klasse variierten. Ihnen unterstellt waren Obereunuchen der IV. bis IX. Beamtenklasse sowie die gemeinen Eunuchen ohne jeden Rang. Zuunterst in der Hierarchie rangierten die Sulas [Putzsklaven] und die zum Putzdienst degradierten ehemals Höhergestellten.

Die monatliche Entlöhnung war gering und betrug höchstens 8 Silbertaels, 8 Pfund Reis und 1300 Kupferkäsch. Doch daneben gab es tausend legale und illegale Sondereinnahmen: Viele der oberen Chargen brachten es in der zusätzlichen Geldbeschaffung zu wahrer Meisterschaft. Kaiser Guang Hsü ist in diesem Zusammenhang zwar ein schlechtes Beispiel; denn es ist kaum wahrscheinlich, daß er, wie gern in Theaterstücken und historischen Novellen behauptet wird, erst Li Liän-ying, dem Generaleunuchen Tze Hsis, ein erhebliches Pfortengeld zahlen mußte, bevor er zur Morgenvisite eingelassen wurde. Aber daß hohe Minister und Beamte oft gnadenlos zur Ader gelassen wurden, habe ich von vielen Seiten erzählen hören.

Berühmt ist die Geschichte von der Hochzeit Kaiser Tung Dsches. Damals geschah es nämlich, daß bei der üblichen Verteilung von Geldgeschenken eines der Verwaltungsbüros übergangen wurde. Kaum war der »glückliche« Tag gekommen, da riefen die Eunuchen jenes Büros einen Sekretär des Kaiserlichen Hofamts herbei und berichteten entsetzt, ein Fenster der Zeremonienhalle sei geborsten. Nun war es Hofbeamten laut Hofreglement verboten, ohne vorherige Genehmigung auf die oberen Treppenstufen der Zeremonienhalle zu steigen, so daß der Amtssekretär keine andere Möglichkeit hatte, als sich unter dem fraglichen Fenster aufzustellen und den Schaden aus der Distanz zu begutachten. Wirklich, das Fenster schien einen Sprung zu haben. Der Sekretär erschrak zu Tode. Es war nicht auszumalen, was ihn erwarten würde, falls Tze Hsi an diesem Glückstag ein solch böses Omen entdeckte! Als die Eunuchen ihr Opfer so richtig in Ängsten sahen, gaben sie ihm beruhigend zu verstehen, es sei nicht nötig, einen Glaser zu holen. Da die Zeit dränge, gäbe es noch eine schnellere Methode, den Schaden zu beheben. Der Sekretär verstand. Zwar hatte er nun das Spiel durchschaut, aber es blieb ihm dennoch nichts anderes übrig, als aus den Kassen des Hofamts einen dicken Batzen Silber herholen zu lassen. Sowie das »Geldgeschenk« eintraf, verschwand auch gleich darauf der Sprung im Fensterglas: Der Schaden hatte aus einem langen Haar bestanden, das die Eunuchen vorsorglich für ihre Zwecke hingeklebt hatten.

Zur Zeit, als Tschung Lun, der Vater von Sche Hsü, Oberhofmarschall war, geschah es, daß sich einige Eunuchen wieder einmal bei irgendeiner Gelegenheit finanziell zu wenig berücksichtigt fühlten. Da Tschung Lun am selben Tag zu einer Audienz bei der Kaiserinwitwe Tze Hsi erscheinen mußte, beschlossen sie, ihn unterwegs abzupassen. In dem Augenblick, in dem er unter ihren Fenstern vorbeiging, öffnete sich ein Flügel und ein Schwall Wasser ergoß sich über den Nichtsahnenden. Der schuldige Eunuch zeigte sich höchst entsetzt über die wassertriefende Zobeljacke des Ministers und bat unterwürfig um Strafe. Tschung Lun wußte, daß jetzt, wo die Kaiserinwitwe auf ihn wartete, nicht die Zeit war, die Beherrschung zu verlieren, und so wandte er sich hilfesuchend an die Eunuchen, sie möchten einen Ausweg aus seiner peinlichen Lage finden. Da überreichten sie ihm eine längst bereitgehaltene, identische Jacke mit den Worten: »Dieses armselige Haus dankt für die Ehre, daß es einen Beitrag zum Glück des Großen Ministers leisten durfte.« Tatsächlich hatten die Eunuchen ständig ein Sortiment von Hofgewändern aller Rangstufen samt dazu passender Zeremonienhüte und Gürtel auf Lager, so daß sie jederzeit die gerade benötigte Audienztracht gegen eine »bescheidene Gebühr« ausleihen konnten. Jenes Mal war Tschung Lun an der Reihe gewesen, eine »kleine« Leihgebühr für die Zobeljacke herauszurücken.

Durch ihre Erpressungskünste scheffelten die hochgestellten Eunuchen oft riesige Vermögen. Der Vizegeneraleunuche in meinem Dienst zum Beispiel konnte sich den unerhörten Luxus leisten, im Winter an jedem Tag in einer neuen Pelzrobe vor mir zu erscheinen, und allein der Seeottermantel, den er am Neujahrsfest anzulegen pflegte, dürfte das Lebenseinkommen eines kleineren Beamten ausgemacht haben. Die meisten General- und Obereunuchen besaßen Privatküchen und Jungeunuchen zur Bedienung. Manche hielten sich sogar eine »Familie« mit Nebenfrauen und leibeigenen Zofen außerhalb der Verbotenen Stadt.

Vergleiche ich die »Leistungen« der Generaleunuchen, mit denen ich näher in Berührung kam, miteinander, so läßt sich wohl sagen, daß mein Dschang Tschiän-hö und dessen Stellvertreter und Vize auf diesem Gebiet doch weit hinter der Könnerschaft von Dschang »Kleine Tugend«, dem Lieblingseunuchen der Kaiserinwitwe Lung Yü, zurückblieben. Als ich in Tientsin im Exil lebte, hatte sich auch »Kleine Tugend« in dieser Stadt zur Ruhe gesetzt. Er bewohnte dort mit Nebenfrauen und einem Schwarm von Dienern eine großartige Villa in der englischen Konzession und hatte sich ganz das Gehabe und die Prunkentfaltung eines Bürgerkrieggenerals zugelegt. Wie man sich erzählt, ist ihm eines Tages eine seiner Nebenfrauen davongelaufen, um bei der englischen Polizeihauptwache Zuflucht vor unmenschlichen Quälereien zu finden. »Kleine Tugend« hatte Geld im Überfluß und wußte es richtig einzusetzen. So kam es, daß die Polizeistation der um Asyl Bittenden nicht nur keinen Schutz gewährte, sondern sie gleich wieder ihrem Herrn auslieferte. In der Villa ihres »Mannes« ist sie zu Tode gepeitscht worden.

Für die niedrigen Eunuchen hingegen gab es keine Nebeneinkünfte, und die Entlohnung war kümmerlich: 2 Silbertaels, 1½ Pfund Reis und 600 Kupferkäsch. Ihr Leben war hart, sie wurden oft geschlagen oder sonstwie bestraft, und im Alter erwartete sie Armut und Einsamkeit. Vom Kaiserlichen »Gnadenbrot« konnte sich keiner satt essen. Wurde so ein Sula wegen irgendeines Vergehens mittellos aus der Verbotenen Stadt gejagt, so bedeutete das für ihn den sicheren Hungertod.

Mir am nächsten standen die Eunuchen im Palast des Geistigen Wachstums, insbesondere meine Kammerdiener, die mich an- und auskleideten und mir bei den Mahlzeiten aufwarteten. Sie hausten in zwei schmalen Gängen im Osten und Westen des Palastes und unterstanden zusammen mit den mir zugeteilten Putzsulas dem Oberkommando meines Generaleunuchen Dschang Tschiän-hö und dessen Vize.

Solange die Kaiserinwitwe Lung Yü noch lebte, wurde mein Tagesablauf von ihrem Generaleunuchen Dschang »Kleine Tugend« geregelt, der mich auch in Hofetikette zu unterweisen hatte. Aber ich empfand für ihn nur wenig Zuneigung und vertraute viel mehr Dschang Tschiän-hö, der damals ein Fünfziger mit einem kleinen Buckel war. Dschang Tschiän-hö ist mein erster Lehrmeister in Chinesisch gewesen. Schon sehr früh hatte er auf Anweisung der Kaiserinwitwe Lung Yü mir mit Kärtchen die ersten Charaktere beigebracht und dann den »3-Zeichen Klassiker« und das »Buch der Familiennamen« durchgenommen. Wie jeder Generaleunuche eines Kaisers suchte er mir bei jeder Gelegenheit seine Loyalität und tiefe Ergebenheit zu beweisen. Von ihm erfuhr ich schon als kleines Kind, daß Yüan Sche-kai hassenswert und Sun Yat-sen gefährlich wären, daß die Republik ihre Existenz nur der »Nachgiebigkeit« des Tschinghofes zu verdanken hätte und die meisten ihrer Beamten aus den Reihen früherer Tsching Minister stammten.

Auch als ich größer war, berichtete er über jede Änderung im politischen Klima, die ihm zu Ohren kam. Ja, ich konnte am Morgen aus den Schwankungen seiner Stimme beim Rezitieren der Vortageslektion heraushören, ob er die allgemeine Lage als gut oder schlecht für mich ansah. Dschang ist auch mein erster Spielgefährte gewesen. Bei ihm gewann ich immer; denn dafür, daß seine eigene Kasse nicht zu kurz kam, wußte er schon zu sorgen.

Wie jedes andere Kind war ich auch auf Geschichten versessen. Wollte ich alles aufschreiben, was mir Dschang Tschiän-hö und die anderen Eunuchen erzählt haben, könnte ich Bücher füllen. Ihre Lieblingsthemen waren Gespenstergeschichten, die in der Verbotenen Stadt spielten, und Sagen von dienstbaren Geistern, die den Himmelssohn beschützten.

Für die Eunuchen gab es keinen Gegenstand, kein Wesen und kein Fleckchen in der Verbotenen Stadt, das sich nicht schon einmal in einen Geist verwandelt hatte; und was für Bronzekraniche, Goldkrüge, Wassertiere, Bäume, Brunnen und Felsen galt, traf natürlich noch viel mehr auf die Statuen des Kriegsgottes Guän-di und des »Wahren« Kaisers Wu zu, die überall im Palast aufgestellt waren.

Ich liebte diese Geschichten und konnte mich nie daran satt hören; sie gaben mir von klein auf das Gefühl, Götter und Geister seien nur darauf aus, dem Kaiser zu Gefallen zu sein. Hatte ich da nicht den Beweis, daß ein Kaiser das oberste und erhabenste Geschöpf auf Erden war?

Da war vor allem die Geschichte des Bronzekranichs, der eine Delle hatte. Wie die Eunuchen erzählten, hatte sich dieser Bronzekranich einmal in einen Geist verwandelt, um Kaiser Tschiän Lung in den Süden zu begleiten. Während er schützend über seinem Herrscher dahinflog, wurde er unglückseligerweise von einem Pfeil aus Tschiän Lungs Köcher am linken Fuß getroffen, was ihn zwang, sofort an seinen Standort in der Verbotenen Stadt zurückzukehren. Als er dort wieder seine ursprüngliche Gestalt annahm, verwandelte sich die blutverkrustete Schußwunde in eine rostige Delle.

Von einem bestimmten Ziegelstein der Treppe, die zur Terrasse der Allumfassenden Ruhe führte, hieß es, darunter sei ein fußähnlicher Abdruck verborgen. Die Eunuchen erzählten, zur Zeit Kaiser Tschiän Lungs sei bei einer Feuersbrunst der »Wahre« Kaiser Wu aus dem Palast getreten und habe mit einer Handbewegung den Flammen Einhalt geboten. Sein Fußabdruck unter dem Stein zeuge noch von dieser Feuerbeschwörung.

Auch das steinerne Ruhekissen auf der Terrasse vor dem Palast des Immerwährenden Frühlings war nicht grundlos aufgestellt worden. Meine Eunuchen sprachen oft von den vier goldenen Drachen auf dem Dach des benachbarten Palastes der Tugendhaften Rechtschaffenheit, von denen jede Nacht einer zum Palast des Immerwährenden Frühlings flöge, um aus den großen goldenen Krügen dort Wasser zu trinken. Irgendein Kaiser habe dann dieses steinerne Ruhekissen anfertigen lassen, damit die Drachen sich nach dem Wassertrinken erholen konnten.

– All diese Geschichten und viele andere mehr glaubte ich als Kind ohne Vorbehalt, wie der folgende kleine Zwischenfall beweisen mag.

Einmal, ich war wohl sieben oder acht Jahre alt und fühlte mich etwas kränklich, brachte mir mein Generaleunuche Dschang eine zinnoberrote Pille. Dazu erzählte er, er habe eben geschlafen, und da sei ihm im Traum ein ehrwürdiger Greis mit schlohweißem Bart erschienen und habe ihm diese Pille des Ewigen Lebens übergeben mit der Bitte, sie demütig dem Herrn der Zehntausend Jahre darzureichen. Wie ich das hörte, wurde ich so vergnügt, daß ich darüber ganz vergaß, wie krank ich doch eigentlich war. Ich rannte mit der Wunderpille zu den vier Kaisergemahlinnen und bat sie, auch davon zu kosten (ich war damals gerade sehr beeindruckt von den »24 Beispielen der kindlichen Pietät«). Die »Erlauchten Mütter«, von Dschang wohl rechtzeitig verständigt, zeigten sich sehr gerührt und priesen meine Kindesliebe.

Etwas später, als ich eine Arznei aus der Kaiserlichen Apotheke holte, entdeckte ich dort eine Reihe von roten Kügelchen, die meiner Pille des Ewigen Lebens zum Verwechseln ähnlich sahen. Die Enttäuschung, die mich darauf befiel, habe ich jedoch schnell überwunden: Ich wollte mir einfach die Geschichte mit dem geheimnisvollen Alten nicht nehmen lassen.

Die Erzählungen der Eunuchen gaben mir ein gewaltiges Selbstgefühl, aber andererseits nährten sie doch auch in mir von klein auf eine absurde Furcht vor Geistern und Dämonen. Den Eunuchen zufolge gab es keinen Winkel in der Verbotenen Stadt, in dem nicht eine Spukgestalt auf ihr Opfer lauerte. Berüchtigt war der schmale Durchgang hinter dem Palast der Ewigen Harmonie, wo Gespenster nur darauf warteten, unachtsame Passanten am Nacken zu packen. Im Brunnen vor dem Dsching-hö Tor hausten weibliche Dämonen, die glücklicherweise durch eine Eisenplanke daran gehindert wurden, ihr Unwesen im Palast zu treiben. Von der Brücke, welche die drei Seen im Winterpalast miteinander verband, wußte jedermann, daß sie alle drei Jahre ein Menschenopfer verlangte ...

Durch Bücher über »magische Kräfte und dämonischen Spuk«, die mir meine Eunuchen von meinem elften Lebensjahr an heimlich verschafften, drang ich immer mehr in die Mysterien der Geisterwelt ein. Dazu kam natürlich noch der Einfluß meiner Umgebung, wo unaufhörlich irgendeinem buddhistisch-taoistischen Gott oder Geist geopfert wurde und auch gelegentliche Teufelstänze von Schamanen durchaus zum Alltag gehörten. Kein Wunder, daß ich mich bald außer vor Geistern und Dämonen auch vor Dunkelheit, Blitz und Donner fürchtete und in Panik geriet, wenn ich unversehens einmal allein in einem Zimmer zurückgelassen wurde.

Sobald die Abenddämmerung hereinbrach und die Verbotene Stadt, nachdem sich alle hoffremden Leute zurückgezogen hatten, wie ausgestorben dalag, ertönte vom Palast der Himmlischen Reinheit der schauerlich klingende Ruf: »Legt-die-Türriegel-vor! Schließt-die-Schlösser! Habt-acht-auf-Lichter-und-Feueeer!« In einer einzigen Antwortwelle schlossen sich darauf wie von Geisterhand überall die Türen und Tore. (Dieser Brauch war von Kaiser Kang Hsi [1654–1722] eingeführt worden, um die Wachsamkeit der Eunuchen zu steigern.) Bei der geisterhaften Stille, die sich nun über die Verbotene Stadt legte, traute ich mich für den Rest des Abends nicht mehr aus meiner Kammer hervor. Mir war, als hätten sich sämtliche Spukgestalten aus den Geschichten vor meinem Fenster eingefunden, um mir aufzulauern.

Das will jedoch nicht besagen, daß mir die Eunuchen mit ihren Geschichten von hilfreichen Geistern und bösartigen Dämonen bewußt schmeicheln oder mich absichtlich erschrecken wollten. Sie waren ja selbst auch ungemein abergläubisch. Wenn mein Generaleunuche Dschang zum Beispiel vor einer Schwierigkeit stand, suchte er immer erst nach einem Fingerzeig in den »Aufzeichnungen der Jadedose«, bevor er einen Entschluß zu fassen wagte. Auch die anderen Eunuchen waren ständig bemüht, sich nicht durch eine Unvorsichtigkeit die Gunst der verschiedenen Palastgottheiten zu verscherzen. Besonders respektvolle Verehrung genossen die Schlangen-, Fuchs-, Wiesel- und Igelgeister. Aber auch Gottheiten buddhistischer, taoistischer und konfuzianistischer Herkunft erhielten neben einer Menge von Sterngeistern und Papa Wang und Mama Wang regelmäßig ihre Opfergaben. All diese Götter und Geister hatten jedoch nichts mit der offiziellen Opferliste der Kaiserlichen Familie zu tun; sie waren, wie unter den Eunuchen die Rede ging, von einem Kaiser eigens als Schutzgeister für den Eunuchenstand in den Rang von Unsterblichen der II. Klasse erhoben worden.

Ein Eunuche erzählte mir dazu, er sei einmal auf der Terrasse vor dem Palast der Himmlischen Reinheit hin und her spaziert, da habe ihn unversehens ein Unsterblicher mit den Insignien der II. Klasse gepackt und die Terrassentreppe heruntergeschleudert. Das sei einer von diesen Palastgöttern gewesen. Eunuchen wußten auch ganz genau, warum sie kein Rindfleisch essen durften. Es hieß, die alten Palastgötter würden eine solche Versündigung gegen die fünf Eßgebote sofort rächen und dem Frevler zur Strafe am nächstbesten Baum die Lippen blutig wetzen. Wann immer ein Eunuche eine leere Halle zu betreten hatte, rief er laut

»Der Sklave öffnet jetzt die Türe«, um sicherzugehen, nicht mit einem Palastgott zusammenzustoßen und sich so eine fürchterliche Strafe zuzuziehen.

Die Eunuchen opferten den Palastgöttern am 1. und 15. eines Monats sowie zu Neujahr und anderen hohen Festen. Gewöhnlich bestanden die Gaben aus Eiern, getrocknetem Bohnenkäse, gebranntem Reiswein und einer Art Gebäck, das »25-Augen-Kuchen« hieß. Zu Neujahr und an den sonstigen bedeutenden Anlässen verlangten die Gottheiten zudem noch ein ganzes Schwein, ein ganzes Schaf und eine große Menge Früchte.

Für die schlechtbezahlten Eunuchen der untersten Stufe bedeuteten diese Opfer eine erhebliche finanzielle Belastung; trotzdem beteiligten sie sich immer gerne und bereitwillig an den Kosten. Als niedrige Sulas oft Zornesausbrüchen und Schlägen ausgesetzt, erhofften sie sich wohl, die also versöhnten Palastgötter möchten sie in Zukunft vor größerem Schaden bewahren.

Fünftes Kapitel

Meine Amme

In dem Tagebuch meines Lehrers Liang Ding-fen findet sich unter dem 21. Februar 1913 folgende Eintragung: »Seine Majestät liebt körperliche Züchtigungen. Erst kürzlich hat er 17 Eunuchen wegen geringfügiger Vergehen auspeitschen lassen. Der Untertan Tschen Bao-schen und andere haben versucht, Ihn zur Mäßigung anzuhalten, aber Seine Majestät nahm ihre Ermahnungen nicht an.«

Mit anderen Worten, im zarten Alter von zehn Jahren hatte ich mir bereits angewöhnt, bei jeder Gelegenheit Eunuchen auspeitschen zu lassen: Grausamkeit und Jähzorn waren mir zur zweiten Natur geworden. Meist ließ ich Eunuchen züchtigen, um mich zu erheitern, wenn ich übel aufgelegt war; aber auch in den wenigen Momenten plötzlicher Hochstimmung ging das für meine Umgebung oft böse aus. Schon als kleines Kind hatte ich absonderliche Neigungen. Neben meiner Vorliebe für Kamele, Ameisen und Würmer begeisterte ich mich an Wettkämpfen zwischen Stieren und Hunden. Doch selbst damals konnte mir nichts soviel Vergnügen bereiten wie ein gelungener böser Streich. Mein

Gefolge hat, lange bevor ich die Existenz eines Strafvollzugsamtes entdeckte, gelernt, kaiserliche Scherze zu fürchten.

Ich erinnere mich, wie mich mit sieben, acht Jahren das Verlangen packte, meine allzeit so beflissenen Eunuchen auf die Probe zu stellen. Ich winkte mir ein Opfer herbei und zeigte auf ein Stück Unrat, das auf dem Boden lag: »Komm, iß das für Uns auf!« Zu meiner Genugtuung kniete sich der Eunuche tatsächlich nieder und würgte, dem Befehl des »Geheiligten Himmelssohnes« folgend, den Dreck hinunter.

Ein andermal spielte ich mit einem Feuerwehrschlauch, als ein alter Eunuche vorbeischlich. Gleich überkam mich die Lust, ihm einen Schrecken einzujagen. Ich richtete den eiskalten Wasserstrahl auf ihn, und der Alte wagte nicht, wegzulaufen, sondern kniete nieder und ließ sich so lange anspritzen, bis er bewußtlos zusammenbrach.

Meine Angewohnheit, mir durch Quälereien die Zeit zu vertreiben, wurde von meiner Umgebung geradezu gefördert, war doch jeder stets bemüht, dem »Kaiser« in allem zu Gefallen zu sein. Zwar dozierten meine Erzieher oft und langatmig über philosophische Ideale wie »Humanität« und »Gerechtigkeit«, aber dabei wagten sie es doch nie, meine Autorität in Frage zu stellen. Im Gegenteil; denn gerade sie waren es, die mir von klein auf mit ihrer unnatürlichen Haltung Autoritätsdünkel eingeflößt hatten. Was halfen da noch all die Vorbilder von weisen Herrschern und großmütigen Helden aus der Geschichte, mit denen man mich zur Vernunft zu bringen suchte, es lief doch alles darauf hinaus, daß ich der »Kaiser« war und somit jenseits von Gut und Böse stand.

Am Tschinghof gab es einen Menschen, der meinem Mutwillen Einhalt gebieten konnte, und das war Wang Momo, meine Amme.

Wang Momo hatte nie ein Buch gelesen und kannte keine abstrakten Begriffe wie »Humanität« und »Gerechtigkeit« oder illustre Beispiele aus der Geschichte, doch ihre einfachen Ermahnungen verfehlten nie ihre Wirkung auf mich.

Einmal führte ein Eunuch ein Marionettenspiel auf, und ich beschloß, ihm für seine Geschicklichkeit einen Kuchen zu schenken. Doch da überkam mich schon wieder der alte Quälgeist. Ich riß ein Säckchen auf, das zum Boxtraining bereitstand, und nahm eine Handvoll Eisenspäne heraus, um den Kuchen damit zu bereichern. Meine Amme, die mich dabei beobachtet hatte, fragte: »Alter Gebieter, überlegt Euch doch, wie soll das jemand essen können, wenn Ihr Eisenspäne hineintut?«

»Wir möchten nur sehen, was für ein Gesicht er macht, wenn er hineinbeißt.«

»Er wird sich die Zähne ausbeißen, und wenn er keine Zähne mehr hat, kann er nicht mehr essen!«

Das leuchtete mir ein, aber ich brachte es doch nicht fertig, so leicht auf meinen Spaß zu verzichten: »Wir möchten doch nur dieses eine Mal sehen, wie sich jemand die Zähne ausbeißt!«

»Und wenn Ihr statt dessen getrocknete grüne Erbsen nehmt? Wenn er auf die Erbsen beißt, sieht das bestimmt genauso komisch aus!«

So brachte es meine Amme fertig, den Marionettenspieler vor größerem Schaden zu bewahren.

Eines Tages kam ich auf die Idee, mit meinem Luftgewehr auf die Fenster des Eunuchenzimmers zu schießen, und hatte einen Riesenspaß an den lustigen kleinen Löchern, mit denen die Papierbespannung bald übersät war. Doch dann holte jemand meine Amme herbei. »Alter Gebieter, hinter diesen Fenstern sind doch Menschen!« sagte sie vorwurfsvoll. »Wenn Ihr einfach so darauflos schießt, wird es bestimmt noch Verletzte geben!«

Einzig meine Amme hat mir jemals gesagt, daß Eunuchen Menschen gleicher Art waren wie ich selbst. Nicht nur ich hatte Zähne, nicht nur ich konnte keine Eisenspäne vertragen, nicht nur mich würden Schüsse aus dem Luftgewehr schmerzen, nein, auch die anderen Leute waren mit den gleichen Empfindungen ausgestattet wie ich, der Kaiser. Zwar verstand ich das so gut wie jedermann, aber in der unnatürlichen Atmosphäre des Hofes mußte mir diese Tatsache gelegentlich ins Gedächtnis zurückgerufen werden; denn ich war ja von klein auf dazu erzogen worden, alle Leute um mich als »Untertanen« und »Sklaven« zu betrachten, auf die man keine Rücksicht zu nehmen brauchte.

Ich bin an Wang Momos Brust aufgewachsen; sie stillte mich bis zu meinem neunten Lebensjahr, und ich hing an ihr wie ein kleines Kind, das keinen Augenblick von seiner Mutter getrennt sein kann.

Wang Momo wurde kurz vor meinem neunten Geburtstag auf Befehl der Kaisergemahlinnen hinter meinem Rücken aus dem Palast entfernt. Wie gerne hätte ich damals alle vier »Erlauchten Mütter« hergegeben, wenn ich nur meine Momo hätte behalten dürfen. Aber so sehr ich auch heulte und tobte, man gab sie mir nicht zurück. Heute ist mir klar, daß ich in meinem ganzen Leben nie mehr einen so aufrichtigen Menschen an meiner Seite hatte wie Wang Momo. Alles, was sie mir in meiner Kindheit an humanem Denken beigebracht hatte, ist nach ihrer Entlassung durch den korrumpierenden Einfluß meiner Umgebung wieder verschüttet worden.

Nach meiner Vermählung ließ ich sie ausfindig machen, und zuweilen kam sie für ein paar Tage zu mir in den Palast. Gegen Ende meines Zwischenspiels in Mandschuguo brachte ich sie nach Tschangtschun, wo ich für sie sorgte, bis ich Nordostchina verlassen mußte. – Nie hat sie aus ihrer Stellung Vorteile für sich selbst gezogen. Wang Momo war von so milder Art und ausgeglichenem Wesen, daß niemand mit ihr in Streit geraten konnte. Sie redete nur wenig und auch dies nur, wenn sie dazu aufgefordert wurde. Meist saß sie stumm da, und ein sanftes Lächeln verklärte ihre Züge. Ich habe früher oft versucht, hinter das Geheimnis dieses Lächelns zu kommen. Ihre Augen schienen auf einen Punkt in der Ferne gerichtet, und manchmal bildete ich mir ein, Momo könne mehr im Himmel oder in den Bildern an der Wand sehen, als sich meinem Blick auftat.

Sie hat mir nie von sich erzählt. Erst später, als ich nach meiner Begnadigung ihren Adoptivsohn aufsuchte, habe ich ihre Lebensgeschichte erfahren. Was für Demütigungen, was für unsägliches Leid sind dieser Frau, die mich, den »Kaiser der Großen Tsching«, mit ihrer eigenen Milch aufgezogen hatte, nicht von ebendiesen »Großen Tsching« zugefügt worden!

Sie wurde im Jahre 1887 als Kind einer armen Bauernfamilie geboren, die in einem kleinen Dorf in der Provinz Dscheli (heute Hopeh) ansässig war. Die Dschiao-Familie war nicht groß, neben Vater und Mutter hatte Momo nur noch einen sechs Jahre älteren Bruder. Der Vater, bei ihrer Geburt an die 50 Jahre alt, besaß ein paar kärgliche Flecken Marschland, die in Dürrejahren austrockneten und in Regenjahren leicht überschwemmt wurden. Pachtzins und übertriebene Steuern lasteten schwer auf der Familie, so daß auch in guten Jahren die Ernte kaum ausreichte, die Dschiaos vor Hunger zu bewahren.

Als die große Überschwemmungskatastrophe von 1890 über den Norden Dschelis hereinbrach, mußte die Familie aus ihrem Dorf flüchten. Mehrmals setzte der Vater das dreijährige Mädchen unterwegs aus, aber genausooft holte er es wieder in seinen Tragkorb zurück. – Später hat Momo ohne den geringsten Groll dem Adoptivsohn von dieser Flucht erzählt und dabei entschuldigend erklärt, ihr Vater habe damals vor Entkräftung und Kälte kaum die Tragstange mit ihr und den wenigen geretteten Habseligkeiten aufnehmen können. – Unter größten Entbehrungen langte die kleine Familie in Peking an. Ihr ganzes Hoffen war auf einen Eunuchen am Hofe gerichtet, doch dieser entfernte Verwandte ließ sich verleugnen. Damit blieb den Dschiaos nichts anderes übrig, als sich zu dem riesigen Heer von Bauernbettlern zu schlagen, die damals die Straßen Pekings überschwemmten. (Zu ebendieser Zeit ließ der Hof großangelegte Bauten im Sommerpalast ausführen und verschwendete Unsummen für das Begräbnis meines Großvaters, des Prinzen Tschün I.)

Die Dschiaos versuchten, ihre Tochter zu verkaufen, aber es fand sich kein Abnehmer. Not und Elend unter den Flutopfern erreichten ein solches Ausmaß, daß der Präfekt des Verwaltungsdistrikts von Peking Unruhen fürchtete und eiligst Freiküchen einrichten ließ. Nachdem der Bruder bei einem Barbier als Lehrling untergebracht werden konnte, gelang es den Dschiaos, sich schlecht und recht durch den Winter zu schlagen. Im Frühling zog es die Bauernbettler wieder auf ihre verheerten Felder, und als die Reisküche eingestellt wurde, begann eine allgemeine Rückwanderung. Auch die Dschiaos kehrten in ihr Dorf zurück, wo sie die nächsten Jahre ein kümmerliches Dasein fristeten.

Als die damalige Provinz Dscheli im Anschluß an den Boxeraufstand von Strafexpeditionen der Acht Mächte heimgesucht wurde, suchte die Familie erneut Zuflucht in Peking, wo sie der Bruder, der es inzwischen zum Barbier gebracht hatte, aufnahm. Auf die Dauer ging diese Lösung dennoch über seine Kräfte, und so wurde Momo zur Heirat an einen tuberkulösen Amtsboten namens Wang verkauft. Die nächsten drei Jahre brachten Momo nichts als Schläge und Flüche, und als sie dann einem kleinen Mädchen das Leben schenkte, starb kurz darauf ihr Mann und ließ sie mit ihren Schwiegereltern in größter Not zurück.

Gerade um diese Zeit suchte der Haushalt des Prinzen Tschün eine Amme für mich. Wang Momo wurde aus zwanzig Bewerberinnen ausgelesen, weil sie gesund und gefällig aussah und ihre Milch besonders fett war. Weil Momo dringendst Geld für ihre Schwiegereltern und ihr Kind brauchte, nahm sie die unmenschlichsten Bedingungen an: Es wurde ihr untersagt, ihre Familie zu besuchen, ja, sie durfte sich nicht einmal von ihrer kleinen Tochter verabschieden. Dafür mußte sie sich bereit erklären, jeden Tag eine Schale ungesalzenes, fettes Schweinefleisch zu essen. – Für zwei Unzen Silber Monatslohn wurde ein Mensch zu einer Milchkuh degradiert!

Nach drei Jahren starb Momos Tochter an Unterernährung, aber mit Rücksicht auf die gleichbleibende Güte ihrer Milch hat ihr der Haushalt des Prinzen Tschün diese Nachricht vorenthalten. Erst sechs Jahre später, als Momo von den Kaisergemahlinnen abgeschoben wurde, erfuhr sie, daß ihr kleines Mädchen all die Zeit nicht mehr am Leben war.

III. Jugend in der Verbotenen Stadt

Erstes Kapitel

Die Ära Yüan Sche-kai

In der Verbotenen Stadt konnte es in den frühen Morgenstunden seltsamerweise geschehen, daß manchmal selbst noch im innersten Teil des Palasts das ferne Echo des Stadtlärms zu hören war – ein Gemisch von Marktrufen der Händler, Knarren der holzrädrigen Lastkarren und, ab und zu, Soldatengesang. Die Eunuchen nannten dies »Stadtecho«. Später, als ich die Verbotene Stadt verlassen mußte, habe ich mir dieses ferne Geräusch noch oft ins Gedächtnis gerufen und mit ihm auch all die absonderlichen Träume und Visionen, denen ich in meiner Jugend nachhing.

Aber es gab noch eine andere Art von »Stadtecho«, das mich immer mehr in seinen Bann zog: die Restaurationsgerüchte. Restauration hieß in der Sprache der Verbotenen Stadt »Wiedererlangung des Ahnenerbes« oder auch, wie die Tsching Veteranen und früheren Minister sich ausdrückten, »Glorreiche Wiederherstellung der alten Ordnung« und »Rückgabe der Regierungsgewalt an das Haus der Tsching«.

Die auf meine Wiedereinsetzung ausgerichteten Aktivitäten begannen nicht erst mit meinem kurzlebigen Restaurationsversuch von 1917 und endeten auch nicht mit meiner Flucht aus der Verbotenen Stadt in die Japanische Gesandtschaft im Jahre 1924. Vielmehr kann man sagen, daß von dem Tage der Proklamation meiner Abdankung (1912) bis zur Errichtung des »Kaiserreichs Mandschuguo« (1934) ständig Vorstöße unternommen worden sind, mich auf den Thron zurückzubringen. Anfänglich spielte ich dabei, unter der Anleitung der Erwachsenen um mich, eine passive Rolle, aber später, als mein Standesbewußtsein geweckt war, begann ich aus eigenem Antrieb zu handeln.

Nach der Abdankung stand ich vor allem unter dem Einfluß meiner Tutoren, hinter denen wiederum die suspendierten Großminister des Hofamtes und mein Vater, der frühere Prinzregent, agierten, um – geduldet vom interimistischen Präsidenten der Republik [Yüan] – die Interessen des Kaiserlichen Hauses zu wahren. Obwohl all diese Leute am Hof in ihrem Engagement sicher hinter niemandem außerhalb der Verbotenen Stadt zurückstanden, begann ich doch allmählich zu begreifen, daß die Macht, eine Restauration einzuleiten, in anderen Händen lag – eine Tatsache, deren sie selbst sich wohl bewußt waren.

Erstaunlich dabei ist aber, daß eine stetig wachsende Anzahl von Bewohnern der Verbotenen Stadt plötzlich ihre Hoffnungen auf die in der Revolution emporgekommenen Politiker heftete, die nun das Land anstelle der Tsching regierten: Im Mittelpunkt sämtlicher Wunschvorstellungen stand Yüan Sche-kai selbst, der doch alles getan hatte, um den Palast gegen sich aufzubringen. Ich erinnere mich noch genau, wie die Stimmung in der Verbotenen Stadt von Furcht in erwartungsvolle Hoffnung umschlug.

Im ersten Jahr nach meiner Abdankung konnte man im Palast nur selten ein lachendes Gesicht sehen. Ein großer Teil der Eunuchen war davongelaufen, und die, die zurückblieben, ergingen sich in ständigem Seufzen und Wehklagen. Selbst die Kaiserinwitwe hatte meist Tränen in den Augen, wenn ich bei ihr zu meiner Morgenvisite antrat. Aber mit Beginn des zweiten Jahres der Republik trat jene Änderung in der politischen Lage ein, die den Hof in Euphorie versetzte.

Das Ganze begann damit, daß mir mein Tutor Tschen Bao-schen vor dem Unterricht verschmitzt zulächelte, um schließlich mit der Neuigkeit herauszurücken: »Nach dem Westlichen Kalender ist morgen Neujahr. Deshalb wird die Republik jemanden schicken, um Eurer Majestät Glückwünsche zu übermitteln, und zwar in Vertretung des Präsidenten.« Nie zuvor hatte ich Tschen so selbstzufrieden gesehen. Er setzte mir auseinander, daß für diesen Abgesandten der Republik das Protokoll für die Audienzen ausländischer Minister gelte, wonach ich selbst nichts zu sagen hatte. Ich brauche bloß hinter dem Drachentisch sitzend dem Staatsakt beizuwohnen, die Zeremonie selbst würde dann von Hofminister Schao Ying geleitet werden.

Am Neujahrstag kleidete man mich in Galagewänder und den Umhang mit den goldenen Drachen, setzte mir den Zeremonienhut mit Perlenknopf auf und legte mir die Kaiserliche Perlenkette um. So zurechtgemacht saß ich unbeweglich auf dem Thron im Palast der Himmlischen Reinheit, während sich mir zur Rechten und zur Linken je ein Großkammerherr aufstellte, flankiert von den Kammerherren der Kaiserlichen Präsenz und der Palastwache. Der Abgesandte des Präsidenten verbeugte sich, kaum daß er die Thronhalle betreten hatte, kam ein paar Schritte näher, blieb stehen, verbeugte sich erneut und setzte sich wieder in Bewegung, bis er bei den Stufen des Throndais anlangte, wo er mir nach einer dritten, tiefen Verbeugung die Glückwunschadresse seiner Regierung übermittelte. Nun stieg der Hofminister die Thronstufen herauf und kniete vor mir nieder. Ich entnahm aus einer mit gelber Seide ausgeschlagenen Holzkassette auf dem Drachentisch meine Antwort und reichte sie Schao Ying. Der erhob sich, las das Schreiben mit lauter Stimme vor und gab es mir zurück. Darauf verbeugte sich der Abgesandte der Republik noch einmal tief. Der Staatsakt war beendet.

Am folgenden Morgen hatte die Stimme meines Generaleunuchen beim Rezitieren der Vortageslektion einen helleren Klang als sonst, und mein Lehrer Tschen Bao-schen war so erregt, daß er während des Unterrichtes dauernd seinen Bart zwirbelte und den Kopf hin und her wiegte: »Der Wohlwollende Vertrag ist in den Nationalarchiven hinterlegt und von allen ausländischen Mächten offiziell zur Kenntnis genommen worden. Auch der Präsident kann sich nun nicht mehr darüber hinwegsetzen!« erklärte er zufrieden.

Als dann ein paar Tage später erneut ein Abgesandter des Präsidenten eintraf, um mir zu meinem Geburtstag zu gratulieren, schöpften auch die Prinzen und übrigen Tsching Würdenträger neuen Mut. Plötzlich sah man wieder offizielle Hofgewänder, rote Mandarinknöpfe und Pfauenfedern; und die Tageskleider, die nach der Abdankung aus Furcht, die Republik zu provozieren, angelegt worden waren, verschwanden aus dem Bild der Verbotenen Stadt. Manche Prinzen und Tsching Minister gingen sogar so weit, sich wieder in vollem Ornat mit Vorreiter und Gefolge in den Straßen Pekings zu zeigen.

Am Geburtstag der Kaiserinwitwe, der im Jahre 1913 auf den 15. März fiel, erlebte die Verbotene Stadt eine glanzvolle Zeremonie, wie zu Zeiten des Alten Hofes. Yüan Sche-kai schickte diesmal seinen Staatssekretär, und die Gratulationsadresse trug die zeremonielle Anschrift: »Der Präsident der Großen Chinesischen Republik schreibt an Ihre Majestät, die Kaiserinwitwe der großen Tsching, Lung Yü.« Kaum hatte sich der Staatssekretär zurückgezogen, erschien Yüans Ministerpräsident mit vollzähligem Kabinett, um seinerseits der Kaiserinwitwe respektvoll seine Aufwartung zu machen.

Als Lung Yü eine Woche darauf unerwartet starb, erregte Yüans Haltung noch größeres Aufsehen. Er legte eine schwarze Armbinde an, und für seine zivilen und militärischen Beamten verfügte er 27 Tage Staatstrauer. Überdies ließ er in ganz China die Flaggen auf halbmast setzen. Das Kabinett erschien vollzählig, um der Erlauchten Verstorbenen die letzte Ehre zu erweisen. In der Thronhalle der Höchsten Harmonie fand unter dem Präsidium des Vorsitzenden des Senats eine »Zivile Trauerfeier der Nation« statt, während die Armee, angeführt von General Duän Tschi-ruei, eine »Militärische Trauerfeier der

Nation« abhielt. In jenen Stunden drängten sich in der Verbotenen Stadt westliche Paradeuniformen Seite an Seite mit den dunklen Roben des Tschinghofes, während aus dem Hintergrund der klagende Totengesang der Kaiserlichen Eunuchen die ungewohnte Szene akustisch untermalte.

Trotz der darauffolgenden Hundert Tage offizieller Hoftrauer schauten sämtliche Mitglieder der Kaiserlichen Familie zuversichtlich, wenn nicht gar vergnügt in die Welt. Und ein Grund dafür war nicht zuletzt, daß Hsü Sche-tschang aus dem deutschen Tsingtao herbeigeeilt war und schließlich die hohe Auszeichnung, eine zweiäugige Pfauenfeder zu tragen, angenommen hatte. Wie wichtig es in den Augen der Kaiserlichen Familie war, daß gerade Hsü Sche-tschang sich zu diesem Zeitpunkt in Peking zeigte, werde ich später noch erklären.

Noch ehe die Trauerfeierlichkeiten für Lung Yü zu Ende waren, brach in Süd-China ein Aufstand gegen Yüan Sche-kai los, der später als sogenannte »Zweite Revolution« in die Geschichte eingegangen ist. Doch schon nach wenigen Tagen hatte Yüan Sche-kai die Rebellion niedergeschlagen. Er ließ das Parlamentsgebäude von seiner Militärpolizei umstellen und zwang die Abgeordneten in der Nationalversammlung, ihn formell zu ihrem Präsidenten zu wählen (bisher war er nur provisorisch ernannt worden). Darauf sandte er ein Schreiben an »Seine Majestät, den Kaiser der Großen Tsching«, worin er erklärte, wie er in Übereinstimmung mit dem Edikt der Kaiserinwitwe Lung Yü eine Provisorische Republikanische Regierung gebildet und selbst als amtierender Präsident gewirkt habe. Jetzt, da er formell zum Präsidenten gewählt worden sei, wolle er sein ganzes Tun und Streben darauf richten, dem Volke eine gute Regierung und Ruhe und Ordnung zu geben und dafür zu sorgen, daß die »Artikel einer wohlwollenden Behandlung« von der Nationalversammlung und den fünf Nationalitäten Chinas streng beobachtet würden, damit der »Seele der Kaiserinwitwe Lung Yü der Großen Tsching im Himmel Trost werde«.

Der Wortlaut dieses Schreibens gab zu wilden Spekulationen Anlaß, und manch ein Tsching Veterane war schließlich überzeugt, Yüan habe sich nur zur Republik bekannt, um den Süden zu befrieden. Vor allem die vagen Formulierungen, meine Abdankung betreffend, und das Fehlen jeglicher Definition der Form der »guten Regierung«, von der die Rede war, ließen den Glauben aufkommen, der Präsident betrachte die herrschende politische Situation nur als Übergang.

Als im Winter desselben Jahres die Särge Kaiser Guang Hsüs und dessen Witwe Lung Yü im Tsching Mausoleum beigesetzt wurden, kam es zu einem unvorhergesehenen Zwischenfall. Gerade als der Premierminister der Republik seine westliche Trauerkleidung ablegte, um in der Hoftracht der Tsching vor den Särgen die vorgeschriebenen drei Verbeugungen und neun Kotau zu vollziehen, erkannte der tugendhafte Liang Ding-fen in einer Gruppe von Kabinettsmitgliedern, die es vorgezogen hatten, ihre westliche Trauerkleidung beizubehalten, den republikanischen Außenminister Sun Bao-tschi, der früher ein hoher Tsching Beamter gewesen war. Erzürnt rannte Liang Ding-fen auf ihn los und fuhr ihn an: »Wer bist du? Welche Nationalität vertrittst du hier?«

Sun Bao-tschi zuckte erschreckt zusammen. Er konnte sich den plötzlichen Angriff seines Freundes nicht erklären, und auch die umstehenden Kabinettsmitglieder fragten sich verwundert, was da vorginge. Liang Ding-fen indes begann nun, mit dem Finger auf den Außenminister zeigend, laut zu zetern: »Du hast wohl vergessen, daß du der Sohn von Sun Yi-dsching bist! Warst selbst einmal Beamter der Tsching, und heute wagst du es, dich in einer solchen Aufmachung zu präsentieren! Schämst du dich nicht, auf so unwürdige Art dem verstorbenen Kaiser und der Kaiserinwitwe den letzten Respekt zu bezeugen? Du unerzogener Flegel! « Liangs Stimme überschlug sich. Nun gesellte sich Lao Naihsüan, ehemaliger Vize-Erziehungsminister und Kanzler der Universität Peking, hinzu, um seinerseits auf Sun Bao-tschi loszuschimpfen, und bald waren alle drei von einer riesigen Menschenmenge umgeben. Sun Bao-tschi, leichenblaß, stotterte mit gesenktem Kopf: »Ihr habt recht. Ich... bin ein Flegel, ein... unerzogener Flegel!«

Später, als Liang Ding-fen mein Tutor wurde, hat er diesen Zwischenfall noch oft nachgespielt, wobei seine eigene Rolle dabei von Mal zu Mal phantastischere Züge annahm.

Im dritten Jahr der Republik hielten viele loyale Tsching Anhänger im Reich die Zeit reif für eine Restauration. Ein Ereignis nach dem anderen schien ihren Hoffnungen recht zu geben: Yüan Sche-kai opferte dem Staatsheiligen Konfuzius, Yüan führte die Kaiserlichen Verwaltungstitel wieder ein, Yüan beförderte ehemalige Tsching Würdenträger.

Am meisten Aufsehen erregte jedoch die Gründung eines Institutes zur Edition der offiziellen Tsching Geschichte mit Dschao Ör-sun als leitendem Direktor. Dschao Ör-sun war unter den Tsching Vizekönig der Mandschurei gewesen, und mein Tutor Tschen Bao-schen hielt ihn, wie viele andere, für einen Opportunisten. Aber Dschao Ör-sun sagte von sich: »Ich bin ein Beamter der Tsching. Ich ediere die Geschichte der Tsching. Ich esse den Reis der Tsching. Ich arbeite für die Tsching.«

Lao Nai-hsüan publizierte in Tsingtao einen Artikel, worin er sich offen für eine Rückkehr der Tsching einsetzte. In einem Brief drängte er zudem Hsü Sche-tschang, entsprechend auf Präsident Yüan einzuwirken. Hsü Sche-tschang, damals in einer Person Staatssekretär der Republik und ehrenamtlicher Großtutor des Tschinghofes, legte den betreffenden Artikel Yüan vor, worauf Lao Nai-hsüan eingeladen wurde, als Berater des Präsidenten nach Peking zu kommen.

Auch andere Literaten begannen sich offen für die Restauration einzusetzen. Ein Theaterstück, worin ein gewisser Sung Yü-ren die Rückkehr der Tsching forderte, erhielt riesigen Zulauf. Zur gleichen Zeit redete jedermann von einem Banditen in Setschuan, bekannt unter dem Namen »Dreizehnter Bruder«, der sich, in Tsching Roben gekleidet, in einer grünen Ministersänfte umhertragen ließ – offenbar in der Absicht, sich auf diese Weise seinen Anteil an den Pfründen zu sichern, die bei einer möglichen Restauration abfallen würden.

Die Frage meiner Übersiedlung, die den Hof nach der Abdankung so beschäftigt hatte, war plötzlich nicht mehr aktuell, seitdem Sche Hsü, um sicherzugehen, in seiner Funktion als Oberhofmarschall eigens noch einmal seinen Schwurbruder Yüan Sche-kai aufgesucht hatte. Die Nachrichten, die Sche Hsü zurückbrachte, versetzten den Hof in Hochstimmung. »Kannst du denn nicht sehen, älterer Bruder, daß die Vereinbarungen im Wohlwollenden Vertrag nur getroffen worden sind, um den Süden zu beschwichtigen!« hatte Yüan Sche-kai ihm gesagt und war dann fortgefahren: »Außerdem liegt der Kaiserliche Ahnentempel in der Stadt. Wie könnte da Seiner Majestät zugemutet werden, Peking zu verlassen? Überhaupt, wer wollte im Kaiserpalast residieren, wenn nicht der Kaiser selbst!«

Von diesen Unterredungen erfuhr ich erst viel später; denn Sche Hsü und mein Vater besprachen solche Fragen, solange ich klein war, grundsätzlich nie direkt mit mir. Wollten sie mich etwas wissen lassen, so wurde mir das durch Tschen Bao-schen mitgeteilt. Was die Restauration betraf, so beschränkte sich meine Information deshalb auf die ständig wiederkehrenden Sätze meines Tutors: »So wie die Dinge stehen, behandelt der Präsident die Großen Tsching tatsächlich zuvorkommend. Der Wohlwollende Vertrag ist in den Nationalarchiven hinterlegt.« – Der stets vorsichtige Tschen Bao-schen schien nie alles auszusprechen, was er dachte.

Wenn ich jetzt zurückdenke, fällt mir auf, daß nicht nur Tschen Bao-schen, sondern jedermann in der Verbotenen Stadt eine vorsichtig abwartende Haltung einnahm, die sich vom allgemeinen Optimismus der Tsching Loyalisten im Reich klar abhob. Natürlich hatten die verschiedenen Aktionen Yüan Sche-kais – angefangen von seinem öffentlichen Bekenntnis, wie sehr ihm die Seelenruhe Lung Yüs angelegen sei, bis zur vertraulichen Zusicherung, Seine Majestät der Kaiser brauche Palast und Ahnentempel nicht zu verlassen – ihre positive Wirkung nicht verfehlt. Aber alles in allem sah der Hof in Yüans Verhalten nicht mehr, als was man billigerweise vom »Schützer des Palastes« erwarten durfte.

Wie berechtigt dieses vorsichtige Abwarten des Hofes war, wurde schlagend bewiesen, als am Ende des »Restaurationsjahres« das politische Klima in Peking umzuschlagen begann. Der Stimmungswechsel kündigte sich damit an, daß ein Mitglied der Republikanischen Aufsichtsbehörde den Antrag einbrachte, eine Kommission solle den Gerüchten über eine bevorstehende Tsching Restauration nachgehen. Yüan Sche-kai leitete den Antrag zur »Überprüfung« an das Innenministerium weiter, und in der Folge wurde Sung Yü-ren – von dessen Hand das populäre Theaterstück stammte, das sich für die Rückkehr der Tsching einsetzte – mit starker militärischer Eskorte an seinen Heimatort zurückgeschickt. Diese Nachricht löste in den betroffenen Kreisen eine Panik aus, und plötzlich schien es niemanden mehr zu geben, der sich für die Dynastie stark zu machen wagte. Selbst Lao Nai-hsüan hielt es nun mit einem Male für ratsamer, seinen neuen Posten als Präsidentenberater in Peking vorerst nicht anzutreten.

Trotzdem blieb einiges an Yüans Haltung unklar; denn in dem Schreiben, worin er dem Innenministerium den Antrag der Aufsichtsbehörde bekanntgab, hatte er die Formulierung gebraucht: »Gerüchte über eine Restauration sind streng untersagt; im übrigen soll ihnen nicht weiter nachgegangen werden.« Und als Sung Yü-ren auf Veranlassung des Innenministeriums nach Hause eskortiert wurde, hatte Yüan ihm noch ein Abschiedsgeschenk von 3000 mexikanischen Dollar geschickt und dafür gesorgt, daß er auf den Stationen seiner Reise großzügig aufgenommen und bewirtet wurde, so daß zuletzt niemand wußte, ob Sung Yü-ren nun bestraft oder belohnt worden war.

1915, also im vierten Jahr der Republik, veröffentlichte der Amerikaner Frank J. Goodnow – ein früherer Columbia-Professor und damals Berater im Präsidialamt der Republik – einen Artikel, worin er die Behauptung aufstellte, die republikanische Staatsform sei ungeeignet für chinesische Verhältnisse. Kaum war der Artikel erschienen, formierte sich unter Yüans mittelbarer Kontrolle eine »Gesellschaft für die Erhaltung des Friedens« mit dem Ziel, den Präsidenten als neuen Kaiser Chinas zu propagieren. Damit war mit einemmal klargeworden, was für eine Art von »Restauration« Yüan all die Zeit anvisiert hatte. Die Stimmung in der Verbotenen Stadt begann sich merklich abzukühlen.

Dafür wurde das »Stadtecho« dadurch bereichert, daß man vom Dschung-Nän-Hai Palais her, das der Hof an den Präsidenten abgetreten hatte, immer häufiger Tafelkonzerte von Militärkapellen hören konnte. Daneben wurde auch mit der Renovierung der drei Hallen begonnen: Von den obersten Stufen des Palastes des Geistigen Wachstums aus konnte ich deutlich die Anstreicher auf den Gerüsten hantieren sehen. Dies alles seien Vorbereitungen für die Inthronisation Yüan Sche-kais, erklärte mir Dschang, mein Generaleunuche, das seltsame Treiben.

In der Tat richtete bald darauf Pu Lun, ein Mitglied des Kaiserlichen Klans, an Yüan Sche-kai eine Petition, worin er ihn im Namen des Kaiserhauses und der Acht Mandschubanner ersuchte, den Drachenthron zu besteigen. Yüan, der ihm dafür einen Prinzentitel des ersten Ranges versprochen hatte, schickte ihn darauf in den Palast zurück, um von den Kaiserlichen Gemahlinnen die Herausgabe der Kaiserlichen Insignien und Siegel zu erwirken. Tatsächlich rückten die Gemahlinnen sofort die Insignien heraus. Die Siegel hingegen wurden zurückbehalten. Da sie zugleich in Chinesisch und Mandschurisch gestochen waren, hätte Yüan schwerlich von ihnen Gebrauch machen können.

Obwohl ich damals erst neun Jahre alt war, erregten diese Nachrichten meinen unbändigen Zorn und ließen mich doch zugleich auch um mein Leben bangen. Zwar würde sich Tschen Bao-schen gehütet haben, mir das Sprichwort »Es kann weder zwei Sonnen am Himmel noch zwei Herrscher im Staat geben« näher zu erklären, aber ich verstand seinen Sinn auch von allein, Wenn Yüan Sche-kai einmal Kaiser geworden war, würde er dann noch einen überflüssigen Nebenkaiser an seiner Seite dulden? Die Geschichte kannte Beispiele genug, die das Gegenteil bewiesen: Schon die alten Großhistoriographen hatten ausgerechnet, daß »allein in der Frühlings- und Herbstperiode [770–475 v. d. Z.] 36 Herrscher ermordet wurden«!

Jeder, der in diesen Tagen in der Verbotenen Stadt einen der Höfe überquerte, warf einen ängstlichen Blick nach »drüben«, um zu sehen, ob die Mal- und Renovierungsarbeiten, drohende Zeichen für unser aller Schicksal, schon zu Ende gingen. Die Kaisergemahlinnen opferten jeden Tag Weihrauch und flehten Buddha und die Schutzgötter der Tsching um ihren Beistand an. Im Palast der Glückschaffenden Tugend zeigte sich der Stimmungswechsel am deutlichsten darin, daß die Tutoren Yü Tschung – den Sohn Pu Luns –, der bis dahin das ideale Opfer der »stellvertretenden« Bestrafung abgegeben hatte, nun plötzlich mit ausgesuchter Höflichkeit behandelten. Derselbe Yü Tschung wurde zudem ständig zu Besuchen bei den Kaisergemahlinnen weggeholt und dort mit Tabakdosen, Kompassen und dergleichen Geschenken traktiert.

Wann immer ich während des Unterrichts auf Yüan Sche-kai zu sprechen kam, warfen mir die Tutoren einen warnenden Blick zu, was soviel hieß wie »aufgepaßt, Yü Tschung wird alles, was wir hier reden, seinem Vater hinterbringen«.

Eines Tages, als Yü Tschung gerade wieder einmal einer Einladung der Kaisergemahlinnen gefolgt war, vergewisserte sich Tschen Bao-schen, daß wir auch wirklich allein waren, zog ein Stück Papier hervor und sagte geheimnisvoll: »Euer Diener hat gestern das Buch der Wandlungen für eine Wahrsagung konsultiert. Wollen sich Eure Majestät das Ergebnis einmal ansehen?« – Ich las: »Mein Feind ist von Krankheit befallen; er vermag mir nichts anzuhaben. Günstig.«

Tschen Bao-schen erklärte mir zufrieden, damit sei gemeint, daß meinem Feind Yüan Sche-kai Unglück bevorstehe und er mir deshalb keinen Schaden zufügen könne. Obwohl die Zeichen im »Buch der Wandlungen« ein so günstiges Omen hergaben, habe er noch zusätzlich Schafgarben zu Rate gezogen und den Panzer einer Schildkröte über dem Feuer erhitzt. Beides, Schafgarbe und Hitzesprünge, bestätige die günstige Prognose. – Um mein Schicksal zu klären, hatte der greise Gelehrte tatsächlich sämtliche Orakelmethoden des grauen Altertums angewandt.

Die Bemühungen meiner Tutoren, meines Vaters und der Minister des Hofamtes, die Einhaltung des »Wohlwollenden Vertrages« zu garantieren, beschränkten sich indes nicht auf die Befragung von Orakeln. Obwohl ich offiziell nicht darüber unterrichtet wurde, wußte ich doch in Erfahrung zu bringen, was vorgegangen war. Das Haus der Tsching hatte Yüang Sche-kai in einem Handel angeboten, seine Ernennung zum Kaiser zu unterstützen, wenn er verspräche, den »Wohlwollenden Vertrag« zu respektieren. Zu diesem Zwecke wurde Yüan ein Dokument ausgehändigt, das ihm die »volle Zustimmung« des Hofes zu seinen Kaiserplänen in Aussicht stellte, worauf Yüan in seiner Antwortnote mit eigener Hand zusicherte, daß die »Acht Artikel der wohlwollenden Behandlung« in Kraft bleiben und in der Verfassung verankert würden.

In diesem geheimen Arrangement war ferner vorgesehen, daß Yüan Sche-kais Tochter meine Gattin und damit Kaiserin der Großen Tsching werden solle – ein Vorschlag, dem sich die Kaiserlichen Gemahlinnen nur in äußerster Bedrängnis angeschlossen hatten.

Am Ende kam es aber dann doch so, daß weder der »Wohlwollende Vertrag« verfassungsmäßig abgesichert wurde noch ich die Yüan-Tochter heiratete. Denn nach nur 83 Tagen als neuer Kaiser auf dem Drachenthron war Yüan Sche-kai vor Ärger über das oppositionelle Protestgeschrei gestorben.

Zweites Kapitel

Die Restauration von 1917

Die Nachricht von Yüan Sche-kais plötzlichem Tod verbreitete sich wie ein Lauffeuer in der Verbotenen Stadt. Überall sah man Eunuchen herumhasten und die Freudenbotschaft weitergeben. Die Kaisergemahlinnen brachten den Hausgöttern der Tsching Dankesopfer dar – und im Palast der Glückschaffenden Tugend fiel an diesem Tag der Unterricht aus.

Auch im »Stadtecho« wurden neue Stimmen laut:

»Yüan Sche-kai ist daran gescheitert, daß er den Thron usurpieren wollte!«

»Die Monarchie ist als System nicht widerlegt worden; im Gegenteil, das Volk wünscht sich seinen alten Landesherrn zurück.«

»Yüan Sche-kai unterschied sich in einem entscheidenden Punkt von Napoleon III.: Er hatte keine illustren Vorfahren, auf die er sich stützen konnte.«

»Ein Herr Yüan Sche-kai als Kaiser ist doch niemals dasselbe, wie wenn die Macht dem angestammten Herrscher zurückgegeben wird.«

Und in diesen Chorus mischten sich meine Tutoren mit ihrem ständig wiederkehrenden: »Groß war das Wohlwollen und reich die Verdienste unserer Dynastie; das ganze Volk sehnt sich nach der alten Ordnung zurück.«

Gerade in diesem Jahr hatte ich angefangen, mich für Zeitungen zu interessieren, und so sind mir zwei Artikel, die kurz nach Yüans Tod in der Presse erschienen, in Erinnerung geblieben. Unter den Schlagzeilen »Mißglückter Putsch der Tsching Partei« und »Bedrohung durch Mandschu- und Mongolenbanditen« war da zu lesen, daß Prinz Gung [Pu Wei], Prinz Su und zwei andere Mandschuadlige erneut tätig geworden waren. Diese vier hatten schon 1911 offen gegen die Gründung der Republik agitiert. Nach ihrer Niederlage war dann einer in die ausländischen Konzessionen nach Tientsin geflohen; die anderen hatten in Port Arthur und Dairen Zuflucht gesucht und dort Eingang in japanische Militär- und Finanzkreise gefunden. Der bedeutendste der vier war der berühmt-berüchtigte Prinz Su, der mit einer Million Yen, die ihm vom japanischen Finanzmagnaten Okura Kihachiro zur Verfügung gestellt worden war, mehrere tausend Mongolen- und Mandschubanditen rekrutiert hatte und diese bunt zusammengewürfelte Armee dann von japanischen Offizieren militärisch ausbilden ließ. Nach dem Tod Yüan Sche-kais setzten sich Prinz Sus Banditentruppen in Bewegung, und eine Einheit unter dem Befehl von Babojab, einem Mongolen aus altem Adel, drang bis nach Kalgan vor. Erst als dieser Babojab einer Meuterei zum Opfer fiel, war das bedrohliche Unternehmen zusammengebrochen.

In jenen Tagen entstand die absurde Situation, daß sich »Tsching Loyale« und Regierungstruppen in der Mongolei und der Mandschurei erbitterte Kämpfe lieferten, während der »Kleine Hof« der Tsching und die republikanische Regierung in Peking selbst Anstandsvisiten austauschten. Die Euphorie, die Yüan Sche-kais Tod in der Verbotenen Stadt ausgelöst hatte, wuchs von Tag zu Tag, unbeeinflußt von den Siegen Babojabs und Prinz Sus, und unbeeinflußt von deren Niederlage.

Als Li Yüan-hung Yüans Nachfolger im Präsidentenstuhl geworden war und Duän Tschi-ruei Premier, hatte der Hof Pu Lun delegiert, um dem neuen Präsidenten die Glückwünsche des Kaiserhauses zu übermitteln; Li Yüan-hung seinerseits hatte durch einen Abgesandten danken lassen und die Kaiserlichen Insignien, die von Yüan beschlagnahmt worden waren, wieder in die Verbotene Stadt zurückgeschickt. Daneben wurden einige Tsching Prinzen und Würdenträger mit republikanischen Orden dekoriert; unter den so Ausgezeichneten gab es manch einen, der während der Yüan-Ära untergetaucht war und nun nach dem Tod des Usurpators plötzlich wieder in die Gesellschaft zurückfand.

Am Neujahrsfest nach dem alten Kalender und an meinem Geburtstag schickte Präsident Li Yüan-hung erneut einen Abgesandten mit Glückwünschen, während mein Vater ihn und Premier Duän mit Delikatessen aus der Kaiserlichen Küche bedachte. Auch das Hofamt war seit langem nicht mehr so beschäftigt gewesen wie in diesen Tagen. Es galt, Tsching Ehrentitel für Tote und Lebende zu verleihen. Daneben mußten Anhänger mit der Auszeichnung, zu Pferd in die Verbotene Stadt einreiten, oder mit dem Recht, eine Pfauenfeder tragen zu dürfen, belohnt und Gelehrte zu »Gefährten der Akademie der Südlichen Bibliothek« ernannt werden. Palastgardisten aller Rangstufen schafften hübsche Mädchen in die Verbotene Stadt, aus denen die Kaiserlichen Gemahlinnen sich Zofen und Kammerjungfern auslasen; ja, unterderhand wurden sogar – verbotenerweise – neue Eunuchen eingestellt. Und schließlich waren alle Arten von gesellschaftlichen Anlässen zu organisieren, angefangen von privaten Essen im kleinen Kreis bis zu prunkvollen Staatsbanketten für die Parlamentsabgeordneten. Mit einem Wort, der Hof fühlte sich ganz in alte Tage zurückversetzt.

Bisher hatte ich nur wenig Besucher, und zudem nur Mandschus, in Audienz empfangen. Wenn ich nicht im Unterricht saß oder in meinem eigenen Palast damit beschäftigt war, Zeitung zu lesen, verbrachte ich meine Zeit meist mit Spielen. Besonders gern schaute ich dem Treiben am Schen Wu Tor zu. Dort konnte ich beobachten, wer im Palast ein und aus ging; und dabei stellte ich mit Genugtuung fest, daß die Zahl der Tsching Roben und Pfauenfedern von Tag zu Tag zunahm.

Im Gegensatz zu den Erwachsenen am Hof hatte ich mit Enthusiasmus die Kämpfe der »Tsching Loyalen« im Nordosten verfolgt. Ihre Niederlage war mir besonders nahegegangen. Aber im allgemeinen beschäftigten mich solche Dinge nicht lange. Als Prinz Su nach dem Zusammenbrechen seines Aufstandes nach Port Arthur zurückfliehen mußte, hatte ich es zum Beispiel nicht verhindern können, mich um ihn zu sorgen, doch schon der Anblick eines niesenden Kamels hatte dann genügt, um ihn samt seinem ungewissen Schicksal aus meinem Gedächtnis zu löschen. Warum sollte ich auch meine Gedanken darauf verschwenden, wo es doch meinen Vater, die Tutoren und die Minister gab, die sich mit solchen Problemen befaßten. Wenn ich von einem Tutor über eine Angelegenheit unterrichtet wurde, hieß dies ohnehin, daß alles bereits ausgehandelt und entschieden war, genau wie es dann am 16. Juni 1917 auch wieder geschah.

An diesem Tag erschienen Tschen Bao-schen, der inzwischen Großtutor geworden war, und mein gerade neu angetretener Lehrer Liang Ding-fen gemeinsam im Palast der Glückschaffenden Tugend. Schon beim Eintreten teilte mir Tschen Bao-schen mit: »Euere Majestät wird heute keinen Unterricht haben. Ein hoher Beamter kommt zur Audienz. Gleich wird ein Eunuche hiersein, um ihn anzukündigen.«

»Wer ist es?«

»Dschang Hsün, der frühere Vizekönig von Kiangsi und Kiangsu und jetzt Gouverneur von Kiangsu.«

»Dschang Hsün? Ist das der Dschang Hsün, der seinen Zopf behalten hat?«

»Genau der«, bestätigte Liang Ding-fen, während er beifällig mit dem Kopf nickte. »Das Gedächtnis Eurer Majestät ist ausgezeichnet.« Liang ließ nie eine Möglichkeit aus, um mir zu schmeicheln.

Daß ich mich an Dschang Hsün erinnerte, hatte ich allerdings weniger meinem guten Gedächtnis zu verdanken als dem Umstand, daß ich erst kurz zuvor einer Unterhaltung meiner Lehrer über diesen bezopften General zugehört hatte.

Offenbar hatte Dschang Hsün samt seinen Truppen den Mandschuzopf beibehalten: derselbe Dschang Hsün, der während des Aufstandes von 1913 Nanking erobert und damit die notwendigen Voraussetzungen geschaffen hatte, daß Yüan die sogenannte »Zweite Revolution« innerhalb von ein paar Tagen niederschlagen konnte. Nach dem Tod der Kaiserinwitwe Lung Yü hatte Dschang Hsün in einem Beileidstelegramm von »Nationaltrauer« gesprochen und dem Hof unter anderem versichert, daß »er und alle anderen Beamten der Republik Untertanen der Großen Tsching seien«. Nach Yüans Tod wiederum veröffentlichten die Zeitungen ein Telegramm, worin der »Bezopfte General« seine politische Position absteckte. Der erste Punkt, auf den er zu sprechen kam, hatte so gelautet: »Ich lege größtes Gewicht auf die gewissenhafte Einhaltung eines jeden einzelnen Artikels der wohlwollenden Behandlung des Hauses der Großen Tsching.« Ich hielt ihn somit für einen »loyalen Untertanen« und war neugierig, wie er in Wirklichkeit aussah.

Nach den Vorschriften des Tschinghofes durfte niemand zugegen sein, wenn der Kaiser einen hohen Beamten empfing. Es war daher nötig, mich vor jeder Audienz genau zu instruieren, wie ich mich verhalten sollte. Diesmal gab sich Tschen Bao-schen ganz besondere Mühe, mich gut vorzubereiten. Er schärfte mir ein, Dschang Hsüns loyale Gesinnung lobend hervorzuheben und rief mir noch einmal ins Gedächtnis, daß der General gegenwärtig Oberster Inspekteur für den

Yangtzekiang sei und 60 Bataillone im Gebiet von Hsüdschou und Yändschou stehen hatte. Ich dürfe nicht versäumen, mich teilnahmsvoll nach seinen Truppen und der militärischen Lage dort zu erkundigen; auch müsse ich ihm zu verstehen geben, daß dem Thron sein Wohl sehr angelegen sei. Schließlich gab mir Tschen Bao-schen noch eine letzte Ermahnung bezüglich meines Kaiserlichen Verhaltens: »Dschang Hsün wird die Verdienste Eurer Majestät rühmen wollen. Dann müssen Euere Majestät darauf bedacht sein, in aller Bescheidenheit und Zurückhaltung zu antworten, um Eurer Heiligen Tugend Ausdruck zu verleihen.«

Während ich in den Palast des Geistigen Wachstums getragen wurde, versuchte ich, mir aufgrund der Fotografien, die ich in Illustrierten gesehen hatte, die Gestalt Dschang Hsüns wieder in Erinnerung zurückzubringen. Kaum hatte ich auf dem Thron Platz genommen, trat der General in die Halle, kam auf mich zu und vollzog vor mir einen Kotau: »Euer Diener Dschang Hsün kniet nieder und entbietet Eurer Majestät seinen Respekt.« Ich wies ihn auf einen Sessel und hieß ihn sich setzen. (Der Hof hatte damals bereits von der Gepflogenheit Abstand genommen, hohe Beamte kniend Bericht erstatten zu lassen.) Dschang Hsün berührte zum Dank ein zweites Mal mit der Stirn den Boden und ließ sich dann in dem Sessel nieder. Nun begann ich, ihn, wie aufgetragen, nach der militärischen Situation und dem Zustand seiner Truppen in Hsüdschou und Yändschou zu fragen, gab mir dabei jedoch keine Mühe hinzuhören, was er dazu zu sagen hatte. Ich war enttäuscht über das Äußere dieses »loyalen Untertanen«. Dschang Hsün hatte ein stark gerötetes Gesicht mit struppigen Augenbrauen; überdies war er ziemlich fett. Mit seinem kurzen Nacken sah er aus wie ein Kücheneunuche mit Bart. Der General hatte bei weitem nicht die Idealgestalt, die seiner Rolle zugekommen wäre. Während er immer weitersprach, schielte ich zu ihm hinüber, um zu sehen, ob er wirklich noch einen Zopf trug. Tatsächlich, unter seiner Zeremonienmütze hing ein stark ergrautes, kleines Schwänzchen heraus.

Wie Tschen Bao-schen vorausgesehen hatte, lenkte er plötzlich das Gespräch auf mich: »Euere Majestät sind von großer Wahrhaftigkeit und Klugheit.«

»Wir sind noch jung und haben noch viel zu lernen.«

»Kaiser Kang Hsi hat auch schon in jungen Jahren den Thron bestiegen, er war erst sechs, als ...«

»Wie könnten Wir uns mit Unserem illustren Ahnherrn vergleichen!«

Die Audienz dauerte wie üblich sechs Minuten, und dann empfahl sich der »Bezopfte General«.

Dschang Hsüns Ausdrucksweise war mir roh und ungeschliffen vorgekommen, nicht zu vergleichen mit Dzeng Guo-fän, der die Dynastie zu Tze Hsis Zeiten gegen die Taiping Rebellen verteidigt hatte. Jedenfalls war ich nicht besonders von diesem »loyalen Untertanen« angetan. Als mir dann aber Tschen Bao-schen und Liang Ding-fen am darauffolgenden Tag freudestrahlend mitteilten, Dschang Hsün sei sehr beeindruckt von meiner Intelligenz und Bescheidenheit, erfüllte mich das Kompliment gleichwohl mit Stolz. Warum aber Dschang Hsün bei mir zur Audienz erschienen war, warum meine Tutoren gerade anläßlich dieses Besuchs so offensichtlich in Hochstimmung gerieten, warum der General vom Hofamt mit Geschenken überhäuft und von den Kaisergemahlinnen zu Banketten eingeladen wurde – darüber machte ich mir weiter keine Gedanken.

Zwei Wochen später, am 1. Juli 1917, fanden sich meine Lehrer Tschen Bao-schen, Liang Ding-fen und Dschu Yi-fän zu dritt bei mir im Studio ein. Während ich noch an ihren feierlich-ernsten Mienen herumrätselte, ergriff Tschen Bao-schen das Wort:

»Dschang Hsün ist schon seit aller Frühe da.«

»Will er wieder seine Aufwartung machen?«

»Nein, diesmal geht es um mehr. Dschang Hsün ist gekommen, um Euere Majestät wieder an die Regierung zu bringen. Er will die Dynastie der Großen Tsching wiederherstellen.«

Als Tschen Bao-schen mein verblüfftes Gesicht sah, fügte er schnell hinzu: »Euere Majestät müssen unbedingt den Wünschen Dschang Hsüns entsprechen. Er bittet um das Mandat, den Himmelssohn wieder mit seinem Volke zu vereinen!«

Diese unerwartete Botschaft versetzte mich in einen solchen Freudentaumel, daß ich kein Wort hervorbrachte. Ich konnte nur benommen Tschen Bao-schen anstarren in der Hoffnung, daß dieser von sich aus erklären würde, wie man das anstellte, ein »richtiger Kaiser« zu sein. Tatsächlich fuhr Tschen Bao-schen fort: »Euere Majestät braucht nicht lange mit Dschang Hsün zu reden. Es genügt, wenn Ihr ihm Euere Zustimmung gebt.« Tschens Stimme klang sehr bestimmt: »Aber Euere Majestät dürfen nicht sofort einwilligen. Zunächst müßt Ihr das Ansinnen zurückweisen und erst zuletzt sagt Ihr dann: ›Wenn das die Lage ist, müssen Wir wohl schweren Herzens die Bürde auf Uns nehmen.‹«

So instruiert, kehrte ich in den Palast des Geistigen Wachstums zurück, um Dschang Hsün zum zweitenmal eine Audienz zu gewähren. Was mein »loyaler Untertane« diesmal sagte, war ungefähr das gleiche, was er schon in seinem Memorandum, worin er meine Rückkehr forderte, geschrieben hatte – nur, daß er sich mündlich bedeutend weniger elegant auszudrücken verstand: »Die Kaiserinwitwe brachte es nicht über sich, das Volksheil dem Glanze einer einzigen Familie zu opfern. Deshalb hat sie durch ein Dekret angeordnet, eine Republik zu gründen. Doch wer konnte damals vorausahnen, daß eine Republik dem Volk den Lebensfaden abschneiden würde. Das republikanische System verträgt sich nicht mit den Gegebenheiten unseres Landes. Nur wenn Eure Majestät wieder den Thron einnehmen, kann das Volk gerettet werden!«

Nachdem ich mir seinen Wortschwall angehört hatte, sagte ich planmäßig: »Wir sind noch jung und besitzen weder Talent noch Tugend. Wie könnten Wir die Verantwortung für ein so hohes Amt übernehmen?«

Dschang Hsün rühmte meine Bescheidenheit und Zurückhaltung und fiel dann auf seinen alten Satz zurück, auch Kaiser Kang Hsi habe mit sechs Jahren den Thron bestiegen. Während er sich in immer größeren Eifer hineinredete, kam mir plötzlich eine Frage in den Sinn: »Und was soll mit dem Präsidenten geschehen? Werden Wir ihm auch eine wohlwollende Behandlung zugestehen?«

»Li Yüan-hung hat bereits darum nachgesucht, sich von den Regierungsgeschäften zurückziehen zu dürfen. Euere Majestät brauchen nur noch seinem Wunsche stattzugeben.«

Ich verstand zwar immer noch nicht ganz. Aber dann beruhigte ich mich damit, daß die Tutoren sicherlich schon alles ausgehandelt und geregelt hatten. Also sagte ich: »Wenn das die Lage ist, müssen Wir wohl schweren Herzens diese Bürde auf Uns nehmen.« Damit war die Audienz beendet und ich erneut Kaiser des »Imperiums der Großen Tsching« geworden.

Dschang Hsün hatte sich kaum entfernt, da strömten auch schon Scharen von Menschen herein, um mir zu huldigen oder zu danken, oder auch beides zugleich. Anschließend brachte ein Obereunuche einen Schwung bereits ausgefertigter »Kaiserlicher Edikte«. Schon am ersten Tag wurden neun Stück davon in Kraft gesetzt. Eines proklamierte meine Rückkehr auf den Thron, ein zweites setzte einen Regentschaftsrat ein, dem neben Dschang Hsün auch mein Tutor Tschen Bao-schen zugehören sollte. Die anderen regelten die Auflösung der Republik und den Übergang zur Monarchie.

Alte Pekinger erinnern sich noch, was sich danach in der Hauptstadt abspielte: An jenem Tag gab die Polizei in aller Frühe den Befehl aus, jede Familie habe ab sofort eine Drachenfahne auszuhängen. Bald darauf sah man überall eilig zusammengekleisterte Papierfähnchen, und schon nach kurzer Zeit tauchten in den Straßen die ersten alten, seit Jahren aus dem Stadtbild verschwundenen Tsching Roben auf: Es war ganz so, als seien die Toten aus ihren Grüften auferstanden. Zeitungen druckten Sondernummern zu erhöhtem Preis mit der Neuigkeit meiner Restauration und daneben gab es bereits Händler, die die »Edikte des Kaisers Hsüan Tung« als einmalige Okkasion feilboten. An jeder Ecke hörte man ihr Schreien: »Kauft, Leute, kauft. Nur sechs Kupferlinge. In ein paar Tagen ist das eine Antiquität. Nur sechs Kupferkäsch das Stück. Spottbillig. Kauft, Leute, kauft.« – Es war grotesk.

Einige Läden vor dem Tschiän Men Tor machten das Geschäft ihres Lebens. Da waren einmal die Schneiderateliers, deren flink hergestellte Drachenfahnen einen reißenden Absatz fanden. Und dann die Altkleiderläden, wo sich frisch ernannte Beamte um die auf einmal wieder äußerst begehrt gewordenen Tsching Hofgewänder balgten. Doch am meisten belagert wurden die Kleinhandlungen für Theaterbedarf: Dort standen die Leute von morgens bis abends Schlange und ein jeder bettelte und flehte um einen falschen Zopf aus Roßhaar. Ich selbst erinnere mich noch gut an das plötzliche Gewimmel von Mandarinknöpfen und Pfauenfedern in der Verbotenen Stadt; jeder Besucher hatte in diesen Tagen tatsächlich einen künstlichen Zopf am Hinterkopf baumeln. (Als dann aber nicht viel später die republikanische »Armee zur Bestrafung der Rebellen« in Peking einmarschierte, konnte man unversehens echte Zöpfe auf den Straßen liegen sehen. Wie es hieß, stammten sie von Dschang Hsüns Soldaten, die sich für die Flucht noch schnell davon getrennt hatten.)

Doch zurück zu den Anfangstagen der Restauration. In der Verbotenen Stadt fiel einem sofort auf, wie sorgfältig die Angehörigen des Hofamtes mit einemmal gekleidet waren, auch schien ihre Zahl größer als sonst. Später habe ich von einem damaligen Beamten erfahren, daß man nach der Proklamation der Restauration in der Not schnell untere Chargen befördert hatte, um die freien Stellen zu besetzen; trotzdem hätten die Hofkalligraphen vom frühen Morgen bis spät in die Nacht an ihren Schreibtischen gesessen, ohne den enormen Arbeitsanfall auch nur annähernd bewältigen zu können.

Die Kaisergemahlinnen waren so außer sich geraten vor Freude, daß sie den ganzen Tag an nichts anderes mehr denken konnten als den Schutzgöttern und Buddha Dankesopfer auszurichten. Für die gewöhnlichen Mitglieder des Haushaltes blieben sie vorerst unerreichbar. Bei den Prinzen des Kaiserlichen Klans hingegen wollte keine rechte Stimmung aufkommen. Sie fühlten sich in ihren politischen Ambitionen betrogen; denn schon am Morgen nach der Restauration hatte Dschang Hsün ein Edikt erlassen, das ihnen verbot, sich in Staatsangelegenheiten einzumischen. Mein Vater wurde zum Mittelpunkt dieser kleinen Gruppe von Unzufriedenen, und bald war er entschlossen, erst noch einmal mit Dschang Hsün zu sprechen und dann über mich eine gegenteilige Entscheidung zu erwirken. Als Tschen Bao-schen davon erfuhr, kam er eiligst zu mir, um mich zu warnen: »Das Haus der Tsching hat 1911 das Reich allein deshalb verloren, weil sich ebendiese Leute in Regierungsgeschäfte einmischen zu müssen glaubten. Wenn sie jetzt wieder von vorne anfangen, ist nicht abzusehen, wohin das noch führen würde. Euere Majestät dürfen da unter gar keinen Umständen Zugeständnisse machen!«

Natürlich folgte ich dem Rat meines Großlehrers, obwohl mir bald klar wurde, daß die Prinzen nicht so schnell aufgeben würden. Zum Glück – muß man paradoxerweise fast sagen – hat die republikanische »Bestrafungs-Armee« jedoch Peking erreicht, bevor der Komplott der Prinzen gelungen war: So entgingen sie gerade noch der Gefahr, für die Restauration verantwortlich gemacht zu werden.

Daß Tschen Bao-schen ein von Natur aus besonnener, alles und jedes ruhig abwägender Mann war, bewies mir ein Vorfall, der sich Anfang 1917 zutrug. Damals hatte Lao Nai-hsüan aus Tsingtao heimlich einen Brief überbracht. Von wessen Hand er stammte, weiß ich nicht mehr. Aber ich erinnere mich, daß es sich um einen Deutschen handelte, der im Namen des Deutschen Kaiserhofs die Bereitschaft geäußert hatte, die Rückkehr der Tsching auf den Drachenthron zu unterstützen. Lao Nai-hsüan sah darin die günstige Gelegenheit, die es wahrzunehmen galt, zumal er bereits ausgerechnet hatte, was für einen weiteren Trumpf in der Hand eine möglicherweise durch Heirat besiegelte Verbindung der beiden Kaiserhäuser bedeuten würde. Aber Tschen Bao-schen hatte nichts davon hören wollen und Lao Nai-hsüan einen Lügner genannt, dem nicht über den Weg zu trauen sei. Das Deutsche Kaiserhaus würde, wenn es sich tatsächlich mit solchen Absichten trüge, nie einen Lao Naihsüan als Mittelsmann einsetzen, erläuterte Tschen.

Wer hätte vorausgeahnt, daß dieser erfahrene, überaus vorsichtig taktierende alte Gelehrte mit Beginn der Restauration schlagartig ein seiner Natur völlig entgegengesetztes Benehmen an den Tag legen würde. Ich meine damit nicht den Freudentaumel, in den ihn das Gelingen seiner Drahtzieherei versetzte, und auch nicht sein Intrigieren gegen meinen Vater und die Prinzen. Nein, was mich an ihm erstaunte, war, wie brutal er gegen Präsident Li Yüan-hung vorzugehen bereit war.

Liang Ding-fen hatte sich nach der Restauration bereit erklärt, seinen Schwager, Präsident Li, zum Rücktritt zu bewegen, war dann aber unerwartet auf entschiedenen Widerstand gestoßen. Sowie Tschen davon Meldung erhielt, stürmte er mit seinen beiden Kollegen Liang und Dschu in den Palast der Glückschaffenden Tugend, wo er mir, mit eisiger Miene und sichtlich ohne Kontrolle über sich selbst, zurief: »Dieser Li Yüan-hung hat tatsächlich die Stirn gehabt, sich einem Kaiserlichen Befehl zu widersetzen! Euere Majestät müssen ihn sofort auffordern, sich das Leben zu nehmen!«

Ich war bestürzt. Tschen mußte jedes Maß verloren haben. »Wie könnten Wir Li Yüan-hung in den Tod schicken, wo Wir doch eben erst den Thron wieder eingenommen haben!« wies ich ihn zurecht. »Wir dürfen nicht vergessen, daß die Republik auch Uns wohlwollend behandelt hat!«

Dies war das erste Mal, daß Tschen von mir öffentlich bloßgestellt wurde. Aber sein Haß war stärker als seine Einsicht und ging mit ihm durch: »Li Yüan-hung weigert sich nicht nur, zurückzutreten. Er ist auch nicht bereit, das Präsidentenpalais zu räumen. Wie kann dieser aufständische Untertan, dieser Bandit, in einem Atemzug mit dem Sohn des Himmels genannt werden!« Zitternd preßte er die Worte zwischen den Zähnen hervor. Der Anblick meiner unbewegten Miene ließ ihn jedoch verstummen. Nun, da Tschen sich nicht mehr weiter vorwagte, einigten wir uns darauf, daß Liang Ding-fen noch einmal im Präsidentenpalais vorsprechen würde, um wenigstens Lis Verwandte zum Ausziehen zu bewegen. Doch Liang hatte die Verbotene Stadt noch nicht verlassen, da kam bereits die Meldung, Präsident Li sei mit seinen Amtssiegeln in die Japanische Gesandtschaft geflohen.

In diesen Tagen der Restauration verbrachte ich immer eine gewisse Zeit im Palast der Glückschaffenden Tugend; denn obwohl kein Unterricht stattfand, bestanden meine Tutoren doch darauf, daß ich dort zu erreichen sei, falls ich in einer Angelegenheit ihre Anweisungen nötig hätte. Für den Rest des Tages las ich »Edikte des Kaisers Hsüan Tung«

und sonstige offizielle Dokumente oder nahm Huldigungen und Glückwunschadressen entgegen. Natürlich nutzte ich auch die Gelegenheit, um wie früher Ameisen zu beobachten oder mit Kamelen aus den Kaiserlichen Stallungen zu spielen.

Doch dieses schöne Leben dauerte nicht lange. Am vierten oder fünften Tag der Restauration bombardierte die republikanische Armee Peking, »um die Rebellen zu bestrafen«. Damit war der ganze Restaurationsspuk vorbei. Es gab nun keine Huldigungen und keine »Kaiserlichen Edikte« mehr. Selbst von den hohen Regenten verdrückte sich einer nach dem andern, bis nur noch Tschen Bao-schen und Wang Schedschen übrigblieben.

An dem Tag, an dem der Luftangriff stattfand, saß ich gerade in meinem Studio im Palast der Glückschaffenden Tugend und unterhielt mich mit meinen Tutoren, als wir plötzlich Flugzeuglärm und kurz darauf die Detonation einer Bombe hörten. Die Explosion war so stark, daß ich vor Schrecken am ganzen Leib zu zittern begann (ich hatte ja noch nie so etwas erlebt), und auch meinen Lehrern war alle Farbe aus dem Gesicht gewichen. In dem fürchterlichen Durcheinander und Geschrei, das in der Verbotenen Stadt anhob, brachten mich die Eunuchen schleunigst in den Palast des Geistigen Wachstums – so, als ob ich nur in meiner Schlafkammer vor jedem weiteren Unheil sicher wäre. Noch schlimmer ging es bei den Kaisergemahlinnen zu, die sich zitternd und bebend in die Winkel ihrer Schlafzimmer verkrochen oder sich blindlings unter den erstbesten Tisch flüchteten.

Es war dies der erste Luftangriff in der Geschichte Chinas. Verständlich also, daß sich die Luftschutzmaßnahmen der gänzlich verstörten Bewohner des Kaiserpalasts einigermaßen grotesk ausnahmen: Jedermann hatte sich in seinem Schlafzimmer zu verbergen, und die Bambusvorhänge in den Korridoren waren sofort herunterzulassen; nach Ansicht von Eunuchen und Palastwache war dies das weitaus Intelligenteste, was sich unter solchen Umständen tun ließ.

Glücklicherweise hatte der Pilot der »Bestrafungs-Armee« keinen echten Angriff im Sinn gehabt, sondern nur drei kleinere Bomben abgeworfen, sozusagen als pädagogisch gemeinte Warnung. Die erste fiel vor dem Tor der Erhabenen Ahnen nieder und verletzte dort einen Sänftenträger; die zweite stürzte in einen Teich der Kaiserlichen Gärten und beschädigte eine Ecke der Umfassung; die dritte landete auf dem Vordach eines Durchgangstores in der Westlichen Straße, ohne zu explodieren, jagte aber den Eunuchen, die dort beim Würfelspiel saßen, einen großen Schrecken ein.

Als die republikanischen Truppen kurz vor Peking standen, erreichte die Restauration ihre Endphase. Doch noch immer gaben Dschang Hsün, Tschen Bao-schen und Wang Sche-dschen den Kampf nicht auf. Eiligst wurde beschlossen, Dschang Dzo-lin durch ein Edikt zum Vizekönig der drei Ostprovinzen zu ernennen und ihn aufzufordern, sofort in Eilmärschen nach Peking vorzustoßen, um den Thron zu retten. Dieser Dschang Dzo-lin war damals Militärgouverneur von Fengtiän und durchaus nicht zufrieden mit der Art, wie Dschang Hsün ihn bei der Verteilung der Posten bedacht hatte. Es war Tschen, der all seine Hoffnungen auf diesen General setzte.

Nachdem das Edikt seiner Ernennung geschrieben war, gab es unerwartet Schwierigkeiten mit den Kaiserlichen Siegeln. Denn der Schlüssel zu der Kassette, worin die Siegel verwahrt waren, befand sich in den Händen meines Vaters. Doch Zeit war kostbar und durfte nicht für solch unnötige Botengänge verschwendet werden. Tschen befahl deshalb kurz entschlossen, die Kassette aufzubrechen. Er selbst versah das Dokument mit dem »Schatz der Kaiserlichen Beglaubigung«. Dieses Edikt gelangte allerdings dann doch nicht in die Hände Dschang Dzolins, da der Kurier, der es hätte überbringen sollen, bei Verlassen der Stadt direkt den Truppen der »Bestrafungs-Armee« in die Arme lief. Aber daß Tschen Bao-schen sich plötzlich zu einer solch kühnen Tat aufschwingen konnte, hat mich damals sehr beeindruckt.

Am Tag nachdem das Edikt an Dschang Dzo-lin abgeschickt worden war, hörte man in der Verbotenen Stadt bereits das Gewehrfeuer der herannahenden Truppen, und weder Tschen noch Wang Sche-dschen ließen sich bei Hofe blicken. Später, als der Gefechtslärm nachließ, überbrachte mir ein Eunuche eine Meldung des Kommandanten der Palastwache, wonach Dschang Hsüns Truppen die »Bestrafungs-Armee« unter Duän Tschi-ruei und Feng Guo-dschang in die Flucht geschlagen hätten. Als die frohe Botschaft den Kaisergemahlinnen übermittelt wurde, war draußen kein Schuß mehr zu hören.

Überall sah man jetzt wieder heitere Gesichter. Die Eunuchen wußten gar zu erzählen, der Kriegsgott Guän-di habe selbst auf seinem Pferd »Roter Hase« in den Kampf eingegriffen, um den Truppen Dschang Hsüns zum Sieg zu verhelfen. Die Flanken des Pferdes, auf dem der Alte Gebieter geritten sei, seien jetzt noch ganz naß vom Schweiß. Als ich das hörte, lief ich schnell zu Guän-dis Standbild und tastete den aus Holz geschnitzten Sattel ab – er war trocken wie immer. Ein anderer Eunuche teilte darauf mit, er habe am Morgen im Westkabinett des Palasts des Geistigen Wachstums das Klirren von Waffen gehört; das sei Guän-di gewesen, der dort das »Tsching Lung« Mondmesser geholt habe. Das begeisterte mich so, daß ich mich unverzüglich zusammen mit den Kaisergemahlinnen in die Tschin Än Halle begab, um vor dem Kriegsgott Dankeskotau zu vollziehen.

In jener Nacht schliefen wir alle ruhig und fest. Wie die Lage wirklich war, erfuhren wir am anderen Morgen, als das Hofamt schon in aller Frühe bekanntgab: »Dschang Hsün ist in die Holländische Gesandtschaft geflohen.« Gleich darauf erschienen auch mein Vater und Tschen Bao-schen mit aschfahlen Gesichtern und zusammengesunken. Als ich ein Abdankungsedikt in ihren Händen entdeckte, mußte ich, von Furcht und Trauer überwältigt, laut aufweinen.

Das Edikt lautete:

Am 20. Tag des 5. Monats im 9. Jahr der Regierung Hsüan Tung hat das Kabinett dieses Kaiserliche Edikt erhalten:

Zuvor sind Wir den Throneingaben Dschang Hsüns und anderer gefolgt, die, behauptend, die Nation sei durch Unordnung in ihren Grundfesten erschüttert und das Volk verlange nach den alten Wegen zurück, Uns nahelegten, die Regierung wieder zu übernehmen. Da Wir in zarten Jahren sind und tief in der Abgeschiedenheit der Verbotenen Stadt leben, haben Wir nichts von den Lebensverhältnissen des Volkes und den Angelegenheiten der Nation gehört. Uns ehrfürchtig an das große Wohlwollen und die Lehren der verstorbenen Erlauchten Kaiserin Hsiao Ding Dsching [Kaiserinwitwe Lung Yü] *erinnernd, die aus Mitgefühl mit dem Volk die Regierungsgewalt hingab, hegten wir nicht die geringste Absicht, das Reich als Unser Eigentum zu betrachten; allein weil Wir gebeten wurden, die Nation und das Volk zu retten, haben Wir Uns dazu gezwungen, den an Uns gerichteten Forderungen stattzugeben und die Macht zu übernehmen.*

Nun berichtete Uns Dschang Hsün gestern von bewaffneten Zusammenstößen in jeder Provinz, die zu einem nationalen Aufruhr im Kampf um die Macht führen könnten.

Unser Volk leidet seit vielen Jahren größte Not, und seine Verfassung ist verzweifelt, wie wenn es im Feuer brennte oder in Fluten ertränke. Wie könnten Wir es in seinem Elend noch Wehen des Krieges aussetzen? Der Gedanke daran erfüllt Uns mit Kummer und läßt Uns keine Ruhe finden. Wir sind nicht willens, die politische Gewalt für Uns zu behalten und die lebende Seele der Erlauchten Kaiserin Hsiao Ding Dsching zu besudeln, indem Wir Uns von ihrer überströmenden Tugend abkehren.

Mögen Wang Sche-dschen und Hsü Sche-tschang sogleich Duän Tschi-ruei informieren, daß damit die Übertragung der Macht in die

Wege geleitet und die gegenwärtigen Wirren ein Ende finden können, auf daß in den Herzen des Volkes wieder Ruhe einkehre und die Unbill des Krieges abgewendet werde.

Durch Befehl des Kaisers!

Drittes Kapitel

Die Häuptlinge der Beiyang Clique

Das Edikt wurde übrigens nie veröffentlicht. Was damals bekannt wurde, beschränkte sich auf eine Verlautbarung des Hofamtes, die in den Tagesbefehl des Präsidenten der Republik übernommen wurde:

Befehl des Präsidenten!

Das Innenministerium teilt mit, daß es vom Hofamt des Hauses der Tsching folgende Bekanntmachung erhalten hat:

»Am heutigen Tag empfing das Hofamt ein Kaiserliches Edikt:

Die Erhabene Kaiserinwitwe Hsiao Ding Dsching [Lung Yü] hat vormals, am fünfundzwanzigsten Tag des 3. Jahres der Regierungsperiode Hsüan Tung ein Edikt erlassen, worin sie, da das ganze Volk einer Republik zuneigte, im Namen des Kaisers die Regierungsgewalt in die Hände der ganzen Nation legte. Sie verfügte, daß eine Republik zu gründen sei und setzte geziemend fest, daß die Artikel der Wohlwollenden Behandlung des Kaiserhauses für alle Zeiten unbeschränkte Gültigkeit besäßen. In den vergangenen sechs Jahren ist das Kaiserhaus stets mit Wohlwollen behandelt worden und hat nie die Absicht gehegt, politische Macht für eigene Zwecke zu mißbrauchen; welchen Grund zu Wortbruch hätte es auch geben können?

Gegen Unseren Wunsch hat Dschang Hsün am 1. Juli Unseren Palast durch seine Truppen besetzen lassen, Edikte und Dekrete gefälscht, die Struktur des Staates geändert und in allem den Anordnungen der [Kaiserinwitwe der] vergangenen Dynastie zuwidergehandelt.

Wir, ein Kind, tief in der Abgeschiedenheit der Verbotenen Stadt lebend, hatten in dieser Angelegenheit keine eigene Wahl. Diese Umstände lassen Uns hoffen, die Welt möge Uns mit Nachsicht begegnen. Das Hofamt ist angewiesen, die Regierung der Republik darum zu ersuchen, den Wortlaut dieses Edikts im In- und Ausland bekanntzugeben.«

Nach Erhalt dieses Schreibens hielt es das Ministerium für angebracht, von dieser Angelegenheit Meldung zu erstatten.

Da nunmehr allgemein feststeht, daß Dschang Hsün, dieser Staatsverräter und Usurpator, der Urheber aller Unruhen im Lande gewesen ist, mögen sämtliche Einzelheiten dieses Dokumentes unverzüglich der Öffentlichkeit bekanntgegeben werden.

Zur allgemeinen Information!

Befehl des Präsidenten!

Gegeben im 6. Jahr der Republik China *gez. Duän Tschi-ruei*
Am 17. Tag des 7. Monats *Premierminister*

Daß mein Eingeständnis im Abdankungsedikt, ich selbst hätte meine Machtübernahme beschlossen, in das abgeändert wurde, was nun in der Mitteilung des Hofamtes stand – nämlich Dschang Hsün habe den »Palast besetzt« und »ich, ein Kind«, keine eigene Wahl mehr besessen –, war das Ergebnis einer Zusammenarbeit zwischen den drei Häuptlingen der Beiyang Clique und der Verbotenen Stadt.

Großtutor Hsü Sche-tschang hatte die raffinierte Formel ausgedacht und Prräsident Feng Guo-dschang und Premier Duän Tschi-ruei hatten sie sich dann zu eigen gemacht. Damit überging man einfach die Rolle der Verbotenen Stadt in dieser Restauration und nahm auch geflissentlich keine Notiz von den illegalen Aktivitäten, die dort gleich nach der mißglückten Machtübernahme aufs neue entfaltet wurden. Da der Hof es sich in der Folge angelegen sein ließ, auch sonst seine Beteiligung an dem Umsturzversuch zu verschleiern, wurden anstelle der wirklich Verantwortlichen ein paar in die Restauration verwickelte Tsching Getreue außerhalb der Verbotenen Stadt ausgemacht und als Landesverräter öffentlich gebrandmarkt.

Aus Zeitungsberichten und den Unterhaltungen meiner Lehrer habe ich jedoch einen zusammenhängenden Überblick über die gesamten Ereignisse gewonnen. Der Plan zu dieser Restauration war zur Zeit, als Yüan den Kaiserthron usurpierte, entstanden. Damals hatte sich die Beiyang Gruppe angesichts der ständig wachsenden Bedrohung durch republikanische Gegenkräfte im Süden von Yüan abzuwenden begonnen, und Hsü Sche-tschang war aus Protest gegen die Pläne des Präsidenten, sich zum Kaiser proklamieren zu lassen, von seinem Amt als dessen Staatssekretär zurückgetreten. Später hatte er dann geheimen Kontakt mit Dschang Hsün aufgenommen, und die beiden kamen überein, daß es »besser sei, die Regierungsgewalt dem Hause der Tsching zurückzugeben, bevor die Bewegung der Republikanischen

Partei vollständig außer Kontrolle geriete«. Aber da dieser Plan bei allen Gesandtschaften auf Ablehnung gestoßen war, hatten Hsü Sche-tschang und Dschang Hsün es nicht gewagt, ihn gegen den Willen des Auslandes auszuführen. Nach Yüans Tod fanden in Hsüdschou und Nanking Konferenzen der Beiyang Generale statt, und die Überführung von Yüans sterblichen Resten ergab dann eine weitere Gelegenheit, sich gegenseitig abzusprechen. In Dschangdö faßten die Nördlichen Militärgouverneure unter dem Einfluß der Beiyang Generale zum erstenmal offen den Entschluß, die Tsching Monarchie an die Macht zurückzubringen. Die Restaurationsbewegung teilte sich in zwei Flügel mit Dschang Hsün in Hsüdschou und Hsü Sche-tschang in Tientsin als jeweiligen Führer.

Dschang Hsün rief in Hsüdschou eine zweite Versammlung der Militärgouverneure ein (die sogenannte »Zweite Konferenz von Hsüdschou«), mit dem Ergebnis, daß allgemein beschlossen wurde, als erstes einen neuen Vorstoß zu unternehmen, um die Unterstützung des Auslandes und insbesondere Japans zu gewinnen. Dschang Hsün gelang es, sich die Hilfe des Kommandeurs der Japanischen Garnison in Tientsin zu sichern, über den er sofort Kontakt mit Prinz Su, Babojab, Dschang Dzo-lin und einer Reihe von anderen Militärgouverneuren aufnahm. Geheime Verhandlungen aller Beteiligten führten zu dem Entschluß, die Stadt Kalgan von dem Freiwilligencorps Babojabs stürmen zu lassen. Dschang Hsün würde darauf unter dem Vorwand, die Hauptstadt verteidigen zu wollen, mit seinen Truppen Peking besetzen und dort in »einem Handstreich das ›Große Werk‹ der Restauration vollenden«. Doch die unerwartete Ermordung Babojabs durch meuternde Untergebene hatte diesen Plan vereitelt.

Hsü Sche-tschang seinerseits war für direkte Verhandlungen mit der Japanischen Regierung eingetreten, wollte sich aber erst noch bei Dschang Hsün Rückendeckung holen, bevor er konkrete Schritte in diese Richtung unternahm. Doch der Beauftragte, den er zu diesem Zweck in Dschang Hsüns Hauptquartier nach Hsüdschou sandte, ging so ungeschickt vor, daß er, statt eine Einigung zu erzielen, nur dem schwelenden Mißtrauen zwischen den beiden Protagonisten neuen Auftrieb gab. Es waren indes nicht die erheblichen Zugeständnisse an Japan, die Dschang aufbrachten. Vielmehr ergrimmte ihn, daß Hsü Sche-tschang beabsichtigte, die japanische Regierung dazu zu verpflichten, als Gegenleistung für ebendiese Zugeständnisse seine, Hsüs, Ernennung zum Prinzregenten zu unterstützen. »Soll die Restauration vielleicht nur dazu dienen, daß ein gewisser Herr Hsü auf seine Kosten kommt? Ein Dschang ist zu so was wohl nicht genug!« So fuhr er den Unterhändler an, als jener ihn über diesen Passus unterrichtete. – Seit dieser verunglückten Unterredung begannen die beiden Flügel der Restaurationsbewegung getrennte Wege zu gehen.

Hsüs diplomatische Mission in Japan erlitt gleichfalls Schiffbruch. Denn damals stand in Japan die Meinung des Kabinetts gegen die des Kriegsministeriums, und da beide Parteien sich nicht einig wurden, beschloß der Hof, die Sache einstweilen auf sich beruhen zu lassen.

Zu jener Zeit unternahmen die Alliierten gerade einen neuen Vorstoß, um das Kabinett Duän Tschi-rueis endlich an ihre Seite in den nun schon drei Jahre währenden Ersten Weltkrieg zu bringen. Hsü Schetschang war der erste, der die Vorteile eines solchen Schachzuges erkannte: Durch Chinas Kriegseintritt würde die Beiyang Gruppe sich die Alliierten verpflichtet machen und damit ihre Vormachtstellung weiter untermauern können. Hsü bestürmte daher Premier Duän Tschi-ruei, dem Wunsche der Alliierten zu entsprechen.

Duän Tschi-ruei aber, der heimlich danach trachtete, ganz China unter der Herrschaft seiner Person militärisch zu einigen, wollte durch Chinas Teilnahme am Krieg eine Anleihe aus Japan herausschlagen, um seine Ausgaben für den innerchinesischen Bruderkrieg bestreiten zu können. Daher war er auch bereit, die Kriegsfrage im Parlament zur Debatte zu stellen. Dort sprach sich jedoch die Mehrheit der Abgeordneten gegen die Kriegsteilnahme aus, und auch Li Yüan-hung, der nach Yüans Tod Präsident der Republik geworden war und nun die Macht ganz an sich reißen wollte, solidarisierte sich mit der Mehrheit seines Parlaments gegen Duän Tschi-ruei. Die erbitterte Auseinandersetzung, die darauf folgte, endete schließlich mit Duäns Rücktritt. Er setzte sich nach Tientsin ab, von wo aus er Militärgouverneur und Beiyang Generale aufstachelte, sich von der Zentralregierung Li Yüan-hungs loszusagen und die Auflösung des Parlaments zu fordern – und diese Forderung sogleich durch Entsendung von Truppen in die Hauptstadt zu unterstreichen.

Dschang Hsün sah darin die lang erwartete Gelegenheit, sich selbst an die Spitze der Restaurationsbewegung zu setzen. Er ließ sich in der 4. Konferenz von Hsüdschou die volle Unterstützung der Militärgouverneure der einzelnen Provinzen und der wichtigsten Häuptlinge der Beiyang Clique – einschließlich Duäns Delegierten – zusichern und bot sich darauf Li Yüan-hung als »ehrlichen Friedensstifter« an. Dschang Hsün wußte den Präsidenten dabei so gut einzuseifen, daß Li Yüanhung ihn tatsächlich nach Peking einlud, um zwischen den rivalisierenden Parteien zu vermitteln. Ende Juni 1917 führte Dschang Hsün seine bezopfte Armee gegen Peking, und nachdem er mit den Beiyang Generalen in Tientsin Kontakt aufgenommen hatte, erzwang er die Auflösung des Parlaments. Sein nächster Schritt war, die Hauptstadt in seine Hand zu bringen; und als dies geschehen war, proklamierte er am 1. Juli 1917 die Wiedereinsetzung des Kaisers der Großen Tsching.

Die Presse hat damals Dschang Hsüns Mißerfolg nach anfänglichem Gelingen auf seine unkluge Machtgier zurückgeführt. Tatsächlich hatte Dschang Hsün nach der Restauration aus einer falschen Einschätzung der eigenen Position heraus seinen Rivalen Hsü Sche-tschang mit einem leeren Titel abgespeist – ein unverzeihlicher Fehler. Und dann hatte er sich auch noch erlaubt, den ebenso ehrgeizigen wie intriganten Duän Tschi-ruei bei der Verteilung der neuen Ämter zu übersehen. Dieser zweite – weit gefährlichere – Fehler sollte ihn denn auch um den Erfolg seiner Restaurationsbemühungen bringen. Denn kaum hatte Dschang Hsün mich wieder auf den Thron gesetzt, traf auch schon die überraschende Nachricht ein, Duän Tschi-ruei habe in Tientsin seine Truppen einberufen und marschiere jetzt zusammen mit Feng Guo-dschang auf Peking, um »die abtrünnigen Rebellen zu bestrafen«. Und es dauerte nicht lange, da hatten auch die übrigen Beiyang Generale und Militärgouverneure die Fahnen gewechselt.

So kam es, daß sich der Restaurationsversuch schließlich vor allem für Duän Tschi-ruei und Feng Guo-dschang auszahlte: Duän Tschi-ruei wurde wieder Premier und Feng Guo-dschang avancierte zum Staatspräsidenten. – Niemand wagte indes, den »Staatsverräter und Usurpator« Dschang Hsün nach seiner Flucht zu nahe zu treten. Seine Drohung, er werde nötigenfalls die in Paris sichergestellten Telegramme und Konferenzpapiere der Restaurationsbewegung veröffentlichen, verfehlte nicht ihre Wirkung auf die neuen Herren der Republik.

Am selben Tag, als die Feng-Duän-Regierung jenen Tagesbefehl veröffentlichte, der das Kaiserhaus von aller Schuld freisprach, wurden Steckbriefe gegen fünf Tsching Beamte – darunter auch gegen Kang You-wei – erlassen, die sich des »Verbrechens schuldig gemacht hatten«, an der Restauration mitzuarbeiten. Doch schon ein halbes Jahr später verfügte der Präsident eine Generalamnestie für alle »Restaurations-Verbrecher«. Dschang Hsün wurde dabei zwar noch ausdrücklich ausgeklammert; in Wirklichkeit hatte er jedoch schon längst sein Asyl in der Holländischen Botschaft verlassen, um sich in einer hübschen Villa seinem Privatleben zu widmen.

Unter den Namen, die nach dem mißglückten Umsturzversuch regelmäßig in der Presse auftauchten, erregten vor allem die starken Männer der Republik – und dabei wiederum besonders die alten Häuptlinge der Beiyang Clique, die sich so enthusiastisch für die Restauration eingesetzt hatten – meine Neugier. Daß sie dergestalt die Verbotene Stadt in Schutz nahmen und selbst in aller Öffentlichkeit aus dieser ihrer Stimmung kein Hehl machten, ließ für mich nur den einen Schluß zu, nämlich daß keiner von diesen Republikanern im Grunde ein Gegner der Restauration war; sie konnten sich offenbar nur nicht einigen, wem von ihnen bei einem solchen Unternehmen die Führerrolle zukommen sollte. Vom Standpunkt der Verbotenen Stadt aus waren alle Katzen recht, weiß oder gefleckt; wichtig war nur, daß sie Mäuse fingen. Mit anderen Worten; ob Dschang Hsün oder Duän Tschi-ruei, spielte keine Rolle, solange der Betreffende sich für die Restauration einspannen ließ.

Die Hoffnungen, die der Hof auf die beiden neuen Machthaber gesetzt hatte, realisierten sich allerdings nicht. Denn kaum hatte die neue Regierung ihr Amt angetreten, spaltete sich die alte Beiyang Clique in eine Dscheli Gruppe unter Präsident Feng Guo-dschang und eine Anhwei(Anfu) Gruppe unter Premier Duän Tschi-ruei mit dem Ergebnis, daß Feng Guo-dschang gestürzt wurde, noch ehe er Zeit hatte, auf die Avancen, die ihm der Hof machen ließ, zu reagieren. Was Premier Duän Tschi-ruei, die zweite Hoffnung des Hofes, anging, so hatte dieser nach seinem Amtsantritt anläßlich eines Besuches beim Oberhofmarschall Sche Hsü zwar durchblicken lassen, daß eine Restauration durchaus im Bereich des Möglichen läge. Doch Sche Hsü war nach den Erfahrungen des mißglückten Umsturzes vorsichtiger geworden. Und da er nicht schlau wurde aus diesem Premier, der selbst nur dadurch wieder an die Macht gekommen war, daß er die Restauration zerschlagen hatte, wagte er es vorerst nicht, in seinen Bemühungen um Duän über das Stadium von Andeutungen hinauszugehen.

Die Lage besserte sich aus der Sicht des Hofes erst, als nach dem Sturz Fengs Hsü Sche-tschang das Präsidentenamt übernahm. Kurz nachdem die Restauration ausgespielt hatte, war in den »Schanghaier Nachrichten« ein Leitartikel erschienen, der dazu angetan war, die Herzen der Bewohner der Verbotenen Stadt höher schlagen zu lassen. Vor allem eine Passage hatte große Begeisterung hervorgerufen. Es hieß da: »Hätte Hsü Sche-tschang die Regie gehabt, wäre er bestimmt nicht so plump vorgegangen; hätte nicht Dschang Hsün die Restauration inszeniert, wären die Befehlshaber der Beiyang Armee schon längst treue Untertanen Seiner Majestät geworden.«

Nicht nur ich, für den gerade der Traum, wieder Himmlischer Kaiser zu sein, für ein paar Tage Wirklichkeit geworden war, sondern auch all die nun amtslosen Minister der Tsching innerhalb und außerhalb der Verbotenen Stadt teilten die Meinung des Leitartiklers – zumindest in den ersten Wochen nach Hsü Sche-tschangs Amtsübernahme. Dieser Hsü Sche-tschang, der dem Hof soviel bedeutete, war mit Yüan Sche-kai befreundet gewesen, bevor dieser seine Karriere begonnen hatte, und hatte es später unter ihm zum Feldmarschall gebracht. Sein Einfluß wuchs ständig. Ja, man konnte sagen, daß es keine wichtige Entscheidung im Leben Yüan Sche-kais gegeben hat, in der er nicht erst seinen »Berater« Hsü hinzugezogen hätte. Wie es hieß, hatte Yüan, bevor er schließlich Lung Yü zwang, das Reich aufzugeben, sich mit Hsü Feng Guo-dschang, Duän Tschi-ruei und anderen Generalen der Beiyang Armee dahingehend verständigt, es sei besser, mit List statt mit Waffengewalt gegen die republikanischen Truppen im Süden vorzugehen. Zunächst gelte es, den Forderungen der militanten Republikaner nachzugeben und die verlangte Republik zu gründen. Dann brauche man nur abzuwarten, bis die Republikaner sich untereinander verfeindet und isoliert hätten, um den »abgedankten Kaiser« gefahrlos wieder auf den Thron zurückzubringen. Als sich aber Yüan Sche-kai selbst auf den Thron setzte, war Hsü alles andere als zufrieden gewesen. Ein Neffe Hsüs hat damals zufällig ein Gespräch zwischen Yüan und Hsü belauscht, in dem Hsü dem Kaiseraspiranten nahelegte, »sich an die ursprüngliche Vereinbarung zu halten«. Daß Hsü dem Gedanken an eine Wiedereinsetzung der Tsching auch in den folgenden Jahren treu blieb, war praktisch ein offenes Geheimnis.

Nachdem nun dieser Hsü Sche-tschang im September 1918 selbst Präsident der Republik geworden war, gab er bekannt, er könne nicht im Dschung-Nän-Hai Palais seiner Vorgänger wohnen (das Yüan der Verbotenen Stadt abgenommen hatte); er werde deshalb die Amtsgeschäfte in seinem eigenen Haus erledigen, bis ein geeigneter Präsidentensitz für ihn erstellt worden sei. – Es gab noch weitere positive Anzeichen: Hsü begnadigte Dschang Hsün. Hsü trat für das Studium der Klassiker und die Verehrung Konfuzius' ein. Hsü opferte nach alter Sitte dem Himmel. Hsü bedachte Mitglieder des Kaiserhauses mit hohen zivilen und militärischen Ämtern. Und wenn der neue Präsident von den Tsching sprach, nannte er sie, ganz gleich, ob öffentlich oder privat, nur »unsere gegenwärtige Dynastie«.

Tatsächlich hat sich die Verbotene Stadt mit »Großtutor« Hsu in Aktivitäten eingelassen, die besser vor der Öffentlichkeit verborgen geblieben wären. Als Feng noch Präsident war, hatte das Hofamt den

Rest der Palastkasse (die der Kaiserinwitwe von Yüan abverlangt worden war) Hsü zugespielt; und diese sogenannte »patriotische Schuld« von drei Millionen sechshunderttausend Dollar hatte ohne Zweifel erheblich dazu beigetragen, daß Hsü seinen Kampf um die Präsidentschaft gewinnen konnte. Als dann die Wahl Hsü Sche-tschangs bereits beschlossene Sache war, hatten ihn die Großminister und Senioren des Hofamtes zu einem Bankett eingeladen, an dessen Ende Hsü feierlich den Becher erhoben und gelobt hatte, die Fehler von Yüan und Duän nicht zu wiederholen: »Diesmal wollen wir nur für den Jungen Herrscher die Regierung führen – und nichts weiter!«

Über all diese heute unbestrittenen Tatsachen habe ich damals nie direkt Mitteilung erhalten. Aber mir schien doch, als hellten sich schon beim bloßen Klang des Namens Hsü alle Gesichter am Hof auf.

Viertes Kapitel

Hoffnungen – und neue Hoffnungen

Eines Tages, als ich, durch die Kaiserlichen Gärten radelnd, um eine Ecke sauste, hätte ich beinahe einen Mann umgefahren. Ein solcher Verstoß gegen die Präsenz des Kaisers wäre nach den Palastregeln schwer zu ahnden gewesen, aber ich ließ es gut sein. Statt dessen fuhr ich einen Bogen und wollte gerade weiterradeln, als ich sah, wie der Mann auf die Knie fiel: »Der Unwürdige entbietet dem Herrn der Zehntausend Jahre seinen Respekt!«

Er trug die gleiche Art von Purpurweste wie die Palasteunuchen, doch als ich ihn genauer musterte, entdeckte ich ein Schnurrbärtchen auf der Oberlippe: Ein Eunuche konnte das nicht sein. Während ich ihn mit meinem Rad umkreiste, fragte ich: »Was machst du da?«

»Der Unwürdige kümmert sich um das elektrische Licht.«

»Aha! Deshalb bist du also hier. Kannst von Glück reden, daß Wir dich vorhin nicht umgefahren haben. Warum erhebst du dich nicht?«

»Ja, der Unwürdige hat Glück gehabt! Heute durfte er dem Wahren Drachen, dem Sohn des Himmels, ins Antlitz schauen. Bitte, wollen der Herr der Zehntausend Jahre in Seiner himmlischen Güte dem unwürdigen Diener zum Andenken einen Titel verleihen.«

Die Absurdität dieser Bitte amüsierte mich, und so sagte ich, eingedenk des Spitznamens, den man damals Pekings Brückenbettlern gegeben hatte, lachend:

»Gut. Wir machen dich zum Marquis-Brückenwächter.«

Ich wäre allerdings nie auf die Idee gekommen, daß der Elektriker mein Wortspiel mit Marquis und Affe [das auf chinesisch gleich klingt] für bare Münze nehmen würde. Um so größer war mein Erstaunen, als ich erfuhr, daß sich der Mann danach tatsächlich beim Hofamt meldete und nach seinem »Adelsbrief« verlangte. Als ihm dort gesagt wurde, das Ganze könne nur ein Scherz gewesen sein, verteidigte er sich gekränkt: »Die Worte Seiner Majestät sind wie Gold und Jade. Wie könnt ihr es da wagen, sie einfach als einen Scherz abzutun!«

Zu der Zeit erzählten mir meine Tutoren und die Eunuchen oft von der Stimmung auf dem Land, wo die Leute immer wieder fragten:

»Wie geht es dem Kaiser Hsüan Tung?«

»Wer sitzt jetzt auf dem Thron?«

»Wenn der Wirkliche Drache, der Sohn des Himmels, auf dem Thron säße, würden wir wohl bald wieder Frieden haben?«

In Wirklichkeit war das ständige Gerede von den »früheren Tsching« wohl nur ein Ausdruck des Hasses, den die Bevölkerung den im Lande schrecklich wütenden Bürgerkrieggeneralen entgegenbrachte. Aber meine Lehrer hielten sich an ihre Interpretation und benutzten solche »Beweise«, um mich zu überzeugen, daß die Bevölkerung die alte Ordnung herbeiwünsche.

Tatsächlich konnte man selbst noch im Jahre 1920, als die Ära Hsü Sche-tschang, ohne eine Restauration gebracht zu haben, zu Ende ging, immer wieder Leuten begegnen, die sich vom Glanz des Kaiserhauses blenden ließen. Ein Kaufmann namens Wang Dschiu-tscheng, der als Uniform-Lieferant der Beiyang Armee ein Vermögen gemacht hatte, war beispielsweise fest entschlossen, sich das unerhörte Privileg zu erwerben, eine Kaisergelbe Reitjacke tragen zu dürfen. Um sein Ziel zu erreichen, scheute er weder Geld noch Mühen, was ihm bei den Eunuchen bald den Spitznamen »Kleiner Geldbote« eintrug. Wie er es fertigbrachte, weiß ich nicht, aber zu Neujahr und an anderen hohen Festtagen tauchte er unweigerlich unter den alten Tsching Veteranen auf, die gekommen waren, um mir huldigend ihren Tribut zu entrichten. Bei solchen Besuchen führte er stets ein dickes Bündel Banknoten mit sich. Natürlich rieben sich die Eunuchen bei seinem Nahen die Hände; denn jeder, der ihm die Richtung wies, ihn ankündigte, den Vorhang beiseite schob, Tee eingoß oder auch nur sonst ein paar Worte mit ihm wechselte, durfte sicher sein, mit einem dicken Geldgeschenk bedacht zu werden. Daß Kaufmann Wang Dschiu-tscheng auch bei den maßgeblichen Instanzen und Behörden nicht mit Geld sparte, braucht wohl nicht erst gesagt zu werden. – Schließlich hat er auch wirklich die angestrebte Ehre verliehen bekommen.

Zu jener Zeit sprachen täglich Personen in der Verbotenen Stadt vor oder sandten von weit entfernten Orten Eingaben an den Thron, um eine Tsching Auszeichnung zu ergattern. Die einen wollten wie Kaufmann Wang Dschiu-tscheng eine gelbe Reitjacke tragen dürfen, andere wünschten eine Kaiserliche Bewilligung, die Familienchronik um einen Tsching Beamtentitel zu bereichern, und wieder andere baten um eine Würdenbezeichnung für ihre Toten. Ein gewisser Liang Dschu-tschuän, allgemein der »verrückte Liang« genannt, trieb es sogar so weit, daß er sich selbst von einem Wehr der Pekinger Wasserwerke stürzte, um sein Leben und eine durchnäßte »Letzte Eingabe an den Thron« gegen den posthumen Ehrentitel »Treu und Aufrecht« einzutauschen.

Später nahm die Zahl der Bittsteller so zu, daß beschlossen wurde, derartige Ehren nur noch Personen in der Hauptstadt vom III. Beamtengrad an zu verleihen, um zu verhindern, daß der Kleine Hof sich lächerlich machte. Mit dem Privileg, zu Pferd in die Verbotene Stadt einreiten oder sich von zwei Trägern in einer Sänfte dahin tragen lassen zu dürfen, sowie mit der Verteilung von Kalligraphien aus meiner Hand wurde sogar noch strenger verfahren, so daß nicht nur Mandschu-Würdenträger, sondern auch einige republikanische Generale es für eine »besondere Ehre« hielten, wenn sie schließlich einer dieser Auszeichnungen habhaft werden konnten.

Beamte, deren Stellung verhältnismäßig bescheiden war, und die »Neureichen« von damals wußten ihre Ambitionen auch auf andere Weise zu befriedigen, und sei es auch nur, daß sie sich von einem alten Tsching Minister eine Grabinschrift schreiben ließen oder einen bekannten Tsching Veteranen als Trauzeugen für eine Hochzeit gewannen.

Ein ganz besonderer Fang glückte der mandschurischen Frau eines englischen Juden namens Hardoon in Schanghai, die es – nach einiger Mühe – fertigbrachte, daß die Nummer eins der letzten Kaiserlichen Examen, in Tsching Hoftracht gekleidet, für ihren verstorbenen Gatten die nötigen Inschriften auf die Ahnentafel pinselte: Um eine würdige Überführung des hohen Hanlin-Gelehrten nach Schanghai zu gewährleisten, hatte die Witwe eigens eine mit grünem Wollstoff ausgeschlagene Sänfte für acht Träger anfertigen lassen. –

Selbst sogenannte moderne Literaten wie Hu Shih wurden von der allgemeinen Stimmung angesteckt und entdeckten plötzlich ihre Gefühle »für den letzten Repräsentanten einer Reihe von großen Monarchen«.

Doch wichtiger als all dies war, daß die Verbotene Stadt sich auch durch Stimmen aus dem Ausland in ihren Restaurationsbemühungen bestärkt fühlte. Mein Englischtutor Johnston hat mir davon oft erzählt. Nach seinen Worten waren sehr viele Ausländer damals der Ansicht, daß vor allem das einfache Volk seine ganze Hoffnung auf die Rückkehr der Tsching setzte. Manchmal las er mir auch aus ausländischen Zeitungen vor. Einen Bericht, den wir damals zusammen besprochen haben, zitierte er später in seinem Buch »Zwielicht in der Verbotenen Stadt«. Es handelt sich um den Leitartikel, der unter dem Titel »Steht wieder eine Restauration bevor?« im englischen »North China Daily Mail« am 9. September 1919 in Tientsin erschienen war.

Die Republik hat bis jetzt alles andere als eine glückliche Vergangenheit gehabt, und heute stehen sich Süden und Norden feindlich gegenüber. Diese Situation läßt nur einen Schluß zu: Das republikanische System ist in China erprobt worden und hat sich dabei als unbefriedigend erwiesen. Die Klasse der Handeltreibenden und die gebildete Oberschicht – das Rückgrat der Nation – sind der blutigen Machtkämpfe überdrüssig, und wir sind vollkommen überzeugt, daß diese beiden Bevölkerungsgruppen rückhaltlos jede Regierungsform unterstützen würden, die den 18 Provinzen nachhaltigen Frieden brächte.

Man darf nicht vergessen, daß es eine starke Phalanx von Promonarchisten aller Schattierungen gibt, die sich nie mit der republikanischen Staatsform abgefunden haben, obwohl sie sich aus einleuchtenden Gründen in den letzten Jahren still verhielten. Daß diese Kreise mit den gegenwärtigen Bewegungen der Militärs sympathisieren, versteht sich, und das ständige Kommen und Gehen namhafter Monarchisten an Orten, wo Militärs sich zu treffen pflegen, dürfte nicht ohne Bedeutung sein. Das Argument all derer, die im geheimen eine Wiedereinsetzung des Exkaisers begünstigen und erhoffen, ist, daß die Republik das Land zugrunde richte, weshalb – wenn nötig auch drastische – Maßnahmen ergriffen werden müßten, um den früheren Wohlstand und Frieden wiederherzustellen.

Eine Rückkehr zur Monarchie wird indes keineswegs von allen Seiten begrüßt. Im Gegenteil, ein solcher Schritt dürfte aller Voraussicht nach in mehr als einer Gesandtschaft auf beträchtlichen diplomatischen Widerstand stoßen; doch auch dieser Widerstand wird nach einem erfolgreichen Staatsstreich verdampfen. Denn wir alle wissen: nichts ist so erfolgreich wie Erfolg.

Freilich änderten all diese ermunternden politischen Kommentare in der ausländischen Presse nichts an der Tatsache, daß es noch immer die Militärgouverneure waren, die mit dem Gewehr in der Hand die Zukunft des Kleinen Hofes diktierten. Wie der »North China Daily Mail« richtig geschrieben hatte, »war das ständige Kommen und Gehen namhafter Monarchisten an Orten, wo Militärs sich zu treffen pflegen, nicht ohne Bedeutung«.

Ich erinnere mich, daß der Kleine Hof in der zweiten Hälfte des Jahres 1919 sehr engen Kontakt mit Armeekreisen unterhielt. Neben den alten Beiyang Generalen wurde nun vor allem deren Gegenspieler Dschang Dzo-lin, dem Anführer der Fengtiän Clique und Hochkommissar des Inspektionsamtes, große Wichtigkeit zugemessen.

Die Beziehungen mit Dschang Dzo-lin begannen damit, daß die Verbotene Stadt aus Dschangs Hauptquartier Fengtiän eine Geldsumme überwiesen bekam als Entschädigung für einen Besitz, der dort dem Kaiser gehörte. Mein Vater, der das Geld entgegennahm, bedankte sich brieflich; später ließ er durch das Hofamt in seinem Namen noch zwei Antiquitäten – ein Bild von Dung Bang-da [spätere Tang-Zeit 937–975] und ein Vasenpaar mit einer Inschrift von der Hand Kaiser Tschiän Lungs – nach Fengtiän überbringen.

Dschang Dzo-lin schickte daraufhin seinen Schwurbruder Dschang Dsching-huei, den damaligen Vizebefehlshaber der Fengtiän Armee (der später Premier von Mandschuguo werden sollte), in Begleitung des Tsching Gesandten, der die Geschenke überbracht hatte, nach Peking, um meinem Vater seinen Dank auszudrücken.

Danach wurden weitere Beziehungen angeknüpft. Drei Generale der Fengtiän Armee, die seinerzeit persönlich nach Peking gekommen waren, um bei Dschang Hsüns Restauration mitzuwirken, wurden neben zwei weiteren Fengtiän Befehlshabern mit der Ehre ausgezeichnet, zu Pferd in die Verbotene Stadt einreiten zu dürfen.

1920 verbündete sich die Fengtiän Clique mit der Dscheli Gruppe – die nach Feng Guo-dschangs Tod von Tsao Kun angeführt wurde –, um die Anhwei Gruppe unter Duän Tschi-ruei zu schlagen. Als Tsao Kun und Dschang Dzo-lin dann siegreich in Peking einmarschierten, delegierte der Palast Hofminister Schao Ying, um sie in der Hauptstadt willkommen zu heißen. Darauf fand eigens eine Versammlung der höchsten Minister und Beamten des Hofamtes in der Residenz meines Vaters statt, wo beraten wurde, was für Geschenke man Dschang Dzo-lin bei seiner Audienz beim Kaiser übergeben sollte. Aber das Gerücht, daß Dschang der Verbotenen Stadt seine Aufwartung machen werde, blieb ein Gerücht: Dschang Dzo-lin kehrte nach Fengtiän zurück, ohne einen Besuch abgestattet zu haben.

Zwei Monate später wurde ein junger Verwandter meines Vaters aus hohem Mandschuadel »als Berater« nach Fengtiän geschickt. Und nachdem Peking unter der Dscheli-Fengtiän-Allianz der Treffpunkt der Fengtiän Generale geworden war, sah man bei den Zusammenkünften der Militärs auch häufig eine Anzahl von Tsching Prinzen und Adeligen. Ständiger Gast war der Hausverwalter meines Vaters, der dort gar mit dem einflußreichen Dschang Dsching-huei Brüderschaft schwor.

In diesen zwei Jahren schien sich die Geschichte zu wiederholen, und bald herrschten im Land wieder ähnliche Zustände wie vor Dschang Hsüns Restauration. Ein Artikel, der, zwei Monate nachdem mein Vater Geschenke nach Fengtiän überbringen ließ und Dschang Dsching-huei von Dschang Dzo-lin aus nach Peking gekommen war, am 27. Dezember 1919 im »Peking Leader« erschienen ist, mag einen Eindruck von der damaligen Stimmung wiedergeben:

Im Verlauf der letzten Tage zirkulierte in allen Klassen der hiesigen Bevölkerung und ganz besonders in Militärkreisen um General Dschang Dzo-lin das Gerücht, eine Wiederbelebung der Mandschumonarchie anstelle der sogenannten republikanischen Regierung Chinas stehe unmittelbar bevor. Nach gängigen Behauptungen soll die Restauration diesmal von General Dschang Dzo-lin in Verein mit gewissen monarchistischen und militärischen Führern in Gang gebracht werden; und auch Exgeneral Dschang Hsün, der den jungen Mandschukaiser im Juli 1917 für 12 Tage auf den Thron setzte, soll wieder eine wichtige Rolle spielen. Wie es heißt, stellen sich zur Zeit einzig noch Marschall Duän Tschi-ruei und gewisse Führer im Süden der monarchistischen Bewegung entgegen; selbst Präsident Hsü und Expräsident Feng seien angesichts der unstabilen politischen Lage im Land, zu der noch eine Bedrohung von außen komme, geneigt, die Wiedergeburt der Monarchie ohne große Opposition und Mißbilligung hinzunehmen. Von Tsao Kun, Li Schun und anderen Militärführern der 2. Garde wird gesagt, diese Männer seien damit zufriedenzustellen, daß man sie zu Prinzen, Herzögen und Grafen ernennt und in ihren gegenwärtigen Positionen in den verschiedenen Provinzen beläßt...

Dieser Kommentar löste freudige Erregung in mir aus, und ich begriff mit einemmal, warum die Anführer der Fengtiän Clique sich so sehr um die Verbotene Stadt bemühten, warum Dschang Dzo-lin am »Tag der

Zehntausend Herbste« sich zu den Tsching Prinzen und Höflingen gesellte, um der Kaisergemahlin Duän Kang zum Geburtstag zu gratulieren, warum es im Fengtiän Klub ständig hoch herging und warum gewisse Prinzen in derart glücklich erregter Laune waren.

Doch die Freude währte nicht lange. 1922 kam es zu einem offenen Bruch zwischen den Dscheli und Fengtiän Cliquen mit dem Resultat, daß die Fengtiän Armee geschlagen wurde und Dschang Dzo-lin den Rückzug in sein Hauptquartier nach Nordosten antrat.

Nun traf eine beunruhigende Nachricht nach der anderen ein: Hsü Sche-tschang wurde über Nacht gestürzt, Peking von der Dscheli Armee besetzt und Li Yüan-hung, den Dschang Hsüns Restauration von 1917 entmachtet hatte, wurde ein zweites Mal Präsident.

Die Verbotene Stadt geriet in Panik. Johnston, der von allen Seiten bestürmt wurde, mich in der Britischen Gesandtschaft in Sicherheit zu bringen, vereinbarte mit dem britischen Botschafter in Peking, Sir Beilby Alston, daß einige Zimmer bereitgestellt würden, die ich nötigenfalls als Privatgast meines Englischtutors beziehen könnte. Daneben erreichte Johnston die Zusage der Holländischen und Portugiesischen Gesandtschaften, im Ernstfall die anderen Mitglieder der Kaiserlichen Familie aufzunehmen.

Ich selbst war damals mit den Vorkehrungen meines Englischlehrers nicht einverstanden. Viel lieber, als mich in einer Gesandtschaft in Peking zu verbergen, wäre ich gleich direkt ins Ausland gegangen. Aber als ich Johnston unvermittelt mit der Bitte, er möge mich aus China hinausbringen, ansprach, war er so perplex, daß er erst nach einer Weile hervorbrachte: »Ein solcher Schritt wäre zur Zeit äußerst ungeschickt. Eure Majestät müssen sich ohne alle Emotion einmal überlegen, daß nun, wo Hsü Sche-tschang aus Peking geflohen ist, das plötzliche Verschwinden von Eurer Majestät dem Kaiser aus der Verbotenen Stadt sofort Anlaß zu Spekulationen über geheime Machenschaften zwischen dem gestürzten Präsidenten und dem Hof geben würde. Übrigens wäre England auch nicht bereit, Eure Majestät einreisen zu lassen.«

Derartige »Spekulationen« nachzuempfinden war ich nicht fähig. Denn niemand hatte mir bis dahin gesagt, daß es geheime Absprachen zwischen Dschang Dzo-lin, Hsü Sche-tschang und dem Kleinen Hof gab. Und noch weniger konnte ich wissen, wie der Ausbruch der Feindseligkeiten zwischen den Fengtiän und Dscheli Cliquen und die daraus folgende Niederlage Dschang Dzo-Lins mit dem Gesandtschaftsviertel in Peking zusammenhing. So mußte ich es also, weil mir die Gegenargumente fehlten, mit Johnstons Antwort bewenden lassen.

Später, als sich die Lage wieder beruhigt hatte, sprach auch niemand mehr von einer Flucht ins Gesandtschaftsviertel.

1923, ein Jahr nach dem Regierungswechsel, kaufte sich Tsao Kun, der Anführer der Dscheli Clique, die Stimmen der Parlamentsabgeordneten zu 5000 mexikanischen Dollar das Stück und wurde prompt zum Präsidenten gewählt. Gerade als sich die anfänglichen Befürchtungen des Kleinen Hofes dem neuen Machthaber gegenüber etwas gelegt hatten, zog ein anderer, vielversprechender Dscheli Kommandeur namens Wu Pei-fu das Interesse auf sich.

Dscheng Hsiao-hsü (der später mein engster Berater werden sollte) äußerte mir gegenüber die Meinung, Wu Pei-fu habe noch eine große Zukunft vor sich, und da er in seinem Herzen den Tsching loyal geblieben sei, könne er wahrscheinlich für die Sache des Hofes gewonnen werden. Als dieser Wu Pei-fu im selben Jahr in seinem Hauptquartier in Loyang seinen 50. Geburtstag feierte, brachte ihm Dscheng Hsiao-hsü mit meiner Zustimmung reiche Geschenke; aber weder er noch Kang You-wei, der später zu ihm gesandt wurde, konnten ihn zu einer klaren Stellungnahme bewegen.

Wie die Entwicklung zeigen sollte, blieb Wu Pei-fus Stern vorerst nicht lange am Himmel: Schon ein Jahr nach seinem 50. Geburtstag schlug sich sein Unterführer Feng Yü-hsiang (der sogenannte »Christliche General«) während eines Gefechtes zwischen den Dscheli und Fengtiän Cliquen auf die Seite des Gegners. Wu Pei-fu wurde abermals geschlagen – und mein Kleiner Thron kam ins Wanken.

Fünftes Kapitel

Reginald Fleming Johnston

Ausländer erlebte ich zum erstenmal, als die Kaiserinwitwe Lung Yü kurz vor ihrem Tod einen Empfang für die Damen des Diplomatischen Corps gab. Der Anblick der häßlich vielfarbigen Augen und Haare und seltsamen Kostüme versetzte mich damals in goße Furcht. Ausländische Männer hatte ich bis dahin auch noch nicht in natura zu sehen bekommen, besaß aber anhand von Abbildungen in Illustrierten einen ersten Eindruck von ihrer äußeren Erscheinung: Sie trugen allesamt einen Schnurrbart auf der Oberlippe, hatten eine gerade

Falte auf ihren Beinkleidern und hielten stets einen Stock in der Hand. Die Enden dieser Schnurrbärte waren nach Meinung der Eunuchen so steif, daß man Laternen daran aufhängen konnte. Andererseits waren Ausländer auch unfähig, ihre Beine zu beugen. Deshalb hatte ein hoher Minister Tze Hsi zur Zeit des Boxeraufstandes vorgeschlagen, in künftigen militärischen Auseinandersetzungen mit den Acht Mächten die ausländischen Truppen einfach mit Bambusstangen zu Fall zu bringen, sie würden sich dann nicht mehr erheben können. Und was die Stöcke anbetraf, so hatten die Eunuchen auch dafür eine Erklärung bereit: die würden zum Verabreichen von Schlägen gebraucht.

Nach und nach verdrängte dann das, was mir Tschen Bao-schen, mein Lehrer, über die außerchinesische Welt erzählte, meine kindlichen Vorstellungen. Tschen Bao-schen hatte früher Südost-Asien bereist und war dort auch mit Fremden in Berührung gekommen. Doch als mir eines Tages eröffnet wurde, ich solle nun auch einen »Ausländer« zum Tutor bekommen, sah ich dem Ereignis – trotz der 13 Jahre, die ich damals zählte – gespannt und nicht ohne eine gewisse innere Unruhe entgegen.

Reginald Johnston wurde mir am 4. März 1919 vorgestellt, nachdem ihn mein Vater und die chinesischen Tutoren selbst in den Palast der Glückschaffenden Tugend gebracht hatten. Die Präsentation begann damit, daß ich auf dem Thron Platz nahm, worauf Johnston sich verbeugte, wie es das Protokoll für ausländische Würdenträger vorschrieb. Nun stand ich auf, ging auf ihn zu und reichte ihm meine Hand. Johnston verbeugte sich ein zweites Mal und zog sich aus dem Studio zurück. Kurz danach trat er wieder ein, und diesmal verbeugte ich mich vor ihm. Damit hatte ich ihn als meinen Lehrer anerkannt. Nachdem diese Zeremonie vorbei war, begann er im Beisein meines Tutors Dschu Yi-fän mit dem Unterricht.

Ich stellte bald fest, daß dieser Ausländer doch nicht ganz so schrecklich war, wie ich mir vorgestellt hatte. Sein Chinesisch war außerordentlich gut und zudem leichter zu verstehen als die Fukien und Kiangsi Dialekte von Tschen Bao-schen und Dschu Yi-fän. Johnston muß damals ein Mann in den frühen Vierzigern gewesen sein und damit älter als mein Vater; dennoch haftete all seinen Bewegungen etwas gewandt Zielstrebiges, Dezidiertes an. Den Rücken hielt er so gerade, daß ich mehr als einmal vermutete, er trage ein eisernes Gestell unter den Kleidern. Obwohl er keinen Schnurrbart hatte, keinen Stock besaß und auch die Knie beugen konnte, wirkte er äußerst resolut, und der

Anblick seiner blauen Augen und stellenweise ergrauten braunen Haare bereitete mir Unbehagen.

Nachdem mich Johnston bereits mehr als einen Monat unterrichtet hatte, drehte er eines Tages mitten in einer Lektion plötzlich den Kopf zurück, warf dem an der Wand stehenden Eunuchen einen haßerfüllten Blick zu, und während sein Gesicht rot anlief, sagte er wütend zu mir: »Das ist gegen alle Sitte und Anstand, wie mich das Hofamt hier behandelt. Bei keinem der anderen Tutoren sind Eunuchen anwesend. Wieso muß ausgerechnet bei mir immer so einer da hinten stehen? Das paßt mir nicht!« Vor Erregung sprach er »paßt« mit starkem englischen Akzent aus. »Ich werde das bei Präsident Hsü zur Sprache bringen. Schließlich ist es Präsident Hsü gewesen, der mich gebeten hat, den Posten hier anzunehmen!«

Johnston brauchte sich nicht extra zum Präsidenten zu bemühen. Als das Kaiserhaus ihn zu meinem Lehrer bestellt hatte, war dies zumindest teilweise mit dem Hintergedanken geschehen, mir mit seiner ausländischen Nationalität einen zusätzlichen »Schutz« zu verschaffen. Man durfte es nicht wagen, ihn zu beleidigen. Und so genügte bereits sein zorngerötetes Gesicht, um meinen Vater und den Ministerrat sofort zum Nachgeben zu veranlassen: Der Eunuche wurde fortgeschickt.

Auch ich fühlte instinktiv, daß mit diesem Ausländer nicht zu spaßen war. Deshalb lernte ich in der ersten Zeit wie ein Musterschüler bei ihm Englisch. Keinesfalls hätte ich damals den Mut aufgebracht, mich in seinen Stunden so aufzuführen wie im Chinesisch-Unterricht, wo ich zu plaudern anfing, wenn mich der Stoff langweilte, oder gar kurzerhand den jeweiligen Lehrer nach Hause entließ.

Aber dieser Zustand hielt nur zwei, drei Monate vor; so lange nämlich, bis ich zwischen dem Englischlehrer und meinen chinesischen Tutoren gewisse Ähnlichkeiten im Verhalten entdeckte. Nicht nur, daß Johnston wie die andern mich respektvoll mit »Eure Majestät« ansprach, er schob auch wie sie die Bücher beiseite, wenn ich müde war, um mit mir über alles und jedes, ob alt oder neu, nah oder entfernt, chinesisch oder ausländisch, zu plaudern. Und auf seinen Vorschlag hin bekam ich einen Mitschüler für die Englischstunden. Kurz, Johnston verfuhr im Unterricht genauso wie meine anderen Lehrer auch.

Dieser würdige Schotte, ein Magister der Literatur der Universität Oxford, war durch die Vermittlung von Li Tsching-hsi [dem Sohn von Li Hung-tschang] in den Palast gekommen, nachdem Präsident Hsü Sche-tschang mit der Britischen Gesandtschaft seine Anstellung als ordentlich bestallter Kaiserlicher Tutor ausgehandelt hatte. Vorher war er Kolonialsekretär in Hongkong gewesen, und als ihn die Berufung in den Palast erreichte, amtierte er als Gouverneur des britischen Pachtgebietes Weihaiwei [an der Ostküste von Schantung]. Wie er mir selbst erzählte, lebte er schon mehr als 20 Jahre in Asien, hatte sämtliche Provinzen Chinas bereist, seine berühmten Berge und großen Ströme aufgesucht und seine historischen Stätten und Kulturdenkmäler gesehen. Auch in chinesischer Geschichte war er sehr beschlagen und kannte die Sitten und Verhältnisse des Landes. Daneben hatte er sich eingehend mit Konfuzianismus, Moismus, Buddhismus und Taoismus beschäftigt. Seine besondere Vorliebe galt der altchinesischen Poesie. Wie viele klassische Schriften er gelesen hat, kann ich nicht sagen, aber wenn er Tang Gedichte rezitierte, wiegte er den Oberkörper hin und her wie meine Chinesischtutoren, und seine Stimme wiederholte dieselben Hebungen und Senkungen und Pausen.

Johnston schien es gleich seinen chinesischen Kollegen zu würdigen, wenn ich ihm Auszeichnungen und Ehren verlieh. Jedenfalls gab er, als er von meiner Hand den Mandarin-Hutknopf des Höchsten Grades empfangen hatte, sofort eine Hoftracht komplett mit Mantel, Hose, Gürtel und Zeremonienhut in Auftrag, stellte sich in diesem Aufzug unter die Ehrentafel mit einer Widmung von mir, die an der Vorderseite seines Sommerhauses in den Westbergen Pekings angebracht war, und ließ sich fotografieren, worauf er mehrere Abzüge dieser Aufnahme an seine Familie und Freunde schickte.

Das Hofamt hatte für ihn am Tor des Irdischen Friedens ein Haus gemietet, und der alte Junggeselle richtete sich die kleine, um einen Innenhof angelegte Residenz ganz nach dem Geschmack eines Tsching Höflings ein: Wenn man durch die Eingangspforte trat, konnte man auf beiden Seiten rote Tafeln sehen, auf denen in Tusche geschrieben die Ehrungen des Hausherrn aufgeführt waren. »Gefährte des Palasts der Glückschaffenden Tugend«, »Berechtigt, sich in der Sänfte von zwei Trägern in den Palast tragen zu lassen«, »Ausgezeichnet mit dem Hutknopf des Ersten Ranges«. – Nach jeder größeren Auszeichnung fühlte er sich auch verpflichtet, mir durch ein formvollendetes Memorandum seinen Dank auszusprechen.

Johnston nahm im Palast den Gelehrtennamen »Dsche Dao« [sinnend auf Wahrheit] an, den er in Anlehnung an den Satz »der Gelehrte sinnt auf Wahrheit« selbst aus Konfuziusanalekten ausgewählt hatte. Er liebte es auch, sich im Kreise von Tsching Literaten über alte und neue Zeiten zu unterhalten, und war ein großer Freund von chinesischem Tee und chinesischen Pfingstrosen. Später, als er sich in England zur Ruhe setzte, benutzte er einen ganzen Raum nur dazu, das, was ich ihm während seines Lehramtes geschenkt hatte, auszustellen – einschließlich sämtlicher Hofroben und des Mandarinknopfes. Ja, seine Loyalität ging so weit, daß er auf einer kleinen Insel, die er erworben hatte, die Flagge Mandschuguos hißte, als ich später unter den Japanern wieder Kaiser geworden war. Wenn ich heute zurückdenke, war es vor allem Johnstons Geduld, die in unsere Lehrer-Schüler-Beziehung eine freundschaftliche Vertrautheit brachte. Denn es kann diesem Schotten bestimmt nicht leichtgefallen sein, trotz seines etwas cholerischen Temperaments bei einem Jungen wie mir die Beherrschung nicht zu verlieren.

Eines Tages brachte er mir beispielsweise eine ausländische Illustrierte mit Bildern aus dem Ersten Weltkrieg, die vor allem Flugzeuge, Tanks und Artilleriegeschütze der alliierten Mächte zeigten. Ich war fasziniert von diesen sonderbaren Dingen, und Johnston, der mein Interesse gleich spürte, nutzte die Gelegenheit, um mir einen kleinen Vortrag zu halten. Er erklärte mir, zu welchen Zwecken Tanks gebraucht wurden, erörterte, wessen Land über die besten Flugzeuge verfüge und ließ sich dann über die Tapferkeit der alliierten Truppen aus. Zuerst hörte ich ihm höchst aufmerksam zu, aber es dauerte nicht lange, da befiel mich wieder die übliche Langeweile; ich schüttete den Inhalt meiner Schnupftabakdose auf den Tisch und begann, mit dem Zeigefinger ein Blumenmuster auf die Krümel zu zeichnen. Daraufhin legte Johnston die Illustrierte zusammen und wartete wortlos das Ende der Unterrichtsstunde ab – während ich an meinem Blumendekor weiterarbeitete.

Ein andermal brachte er mir ausländische Süßigkeiten mit, und ich war ganz entzückt über die verschiedenen Fruchtaromen, das Silberpapier und die hübsche Blechdose. Johnston versuchte mir auseinanderzusetzen, wie ein Fruchtgeschmack aus Chemikalien gewonnen wurde und wie es möglich war, durch Maschinen Bonbons in dieser regelmäßigen Form herzustellen. Doch ich verstand kein Wort von dem, was er mir da erzählte, und war auch nicht bereit, etwas verstehen zu wollen. Nachdem ich zwei Bonbons gegessen hatte, kamen mir meine Ameisen auf dem Baum draußen in den Sinn. Die sollten auch etwas von diesem chemisch-maschinellen Duft kosten. Kaum hatte ich den Entschluß gefaßt, rannte ich in den Hof hinaus, und der schottische Tutor verblieb bis zum Ende der Stunde allein in Gesellschaft seiner Bonbonniere.

Nach und nach wurde mir aber doch bewußt, welche Mühe sich Johnston gab, und da mir der Unterricht nun mehr Spaß machte, begann ich auch sonst auf ihn zu hören. Johnston beschränkte sich nicht darauf, mir Englisch beizubringen; oder besser gesagt, daß ich Englisch lernte, war ihm weniger wichtig als sein Hauptanliegen, mich zu einem jener englischen Gentlemen – von denen er so oft sprach – zu erziehen. Als ich 14 Jahre alt war, beschloß ich, mich künftig so anzuziehen wie er und beauftragte einige Eunuchen damit, mir einen Stoß europäischer Kleidung zu kaufen. Darauf stieg ich in einen dieser sonderbar schlecht sitzenden westlichen Anzüge hinein und band mir dazu eine Krawatte um den Kragen, daß es aussah, als hänge mir vorne ein Strick herunter. Als ich mich dergestalt ausstaffiert im Unterrichtszimmer vor Johnston präsentierte, geriet der Schotte außer sich. Auf der Stelle mußte ich in meinen Palast zurück, um die Kleider zu wechseln. Am darauffolgenden Tag brachte er seinen Schneider mit, der Maß nahm für die Art von Kleidern, die ein englischer Gentleman zu tragen pflegte. Nachdem wir wieder allein waren, erhielt ich folgende Belehrung: »Es ist besser, sich an die althergebrachten Mandschuroben zu halten, als einen schlecht sitzenden Anzug anzuziehen. Wer Kleider vom Altwarenhändler trägt, ist kein Gentleman, sondern ein ...« Was ich in dem Fall war, ließ Johnston ungesagt.

Auch sonst wurde ich genau instruiert: »Wenn Eure Majestät nach London kommen werden«, erklärte Johnston mir eines Tages, »wird man Euch zum Tee bitten; diese Gesellschaften sind zwar zwanglos, aber doch auch nicht unwichtig. Gewöhnlich finden solche Einladungen am Mittwoch statt. Eure Majestät werden da Aristokraten, Gelehrte, Zelebritäten und alle Arten von Leuten treffen, die Eure Majestät unbedingt kennenlernen müssen, Kleider spielen keine große Rolle dabei, aber gute Umgangsformen sind unerläßlich. Den Tee wie Wasser heruntertrinken, Erfrischungen als Hauptmahlzeit zu betrachten oder laut mit Löffel und Gabel zu klappern, wäre fatal. Tee oder Kaffee mit Gebäck gilt in England als ein ›Refreshment‹ und nicht als eine richtige Mahlzeit ...«

Obwohl ich viele von Johnstons Unterweisungen gleich wieder vergaß und beispielsweise beim Essen des zweiten Übungs-Biskuits bei weitem nicht mehr die Sorgsamkeit aufbrachte wie beim ersten, hatten doch die Fotografien von Flugzeugen und Artillerie-Geschützen, die chemisch und maschinell fabrizierten Bonbons und das Ritual von Tee-Gesellschaften, welche die westliche Zivilisation in meinen Augen repräsentierten, einen spürbaren Einfluß auf mein Denken.

Die Zeitschrift über den Ersten Weltkrieg erweckte mein Interesse für ausländische Publikationen. Besonders deren Anzeigenteil tat es mir an. Ich gab Anweisungen an das Hofamt, mir unverzüglich ausländische Hunde und Diamanten von der Art, wie sie die Inserate anpriesen, zu beschaffen. Daneben ließ ich mir westliche Möbel besorgen und im Palast des Geistigen Wachstums einen Parkettboden legen. Selbst der Kang-Tisch aus rotem Mandelholz mit Bronzebeschlag mußte einem lackierten Pult mit weißen Porzellangriffen Platz machen.

Ich begann Johnston auch in meinen persönlichen Gegenständen zu imitieren und kaufte mir nach seinem Vorbild große Mengen aller möglichen Accessoires, angefangen von Taschenuhren mit Kette, Ringen, Manschettenknöpfen bis zu Krawatten und Krawattennadeln. Johnston mußte mir, meinen Brüdern und Schwestern und später auch meiner »Kaiserin« und »Nebenfrau« englische Namen geben. Ich nannte mich fortan Heng Li (Henry), und Wän Rung, meine Frau, hieß Yi Li Sö Bai (Elizabeth). Bald hatte ich mir auch angewöhnt, wie Johnston mein Chinesisch mit englischen Brocken zu spicken. Wenn ich nun mit meinen Mitschülern sprach, klang das ungefähr so:

»William [Pu Dschiä] spitz den Pencil für mich ... gut, leg ihn auf das Desk hier!«

»Arthur [Pu Dschia], sag Lily [meine 3. Schwester] und den anderen, sie sollen today nachmittag hier vorbeischauen, wir können dann hear ausländische Militärmusik.«

Ich gefiel mir außerordentlich in dieser Sprechweise, aber Tschen Bao-schen, der das mit anhören mußte, zog die Brauen hoch und kniff die Augen zusammen, als ob er fürchterlich von Zahnschmerzen geplagt sei.

Mit der Zeit kam ich so weit, daß mir dieser Schotte in allem das Nonplusultra eines Gentlemans erschien – selbst das Mottenpulver in seinen Kleidern nahm ich als Wohlgeruch hin. Johnston vermittelte mir das Gefühl, die Europäer seien die intelligenteste und kultivierteste Rasse der Erde und er der absolute Höhepunkt menschlicher Gelehrsamkeit. Ich fürchte, er ist sich nie bewußt geworden, wie groß sein Einfluß auf mich in Wirklichkeit war. Wie konnte er ahnen, daß sein englisches Wolltuch mich am Wert chinesischer Seiden und Brokate zweifeln ließ, oder daß ich beim Anblick seiner Füllfeder in der Westentasche plötzlich mich für China schämte, wo noch mit Pinsel auf geschöpftem Papier geschrieben wurde!? Als er mir die Militärkapelle der Englischen Garnison zur Unterhaltung in den Palast brachte, genügte dieses eine Konzert, um mir die chinesische Musik zu verleiden, ja, selbst die alte Zeremonialmusik schien seitdem mit einemmal viel von ihrem gravitätischen Zauber verloren zu haben. Nur weil

Johnston sich über die Zöpfe der Chinesen mokierte und sie »Schweineschwänzchen« nannte, ließ ich den meinen von einem Tag auf den anderen abschneiden.

Tatsächlich hatte das Innenministerium der Republik seit 1913 mehrere Male das Hofamt schriftlich ersucht, in der Zopffrage auf die mandschurischen Bannerleute einzuwirken, und außerdem die Hoffnung geäußert, daß auch in der Verbotenen Stadt selbst die Zöpfe bald verschwinden mögen. Der Ton dieser Briefe war aber ausgesucht höflich, das heißt, es gab nie einen direkten Hinweis auf meinen Zopf und den anderer hoher Beamter am Kleinen Hof. Indes, das Hofamt blokkierte jeden Vorstoß mit neuen Ausflüchten und brachte sogar vor, Zöpfe seien ein wichtiges Erkennungszeichen, das erlaube, Unbefugte von der Stadt fernzuhalten. Johnston erreichte dann mit einer einzigen Bemerkung das, wofür die Republik all die Jahre gekämpft hatte: Mein Zopf fiel und innerhalb von ein paar Tagen verschwanden tausend weitere; nur meine drei chinesischen Tutoren und einige wenige hohe Minister des Hofamts vermochten sich nicht von den ihren zu trennen.

Während die Kaisergemahlinnen meinem Haarschmuck bittere Tränen nachweinten und die drei chinesischen Lehrer lange Zeit nur mit verschlossenen Gesichtern umhergingen, ließen sich nicht viel später auch Pu Dschiä und Yü Tschung unter dem Vorwand, »den Willen des Kaisers zu befolgen«, zu Hause die Zöpfe abschneiden. Als sich Tschen Bao-schen am folgenden Tag lauter kahlköpfigen Schülern gegenübersah, starrte er eine Weile gedankenverloren vor sich hin, um sich dann mit einem höhnisch-wehmütigen Lachen an Yü Tschung zu wenden: »Wenn du deinen Zopf an eine Ausländerin verkaufst, kannst du auch noch Geld damit verdienen!«

Johnston war an keinem Ort so unbeliebt wie beim Hofamt. Damals wurden noch immer Unsummen von Geld für den Unterhalt des Hofes hinausgeworfen, und dies, obwohl die Republik mit der Zahlung der im »Wohlwollenden Vertrag« vereinbarten jährlichen Abfindungen immer mehr in Rückstand geriet. Um die laufenden Ausgaben bestreiten zu können, war das Hofamt daher dazu übergegangen, jedes Jahr eine gewisse Anzahl von Antiquitäten, Kalligraphien, Gold, Silber und Porzellan zu verkaufen oder zumindest zu verpfänden.

Johnston ließ es sich nun angelegen sein, mir behutsam aufzuzeigen, daß da nicht alles mit rechten Dingen zugehen konnte. Eines Tages, als das Hofamt sich gerade darauf vorbereitete, eine gut mannshohe Pagode aus reinem Gold loszuschlagen, erinnerte ich mich, daß Johnston einmal gesagt hatte, das Hofamt verlöre eine Menge von Geld damit, daß wertvolle Kunstgegenstände aus Gold und Silber nur nach dem Gewicht verkauft würden. Seiner Meinung nach konnten nur Dummköpfe so handeln. Um der Sache nachzugehen, ließ ich mir die verantwortlichen Beamten des Hofamtes kommen und erkundigte mich eingehend, wie sie den Verkauf dieser goldenen Pagode abzuwickeln gedächten. Als ich aber dann tatsächlich aus ihrem Munde hören mußte, man verkaufe da nach Gewicht, geriet ich in einen unbändigen Zorn: »Nur ein Dummkopf kann so handeln! Habt ihr denn alle den Verstand verloren!« schrie ich die verdutzten Beamten an.

Die Beamten sahen in meinem Ausbruch den Beweis, daß Lehrer Johnston ihnen das Handwerk verderben wollte. Deshalb heckte man im Hofamt gleich einen Gegenschlag aus: Die umstrittene Pagode wurde dem Schotten ins Haus geschickt mit der Aufforderung, ihren Verkauf, nach dem Willen des Kaisers, selbst in die Hand zu nehmen. Doch Johnston durchschaute die Falle und fuhr die Hofbeamten zornig an: »Wenn ihr das Ding nicht auf der Stelle wieder mitnehmt, werde ich dem Kaiser Meldung erstatten!« – Das wirkte, und die Pagode wurde ohne Widerrede wieder abtransportiert. Das Hofamt hatte eingesehen, daß es gegen Johnston keine Handhabe hatte, solange er neben seiner Funktion als »Ausländischer Schutz« auch noch das volle Vertrauen des Kaisers besaß.

Im letzten Jahr meines Studiums im Palast der Glückschaffenden Tugend nahm Tutor Johnston in meinem Denken und Fühlen von Tag zu Tag einen größeren Platz ein. Es geschah nun immer öfter, daß wir in den Englischstunden vom eigentlichen Lehrplan abkamen, und auch der Rahmen dieser unvorgesehenen Unterhaltungen wurde täglich weiter gesteckt. Johnston erzählte mir über das Leben der Königlichen Familie in England, die politische Wirklichkeit in Ländern mit verschiedenen Staatsformen, die Machtverhältnisse nach dem Ersten Weltkrieg; er sprach mit mir über die Sitten und Gebräuche fremder Gegenden, erging sich über das Große Britische Imperium, »wo die Sonne nie unterging«, analysierte den chinesischen Bürgerkrieg und zeigte mir auf, wie die »Bewegung für eine umgangssprachliche Literatur« (so nannte er die »4.-Mai-Bewegung« von 1919) mit europäischen Kulturrichtungen zusammenhing. Und nicht zuletzt ließ er sich auch über die Möglichkeit einer Restauration aus und warnte mich vor der Unzuverlässigkeit der Kriegsherren.

»Aus den Zeitungen geht eindeutig hervor, daß das chinesische Volk sich nach den Großen Tsching zurücksehnt und jedermann der Republik überdrüssig ist«, sagte er mir eines Tages; »deshalb sollten sich Eure

Majestät meiner Meinung nach nicht so ausschließlich mit den Militärs beschäftigen. So wie die Sache steht, ist es nur Zeitverschwendung, aus Zeitungen herausfinden zu wollen, wer unter ihnen für die Republik und wer für die Restauration ist; und es nützt kaum mehr, zu diskutieren, aus welchem Grund sie gerade den Hof oder den Präsidenten unterstützen. Daraus folgt: Lehrer Tschen Bao-schen hat recht, wenn er sagt, daß es Eurer Majestät erste und wichtigste Aufgabe ist, Euch täglich in der Vervollkommnung Eurer Tugend zu üben. Nur, dazu braucht Ihr nicht unbedingt innerhalb der Verbotenen Stadt zu leben. In Europa könnten Eure Majestät das nötige Wissen erwerben und gleichzeitig Euren Horizont erweitern, besonders an der Universität Oxford im Vereinigten Königreich Seiner Majestät des Königs von England, wo auch der Prince of Wales studiert hat...«

Schon bevor ich mich für ein Studium in England zu begeistern begann, hatte Johnston einiges getan, um meinen »engen Horizont« zu sprengen. Er führte englische Admirale und den Gouverneur von Hongkong bei mir ein, die sich alle äußerst zuvorkommend gaben und mich stets respektvoll mit »Eure Kaiserliche Majestät« ansprachen.

Aber die Art, wie ich mich am europäischen Lebensstil berauschte und meine Manie, ihn bis ins letzte Detail nachzuäffen, fanden keineswegs die volle Zustimmung dieses ausländischen Lehrers. In Kleiderfragen zum Beispiel hatte er ganz andere Ansichten als ich, gerade weil ihm meine Erziehung so viel bedeutete.

An meinem Hochzeitstag gab ich für ein paar ausgewählte Ausländer einen Empfang, kehrte dann aber nach dem Toast in den Palast des Geistigen Wachstums zurück, um meine Drachenroben gegen ein bequemes langes Gewand und europäische Hosen und meinen Zeremonienhut gegen eine Jagdmütze zu tauschen. Gerade als ich in dieser Aufmachung auf den Korridor trat, kam Johnston mit ein paar Freunden daher, und eine alte Dame, die mich als erste erspäht hatte, fragte ihn interessiert: »Wer ist denn dieser junge Mann?« Nun hatte auch Johnston mich entdeckt, doch als er gewahr wurde, wie ich mich da zurechtgemacht hatte, schoß ihm das Blut in den Kopf. Ich zuckte unwillkürlich zusammen; ich verstand auch nicht, was ihn so erzürnt haben mochte, und noch weniger konnte ich mir die plötzlich enttäuschten Mienen der Ausländer erklären. Als die letzten Gäste gegangen waren, kam Johnston zu mir zurück, aber beruhigt hatte er sich immer noch nicht, im Gegenteil. Zornig polterte er los: »Was denken sich Eure Majestät eigentlich dabei? Der Kaiser von China mit einer Jagdmütze auf dem Kopf! Good heavens!...«

Sechstes Kapitel

Meine Heirat

Als mir auf Anordnung der Kaiserlichen Gemahlinnen vom Tsching Kronrat eröffnet wurde, ich hätte nun das Alter für die »Großen Nuptialien« erreicht, ließ mich diese Neuigkeit vorerst ziemlich kalt; daß ich dann doch noch ein wenig Interesse dafür aufbringen konnte, lag vor allem an der Tatsache, daß ich durch eine Heirat volljährig werden und so der ständigen Gängelei durch andere Leute enthoben sein würde.

Für die Alten Damen im Palast hingegen gab es nichts, was der Heiratsfrage an Wichtigkeit gleichgekommen wäre. Schon 1921, als ich gerade 15 Jahre alt geworden war, hatten die Kaiserlichen Gemahlinnen meinen Vater zu ersten Konsultationen zu sich gerufen. Und in der Folge war dann eine Kommission von zehn Kaiserlichen Prinzen und Mandschuadligen aufgestellt worden, die den Auftrag erhielt, dic Verehelichung vorzubereiten. Bis zum Vollzug meiner Heirat vergingen dann aber noch fast zwei Jahre. Gründe für diese Verzögerung gab es genug. Zum einen fielen in diese Zeit zwei Todesfälle – erst war die Kaisergemahlin Dschuang Hö gestorben, und kurz darauf hatte sich meine leibliche Mutter nach jener Szene mit Duän Kang das Leben genommen. Dazu kam die unsichere politische Lage, die es den Tutoren ratsam erscheinen ließ, die Nuptialien nicht vorschnell durchzuführen. Hauptgrund der langen Verschiebung war indes, daß sich die beiden Kaisergemahlinnen Duän Kang und Dsching Yi über die Wahl der zukünftigen Kaiserin nicht einig werden konnten.

Nach dem Tode Dschuang Hös war unter diesen beiden ehrgeizigen Kaiserlichen Gemahlinnen ein Streit ausgebrochen, da jede eine andere Kandidatin an den Hof bringen wollte. Die kompromißlose Haltung, welche die zwei Alten Damen dabei an den Tag legten, hatte jedoch nur wenig mit »mütterlicher Fürsorge« für mein Wohl zu tun; es ging hier vielmehr um den Einfluß, den die Brautwahl auf die künftige Stellung der beiden Witwen am Hof haben würde.

Dsching Yi, die Zweite Nebenfrau Kaiser Tung Dsches, konnte nicht vergessen, daß Tze Hsi die Adoptionsfolge damals anders geregelt hatte. Danach war ich zunächst der Sohn Kaiser Tung Dsches und hatte nur in zweiter Linie als Nachfolger Kaiser Guang Hsüs zu gelten. Solange Lung Yü noch lebte, hatte sie unwillig, aber doch letzten Endes fügsam die Vormachtstellung dieser rangjüngeren Hauptgemahlin Kaiser Guang Hsüs anerkannt. Aber daß nach Lung Yüs Tod Guang Hsüs Jadekonkubine Duän Kang das Seniorat unter den Gemahlinnen der beiden Kaiser für sich in Anspruch nahm, war sie nicht bereit auf die Dauer hinzunehmen. Mit anderen Worten, die Uneinigkeit in der Brautwahl war direkt bedingt durch den internen Machtkampf der zwei Alten Damen.

Auch meine beiden Onkel waren geteilter Meinung. Genauso wie sich früher beide bis zuletzt über den Vorrang von Marine oder Armee gestritten hatten, entzweiten sie sich jetzt aufs neue über der Frage der Brautwahl. Der »Admiral« unterstützte die Kandidatin Duän Kangs, während der »General« nur von der Kandidatin Dsching Yis etwas halten mochte. Um die Sache in ihrem Sinne zu entscheiden, hetzte jeder der beiden Ex-Generalissimo der Tsching täglich als Heiratsvermittler zwischen Peking, Tientsin und dem Hof hin und her.

Doch letztlich hatte auch der »Kaiser« ein Wort zur Wahl seiner künftigen Gemahlin zu sagen. Zu Tung Dsches und Guang Hsüs Zeiten war man so verfahren, daß sich die vorher selektierten Kandidatinnen der Reihe nach vor dem Kaiserlichen Bräutigam aufstellten, worauf dieser einer von ihnen zum Zeichen seiner Gunst ein symbolisches Präsent machte. Ich habe darüber zwei Versionen gehört: Nach der einen reichte der Kaiser der Jungfrau seiner Wahl ein Jade Ruyi [»Alles-nach-Wunsch«-Symbol], nach der anderen befestigte er einen kleinen Beutel an einem Knopf auf dem Gewand seiner Auserkorenen.

In meinem Fall war der Thronrat der Tsching zur Auffassung gelangt, daß es kaum mehr angehen würde, eine Reihe von Mandschutöchtern vor mir antreten zu lassen. Man kam daher überein, die Auswahl habe per Foto stattzufinden, und legte mir eine gewisse Anzahl von Aufnahmen vor; ich hatte nur das Bild, das mir am besten gefiel, mit einem Bleistift anzuzeichnen.

Insgesamt wurden mir vier Fotografien in den Palast des Geistigen Wachstums geschickt. Aber die Mädchen darauf sahen alle gleich aus: Die Figur war ein Strich und die Gesichter so klein, daß ich nicht entscheiden konnte, wer von ihnen nun hübsch und wer häßlich war. Das einzige, was ich noch tun konnte, war, den Stil und die Musterung der Roben zu vergleichen, um herauszufinden, ob eine der vier Kandidatinnen sich vielleicht durch einen besonderen Geschmack auszeichnete. Allerdings machte ich mir damals keinerlei Gedanken über die Bedeutung der Ehe und besaß auch keine Maßstäbe, wie eine ideale Gemahlin auszusehen hatte. So nahm ich kurz entschlossen den Bleistift zur Hand und malte auf eine Fotografie, die mir etwas gefälliger erschien, einen Kreis. Ohne es zu wissen, hatte ich damit die Kandidatin der Kaisergemahlin Dsching Yi ausgewählt, nämlich Wen Hsiu, die Tochter Duän Gungs aus dem Ordet Klan, ein Mädchen, das drei Jahre jünger war als ich und demnach 12 Jahre zählte.

Als meine Wahl den Kaiserlichen Gemahlinnen hinterbracht wurde, zeigte sich Duän Kang höchst unzufrieden mit dem Ergebnis. Ungeachtet der Proteste Dsching Yis zitierte sie den Thronrat herbei und zwang die Prinzen und Adligen, mich zu einer neuerlichen Wahl zu überreden, bei der ich dann ihrer eigenen Kandidatin den Vorzug geben sollte. Duän Kang argumentierte, daß Wen Hsiu aus einer verarmten Familie komme und nicht hübsch gewachsen sei, während ihre Favoritin einem reichen Haus entstamme und auch noch als große Schönheit gelte. Tatsächlich war Wän Rung, die von ihr protegiert wurde, die Tochter des wohlhabenden Rung Yüan, der dem Weißen Mandschubanner angehörte. Außerdem war sie gleich alt wie ich, also 15jährig.

Während die Prinzen und Adligen auf mich einredeten, war ich innerlich ungehalten, daß man mir nicht gleich gesagt hatte, wen ich wählen mußte. – Nun war all meine Mühe umsonst gewesen! Unter diesem Gedanken versah ich auch Wän Rungs Bild mit einem Kringel.

Aber damit war wiederum Dsching Yi nicht einverstanden, und selbst die Kaisergemahlin Rung Huei, die bis dahin kein Interesse an der Brautwahl gezeigt hatte, stellte sich diesmal gegen Duän Kang. Ich weiß nicht, aufgrund welcher Auseinandersetzungen zwischen Kaisergemahlinnen und Thronrat Rung Huei schließlich den Vorschlag brachte: »Nachdem Eure Majestät nun schon einmal Wen Hsius Bild markiert haben, kann man sie schlecht an einen Untertan Eurer Majestät verheiraten. Es ist daher am besten, wenn Eure Majestät sie zu Eurer Nebenfrau machen.«

Nun sah ich schon kaum die Notwendigkeit ein, eine Gemahlin zu besitzen. Wie konnte man mir da gleich zwei auf einmal aufhalsen! Nein, ich war nicht geneigt, mich auf diesen Vorschlag einzulassen. Doch da mir von Stund an Prinzen und Hofbeamte ständig mit ihrem Satz in den Ohren lagen, es sei schon in den Ahnengesetzen festgehalten, daß »der Kaiser eine Kaiserin und eine Konkubine haben müsse«, sagte ich mir, daß ich mich, wenn dies tatsächlich zu den Merkmalen des Kaisertums gehörte, wohl fügen müßte. Und so gab ich schließlich meine Einwilligung zu der Doppelheirat.

Ich habe das Tauziehen um die Wahl von Kaiserin und Nebenfrau hier stark vereinfacht dargestellt; in Wirklichkeit zog sich die Angelegenheit über ein ganzes Jahr hin, und als endlich alle Fragen geklärt waren, brach der Bürgerkrieg zwischen der Dscheli und Fentiän Clique aus, worauf die Hochzeit erneut verschoben werden mußte. Zu Beginn des Jahres 1922 wurde Hsü Sche-tschang gestürzt, aber da waren die Hochzeitsvorbereitungen bereits so weit gediehen, daß eine neuerliche Verschiebung sich nicht mehr bewerkstelligen ließ.

Die Prinzen brachten Li Yüan-hung, der Hsü Sche-tschang auf den Präsidentenstuhl nachgefolgt war, erst großes Mißtrauen entgegen, und jedermann befürchtete, er werde den Pomp der großangelegten Feierlichkeiten nicht dulden. Tatsächlich aber lief es dann ganz anders. Lis Regierung bot nicht nur Hilfe an, sondern diese Hilfe fiel auch noch so großzügig aus, daß man selbst von Hsü nichts Besseres hätte erhoffen können.

Das Finanzministerium der Republik schickte dem Kaiserlichen Hofamt ein Schreiben, das in einem reichlich zerknirschten Ton gehalten war. Es hieß da, die schwierige Haushaltslage mache es leider unmöglich, die in dem »Wohlwollenden Vertrag« festgelegte jährliche Apanage voll auszuzahlen; jetzt aber sei als Beihilfe für die Großen Nuptialien eigens ein Betrag von 100 000 Dollar aus den Zolleinnahmen einbehalten worden: 20 000 Dollar davon möge das Hofamt als Geschenk der Regierung betrachten.

Gleichzeitig wurden von den Sicherheitsorganen der Militär- und Landespolizei umfassende Vorkehrungen getroffen, um einen ungestörten Ablauf der Doppelhochzeit zu garantieren. Der Endplan sah ein Kontingent von mehreren tausend Sicherheitskräften vor, die an allen strategisch wichtigen Punkten aufzustellen waren.

Für die Hochzeitsfeierlichkeiten wurden fünf Tage angesetzt:

29. November. 9.00 bis 11.00 Uhr: Überführung des Brautschatzes der Kaiserlichen Nebenfrau.

30. November. 9.00 bis 11.00 Uhr: Zeremonielle Überbringung der Embleme der Kaiserin.

11 bis 13 Uhr: Überführung des Brautschatzes der Kaiserin.

13 bis 15 Uhr: Palasteintritt der Kaiserlichen Nebenfrau.

1. Dezember. 23 bis 1 Uhr morgens: Zeremonie der Großen Nuptialien.

3 bis 5 Uhr: Empfang der Kaiserin im Palast.

2. Dezember. Die Kaiserin bringt den Ahnen des Kaisers ihre Verehrung dar.

3. Dezember. Der Kaiser nimmt im Palast der Himmlischen Reinheit Glückwünsche entgegen.

An dieses Programm schlossen sich noch drei Tage Theatervorstellungen an, während vor der Hochzeit, das heißt am 10. November, die Verteilung neuer Titel an Kaisergemahlinnen, Prinzen und hohe Beamte stattfand.

Während sich die Öffentlichkeit darüber ereiferte, daß der Kleine Hof trotz der mißglückten Restauration seinen Pomp auch außerhalb der Verbotenen Stadt entfaltete, wurden die Kaiserlichen Insignien unter dem Schutz einer riesigen Zahl von ehrfürchtig Haltung annehmenden republikanischen Soldaten und Polizisten auf den Straßen Pekings umhergetragen. In der Nacht der Großen Nuptialien selbst ritten zwei Kaiserliche Prinzen in drachenbestickten Zeremoniengewändern und einem Kaiserlichen Herold-Stab in der Hand hoch zu Roß aus der Verbotenen Stadt, während zwei Militärkapellen vorausmarschierten. Hinter den Prinzen folgten das große Militärorchester der Republik und drei Kavallerieeinheiten von Armee, Sicherheitstruppen und Polizei, und daran schlossen sich 72 Banner und Baldachine mit den 72 Emblemen des Kaiserhauses, vier Kaisergelbe Palankins (in denen das goldene Tablett mit der eingravierten Heiratsurkunde, das Goldene Siegel und die Zeremoniengewänder der Kaiserin überbracht wurden) und 30 Paar Palastlaternen: ein schier endloser Zug, der sich zur »Residenz der Kaiserlichen Braut« bewegte. Vor dem laternengeschmückten, hell erleuchteten Tor des Brauthauses waren weitere Militär- und Polizeitruppen postiert worden; sie beschützten Wän Rungs Vater und Brüder, die dort kniend auf das »Kaiserliche Edikt« warteten, das die beiden Prinzen mit sich führten.

Ebenfalls großes Aufsehen erregten die reichen Geschenke der führenden Persönlichkeiten der Republik. Li Yüan-hung hatte auf eine rote Karte die Worte »Geschenke des Großen Präsidenten der Republik China an den Großen Kaiser Hsüan Tung« geschrieben und sie zusammen mit vier Cloisonné-Gefäßen, zwei Arten von Seidensatin, einen Vorhang und einem Paar Bildrollen mit Wünschen für ein langes Leben, Reichtum und Glück in den Palast schicken lassen. Expräsident Hsü übersandte außer 20000 Dollar in bar noch eine Reihe kostbarer Geschenke, darunter ein 28teiliges Porzellan-Service und einen luxuriösen Drachen- und Phönixteppich chinesischer Manufaktur. Auch von Bürgerkriegsgeneralen beziehungsweise Politikern wie Dschang Dzolin, Wu Pei-fu, Dschang Hsün, Tsao Kun trafen Geld und andere Tributgaben ein.

Als Yin Tschang, der Chef des Präsidialamtes, im Namen der Republik Glückwünsche überbrachte, hielt er sich zunächst an das Protokoll für ausländische Monarchen. Doch nachdem er seine Adresse mit einer

Verbeugung beendet hatte, verkündete er plötzlich: »Eben habe ich als Vertreter der Republik gewirkt. Jetzt aber entbietet der Sklave Eurer Majestät persönlich seinen Respekt!« Mit diesen Worten fiel er auf die Knie und vollzog einen Kotau.

All diese unerhörten Vorkommnisse wurden damals stark in den Zeitungen kritisiert; aber das tat der Begeisterung der Prinzen und Würdenträger keinen Abbruch. Wie ein Insektenschwarm nach dem ersten Frühlingsregen drängten von überall her Tsching Getreue mit eigenen und fremden Geldgeschenken und Antiquitäten in die Verbotene Stadt. Was sie hertrieb, war jedoch nicht nur der Wunsch, Tribut darzubringen. Sie wollten sich vielmehr an der zur Schau gestellten Macht des Kaiserhauses laben, einer Macht, die alles übertraf, was sie erwartet hatten, und die einen jeden mit Zuversicht erfüllte, daß die Zukunft große Aussicht barg.

Hauptgrund der ausgelassenen Hochstimmung, die Prinzen und Würdenträger, Kaisergemahlinnen und Tsching Getreue gleichermaßen erfaßte, war, daß Gäste aus dem Gesandtschaftsviertel den Großen Nuptialien beiwohnten. Es war dies das erste Mal seit der Revolution von 1911, daß in der Verbotenen Stadt wieder ausländische Diplomaten ihre Aufwartung machten; auch wenn sie dabei nicht in offizieller Funktion erschienen, so blieben sie doch öffentlich bestallte Amtsträger der Acht Mächte!

Um den ausländischen Besuchern meine Wertschätzung und meinen Dank auszudrücken, wurde auf Johnstons Anregung hin im Palast der Himmlischen Reinheit ein Empfang gegeben, auf dem ich folgenden kleinen Toast auf englisch ausbrachte: »Es ist Uns eine große Freude, so viele noble Gäste aus allen Teilen der Welt hier versammelt zu sehen. Wir danken für ihr Kommen und Wir wünschen ihnen allen Gesundheit und viel Erfolg!«

In all der lärmenden Betriebsamkeit, die mich in diesen Tagen umgab, dachte ich nur eines: »Nun, da ich eine Kaiserin und eine Nebenfrau habe und verheiratet bin, was hat sich jetzt gegenüber früher verändert?« Die Antwort blieb immer dieselbe: »Ich bin volljährig. Hätte es keine Revolution gegeben, wäre jetzt die Zeit gekommen, selbst die Regierung zu übernehmen.«

An das Verheiratetsein selbst verschwendete ich kaum einen Gedanken. Erst als die Kaiserin, das Gesicht hinter einem roten, mit Drachen und Phönixen bestickten Schleier verborgen, vor meine Augen trat, regte sich so etwas wie Neugier in mir, und ich wollte auf einmal wissen, wie sie aussah.

Traditionsgemäß verbrachten der Kaiser und die Kaiserin die Hochzeitsnacht im Palast der Irdischen Ruhe, und zwar in einer Brautkammer, die nur an die 10 Quadratmeter maß, außer einem Bettkang, der allein ein Viertel der Fläche einnahm, keine andere Einrichtung enthielt und bis auf den Boden ganz in Rot gehalten war.

Nachdem Wän Rung und ich vorschriftsgemäß den Brautbecher geleert und die »Söhne-und-Enkelsöhne«-Kuchen verzehrt hatten, zogen wir uns gemeinsam in diese düstere rote Kammer zurück. Die junge Braut setzte sich auf den Kang und hielt den Kopf gesenkt; ich stand gereizt daneben und sah nichts als Rot: rote Bettvorhänge, rote Kissen, rotes Bettzeug, eine rote Jacke, ein roter Rock, rote Blumen, rote Wangen... Es war, als sei ich in eine stickige Welt aus geschmolzenem roten Wachs geraten. Ich fühlte mich immer unbehaglicher. Setzen konnte ich mich nicht und einfach stehen zu bleiben ging auch nicht an. Wieviel angenehmer war es da doch in meinem Schlafzimmer im Palast des Geistigen Wachstums! Mit diesem Gedanken öffnete ich die Tür und stahl mich davon.

Als ich im Palast des Geistigen Wachstums anlangte, fiel mir sogleich eine Liste in die Augen, die dort an der Mauer hing und die Namen aller hohen Reichsbeamten der Regierungsperiode Hsüan Tung enthielt. Die alte Frage drängte sich mir wieder auf: »Nun, da ich eine Kaiserin und eine Nebenfrau habe und volljährig bin, was ist jetzt gegenüber früher anders geworden?« Wie es im Herzen Wän Rungs aussah, die mutterseelenallein im Palast der Irdischen Ruhe zurückgeblieben war, und was die kaum 14jährige Wen Hsiu denken mochte, darüber machte ich mir keine Sorgen. Mein Gehirn ließ nur noch einen Gedanken zu: »Ohne Revolution hätte ich jetzt selbst die Regierung übernommen... Ich muß das Erbe meiner Ahnen zurückerlangen!«

Siebtes Kapitel

Interne Zusammenstöße

Mit Johnstons Eintritt in den Palast wurde ich langsam, aber sicher für Prinzen und Hofbeamte nachgerade unerträglich. Besonders in den Wochen vor und nach meiner Hochzeit muß ihnen mein extrem launisches Benehmen schwer zugesetzt haben.

Es konnte geschehen, daß ich an einem Tag das Hofamt mit dem Kauf von Diamanten für 30000 Dollar beauftragte und am Tag darauf den verantwortlichen Beamten vorwarf, sie verstünden nicht zu wirtschaften und taugten allenfalls zum Verschwenden und Unterschlagen. Oder ich zitierte an einem Vormittag sämtliche Hofminister herbei und verlangte von ihnen noch für denselben Abend einen genauen Bericht über die Antiquitäten, Kalligraphien und Malereien im Palast – und gab am Nachmittag dann den Befehl, alles für eine Ausfahrt auf den Hügel des Wohlgeruchs im Westen Pekings vorzubereiten. Auch des überkommenen Zeremoniells war ich überdrüssig geworden; manchmal ging mein Unmut so weit, daß ich mich dagegen auflehnte, in Kaiserlichen Sänften herumgetragen zu werden.

Um überall bequem herumradeln zu können, ließ ich im ganzen Palastareal die Türschwellen, die Jahrhunderte hindurch keinen meiner Vorfahren behindert hatten, wegsägen. Es kam vor, daß ich wegen Nichtigkeiten Eunuchen mangelnde Loyalität vorwarf und sie dem Verwaltungsbüro zum Auspeitschen überantwortete, worauf sie aus der »Präsenz« verstoßen wurden.

Was aber den Prinzen und Hofbeamten am meisten aufs Gemüt schlug, war die unbeschwerte Art, mit der ich einen Moment lang eine Palastreform vorantrieb und die Finanzierungsgewohnheiten des Hofamts aufs Korn nahm, um im nächsten Augenblick anzukündigen, ich würde die Verbotene Stadt verlassen und im Ausland studieren. Dergestalt brachte ich es fertig, Prinzen und Hofbeamte von einem Schrecken in den anderen zu jagen, so daß ihre Zöpfe vor Kummer darüber ganz weiß wurden.

Was mein Auslandsstudium anging, so war ich nicht der erste, der die Frage aufwarf. Schon vor mir hatten einige fortschrittliche Prinzen und Tsching Beamte einen Studienaufenthalt in Europa oder Amerika in Betracht gezogen, und dies war auch mit ein Grund dafür gewesen, daß ich einen ausländischen Tutor erhielt. Nach meiner Heirat trafen nicht wenige Throneingaben und Memoranden von Tsching Getreuen ein, die für einen solchen Plan eintraten. Aber sowie ich selbst den gleichen Vorschlag vorbrachte, war plötzlich fast jedermann dagegen. Ich bekam alle Arten von Einwänden zu hören, am häufigsten tauchte das Argument auf: »Wenn Eure Majestät die Verbotene Stadt verlassen, heißt dies, daß Eure Majestät auf die wohlwollende Behandlung durch die Republik verzichten. Aber noch hat die Republik den ›Wohlwollenden Vertrag‹ nicht aufgekündigt. Wieso also vorzeitig auf ihn verzichten?«

Es gab Tsching Loyalisten, die mit meinem Wunsch, im Ausland zu studieren, sympathisierten und andere, die grundsätzlich dagegen waren; es gab solche, die bereits die Hoffnung auf eine »Wiedererlangung des Ahnenerbes« aufgegeben hatten und andere, die immer noch daran festhielten. Aber in einem waren sich Prinzen, Beamte und Anhänger im Land einig – man durfte den »Wohlwollenden Vertrag« nicht aufgeben.

Zwar hatte sich die vorgesehene Apanage von jährlich vier Millionen Dollar als ein leeres Versprechen erwiesen, doch daneben gab es noch den Artikel, in dem es hieß, »die Titelwürde des Kaisers der Großen Tsching ist beizubehalten und nicht aufhebbar«. Für diejenigen, die noch immer auf eine Wiedererlangung des Ahnenerbes hofften, war es verständlicherweise sehr wichtig, daß ich in der Verbotenen Stadt verblieb und den Kleinen Hof weiterführte. Aber auch jene, die bereits resigniert hatten, brauchten meine Anwesenheit in China, um Rang und Einkommen zu wahren. Der Wert eines Tsching Amtes war nicht zu gering zu veranschlagen; denn außer den normalen Einkünften und einem posthumen Titel für seinen Träger brachte es noch die Ehre mit sich, auf Ahnentafeln anderer Leute die eigene Kalligraphie oder durch Verfassen von Grabinschriften gar sich selbst zum Ruhme der Auftragsteller verewigen zu dürfen.

Meine Gedankengänge hingegen gingen in ganz andere Richtung. Erstens einmal glaubte ich nicht, daß dieser »Wohlwollende Vertrag« ewig in Kraft bleiben würde. Aber darüber hinaus hatte ich mehr als jeder andere ein Gespür für Gefahren entwickelt, die meiner Person selbst drohten. Das Wiederaufflammen des Bürgerkrieges, Dschang Dzo-lins Rückzug in die Mandschurei, Hsü Sche-tschangs Sturz und Li Yüan-hungs erneuter Aufstieg – dies alles gab mir das Gefühl, meine Lage hätte sich akut verschlechtert. Und während mich die Frage verfolgte, ob und wie die neue Machtkonstellation mir gefährlich werden würde, lag es in der Natur der Sache, daß das Problem der Preisgabe oder Nichtpreisgabe des »Wohlwollenden Vertrages« ins Nebensächliche abrutschte, zumal im Parlament bereits Stimmen laut geworden waren, die offen eine Widerrufung der Acht Artikel verlangten. Selbst wenn das Unmögliche geschah und der Status quo erhalten blieb, wer konnte bei dem herrschenden politischen und militärischen Durcheinander wissen, welcher Kriegsherr am nächsten Morgen die Gewalt an sich reißen und welcher Opportunist zwei Tage später ein neues Kabinett bilden würde!

Ich hatte bereits – vor allem aufgrund von Johnstons Andeutungen – ein wenig zu verstehen begonnen, wie die politischen Umwälzungen der letzten Jahre mit der Großmacht-Politik des Auslandes zusammenhingen. Doch wenn schon alles vom Ausland gesteuert wurde, war es da nicht besser, sich gleich an die Großmächte zu wenden? War erst einmal ein Mann an der Macht, dessen Interessen mit meinen direkt kollidierten, wie konnte ich mich dann noch rechtzeitig in Sicherheit bringen? – Niemand wußte über die düsteren Schicksale der jeweilig letzten Kaiser einer Dynastie besser Bescheid als ich. Ich kannte das Ende eines jeden: Von den Herrschern des grauen Altertums angefangen bis zu meinem direkten Vorgänger, dem letzten Ming, der sich auf dem Kohlenhügel vor dem Kaiserpalast erhängte, hatten alle einen unnatürlichen Tod gefunden.

Natürlich ging ich nicht so weit, die Prinzen und Hofbeamten an diese dunklen Stellen der chinesischen Geschichte zu erinnern. Statt dessen argumentierte ich folgendermaßen: »Wir verzichten auf die wohlwollende Behandlung. Das Volk und alle Welt soll wissen, daß Wir nicht erwarten, von der Republik wohlwollend behandelt zu werden. So vorzugehen ist jedenfalls besser, als einfach zu warten, bis jemand anderer die Initiative ergreift und die Artikel aufkündigt!«

Doch die Prinzen gaben nicht nach: »Der Wohlwollende Vertrag ist in den Nationalarchiven hinterlegt und von allen ausländischen Mächten zur Kenntnis genommen worden. Falls die Regierung ihn annullieren will, wird uns das Ausland mit Sicherheit zu Hilfe kommen.«

»Wenn Uns die Ausländer helfen, wieso laßt ihr Uns dann nicht ins Ausland gehen?« konterte ich. Aber so stichhaltig meine Argumente auch sein mochten, weder Prinzen noch Hofbeamte waren bereit einzulenken. All die Debatten, die ich mit meinem Vater, den Tutoren und den Beamten des Hofamtes geführt hatte, bewirkten nur eines: Sie beschleunigten die Vorbereitungen zu meinen Großen Nuptialien.

Es gab übrigens noch einen ganz besonderen Grund, weshalb ich so darauf drängte, ins Ausland zu gehen. Doch den anzugeben, hätte ich mich kaum getraut, und wenn, dann am allerwenigsten meinem Vater gegenüber: Meine ganze Umgebung samt Vater war mir unerträglich geworden.

Seit Johnston in den Palast gekommen war und mich mit der westlichen Zivilisation vertraut gemacht hatte, war ich – wohl auch aus Gründen jugendlichen Selbständigkeitsdranges und Neugier auf die Welt – mit allem, was mich umgab, unzufrieden geworden. Ich kam mir plötzlich wie eingeschnürt vor. Johnston hatte mir gesagt, die Wurzel allen Übels sei der festgefahrene Konservatismus der Prinzen und hohen Beamten am Hof, und ich stimmte ihm begeistert zu. Tatsächlich war in den Augen der Prinzen und Hofbeamten alles Neue schon aus Prinzip zu fürchten.

Als Johnston mein Lehrer wurde, fiel ihm auf, daß ich mich oft wie ein Kurzsichtiger benahm. Er schlug deshalb vor, einen ausländischen Augenspezialisten hinzuzuziehen. Falls sich der Verdacht auf Kurzsichtigkeit dann bestätige, würde man mir eine geeignete Brille anfertigen lassen können. Zu seiner Bestürzung entfesselte diese harmlose Empfehlung einen wahren Sturm der Entrüstung in der Verbotenen Stadt. Es war unfaßbar, ein Ausländer sollte die Pupillen Seiner Majestät begutachten dürfen! Seine Majestät standen doch erst im Frühling des Lebens. Es war gar nicht daran zu denken, daß Seine Majestät »Gläser« trugen, wie ein Greis! – Daß ich schließlich doch eine Brille bekam, hatte ich nur Johnstons geduldigem Taktieren und meiner eigenen Hartnäckigkeit zu verdanken.

Besonders ärgerlich konnte ich werden, wenn die Prinzen und Palastbeamten mir Dinge verweigerten, die sie selbst schon lange besaßen. Als ich vierzehn war, erklärte mir Johnston einmal in einer unserer Stunden die Funktion des Telefons, und kurz darauf hörte ich von Pu Dschiä, daß es im Hause meines Vaters bereits ein solches »Spielzeug« gäbe. Natürlich wollte ich nun auch einen Apparat haben, und so wies ich das Hofamt an, im Palast des Geistigen Wachstums ein Telefon zu installieren. Oberhofmarschall Schao Ying, der meinen Befehl entgegennahm, erblaßte vor Schreck, wagte aber nicht, mir offen zu widersprechen und zog sich daher mit einem »Zu Befehl, Majestät« zurück. Aber schon am nächsten Tag bearbeiteten mich meine chinesischen Tutoren zu dritt, um mich von meinem Beschluß abzubringen: »So etwas hat es bisher noch nie gegeben! Würde ein Telefon installiert, könnte plötzlich jedermann mit Eurer Majestät sprechen. Keiner Eurer Ahnen hat jemals ähnliches zugelassen... Im Gegenteil, Eure Vorfahren haben immer abgelehnt, von westlichem Teufelsspuk Gebrauch zu machen.«

Ohne zu wollen, hatten sie mir damit ein Gegenargument geliefert: »Die Pendulen, die Klaviere und das elektrische Licht im Palast, das sind auch alles westliche Wunderdinge, die es vorher nicht gegeben hat. Hat das die Vorfahren gehindert, davon Gebrauch zu machen?«

»Wenn Außenstehende einfach anrufen könnten, würden sie die Majestät des Himmelssohnes beleidigen. Und käme das nicht einem Verlust der Kaiserlichen Würde gleich?«

»Außenstehende haben Uns schon oft in der Presse beleidigt, wie Wir selbst gesehen haben. Ist Beleidigungen lesen nicht dasselbe wie Beleidigungen hören?«

Es ist durchaus möglich, daß meine Tutoren damals selbst nicht wußten, mit welchen Hintergedanken das Hofamt sie um ihre Hilfe angegangen hatte. Denn was dem Hofamt Sorgen bereitete, war nicht »der Verlust der Kaiserlichen Würde«, sondern vielmehr die erschrekkende Aussicht, ich könnte mittels Telefon womöglich noch mehr mit der Außenwelt in Berührung kommen. Es war schon arg genug, daß ich einen kritikfreudigen Johnston an meiner Seite hatte und überdies an die 20 Zeitungen hielt.

Blättert man die Zeitungen von damals durch, stößt man mindestens einmal pro Monat auf eine Verlautbarung des Kaiserlichen Hofamtes, worin Kontakte des Kaiserhauses mit diesem oder jenem Machthaber der Provinz in Abrede gestellt oder Gerüchte über einen kürzlich stattgefundenen Verkauf oder eine Verpfändung von Antiquitäten dementiert wurden. Neun von zehn solchen Gerüchten beruhten jeweils auf Wahrheit, und wenigstens die Hälfte davon wünschte man vor mir zu verheimlichen.

Die Beamten hatten somit schon alle Hände voll damit zu tun, um die Einflüsse dieser Zeitungslektüre samt Johnstons »erläuternden Kommentaren« zu neutralisieren. Verfügte ich in Form eines Telefons zudem noch über eine dritte Brücke zur Außenwelt, stand zu befürchten, daß sämtliche Täuschungsmanöver in Zukunft nicht mehr verfangen würden. Das Hofamt war daher bitter entschlossen, die Installation einer solch gefährlichen Anlage zu unterbinden, und als der Einsatz meiner Tutoren nicht die gewünschte Wirkung zeigte, wurde mein Vater mobilisiert.

Zu jener Zeit war mein Vater bereits ein überzeugter Vertreter des Status quo geworden, der nichts anderes wünschte, als daß ich brav und ordentlich in der Verbotenen Stadt verblieb, damit er weiterhin seine jährliche Apanage von 42 480 Silbertaels erhalten konnte. Das machte ihn zum gefügigen Sprecher des Hofamtes. Leider aber besaß dieser »Beistand« bei weitem nicht die Beredsamkeit, die das Hofamt von ihm erhofft haben mochte. Abgesehen davon, daß er noch einmal die Argumente meiner Lehrer wiederholte, fiel ihm nichts Neues ein, und als ich ihn fragte, ob er denn nicht selbst schon lange ein Telefon benutzte, wußte er nichts anderes zu antworten als: »Das... das... aber... aber... aber das ist etwas ganz anderes, als wenn Eure Majestät eines haben. Warten wir noch... ein paar Tage ab, dann, dann kann man weitersehn.«

Ich war aufgebracht: Mein Vater hatte sich lange vor mir den Zopf abschneiden lassen, er fuhr einen Kraftwagen, obwohl er mir selbst keinen erlaubte, und nun wollte er mir auch noch das Telefon ausreden. Also gab ich böse zurück: »Was ist denn beim Kaiser anders? Will man Uns nicht einmal dieses bißchen Freiheit gönnen? Wir machen das nicht mit! Das Telefon wird installiert!« Und zu einem Eunuchen gewandt fuhr ich fort: »Melde dem Hofamt, daß Wir noch heute ein Telefon zu haben wünschen!«

»Schon gut, schon gut!« beeilte sich mein Vater mir zuzustimmen. »So laßt denn eins installieren!«

Kaum war das Telefon installiert, gab es Anlaß zu neuem Ärger. Das Telefonamt schickte mir nämlich kurz nach dem Apparat auch ein Telefonbuch. Glückselig begann ich darin herumzublättern, und dabei kam mir auch schon die erste Idee, wie ich mich mit diesem neuen Apparat amüsieren konnte. Ich wählte die Nummer eines berühmten Schauspielers der Peking-Oper, und als der Hörer abgenommen wurde, sagte ich, das Timbre beim Sprechen eines Zwischentextes in der Oper nachäffend: »Ist das vielleicht Yän Hsiao-lou?« Als die Stimme am anderen Ende lachend fragte: »Und wer bist du?« legte ich schnell wieder auf.

Ich war begeistert! Nun wiederholte ich das gleiche Spiel mit einem Akrobaten, und dann rief ich ein bekanntes Restaurant an und bestellte dort eine Reihe auserlesener Delikatessen für eine falsche Adresse. Nachdem ich mich eine Weile so vergnügt hatte, fiel mir ein, was Johnston kürzlich von Dr. Hu Shih erzählt hatte. Was für eine Stimme der Verfasser des Gedichts »Picknick am See« wohl hatte? Neugierig wählte ich seine Nummer, und wie es der Zufall wollte, nahm er selbst den Hörer ab.

»Ist da Dr. Hu Shih?« fragte ich. »Ja? Ausgezeichnet! Können Sie erraten, wer Wir sind?«

»Wer sind Sie, bitte? Ich kann Ihre Stimme gerade nicht richtig unterbringen!«

»Ha... ha! Geben Sie sich keine Mühe, Wir werden es Ihnen sagen. Wir sind Hsüan Tung!«

»Hsüan Tung! ... Eure Majestät?«

»Wir sind der Kaiser, richtig, aber Wir wissen immer noch nicht, wie Sie aussehen. Kommen Sie doch einmal in den Palast, wenn Sie Zeit haben, damit Wir einen Blick auf Sie werfen können!«

Dieser Scherz, der nichts anderes war als ein spontaner Einfall, brachte ihn wirklich zu mir. – Wie mir Johnston später erzählt hat, suchte Dr. Hu Shih ihn gleich nach meinem Anruf auf, um sich über die Richtigkeit der Einladung zu vergewissern. Er hätte niemals damit gerechnet, daß »Seine Majestät der Kaiser« ihn anrufen würde, sagte er, und darauf erkundigte er sich vorsichtig nach den derzeitigen Protokollgewohnheiten des Hofes. Als Johnston ihm beruhigend zu verstehen gab, ich würde keinen Kotau verlangen und sei auch sonst ein sehr umgänglicher Kaiser, beschloß er zu kommen.

Nun hatte ich selbst das Ganze mehr als einen Scherz angesehen und deshalb die Wache nicht verständigt, so daß Dr. Hu Shih, als er am Schen Wu Tor eintraf, nicht passieren durfte. Hu Shih wandte seine ganze Beredsamkeit auf, um sich Einlaß zu verschaffen. Doch erst als die Wache, unschlüssig geworden, ob sie ihm nun Glauben schenken sollte oder nicht, sich von mir eine Bestätigung holte, wurde er vorgelassen.

Diese Begegnung, durch eine Augenblickslaune zustande gekommen, dauerte rund zwanzig Minuten. Ich fragte Dr. Hu Shih, wieso er sich für die Einführung der Umgangssprache in der Literatur einsetze, und ließ mir von ihm über die Orte erzählen, die er im Ausland besucht hatte und dergleichen mehr. Am Ende der Audienz brachte ich, um ihn zu einem Lob zu bewegen, absichtlich zum Ausdruck, es käme mir nicht darauf an, ob die Republik mir wohlwollend oder nicht wohlwollend gegenüberstehe. Ich wünsche nur eines, nämlich mein Wissen zu erweitern. Ich gab mich ganz in der Art jener »vielversprechenden jungen Männer«, von denen so oft in der Zeitung die Rede war. Und wirklich, Dr. Hu Shih stimmte begeistert mein Lob an: »Eure Majestät besitzen Bildung und haben keine Vorurteile. Wenn Eure Majestät fleißig weiterstudieren, ist die Zukunft voller Hoffnungen!«

Was für eine Zukunft er damit gemeint hatte, blieb mir zwar unklar, aber nachdem er gegangen war, gab ich es auf, weiter darüber nachzudenken. Sein Besuch zeitigte indes unerwartete Folgen. Als die Neuigkeit dieser Privataudienz den Prinzen und Hofbeamten zu Ohren kam, erhoben sie ein Gezeter und Geschrei, und ganz besonders meine Tutoren konnten sich nicht genug darüber ereifern, daß ich hinterrücks so eine »Moderne Persönlichkeit« empfangen hatte.

Je mehr ich heranwuchs, um so mehr bekamen Prinzen und Beamte meine Aufsässigkeit zu spüren. Ihr Getue zehrte an meinen Nerven. Damals war es mir bereits ein-, zweimal gelungen, für eine Weile aus der Verbotenen Stadt zu entschlüpfen. Aber dieses Stückchen Freiheit hatte ich mir nur nach langen Querelen erstritten, und zwar unter dem Vorwand, am Grabe meiner Mutter – die sich 1921 das Leben genommen hatte – opfern zu müssen. Die Ausflüge hatten mich auf den Geschmack gebracht und machten mir die engstirnige Überängstlichkeit meiner Umgebung erst recht unerträglich. Im Sommer des 11.

Jahres der Republik, also 1921, hatte sich infolge dieser und ähnlicher Vorfälle so viel unterdrückter Ärger in mir angestaut, daß ich mich mit der Idee befaßte, China zu verlassen.

Mit der förmlichen Bekanntgabe meiner Absicht, zum Studium nach England gehen zu wollen, erreichte die Konfrontation zwischen mir und Prinzen und Hofamt dann den Höhepunkt. Das war etwas ganz anderes als seinerzeit die Installation des Telefons. Prinzen und Hofamt waren auf Tod und Leben entschlossen, nicht nachzugeben. Selbst Onkel Dzai Tao, der sonst immer mit mir sympathisierte, war diesmal nur bereit, mir in der englischen Konzession in Tientsin ein Haus bereitstellen zu lassen, damit ich, falls das Unglaubliche Wirklichkeit würde, dort eine Zuflucht hätte.

Da Prinzen und Hofamt mir verwehrten, die Verbotene Stadt zu verlassen, versuchte ich Johnston für meinen Plan zu gewinnen. Als dieser dann, wie ich bereits geschildert habe, den Zeitpunkt nicht für opportun hielt, unterdrückte ich nach außen hin meine Gefühle, im stillen begann ich aber bereits damit, selbst eine Flucht ins Ausland vorzubereiten.

Ich besaß damals einen treuen Helfer in Pu Dschiä. Gemeinsame Not hatte uns zwei Brüder zusammengebracht. Wir hatten die gleichen Gesichter, teilten die gleichen Gefühle und hingen den gleichen Phantasien nach. Auch Pu Dschiä sann auf nichts anderes, als seinem engen Zuhause zu entfliehen. Wie ich glaubte auch er, all seine hochfliegenden Wünsche und Träume würden in Erfüllung gehen, sowie er im Ausland wäre. Seine Umgebung verhielt sich zu meiner wie unsere Körpergrößen: gleiche Proportionen, aber eine Nummer kleiner.

Obwohl Pu Dschiä ein Jahr jünger war als ich, war er mir an Lebenserfahrung weit überlegen. Aber noch wichtiger für uns war, daß er sich unter dem Vorwand, in den Palast zu gehen, jederzeit von zu Hause fortstehlen konnte.

Die erste Stufe unseres Plans bestand darin, uns finanziell unabhängig zu machen. Dies ließ sich leicht bewerkstelligen, indem ich Pu Dschiä Kalligraphien und Antiquitäten aus dem Palast »schenkte«, worauf er sie in unser Haus in Tientsin schaffte. Pu Dschiä zog jeden Tag nach dem gemeinsamen Unterricht mit einem Paket unter dem Arm von dannen. Was hierbei heimlich die Verbotene Stadt verließ, waren die besten Stücke der Kaiserlichen Sammlung: Das Hofamt und meine Tutoren befaßten sich nämlich gerade damit, Kalligraphien und Bildrollen zu inventarisieren, und so brauchte ich mich nur an ihre Schätzungen zu halten, um herauszufinden, welches die größten Kostbarkeiten waren. Pu Dschiä und ich setzten diese Palastplünderei über ein halbes Jahr fort, und während dieser Zeit fanden neben bestimmten Antiquitäten mehr als tausend Handrollen, über 200 Hängerollen und Albumseiten und die gleiche Anzahl von Sungdrucken ihren Weg nach Tientsin.

Stufe zwei unseres Planes war die Flucht aus der Verbotenen Stadt. Aus der jüngsten Geschichte hatten Pu Dschiä und ich genügend gelernt, um zu wissen, daß ich nur von der Verbotenen Stadt heil ins Gesandtschaftsviertel gelangen mußte. War ich erst einmal dort, konnten mir weder Prinzen und Hofamt noch die republikanische Regierung etwas anhaben. Was im einzelnen zu tun war, wußte ich von Johnston. Ich mußte als erstes mit dem Doyen des Diplomatischen Corps, dem holländischen Botschafter B. J. Oudendijk, Kontakt aufnehmen und ihn bitten, geeignete Vorbereitungen zu treffen. Diesen Ratschlag erhielt ich im März 1923. Wieso Johnston mit einemmal den Zeitpunkt für gekommen hielt und ob er selbst auch schon seine Vorbereitungen mit dem Gesandtschaftsviertel getroffen hatte, weiß ich nicht. Aber seine Instruktionen stimmten mich äußerst zuversichtlich, und damit gab ich mich zufrieden.

Johnston suchte auf meine Bitte hin die Botschaft auf, um herauszufinden, wie sich Holland zu meinen Plänen stellte. Als nächstes führte ich selbst ein Telefongespräch mit Botschafter Oudendijk, und dann, um ja nichts ungetan zu lassen, schickte ich auch noch Pu Dschiä bei der Botschaft vorbei. Das Ergebnis dieser Kampagne ließ nichts zu wünschen übrig. Oudendijk hatte mir bereits am Telefon seine Unterstützung zugesichert, und mit Pu Dschiä vereinbarte er zudem noch, er würde für mich einen Wagen vor dem Schen Wu Tor bereithalten. Damit bliebe mir nur noch die Aufgabe, eine Möglichkeit zu finden, wie ich dieses Tor passieren konnte. Weitere Schwierigkeiten gäbe es nicht. Er selbst sei bereit, vom ersten Abend an bis zu meinem Eintritt in eine englische Universität die volle Verantwortung für Unterhalt und Reise zu übernehmen. Um ganz sicherzugehen, verabredete Oudendijk mit Pu Dschiä noch eine Frist, innerhalb derer die Flucht stattfinden mußte.

Damit blieb bis zum 25. Februar nur die Frage zu lösen, wie ich zu gegebener Stunde durch das Schen Wu Tor kommen würde. Ich mußte nämlich nicht nur mit den Kammereunuchen in meinem Gefolge und den Wacheunuchen innerhalb des Palastes rechnen, sondern hatte zudem die Palastwache vor den Palastmauern und die republikanischen »Schutzpatrouillen« außerhalb des Schen Wu Tors in meinen Plan einzubeziehen. Allerdings war ich der Meinung, daß die Eunuchen mein Hauptproblem sein würden. Ich war tatsächlich naiv genug zu glauben, ich bräuchte nur ein wenig Geld springen zu lassen, um sie auf meine Seite zu bringen. Doch wer hätte gedacht, daß schon eine Stunde vor der verabredeten Zeit ein von mir vorher »eingekaufter« Eunuche das Hofamt verständigte; noch bevor Pu Dschiä und ich den Palast des Geistigen Wachstums verlassen hatten, hörten wir die Nachricht, unser Vater habe Befehl gegeben, daß niemand die Palasttore, gleich in welcher Richtung, passieren dürfe. Über die ganze Verbotene Stadt sei der Ausnahmezustand verhängt. Pu Dschiä und ich waren wie vor den Kopf geschlagen.

Bald darauf erschien unser Vater selbst und brachte, noch ganz aufgelöst, hervor: »Ich hö-hö-hö-hö-höre, Eure Majestät wo-wo-wo-wollen weggehen!« Er schaute dabei so betreten und wiederum auch so verzweifelt drein, daß man leicht hätte denken können, er selbst sei der Übeltäter; ich mußte unwillkürlich lachen. »Das ist nicht wahr!« log ich und versuchte, eine ernste Miene aufzusetzen.

»Das kann nie gutgehen! Wie soll das gutgehen?«

»Wenn es aber nicht wahr ist!...«

Mein Vater warf Pu Dschiä einen mißtrauischen Blick zu, so daß dieser schnell den Kopf senkte. Ich sagte noch einmal: »Ganz sicher, es ist nicht wahr!«

Als Antwort stotterte mein Vater noch ein paar Worte, die ich nicht verstehen konnte, und dann verließ er mich, meinen »Komplicen« im Schlepptau mit sich führend.

Kaum war ich wieder allein, ließ ich meine Eunuchen vor mir antreten und begann sie zu verhören. Ich war entschlossen, den Übeltäter zumindest halbtot prügeln zu lassen. Aber sosehr ich mich auch bemühte, keiner der Eunuchen wollte sprechen; und die Angelegenheit vor die Palastverwaltung zu bringen, ging auch nicht an. Ich mußte allein mit meinem Zorn fertig werden.

Von dieser Stunde an begann ich die Mauern des Palastes als bedrohend zu empfinden. »Kerker! Kerker! Kerker!« schrie ich mir innerlich zu, als ich von einem künstlichen Hügel in den Palastgärten auf die Wehrtürme der Verbotenen Stadt sah. »Daß die Republik mir feindlich gegenübersteht, kann man noch verstehen, aber wenn selbst die Prinzen und das Hofamt sich gegen mich stellen, ist das einfach unerhört! Ich will doch nur hier raus, um des Ahnenerbes willen! Aber was führt euch dazu?... Am schlimmsten sind die vom Hofamt, die haben auch den Vater hierhergebracht!...«

Am folgenden Tag schüttete ich Johnston mein Herz aus, und der Schotte versuchte, mich etwas zu trösten. Er riet mir, den Gedanken an eine Flucht vorerst aufzugeben und statt dessen eine realistischere Sache anzupacken, zum Beispiel die Reorganisation der Verbotenen Stadt. »Dieser Dscheng Hsiao-hsü vom Hofamt scheint ein sehr fähiger Mann zu sein«, führte er seine Gedanken aus, »und er hat eigene Ideen. Es dürfte nichts schaden, sich einmal anzuhören, was er zum Thema Reorganisation zu sagen hat!« Eine neue Hoffnung regte sich in meinem Innern. Wenn ich auch einstweilen auf die Restauration meines Ahnenerbes außerhalb der Verbotenen Stadt verzichten mußte, konnte ich doch wenigstens darangehen, meinen Besitz in der Verbotenen Stadt etwas in Ordnung zu bringen.

Johnstons Hilfe erfüllte mich damals mit großer Zufriedenheit, und nie hätte ich gedacht, daß er später in seinem Buch einmal schreiben würde, er habe nicht das geringste mit meinem Fluchtversuch zu tun gehabt und sei auch von Anfang an dagegen gewesen.

Achtes Kapitel

Die Vertreibung der Eunuchen

Nach außen hin erschien die Verbotene Stadt als ein Hort der Ruhe und der friedlichen Harmonie, aber in Wirklichkeit war innerhalb ihrer Mauern schon längst jede Ordnung zusammengebrochen.

Soweit ich mich zurückerinnern kann, hatte es im Palast immer wieder Gerüchte über Raub, Brandstiftung und Mord gegeben, von Opiumhöhlen und Glücksspielen ganz zu schweigen. Zur Zeit meiner Vermählung erreichte das Diebeswesen ein solches Ausmaß, daß unmittelbar nach den Großen Nuptialien alle Perlen und Jadesteine aus der Krone der Kaiserin gestohlen und durch Imitationen ersetzt worden waren.

Von meinen Tutoren wußte ich, daß die Schätze des Tsching Palastes Weltruhm genossen und daß die schiere Quantität der antiken Kostbarkeiten, Kalligraphien und Bildrollen ebenso einmalig war wie ihr Wert. Mit Ausnahme von dem, was während der Plünderungen durch ausländische Truppen nach dem Zweiten Opiumkrieg und dem Boxeraufstand verlorengegangen war, ruhte der größte Teil der Kaiserlichen Kunstschätze, über die Jahrhunderte hindurch von den Dynastien der Ming und Tsching angehäuft, noch immer in den Palastgewölben. Nur wenige dieser Stücke waren überhaupt katalogisiert, und selbst wo

Aufzeichnungen bestanden, boten sie keine Gewähr, da niemand sich aufgerufen fühlte, das Ganze einmal nachzuprüfen. So kam es, daß kein Mensch im Palast wußte, was oder wieviel abhanden gekommen war. Mit anderen Worten: Diebe fanden in der Verbotenen Stadt ein wahrlich ideales Wirkungsfeld.

Wenn ich heute daran denke, muß damals nichts anderes als eine Dauerplünderung im Gange gewesen sein, in die alle, angefangen von den höchsten Ministern bis zu den niedrigsten Eunuchen, verwickelt waren. Wem auch immer sich eine Gelegenheit zu einem Diebstahl bot, der führte ihn aus – und dies ohne die geringsten Skrupel. Der Unterschied lag nur in der Methode. Die einen brachen Schlösser und Türen auf und stahlen heimlich, die anderen bedienten sich sogenannter legaler Methoden und taten vor aller Augen das gleiche.

Der Großteil der Eunuchen bevorzugte die erste Methode. Minister und Hofbeamte hielten sich lieber an die zweite, das heißt, sie verpfändeten oder verkauften Kunstschätze, liehen sie sich zum »Ansehen« aus oder erbaten sich das Gewünschte einfach als »Ehrengabe«. Die raffinierteste Methode hatten allerdings Pu Dschiä und ich selbst entwickelt: eine Hand gab und die andere empfing. Freilich zählten wir uns damals nicht zu der gleichen Kategorie wie die übrigen Diebe – in meinen Vorstellungen waren es die anderen, die sich an »meinem« Eigentum vergriffen.

Als ich fünfzehn war, packte mich eines Tages die Neugier, und ich wies die Eunuchen an, mir die Schatzkammer im Palast des Begründeten Glücks zu öffnen. Die Türen waren über und über mit Lagen von papierenen Siegelstreifen bedeckt und offensichtlich schon seit Jahrzehnten nicht mehr geöffnet worden. Die Kammer selbst fand ich bis zur Decke vollgestapelt mit riesigen Kisten, von denen eine jede wiederum mit Streifbändern versiegelt war; die Stempel darauf stammten aus der Regierungszeit Kaiser Dschia Tschings. Aufgeregt ließ ich eine der Kisten öffnen: Sie war bis obenhin gefüllt mit Kalligraphien, Bildrollen und den erlesensten antiken Jadeschnitzereien. Später fand ich heraus, daß dies einst die Lieblingsstücke Kaiser Tschiän Lungs gewesen sein mußten. Nach dessen Tod hatte sein Nachfolger, Kaiser Dschia Tsching, dekretiert, daß all diese Kostbarkeiten seines Vaters unberührt im Palast des Begründeten Glücks und anderen Gewölben verwahrt bleiben sollten. Was ich im Glückspalast entdeckt hatte, war nur ein kleiner Teil der Sammlung meines Vorfahrens. Es gab Kammern, wo nur Bronzegefäße der Antike eingelagert wurden, andere waren für Celadon und Porzellan reserviert, wieder andere enthielten ausschließlich berühmte Bildrollen, darunter auch viele Werke von Tschiän Lungs italienischem Hofmaler Castaglione. In der Schatzkammer hinter meinem Palast des Geistigen Wachstums stieß ich auf eine Reihe von »Hundert-Kostbarkeiten-Koffern«, die offenbar auch zu Tschiän Lungs Schätzen gehörten. Diese Koffer waren aus Sandelholz angefertigt und von außen nicht von einem gewöhnlichen Buchbehälter zu unterscheiden. Öffnete man sie jedoch, so sah man auf einen treppenartigen Innenbau, und jede Stufe dieser »Treppe« war in Dutzende von kleinen Fächern unterteilt, von denen wiederum ein jedes ein Kunstwerk enthielt: eine kleine Sungvase, die handgeschriebene Miniaturausgabe eines der vier Klassiker, eine kunstvoll geschnitzte Elfenbeinkugel, ein Pfirsichkern, in den eine alte Sage eingraviert war, Kürbiskerne mit eingeritzten Gedichten und Zeichnungen, oder gar eine antike Münze aus Ägypten. Das Grundinventar solcher Koffer war immer dasselbe: Kalligraphien, Malereien, Gold-, Jade- und Elfenbeinarbeiten, Porzellane – in Miniaturausführung. Der Name »Hundert-Kostbarkeiten-Koffer« kam daher, daß selbst der kleinste dieser Koffer hundert Kunstgegenstände enthielt, während in den größeren Sammlungen oft über tausend Stücke untergebracht waren. – Damals ließ ich die 40, 50 Koffer, die ich selber aufgestöbert hatte, zu mir in den Palast des Geistigen Wachstums schaffen.

Die Entdeckung all dieser Schätze erweckte in mir eine Fülle von neuen Fragen: Wie reich war ich überhaupt? Das, was ich gesehen hatte, war jetzt bei mir untergebracht; wieviel hatte ich noch nicht gesehen? Und was sollte mit den Kostbarkeiten geschehen, die überall Palastkammern und Hallen füllten? Wie viele davon waren wohl schon gestohlen worden? Was konnte ich tun, um weiteren Plünderungen vorzubeugen?

Johnston erzählte mir, daß in der Straße beim Tor des Irdischen Friedens, wo er selbst wohnte, neuerdings eine ganze Reihe von Antiquitätenhandlungen eröffnet worden seien. Ein Teil dieser Läden würde angeblich von Eunuchen betrieben; beim anderen Teil läge die Geschäftsführung in den Händen von Hofbeamten oder deren Anverwandten. Als dann auch meine Tutoren für Maßnahmen zur Unterbindung dieser unkontrollierten Plündereien eintraten, ging ich auf ihren Vorschlag ein und dekretierte eine Inventarisierung sämtlicher Bestände. Aber die sollte alles nur noch viel schlimmer machen.

Der erste Erfolg meines Dekrets war nämlich, daß die Zahl der Diebstähle sprunghaft anstieg. Im Palast der Glückschaffenden Tugend wurde das Schloß der dortigen Schatzkammer gesprengt und im Palast der Himmlischen Reinheit ein rückwärtiges Fenster zertrümmert. Die Situation war bald derart außer Kontrolle geraten, daß selbst ein großer Diamant, den ich eben gekauft hatte, innerhalb von wenigen Tagen spurlos verschwand.

In einem Versuch, die jüngsten Diebstähle aufzuklären, erteilten die Kaisergemahlinnen dem Superintendenten der Internen Palastverwaltung den Befehl, alle verantwortlichen Eunuchen streng zu verhören. Aber weder Folterungen noch das Angebot handfester Belohnung erzielten den gewünschten Effekt. Ganz im Gegenteil. Denn in der Nacht des 27. Juni 1923 brach im Palast des Begründeten Glücks, wo man gerade mit der Bestandsaufnahme begonnen hatte, ein Feuer aus, und alles, verzeichnet oder noch unkontrolliert, ging in Flammen auf.

Wie es heißt, wurde der Brand zuerst von der Feuerwehr der Italienischen Gesandtschaft entdeckt; und als die hilfreichen Italiener mit ihrem Löschwagen Einlaß in die Verbotene Stadt begehrten, wußten die Torwächter noch immer nicht, was vorgefallen war. Die Feuersbrunst wurde die ganze Nacht hindurch mit den verschiedenartigsten Rettungsmannschaften bekämpft. Aber am Ende waren doch neben dem Glückspalast selbst noch zehn weitere Gebäude im näheren Umkreis bis auf die Grundmauern niedergebrannt. Nun war der Großteil aller Schätze des Tschinghofes gerade in diesem Teil der Verbotenen Stadt verwahrt worden. Wieviel diesmal im Feuer verlorenging, ist bis heute ein Geheimnis.

Das Hofamt veröffentlichte damals eine Grobschätzung des Schadens. Demnach waren 2665 goldene Buddhastatuen, 1157 Bilder und Kalligraphien, 435 Antiquitäten und an die 10000 alte Bücher und Schriften ein Raub der Flammen geworden. Aber worauf diese Rechnung beruhte, mag der Himmel wissen.

Solange das Feuer bekämpft wurde, hatte es auf dem ganzen Gelände von Chinesen und Ausländern, Befugten und Unbefugten, Palastinsassen und Stadtbewohnern nur so gewimmelt. Man kann sich leicht denken, daß all diese Leute nicht nur aus reinem Interesse am Feuerlöschen gekommen waren. Aber die Verbotene Stadt sprach danach trotzdem allen ohne Ausnahme ihren Dank aus.

Einen anschaulicheren Eindruck von dem Ausmaß der Brandkatastrophe mag die Schilderung geben, wie mit dem Berg von Schutt und Asche, den das Feuer zurückließ, verfahren wurde.

Ich hielt damals gerade Ausschau nach einer geeigneten Fläche für einen Tennisplatz, wo Johnston mir Tennis beibringen sollte; denn Tennis war, nach den Worten meines Lehrers, ein Sport, den alle englischen Aristokraten beherrschten. Da sich das Brandgebiet geradezu für diesen Zweck anzubieten schien, beauftragte ich das Hofamt damit, unverzüglich den Schutt zu beseitigen.

In dem Aschenberg fanden sich zwar keine Überreste von altem Porzellan, Kalligraphien oder Malereien, dafür aber gab es jede Menge von geschmolzenem Gold, Silber, Kupfer und Zinn. Das Kaiserliche Hofamt lud alle Goldhändler Pekings ein, sich an der Schuttversteigerung zu beteiligen, und einer unter ihnen erhielt dann die Brandmasse für 500000 Dollar zugeschlagen. Dieser Händler zog aus dem Schutt mehr als 17000 Unzen Gold heraus. Nachdem er auf seine Kosten gekommen war, wurde der Rest der Asche in Hanfsäcke gefüllt und unter dem Personal des Hofamtes verteilt. – Später hat mir ein damaliger Hofbeamter erzählt, daß vier Goldaltäre, jeder an die 30 cm hoch und breit, die sein Onkel jüngst zwei Tempeln in Peking schenkte, aus dem Gold einiger dieser Säcke gefertigt waren.

Die Ursache dieses Großbrandes blieb genauso ungeklärt wie das tatsächliche Ausmaß des Schadens. Aber meiner Vermutung nach war er vorsätzlich von Dieben gelegt worden, die damit Spuren ihrer Tätigkeit verwischen wollten.

Schon wenige Tage später brach wieder ein Feuer aus, und zwar oberhalb eines Fensters des »Kein-Müßiggang«-Studios im östlichen Teil meines Palastes. Nur durch einen glücklichen Zufall war der kerosingetränkte, brennende Wattebausch des Täters gerade noch rechtzeitig entdeckt und ausgelöscht worden. Dieser neuerliche Vorfall ließ mich noch mißtrauischer werden. Scheinbar gab es nicht nur Leute im Palast, die Feuer legten, um Spuren zu verwischen; es mußte unter ihnen auch jemand dabeisein, der mir selbst nach dem Leben trachtete.

Daß es in der Verbotenen Stadt Diebstähle und Brandstiftungen gab, war eine Tatsache, der auch meine Tutoren nicht ausweichen konnten. Aber darin Attentatsversuche auf mein Leben zu erblicken, war wohl nur möglich, wenn man so überreizte Nerven hatte wie ich. Meine übertrieben mißtrauische Natur war damals bereits durchgebrochen.

Nach den Ahnengesetzen des Tsching Hauses mußte der Kaiser, sosehr die Regierungsgeschäfte ihn auch in Anspruch nehmen mochten, täglich eine Seite der »Heiligen Instruktionen« seiner Vorfahren lesen; diese Bücher und Schriften lagen zu diesem Zweck das ganze Jahr hindurch offen aufgeschlagen in meinem Schlafgemach. In jener Zeit hatte ich gerade eine Vorliebe für die »Zinnoberreskripte, Edikte und Dekrete« des Kaisers Yung Dscheng (1678–1733); die zynische Einschätzung der menschlichen Natur, die ich darin fand, machte einen tiefen Eindruck auf mich. Yung Dscheng war darin seinem Vater Kang-hsi (1654–1722) nachgefolgt, der besonders davor gewarnt hatte, den Eunuchen zu trauen. Eine seiner Devisen lautete: »Studiert man die Geschichte, findet man nur wenig aufrichtige Eunuchen. Für den Herrscher ist Vorsicht erstes Gebot, jede Gefahr muß im Keim erstickt werden!«

Seit der großen Feuersbrunst gingen mir diese Ermahnungen meiner Vorfahren nicht mehr aus dem Sinn, und ich beschloß, dem Rat Yung Dscheng »durch Untersuchung den Dingen auf den Grund sehen« zu folgen. Ich zog dabei zweierlei Möglichkeiten in Betracht: Entweder konnte ich die mir persönlich aufwartenden Eunuchen ins Kreuzverhör nehmen oder ich konnte sie unbemerkt belauschen. Nach reiflicher Überlegung entschied ich mich für die zweite Methode. Ich versteckte mich unter einem Fenster des Ost-West-Durchgangs, wo die Kammereunuchen wohnten, und bekam gleich zu hören, wie hinter meinem Rücken über mich geredet wurde: Meine Launen würden von Tag zu Tag unerträglicher, hieß es allgemein.

Am Abend nach dem Zwischenfall im »Kein-Müßiggang«-Studio lauschte ich wieder unter den Fenstern der Eunuchen. Diesmal ließen sie sich noch heftiger über mich aus als das erste Mal, ja, einige behaupteten sogar, ich selbst hätte das Feuer gelegt. Darauf war ich überzeugt, daß auf die Eunuchen kein Verlaß war. Falls ich mich nicht vorsah, würde das Unheil kein Ende nehmen.

Gerade zu jener Zeit hatte es im Palast einen scheußlichen Zwischenfall gegeben. Ein Eunuche, der wegen irgendeines Vergehens angezeigt und von seinem Oberen geprügelt worden war, hatte sich am nächsten Tag noch vor dem Morgengrauen in die Kammer des Vorgesetzten geschlichen und dort seinem Opfer erst ungelöschten Kalk in die Augen geworfen und dann mit dem Messer auf das Gesicht eingestochen.

Dieser Anschlag ließ mich an all die vielen Eunuchen denken, die ich selbst Stockschlägen ausgesetzt hatte, und ich fragte mich besorgt, ob sie mir das wohl auf gleiche Art heimzahlen würden. Schon allein der Gedanke an diese Möglichkeit setzte mir so zu, daß ich nachts nicht mehr zu schlafen wagte. Von meiner Schlafkammer aus bis hinunter zu den Vorgebäuden des Palasts waren sämtliche Gänge allabendlich voll von Eunuchen, die dort ihr Lager aufschlugen. Würde es für einen, der mir übelwollte, nicht ein leichtes sein, Hand an mich zu legen? Ich mußte unbedingt jemanden finden, der zuverlässig und treu war und jeden Abend bei mir Wache hielt. Ich überlegte hin und her, wer diesen Anforderungen entsprechen könnte, und schließlich verfiel ich auf meine Kaiserin.

Nun ließ ich Wän Rung jede Nacht an meiner Seite Wache halten; sowie sie ein Geräusch hörte, sollte sie mich wecken. Zugleich versah ich mich mit einem Knüppel, den ich griffbereit neben mein Bett legte, um für alles gerüstet zu sein. Aber nachdem Wän Rung auf diese Weise mehrere Nächte ohne Schlaf verbracht hatte, kamen mir doch Zweifel an der Richtigkeit dieser Methode. Um das Problem ein für allemal zu lösen, beschloß ich schließlich, die ganze Eunuchenschar aus dem Palast zu verbannen.

Natürlich wußte ich, daß ein solcher Schritt unweigerlich einen Sturm heraufbeschwören würde und ohne die Zustimmung meines Vaters auch gar nicht zu verwirklichen war. Aber ich hatte meinen Plan. Ich suchte einfach meinen Vater in seiner Residenz auf. So hatte er keine Möglichkeit, sich erst mit Hofmeistern und Tutoren zu beraten. Als ich ihn unversehens mit meinem Entschluß konfrontierte, hatte er noch größere Sprechschwierigkeiten als normalerweise. Nur unter größter Anstrengung gelang es ihm, ein paar unzusammenhängende Einwände hervorzustottern. Soviel ich ausmachen konnte, wies er mich darauf hin, daß die Ahnengesetze keinen solchen Fall vorsähen und meine Eunuchen nach so vielen Dienstjahren auch unmöglich auf Verrat sinnen könnten: »Da... da... da... das darf nicht überstürzt werden! Eure Majestät kehren am besten in den Palast zurück. In ein paar Tagen...« Aber was er auch sagen mochte, meine Antwort blieb stets die gleiche: »Wenn Eure Hoheit nicht nachgibt, gehen Wir nicht mehr in den Palast zurück!«

Ich brachte meinen Vater damit derart außer Fassung, daß er bald nicht mehr wußte, ob er sich setzen oder nicht doch besser stehen bleiben sollte. Schließlich lief er aufgeregt im Kreise herum und kratzte sich abwechselnd den Kopf von vorn und hinten. Dabei wischte er mit seinem Ärmel eine Flasche Mineralwasser vom Tisch auf den Boden, wo sie klirrend in tausend Stücke zerbarst. Als ich meinen Vater in diesem Zustand sah, konnte ich ein Kichern nicht unterdrücken; gleichzeitig öffnete ich lässig ein Buch, das auf dem Tisch lag, ganz, als ob ich fest entschlossen sei, nicht mehr fortzugehen.

Zu guter Letzt gab mein Vater sich geschlagen. Alle Eunuchen – außer ein paar wenigen, von denen sich die Kaisergemahlinnen nicht trennen mochten – wurden aus der Verbotenen Stadt gejagt.

Die Kaiserinwitwe: ›Mütterlich, glücksbringend, traditionsachtend, himmelsgesegnet, erfolgsgekrönt, allernährend, strahlend offenbar, ruhig, würdevoll, vollkommen, lange lebend, ehrgebietend, ehrwürdig, huldvoll, auserwählt, erhaben‹. *»Es ist Tze Hsi!«*

Peking 1860, am linken Ufer die Chinesenstadt, rechts die Mauer der Tataren (Mandschu)-Stadt.

Hatamen-Straße von der Chinesenstadt in die Tatarenstadt.

Hankow-Peking Eisenbahnlinie. Links Chinesenstadt, rechts Tatarenstadt.

Su Shun, *»mächtigster und bestgehaßter Mann im Reich der Mitte«* unter Kaiser Hsiän Feng. In Jehol 1861 als Regent eingesetzt und von Tze Hsi gestürzt und dem Tod überantwortet.

Alter Sommerpalast 1860 vor der Brandschatzung durch die Engländer und die Franzosen.

Prinz Gung, kaiserlicher Unterhändler nach dem 2. Opiumkrieg 1850–1865.
»Wie es Prinz Gung gelang, mit den beiden Kaiserinwitwen in Verbindung zu kommen, ist nicht mehr abzuklären.«

Bronzetempel 1870. Einzig unversehrt gebliebener Bau des alten Sommerpalasts.

Kaiserinwitwe Tze Hsi zur Zeit ihrer ersten Regentschaft. Als Mutter des Kindkaisers Tung Dsches wurde sie mit sechsundzwanzig Jahren zur absoluten Herrscherin Chinas. Um ihren Sohn ganz unter Kontrolle zu halten, verfügte sie, daß Tung Dsche als erster Mandschuherrscher nur in Palästen aufwuchs, ohne die traditionellen kriegerischen Ertüchtigungen seiner Vorfahren.

Kaiser Tung Dsche. Von zarter Gesundheit, durch Eunuchen verdorben, schon früh ein Habitué der hauptstädtischen Blumenhäuser, wo es ihm vor allem die Chinesinnen mit ihren gebundenen Lilienfüßen angetan hatten, starb 1884, mit achtzehn Jahren, ein Opfer seiner Ausschweifungen – und Tze Hsis. Sein Tod wurde von Tze Hsi der Kaiserin Alute angelastet.

Prinz Tschün I., Schwager Tze Hsis, Vater Kaiser Guang Hsüs und Großvater Kaiser Hsüan Tungs (Pu Yi). »*Mein Großvater war wie von Sinnen, als man ihm mitteilte, daß sein dreijähriger Sohn Dzai Tiän als Kaiser Guang Hsü den Drachenthron besteigen sollte: ›Der Prinz schlug mit der Stirn auf den Boden und weinte bitterlich.‹ Nach Guang Hsüs Inthronisierung legte mein Großvater all seine offiziellen Ämter nieder und beschäftigte sich in den folgenden Jahren ausschließlich damit, die Studien des Kaisers zu überwachen und Tze Hsi – zum Wohle seiner Familie – in allem treu zu dienen.*«

Tze Hsi und ein Eunuche beim Schachspiel. *» ›Der Sklave schlägt dieses Pferd des Erhabenen Stammvaters (die Kaiserinwitwe ließ sich gern als Mann anreden)!‹ Tze Hsi geriet über den ungeschickten Ausruf des Eunuchen so in Rage, daß sie ihn augenblicklich hinausschleifen und zu Tode prügeln ließ.«*

Tze Hsi posiert als Göttin der Barmherzigkeit. Rechts ihr Lieblingseunuche Li Liän-ying.

Tze Hsi in einer Sänfte, umgeben von ihren persönlichen Eunuchen. Rechts im Vordergrund Li Liän-ying.

Wandelgang im neuen Sommerpalast. Die Deckengemälde zeigen Ansichten des 1860 zerstörten alten Sommerpalasts.

»... Nach dem unrühmlichen Ende der chinesischen Flotte im Koreakrieg blieb einzig Tze Hsis marmornes ›Schiff‹ im Sommerpalast übrig.«

Ying Tai oder Ozeanterrasse, Kaiser Guang Hsüs Gefängnis und der Ort, wo er 1908 starb. Unten ein zugemauerter Raum in der Halle der Plätschernden Jadewasser. *»Diesmal schlug Tze Hsi mit der ganzen Härte zu, deren sie fähig war. Guang Hsü wurde unter Arrest gestellt, die wichtigsten seiner Ratgeber hingerichtet. Darauf wurde den ausländischen Mächten die ›schwere Erkrankung‹ seiner Majestät gemeldet und ein neuer Thronfolger bestimmt. Erst als die Vertretungen Englands, Frankreichs, der USA und Japans ernstlich zu bedenken gaben, man würde ein plötzliches Ableben des Kaisers ›nicht verstehen‹, begann sich sein Gesundheitszustand wieder zu bessern.«* Tze Hsi rächte sich anders. Sie ließ alle Wohnbauten der Ozeanterrasse mit Aussicht auf den See zumauern

Kaiser Guang Hsü, daneben Kang You-wei. Unten Rung Lu, daneben Yüan She-kai. *»Tze Hsi hatte sich 1886 entgegen allen Erwartungen in den Sommerpalast zurückgezogen. Unglücklicherweise beschloß der Kaiser unter dem Einfluß führender Progressiver wie Kang You-wei eine Reihe von umgreifenden Neuerungen und Entlassungen. Als er Kunde erhielt, Tze Hsi plane mit Hilfe von Rung Lu, Vizekönig von Dscheli und Großsekretär, einen zweiten Staatsstreich, beschloß er, die Kaiserinwitwe und Rung Lu selbst gefangenzusetzen. Er betraute den sich progressiv gebenden Kommandanten der modernen Beyang Armee, Yüan She-kai, mit diesem delikaten Auftrag. Yüan nannte dies ein Kinderspiel – und verlor keine Zeit, seinen Kaiser an Rung Lu zu verraten.«*

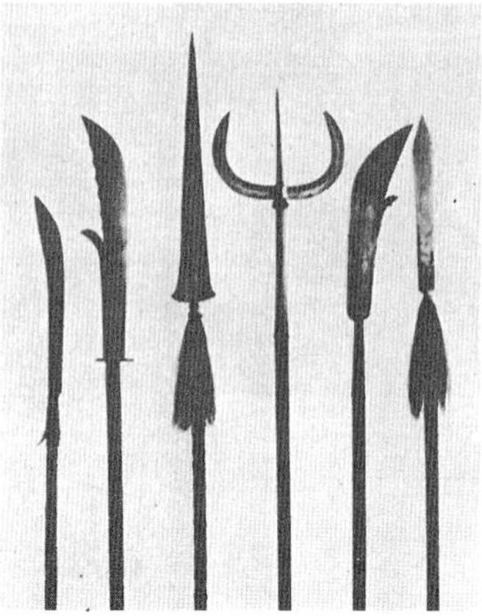

Boxerwaffen um 1900.

Entsetzung Pekings durch die Acht Alliierten: Südtor nach dem Sturm. *»In China waren damals unter dem einfachen Volk jene Boxerunruhen ausgebrochen, die anfangs den Sturz der Mandschudynastie zum Ziel hatten, um sich dann gegen die Macht der ausländischen Kirchen und Gesellschaften zu richten.«*

Gefangennahme eines Boxers durch deutsche Truppen.

Peking, Mittagstor: Einzug Graf Waldersees gefolgt von bengalischen Landsern. Graf Waldersee führte den Oberbefehl über die Strafexpedition der Acht Alliierten Mächte, da zu Beginn der Unruhen der deutsche Gesandte von Ketteler von einem Boxer ermordet worden war.

Sühneaudienz von Prinz Tschün II. bei Kaiser Wilhelm II. in Potsdam, 1901. *»Daß Prinz Tschün II. in Berlin mit großartigem Gepränge empfangen wurde, verstärkte Tze Hsis Mißtrauen. Sie beschloß, ihn durch Heiratsbande an die Familie ihres Günstlings Rung Lu zu binden. Und so wurde Rung Lu zu meinem Großvater mütterlicherseits.«*

Überführung von Tze Hsis ›Jadekörper‹ in die östlichen Mausoleen, 1908.

Kaiser Hsüan Tung (Pu Yi). *»Zwei Jahre und zehn Monate alt, wurde ich am 2. Dezember 1908 auf den Drachenthron gehoben. Es war dies eine feierliche Zeremonie, wenngleich sie auch infolge meines unkaiserlichen Schreiens und Brüllens der letzten Würde entbehrt haben mag. Daß mein Vater mir in äußerster Verzweiflung über meinen zunehmend wilderen Protest zurief: ›Sei doch ruhig, bald ist alles vorbei!‹ wurde in vielen Tagebüchern der Zeit als böses Omen für die Tschingdynastie ausgelegt.«*

Prinz Tschün II., Pu Yi rechts stehend und Pu Dschiä auf dem Schoß zur Zeit der Inthronisation. *»Am 13. November 1908 kam ich in den Palast. Am 14. starb Kaiser Guang Hsü, und am 15 ›bestieg auch Tze Hsi den Drachen, um in die Lüfte zu entschweben.‹ Ob Yüan She-kai oder Tze Hsi Guang Hsü vergiften ließ, darüber gab es am Hof zwei Meinungen. Aber es scheint doch, daß Tze Hsi meinen anerkannt unfähigen Vater zum Regenten bestimmt hat, weil sie selbst nicht mit einem so jähen Tode rechnete.«*

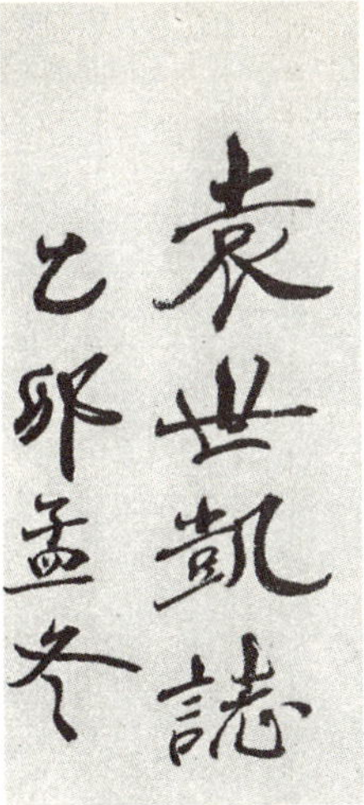

Yüan She-kais Unterschrift unter den *»Wohlwollenden Vertrag«*, rechts Kaiser Hsüan Tung zur Zeit der Abdankung.

Yüan She-kai als *»frischgebackener Staatspräsident der Republik China«* nach der Amtseinsetzung am 12. 2. 1912. *»Kaiserinwitwe Lung Yü sitzt auf einem Kang in der Thronhalle und wischt sich mit einem Tuch die Augen. Vor ihr kniet ein fettleibiger alter Mann, dem die Tränen nur so über das Gesicht strömen. Ich selbst bin ganz verwirrt, weil ich nicht verstehe, wieso die beiden Erwachsenen weinen. Der schluchzende Dicke war Yüan She-kai.«*

Dr. Sun Yat-sen, ›Vater der Republik‹, Gründer der Kuomintang Partei. *»Als der Hof sein Heil in ständigen Verzögerungen suchte, rissen die Republikaner die Initiative an sich, indem sie in Nanking eine provisorische Regierung mit Dr. Sun Yat-sen als Staatspräsidenten aufstellten (Dezember 1911). Für Yüan She-kai war keine Zeit mehr zu verlieren.«* Er inszenierte unter seinen Truppen eine Meuterei und erzwang damit die Abdankung des Kaisers. Am 13. Februar trat Sun Yat-sen als provisorischer Staatspräsident – wie zuvor ausgehandelt – zurück, und Yüan She-kai wurde als erster Präsident Chinas bestätigt.

Palast der Himmlischen Reinheit.

Verbotene Stadt vom Kohlhügel aus gesehen. *»Artikel III des ›Wohlwollenden Vertrags‹ hatte verfügt, daß ich ›vorerst weiterhin im Palast residieren‹ konnte. In diesem kleinen Stück Welt verbrachte ich die absurdeste Kindheit, die sich nur denken läßt.«*

Oben: Pu Yis Vater, Prinz Tschün II., erste Großmutter (Mutter Guang Hsüs), leibliche Großmutter und Mutter (Tochter Rung Lus). Unten: Pu Yis Schlafzimmer mit Kang und Schriftrolle der Kaiserinwitwe an der Wand. *»Als ich zehn Jahre alt war, entschieden die Kaisergemahlinnen, daß mich meine leibliche Mutter und meine Großmutter von nun an in regelmäßigen Abständen für einige Tage besuchen und auch meinen Bruder Pu Dschiä und meine älteste Schwester in den Palast mitbringen sollten.«*

Pu Yi und seine älteste Schwester. *»Der erste Besuch verlief anfangs sehr langweilig. Meine Großmutter setzte sich zu mir auf den Kang und sah zu, wie ich auf einem Tischchen Domino spielte. Bruder und Schwester standen steif da und starrten mich an wie Yamendiener auf Wache. Schließlich kam ich auf den Gedanken, ihnen meinen Palast des Geistigen Wachstums zu zeigen ...«*

Kaiserliche Thronestrade im Palast der Himmlischen Reinheit, die für offizielle Empfänge der Tschingwürdenträger genutzt wurde.

Empfangshalle im Palast des Geistigen Wachstums. Dieser Gebäudekomplex wurde von Kaiser Tung Dsche und später auch von Kaiser Hsüan Tung als Hauptpalast benutzt.

Kaiserlicher Viktualienbehälter aus Rosenholz.

Kaiserliche Schüsseln. *»Das Eßgeschirr bestand aus kaisergelbem Porzellan, das die Inschrift ›zehntausend Jahre Leben ohne Ende‹ trug.«*

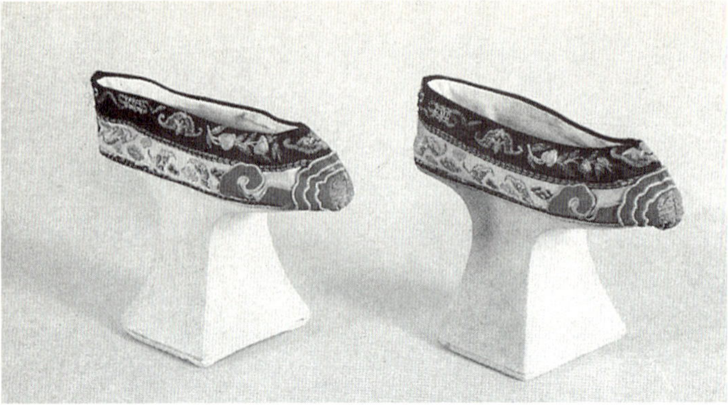

Pantoffeln der Kaiserin, verziert mit Perlenschnüren und hohen Absätzen. Im Gegensatz zu den vornehmen Chinesinnen ließen sich die Mandschufrauen die Füße nie binden.

Kaiserlicher Hut für den Alltag auf Ständer.

Rote Drachenrobe für das Kaiserliche Opfer am Altar der Sonne am Tag des Frühlingsäquinoktiums.

Zeichen für ›Langes Leben‹ aus der Hand der Kaiserinwitwe Tze Hsi. *»Die großen Schriftzeichen für Wandtafeln wurden von den Experten der ›Halle des Großen Fleißes‹ bereits in den Konturen vorgezeichnet.«*

Rechts Kaiserinwitwe Lung Yü, Hauptgemahlin Kaiser Guang Hsüs, links seine erste Konkubine (in der Mitte Tze Hsi). *»Ich zog als Adoptivsohn Kaiser Tung Dsches und Kaiser Guang Hsüs in die Verbotene Stadt ein, aber obwohl ich in deren Witwen eine stattliche Anzahl von ›Erlauchten Müttern‹ besaß, habe ich doch nie Mutterliebe kennengelernt. Nach Lung Yüs Tod (1913) trachtete die Jadekonkubine Duän Kang nur danach, es der verstorbenen Kaiserinwitwe Tze Hsi gleichzutun. Als ich, durch meine Lehrer aufgeklärt über den Rangunterschied von Kaiserinnen und Konkubinen, sie einmal zurechtwies, zitierte sie meine Mutter und Großmutter aus dem Tschün Palast herbei. Ihr Toben blieb nicht ohne Wirkung: zwei Tage nach diesem Vorfall erhielt ich Nachricht, meine Mutter habe sich das Leben genommen.«*

Frau Wang, Pu Yis Amme. *»Wang Momo wurde kurz vor meinem neunten Geburtstag auf Befehl der Kaisergemahlinnen hinter meinem Rücken aus dem Palast entfernt. Wie gerne hätte ich damals alle vier ›Erlauchten Mütter‹ für sie hergegeben. Alles, was sie mir in der Kindheit an humanem Denken beigebracht hatte, ist nach ihrer Entlassung durch den korrumpierenden Einfluß meiner Umgebung wieder verschüttet worden.«*

Kaiser Hsüan Tung (Pu Yi) in Drachenrobe zur Zeit der Restauration von 1917. *»Schon beim Eintreten teilte mir Tschen Bao-schen mit: ›Eure Majestät werden heute keinen Unterricht haben. Dschang Hsün ist gekommen, um Eure Majestät wieder an die Regierung zu bringen. Eure Majestät müssen unbedingt den Wünschen Dschang Hsüns entsprechen. Er bittet um das Mandat, den Himmelssohn wieder mit seinem Volk zu vereinen.‹«*

Der ›bezopfte General‹ Dschang Hsün. *»Dschang Hsüns Ausdruckweise war mir roh und ungeschliffen vorgekommen, aber als man mir mitteilte, er sei sehr beeindruckt von meiner Intelligenz und Bescheidenheit, erfüllte mich sein Kompliment gleichwohl mit Stolz.«*

Neuntes Kapitel

Die Säuberung des Kaiserlichen Hofamtes

Daß ich die Eunuchen aus dem Palast vertrieben hatte, wurde von der Öffentlichkeit mit Anerkennung und Sympathie aufgenommen; und so stählte ich mich unter Johnstons Anleitung für den nächsten Schlag – die Reorganisation des Hofamtes.

Dieses ehrwürdige Verwaltungsorgan des Kaiserhofes konnte auf eine lange Tradition korrupter Amtsführung zurückblicken. Für den Mandschuadel und die Mandschubannerleute, aus deren Reihen sämtliche Beamten rekrutiert werden mußten, war das Kaiserliche Hofamt vor allem eine reiche Pfründe, wo Bildung oder echte Fähigkeiten nichts zu suchen hatten. Selbst die höchsten Chargen sahen ihre verwaltungstechnische Hauptaufgabe darin, sich – sozusagen im Einverständnis des Kaisers – durch Unterschlagungen und Erpressungen zu bereichern.

Zwei Beispiele mögen hier genügen, um die dunklen Machenschaften des Hofamts zu illustrieren: Da waren einmal die astronomischen Jahresausgaben, die zu decken selbst die im »Wohlwollenden Vertrag« zugesicherte Apanage von vier Millionen mexikanischer Dollar nicht ausgereicht hätte – sofern sie wirklich ausgezahlt worden wäre. 1924, das heißt im Anschluß an meine Ausweisung aus der Verbotenen Stadt, wurde von dem »Komitee für die Bereinigung der Angelegenheiten der Tsching« enthüllt, daß das Hofamt sich allein in dem betreffenden Jahr (und dies nach meiner »Säuberung«) durch die Verpfändung von Gold, Silber und Antiquitäten mehr als fünf Millionen Silberdollar beschafft und bis auf den letzten Rest ausgegeben hatte.

Als zweites Beispiel kann die Art und Weise, wie mein Schwiegervater Rung Yüan in einem konkreten Verpfändungsfall vorging, dienen. Der Pfandkontrakt wurde am 11.3.1924 ausgestellt und von dem damaligen Oberhofmarschall Schao Ying den beiden Hofministern Tschi Ling und Rung Yüan und dem Direktor der Salzgewerbebank unterzeichnet. Als Pfandsumme wurden 80 000 Silberdollar festgesetzt, Laufzeit ein Jahr, Zinsen per Monat gerechnet. Der Kontrakt sah vor, daß die eine Hälfte der Pfandsumme auf 16 Goldglocken (eine am Hof übliche Form, Gold zu horten) im Gewicht von insgesamt 111 439 Unzen geliehen wurde; für die zweite Hälfte der Pfandsumme wurden 13 Sätze goldener Kronjuwelen und 13 goldene Embleme für Kaiserinnen samt passenden Goldcoffrets sowie goldene Siegel, Goldpagoden,

Goldgeschirr und Goldkannen im Gesamtgewicht von 10969 Unzen belehnt; dazu kamen indes noch 36 nicht ganz massive Goldgeräte im Gewicht von 883 Unzen, 1952 Perlen, 184 Edelsteine und 415 andere Kostbarkeiten in Form von Agath- und Jadearbeiten. Das Hofamt verpfändete sämtliche Goldgegenstände nach Gewicht; Juwelen und Edelsteine etc. wurden als kostenlose Dreingabe mitgeschickt.

Obwohl mir, solange ich im Palast lebte, über die Unterschlagungen und trüben Geschäfte des Hofamts noch keine solch konkreten Beweise zur Verfügung standen, konnte ich doch aus der jährlichen Aufstellung der Ausgaben eines sehr klar ersehen: Selbst unter Tze Hsi waren die Kosten der Hofhaltung niedriger gewesen.

Nach einer Statistik, die das Hofamt auf ein Dekret von mir hin aufstellte, beliefen sich die Kosten der Hofhaltung, abzüglich der Zahlungen von Apanagen an Prinzen und hohe Beamte, in vier Stichjahren auf die folgenden Beträge:

1915	2640000 Taels
1919	2380000 Taels
1920	1890000 Taels
1921	1710000 Taels

Die entsprechenden Ausgaben hatten unter Tze Hsi zu Beginn ihrer Regierung 300000 Taels betragen und auch in dem Jahr, in dem sie ihren 70. Geburtstag feierte, 700000 Taels nicht überstiegen. Bei solchen Zahlen mußte selbst ein rechnerisches Ungenie wie ich stutzig werden.

Zur selben Zeit erschienen in den Gesellschaftsspalten der Pekinger Zeitungen Berichte, wonach viele Mandschuadlige und illustre Tsching Beamtenfamilien in bitterste Not geraten waren. Ich las, daß Söhne solcher Familien sich in den Graben vor den Palastmauern stürzten, wo ihre Leichen am anderen Morgen gefunden wurden, während Töchter von Kaiserlichen Prinzen und Gattinnen früherer Beamter in die Prostitution absanken. Und zur gleichen Zeit machten Vertreter des Hofamtes Antiquitätenläden und Pfandleihen auf, gründeten Banken und Baufirmen oder stiegen in andere lukrative Geschäfte ein.

Obwohl sich meine chinesischen Tutoren auf die Seite des Hofamtes stellten, wenn es darum ging, meinem Wunsch nach einem Auto oder Telefon entgegenzutreten, verurteilten sie innerlich doch alle das Verhalten der Hofbeamten in Verwaltungsfragen. Schon mein Mandschulehrer Yikodan hatte mir kurz vor seinem Tod gesagt, Tschen Baoschen mache sich des »Betrugs an seinem Souverän« schuldig, da er nicht willens sei, mir die korrupten Praktiken des Hofamtes zu enthüllen; er verstoße damit gegen sein Amt als »Großtutor«. Johnston ging in seinen Anschuldigungen noch weiter. In seinen Augen war das Hofamt die Inkarnation eines blutsaugenden Vampirs.

»Die Beamten des Hofamts im Palast hier und die Hausverwalter der Prinzen und Adligen sind alle außerordentlich reich«, gab er mir eines Tages zu bedenken. »Der Herr weiß über die eigenen Vermögensverhältnisse nicht Bescheid und ist in allen Fragen von seinen Verwaltern abhängig, ja, er würde, ohne diesen Leuten zu schmeicheln, keinen Kupferkäsch in die Hand bekommen. Falls das Treiben der Verwalter nicht unter Kontrolle gebracht wird, werden Hof, Prinzen und Adlige, fürchte ich, selbst das wenige, was von ihrem früheren Reichtum noch da ist, nicht lange behalten; vom Wiedererlangen des Verlorenen ganz zu schweigen!« Ein andermal sagte er: »Das Hofamt hat einen ehernen Grundsatz, und das ist ›Beibehaltung der herrschenden Ordnung um jeden Preis‹. Egal, ob kleine Reformen oder große Ideale, alles, was gegen diesen Grundsatz verstößt, prallt gegen ein ›Stop‹ des Hofamts!«

Den ersten Gebrauch, den ich nach der Vermählung von meiner neuen Macht als Oberhaupt der Familie machte, war, daß ich unter all den Tsching Veteranen, die an den Nuptialien teilgenommen hatten, die – wie es mir schien – loyalsten und fähigsten auswählte, um sie zu meinen Beratern in der Hofreform zu ernennen. Diese Leute holten dann noch Freunde herbei, und bald hatte die Verbotene Stadt plötzlich zwölf-, dreizehn Zöpfe mehr aufzuweisen.

Unter meinen Neueinstellungen befanden sich Dscheng Hsiao-hsü, Luo Dschen-yü und Wang Guo-wei, um nur die wichtigsten zu nennen. Jeder von ihnen erhielt den Titel »Gefährte der Südlichen Bibliothek« [Bibliothek des Kaisers] oder »Gefährte der Halle des Großen Fleißes« [Amt für die Kaiserlichen Schreibutensilien]. Außerdem nahm ich noch zwei Bannerleute in meinen Dienst und machte sie zu Hofministern: den Mongolen Dschin Liang, der früher Tutor des »Jungen Marschalls« [Dschang Dzo-lins Sohn] gewesen war, und meinen Schwiegervater Rung Yüan.

Über all die Berichte, die ich in der Folge zu hören bekam, gibt es leider keine Aufzeichnungen mehr, und auch die schriftlichen Eingaben sind unvollständig. Ich besitze aber noch ein Memorandum aus dem »ersten Monat des 16. Jahres von Hsüan Tung« (1924), das Dschin Liang vor seiner Bestallung als Hofminister verfaßt hatte:

»Nach der Meinung Eures Untertanen besteht die zur Zeit dringlichste Aufgabe darin, im geheimen eine Restauration vorzubereiten. Um aber das Große Werk vollbringen, um Himmel und Erde in Bewegung setzen zu können, muß unter allen Umständen zuerst der Palast geschützt werden, damit die Basis konsolidiert ist. Als zweites muß Ordnung in das Kaiserliche Eigentum gebracht werden, damit die Finanzen sichergestellt sind. Wenn Unabhängigkeit von innen gewährleistet ist, kann Unabhängigkeit nach außen folgen; ist Unabhängigkeit von innen und nach außen erreicht, kann im geheimen eine Restauration geplant werden. Diese drei Stufen bedingen einander und gehören zu ein und derselben Sache. Sie dürfen nicht getrennt werden...«

Nachdem Dschin Liang Hofminister geworden war, setzte er sich für die Verwirklichung dieser Politik der »Zwei Unabhängigkeiten« ein. All seine Vorschläge liefen auf das eine hinaus: Erste Stufe auf dem Weg zur Restauration war die Reorganisation des Kaiserlichen Hofamtes. Und damit war ich mehr als einverstanden.

Selbst Tsching Anhänger, die – teils aus Lethargie und teils aus Pessimismus – nicht zu den aktiven Befürwortern eines »geheimen Restaurationsplanes« gehörten, waren in der Mehrzahl dafür, daß der »Palast geschützt« und das »Kaiserliche Eigentum in Ordnung gebracht« wurden. Einzige Ausnahme bildete eine Gruppe um Tschen Bao-schen, welche die Mißstände für zu tief eingerissen hielt, um sie noch durch eine Reform beseitigen zu können. Von dieser Seite wurde auch befürchtet, daß eine Säuberung den Kleinen Hof vollständig ins Wanken bringen würde, war doch selbst Kaiser Tschiän Lung an einem gleichen Versuch gescheitert.

Ich hatte kurz vor meiner Hochzeit schon einmal einen Anlauf genommen, meine Vermögensverhältnisse zu bereinigen, und zu diesem Zweck auf Anraten Johnstons eine Kommission aufgestellt mit einem Hanchinesen und Bekannten Johnstons an der Spitze. Drei Monate später war die ganze Sache dann zusammengebrochen: Der von mir einberufene Leiter der Kommission hatte um Beurlaubung von diesen Aufgaben nachgesucht.

Aber ich wollte damals nicht wahrhaben, daß dem Hofamt nicht beizukommen war. Statt dessen schrieb ich die Niederlage meiner »Minorität« und dem irregulären Verhalten des Mannes zu, dem ich mein Vertrauen geschenkt hatte. Da ich damals angesichts der turbulenten politischen Ereignisse gerade dabei war, mich auf eine mögliche Flucht in die Britische Gesandtschaft vorzubereiten, hatte ich auch keine Zeit, mich weiter um diese Angelegenheiten zu kümmern.

Doch jetzt war ich volljährig, jetzt hatte ich diesen Kreis von fähigen Beratern und Ministern um mich. Es war nur natürlich, daß ich mich dadurch in einer stärkeren Position wähnte. Und so wählte ich hochgemut unter all diesen Talenten Dscheng Hsiao-hsü aus und übergab ihm die Verantwortung für die geplante Reorganisation.

Dscheng Hsiao-hsü stammte wie Tutor Tschen aus Fukien; er hatte unter den Tsching als Konsul in Japan gedient und war später Grenzkommissar in Kuangsi geworden. Dscheng wurde mir von Tschen Baoschen empfohlen. Aber noch mehr hatte Johnston sich für ihn eingesetzt. Mein Englischlehrer bezeichnete ihn als den Mann, den er in den letzten 20 Jahren am meisten bewundert habe; an Charakter, Bildung und Fähigkeiten fände man in ganz China nicht seinesgleichen, und auch in Initiative und Geschick, einmal gefaßte Beschlüsse in die Wirklichkeit umzusetzen, sei ihm kaum einer überlegen. Wie ich wußte, hatte Dscheng mehrere verlockende Angebote, in den Dienst der Republik zu treten, abgelehnt und seinen Lebensunterhalt statt dessen mit dem Verkauf von Kalligraphien aus seiner Hand bestritten. Auch ich selbst hatte früher Proben seiner exquisiten Schrift bewundert. Nach meiner Auffassung mußte er schon allein dadurch, daß er nach der Revolution all sein Streben nach Ruhm und Profit aufgegeben hatte, ein äußerst loyaler Untertan sein.

Nachdem Dscheng Hsiao-hsü »Gefährte der Halle des Großen Fleißes« geworden war, setzte er mir oft auseinander, daß die absolut erste Vorbedingung für das Gelingen des »Großen Werkes« die Reorganisation des Hofamtes sei. Er konnte auch einen detaillierten Plan dazu vorlegen, der eine Verringerung des umständlichen Verwaltungsapparats auf insgesamt vier Abteilungen vorsah. Als nächstes galt es, mit einer Reduktion des Personals und anderen Einsparungen dem unkontrollierten Raubbau am Kaiserlichen Eigentum einen Riegel vorzuschieben; danach konnte man darangehen, die Kaiserlichen Vermögensverhältnisse vollends zu sanieren. Wurde dieser Plan verwirklicht, so war, mit Dschengs Worten, der Erfolg der Restauration zumindest von der finanziellen Seite her verbürgt. Dschengs Ausführungen waren so fundiert, daß ich ihn, einen Hanchinesen, gegen alle Norm zum Oberhofmarschall und »Siegel- und Schlüsselverwahrer« ernannte, womit er an die Spitze der Beamtenhierarchie aufrückte.

Aber zu glauben, daß jenes vulgäre, unkultivierte Hofamt nun unter seinem neuen Herrn zurückstecken würde, hieß die Schlagkraft eines Mandschuklüngels unterschätzen, der schon vor 200 Jahren die Verwaltung der Kaiserhofes an sich gerissen hatte. Obwohl Dscheng mit größter Vorsicht vorging und überdies mein volles Vertrauen besaß, erging es ihm nicht anders wie seinem Han Vorgänger aus der ersten Kommission: Auch er blieb nur drei Monate im Amt. Wer vom Hofamt schließlich Dscheng Hsiao-hsü hinausgeekelt hat, habe ich nie genau herausfinden können. Hatte Oberhofmarschall Schao Ying eine Intrige gegen seinen Nebenbuhler im Amt gestartet? – Das war unwahrscheinlich, dazu war Schao Yings übertriebene Ängstlichkeit und Vorsicht viel zu bekannt... War es der erste Hofminister Tschi Ling gewesen? – Wohl kaum, denn Tschi Ling war ein Außenseiter, der mit dem eigentlichen Geschäft des Hofamtes nicht vertraut war. Solche Angelegenheiten mochten ihn wenig kümmern... Und der dritte der Spitzenbeamten, Hofminister Bao Hsi? – Eigentlich war er zu kurz im Amt, um schon über einen derart weitreichenden Einfluß zu verfügen... Doch einfach anzunehmen, das ganze Komplott gegen Dscheng sei nur von den unteren Chargen ausgegangen, war auch nicht einleuchtend!

Dscheng Hsiao-hsü wurde bei seinem Amtsantritt gleich mit einem Berg von Akten, die bis in das Revolutionsjahr 1911 zurückreichten, eingedeckt. Als Antwort auf diese Herausforderung entließ er den Chefsekretär und besetzte diesen nicht unwichtigen Posten mit seinem vertrauten Tung Dschi-hsü. Aber er hatte nicht damit gerechnet, daß das Hofamt nach diesem Schlag sofort den Zustand völliger Unkooperation verfallen würde. Wollte Dscheng Geld, war keins vorhanden, und das stimmte wirklich – denn in den Büchern war die finanzielle Ebbe schwarz auf weiß belegt; brauchte er Akten oder sonstiges Material, wußte niemand, wo die Dinge hingeraten waren – und auch hier bestätigten die Bücher, daß gerade das Gewünschte leider unauffindbar sei.

Um seine Untergebenen für sich einzunehmen, trat Dscheng vorsätzlich als der bescheidene Vorgesetzte auf, der auf den Rat seiner Mitarbeiter angewiesen ist. Er ließ sie alle einmal pro Woche zu einer Sitzung zusammenkommen und lud sie ein, zu einer geplanten Reform von sich aus Vorschläge zu äußern.

Tatsächlich meldete sich auch einer der Beamten zu Wort. Die Früchte und Kuchen, die bisher an sämtlichen Schreinen und Altären in großen Mengen geopfert worden seien, stellten eine nicht vertretbare Verschwendung dar. Es sei deshalb ratsam, statt echter Lebensmittel Nachbildungen aus Lehm und Holz zu verwenden. Da die Gaben ohnehin Symbolcharakter hätten, sei damit auch kein Verlust von Würde und Ernst der Opferungen verbunden. Dscheng war von diesem Vorschlag sehr eingenommen und gab Anweisungen, ihn unverzüglich in die Tat umzusetzen. Gleichzeitig wurde der Beamte, der ihn vorgebracht hatte, um einen Grad befördert. Doch mit dieser Maßnahme zog sich Dscheng den Haß der Kammereunuchen zu (nach der Vertreibung waren noch etwas über 100 übriggeblieben), die in den Opfergaben eine Art legitime Einnahme ihres Standes sahen. Jede weitere Neuregelung brachte Dscheng auch neue Feinde ein, und innerhalb kürzester Zeit war er zum bestgehaßten Mann in der Verbotenen Stadt avanciert.

Dscheng wurde nun von überall her unter Druck gesetzt, und als er keine Anstalten machte, seine Reformen abzublasen, trafen Drohbriefe ein: Wenn ihm sein Kopf lieb wäre, sei es besser, nicht andere Leute um ihre Existenz zu bringen. Auch Johnston, den ich mit der Reorganisation des Sommerpalastes betraut hatte, wurde ein Ziel derartiger Schreiben. Doch weder er noch Dscheng waren gewillt, sich von solchen Einschüchterungsversuchen beeindrucken zu lassen. Schließlich blieb es mir selbst vorbehalten, den Schlußstrich unter die ganze Angelegenheit zu ziehen.

Kurz nachdem ich Dscheng Hsiao-hsü an seinen Posten im Hofamt berufen hatte, erreichte mich eine Nachricht, die mich in größte Unruhe versetzte. Eine Reihe von Parlamentsabgeordneten hatte eine Vorlage eingebracht, den »Wohlwollenden Vertrag« zu kassieren und die Verbotene Stadt der Republik zu übereignen. Derartige Vorstöße hatte es schon zwei Jahre früher gegeben. Sie gründeten damals auf dem Vorwurf, das Haus der Tsching habe 1917 vertragsbrüchig eine Restauration betrieben und setze sich auch jetzt noch über die Republik hinweg, indem es republikanische Beamte gezielt mit Adelsbriefen, Positionen und posthumen Titeln auszeichne – offenbar wiederum mit der Absicht einer geheimen Restauration. Doch diese neuerliche Vorlage enthielt neben den alten Vorwürfen und einem Hinweis, der Hof habe den Staatsverräter Dschang Hsün nach dessen Tod mit einem Titel geehrt, auch die Anklage, mit der Berufung des Hanchinesen Dscheng Hsiao-hsü an die Spitze des Mandschuhofamtes – der außerdem das Privileg, mit dem Pferd in die Verbotene Stadt einzureiten, erhalten habe – sei ein schwerwiegender Präzedenzfall geschaffen worden.

Kaum hatte sich die Presse dieser Affäre bemächtigt, kamen auch die übrigen Machenschaften des Kaiserlichen Hofamtes ins Kreuzfeuer der Kritik. Das Hofamt veräußere wertvolle Antiquitäten an japanische Kaufleute, hieß es zum einen. Meinem Schwiegervater wurde angelastet, er habe sich der Goldembleme und des Goldschmuckes von Kaiserinnen bemächtigt, um sie bei Banken zu verpfänden. All die traditionellen Arten von Korruption, die früher als zum Hofamt gehörend hingenommen wurden, erregten nun plötzlich den Unwillen der Leitartikler. Auch Luo Dschen-yü und die anderen Berater, die ich mit der

Inventarisierung der Palastschätze betraut hatte, gerieten in die Schußlinie. Und dies nicht zu Unrecht. Damals wußte ich davon zwar noch nichts, aber es wäre besser gewesen, alles beim alten zu belassen. Denn je weiter die Inventarisierung fortschritt, desto geringer wurden die Bestände: Die Tsching Veteranen hatten herausgefunden, wie sich ihre neue Aufgabe zu Geld machen ließ.

Die größte Bestürzung bei Hof rief jedoch hervor, daß die Republik hinterrücks ein »Gesetz zum Schutz alter Bücher, Antiquitäten und historischer Güter« erlassen hatte, das deutlich darauf abzielte, den Ausverkauf von Tsching Kunstschätzen zu unterbinden. Dieser Schachzug der Regierung brachte denn auch meinen Vater zu mir in den Palast. Mühsam stotternd gab er mir zu verstehen, ich müsse Dschengs Methoden überprüfen. Eine Mißbilligung seitens der Republik sei mehr, als der Hof angesichts der schon bestehenden Schwierigkeiten verkraften könne.

Die ehemaligen Spitzenbeamten des Hofamts, Schao Ying, Tschi Ling und Bao Shi, die nach meiner Volljährigkeit nur mehr den leeren Titel ihrer früheren Stellung behielten, hatten sich all die Zeit stets sehr untertänig gegeben. Die Qualifikation des neuen Herrn des Hofamtes wurde von keinem der drei in Zweifel gezogen. Aber an dem Tag, als mein Vater Dscheng und meinen Schwiegervater vor mir anprangerte, erschien Schao Ying vor mir, um mir, fast erschrocken über den eigenen Mut, zögernd mitzuteilen, der Oberbefehlshaber der republikanischen Armee sei über Dscheng Hsiao-hsüs Vorgehen äußerst ungehalten. Falls Dscheng so weitermache und sich die Republik dadurch zu etwaigen Schritten genötigt sähe, wäre er selbst außerstande, mir dann noch beizustehen.

Während ich unter dem Eindruck dieser beunruhigenden Eröffnung wie gelähmt dasaß, traf auch schon ein Gesuch Dschengs ein, worin er »inständig« um Entbindung von seinen Amtsgeschäften bat. Damit war Dschengs Schicksal besiegelt: Er wurde wieder zum einfachen »Gefährten der Halle des Großen Fleißes«, und Schao Ying rückte zum »siegelbewahrenden Oberhofmarschall« auf.

Zehntes Kapitel

Die letzten Tage in der Verbotenen Stadt

Obwohl mein Versuch, das Hofamt zu reformieren, als gescheitert zu betrachten war, hieß das noch keineswegs, daß ich mich auf ganzer Linie geschlagen gab. Ich wechselte nur die Richtung meiner Aktivität, und was ich auch unternahm, es waren immer Leute da, die mir Mut machten und, wann immer nötig, neue Wege wiesen.

Außer den Tsching Getreuen im Palastdienst, die meine Wiedereinsetzung planten, gab es auch in ganz China Anhänger des Kaiserhauses, die gleich jenen bestrebt waren, für mich wirksam zu werden. Kang You-wei zum Beispiel agierte im In- und Ausland unter dem Banner seiner »Kaiserlich-Chinesischen Partei für eine konstitutionelle Monarchie«, über deren Aktivitäten ich durch Johnston immer auf dem laufenden gehalten wurde. Ein Schüler Kang You-weis brüstete sich damit, die Partei habe unter den Auslandschinesen über hunderttausend eingeschriebene Mitglieder und besitze fünf hauseigene Zeitungen. Ein anderer Kang-»Sohn« ließ Johnston 1922 wissen, daß die drei ranghöchsten Militärs von Kuangsi sich den Befehlen der Partei seines Vaters unterstellt hätten. Und noch 1924 berichtete Kang You-wei selbst an Johnston, die Provinzen Schensi, Hupeh, Hunan, Kiangsu, Anhwei, Kiangsi, Kueitschou und Yünnan seien bereit, zu gegebener Stunde loszuschlagen.

Aus der Sicht von heute hatte sich Kang You-wei in seinen Berichten mehr von Wunschvorstellungen als von der Wirklichkeit leiten lassen. Aber damals nahmen Johnston und ich all seine Phantastereien nicht nur für bare Münze, wir ließen uns auch von ihm mitreißen. Unter Kangs Anweisungen verteilte ich Geburtstagsgeschenke und »Langes Leben«- und »Glücks«-Zeichen aus meiner Hand. Ich begann, meinen Reichtum zur Verwirklichung meines »Ideals« einzusetzen. Dazu gehörten auch »caritative Werke«. Wer von meinen Lehrern mir hierzu den Anstoß gab, kann ich nicht mehr sagen, aber da ich damals schon gelernt hatte, den Wert der öffentlichen Meinung richtig einzuschätzen, wußte ich sehr wohl, was für eine Motivation dahinterstand.

Fast täglich erschienen damals in den Gesellschaftsspalten der Pekinger Zeitungen Meldungen über mildtätige Spenden des »Kaisers Hsüan Tung«. Meine Wohltätigkeiten nahmen zweierlei Formen an. Entweder ich überließ einer Zeitung, die gerade über in Not geratene Bürger berichtete, eine Geldsumme zur Weiterleitung, oder ich beauftragte jemanden damit, die betroffenen Familien direkt aufzusuchen. Wie auch immer ich verfuhr, ich konnte sicher sein, daß meine Hilfsbereitschaft am nächsten oder übernächsten Tag in der Presse breitgeschlagen wurde: Die Zeitungen taten sich etwas auf ihre Wirkung zugute, und ich handelte mir dafür Artikel über die »bewegende Güte« meiner Person ein, die weit wertvoller waren, als die acht oder zehn Dollar, die ich jeweils zu spenden bereit war.

Meine größte Schenkung erfolgte im Zusammenhang mit dem Erdbeben, das im September 1923 Japan heimsuchte. Das Ausmaß dieser Katastrophe hatte die Welt erschüttert, und nun sollte diese Welt das »gute Herz« des Kaisers Hsüan Tung kennenlernen. Mein Tutor Tschen Bao-schen verriet dabei sogar noch mehr Weitblick als ich selbst. Nachdem er die »Größe der wohlwollenden Güte und Menschlichkeit des Himmelssohnes« gepriesen hatte, sagte er, diese »Tat« würde noch einmal Früchte tragen. – Da Bargeld schwer zu beschaffen war, schickte ich dem japanischen Hof Antiquitäten, Kalligraphien, Malereien und andere Kostbarkeiten in einem Schätzwert von über 300 000 US-Dollar; und als der Gesandte Yoshizawa mit einer Abordnung des japanischen Parlaments erschien, um mir zu danken, brach am Kleinen Hof ein Jubel aus, der sich nur mit der Stimmung vergleichen ließ, welche die Anwesenheit ausländischer Diplomaten an meinem Hochzeitstag ausgelöst hatte.

Trotz alledem war mein Leben in jenen Tagen mehr von Widersprüchen zerrissen denn je. Ich fuhr fort, dem Hofamt Vorhaltungen wegen zu hoher Ausgaben zu machen, mir selbst erlaubte ich hingegen jede Extravaganz. Für die ausländischen Hunde, die mir das Hofamt beschaffen mußte, ließ ich Futter aus dem Ausland besorgen. Wurde eines der Tiere krank, verschwendete ich mehr Geld für Kuren als ich für die Heilung kranker Menschen aufgewandt haben würde. In der Pekinger Polizeischule gab es einen Tierarzt, der mich wohl durchschaut hatte: Durch eine Reihe von Throneingaben, in denen er sein Wissen über die Aufzucht von Hunden brillieren ließ, wußte er mich zu verpflichten. Seine großen Bemühungen wurden mit zehn reichen Geschenken wie ein Armreif aus edelster grüner Jade, ein Ring aus Gold, einer Schnupftabakdose und so weiter honoriert.

Manchmal sprang mir beim Zeitunglesen eine kuriose Notiz in die Augen, beispielsweise der Bericht über ein vierjähriges Kind, das bereits die klassischen Schriften Menzius lesen konnte, oder ein Beitrag über einen Gelehrten, der eine bisher unbekannte Spinnenart entdeckt hatte. Solche Leute ließ ich regelmäßig zu mir in den Palast kommen, wo sie mit einem Geldgeschenk geehrt wurden. Zu der Zeit entwickelte ich auch eine Vorliebe für kleine Steinchen, und sofort wurden mir von allen Seiten Steingeschenke zugeschickt – für die ich mich ebenfalls durch großzügige Geldgeschenke erkenntlich zeigte.

Einerseits verringerte das Kaiserliche Hofamt das Palastpersonal von 700 auf 300 – allein die Zahl der »Großköche der Kaiserlichen Viktualienkammer« wurde von 200 auf 37 reduziert; aber andererseits ließ ich mir eine »Westliche Viktualienkammer« einrichten, was die Kosten des Kochmaterials für den chinesichen und westlichen Küchenbetrieb wiederum auf monatlich 1300 Dollar hochtrieb. Diese Art von ziellosem Leben führte ich bis zum 5. November 1924, als die Nationalarmee unter Feng Yü-hsiang mich aus der Verbotenen Stadt vertrieb.

Ich habe bereits beschrieben, wie es im September 1924 erneut zu offenen Auseinandersetzungen zwischen den vormals verbündeten Dscheli und Fengtiän Armeen kam, die für kurze Zeit Wu Pei-fu an die Spitze der Macht spülten. Aber schon einen Monat später, als Wus Truppen zum entscheidenden Angriff auf die Fengtiän-Armee Dschang Dzo-lins ansetzten, desertierte Wus Unterführer Feng Yü-hsiang und kehrte mit seinen Truppen nach Peking zurück, wo er sich in einem Rundtelegramm für einen Frieden einsetzte. Unter dem vereinbarten Druck von Dschang Dzo-lin und Feng Yü-hsiang brach die Front zusammen, und Wu floh in sein früheres Hauptquartier nach Loyang zurück. Doch nicht einmal dort konnte er Fuß fassen. (Erst zwei Jahre später, das heißt 1926, als es ihm gelang, sich mit Sun Tschuan-fän zu verbünden, sollte er ein politisches Comeback feiern.)

Noch bevor die totale Niederlage Wus bekanntgeworden war, hatte Feng Yü-hsiangs Nationalarmee bereits Peking besetzt, den »Stimmenkäufer-Präsidenten« Tsao Kun unter Hausarrest gestellt und dessen sogenanntes »Ferkelchenparlament« aufgelöst, worauf Huang Fu, ein politischer Opportunist der reaktionären Sorte, mit Unterstützung der Nationalarmee ein provisorisches Kabinett bildete.

Als die ersten Nachrichten von dem Umsturz den Kleinen Hof erreichten, wußte ich instinktiv, daß Gefahr im Verzug war. Die Palastwachen wurden entwaffnet, und an ihrer Stelle zogen Einheiten der Nationalarmee in die Tsching Kasernen ein. Auch vor dem Schen Wu Tor wurden jetzt Posten der Nationalarmee postiert. Von den

Kaiserlichen Gärten aus konnte ich mit meinem Feldstecher erkennen, daß es auf dem Kohlenhügel von fremden Soldaten nur so wimmelte. Das Hofamt ließ besorgt Tee und Essen hinüberschicken, und obgleich alles angenommen wurde und die fremden Truppen sich auch sonst ruhig verhielten, war doch jeder in der Verbotenen Stadt gleich mir in größte Besorgnis versetzt. Niemand hatte vergessen, daß sich Feng Yü-hsiang während der kurzen Restauration von 1917 der republikanischen Strafexpedition angeschlossen hatte und daß er ohne das rechtzeitige Eingreifen Duän Tschi-rueis zweifelsohne schon damals in den Palast einmarschiert wäre: Auch noch nach Duän Tschi-rueis Machtübernahme hatte er mit einigen anderen Generalen in einem Rundtelegramm die Ausweisung des Kleinen Hofes aus der Verbotenen Stadt gefordert.

Bald kamen Gerüchte auf, daß alle politischen Gefangenen aus den Gefängnissen entlassen würden. Die »Radikalen« seien bereits überall aktiv geworden. Ich mußte daran denken, was Johnston und Tutor Tschen mir über »radikale Agitatoren« und »Terroristen« beigebracht hatten. Besonders die Unterstellung, diese Leute hätten es vor allem auf das Leben der Adeligen abgesehen, hatte eine nachhaltige Spätwirkung. In großer Angst schickte ich nach Johnston und bat ihn, sich im Gesandtschaftsviertel nach dem Stand der Dinge zu erkundigen und mir dort gleich ein Asyl vorzubereiten. Auch die Prinzen gerieten in einen Zustand der Panik und einige von ihnen ließen sich sogleich Zimmer im Hotel des Gesandtschaftsviertels reservieren. Doch als bekannt wurde, ich selbst wolle den Palast verlassen, waren alle auf einmal der Meinung, ein solcher Schritt sei noch verfrüht. Solange der von allen Staaten anerkannte »Wohlwollende Vertrag« noch nicht kassiert sei, könne nichts Ernstliches geschehen.

Schließlich kam, was kommen mußte: Es war am Morgen des 5. November gegen neun Uhr. Ich saß gerade im Palast der Angehäuften Eleganz und aß in Wän Rungs Gesellschaft Obst, als plötzlich ein Klüngel der Minister des Hofamtes hereingestürzt kam. Angeführt wurde er von Schao Ying, dem Oberhofmarschall, der ein amtliches Schreiben in der Hand hielt, und keuchend berichtete:

»Majestät! Majestät!... Feng Yü-hsiangs Soldaten sind da. Ihr Anführer läßt mitteilen, daß die Republik den ›Wohlwollenden Vertrag‹ annullieren will! Dies – soll... soll unterschrieben werden!«

Mit einem Satz war ich auf den Beinen und riß ihm das Schreiben aus der Hand, während ein Apfel, den ich in der Hand gehalten hatte, zu Boden rollte. Ich las:

Auf Befehl des Präsidenten!

Lu Dschung-lin und Dschang Bi sind beauftragt, über die Revision der Artikel einer wohlwollenden Behandlung des Hauses der Tsching zu verhandeln.

Am 5. November im 13. Jahr
der Republik China
gez. Huang Fu
amtierender Ministerpräsident

Revision des »Wohlwollenden Vertrags«

Dieweil der Kaiser der Großen Tsching vom Wunsche beseelt ist, sich mit dem Geist der Republik und der fünf Nationalitäten, aus denen sie zusammengesetzt ist, voll zu versöhnen und es ablehnt, ein System aufrechtzuerhalten, das sich mit den republikanischen Institutionen nicht verträgt, werden die Artikel der wohlwollenden Behandlung des Mandschu Kaiserhauses wie folgt geregelt:

1. *Kaiser Hsüan Tung der Großen Tsching legt seinen Kaiserlichen Titel von heute an für alle Zeiten ab; er wird hinfort sämtliche Rechte genießen, die das Gesetz den Bürgern der Republik China zuspricht.*
2. *Mit Inkrafttreten dieser Revision wird die Republikanische Regierung dem Haushalt der Tsching eine jährliche Apanage von 500 000 Dollar aussetzen und außerdem einen Sonderbetrag von 2 000 000 Dollar für den Bau einer Fabrik zum Zwecke der Schaffung von Arbeitsplätzen für die Armen Pekings zur Verfügung stellen, Mandschubannerleuten soll dabei das erste Anrecht auf Anstellung zustehen.*
3. *In Übereinstimmung mit Artikel 3 des ursprünglichen »Wohlwollenden Vertrags« wird die Familie der Tsching die Verbotene Stadt unverzüglich verlassen. Es steht ihr frei, sich nach eigenem Gutdünken ein neues Domizil zu wählen; die Verantwortung für ihren Schutz wird hingegen weiterhin bei der Regierung der Republik liegen.*
4. *Die bisher in den Ahnentempeln der Tsching Familie und in den Kaiserlichen Mausoleen dargebrachten zeremoniellen Opfer werden für alle Zeiten aufrechterhalten; die Republik wird durch Aufstellung von Truppen für den ausreichenden Schutz dieser Stätten besorgt sein.*
5. *Das Privateigentum der Tsching verbleibt unangetastet im Besitz der Familie und ist dem besonderen Schutz der Republik unterstellt; das öffentliche Eigentum geht jedoch in den Besitz der Republik über.*

Am ... November im 13. Jahr
der Republik China

Offen gestanden waren diese Artikel bei weitem nicht so schlimm, wie ich befürchtet hatte. Doch die nächstfolgende Bemerkung Schao Yings genügte, um mich sogleich in neuen Schrecken zu versetzen: »Sie sagen, daß der Palast binnen drei Stunden geräumt sein muß!«

»Wie soll das möglich sein? Was machen Wir mit Unserem Besitz? Und die Kaisergemahlinnen, was soll mit ihnen geschehen?« Verzweifelt ging ich im Kreis herum. »Telefoniert nach Johnston!«

»Die Leitung ist tot, durchgeschnitten!« gab Rung Yüan zurück.

»Schickt jemanden, um Seine Hoheit zu holen. Haben Wir nicht schon immer gesagt, daß so etwas passieren würde? Aber ihr wolltet Uns ja nicht gehen lassen! Ruft Seine Hoheit! Schafft mir Seine Hoheit herbei!«

»Es ist unmöglich, aus der Verbotenen Stadt hinauszukommen«, mischte sich Bao Hsi jetzt ein. »Jedermann wird an den Palasttoren aufgehalten. Die Truppen lassen keinen durch!«

»So geht und verhandelt für Uns!«

»Zu Befehl, Majestät!«

Nach Duän Kangs Tod wenige Tage zuvor lebten nur noch zwei Kaisergemahlinnen im Palast, aber diese beiden Alten Damen widersetzten sich standhaft jedem Versuch, sie zum Verlassen der Verbotenen Stadt zu bewegen. Schao Ying machte sich das in den Verhandlungen mit Lu Dschung-lin zunutze und erreichte, daß die Räumungsfrist bis nachmittags drei Uhr verlängert wurde. Gegen Mittag durfte mein Vater den Palast betreten, und darauf konnten auch Tschen Bao-schen und Dschu Yi-fän zu mir vordringen; nur Johnston wurde weiterhin kein Einlaß gewährt.

Als ich hörte, daß mein Vater eingetroffen war, eilte ich hinaus und rief ihm, kaum daß ich ihn in der Einfahrt sah, entgegen: »Hoheit, was soll nun geschehen?« Beim Klang meiner Stimme blieb er wie angewurzelt stehen. Es war, als habe er mit einemmal die Beherrschung über seinen Körper verloren. Eine ganze Weile bewegten sich seine Lippen auf und ab, ohne daß ein Laut hervorkam, und dann stieß er den völlig sinnlosen Satz hervor:

»Ich folge ... ich folge dem Kaiserlichen Befehl ... ich gehorche dem Befehl des Kaisers!«

In ohnmächtiger Wut machte ich auf der Stelle kehrt und ging in mein Zimmer zurück. Später erfuhr ich von einem Eunuchen, daß mein Vater sich die Pfauenfeder vom Kopf gerissen und sie samt Hut zu Boden geschleudert hatte, als ihm jemand vom Hofamt mitteilte, die revidierten Artikel seien von mir unterzeichnet worden. Angeblich hatte er dabei vor sich hin gemurmelt: »Aus! Aus! Da... da... das brauche ich jetzt auch nicht mehr!«

Kurz nach diesem Zwischenfall kehrte Schao Ying wieder zurück. Sein Gesicht war noch fahler als zuvor, und er hatte Mühe, Worte zu finden: »Lu Dschung-lin... will nicht nicht... länger warten. Er gibt... er gibt uns noch zwanzig Minuten Zeit. Danach... danach... wird seine Artillerie vom Kohlenhügel her das Feuer eröffnen!«

Lu Dschung-lin hatte nur ein Kommando von etwas mehr als zwanzig pistolenbewaffneten Soldaten bei sich, aber seine wilde Drohung war nichtsdestoweniger von außerordentlicher Wirkung. Mein Schwiegervater Rung Yüan war so erschrocken, daß er Hals über Kopf in Richtung der Kaiserlichen Gärten davonstürzte, um sich vor den Artilleriegeschossen in Sicherheit zu bringen; und auch die anderen Prinzen und Hofbeamten zeigten sich der Situation nicht gewachsen. Angesichts all der angsterfüllten Mienen um mich hielt ich es für das Beste, den Forderungen Lu Dschung-lins nachzugeben und zunächst in die Residenz meines Vaters zu ziehen.

Die Nationalarmee hatte bereits fünf Wagen für uns bereitgestellt. Im ersten saß Lu Dschung-lin, ich stieg in den zweiten, und Wän Rung, Wen Hsiu, Dschang Bi, Schao Ying und die anderen verteilten sich auf die restlichen drei.

Als ich vor dem Portal der Residenz meines Vaters ausstieg, kam Lu Dschung-lin auf mich zu und schüttelte mir die Hand:

»Herr Pu Yi, wollen Sie in Zukunft immer noch Kaiser spielen, oder sind Sie bereit, fortan ein Bürger zu sein?« fragte er.

»Vom heutigen Tag an will ich ein normaler Bürger sein!«

»Gut!« sagte Lu Dschung-lin lächelnd. »Dann werden Sie unter meinem Schutz stehen. Jetzt haben wir eine Republik, und da geht es nicht an, daß gleichzeitig noch jemand als Kaiser auftritt. Von heute ab müssen Sie sich als Bürger nach besten Kräften für das Wohl des Staates einsetzen!«

»Jeder Bürger besitzt ein aktives und passives Wahlrecht«, fügte Dschang Bi, der neben uns stand, noch hinzu. »Wer weiß, vielleicht werden Sie in Zukunft noch einmal zum Präsidenten gewählt!«

Beim Wort »Präsident« wurde mir unbehaglich. Aber ich hatte schon früh gelernt, mich nicht unnötig hervorzuwagen, und so sagte ich schnell: »Eigentlich war ich schon lange bereit, auf jene Artikel des ersten Wohlwollenden Vertrags zu verzichten. Daß sie jetzt abgeschafft wurden, trifft sich genau mit meinen Absichten. Ich muß daher Ihren

Worten von vorhin voll zustimmen. Als Kaiser war ich nicht frei. Erst jetzt darf auch ich die Freiheit kosten!«

Die umstehenden Soldaten zollten meiner kleinen Ansprache lebhaften Applaus. Mein letzter Satz war auch gar nicht so unwahr. Ich war der ständigen Beschränkungen und Behinderungen durch Prinzen und Hofminister überdrüssig. Ich verlangte nach »Freiheit«, um endlich ohne fremde Gängelei das zu verwirklichen, was mein »Ideal« geworden war – die Rückgewinnung meines verspielten Thrones.

IV. Exil in Gärten

Erstes Kapitel

In der Nördlichen Residenz

Nach diesen schönen Worten schlüpfte ich eiligst durch das Portal der umstellten Nördlichen Residenz. Doch als ich dann in der Bibliothek meines Vaters saß, dämmerte mir, daß ich mich aller Wahrscheinlichkeit nach in eine Tigerhöhle gerettet hatte: Ich mußte mir sofort klarwerden darüber, wie gefährlich meine Lage war.

Kurz bevor ich die Verbotene Stadt verließ, hatte ich noch an einige meiner loyalsten Beamten außerhalb des Palasts Botschaften geschickt und sie gebeten, sich Mittel und Wege zu überlegen, wie ich aus der Gewalt der Nationalarmee befreit werden könnte. Bis zur Stunde war aber nicht nur nichts über ihre Bemühungen bekanntgeworden, ich war überhaupt ganz von der Außenwelt abgeschnitten. Verzweifelt wünschte ich mir jemanden herbei, mit dem ich mich besprechen konnte – oder doch wenigstens um ein paar Worte des Trostes zu hören.

In dieser Lage enttäuschte mich mein Vater bitter. Seit ich die Residenz betreten hatte, war er unfähig gewesen, auch nur eine Minute stillzuhalten. Statt dessen lief er, wirres Zeug vor sich hin murmelnd, auf und ab, stürzte im nächsten Augenblick hierhin oder dorthin, kam wieder zurückgerannt, begann aufs neue die Bibliothek zu durchmessen – und machte die Atmosphäre damit so spannungsgeladen, daß ich es schließlich nicht mehr aushielt:

»Hoheit, nehmt endlich Platz. Wir müssen entscheiden, was zu tun ist. Und zunächst sollten wir uns einmal Klarheit darüber verschaffen, wie es draußen steht.«

»Entscheiden, was zu tun ist? Gut! Sehr gut!« Mein Vater setzte sich, aber schon nach zwei Minuten schnellte er hoch und sagte unvermittelt: »Dzai Hsün, Dzai Hsün [Prinz Tschüns Bruder] ist auch noch nicht erschienen!« Dann begann er wieder auf und ab zu gehen.

»Wir müssen klären, wie es draußen steht!«

»Klären? Gut! Sehr gut!« Vater ging schnurstracks zur Tür hinaus, aber schon nach einer kurzen Weile war er wieder da: »Sie la... la... lassen mich nicht durch. Vor dem Hauptportal sind... Soldaten!«

»Dann telefoniert!«

»Tele... tele... telefonieren? Gut! Sehr gut!« Vater machte ein paar Schritte in Richtung Apparat und kam dann wieder zurück! »Wen soll ich anrufen?«

Ich sah ein, daß es keinen Zweck hatte, mich weiter mit ihm abzugeben, und so rief ich einen Eunuchen herbei und befahl ihm, die Hofminister herzubitten.

Doch zu jener Zeit war Rung Yüan mit einem Nervenzusammenbruch in ein ausländisches Krankenhaus eingeliefert worden, Tschi Ling war dabei, den Abtransport meiner persönlichen Sachen und die Evakuierung der Eunuchen und Zofen zu organisieren; und Bao Hsi mußte sich um die beiden Kaisergemahlinnen kümmern, die bei der verstorbenen Duän Kang Totenwache hielten. Von den vier Spitzenbeamten blieb schließlich nur Schao Ying übrig, um meinem Ruf zu folgen. Aber der Oberhofmarschall befand sich in einer kaum besseren Verfassung als mein Vater: Auch er war unfähig, in diesem kritischen Moment mit den Tücken eines Telefonapparates fertig zu werden. Zum Glück trafen nach und nach die übrigen Prinzen und Hofbeamten zusammen mit meinen Tutoren ein – es wäre nicht auszudenken gewesen, welche Formen die Konfusion in der Nördlichen Residenz sonst noch angenommen hätte.

Gegen Abend brachte mir Johnston eine gute Nachricht. Dank seiner sofortigen Bemühungen hatten der holländische Gesandte und Doyen des Diplomatischen Corps, Oudendijk, der britische Gesandte MacLeay und der japanische Gesandte Yoshizawa bei Dr. Wang, dem Außenminister des provisorischen Kabinetts, »Protest« erhoben, und Wang hatte sich darauf ihnen gegenüber für die Sicherheit meines Lebens und Eigentums verbürgt. Diese Neuigkeit wirkte wie ein Beruhigungsmittel auf die Versammelten in der Nördlichen Residenz. Doch bei meinem Vater reichte die »Dosis« offenbar nicht aus.

Johnston hat das Geschehen an diesem Abend in seinem Buch »Zwielicht in der Verbotenen Stadt« festgehalten: »Der Kaiser empfing mich in einem großen Salon, der nahezu voll war von Mandschu-Würdenträgern und Beamten des Kaiserlichen Hofamtes... Meine erste Pflicht war, die Versammelten über das Ergebnis der Verhandlungen, welche die drei Gesandten mit dem Außenministerium geführt hatten, zu unterrichten. Durch Dzai Tao hatten sie bereits von der Besprechung in der Holländischen Legation an jenem Morgen gehört und brannten natürlich darauf zu erfahren, wie die Unterredung mit Dr. Wang ausgegangen war. Sie hörten gespannt auf das, was ich zu sagen hatte, außer Prinz Tschün, der ohne ersichtlichen Grund nervös im Raum herumging. Mehrere Male beschleunigte er plötzlich seinen Gang und stürzte auf mich zu, um ein paar unzusammenhängende Worte hervorzustoßen. Sein Sprachfehler schien sich stärker bemerkbar zu machen als sonst. Der Sinn seiner Rede war stets derselbe: Bitten Sie Huang-schang (Seine Majestät), sich nicht zu ängstigen – eine gänzlich unnötige Bemerkung von jemandem, der offensichtlich noch viel aufgeregter war als der Kaiser. Als er bereits vier- oder fünfmal mit dieser nichtigen Bemerkung vor mich hingerannt war, sagte ich leicht irritiert: ›Seine Majestät stehen gleich neben mir. Warum wenden Sie sich nicht direkt an ihn?‹ Aber er war viel zu verwirrt, um die Unhöflichkeit meiner Bemerkung zu empfinden, und nahm sein zielloses Im-Kreis-Herumlaufen wieder auf.« Was sich mein Vater dann noch am Abend desselben Tages leistete, brachte mich vollends gegen ihn auf.

Kurz nachdem Johnston eingetroffen war, erschien auch mein Berater Dscheng Hsiao-hsü mit zwei Japanern. (Seit meiner Schenkung für die Opfer der Tokioter Erdbebenkatastrophe waren die Kontakte des Hofes mit der Japanischen Gesandtschaft nicht mehr abgerissen, und mit Luo Dschen-yüs und Dscheng Hsiao-hsüs Eintritt in meine Dienste kamen dann auch noch Beziehungen zur Japanischen Garnison zustande.) Dscheng hatte mit Oberst Takemoto, dem japanischen Kommandeur in Peking, vereinbart, daß ein Offizier in Zivilkleidung mit einem Arzt erscheinen würde, um mich unter dem Vorwand, mich ins Krankenhaus zu begleiten, in die Japanische Garnison zu eskortieren. Als Dscheng nun mit Offizier und Arzt eintraf und seinen Plan darlegte, opponierten Prinzen, Hofbeamte und Tutoren einhellig gegen die Ausführung eines so gefährlichen Vorhabens. Ihrer Meinung nach würde man nur schwerlich die vor dem Hauptportal postierten Soldaten überlisten können, und selbst falls dies gelänge, hätte man immer noch eine Entdeckung durch in den Straßen patroullierende Einheiten der Nationalarmee zu fürchten. Die heftigsten Einwände kamen von meinem Vater: »Angenommen, die Flucht ins Gesandtschaftsviertel ist geglückt, dann wird Feng Yü-hsiang sich an mich halten. Was soll ich dann tun?« Schließlich endete alles damit, daß man Dscheng Hsiao-hsü und die beiden Japaner wieder zur Tür hinauskomplimentierte.

Am nächsten Tage wurde die Bewachung vor dem Portal der Nördlichen Residenz verschärft. Besucher kamen zwar noch hinein, aber niemand durfte wieder hinaus. Später wurden diese Maßnahmen wieder gelockert, aber auch dann hatten nur meine Tutoren Tschen und Dschu sowie die ersten Hofminister freien Durchgang. Ausländern blieb die Nördliche Residenz ausnahmslos versperrt, was allgemein große Bestürzung hervorrief; denn wenn die Nationalarmee selbst auf die Ausländer keine Rücksicht nahm, war auch auf ihre Versicherungen kein Verlaß mehr.

Diese Frage wurde von meinen beiden Tutoren erörtert, wobei man schließlich zur Ansicht gelangte, die chinesischen Behörden hätten bisher noch stets die Macht der Ausländer gefürchtet, und da Außenminister Dr. Wang eine Garantieerklärung abgegeben habe, sei anzunehmen, daß auch er keine Ausnahme bilde. Obwohl diese Argumentation allen sehr einleuchtend und vernünftig schien, war ich noch nicht beruhigt. Wer konnte schließlich wissen, was im Inneren der Soldaten rund um die Residenz vorging? Nicht umsonst war in diesem Winter die Redensart aufgekommen: »Einem Gelehrten versagen die besten Argumente, wenn er auf einen Soldaten trifft.« Was halfen mir Beteuerungen eines amtierenden Ministerpräsidenten und seines Außenministers, wenn in nächster Nähe schwerbewaffnete Soldaten postiert waren! Je mehr ich darüber nachdachte, desto größer wurde meine Furcht. Wäre ich nur mit Dscheng und den Japanern mitgegangen! Ich war wütend auf meinen Vater, der nur an sich selbst und nie an meine eigene Sicherheit denken konnte.

In jenen Stunden kehrte mein Ratgeber Luo Dschen-yü aus Tientsin zurück, wohin er nach Fengs Besetzung der Verbotenen Stadt gereist war, um Hilfe zu holen, Luo hatte in Tientsin von einem Stabsoffizier der dortigen Japanischen Garnison erfahren, daß die Nationalarmee den Palast bereits hatte räumen lassen, und den Rat erhalten, sich mit Ex-Ministerpräsident Duän Tschi-ruei in Verbindung zu setzen. Duän seinerseits war indes schon vorher über Oberst Takemoto über die Lage informiert worden und hatte ein Rundtelegramm veröffentlicht, worin er Fengs »Zwangsmaßnahmen gegenüber dem Palast« scharf verurteilte. Luo Dschen-yü bekam nun eine Kopie des Telegramms zu sehen. Ihm war damit klar, daß Duän vorhatte, demnächst die politische Arena wieder zu betreten. Die Situation war deshalb nicht allzu ernst. Trotzdem hielt es Luo für notwendig, die Japanische Garnison in Tientsin für meinen Schutz zu mobilisieren. Als man ihm dort mitteilte, Oberst Takemoto in Peking würde die Sache in die Hand nehmen, beschloß er, in die Hauptstadt zurückzukehren, um sich mit dem Oberst abzustimmen.

Takemoto ließ mir durch Luo ausrichten, daß bereits japanische Kavallerie in der Nähe der Nördlichen Residenz patroulliere: die Garnison werde sofort einschreiten, falls die Nationalarmee sich zu einem unbedachten Schritt mir gegenüber hinreißen lassen sollte. Tschen wußte ferner zu berichten, daß die Japanische Garnison für alle Fälle Militär-Brieftauben in die Nördliche Residenz zu schicken bereit sei. Von diesem letzteren Angebot wagten wir aus Furcht, die Nationalarmee könnte davon erfahren, allerdings keinen Gebrauch zu machen, aber ich brachte den Japanern nun noch mehr Sympathie entgegen als zuvor. Auch Luo Dschen-yü war mit seinem Einsatz sehr in meiner Wertschätzung gestiegen und erfreute sich jetzt der gleichen Gunst wie Dscheng Hsiao-hsü, während ich mich meinem Vater noch weiter entfremdet fühlte.

Das Telegramm Duän Tschi-rueis, worin er sich gegen Fengs »Zwangsmaßnahmen« aussprach, sowie die Nachricht, daß General Dschang Dzo-lins Fengtiän Armee sich gegen General Feng Yü-hsiang in Bewegung gesetzt hätte, ließen mich neue Hoffnung schöpfen. Tschen brachte ein weiteres Geheimtelegramm Duän Tschi-rueis, das jener auf dem Umweg über die Japanische Garnison geschickt hatte. Es hieß da unter anderem: »Ich werde mich voll für die Interessen des Kaiserhauses einsetzen und sein Eigentum beschützen.«

Nun wurden auch die Kontrollmaßnahmen nicht mehr so streng gehandhabt: Außer Johnston, dem der Zutritt weiterhin verwehrt wurde, durften sämtliche Prinzen, Hofminister und selbst Dr. Hu Schih, der weder Mandarinknopf noch Tsching Titel besaß, frei passieren.

Schon bald darauf traten die in der Nördlichen Residenz mit größter Spannung verfolgten Beziehungen zwischen Feng Yü-hsiang und Dschang Dzo-lin in ein neues Stadium ein. Einem Gerücht nach war Feng bereits von Dschangs Truppen in Tientsin gefangengenommen worden. Obwohl sich diese Nachricht später als falsch erwies, folgte doch schon unmittelbar darauf ein anderes Ereignis, das in der Nördlichen Residenz noch größere Begeisterung auslöste: Das von der Nationalarmee gestützte provisorische Regierungskabinett war auf Ablehnung gestoßen, als es die ausländischen Gesandten zu einem Empfang einladen wollte. In der optimistischen Betrachtungsweise der Nördlichen Residenz hieß das, daß die Tage der provisorischen Regierung bereits gezählt waren. Wer an ihre Stelle treten würde, war auch schon klar: Das konnte niemand anderes sein als der ehemalige Ministerpräsident Duän Tschi-ruei, der die Sympathien des Gesandtschaftsviertels (oder zumindest der Japaner) genoß. Und wirklich, die Nachrichten des darauffolgenden Tages bestätigten Luo Dschen-yü, der auf Duän gesetzt hatte. Feng Yü-hsiang mußte sich General Dschang Dzo-lins Bedingungen unterwerfen und Duän Tschi-ruei den Weg auf die politische Bühne freigeben. Dschang und Duän trafen schon wenige Tage später in Peking ein.

Sowie die Allianz zwischen Dschang Dzo-lin und Duän Tschi-ruei bekanntgeworden war, hatte sich die Atmosphäre in der Nördlichen Residenz geändert. Zunächst schickten die Mandschuprinzen und -adligen ein Geheimschreiben an Dschang, worin sie ihn um seinen Schutz baten; und als Dschang dann zusammen mit Duän in Peking einzog, entsandten sie neben Dscheng Hsiao-hsü noch einen weiteren Vertreter, um die beiden neuen Machthaber willkommen zu heißen. Danach wurden die Bemühungen auf getrennten Wegen weiterverfolgt. Dscheng Hsiao-hsü hatte die Beziehungen mit Duän Tschi-ruei zu pflegen, während der Verwalter meines Vaters, Dschang, sich um die Gunst seines Schwurbruders Dschang Dzo-lin bemühen sollte.

Zur Freude der Nördlichen Residenz ließ Dschang Dzo-lin schon bald über eben diesen Verwalter Johnston zu einem Besuch bitten. Dschangs Hintergedanke dabei war, durch Johnston zu erfahren, wie sich das Gesandtschaftsviertel zu seiner Person stellte, während man in der Nördlichen Residenz hoffte, auf demselben Weg, aber in umgekehrter Richtung, herauszufinden, wie Dschang Dzo-lin sich mir gegenüber zu verhalten gedachte. Zu diesem Zweck gab ich Johnston eine signierte Fotografie von mir und einen wertvollen diamantenbestückten Topasring mit. Dschang Dzo-lin nahm das Bild an, nicht aber den Ring; im übrigen bekundete er Sympathie für meine Lage. Auch Dschengs Bemühungen brachten erste Erfolge: Duän Tschi-ruei ließ bei einem Gespräch durchblicken, daß eine Erneuerung des alten »Wohlwollenden Vertrags« nicht auszuschließen sei.

Angesichts der »Anteilnahme« des Gesandtschaftsviertels und der Unterstützung dieser beiden Machthaber fühlte sich der vertriebene Kleine Hof stark genug für einen Gegenangriff, obwohl Fengs Nationalarmee noch immer in Peking war. Am 28. November 1924, unmittelbar nachdem Feng seine Truppen vor der Nördlichen Residenz abgezogen, und einen Tag, nachdem er in einem Rundtelegramm seinen Rücktritt bekanntgegeben hatte, richtete die Nördliche Residenz im Namen des Hofamtes ein offizielles Schreiben an das Innenministerium der Republik:

... In Übereinstimmung mit den Prinzipien des Strafrechts machen sich alle, die andere mit Gewalt zu etwas nötigen, tätlicher Beleidigung schuldig; und nach den Grundsätzen des Zivilrechts ist alles, was durch Nötigung oder Terror erzwungen wurde, vor dem Gesetz ungültig. Wir möchten daher ausdrücklich durch dieses Schreiben bekanntgeben, daß das Haus der Tsching nicht imstande ist, die rechtliche Gültigkeit der fünf revidierten Artikel, die ihm von dem provisorischen Kabinett aufgezwungen wurden, anzuerkennen.

Gleichzeitig wurden die ausländischen Gesandtschaften in offiziellen Noten um Unterstützung ersucht. Als nächstes wurde dem von der provisorischen Regierung einberufenen »Komitee zur Bereinigung der Angelegenheiten der Tsching« die Anerkennung aufgekündigt, und dies, obwohl Vertreter des Tsching Hauses bereits an den ersten Sitzungen teilgenommen hatten. An jenem Tag interviewte mich ein Reporter der »Shuntien Times« (ein Blatt, hinter dem die Japanische Gesandtschaft stand, und das dank diesem Sonderstatus tagtäglich ungestraft neue Greuelmärchen über die Vertreibung aus dem Palast publizierte). Was ich bei dieser Gelegenheit von mir gab, war das genaue Gegenteil dessen, was ich anläßlich meiner Zwangsevakuierung gesagt hatte: »Wir haben das Dokument der Soldaten der Volksarmee, die sich den Namen einer Nationalarmee anmaßt, nicht, wie ausländische Reporter verbreiteten, mit freudiger Zustimmung, sondern allein wegen militärischer Bedrohung mit unserer Unterschrift versehen.«

Zweites Kapitel

Entscheidung am Kreuzweg

Bei aller gemeinsamen Begeisterung über die neuen Machthaber gingen die Meinungen darüber, was nun zu tun sei, in der Nördlichen Residenz doch sehr auseinander. Der Sturm, der mich am 5. November 1924 aus der Verbotenen Stadt wirbelte, hatte mich an einer Kreuzung fallen lassen. Drei Wege lagen vor mir. Ich konnte mich an den revidierten Vertrag halten, meinen Kaiserlichen Titel und meine ehrgeizigen Pläne aufgeben und mich als ein außergewöhnlich reicher und begüterter »schlichter Bürger« irgendwo niederlassen; ich hatte zweitens die Möglichkeit, mich um die Unterstützung meiner »Sympathisanten« zu bemühen, den revidierten Vertrag der Nationalarmee für null und nichtig zu erklären und in Berufung auf Yüan Sche-kais ursprünglichen Artikel in die Verbotene Stadt zurückzukehren und dort mein altes Leben wiederaufzunehmen; oder ich konnte drittens zuerst einen Umweg einschlagen und über einen Aufenthalt im Ausland die Verbotene Stadt wiedererobern, und zwar die Verbotene Stadt der vorrepublikanischen Zeit: In der damaligen Ausdrucksweise hieß das »ausländische Macht borgend eine Restauration planen«.

In dieser Stunde der Entscheidung war ich von den verschiedensten Leuten umgeben, von denen mir ein jeder mit endlosen Argumenten dieses oder jenes Weges in den Ohren lag. Die erste Möglichkeit wurde zwar einstimmig ausgeklammert. Aber die anderen beiden spalteten die Getreuen in zwei sich unversöhnlich gegenüberstehende Parteien, wobei die Befürworter ein und derselben Möglichkeit sich aber nur über das »daß«, nicht aber über die praktische Verwirklichung ihrer Lösung einigen konnten.

In den ersten Tagen nach meiner Übersiedlung in die Nördliche Residenz gipfelten die Debatten in der Frage, ob ich dazubleiben hatte, wo ich war, oder, ob ich nicht besser einen Ausbruch versuchen und im Gesandtschaftsviertel um Asyl bitten sollte. Wie bereits erwähnt, trat einzig Dscheng Hsiao-hsü, wenn auch diskret unterstützt von Johnston, für die heimliche Flucht ein, während Prinzen, Adlige, Hofminister und Tutoren mit meinem Vater als Hauptsprecher der Meinung waren, ich müsse in der Nördlichen Residenz bleiben; und gegen diese Übermacht hatte Dscheng zunächst verloren.

Als dann die Kontrollen der Nationalarmee etwas gelockert wurden, wechselte die Diskussion auf das Thema »Restauration über den Umweg ins Ausland« (wofür Dschin Liang und Luo Dschen-yü sich stark machten) oder »Erneuerung des ursprünglichen Wohlwollenden Vertrags« (wofür sich mein Vater mit dem Einverständnis meiner Tutoren einsetzte). In einer dritten Runde kam es dann zu einer Allianz zwischen Dscheng, Luo und Johnston, die auch Tschen Bao-schen auf ihre Seite zu ziehen wußten, womit die Sicherheitsfrage erneut in den Vordergrund trat. Sieger von Runde zwei und Runde drei blieb jedoch wie bei Runde eins mein Vater, aber nur scheinbar! Denn alles, was er mit seiner Sperrigkeit erreichte, war, mich noch mehr gegen ihn aufzubringen. Wohl war ich mir selbst über meine Zukunft noch nicht klar, doch schon vom ersten Augenblick an, als ich durch das Hauptportal der Nördlichen Residenz schritt, stand für mich fest: Hier würde ich unter keinen Umständen bleiben. Ich hatte nicht die große Verbotene Stadt verlassen, um mich in eine Miniaturausgabe zwängen zu lassen, die auch noch voller Gefahren für meine Sicherheit steckte. Diesen Standpunkt gab ich meinem Vater sehr deutlich zu verstehen, bis ich ihn so weit hatte, daß er nachgab. Darauf formierte sich eine neue »Auslandspartei«, die in meinem alten Freund Dr. Hu Shih einen weiteren Fürsprecher fand.

Ich hatte kurz zuvor einen offenen Brief Dr. Hu Shihs in der Zeitung gelesen, der an den Außenminister der provisorischen Regierung gerichtet war, und worin das Vorgehen der Nationalarmee scharf kritisiert wurde. Daß man unter militärischer Drohung eine Revision des »Wohlwollenden Vertrags« erzwungen habe, sei »verabscheuungswürdig«. Für Tschen Bao-schen war Dr. Hu Shih nach wie vor ein »Skorpion«, dem nicht zu trauen war; aber Dscheng Hsiao-hsü hatte sich mit ihm angefreundet, und auch andere Tsching Getreue hielten ihn für besser als die sonstigen »Revolutionäre«. Niemand stellte sich ihm deshalb entgegen, als er eines Tages in der Nördlichen Residenz vorsprach. Ich selbst hieß ihn willkommen und dankte ihm für seine mutige Stellungnahme, worauf er vor mir noch einmal seiner Entrüstung über das Verhalten der Nationalarmee Luft machte und schließlich bemerkte: »In den Augen Europas und Amerikas ist das alles eine orientalische Barbarei! «

Dr. Hu Shihs Besuch erschöpfte sich indessen nicht in Beschimpfungen über die Nationalarmee. Was ihn hergetrieben habe, sei, sagte er, seine »Sorge« um mich. Er erkundigte sich nach meinen Plänen für die Zukunft, und als ich ihm erwiderte, daß ich im Gegensatz zu Prinzen und Hofministern nicht an einer Wiederherstellung der alten Ordnung interessiert sei, sondern zu studieren wünsche, ermutigte er mich, weiterhin zu meinen Ideen zu stehen. Falls ich mich für ein Studium in England entscheide, könne mir Johnston helfen, und für einen Aufenthalt in Amerika ließen sich ebenfalls Helfer finden. Auch mögliche Widerstände der Republik wären zu regeln; wichtig sei nur, daß ich selbst zu einem Entschluß komme.

Obgleich ich dieser »Modernen Persönlichkeit« gegenüber instinktiv gewisse Vorbehalte hatte, war die Unterredung doch ein Ansporn für mich. Dr. Hu Shih hatte mir deutlich gemacht, daß mein Plan, ins Ausland zu gehen, bei einem nicht geringen Teil der Bevölkerung auf Sympathie stoßen würde; damit wurden mir die Prinzen und Hofminister mit ihrem sturen »Nein« noch unerträglicher. Meiner Meinung nach setzten sich diese Leute nur so hartnäckig für die Rückkehr zu früheren Bedingungen ein, weil sie ihre Titel und Dotationen wiedererhalten wollten – was sich nicht durch einen Kaiser im Ausland bewerkstelligen ließ, wohl aber durch den alten »Wohlwollenden Vertrag«.

Kurz nach Dr. Hu Shihs Besuch überbrachte mir Johnston eine Botschaft von Dschang Dzo-lin. Der General entbiete mir seine Anteilnahme. Dr. Hu Shih hatte recht, die Behörden würden mich nicht daran hindern, ins Ausland zu gehen. Während ich mit meinem Englischlehrer Pläne für die Zukunft schmiedete, traf eine weitere Nachricht Dschang Dzo-lins ein, worin der General andeutete, er würde einen

Aufenthalt des Kaisers in der Mandschurei begrüßen. Dem hatte ich nichts entgegenzusetzen. Denn war ich einmal in der Mandschurei, konnte ich mich jederzeit von dort ins Ausland absetzen. Doch kaum hatte ich mich entschlossen, Dschangs Ruf zu folgen, als Dscheng Hsiao-hsü hereinstürzte und mich fragte, ob ich schon die Zeitungen gelesen hätte.

»Wir haben hineingeschaut. Es ist nicht viel los.«

»Dann sehen sich Majestät einmal die ›Shuntien Times‹ an!«

Mit diesen Worten zog Dscheng die Japanerzeitung hervor und bedeutete mir, den Artikel unter der Schlagzeile »Die rote Bewegung verlangt Selbstregierung für das Volk« zu lesen.

Diesem Bericht zufolge waren gleich nach Feng Yü-hsiangs Einmarsch in Peking die »Roten« in Aktion getreten und hatten bis zur Stunde bereits Zehntausende von Flugblättern verteilt, auf denen Losungen standen wie: »Weg mit der Regierung: echte Selbstverwaltung! Fort mit den Gesetzen: volle Freiheit für das Volk!«

Damals war ich bereits von Tschen, Dscheng und Johnston auf die »rote Gefahr« aufmerksam gemacht worden, und aus der »Shuntien Times« wußte ich, daß die sogenannte kommunistische Partei ein Klüngel von Extremisten war, die für »eine Revolutionierung der Massen« eintraten, wobei Fengs Nationalarmee ausgerechnet zu diesen »Frauen und Besitz teilenden wilden Bestien« eine Querverbindung unterhielt. Dscheng machte mir klar, daß im Land binnen kurzem ein Aufstand losbrechen werde, der leicht mit meiner Ermordung durch die Roten enden könne!

Ich hatte mich von dem Schrecken, in den mich diese Worte versetzten, noch nicht erholt, da kehrte Luo Dschen-yü ebenfalls mit sehr besorgter Miene von einem Erkundigungsbesuch bei den japanischen Militärs zurück (den Informationen, die Luo aus diesen Quellen bezog, hatte ich schon immer großes Gewicht beigemessen) und teilte mir mit, man verfüge in der Garnison über konkrete Beweise, daß Feng Yühsiang und die »Extremisten« einen gemeinsamen Schlag gegen mich planten. Fengs Truppen hätten bereits den Sommerpalast besetzt, so daß schon in ein, zwei Tagen mit einem ernsten Zwischenfall zu rechnen sei. »Eure Majestät müssen unverzüglich aufbrechen und ins Gesandtschaftsviertel ausweichen!« beschloß er seine Ausführungen.

Mittlerweile war Johnston mit letzten Nachrichten der ausländischen Presse zur Stelle: Auch da wurde allgemein die Meinung vertreten, Feng werde demnächst ein drittes Mal in die Hauptstadt vorstoßen. Nun hielt es mich nicht länger, und selbst Tschen Bao-schen war bestürzt genug, um meiner Flucht ins Gesandtschaftsviertel nicht mehr entgegenzutreten. Er hielt es für notwendig, Feng zuvorzukommen, und schlug mir vor, zunächst das Deutsche Hospital aufzusuchen, wo mich der Chefarzt bereits kenne. Damit war der Auftakt zu einer geheimen Verschwörung zwischen Dscheng, Johnston und mir gegeben: Wir arbeiteten einen sorgfältigen Plan aus, um sicherzugehen, daß meine Fluchtabsichten nicht nur vor der republikanischen Regierung, sondern auch vor meinem Vater verborgen blieben.

Die erste Stufe unseres Geheimplanes sah vor, daß ich zusammen mit Tschen Bao-schen die Nördliche Residenz verließ, und zwar unter dem Vorwand, den Kaisergemahlinnen, die nun in der Tschinlinbei Straße wohnten, meine Aufwartung machen zu wollen. Nach diesem Besuch kehrten wir gleich wieder in die Nördliche Residenz zurück, um meine Bewacher in Sicherheit zu wiegen.

Am folgenden Tag nahmen wir Stufe zwei in Angriff: Ich sollte ein Haus, das in der Biaobei Straße zur Miete ausgeschrieben war, besichtigen, von dort ins Gesandtschaftsviertel schleichen und das Deutsche Hospital aufsuchen. War ich erst einmal sicher im Gesandtschaftsviertel, würden Stufe drei, zu einer der Gesandtschaften zu gehen, und Stufe vier, meine Frauen Wän Rung und Wen Hsiu nachkommen zu lassen, kein Problem mehr sein.

Doch als wir für Stufe zwei gerade in unseren Wagen Platz genommen hatten, um in die Biaobei Straße gefahren zu werden, gab mein Vater seinem Verwalter Dschang den Befehl, uns zu begleiten. Ich winkte Johnston zu, er solle sich zu mir in den ersten Wagen setzen, Tschen Bao-schen und der Verwalter stiegen in den zweiten.

»This is rather annoying!« sagte Johnston auf englisch, als er zu mir hineinkletterte, und zog die Brauen zusammen. – »Kümmern Wir uns nicht um ihn!« Wütend ließ ich anfahren, und als der Wagen aus der Nördlichen Residenz rollte, schwor ich mir, nie in meinem Leben dieses Tor wieder zu passieren. Doch Johnston meinte, wir dürften den Hausverwalter nicht einfach ignorieren. Besser sei es, uns etwas auszudenken, damit wir ihn abschütteln könnten. Während der Fahrt kam Johnston auf die Idee, vor einem Geschäft haltzumachen, um den Verwalter unter dem Vorwand, für längere Zeit Einkäufe tätigen zu wollen, zur Rückkehr in die Residenz zu bewegen.

Am westlichen Eingang des Gesandtschaftsviertels befand sich ein ausländisches Geschäft, das sich auf den Verkauf von Uhren und Kameras spezialisiert hatte. Dahin ließen wir nun unseren Wagen fahren. Vor dem Laden stiegen Johnston und ich aus und verschwanden ins Innere.

Ich ließ mir alle möglichen Waren vorlegen und wählte schließlich eine französische Taschenuhr. Doch obwohl ich mir mit allem sehr viel Zeit ließ, wartete Verwalter Dschang geduldig im Wagen draußen. Er hatte offenkundig keine Absicht, uns allein zu lassen. Notgedrungen griff Johnston zu seinem letzten Mittel und gab unserem Bewacher zu verstehen, daß ich mich nicht wohl fühle und wir deshalb ins Deutsche Hospital fahren würden. Argwöhnisch folgte uns Dschang. Aber als wir angelangt waren, schoben wir ihn einfach beiseite. Johnston ging gleich zu Dr. Dipper, erklärte ihm den Grund unseres Kommens und führte mich dann in ein leeres Zimmer zum Ausruhen. Der Verwalter mußte inzwischen gemerkt haben, daß hier etwas nicht stimmte, denn plötzlich war er verschwunden. Wir wußten, daß er nun nichts Eiligeres zu tun haben würde, als meinen Vater zu benachrichtigen. Johnston machte sich deshalb unverzüglich auf, um mit der Britischen Gesandtschaft die nötigen Vereinbarungen zu treffen. Die Zeit verging, und immer noch war Johnston nicht zurückgekehrt. In Angstvorstellungen sah ich bereits meinen Vater zur Tür hereintreten, aber gerade als meine innere Unruhe auf dem Höhepunkt war, kamen nacheinander Tschen Bao-schen und Dscheng Hsiao-hsü.

In seinem Tagebuch hat Dscheng geschildert, was in diesen Stunden geschah:

»Am dritten Tag [29. November] erhielt ich eine Geheimbotschaft von Tao Än [Tschen Bao-schen], worin er mitteilte, daß eine Krise ausgebrochen sei, und man sich geeinigt habe, Seine Majestät ins Deutsche Hospital zu bringen. Es war bereits Nachmittag. Ich fuhr in die Nördliche Residenz, aber auf Höhe des Trommelturms kam mir Tao Äns leerer Wagen entgegen, und ich brachte in Erfahrung, daß Tao Än bereits in die Sudschou Gasse [wo der ausländische Laden war] unterwegs sei. Ich ging so schnell wie möglich dorthin, konnte ihn aber nirgendwo entdecken.

Nun fuhr ich ins Deutsche Hospital und ging in den ersten Stock, wo ich Seine Majestät allein mit Tao Än vorfand, der mir sagte, Johnston sei bereits unterwegs zur Holländischen und Britischen Legation. Ich ersuchte Seine Majestät, sich unverzüglich in die Japanische Gesandtschaft zu begeben. Doch Seine Majestät beauftragte mich, die Japaner erst davon zu verständigen. Daraufhin setzte ich mich mit Oberst Takemoto in Verbindung und teilte ihm mit, daß der Kaiser bereits im Gesandtschaftsviertel eingetroffen sei. Takemoto unterrichtete seinen Gesandten Yoshizawa und gab mir Bescheid: ›Seine Majestät mögen sogleich herkommen.‹

Zur selben Stunde kam ein starker Wind auf und erfüllte die Luft mit gelbem Sand; man konnte nicht mehr als ein paar Schritte weit sehen. Zurück im Hospital befürchtete ich, der Chauffeur könnte den Gehorsam verweigern; deshalb riet ich Seiner Majestät, sich meiner Pferdedroschke zu bedienen. Ich ließ die Karosse am rückwärtigen Ausgang des Hospitals vorfahren, da ich vorne einen Auflauf von Neugierigen befürchtete. Eine Schwester und ein Arzt, der die Schlüssel hatte, geleiteten den Kaiser die Treppe hinab. Nun wurde die Hintertüre aufgesperrt und Seine Majestät stiegen mit mir in das Gefährt. Ein jüngerer Diener begleitete uns [der spätere ›Große Li‹]. Vom Deutschen Hospital bis zur Japanischen Gesandtschaft beträgt die Distanz rund 500 Meter und man kann zwei Wege einschlagen. Der eine führt quer durch das Gesandtschaftsviertel und biegt dann nach Norden ab, beim zweiten benutzt man die Tschangän Straße [die außen am Gesandtschaftsviertel entlangläuft] und schwenkt im Süden wieder ein.

Ich befahl dem Kutscher, uns in die Japanische Gesandtschaft zu fahren. Da dieser den zweiten Weg für kürzer hielt, bog er in die Tschangän Straße ein. Seine Majestät rief entsetzt aus: ›Auf der Straße sind chinesische Polizisten! Warum hat er das Gesandtschaftsviertel verlassen!‹ Da die Kutsche uns trotz des Sandsturms schnell vorwärts brachte, sagte ich: ›Wir sind gleich da. Niemand kann wissen, daß in dieser Droschke ein Kaiser fährt. Bitte wollen sich Majestät nicht ängstigen!‹ Als wir dann im Süden einschwenkten und dem Kanalufer folgten, konnte ich Seiner Majestät melden, daß wir bereits wieder auf Gesandtschaftsgebiet waren.

Wir fuhren in den Hof der Japanischen Gesandtschaft, wo Takemoto den Kaiser empfing und zu den Kasernen geleitete. Dort stieß auch Tschen Bao-schen zu uns.

Seine Majestät sagten: ›In der Nördlichen Residenz weiß man, daß wir in das Deutsche Hospital gegangen sind. Johnston und Verwalter Dschang werden zurückkommen und uns suchen. Man muß sie benachrichtigen!‹ Ich kehrte ins Hospital zurück, wo ich den Regenten und Tao Baileh [Dzai Tao] antraf. Ich begleitete sie und mehrere Hofminister, die herbeigeeilt waren, zurück in die Japanische Legation.

Seine Majestät gaben mir darauf den Befehl, Duän Tschi-ruei zu verständigen, und geboten Dschang Wen-dsche [dem Verwalter], er solle Dschang Dzo-lin benachrichtigen ...«

Dscheng Hsiao-hsü war mit der Rolle, die er bei meiner Flucht gespielt hatte, äußerst zufrieden. Er verfaßte zwei Gedichte, worin er sich als »kühnen Krieger« feierte, der den Kaiser »aus der Höhle des

Tigers gerettet« habe. Auch malte er ein Bild des Sandsturms mit einem Drachen, der aus der Verbotenen Stadt aufsteigt, und Tschen Bao-schen schrieb ein Gedicht dazu, während Johnston die Geschichte der Flucht auf englisch beisteuerte.

Der Hauptgrund von Dschengs doch etwas maßloser Selbstzufriedenheit war, daß er diesmal seinen geheimen Rivalen Luo Dschen-yü überrunden konnte. Luo war der Situation nicht gewachsen gewesen, er hatte nicht einmal verhindern können, daß Dscheng seine, Luos, wertvollen Beziehungen zu Takemoto für sich selbst ausnützte. Bis dahin war die Rivalität zwischen meinen Beratern Dscheng und Luo vom gemeinsamen Kampf gegen die Prinzen und Hofminister verdeckt gewesen, aber nun begann zwischen den beiden ein offener Kampf um den Vorrang, wobei Johnston den amüsierten Zuschauer spielte. In seinem Buch, das 1932 erschien, berichtigte er im übrigen eine Stelle in Dschengs Fluchtbeschreibung. Dscheng hatte angenommen, daß Oberst Takemoto mich auf Anweisung Yoshizawas in die Kasernen führte. In Wirklichkeit herrschte aber damals zwischen der zivilen und der militärischen Abteilung der Japanischen Gesandtschaft durchaus kein Einvernehmen, und Takemoto machte seinem Gesandten von der Unterredung mit Dscheng keine Mitteilung, um zu verhindern, daß der »Gast« ihm entrissen wurde. Takemoto mußte dennoch auf mich verzichten: Johnston hatte auf Anweisung des britischen Gesandten bereits dessen japanischen Kollegen um Asyl gebeten, und als Yoshizawa von meiner Anwesenheit in den Kasernen erfuhr, lud er mich in die eigentliche Gesandtschaft ein, was ich dankend annahm.

Drittes Kapitel

Vom Gesandtschaftsviertel nach Tientsin

Zu jener Zeit waren das Gesandtschaftsviertel in Peking und die ausländischen Konzessionen entschieden »gastfreundliche« Orte. Sieben Jahre zuvor, als ich zum zweiten Male Kaiser geworden war, hatte beispielsweise Staatspräsident Li Yüan-hung in einer Gesandtschaft Schutz vor Dschang Hsün gefunden, der selber nur wenige Tage später bei den Holländern untertauchen mußte. Sooft die Legationen derartige

»Gäste« aufnahmen, herrschte unvermeidlicherweise auch in den Hotels und Hospitälern des Gesandtschaftsviertels Hochbetrieb. Denn Hunderte von Familien mit schwachen Nerven und einem Rang, der für eine Aufnahme in die Gesandtschaften nicht ausreichte, suchten dort bei politischen Krisen Zuflucht.

Auch meine Vertreibung aus der Verbotenen Stadt löste einen Massenexodus von Mandschuadligen in das Gesandtschaftsviertel aus. Die Krisengäste waren indes nicht überall willkommen, wie ein Anschlag beweist, den ein etwas rüder Hoteldirektor damals aufhängen ließ: »Dieses Hotel ist bis unter die Stiegen voll belegt; die hygienischen Verhältnisse haben dementsprechend darunter gelitten. Da ein Teil unserer Gäste außerdem auf höchst unzivilisierte Weise überall auf den Boden spuckt, ist hiermit festgelegt, daß jeder, der beim Spucken erwischt wird, ohne Rücksicht auf seinen Stand 10 Dollar Buße zu zahlen hat.«

Ein Detail habe ich übrigens im vorigen Kapitel übergangen: Als ich mit Johnston, Tschen Bao-schen und Verwalter Dschang aus der Nördlichen Residenz rollte, waren zwei Wachen links und rechts auf das Trittbrett meines Wagens gesprungen und bis ins Deutsche Hospital mitgefahren. Als ich dort »in Behandlung« ging und den beiden kurz darauf mitgeteilt wurde, ich käme nicht wieder zurück, fürchteten sie um ihre Stellung und baten inständig, bei mir bleiben zu dürfen. Dies wurde ihnen erlaubt, und ich nahm sie als meine persönlichen Diener mit in die Japanische Gesandtschaft, wo ich mit außerordentlicher Herzlichkeit aufgenommen wurde. Schwierigkeiten gab es erst, als ich Wän Rung und Wen Hsiu, meine Gemahlinnen, nachkommen lassen wollte: Die republikanische Wache weigerte sich, sie freizugeben. Auch der japanische Gesandtschaftssekretär konnte in der Nördlichen Residenz nichts ausrichten; erst als der Gesandte Yoshizawa persönlich beim amtierenden Chef der Exekutive, Duän Tschi-ruei, vorsprach, durften meine Gemahlinnen in Begleitung ihrer Eunuchen, Hofdamen und Kammerzofen zu mir ziehen.

Yoshizawa war der Meinung, daß die drei Zimmer, die ich bereits bezogen hatte, für ein so großes Gefolge nicht ausreichen würden. Er ließ daher ein Haus räumen, das groß genug war, um jedem Mitglied meines Hofstaats – angefangen von den »Gefährten der Südlichen Bibliothek« und Seniorbeamten bis zu den Eunuchen und Köchen – ein eigenes Zimmer zu bieten. Unter diesen günstigen Voraussetzungen erwachten die wichtigsten Verwaltungsorgane des »Kaisers der Großen Tsching« zu neuem Leben. Noch bedeutsamer war jedoch, daß Yoshizawa durch seine Fürsprache die provisorische Regierung zu einer mir gegenüber verständnisvollen Haltung bewegen konnte. Die Republikanischen Behörden schickten sogar eigens einen Generalmajor, der Oberst Takemoto aufsuchte und ihm versicherte: »Die provisorische Regierung hat den dringenden Wunsch, das Verlangen des abgedankten Kaisers nach Freiheit zu respektieren. Sie wird alles in ihrer Macht Stehende tun, um sein Leben, sein Eigentum und seine Angehörigen zu schützen!«

In der Zwischenzeit war, angeführt von meinem Vater, eine Delegation von Prinzen bei mir erschienen, die mich beschworen, mit ihnen wieder in die Nördliche Residenz zurückzukehren, wo nun längst wieder Ruhe und Ordnung herrsche. Wie sie mir erklärten, würde die Anwesenheit von Duän Tschi-ruei und Dschang Dzo-lin in der Hauptstadt ohne Zweifel gewährleisten, daß die Nationalarmee sich wohlverhielte; die beiden neuen Machthaber hätten sich überdies für meine Sicherheit verbürgt. Aber das überzeugte mich nicht. Ich zog es vor, mich an die Warnungen der Gruppe um Luo Dschen-yü zu halten, die sich darauf berief, daß jene Garantieerklärungen erst nach meiner Flucht zu den Ausländern abgegeben worden seien, und deshalb die Meinung vertrat, daß jede Garantie mit meiner Rückkehr in die Nördliche Residenz automatisch wertlos würde, solange Peking nicht frei von Truppen der Nationalarmee sei.

Meine Zurückhaltung erwies sich im nachhinein als wohlbegründet; denn während sich die Prinzen vor mir noch für die Sicherheit der Nördlichen Residenz stark machten, bemühten sich ihre Verwalter unterderhand um Quartiere im Gesandtschaftsviertel. Mein Vater hatte bereits auf dem Gelände der katholischen Kirche Speicherräume für seine kostbare Kunstsammlung gemietet und evakuierte kurz nach unserer für ihn erfolglosen Unterredung auch meine Familie dorthin. Ein Teil der Prinzen belegte die verwaisten deutschen Kasernen, und die anderen zogen ins Hotel Wagon-lits.

Die außerordentliche Zuvorkommenheit, die die Japanische Gesandtschaft mir gegenüber zutage legte, verfehlte nicht ihre Wirkung. Aus allen Landesteilen trafen Telegramme an Duän Tschi-ruei ein, worin Tsching Getreue die Wiederherstellung des ursprünglichen »Wohlwollenden Vertrags« forderten. Viele loyale Anhänger begannen, mir nun auch Geldtribute zu senden, andere reisten von weit her nach Peking, um mir ihren Respekt zu bekunden und in geheimen Eingaben großartige Restaurationsstrategien zu entwickeln.

Die Mongolenprinzen benahmen sich wie in einem Drogenrausch;

sie verfaßten ein Rundtelegramm nach dem anderen und bestürmten die provisorische Regierung, eine Erklärung abzugeben, wie »wohlwollend« sie sich ihnen gegenüber zu verhalten gedenke – worauf die Exekutive sich beeilte, den Prinzen zu versichern, daß der ursprüngliche »Wohlwollende Vertrag« unverändert übernommen würde.

Am Neujahrstag nach dem alten Kalender füllte sich mein kleiner Empfangsraum mit bezopften Veteranen, und ich saß mit dem Gesicht nach Süden gewandt auf einem europäischen Lehnstuhl, der als Thron herhalten mußte, und nahm nach alter Manier Glückwünsche entgegen.

Ein paar Tage später feierte ich meinen zwanzigsten Geburtstag (nach westlicher Rechnung der neunzehnte). Eigentlich hatte ich als Gast in einem fremden Haus nicht beabsichtigt, meinen Eintritt in einen neuen Lebensabschnitt festlich zu begehen. Aber dann hatte mein Gastgeber, bemüht, mir eine Freude zu bereiten, unvermutet darauf bestanden, die Empfangshalle der Gesandtschaft zur Verfügung zu stellen, damit ich dort Glückwünsche entgegennehmen konnte. Die Halle wurde für diesen Anlaß mit erlesenen Teppichen ausgelegt. Man war sogar darum besorgt, hinter dem mit gelber Seide bezogenen Armstuhl, der als Thron dienen sollte, einen Paravent aufzustellen, dessen Glasscheiben mit gelbem Papier beklebt worden waren. Selbst die Dienerschaft wurde mit roten Tsching Hüten ausstaffiert.

Zu den Geburtstagsfeierlichkeiten reisten über hundert Tsching Getreue aus Tientsin, Schanghai, Kanton, Fukien und anderen Großstädten an; dazu gesellten sich Mitglieder des Diplomatischen Corps, Prinzen, Hofminister, hohe Mandschu-Würdenträger und lokale Anhänger des Kaiserhauses, so daß sich schließlich mehr als fünfhundert Besucher versammelten.

Ich hatte mich in ein blaugemustertes Gewand und eine dunkle, seidene Reitjacke gekleidet, und auch die Tsching Anhänger waren samt und sonders in der gleichen Tracht erschienen. Doch sonst stimmte das Zeremoniell in allem mit dem früher im Palast üblichen überein: Kaiserliches Gelb, Zöpfe, dreimaliges Niederknien und neunfacher Kotau – all dies ließ eine Stimmung aufkommen, die mich zutiefst ergriff – unsägliche Wehmut erfüllte mein Herz und schnürte mir die Kehle zusammen.

Nachdem die Zeremonie beendet war, hielt ich, aus einem inneren Anstoß heraus, vor den fünf-, sechshundert im Hof Versammelten eine Rede, die dann mehr oder weniger im Wortlaut in der Schanghaier Presse erschien und so begann: »Wir sind heute zwanzig geworden, und noch zu jung, als daß es angebracht wäre, einen ›Tag des langen Lebens‹

zu feiern. Wie sollte Uns auch bei so widrigen Zeitläuften, wo Wir als Flüchtling unter fremdem Dach wohnen, der Sinn danach stehen, den heutigen Tag festlich zu begehen? Aber Euch war kein Weg zu weit, und Wir hegen den tiefen Wunsch, diese Gelegenheit zu nutzen, Euch alle noch einmal persönlich zu sehen, zu Euch allen noch einmal persönlich zu sprechen ...«

Ich sagte meinen Geburtstagsgästen, ich wisse sehr wohl, daß in unserer modernen Zeit kein Platz für einen Kaiser sei und daß ich deshalb schon lange den Wunsch gehegt habe, im Ausland zu studieren. Ich gab ihnen auch zu verstehen, daß ich gerne von mir aus auf den »Wohlwollenden Vertrag« und auf den Kaisertitel verzichtet hätte, es aber verurteilen müsse, wenn ein international anerkannter bilateraler Vertrag einseitig durch Gewalt abgeändert würde.

Als nächstes wies ich den Vorwurf zurück, an Dschang Hsüns Restauration mitbeteiligt gewesen zu sein, dazu sei ich damals viel zu jung gewesen. Auch habe die Republik den Vertrag zuerst gebrochen, da sie die vereinbarten jährlichen Apanagen nie nach Fälligkeit und oft gar nicht ausbezahlt habe. Zum Schluß sagte ich, daß es mir jedoch fernstehe, mich zu beklagen, und gab dann die feierliche Erklärung ab: »Jeden Vorschlag, Uns um ausländische Intervention zu bemühen, werden Wir mit aller Entschlossenheit zurückweisen. Wir können und werden Uns unter keinen Umständen mit Hilfe ausländischer Mächte in die innerchinesische Politik einmischen!«

Vor und nach meinem Geburtstag brachten die meisten Zeitungen zahlreiche Angriffe auf mich und meine Umgebung, die die Stimmung der Mehrheit des Volkes widerspiegelten. Hauptgrund der allgemeinen Entrüstung war zweifellos, daß ich mich den Japanern anvertraut hatte und nun, wie es hieß, aufgrund der nachsichtigen Behandlung seitens der Republikanischen Regierung und des Schutzes der Großmächte, ein überhebliches Benehmen an den Tag lege. Gleichzeitig veröffentlichte das »Komitee zur Bereinigung der Angelegenheiten der Tsching« Material, das bei der Kontrolle im Palast ans Licht gekommen war; zum Beispiel das Postskriptum, das Yüan Sche-kai, nachdem er Kaiser geworden war, eigenhändig dem »Wohlwollenden Vertrag« angefügt hatte, und Dokumente, die belegten, auf welche Weise das Hofamt Antiquitäten verpfändet, zu Geld gemacht oder ins Ausland verschachert hatte. Auch dies rief in der Öffentlichkeit einen Sturm der Entrüstung hervor, und in Peking bildete sich eine »Liga gegen die wohlwollende Behandlung des Mandschu-Kaiserhauses«.

Heute ist mir klar, daß mein Schicksal anders verlaufen wäre, wenn ich damals aus all jenen Artikeln, in denen sich die öffentliche Meinung niederschlug, eine Lehre gezogen hätte. Die »Peking Gazette« brachte beispielsweise zu jener Zeit eine Analyse der Pläne, die Japan an meine Person band, und es ist verblüffend, im nachhinein zu sehen, wie sehr sich gerade die folgende Passage mit dem deckt, was später tatsächlich geschah:

Dieser abscheulichen Kabale liegt der Gedanke zugrunde, Pu Yi so lange zu umhegen, bis es in einer bestimmten Provinz zu einem Zwischenfall kommt, worauf ihn ein gewisses Land unter dem Schutz von Waffen dorthin entsenden und ihm die Stellung seiner Ahnen zurückgeben wird. Isoliert von der Republik wird Pu Yi sich auf die Protektion jenes gewissen Landes verlassen m üssen, und der nächste Schritt verläuft dann nach dem gleichem Schema, das schon bei einem anderen annektierten Land angewandt wurde ...

Pu Yis Angst und seine Flucht waren das Ergebnis einer von langer Hand geplanten Strategie der Einschüchterung, in der bereits einkalkuliert war, daß er schließlich am rechten Ort ins Netz gehen würde ...

In Anbetracht des gegenwärtigen Gebots einer Vorzugsbehandlung wird Pu Yi mit allem versorgt werden und auch keinen Geldmangel leiden. Jenes gewisse Land hat all seine Gefolgsleute gekauft, auch wenn diese noch nicht ahnen, daß sie bereits eingefangen sind, um in Zukunft als Werkzeug zu dienen.

Doch in meinen Augen waren diese Worte nichts als Verleumdung und Verrat; man wollte, so argwöhnte ich, mich in eine Falle locken, mich zur Rückkehr in die Nördliche Residenz bewegen. Die Leitartikler der Pekinger Blätter waren meine persönlichen Feinde, ihre Berichte erweckten in mir immer die gleiche Reaktion: Haß.

Zu Beginn meines Aufenthalts in der Japanischen Gesandtschaft fuhr ich öfters aus Neugier, nur von zwei Dienern begleitet, mit meinem Fahrrad nachts im Gesandtschaftsviertel herum. (Später wurden dann solche Ausflüge unmöglich, da das Portal der Gesandtschaft abends geschlossen blieb.) Einmal radelte ich bis zum Graben vor der Verbotenen Stadt, und als ich die Ecktürme und Wehranlagen wiedersah, mußte ich an meinen Palast des Geistigen Wachstums und den Palast der Himmlischen Reinheit denken, die ich kaum erst verlassen hatte – dort war mein Thron, dort war alles Strahlendes Kaisergelb! Ein Wunsch nach Vergeltung, nach Wiederherstellung meiner alten Macht stieg in mir auf. Mit brennendem Herzen und Tränen in den Augen legte ich den Schwur ab, eines Tages in Siegerpose, wie einst der Begründer meiner Dynastie, hier wieder einzuziehen. Mit verhaltener Stimme flüsterte ich »Auf Wiedersehen!«, bestieg mein Rad und fuhr, so schnell ich konnte, davon.

In den drei Monaten, die ich in der Japanischen Gesandtschaft verbrachte, erlebte ich täglich die Großzügigkeit meines Gastgebers, Treueschwüre von loyalen Tsching Anhängern – und Proteste der Öffentlichkeit. Unter diesen ungleichen Eindrücken wuchsen in mir Ehrgeiz und Haß gleichermaßen. Mit einemmal war mir der Gedanke, hier weiterleben zu müssen, unerträglich geworden, und ich begann, Vorbereitungen für meine Zukunft zu treffen. Ein früheres Vorhaben kam mir wieder in den Sinn: Ich würde China verlassen und zum Studium nach Japan gehen. Mein Entschluß wurde in der Gesandtschaft gut aufgenommen; der Gesandte selbst enthielt sich zwar einer Meinungsäußerung, aber sein Legationssekretär zeigte sich hell begeistert über diese Aussicht.

Die Rivalität zwischen Luo Dschen-Yü und Dscheng Hsiao-hsü erreichte in diesen Monaten ein neues Stadium. Dscheng hatte hinter meinem Rücken versucht, über Duän Tschi-ruei selbst und dessen Untergebene dem alten »Wohlwollenden Vertrag« wieder Gültigkeit zu verschaffen, war dann aber abgeblitzt, und als die Sache herauskam, mußte er sich die heftigsten Vorwürfe, namentlich von Luo, gefallen lassen. Nach einem Eklat, der von Luo meisterlich in Szene gesetzt war, entzog ich Dscheng meine Gunst; Dscheng kam um seine Entlassung nach und kehrte nach Schanghai zurück.

Damit blieb das Feld Luo Dschen-yü. Wenige Tage nach meinem Geburtstag teilte Luo mir mit, daß er mit dem Legationssekretär gesprochen habe. Sie seien sich einig, daß Vorbereitungen für eine Ausreise aus China am besten in Tientsin selbst getroffen würden. Auch sei ich hier in der Gesandtschaft zu vielen Unbequemlichkeiten ausgesetzt. Am besten sei es, in Tientsin ein Haus zu suchen, und zwar gleich in der Japanischen Konzession, da die Residenz, die ich in der Britischen Konzession gekauft hätte, von der Lage her ungünstig sei. Was Luo sagte, schien alles sehr vernünftig, und weil ich darauf brannte, die Großstadt Tientsin kennenzulernen, ging ich auf seinen Vorschlag ein. Ich beauftragte einen »Gefährten der Südlichen Bibliothek« nach Tientsin zu reisen, um dort nach einem geeigneten Objekt Ausschau zu halten. Und so wurde der Dschang Garten gefunden.

Kurze Zeit darauf meldete mir Luo Dschen-yü, das neue Haus sei einzugsbereit; da die Nationalarmee gerade dabei sei, einen Truppenwechsel zu vollziehen und die Fengtiän Armee nur wenige Einheiten längs der Eisenbahnstrecke stationiert habe, würde er mir raten, diese günstige Gelegenheit zu nutzen und sogleich nach Tientsin aufzubrechen. Ich besprach mich mit Yoshizawa, der meine Reisepläne billigte und Duän Tschi-ruei davon in Kenntnis setzte. Auch Duän gab seine Zustimmung; er offerierte mir sogar eine militärische Eskorte, was Yoshizawa aber dankend ablehnte. Statt dessen ließ der japanische Gesandte den Polizeichef seines Generalkonsulats in Tientsin zusammen mit einigen Polizisten in Zivil nach Peking kommen. Unter ihrem Schutz sollte ich vorausfahren; Wän Rung würde mit den übrigen Mitgliedern meines Haushaltes nachfolgen.

Am 23. Februar 1925 verabschiedete ich mich abends von dem japanischen Gesandten und dessen Gattin. Wir ließen uns alle zusammen fotografieren; ich drückte noch einmal meinen Dank aus, und sie wünschten mir eine gute Reise. Dann verließ ich die Gesandtschaft und ging, vom japanischen Legationssekretär und einem japanischen Sicherheitsbeamten in Zivil begleitet, zu Fuß zum Tschiänmen Bahnhof. Dort stießen Luo Dschen-yü und sein Sohn zu mir. Wenn immer der Zug auf einer Station hielt, stiegen japanische Polizisten und Sicherheitsagenten in schwarzen Polizeiuniformen zu, so daß, als wir schließlich Tientsin erreichten, fast der ganze Waggon von Leuten meiner Partie besetzt war. In Tientsin wurde ich vom japanischen Generalkonsul Yoshida Shigera und einem Komitee von einigen Dutzend hohen Offizieren und Soldaten der Japanischen Garnison in Empfang genommen. Zwei Tage später veröffentlichte die »Shuntien Times« folgende Erklärung der Japanischen Gesandtschaft:

Die Japanische Gesandtschaft gibt hiermit bekannt, daß Kaiser Hsüan Tung der vormaligen Tsching Dynastie am Abend des 23. November unvermutet nach Tientsin abgereist ist. Die Gesandtschaft informierte am 24. November nachmittags den amtierenden Präsidenten Duän Tschi-ruei sowie den Außenminister und erklärte sich bereit zu gemeinsamen Konsultationen.

Daß Kaiser Hsüan Tung sich schon seit langem mit dem Gedanken trug, die Hauptstadt zu verlassen, war der provisorischen Regierung wohlbekannt; die Gesandtschaft durfte angesichts der Zurückhaltung der Regierung annehmen, daß auf dieser Seite keine Absicht bestand, den Plänen des Kaisers vorzugreifen. Die Abreise ist schließlich früher als vorgesehen erfolgt: Wie es scheint, haben Berichte über die zunehmend unsichere Lage es ratsam scheinen lassen, den Aufenthaltswechsel vorzuverlegen.

Viertes Kapitel

Luo Dschen-yü und die Tsching Loyalisten

Luo hatte nicht die volle Wahrheit gesagt, als er mir erzählte, mein neues Heim sei bezugsfertig; denn meine erste Nacht mußte ich im Hotel Yamato verbringen, Erst als am anderen Tag Wän Rung und Wen Hsiu mit dem übrigen Hofstaat eingetroffen waren, übersiedelten wir zusammen in den in aller Eile möblierten Dschang Garten. Dieses Anwesen, das ein weitläufiges Areal von mehr als 20 Mu [ca. 1,5 ha] mit einer großzügigen Villa im Zentrum umfaßte, gehörte einem früheren Tsching General namens Dschang Diao, der daraus einen Vergnügungspark gemacht hatte. Als ich einzog, weigerte sich der General standhaft, Miete von seinem Herrscher anzunehmen; als Zeichen seiner ungebrochenen Loyalität erschien er anfangs jeden Morgen mit einem Besen in der Hand, um den Hof zu kehren. – Fünf Jahre lebte ich an diesem Ort und zog dann in den »Stillen Garten« um, weil General Dschangs Sohn nach dem Tod seines Vaters Miete eintreiben wollte.

Ich war mit dem Ziel nach Tientsin gekommen, ins Ausland zu gehen; statt dessen blieb ich sieben Jahre in dieser Stadt – sieben Jahre, in denen ich unschlüssig allen Arten von Ratschlägen verschiedener Fraktionen von Tsching Anhängern mein Ohr schenkte, ohne zu einer Entscheidung zu kommen.

Die Prinzen hatten ihren Einfluß auf mich verloren, und auch mein Vater kam nur selten zu Besuch. Johnston hatte mich verlassen und war vom British Foreign Service nach Weihaiwei zurückberufen worden. 1926, als Weihaiwei an die chinesische Regierung zurückfiel, sah ich ihn noch einmal in Tientsin. Er hatte versucht, Wu Pei-fu und andere Bürgerkriegsgenerale für mich zu gewinnen – aber ohne Erfolg. Später kehrte er nach England zurück, wo er geadelt wurde und an der University of London eine Professur für Sinologie erhielt; daneben wirkte er weiterhin als Berater des Foreign Office.

In diesen sieben Tientsiner Jahren waren meine »Ratgeber« in drei Hauptfraktionen gespalten. Da war zunächst einmal die der alten Minister um Tschen Bao-schen, die zu Beginn noch auf die Wiederherstellung der alten »wohlwollenden Behandlung« gehofft hatten und sich später damit begnügten, den Status quo zu verteidigen. Die zweite Gruppe wurde von Luo Dschen-yü angeführt und hatte ihre Hoffnungen auf einen Auslandsaufenthalt gesetzt, wo ich die Unterstützung der

Großmächte – vor allem Japans – gewinnen sollte. Und eine dritte Partei, der ich selbst zuneigte, sah ihre Chance darin, die verschiedenen Kriegsherren durch Geld auf meine Seite zu ziehen. – Später, als Dscheng Hsiao-hsü in meine Dienste zurückkehrte, trug er, nachdem er von einer erfolglosen Kampagne für die Einsetzung von ausländischen Beratern abgekommen war, an der Spitze der Pro-Japan-Partei den Sieg davon.

Aber kehren wir erst zu Luo Dschen-yü zurück. Er war etwas über fünfzig, als er in den Palast kam: ein Mann von mittelgroßer Statur, mit einem gelblichweißen Ziegenbärtchen. Er trug eine goldgeränderte Brille, die er allerdings in meiner Gegenwart stets abnahm. Sein Zopf war schlohweiß, seine Sprechweise und sein Gang von bedächtiger Abgemessenheit. Luo war wegen seines Rufes auf dem Gebiet der Paläographie an den Hof gekommen: Nach meiner Hochzeit hatte mir Tschen Bao-schen vorgeschlagen, ihn zu einem »Gefährten der Südlichen Bibliothek« (Hanlin-Akademiker) zu machen und mit der Begutachtung der antiken Palastbronzen zu betrauen. Ich selbst sah in Luo indes mehr den treuen Monarchisten als den Gelehrten, und in dieser Eigenschaft berief ich ihn in meinen Dienst.

Luo Dschen-yüs steile Karriere begann damit, daß er in jungen Jahren eine ahnungslose Witwe um Hunderte von kostbaren Drucken und Kalligraphien prellte. Mit diesem Grundstock eröffnete er einen florierenden Antiquitätenhandel. Nach 1911 lebte er teils in Japan, teils in Japanischen Konzessionen in China. In Japan war es auch, wo er sich seinen Ruf auf dem Gebiet chinesischer Altertumskunde erwarb. Damals fing er an, gefälschte Malereien, Kalligraphien und Bücher gegen Honorar als »echt« zu bestätigen; später ging er dazu über, seine Fälschungen selbst zu fabrizieren, und bald hatte er es im Nachschnitzen alter Siegel und Druckblöcke und in der Beschaffung alten Papiers zu solcher Meisterschaft gebracht, daß es seinem Antiquitätenladen seitdem nie an »echten Sung Editionen« mangelte.

Was es in Wahrheit mit seinem wissenschaftlichen Ruhm auf sich hatte, habe ich erst später erfahren. In seiner Japanzeit hatte Luo Jahre hindurch Wang Guo-wei unterstützt, der sich während seines Studiums dort unter kümmerlichsten Verhältnissen durchhungerte. Um diese Dankesschuld abzutragen, hatte Wang seine erste Veröffentlichung unter dem Namen seines Gönners herausgebracht und auch später noch zugelassen, daß Luo seine Forschungen plagiierte. Wang heiratete schließlich Luos Tochter. Nachdem er einem Ruf an die Tsching Hua Universität gefolgt war, verübte er 1926 unerwartet Selbstmord, worauf

Luo dem Hof in Tientsin ein ergreifendes letztes Vermächtnis zuspielte, in dem Wang seiner Loyalität gegenüber dem Hause der Tsching Ausdruck gab, die ihn aus Verzweiflung in den Tod treibe. Tatsächlich jedoch ist dieses Vermächtnis nicht in Wangs Schrift abgefaßt und stammt wahrscheinlich aus Luos Hand; Luo mißbrauchte die echten Gefühle und die Integrität des »Großmeisters chinesischer Gelehrsamkeit«, wie sein Schwiegersohn Wang genannt wurde, um sich selbst theatralisch in Szene zu setzen.*

Obwohl ich Luo Dschen-yüs Charakter damals nicht durchschaute – die Tsching Veteranen glaubten, seine Machenschaften vor mir verdekken zu müssen –, drang er mit seinen taktischen Vorschlägen nicht durch. Denn noch bevor Dscheng Hsiao-hsü zurückkehrte, fiel mir auf, daß vor allem Tschen Bao-schen und Hu Sö-yüan sich regelmäßig gegen ihn stellten, und da ich aus ihren Worten nicht klug wurde, konnte ich mich zu keiner Entscheidung durchringen.

Kurz nach meiner Ankunft in Tientsin hatte sich auch in dieser Stadt eine »Anti-Tsching Liga« gebildet. Luo Dschen-yü und dessen Gruppe nahmen gleich die Gelegenheit wahr, mir auseinanderzusetzen, daß meine Sicherheit und die »Restauration« eine Reise ins Ausland unumgänglich machten. Das Lager um Tschen Bao-schen hielt die Pläne Luos dagegen für äußerst unbedacht und leichtfertig. Zwar erweckte Tschens Warnung, nichts zu überstürzen, nicht gerade meine Begeisterung. Andererseits konnte ich aber die Befürchtungen seiner Gruppe nicht von der Hand weisen: Es mochte wohl wahr sein, daß ich in Japan nicht so willkommen war, wie Luo es mich glauben machen wollte, und ich konnte nicht wissen, ob General Dschang Dzo-lin und Ministerpräsident Duän Tschi-ruei mir nach einem »Abstecher« nach Japan nicht die Wiedereinreise nach China verweigern würden...

Im Grunde genommen wandte sich die Opposition gegen Luo aber nicht so sehr gegen dessen Politik eines »Projapanischen Kurses«, als gegen seine Person selbst, denn sowohl Anhänger von Tschens »Palastpartei« und Luos »Auslandspartei« waren von derselben Hoffnung beflügelt – die Hoffnung auf eine Restauration. Deshalb stellte selbst

* Zu Wang Guo-weis Tod habe ich nach meiner Entlassung (1959) folgende Geschichte erfahren: Danach hatte Wang Guo-wei von Schao Ying den Auftrag erhalten, eine Reihe von Bildern und Kalligraphien zu verpfänden. Luo riß diese Sache an sich, aber statt den Erlös von 1000 Dollar seinem Schwiegersohn auszuhändigen, behielt er das Geld zurück: Wang solle dies als eine Abzahlung seiner Japan-Schuld betrachten. Wang Guo-wei, noch immer so arm wie zuvor, konnte Schao Ying den Betrag nicht ersetzen; er suchte am 2. Juni 1926 den Tod im Kunming See. [Anmerkung des Verfassers]

Tschen Bao-schen die Notwendigkeit, nach Japan auszureisen, nicht prinzipiell in Abrede. Mit einem Wort, der »Streit« zwischen den beiden Hauptfraktionen war in Wirklichkeit ein Kampf von einzelnen gegen einzelne, der abgesehen von Memoranden und offenen Diskussionen vor allem hinter den Kulissen mit größter Erbitterung geführt wurde.

Wie raffiniert insbesondere Luo Dschen-yü dabei vorzugehen verstand, mag das folgende kleine Beispiel illustrieren. Eines Tages gewährte ich ihm auf sein Ersuchen hin eine private Unterredung in meinem kleinen Audienzzimmer. Luo erschien darauf mit einem langen, schmalen Tuchbündel in der Hand und sagte:

»Euer Untertan verdient zehntausend Tode zu sterben, daß er das Himmlische Herz in dieser Weise beunruhigt. Doch wolle der Untertan wegen einer persönlichen Freundschaft nur Gutes hervorheben und die Verirrungen eines Mannes verhehlen, so würde er es an Treue und Rechtschaffenheit fehlen lassen.«

»Was meinst du damit?«

Ich sah ihn verwundert an, aber statt einer Antwort öffnete er bedächtig wie ein alter Eunuche, der sich das Gesicht wäscht und die Haare kämmt, sein Bündel und brachte Kalligraphierollen zum Vorschein, die er sorgsam vor mir ausbreitete. Noch bevor er ganz damit fertig war, erkannte ich, daß die zwei Rollen ein Gedicht enthielten, das ich selbst für Tschen Bao-schen geschrieben hatte.

»Euer Untertan entdeckte dieses Erzeugnis des Kaiserlichen Pinsels auf dem kleinen Markt. Es gehörte fürwahr zehntausendfaches Glück dazu, daß Euer Untertan die Rollen zurückerbitten konnte.«

Damals wußte ich noch nicht, daß Luo Dschen-yü und andere Leute von seinem Schlag die Diener ihrer Rivalen bestachen und auch sonst nicht vor abgefeimten Machenschaften zurückschreckten. Deshalb glaubte ich, daß Tschen sich tatsächlich eines »Gnadenbeweises des Kaisers« unwürdig erwiesen und meine Kalligraphien auf dem Markt feilgeboten hatte. Ich war so ungehalten, daß ich Luo mit einer unwilligen Handbewegung zu verstehen gab, er solle sich zurückziehen.

Tschen Bao-schen war damals gerade in Peking. Doch Hu Sö-yüan, der von der Angelegenheit erfuhr, weigerte sich mit aller Entschiedenheit zu glauben, daß Tschen sich eine solche Taktlosigkeit zuschulden kommen ließ. Er hielt es auch für ausgeschlossen, daß jemand von Tschens Dienerschaft es gewagt haben sollte, diese Rollen auf dem Markt anzubieten. Eher noch bestand die Möglichkeit, daß ein Diener sie gestohlen hatte, um sie heimlich an eine bestimmte Privatperson weiterzuverkaufen. Aber wie kamen diese Rollen dann in die Hand von Luo Dschen-yü? Als ich Hu mit dieser Frage bedrängte, wich er aus und erzählte mir statt dessen die Geschichte von einem loyalen Untertan namens Sung Yün, der unter Kaiser Dschia Tsching Großsekretär geworden war. Als dieser Mann erfuhr, daß der Kaiser eine Reise zu den Gräbern seiner Ahnen antreten wollte, bedrückte ihn das sehr; denn des Kaisers Gesundheit war angeschlagen, und Sung mißtraute der Loyalität der anderen Minister. Doch er vermochte das, was ihm auf dem Herzen lag, nicht auszusprechen. Deshalb verfaßte er eine Throneingabe, worin er sich auf ein »ungünstiges Zeichen des Himmels« berief und von der Reise abriet. Daß Sung den Grabbesuch [der einer Pietätspflicht entsprach] mit einem ungünstigen Omen in Verbindung brachte, erzürnte den Kaiser und Sung wurde zum Marstallvorsteher degradiert. Als Dschia Tsching dann aber tatsächlich auf der Reise verstarb, erkannte Dao Guang, der ihm auf den Thron nachfolgte, die Unbestechlichkeit dieses Untertanen und holte ihn wieder in sein früheres Amt zurück.

An dieser Stelle brach die Geschichte Hu Sö-yüans ab. Irritiert fragte ich:

»Was erzählst du da? Was hat diese Geschichte mit Tschen Bao-schen zu tun?«

»Euer Untertan will damit sagen, daß es mit Tschen Bao-schen wie bei diesem Sung Yün ist. Er hat etwas zu sagen, aber er kann es nicht aussprechen.«

»Bin ich dabei Dschia Tsching oder Kaiser Dao Guang?«

»Nein, nein!« Hu Sö-yüan verschlug es vor Schreck die Sprache. Doch nun riß mir die Geduld:

»Laß diese Umschweife und sage mir klar und deutlich, was du meinst!«

»Zu Befehl, Majestät! Tschen Bao-schen ist ohne Fehl und Tadel. Nur wenn er ein Memorandum einbringt, kann er sich nicht offen ausdrücken. Aber Eure Majestät sind von durchdringender Weisheit wie der Altar des Himmels und werden natürlich herausfühlen, was Tschen mit seinen Anspielungen meint ...«

»Gut jetzt! Ich weiß schon, was Tschen Bao-schen für ein Mensch ist.«

Obwohl ich mir aus Hus Geschichte von Sung Yün keinen Sinn zusammenreimen konnte, war ich doch beglückt zu hören, daß Hu so viel von Tschen Bao-schen hielt. Damit war zumindest das Unbehagen verschwunden, das Luo mit den beiden Rollen bei mir hervorgerufen hatte. Luo Dschen-yü erlitt noch eine ganze Reihe ähnlicher Niederlagen, was ihn schließlich den Rest meines Vertrauens kostete: 1928 übersiedelte er nach Port Arthur [Lüschun], um eine neue Karriere anzufangen.

Aber lassen wir die Streitereien der Tsching Loyalisten. Lieber will ich auf den zweiten Grund zu sprechen kommen, der mich bewog, all die sieben Jahre in Tientsin auszuharren: nämlich die Hoffnungen, die ich insgeheim in die verschiedenen Bürgerkriegsgenerale setzte.

Fünftes Kapitel

Die Fengtiän Kommandeure

In der Zeit von 1926 bis 1928 unterhielt ich mit sämtlichen Kriegsherren des Nordens enge Beziehungen, und jeder von ihnen wußte auf seine Art, in mir Illusionen zu erwecken. Wu Pei-fu nannte sich in einem Memorandum meinen Untertan und selbst Duän Tschi-ruei bemühte sich um eine Privataudienz in Tientsin. Meine größten Hoffnungen setzte ich jedoch von Anfang an in die Kommandeure der Fengtiän Armee [im Nordosten], die mir persönlich auch am nächsten standen.

Im Juni 1925 suchte mich eines Tages mein Schwiegervater Rung Yüan auf, um mir freudestrahlend mitzuteilen, daß Dschang Dzo-lin einen engen Vertrauten mit 100 000 Dollar hergeschickt und zugleich die Hoffnung ausgedrückt habe, mich in seinem Haus empfangen zu dürfen. Tschen war sofort dagegen, daß ich auf Dschangs Vorschlag einging; es schicke sich nicht für einen Kaiser, einen republikanischen General zu besuchen, und in diesem Fall läge der Treffpunkt außerhalb der Konzession, was allein schon eine positive Antwort ausschließe. Auch ich selbst war der Ansicht, daß ein Besuch unter meiner Würde und zu gefährlich war, und lehnte ab. Überraschenderweise erschien Rung Yüan in der darauffolgenden Nacht erneut mit Dschang Dzo-lins Abgesandten bei mir: Dschang erwarte mich in seiner Residenz; im chinesisch verwalteten Teil der Stadt bestehe nicht die geringste Gefahr für meine Person, Dschang aber könne unmöglich die Japanische Konzession betreten. Er lasse mich deshalb noch einmal bitten, ihn in seinem Haus zu besuchen.

Um mich zu überzeugen, stimmte Rung Yüan ein Loblied auf

Dschangs Loyalität an. Tatsächlich hatte mir der General vor nicht langer Zeit noch seine Anteilnahme ausgedrückt. Und war nicht schon früher im Palast die Rede gewesen, daß – außer Dschang Hsün – niemand dem Hof mehr Ergebenheit beweise als Dschang Dzo-lin (die beiden Dschangs waren ja auch verschwägert)? – Ohne irgend jemandem etwas zu sagen, stieg ich in den bereitstehenden Wagen und fuhr los.

In dieser Sommernacht verließ ich zum erstenmal das japanische Schutzgebiet. Als wir in den Garten der Tsao Familie, bei der Dschang Dzo-lin vorübergehend Quartier aufgeschlagen hatte, einfuhren, passierten wir eine höchst seltsame Ehrengarde: Soldaten in grauen Uniformen, die mit altmodischem Schlachtwerkzeug und modernsten Karabinern ausgerüstet vom Außentor bis zum Hauptportal Spalier standen.

Nachdem ich ausgestiegen war, wurde ich in eine hellerleuchtete große Halle geführt, wo mir, in Zivil gekleidet, ein kleiner Mann mit einem Schnurrbärtchen entgegenkam. Ich erkannte ihn auf den ersten Blick: Es war Dschang Dzo-lin selbst. Zögernd hielt ich inne. Ich wußte noch nicht recht, wie ich den General begrüßen sollte – immerhin geschah es zum erstenmal, daß ich eine der großen Figuren der Republik aufsuchte, und Rung Yüan hatte versäumt, mir rechtzeitig einen Hinweis zu geben. Doch ehe ich mich versah, war Dschang mit der allergrößten Selbstverständlichkeit vor mich hingetreten und auf den Ziegelboden niedergekniet, um einen Kotau zu vollziehen:

»Eure Majestät befinden sich wohl?«

»Wie geht es Ihnen, Marschall?« gab ich zur Antwort und beeilte mich, ihm wieder auf die Beine zu helfen, worauf wir gemeinsam in den Empfangssalon überwechselten.

Ich war guter Laune und auch – obwohl diese Regung bereits »unkaiserlich« war – ein bißchen dankbar für Dschangs Unterwerfungsakt, der mir das unbehagliche Gefühl nahm, mich mit diesem Besuch zu erniedrigen. Am meisten trug jedoch zu meiner Stimmung bei, daß dieser wichtige Mann offensichtlich nicht vergessen hatte, was einmal gewesen war.

Die Empfangshalle war mit erlesenen Möbeln ausgestattet, wobei ein willkürliches Nebeneinander von chinesischen Tischen und Stühlen, westlichen Sofas und gläsernen Wandschirmen allerdings einen etwas unharmonischen Gesamteindruck ergab. Wir setzten uns vis-à-vis an einen runden Tisch, und Dschang Dzo-lin begann auf mich einzureden, während er gleichzeitig eine Zigarette nach der anderen anzündete. Schon sein erster Satz war eine Verwünschung Feng Yü-hsiangs, der den Hof nur unter Druck gesetzt habe, um sich an den Palastschätzen zu vergreifen. Er selbst habe dagegen stets außerordentlichen Wert darauf gelegt, die alte Kultur und die Kunstschätze Chinas zu schützen. Aus diesem Grund habe er nicht nur den Kaiserlichen Palast in Mukden [Fengtiän] stets seinen speziellen Schutz angedeihen lassen, sondern jüngst auch einen vollständigen Satz der Enzyklopädie Kaiser Tschiän Lungs aus Peking fortschaffen lassen, um ihn an einem sicheren Ort zu verwahren. Er sagte in einem tadelnden Unterton, ich hätte keinen Anlaß gehabt, in der Japanischen Gesandtschaft Zuflucht zu suchen. Nachdem er bereits mit seinen Soldaten in Peking eingezogen sei, wäre es ihm doch ein leichtes gewesen, für meine Sicherheit zu sorgen. Dschang erkundigte sich als nächstes nach meinen jetzigen Lebensumständen und ermunterte mich dann, mich an ihn zu wenden, falls mir etwas fehlen sollte.

Ich erwiderte darauf, daß ich mir seiner, Marschall Dschangs, aufrichtigen Sorge um mich bewußt sei; da aber damals Feng Yü-hsiangs Truppen noch die Nördliche Residenz kontrollierten, hätte ich mich doch gezwungen gesehen, für alle Fälle die Japanische Gesandtschaft aufzusuchen. Ich bemerkte weiter, daß mir seit langem bekannt sei, in welch gutem Zustand sich die Ahnentempel, Mausoleen und Paläste der Tsching in Liaoning [Provinz Fengtiän] befanden, und daß ich seine, Dschangs, lauteren Absichten daraus wohl ersehe.

»Falls Majestät wünschen, nach Fengtiän [Mukden, Hauptstadt der Provinz Liaoning] zu kommen, um im dortigen Palast zu leben, so kann ich das leicht arrangieren.«

»Marschall Dschang sind sehr zuvorkommend...«

Hier wechselte Dschang abrupt das Thema und kam wieder auf mein Leben in Tientsin zurück:

»Sollte einmal etwas fehlen, dann braucht Ihr mir nur zu schreiben!«

Das einzige, was mir wohl wirklich fehlte, war ein Thron, doch das konnte ich an diesem Abend unmöglich offen aussprechen.

Während unserer Unterhaltung waren wir ganz allein – wenn man von den Fliegen absieht. Nach einer Weile trat ein Adjutant herein und sagte:

»Der Stabschef möchte Sie sehen!«

Dschang Dzo-lin winkte ab:

»Das hat keine Eile, er soll einen Moment warten!«

Ich erhob mich und sagte schnell:

»Der Marschall ist sehr beschäftigt, ich will mich verabschieden!«

Aber Dschang hielt mich zurück: »Bitte, das eilt nicht!«

In diesem Moment tauchte für einen kurzen Augenblick der Schatten eines weiblichen Wesens hinter dem Wandschirm auf (später hörte ich, daß dies Dschangs fünfte Konkubine gewesen war), und ich sagte mir, daß die Sache mit dem Stabsoffizier doch eine gewisse Eile hatte. Ich verabschiedete mich noch einmal von Dschang, und diesmal versuchte er nicht mehr, mich zum Bleiben zu überreden.

Immer wenn ich den Dschang Garten verließ, begleitete mich unweigerlich einer der japanischen Polizisten in Zivil, die bei mir stationiert waren. So geschah es auch diesmal, aber möglicherweise hatte Dschang den westlich gekleideten Japaner, der neben meinem Wagen stand, übersehen, denn er sagte laut zum Abschied: »Sollten diese kleinen japanischen Teufel Euch einen Trick spielen, so gebt mir Bescheid. Ich weiß schon, wie man mit ihnen fertig wird!« Noch einmal fuhr der Wagen an jener seltsamen Ehrengarde vorbei, und kurze Zeit später war ich wieder in der Konzession.

Am Tag darauf erschien der japanische Generalkonsul und warnte mich: »Wenn Eure Majestät sich noch einmal heimlich in chinesisches Territorium begeben, sieht die japanische Regierung sich außerstande, künftig für Eure Sicherheit zu garantieren!«

Es war damals allgemein bekannt, daß zwischen Dschang Dzo-lin und den Japanern enge Bindungen bestanden: Der General wäre ohne japanische Hilfe nie in der Lage gewesen, ein so großes Heer wie das seine mit Waffen und Munition zu versorgen. Deshalb beeindruckte mich der Protest des Konsuls nicht besonders, und auch die Warnungen der Tschen Gruppe konnten die Illusionen, die die Zusammenkunft in mir geweckt hatte, nicht beeinträchtigen.

Meine Hoffnung auf eine Restauration erhielt weiteren Auftrieb, als Tanaka Giichi – berüchtigt durch sein »Tanaka Memorandum« – 1927 japanischer Premierminister wurde. (Der Inhalt dieses Memorandums, das zum ersten Mal Japans Expansionspläne in Asien und seine Sonderinteressen im Norden Chinas genau umriß, wurde erst im Jahre 1929 bekanntgegeben; aber schon 1927 waren die wichtigsten Postulate durchgesickert.) Daß Dschang Dzo-lin das Oberkommando der »Befriedungsarmee« erhielt, hatte er der Unterstützung des Tanaka Kabinetts zu verdanken. Und auch seine Ernennung zum Feldmarschall der Regierung der Nördlichen Kriegsherren wurde aus dem gleichen Lager betrieben. Als die Truppen Tschiang Kai-scheks zu weit nach Norden vordrangen, marschierten die Japaner bis vor Tsinan [Schantung], das sie zum Schauplatz eines furchtbaren Massakers machten. Der japanische Kommandeur des Unternehmens versäumte auch nicht,

Tschiang ein Warnschreiben zukommen zu lassen, von dem er mir selbst, zum Zeichen seiner Anteilnahme, eine Kopie schickte. Tschiang Kai-schek, der es sich nicht leisten konnte, die Gunst der Imperialisten zu verscherzen, nachdem er gerade eben [am 12. April 1927] in Schanghai Kommunisten, Gewerkschaftler und Studenten hatte abschlachten lassen, zog sich willfährig von Schantung zurück und tat ein übriges, um die antijapanischen Aktivitäten der Bevölkerung zu unterbinden.

Diese Entwicklung trug dazu bei, daß meine Beziehungen zu den Fengtiän Kommandeuren sich noch enger gestalteten als zuvor. Seit meinem Besuch bei Dschang Dzo-lin verkehrte ich offen mit sämtlichen Generalen des Nordens. Dschang Wen-dsche, der Verwalter meines Vaters, besaß in Fengtiän Schwurbrüder in der Fengtiän Armee, und er war es, der die wichtigen Befehlshaber des Nordens und auch den »Jungen Marschall« [Dschang Hsüä-liang: Dschang Dzo-lins Sohn] bei mir einführte. Sprachen diese Generale im Dschang Garten vor, wurde die Hofetikette aufgehoben. Sie brauchten mir nicht mehr mit einem Kotau zu huldigen, und ich mußte sie nicht mehr mit der Gunst belohnen, zu Pferd oder in einer Sänfte in der Verbotenen Stadt erscheinen zu dürfen. Sie verbeugten sich allenfalls einmal vor mir oder schüttelten mir die Hand, und dann verkehrten wir sozusagen von gleich zu gleich miteinander; auch in Korrespondenzen nahm ich davon Abstand, meine Stellung als Kaiser übermäßig zu betonen. Der Grad der Vertraulichkeit richtete sich allein danach, wie jeder einzelne sich zur Restauration einstellte.

Der Mann, in den ich jahrelang die höchsten Hoffnungen setzte, war der Fengtiän General Dschang Dzung-tschang, dessen Karriere stellvertretend für viele der anderen Nördlichen Kriegsherren stehen kann:

Er kam mit fünfzehn, sechzehn Jahren als Landstreicher in die nordchinesische Hafenstadt Yinko, wo er sich unter allerlei undurchsichtigem Gesindel in Spielhöllen herumtrieb, bis es ihn dann, nach einem kleinen Zwischenspiel als Bandenführer im Nordosten, nach Wladiwostok verschlug. Dort ergatterte er den Posten eines Chefs der Privatpolizei der lokalen chinesischen Handelskammer und rückte nach und nach – und das nicht zuletzt wegen seiner intimen Zusammenarbeit mit der zaristischen Geheimpolizei – zur führenden Figur der Wladiwostoker Unterwelt auf mit einem Monopol für Bordelle, Spielsalons und Opiumhöhlen. Nach dem Aufstand von Wutschang [1911] verwandte er sich erst als Unterhändler der Revolutionäre, wechselte aber beim Ausbruch der sogenannten Zweiten Revolution ins Regierungslager über und erwarb sich durch brutales Abschlachten seiner früheren

Auftraggeber die Wertschätzung Feng Guo-dschangs. Nach einer Niederlage in Kiangsu und Anhwei schlug er sich auf die Seite von Dschang Dzo-lin. Von da an begann ein steiler Aufstieg, der damit endete, daß Dschang Dzung-tschang als Oberbefehlshaber der »Vereinigten Armeen von Dscheli und Schantung« und republikanischer »Generalkommandeur für die Beseitigung des Banditenwesens in Kiangsu, Dscheli und Anhwei«, unumschränkter Lokalherrscher der drei Provinzen wurde. Wegen seiner Vagabundenvergangenheit hatte ihm die Südliche Presse den Namen »Hundefleischgeneral« gegeben. Später wurde er umgetauft und hieß »General der langen Beine«, da er die Gewohnheit hatte, bei Scharmützel mit unsicherem Ausgang immer als erster davonzulaufen.

Als ich in Tientsin mit ihm zusammentraf, war er bereits über vierzig Jahre alt. Auf den ersten Blick wirkte der großgewachsene Mann sehr stattlich, doch bei genauerem Hinsehen verriet der fahle Ton seines aufgedunsenen Gesichts den Opiumsüchtigen. Dschang Dzung-tschangs Besuche fanden stets zu mitternächtlicher Stunde statt, da er tagsüber schlief und abends erst einmal Opium rauchte, was ihn dann in so angeregter Stimmung versetzte, daß er sich stundenlang über »Berge im Süden und Meere im Norden« unterhalten konnte.

Als 1926 Dschang Dzo-lin und Wu Pei-fu sich gegen Feng Yü-hsiang verbündeten und ihn in einer Schlacht beim Nankoupaß stellten, waren es die Soldaten Dschang Dzung-tschangs, die nach Fengs Rückzug den Paß besetzten. Als ich vom Sieg Dschang Dzung-tschangs hörte, war ich außer mir vor Freude. Jeden Tag hoffte ich auf einen letzten, endgültigen Sieg, der die Grundlage für meine Rückkehr auf den Thron legen würde. Allerdings, während seines kometenhaften Aufstiegs als »Hundefleischgeneral« war Dschang Dzung-tschang nicht willens, sich zu engagieren; erst später, als er ins Stadium des »Generals der langen Beine« eintrat, schenkte er meinen Plänen ein williges Gehör.

Um die Zeit des 4. Juni 1928, als Dschang Dzo-lin von der japanischen Kwantung Armee, der er zu unbequem geworden war, an der Kreuzung der Peking-Fengtiän Linie und der Südmandschurischen Eisenbahn samt dem Zug, in dem er fuhr, in die Luft gesprengt wurde, kam es zu einer Allianz zwischen Tschiang Kai-schek, Feng Yü-hsiang und Yän Hsi-schän (Kriegsherr der Provinz Schansi). Die Bündnispartner fielen gemeinsam in den Norden ein, umgingen die japanischen Truppen, die Dschang Dzung-tschang entlang der Tientsin-Pukou Eisenbahnlinie unterstützten, und zerstörten Dschangs Basis in Schantung. Dschang Dzung-tschangs Truppen erlitten eine verheerende Niederlage und flohen vollkommen aufgelöst in Richtung Mandschurei, wo ihnen von Dschang Dzo-lins Sohn und Nachfolger, Dschang Hsüäliang, der Weg abgeschnitten wurde. Dschang Dzung-tschangs Truppen fanden sich mit einemmal im Lutai-Luandschou-Sektor eingekesselt und einem Klammergriff von vorn und hinten ausgeliefert. In dieser verzweifelten Lage schickte mir Dschang Dzung-tschang seinen Stabsoffizier mit einem Brief, worin er großspurig prahlte, er besäße so viele Truppen und sei so gut ausgerüstet, daß es ihm ein leichtes sei, demnächst Peking und Tientsin zu erobern. Allerdings sei er gerade dabei, neue Truppen auszubilden, für deren Unterhalt er monatlich zwei Millionen Dollar benötige.

Als Tschen Bao-schen und Hu Sö-yüan hörten, daß ich wieder einmal dabei war, Geld zum Fenster hinauszuwerfen, suchten sie mich sofort auf und brachten mich schließlich so weit, Dschang Dzung-tschang vorerst nur mit einem Kaiserlichen Ermunterungsschreiben zu unterstützen. Kurz darauf erfolgte Dschang Dzung-tschangs vollständiger Zusammenbruch, der mit seiner Flucht nach Japan endete. Von Japan aus blieb Dschang jedoch weiter mit mir in Verbindung, und seine Loyalitätsbeteuerungen wuchsen im selben Maße wie seine Geldwünsche, bis ich mich schließlich an die Mahnungen Tschens und Hus hielt und aufhörte, ihm Geld zu schicken und seine Briefe zu beantworten.

1932 kam er unter dem Vorwand, die Familiengräber kehren zu müssen, nach Schantung zurück [ein Akt der Pietät, den die Provinzbehörden nicht verwehren durften] und versuchte, einen früheren Untergebenen und lokalen Offizier zur Rebellion zu überreden. Am 3. September 1932 wurde er auf Veranlassung des Provinzgouverneurs von Schantung von einem gedungenen Attentäter ermordet. Der Leichnam Dschang Dzung-tschangs blieb auf offener Straße liegen, da niemand, mochte ihm auch noch soviel Geld geboten werden, bereit war, ihn fortzuschaffen. Selbst die Bestattungsunternehmer weigerten sich, einen Sarg für diesen früheren, tödlich verhaßten Kriegsherrn zu verkaufen. Schließlich mußte ihn dieselbe Provinzregierung beerdigen, die für Dschang Dzung-tschangs Ermordung verantwortlich war. Und dieses Ungeheuer, dessen böser Geist selbst nach dem Tod die Leute in Angst versetzte, war ein stets gern gesehener Gast im Dschang Garten gewesen!

Aber obwohl mir in jenem April 1928 bei der Nachricht von dem Sprengstoffattentat auf Dschang Dzo-lin der Schreck in die Glieder fuhr und mehrere Tsching Veteranen darin eine Warnung für mich sahen, nahm ich ihre Worte nicht ernst. Dschang Dzo-lin war schließlich nur ein Militär gewesen, wenn auch von hohen Graden; ich aber war der Kaiser, und das hieß, daß die Japaner in ganz China keinen zweiten als Ersatz auftreiben konnten. Vor allem die Pro-Japan-Partei wußte diesen Gedanken gut zu untermauern. Ihr Argument lautete:

»Die Leute im Nordosten hassen die Japaner bis auf die Knochen, während Japan eine Allianz zwischen dem Nordosten [das heißt Dschang Hsüa-liang] und dem Kuomintang-Süden [das heißt Tschiang Kai-schek] verhindern muß. Die Japaner wären stark genug, den Nordosten mit Gewalt zu nehmen, ihn aber regieren können sie nur mit Hilfe Eurer Majestät.« Ich war leicht überzeugt, daß sich auch die Japaner diesen Standpunkt zu eigen machen würden. Doch um Japans Hilfe für meine Restaurationsträume zu erhalten, mußte ich erst die Herzen der Bevölkerung im Nordosten gewinnen; deshalb gab ich es auch später nie auf, mich um ehemalige Dschang Dzo-lin Kommandeure in der Mandschurei zu bemühen.

Sechstes Kapitel

Semionow und der »Kleine Dschugö«

Ich kann mich nicht mehr erinnern, wieviel Geld ich verschwendete und wie viele Perlen, Jade und Schmuck ich wegschenkte, um mir die Gunst von Militärs zu sichern; aber ich weiß, daß der Mann, der am meisten einsteckte, der Weißrusse Semionow war.

Semionow war ein zaristischer General, der sich, von der Roten Sowjetarmee im Osten geschlagen, ins chinesische Grenzgebiet zwischen der Mandschurei und der Inneren Mongolei durchgeschlagen hatte und dort mit dem Rest seiner Truppen plündernd, vergewaltigend, brandschatzend uud mordend einen wilden Überlebenskampf führte. Sein Versuch, in die Mongolische Volksrepublik einzudringen, schlug fehl, und auch an der mongolischen Grenze kam es immer wieder zu Gegenangriffen chinesischer Militärs. 1927 waren Semionows Truppenreste zu einem kleinen Häuflein Briganten zusammengeschmolzen. Zu jener Zeit begann er, in Peking, Tientsin, Schanghai, Port Arthur, Hongkong und Japan aktiv zu werden, um chinesische Kriegsherren und ausländische Politiker als Gönner für sich und seine Pläne zu gewinnen.

Mir wurde er zuerst von einem mongolischen Adligen und Luo Dschen-yü zu Beginn meiner Jahre in Tientsin empfohlen, aber da Tschen Bao-schen gegen seinen Besuch opponierte, lehnte ich es ab, ihn zu empfangen. Danach führte Luo den Exgeneral bei Dscheng Hsiao-hsü ein, der von den Fähigkeiten dieses Ausländers so beeindruckt war, daß er mir riet, ihn mit Dschang Dzung-tschang bekannt zu machen. Da ich damals gerade größte Hoffnungen in den »Hundefleischgeneral« setzte, stimmte ich Dschengs Vorschlag zu. So kam es, daß Dschang durch Dschengs Beziehungen seine weißrussischen Einheiten verstärken und mit ausländischen Waffen und Munition von Semionow ergänzen konnte. Später schlossen Semionow und Dschang Dzung-tschang dann noch einen »Sinorussischen antibolschewistischen Militärpakt«.

Auf Drängen von Dscheng Hsiao-hsü willigte ich im Oktober 1927 ein, Semionow im Dschang Garten zu treffen. Diese erste Unterredung verlief recht anregend, und bald war ich überzeugt, daß er, wie er sagte, »allen Widrigkeiten zum Trotz sein ›großes Werk‹ vollbringen, die Roten besiegen und die Dynastien der Tsching und Romanow an die Macht zurückbringen würde«. Um ihn zu unterstützen, gab ich ihm auf der Stelle 50 000 Dollar. Dscheng seinerseits ließ sich mit Semionow und einigen anderen Getreuen fotografieren, worauf sie alle Brüderschaft und den Tsching ewige Loyalität schworen.

Nach der Niederlage der alliierten Intervention in Sibirien hatte damals die weltweite Antisowjetkampagne gerade einen neuen Höhepunkt erreicht. Ich erinnere mich noch, daß mir Semionow und Dscheng Hsiao-hsü, daran anknüpfend, weismachten, England, Amerika und Japan seien übereingekommen, weißrussische Truppen mit Waffen, Munition und Geldmitteln zu versehen und sie als Stoßtrupps gegen die Sowjets einzusetzen. Angeblich bemühte sich auch das russische Zarenhaus um Semionow. Jedenfalls stand damals ein »zaristischer Unterhändler« mit Dscheng Hsiao-hsü in Verbindung. Die näheren Details sind mir entfallen, aber an eines erinnere ich mich noch genau: Semionows »Großes Werk« sah die Errichtung einer antikommunistischen Basis im Nordosten von China und in der Inneren Mongolei vor – mit mir als Herrscher!

Um Semionows Ausgaben zu decken, eröffnete ich für ihn ein Bankkonto mit freier Verfügungsgewalt, das von Dscheng Hsiao-hsü verwaltet wurde. Die erste Einlage betrug, wenn ich mich recht erinnere, rund 10 000 Dollar: Semionow hatte mir bei Gelegenheit erklärt, daß er eigentlich meiner Unterstützung gar nicht bedürfe, da er im Begriff sei, von weißrussischen Emigranten 180 Millionen Rubel einzuziehen.

(Später sprach er auch von 300 Millionen Rubel.) Darüber hinaus müßten bald auch die Unterstützungszahlungen aus England, Amerika und Japan eintreffen. Nur weil die genannten Gelder im Augenblick noch nicht verfügbar seien, würde ihm ein kleiner Betrag von mir genehm sein.

Von da an forderte Semionow Dscheng Hsiao-hsü regelmäßig auf, ihn mit weiteren Mitteln zu versorgen, »bis er jene Gelder in den Händen hätte«. Wofür er Geld brauchte, belegte er jedesmal mit einer anderen phantastischen Geschichte. Entweder hatte der japanische Kommandeur in Tientsin mit Dschang Dzo-lin einen Pakt geschlossen, und nun mußte er dringend nach Fengtiän [Mukden], um das »Große Werk« zu besprechen – aber im Moment fehlte das Reisegeld. Oder es hatte ihm der sowjetische Konsul in Schanghai auf »höchsten Befehl« als Kompromiß ein Gebiet im Fernen Osten zur Errichtung einer autonomen Regierung angeboten, aber er hatte nicht genügend Geld, um in Japan der Sache nachzugehen...

Hauptmittelsmann zwischen mir und Semionow war ein Mann namens Wang Sche, der es vorzüglich verstand, mich mit Phrasen wie »das ist die entscheidende Gelegenheit, die nur alle tausend Jahre wiederkehrt« in Trab zu halten. Am 9. August 1929 verfaßte er beispielsweise ein Memorandum, wonach die Japaner gerade 8000 Koreaner angeworben, besoldet, ausgerüstet und Semionow unterstellt hatten, wobei ein weiteres Kontingent von 10 000 Weißrussen demnächst folgen sollte. Großbritannien sei dabei, seine Beziehungen zur Sowjetunion abzubrechen und habe angekündigt, die für Semionow in der »Hong Kong and Shanghai Banking Corporation« deponierten 80 Millionen Dollar seien ihm nun auszuhändigen. Frankreich und Italien seien bereit, sich zu beteiligen, und Amerika habe eine Unterstützung von 5 Millionen Dollar für eine gemeinsame Organisation einer »Internationalen Antikommunistischen Friedensarmee in der Mandschurei und Mongolei« mit Semionow an der Spitze zugesagt.

Da Dscheng Hsiao-hsü an dem Tag, an dem Wang Sche dieses phantastische Memorandum einbrachte, abwesend war, wurde Wang von Tschen Bao-schen und Hu Sö-yüan nicht zu mir vorgelassen. Ich hatte Hu, den ich für äußerst loyal hielt, mit der Führung meiner Kanzlei betraut: Er entschied, wen ich sehen sollte und wen nicht. Nun benutzte er die Gelegenheit, um mir zu beweisen, daß ich von Wang Sche nur beschwindelt wurde; also folgte ich seinem und Tschens Rat und verbot Wang und sämtlichen anderen Unterhändlern Semionows den Zutritt in den Dschang Garten. (Nach dem Zweiten Weltkrieg hörte ich dann als Gefangener in der Sowjetunion, daß Semionow nach 1945 den sowjetischen Truppen in die Hände fiel und gehängt wurde.)

Doch kaum war Dscheng Hsiao-hsü in Tientsin zurück, gelang es ihm, mich zu Stützungsaktionen für andere seiner »ausländischen Berater« zu überreden. Einen adligen Österreicher, der, wie er selbst behauptete, in Europa großen Einfluß besaß, schickte ich als meinen Unterhändler mit einem Halbjahresgehalt von 1800 Dollar nach Europa, um für mich dort eine Bewegung aufzubauen. Und einem englischen Journalisten namens Ross übergab ich – statt der verlangten 20 000 – allerdings nur 3000 Dollar zur Gründung einer Zeitung, die ein paar Tage nach ihrem Erscheinen wieder einging.

Obwohl Hu Sö-yüan ständig bemüht war, diese Leute von mir fernzuhalten, gelang es doch nicht wenigen, sich unter dem Vorwand, Beziehungen zu Militärs zu unterhalten oder die Restauration unterstützen zu wollen, Zugang zum Dschang Garten zu verschaffen. Von 1926 an wurde es gar zur Tradition, daß sämtliche in den Bürgerkriegen gerade geschlagenen Militärs und Politiker im Dschang Garten vorsprachen. Unter meinen Protegés aus diesem Kreis war in Liu Feng-tsche, der »Kleine Dschugö«, wohl der bemerkenswerteste.

Dieser Liu wurde mir von einem Untergebenen Dschang Hsüns [dem General der Restauration von 1917] als »Dschu Gö-liang der Neuzeit« empfohlen: »Könnte man diesen großen Strategen gewinnen, wäre das Gelingen des ›Großen Werks‹ schon zu 90 Prozent verbürgt!« hatte er mir vorgeschwärmt.

Liu Feng-tsche war ein Mann in den frühen Vierzigern, als ich ihn zum ersten Mal sah. Er pries seine »allvermögenden Augen und Hände« und wurde dann sehr konkret: Er benötige Antiquitäten, Malereien und Kalligraphien sowie Golduhren; denn mit Glücks- und Langlebigkeitszeichen aus meiner Hand sei bei Persönlichkeiten, die es zu gewinnen gelte, nichts auszurichten. Dies war das erste Mal, daß mir jemand so zu kommen wagte, und obwohl ich mich etwas unbehaglich fühlte, dachte ich mir, daß ein Mensch, der das aussprach, was sich andere zu sagen scheuten, notgedrungen die Wahrheit sprach. Daher überließ ich es ihm, sich von meinen Wertsachen zu bedienen. Er verlangte Schmuck für 10 000 Dollar für einen Untergebenen Dschang Dzo-lins, zehn Kaiserliche Hofperlen für andere Fengtiän Generale; ja selbst die große Perle von meinem Zeremonienhut hätten für einen Mann namens Mu geopfert werden sollen. Briefe, in denen der »Kleine Dschugö« solche spezifizierten Kostbarkeiten forderte, trafen alle zwei, drei Tage ein und enthielten stets Bemerkungen wie: »Bei großen Talenten darf man nicht mit Geld sparen. Kleinlichkeit läßt die Menschen gering denken; will man Großes unternehmen, darf man keine kleinen Maßstäbe anlegen.«

Seinen Berichten zufolge hatten fast alle Offiziere der Fengtiän Armee vom Brigadier aufwärts sowie die Anführer der 400 000 Mann starken »Rote-Speer-Gesellschaft« und die diversen Banditenhäuptlinge in den Wäldern Kaiserliche Perlen, altes Porzellan und Juwelen empfangen und waren samt und sonders sehr »bewegt« von meiner Art, »keine kleinen Maßstäbe anzulegen«. Angeblich warteten sie nur noch auf mein Kommando, um loszuschlagen. Als sich dann aber trotz »Kommando« nichts regte, schenkte ich Tschen Bao-schens Vorbehalten mehr Gehör und zeigte mich Liu gegenüber nicht mehr so freigebig. Als Lius Briefe immer dringlicher wurden und er nun plötzlich davon redete, er habe schon sein ganzes Familiengut für mich aufgewandt – »was auch geschieht, ich muß jetzt 20 000 Dollar haben« –, merkte ich endlich selbst, daß hier etwas nicht stimmen konnte und stellte meine Beziehungen zu ihm ein. – Später gelang es dem »Kleinen Dschugö« noch einmal, zu mir vorzudringen. Mit Tränen in den Augen erzählte er mir von seiner Armut und war auch sonst sehr bescheiden: Nur 10 Dollar wollte er diesmal haben. Wie ich später hörte, soll er vom Fengtiän General Wän, genannt »Glückliches Einhorn«, erschossen worden sein, weil er im Nordosten Unruhe gestiftet hatte.

Siebtes Kapitel

Die Schändung der Östlichen Mausoleen

Das Jahr 1928 war für mich ein Jahr der Erschütterungen, das in stetem Auf und Ab Freude und Leid brachte.

Die Tanaka Regierung gab offiziell bekannt, daß sie künftig keine chinesischen Truppen im Gebiet der Mongolei und Mandschurei dulden werde. Doch während meine Verbindungsleute über Erfolge bei den Kriegsherren berichteten, las ich schon in der Zeitung, daß gerade jene Militärs, die Hoffnungen aufkeimen ließen, geflohen oder erschossen worden waren. Die Südregierung brach die Beziehungen zur Sowjetunion ab, und die Nordregierung folgte nach, aber dann schlug sich Feng Yü-hsiang, der »rote Extremist« [und »Christliche General«], auf die Seite Tschiang Kai-scheks und lieferte den Nördlichen Bürgerkriegsgeneralen heftige Gefechte. In der zweiten Hälfte des Jahres 1928 überstürzten sich die Unglücksbotschaften: Dschang Dzo-lin wurde ermordet [von den Japanern]; der amerikanische Gesandte vermittelte eine Allianz zwischen Dschang Dzo-lins Sohn, Dschang Hsüä-liang, und Tschiang Kai-schek. Am tiefsten aber traf mich ein anderer Schlag; die Schändung der Östlichen Mausoleen durch Kuomintang Soldaten.

Diese Mausoleen befinden sich im Malän Tal [Kreisbezirk Dzunhua, Provinz Hopeh]: Kaiser Tschiän Lung und die Kaiserinwitwe Tze Hsi sind dort begraben. 1928 verlegte Sun Diän-ying – ein marodierender Bandenführer aus einer Spieler- und Opiumhändlerfamilie, der es vom Untergebenen Dschang Dzung-tschangs zum Kommandeur der 41. Armee Tschiang Kai-scheks gebracht hatte – seine Truppe in dieses Tal. Dort erließ er eine Bekanntmachung, die das ganze umliegende Gebiet zur Sperrzone für militärische Manöver erklärte, und dann setzte er seine Pioniertruppen an und ließ sie drei Tage und drei Nächte graben, bis sämtliche Sargbeigaben für Kaiser Tschiän Lung und Tze Hsi freigelegt waren.

Von meinen Vorfahren hatte keiner extravaganter gelebt als gerade Tschiän Lung und Tze Hsi. Entsprechend aufwendig waren ihre Grabbeigaben. Ich habe aus historischem Material die folgende Beschreibung ihrer Gräber gefunden:

»Die Grabschächte waren ganz mit weißem Marmor verkleidet und führten jeweils zu vier prachtvoll geschnitzten Marmorpforten. Die ›Schlafpaläste‹ oder Grabkammern waren achteckig angelegt, hatten eine Bodenfläche, die ungefähr der Dimension der Thronhalle der Zentralen Harmonie im Kaiserpalast entspricht; die Kuppeldecken waren mit einer Ornamentik von neun golden blitzenden, geschnitzten Drachen überzogen. Tschiän Lungs Innen- und Außensarg war aus besonders lange gelagertem Hartholz gefügt und lag auf einem achteckig eingefaßten Brunnen. Beide Grabkammern enthielten neben schweren Gold- und Silberbarren und dem traditionellen Totengerät die erlesensten Kleinodien. Tze Hsis Grabbeigaben bestanden aus Smaragden, Perlen, Diamanten und anderen Edelsteinen; ihre Phönixkrone war aus besonders großen Perlen und Golddraht gefertigt, und auch das Päonien-Bahrtuch war eine einzige Perlenstickerei. Sie trug ein unvergleichlich kostbares Armband in Form einer Chrysantheme mit sechs kleinen Pflaumenblüten aus großen und kleinen Diamanten, deren Glanz und Gefunkel das Auge blendete. In der Hand hielt sie einen drei Zoll langen smaragdgrünen Jadestab gegen Dämonen, und ihre Füße steckten in perlenbestickten Pantoffeln. Darüber hinaus enthielt ihr Sarg noch siebzehn Gebetsketten mit Kugeln aus Perlen und Edelsteinen sowie verschiedene Armreifen aus Smaragdjade. Tschiän Lungs Grabbeigaben bestanden aus Kalligraphien, Malereien, Büchern, Schwertern, Jade-, Elfenbein- und Korallenschnitzereien, goldenen Buddhastatuen usw.; die Seidengewebe in seiner Kammer waren bereits so zerfallen, daß sich nicht mehr erkennen ließ, was sie einst dargestellt hatten.«

Die Nachricht von Suns Schändung der Gräber meiner Ahnen traf mich, wie mich noch nie etwas getroffen hatte – selbst meine eigene Vertreibung aus der Verbotenen Stadt hatte mich weniger erschüttert. Der ganze Kaiserliche Klan geriet in Aufruhr, und alle ehemaligen Tsching Beamten – ganz gleich, ob sie noch zu meinem Beraterkreis gehörten oder sich schon zurückgezogen hatten – suchten mich auf, um mir ihre Abscheu gegenüber Tschiang Kai-scheks Truppen auszudrükken. Tsching Anhänger aus dem ganzen Land schickten Geld für die Wiederherstellung der Mausoleen. Auf ihren Vorschlag hin und unter ihrer Anleitung wurden im Dschang Garten für Tschiän Lung und Tze Hsi Seelentafeln mit Opfertischen aufgestellt, wo dreimal täglich Weihrauch gebrannt wurde, während Getreue weinend wie bei einem Begräbnis vorbeidefilierten und auf bereitgestellten Matten niederknieten, um den beiden verstorbenen Herrschern mit Kotau zu huldigen. Das Kaiserhaus und Tsching Anhänger schickten getrennt Telegramme an Tschiang Kai-schek und Yän Hsi-schän [den General der regionalen Peking-Tientsin-Garnison] und wandten sich auch an die Presse: Sie verlangten eine Bestrafung Sun Diän-yings und forderten die sofortige Wiederherstellung der Mausoleen. Überdies wurde beschlossen, die Trauerzeremonien so lange im Dschang Garten weiterzuführen, bis die Renovierung der Gräber abgeschlossen war.

Die erste Reaktion Tschiang Kai-scheks beruhigte die Gemüter. Yän Hsi-schän erhielt den Auftrag, eine Untersuchung einzuleiten, und ein Divisionskommandeur, den Sun nach Peking geschickt hatte, wurde von Yän arrestiert. Aber schon nach kürzester Zeit wurde bekannt, daß jener Divisionskommandeur wieder auf freiem Fuß war und Tschiang Kai-schek die Sache nicht weiterzuverfolgen gedachte. Wie es hieß, hatte Sun Diän-ying einen gehörigen Teil der geraubten Schätze Tschiang Kai-scheks junger Frau, Soong Mei-ling, verehrt: Die Perlen aus Tze Hsis Phönixkrone zierten nun ein Paar Schuhe von Madame.

Diese Nachricht erfüllte mich mit abgründigem Haß. Mit brennendem Herzen trat ich in die dunkle Ahnenhalle, um vor meinen Klanbrüdern den Schwur abzulegen: »Wenn ich diese Schandtat nicht räche, bin ich nicht länger ein Sproß der Aisin Gioro!« Ich erinnerte mich wieder an Pu Wei, der mir, als wir uns zum erstenmal in Tientsin gesehen hatten, gelobte: »Solange ich lebe, sollen die Großen Tsching nicht untergehen!« Als ich innerlich diesen Schwur nachsprach, wußte ich, daß Rache und Haß fortan mein Handeln bestimmen würden.

In diesen Tagen standen mir Dscheng Hsiao-hsü und Luo-Dschen-yü am nächsten. Jede Anspielung auf geschichtliche Präzedenzfälle und jede Nachricht, die sie vorbrachten, schürten meinen Zorn und bestärkten mich in meinem Entschluß, mit allen Mitteln für meine Wiedereinsetzung zu kämpfen. Ich mußte die Ahnen rächen.

Doch die politische Lage entwickelte sich nicht günstig. Unter den neuen Emporkömmlingen, die nun die Pekinger und Tientsiner Szene beherrschten, gab es keine altvertrauten Gesichter wie Duän Tschi-ruei mehr. Mein Vater siedelte mit der ganzen Familie ins englische Schutzgebiet Tientsins über, da er sich fürchtete, länger in Peking wohnen zu bleiben – und meine Stimmung schlug langsam von Empörung in tiefe Niedergeschlagenheit um.

Den Bewohnern des Dschang Gartens war klar, daß durch die Verschwägerung der Häuser Soong und Tschiang eine Verbindung von Kompradorenvermögen und engen Beziehungen zu Amerika und England [Soong] mit engen Beziehungen zur Unterwelt und Börsenkreisen [Tschiang] zustande gekommen war, die Tschiang Kai-schek zu einem weit gefährlicheren möglichen Gegner machten als politische Vabanquespieler wie Duän Tschi-ruei, Dschang Dzo-lin und Wu Pei-fu. Tatsächlich wurde Tschiangs Nationalregierung noch im selben Jahr von allen Staaten einschließlich Japans anerkannt, und an Macht und Stellung übertraf der Generalissimo bereits alle Kriegsherren, die vor ihm die Regierungsgewalt an sich gerissen hatten. Meine Aussicht war mehr als düster: Mit einem derart ehrgeizigen Mann an der Herrschaft konnte von Restauration natürlich keine Rede sein; es war schon fraglich genug, ob es mir gelingen würde, mich neben Tschiangs Kuomintang zu behaupten. In dieser Ungewißheit griff ich immer wieder zu Divinationsstäbchen, um das Schicksal über Tschiangs und meine Zukunft zu befragen, und jedesmal wenn die Antwort schlecht für mich ausfiel, bedachte ich meinen Gegner mit den schlimmsten Verwünschungen.

Aber niemand, der wie ich nur meiner Ambition und meiner Rache lebte, konnte sich mit dem Satz »Alles liegt im Willen der Himmel« begnügen und dabei den Nachsatz »aber der Mensch schafft die Voraussetzungen« vergessen. Die Erfahrung der letzten Jahre und nicht zuletzt die Geschichte des Aufstiegs der Tschiang Clique hatten mich gelehrt, daß sich ohne militärische Macht nichts vollbringen ließ. Nur wer eine Armee hinter sich hatte, konnte auf die Unterstützung des Auslandes hoffen.

Aber wenn schon ein zum Marschall aufgestiegener Banditenführer oder Gangsterboß die Ausländer beeindrucken konnte, wieviel mehr mußte es dann ins Gewicht fallen, wenn ein reinblütiger Kaiser der Großen Tsching eine Armee besaß! Ich beschloß, einige vertrauenswürdige Mitglieder meiner engsten Familie auf eine Militärakademie nach Japan zu schicken. Das schien mir nun noch vordringlicher zu sein, als selbst ins Ausland zu gehen.

Meine Wahl fiel vorerst auf Pu Dschiä und meinen Schwager Rün Tschi (den Mann meiner Dritten Schwester), und ich bat den japanischen Generalkonsul in Tientsin, den beiden zur Vorbereitung einen Privatlehrer für Japanisch zu vermitteln. Toyama Takeo, den wir auf Empfehlung des Konsuls anstellten, war, wie sich später herausstellen sollte, ein Mitglied der Gesellschaft vom Schwarzen Drachen und mit nicht wenigen japanischen Politikern bekannt.

Nach einer kurzen Vorbereitungszeit reiste Toyama nach Japan, um sich der Studienfrage meines Bruders und Schwagers an Ort und Stelle anzunehmen. Bald traf auch der erste Bericht ein: Die japanische Militärakademie käme für die beiden vorerst nicht in Frage, aber er hätte vereinbart, daß sie in einen Vorbereitungskurs für japanische Adlige aufgenommen würden; außerdem könnten sie auf die Unterstützung japanischer Finanzkreise hoffen. Und so reisten meine heiden zukünftigen »Generale« im März 1929 – sieben Monate nach der Schändung der Östlichen Mausoleen – zusammen mit ihrem Lehrer Toyama nach Japan.

Achtes Kapitel

Im Netz der »Schwarzen Drachengesellschaft«

Seit der Zeit in der Nördlichen Residenz, wo sich die Japaner spontan für mich eingesetzt hatten, brachte ich dieser Nation großes Vertrauen entgegen, und die Erfahrungen der ersten Jahre in Tientsin ließen mich und meine Umgebung mehr und mehr zur Überzeugung gelangen, daß ich mir von dieser Seite Hilfe für eine zukünftige Restauration erhoffen konnte.

In meinem ersten Jahr in Tientsin lud mich der japanische Generalkonsul ein, die Japanische Volksschule der Konzession zu besuchen. Zu meiner Überraschung standen die Kinder mit Papierfähnchen in den Händen auf beiden Seiten der Straße Spalier und hießen mich mit »Zehntausend Jahre«-Rufen willkommen. Diese Szene trieb mir Tränen in die Augen, und ein tiefer Seufzer entrang sich meiner Brust.

Jedesmal zu Neujahr und an meinem Geburtstag gehörten der japanische Konsul und die höchsten Offiziere der Garnison zu meinen ersten Gratulanten, während ich selbst am Geburtstag des Tenno auf ihre Einladung hin der japanischen Truppenparade in der Konzession beiwohnte. –

Die Japanische Garnison hielt mich auch stets durch einen Stabsoberst über das politische Tagesgeschehen auf dem laufenden. Meistens wurde Yoshioka (der dann in Mandschuguo als »Kaiserlicher Attaché« in meinen Dienst trat) mit diesem Auftrag betraut. Bei solchen Gelegenheiten wurde mir zwecks besserer Anschaulichkeit vorher präpariertes Kartenmaterial mitgebracht, und natürlich war die Situation des chinesischen Bürgerkriegs stets das Hauptthema. Yoshioka und die anderen Stabsoffziere verstiegen sich dabei gerne zur Analyse, die Wurzel aller Unordnung sei, daß China keinen Kaiser habe. Hierauf wandte sich das Gespräch gewöhnlich den Vorzügen des japanischen Kaisersystems zu und gipfelte dann in der Bemerkung, daß die »Herzen des chinesischen Volkes« nur durch einen »Kaiser Hsüan Tung« gewonnen werden könnten. Beliebtes Thema war auch die Schwäche und Korruption der chinesischen Streitkräfte (einschließlich der Tschiang Kai-scheks), wobei die Kaiserliche Japanische Armee als leuchtendes Gegenbeispiel hingestellt wurde.

Einmal machte ich einen Spaziergang entlang dem Ufer des Bai

Flusses, wo in einiger Entfernung ein japanisches Kriegsschiff vor Anker gegangen war. Wie der Kapitän von meiner Anwesenheit erfuhr, weiß ich nicht, aber Tatsache ist, das er plötzlich vor mich hintrat und mich respektvoll einlud, sein Schiff zu besichtigen. Als ich an Bord der »Fuji« ging, salutierte die Besatzung auf dem Deck, und dann unterhielten wir uns schriftlich, da infolge der unplanmäßigen Einladung keine Dolmetscher vorhanden waren. Später erwiderte der Kapitän der »Fuji« in Begleitung seiner Offiziere meinen Besuch, und als ich ihm auf seine Bitte hin eine Fotografie von mir mit eigenhändiger Unterschrift überließ, gab er mir zu verstehen, er betrachte mein Entgegenkommen als eine große Ehre und Auszeichnung. – Dieser Vorfall machte mich erst recht glauben, die Japaner respektierten mich vom Grund ihres Herzens aus, und da ich bereits auf eine Reihe von gescheiterten Versuchen, chinesische Bürgerkriegsgenerale, Politiker und »ausländische Berater« mit Geld für mich zu gewinnen, zurückblicken konnte, begann ich in Gedanken immer mehr auf »Japan« zu setzen.

Anfänglich sah ich »Japan« als eine homogene Einheit, womit ich natürlich nicht das japanische Volk meinte, sondern Diplomaten und Garnisonoffiziere in Peking und Tientsin sowie einige amtslose Ronins [herrenlose Gefolgsmannen verarmter japanischer Fürsten und Adliger] aus Luo Dschen-yüs Bekanntenkreis. Was sie in meinen Gedanken zur Einheit machte, war, daß sie mich allesamt »beschützten« und als »Kaiser« behandelten oder, anders gesagt, sich gegen die Republik stellten und statt dessen die Verdienste der »Großen Tsching« priesen.

Erst nach der Anerkennung von Tschiang Kai-scheks Nationalregierung in Nanking begann ich zu merken, daß die »Japaner« sich in der Respektierung und Protektion meiner Person zwar einig waren, ihre Haltung aber in der Frage, ob und wohin ich ins Ausland gehen sollte, sehr unterschiedlich war.

Wie ich bereits geschildert habe, erhielt ich in der zweiten Hälfte von 1927 einen Brief von Pu Wei, in dem er mir riet, mich in Port Arthur niederzulassen, bevor ich ins Ausland weiterreiste. Das war auch die Zeit, als die Gruppe um Tschen Bao-schen zu verzagen begann, während Luo Dschen-yü die Gelegenheit für einen neuen Kampf um meine Gunst nutzte. Er hinterbrachte mir Gerüchte, wonach es Feng Yühsiang gelungen sei, gedungene Mörder in Tientsin einzuschmuggeln, und hatte mich deshalb denn auch bald so weit, daß ich fest entschlossen war, auf Pu Weis Vorschlag einzugehen und mich zunächst in Port Arthur in Sicherheit zu bringen. Die japanische Tanaka Regierung hatte mir erst ein paar Monate zuvor (als ich angesichts des herannahenden

»Nördlichen Feldzugs« [der Kuomintang und der Kommunisten] den Wunsch äußerte, Tientsin zu verlassen) zugesichert, daß ich in Japan jederzeit willkommen sei und dort mit allen Ehren, die einem ausländischen Monarchen zuständen, empfangen würde. Als ich nun – trotz der Einwände von Tschen Bao-schen und Hu Sö-yüan – darauf bestand, den japanischen Generalkonsul herzubitten, um ihm meinen Reiseentschluß mitzuteilen, erwartete ich deshalb keine Schwierigkeiten, zumal die japanische Kommandantur mit Luo Dschen-yü bereits alles geregelt hatte. Aber zu meinem Erstaunen zeigte sich der Generalkonsul, der mit zwei Vizekonsuln meinem Ruf gefolgt war, gar nicht begeistert von meinen Port-Arthur-Plänen. Er könne da nicht von sich aus zustimmen, sondern müsse zuerst die Einwilligung Tokios einholen. Das verärgerte mich; denn viele prominente Exilchinesen pflegten damals vor der Tientsiner Sommerhitze nach Port Arthur auszuweichen – und keinem von ihnen wäre es in den Sinn gekommen, erst das japanische Konsulat davon zu verständigen, geschweige denn die Regierung in Tokio. Als Generalkonsul Kato dann noch fragte, ob es meine eigene Idee wäre, nach Port Arthur zu gehen, gab ich irritiert zurück, daß es in letzter Zeit immer wieder Gerüchte gegeben habe, die mich um meine Sicherheit in Tientsin bangen ließen. Dem Generalkonsul sei gewiß auch von der eigenen Armee Information zugegangen, daß die Revolutionspartei (so hießen Kommunisten und Kuomintang Anhänger in der Sprache des Dschang Gartens) hier Agenten eingeschleust hatte. »Das sind alles leere Gerüchte. Eure Majestät brauchen sich nicht darum zu kümmern!« Die Sache war dem Generalkonsul sichtlich unangenehm. Aber das machte mich erst recht ungehalten. Wie konnte das Konsulat die Berichte seiner eigenen Armee als leere Gerüchte abtun? Als ich Kato geradeheraus danach fragte, schwieg er betreten, während die beiden Vizekonsuln unruhig auf dem Sofa hin und her zu rutschen begannen. Schließlich bat mich Kato noch einmal, mich nicht zu ängstigen. Im übrigen werde er meinen Wunsch, nach Port Arthur zu gehen, bei seiner Regierung vorbringen und mir dann Bescheid geben. – Von dieser Unterredung blieb mir ein unangenehmer Nachgeschmack zurück: Es war dies das erste Mal, daß Mißstimmigkeiten zwischen dem japanischen Generalkonsulat und der japanischen Kommandantur so offen zutage getreten waren. Ärgerlich zitierte ich Luo Dschen-yü herbei, der mir erneut versicherte, daß alles so sei, wie ihm die japanische Armee berichtet habe.

In den folgenden Tagen kam mein Schwiegervater Rung Yüan mit der Nachricht zu mir, er habe nun auch von Freunden außerhalb der

Konzession von der Präsenz feindlicher Agenten gehört; und ein Mitglied meines Haushalts wollte gar schon verdächtige Gestalten in der Nähe des Hauptportals des Dschang Gartens gesehen haben. Dies genügte, um mich erneut in Furcht zu versetzen; eilends ließ ich meinen Hofmeister und den Kommandanten meiner Leibwache herbeikommen und gab ihnen den Befehl, die japanische Sicherheitspolizei zu verständigen. Als nächstes gab ich Anweisung, die Türkontrolle zu verschärfen und abends niemanden mehr passieren zu lassen. – Ein paar Tage später wurde ich mitten in der Nacht durch einen Schuß aus dem Schlaf gerissen, und gleich darauf folgte ein zweiter. Mit einem Satz war ich aus dem Bett. Das mußten Feng Yü-hsiangs gedungene Mörder sein! Ich rief meine Leibwache, und in kurzer Zeit war der ganze Dschang Garten auf den Beinen. Während die Leibgarde Wachen auf dem ganzen Anwesen aufstellte, machten die im Garten einquartierten japanischen Sicherheitspolizisten Jagd auf den Täter. Tatsächlich gelang es ihnen, den Mann, der die Schüsse abgefeuert hatte, zu stellen; aber zu meiner Überraschung war es ein Japaner.

Mein Hofmeister berichtete mir am nächsten Tag, der Täter sei identifiziert, er heiße Kishida und gehöre der japanischen Gesellschaft vom Schwarzen Drachen an; er sei nach seiner Verhaftung ins japanische Polizeihauptquartier überführt worden, aber dann habe die Japanische Garnison verlangt, daß er ihr sofort ausgeliefert werde. Damit war auch mir zu einem guten Teil klargeworden, was hier gespielt wurde.

Dieser Zwischenfall war nicht meine erste Begegnung mit der Gesellschaft vom Schwarzen Drachen. Schon 1925 hatte ich auf Luo Dschenyüs Drängen hin Tsukuda Nobuo, eine der markanten Figuren dieser Geheimgesellschaft, getroffen. Mir selbst war er bis dahin unbekannt gewesen, aber Hofbeamte hatten schon Kontakt mit ihm gehabt, und Luo sagte mir, daß er seit der Revolution von 1911 auch in verschiedenen Prinzenhaushalten ein und aus ging und mit dem Kaiserlichen Klan auf gutem Fuß stand. Trotz allem hatte ich damals das Gefühl, ich müßte den japanischen Generalkonsul über meine Kontakte zu dieser Gesellschaft informieren, und zu diesem Zweck gab ich einen Empfang für Tsukuda, zu dem ich auch den Generalkonsul bat. Der Konsul traf als erster ein, doch als Tsukuda nach seiner Ankunft den Diplomaten bereits im Salon sitzen sah, machte er auf der Stelle kehrt und verschwand. Weder Tschen Bao-schen noch Dscheng Hsiao-hsü konnten sich dieses befremdliche Verhalten erklären. Als ich ihre Ansicht über den Vorfall hören wollte, sagte Dscheng: »So wie es aussieht, sind die japanische Armee wie auch die japanische Regierung daran interessiert, daß sich Eure Majestät in ihrem eigenen Einflußbereich aufhalten und beschützen lassen. Daß sie nicht zusammenarbeiten, muß sich jedoch nicht zu unserem Nachteil auswirken. Aber wenn Luo etwas in die Hand nimmt, schießt er ständig über das Ziel hinaus und scheitert dann daran. Er sollte nie für wichtige Aufgaben eingesetzt werden.« Tschens Meinung war noch vorsichtiger: »Die Japanische Garnison und die Schwarze Drachengesellschaft handeln beide verantwortungslos. Eure Majestät dürfen, abgesehen vom japanischen Gesandten und dem japanischen Generalkonsul, auf keinen Japaner hören!«

Diese Worte stimmten mich nachdenklich, und ich beschloß, den japanischen Generalkonsul nicht weiter mit meinem Wunsch, Tientsin zu verlassen, zu behelligen. Das war die letzte große Auseinandersetzung, in der Luo den kürzeren zog; ich verlor mein Interesse an ihm. Ein Jahr später zog er sich nach Port Arthur zurück.

Seltsam genug war, daß nach Luo Dschen-yüs Abreise Gerüchte über meine Gefährdung im Dschang Garten wie von selbst verstummten. Selbst mein Schwiegervater Rung Yüan hatte plötzlich keine alarmierenden Neuigkeiten mehr zu melden. Doch was für eine Bewandnis es damit hatte, habe ich erst später erfahren, und zwar durch meinen Englischdolmetscher:

Als entfernter Verwandter Rung Yüans, der zugleich durch seine Tätigkeit mit der Japanischen Garnison in Kontakt kam, war es ihm möglich gewesen, einiges von dem, was hinter den Kulissen vorging, herauszubekommen. Wie er mir erzählte, hatte die Japanische Garnison eine Geheimorganisation aufgebaut, der aus meiner Umgebung wenigstens Luo Dschen-yü, Rung Yüan und Hsiä Dschiä-sche angehörten. Kontaktort war die sogenannte »Minoresidenz«, und mein Dolmetscher erfuhr später von Rung Yüan und aus anderer Quelle, daß man die Agenten dort mit Opium, Mädchen und Geld traktierte. Diese Residenz gehörte dem japanischen Stabsmajor Mino Tomayoshi, der oft mit dem Garnisonkommandeur zusammen im Dschang Garten war, und ich hätte nie vermutet, daß gerade er meinen Schwiegervater und die anderen dazu benutzte, Gerüchte an mich heranzutragen. Über die Gesellschaft vom Schwarzen Drachen selbst wußte ich lange nichts Genaueres; es war Dschen Hsiao-hsü, der mir schließlich die nötigen Informationen gab.

Dieser Geheimbund war die größte Ronin-Vereinigung Japans und hatte zuerst »Schwarze Ozeangesellschaft« geheißen. Sie wurde nach dem chinesisch-französischen Krieg [1883–1885] von einem japanischen Ronin namens Hiraoka Kotaro gegründet und war die erste japanische Geheimorganisation, die in China selbst tätig wurde. Sie begann mit Stützpunkten in Fudschou, Yäntai und Schanghai, die als Konsulate, Schulen und Fotoateliers getarnt waren. Der Name »Schwarze Drachengesellschaft« enthielt die Anspielung »über den Amur [chin.: Schwarzer-Drachen-Fluß] hinaus« und kam 1901 zum erstenmal auf. Während des chinesisch-russischen Krieges von 1903 bis 1905 spielte die Organisation eine sehr große Rolle. Wie es hieß, hatte sie damals schon über hunderttausend Mitglieder und ihre finanziellen Mittel waren enorm. Unter der Anleitung von Toyama Mitsura, dem berühmten Führer der Organisation, wurde eine Politik der systematischen Unterwanderung aller Schichten der chinesischen Gesellschaft betrieben. Ihre Bemühungen galten allen, angefangen von den Prinzen und Tsching Hofbeamten bis hinunter zu vagabundierenden Straßenhändlern und niedrigen Hausangestellten (einschließlich meinem Personal). Viele nachmals berühmte Persönlichkeiten der japanischen Politik wie Doihara, Hirota Koki, Hiranuma Kiichiro, Arita Hachiro und Kazuki Seiji sind aus der Schule Toyamas gekommen. Dscheng Hsiao-hsü beschrieb mir diesen Toyama als einen Buddhisten mit langem Silberbart und einem gütigen Antlitz, der zeit seines Lebens einer Leidenschaft für Rosen frönte und nichts mehr haßte, als aus seinem Garten weggeholt zu werden. Und doch war er und niemand anders der Mann, der all die Verschwörungen und brutalen Mordpläne ausheckte, die der Schwarzen Drachengesellschaft nachgesagt wurden.

Daß Dscheng Hsiao-hsü so gut informiert war, kam nicht von ungefähr. Tatsächlich hatte er sich im Gegensatz zu meinen anderen Ministern schon immer auch für internationale Politik interessiert (sein Sohn Dscheng Tschuei sprach und las als einziger unter meinen Beratern fließend Englisch und Japanisch), und seine Ideen entsprachen am ehesten den Vorstellungen von Ausländern. In Tientsin war er dann zur Überzeugung gelangt, daß sich eine Restauration nur mit Hilfe von ausländischen Beratern verwirklichen ließe. Dazu hatte er sich eine Drei-Phasen-Theorie zurechtgelegt. Seine Hypothese lautete: »Die Große Tsching mußte der Republik [chin.: Gemeinsame Harmonie] weichen; die Republik muß dem Gemeinsamen Besitz weichen, und der Gemeinsame Besitz wird wiederum der Gemeinsamen Verwaltung weichen müssen!« Mit »Gemeinsamem Besitz« meinte Dscheng eine Nationalregierung durch die zwei Revolutionsparteien – Kommunisten [chin.: Gemeinsame Besitzpartei] und Kuomintang, und unter »Gemeinsamer Verwaltung« verstand er die Verwaltung Chinas durch ein Konsortium der Großmächte. Gerade zu Beginn der zwanziger

Jahre war in ausländisch-orientierten Zeitungen die Meinung vertreten worden, Chinas finanzielles Chaos, die Folge von Korruption auf allen Ebenen in Verbindung mit endlosen Bürgerkriegen, könne nur in Ordnung gebracht werden, falls die gesamte Verwaltung des Landes [wie schon beim Zoll] in die Hände von speziell geschulten Ausländern gelegt würde. Diese Ansicht hatte sich Dscheng zu eigen gemacht und deshalb stets eine Politik der »offenen Tür und gleichen Chancen« für alle Großmächte befürwortet. Aus einer solchen Einschätzung der Lage heraus war er in Tientsin auch lange Zeit mit Tschen Bao-schen der Meinung gewesen, daß außer dem Gesandten und dem Generalkonsul als Vertreter der japanischen Regierung keinem Japaner zu trauen sei. Daß Dscheng schließlich die Macht der Schwarzen Drachengesellschaft und der japanischen Armee als ein Positivum erkannte, ist allein Luo Dschen-yü zuzuschreiben. Zwar stufte Dscheng Luos wilde Pläne ganz richtig als Prahlereien ein, aber sie ließen ihn doch erraten, in welche Richtung die Kräfte in Tokio trieben. Der nächste Schritt war dann, daß er zur Überzeugung kam, diese Kräfte seien für die Zwecke der Restauration zu nutzen, und als er soweit war, hatte er keine Zeit mehr für die Minoresidenz oder die Japanische Garnison in Tientsin. Sein Ziel war Tokio! Das hieß nicht, daß er seine Politik der »offenen Tür« aufgab; er stellte sie nur vorübergehend etwas zurück: In seinen Augen war Japan nicht der einzig mögliche ausländische Beistand, aber es war der beste Helfer, der sich zur Stunde anbot.

Mit meiner Zustimmung und der Einwilligung des japanischen Gesandten in Peking fuhr er nach Japan, um dort mit dem Generalstab der Armee und der Gesellschaft vom Schwarzen Drachen Verbindung aufzunehmen. Er traf Tsukuda, der vor seinem Generalkonsul aus Tientsin Reißaus genommen hatte, und Kishida, der mich mit seinen Schüssen erschreckt hatte, und sprach mit vielen einflußreichen Leuten des politischen Untergrunds, die später dann Premiers und Kriegsminister abgeben oder sonst wichtige Posten besetzen sollten (zum Beispiel Konoe Fumimaro, Ugaki Kasushige, Yonai Mitsumosa, Hiranuma Kiichiro, Suzuki Kantaro, Minami Jiro und Yoshida Shigeru*); und nach seiner Rückkehr berichtete er mit großer Genugtuung, daß man in japanischen Militärkreisen meinen Wiedereinsetzungsplänen mit »Sympathie« und »Interesse« begegne.

* [Stand 1945: Yonai Mitsumosa: Marineminister; Konoe Fumimaro, Prinz Fumimaro: Ex-Premier; Hiranuma Kiichiro: Präsident des Thronrats; Suzuki Baron Kantaro: Premierminister; Minami Jiro: Ex-Kriegsminister. (Anmerkung des Übersetzers)]

Neuntes Kapitel

Das Leben im »Temporären Palast«

Nachdem ich eine Zeitlang im Dschang Garten gewohnt hatte, erschien mir mein Leben in dieser neuen Umgebung doch sehr viel komfortabler als früher in der Verbotenen Stadt; und ich dachte mir, daß ich, solange die Zeit für eine Restauration noch nicht reif war und kein fremder Druck auf mich ausgeübt wurde, nirgendwo besser aufgehoben sein konnte als hier. Diese Überlegungen trugen übrigens das Ihrige dazu bei, daß ich meinen Plan, im Ausland zu studieren, vorerst aufgab.

Im Dschang Garten war ich all die Behinderungen los, die mir in der Verbotenen Stadt zugesetzt hatten; aber das, was mir wesentlich schien, blieb dennoch bewahrt. Mit anderen Worten, die Hofetikette, die mich jeder Freiheit beraubte und nicht einmal ein Auto oder freie Ausflüge in die Hauptstadt zuließ, war aufgehoben, und auch das Kaiserliche Hofamt, das mich oft zur Weißglut getrieben hatte, war aufgelöst. Jetzt konnte ich tun, was ich wollte, und wenn ich auch oft noch Vorhaltungen ausgesetzt war, so blieb es eben doch nur bei Vorhaltungen, das heißt, ich selbst entschied, ob ich darauf hören sollte oder nicht. Doch Autorität und Kaiserliche Würde, die ich als wichtiges Element meines Lebens in der Verbotenen Stadt betrachtete, blieben bestehen: Obwohl ich keine unbequemen Drachenroben mehr trug, sondern gewöhnliche chinesische Tracht [langes Gewand und Jacke] oder, noch häufiger, westliche Kleidung, wurde mir nach wie vor mit Verbeugung und Kotau Respekt erwiesen.

Der Dschang Garten hatte früher als Vergnügungspark gedient und besaß keine glasierten Ziegel und geschnitzten Balken. Aber nach meinem Einzug hieß er allgemein nur noch der »Temporäre Palast«. Immerhin hatte ich hier Annehmlichkeiten wie Spülklosett und Zentralheizung, die in meinem Palast des Geistigen Wachstums gefehlt hatten. Verwandte erschienen abwechselnd aus Peking zum Hofdienst. Der Kiosk, wo vorher Eintrittskarten verkauft wurden, avancierte – eine Reminiszenz an einst – zum »Wachbüro der Himmlischen Reinheit«; und obwohl es keine »Südliche Bibliothek« und keine »Halle des Großen Fleißes« oder ein »Kaiserliches Hofamt« mehr gab, weckte das Schild »Administrationsbüro der Tientsin Residenz des Hauses der Tsching« die Erinnerung vieler Leute an den Glanz und die alten Namen des Kaiserpalasts. Mein Titel und die Datierung nach der Regierungsperiode Hsüan Tung wurden strikt beibehalten – beides erschien mir damals ebenso natürlich wie unerläßlich.

Von den früheren Hofministern war mein Schwiegervater Rung Yüan der einzige, der im Dschang Garten noch um mich war; die anderen waren teils in Peking geblieben, um dort nach meinem Besitz zu sehen, oder hatten sich aus Altersgründen zurückgezogen. Deshalb erließ ich gleich nach meiner Ankunft zwei Edikte: »Dscheng Hsiao-hsü, Hu Sö-yüan, Yang Dschung-hsi, Wen Su, Dsching Fang-tschang, Hsiao Bing-wen, Tschen Dzeng-schou, Wän Scheng-sche und Liu Hsiang-yä sind zu Ministern in Tientsin ernannt!« Und: »Das ›Büro der Verwaltung‹ soll unter der Leitung von Dscheng Hsiao-hsü und Hu Sö-yüan eingerichtet werden; Tung Dschi-hsü übernimmt das ›Büro für allgemeine Angelegenheiten‹; das ›Finanzbüro‹ untersteht Dsching Fang-tschang; das ›Büro für auswärtige Verbindungen‹ soll von Liu Hsiang-yä übernommen werden!«

Tschen Bao-schen, Luo Dschen-yü und Dscheng Hsiao-hsü erhielten außerdem den Titel eines Geheimrats. Sie und andere »Minister« mußten jeden Morgen bei mir erscheinen und dazu im einstöckigen Gebäude westlich der Villa auf den »Aufruf zur Audienz« warten. Leute, die erst um eine Audienz bitten mußten, warteten dagegen in einem kleinen Raum in der Nähe des Hauptportals. Darunter waren Militärs, Politiker, frühere Tsching Beamte, alle mögliche Prominenz, Dichter, Schriftsteller, Ärzte, Wahrsager und Physiognomen; manchmal gesellten sich auch Dzeng Tschi, der Führer der Lokalen Jugendpartei, oder Tennisas Lin oder Gao Yü-tang, ein Mitglied der Kuomintang Kontrollkommission, zu den Besuchern. Die japanischen Sicherheitspolizisten – oder »Weißmützen«, wie man im Dschang Garten sagte – waren in einem einstöckigen, flachen Gebäude gegenüber untergebracht und notierten täglich die Namen der Passanten, die ein und aus gingen.

Meine damaligen finanziellen Verhältnisse ließen sich nicht mit denen von früher vergleichen, aber ich verfügte noch immer über ein beträchtliches Vermögen. Von der großen Menge von Wertgegenständen, die ich zuvor aus dem Palast geschafft hatte, war ein Teil zu Geld gemacht und in ausländischen Banken deponiert oder in Hausbesitz angelegt worden, was beides Zinsen und monatliche Mieteinnahmen brachte. Daneben besaß ich in Nordost- und Nordchina riesige Ländereien – ehemalige Pferdeweiden, die nach der Übersiedelung der Tsching nach Peking Privateigentum des Kaisers geworden waren. Um die Verpachtung und den Verkauf dieser Güter zu regeln, hatte die republikanische

Regierung eigens in Zusammenarbeit mit dem Mandschu-Kaiserhaus ein Büro eingerichtet. Beide Seiten teilten sich die Beute, so daß ich immer, wenn ein Stückchen Land verschachert wurde, zusätzlichen Profit einstreichen konnte. Dann verfügte ich auch noch über all die Kunstschätze, die Pu Dschiä ein halbes Jahr lang für mich nach Tientsin geschmuggelt hatte.

Nach meiner Übersiedelung in den Dschang Garten mußte weiterhin jeden Monat an zahlreiche Stellen Geld geschickt werden, wozu eine Reihe von Büros entstanden: das »Peking Büro«, das »Büro für Mausoleen und Ahnentempel«, das »Liaoning Büro« [eine der drei Nordostprovinzen, auch Fengtiän genannt], das »Büro des Kaiser Klans« und das »Büro für die Verwaltung des Kaiserlichen Privatvermögens«. Nach einem Beleg, den ich wiederfand, betrugen die monatlichen Ausgaben für Peking und die Mausoleen allein 15 837 Dollar, während die Ausgaben meines Haushalts in Tientsin oft die 10 000-Dollar-Grenze überschritten. Größter Posten in meinen Aufwendungen waren natürlich die Gelder, die zum »Einkauf« oder zur Mobilisierung von Kriegsgeneralen dienten, aber diese sind, ebenso wie Großanschaffungen (Auto und Diamanten etc.) in den 10 000 Dollar nicht inbegriffen. Die enormen Ausgaben meines Haushalts wurden zu zwei Dritteln für persönliche Einkäufe verwandt.

Ich gab in Tientsin wesentlich mehr für Gebrauchsgüter aus als in Peking, und diese Konsumsucht nahm von Monat zu Monat zu. Ich kaufte durcheinander Pianos, Uhren, Radios, westliche Kleidung, Lederschuhe und Brillen und hatte trotzdem nie genug davon.

Man sagt, daß die Mandschufrauen oft begabter seien als ihre Männer, und bisweilen trifft das wirklich zu. Schon meine Mutter war meinem Vater überlegen gewesen, und das besonders, wenn es darum ging, sich zu amüsieren oder Sachen zu kaufen.

Auch Wän Rung verstand sich als Sproß der ersten Tientsiner Gesellschaft entsprechend besser als ich darauf, Geld für unnütze Dinge zu verschleudern. Doch jedesmal, wenn sie wieder etwas Neues erstanden hatte, mußte meine Nebenfrau, Wen Hsiu, das gleiche bekommen. Und hatte ich den Gegenstand dann auch für Wen Hsiu erstanden, folgte Wän Rung mit einem neuen Kauf, der noch kostspieliger war als der erste; und darauf fing das Spiel von vorne an. Es war, als hinge ihre Stellung als Kaiserin davon ab, daß sie Wen Hsiu in ihrem Luxus übertrumpfte, während Wen Hsiu ihrerseits nur zufrieden war, wenn sie in allem gleich behandelt wurde. Angesichts dieser Kaufrivalität blieb mir schließlich nichts anderes übrig, als meinen zwei Gattinnen monatliche Ausgabengrenzen vorzuschreiben. Wän Rungs Monatsgeld hatte natürlich etwas höher zu sein als Wen Hsius. Als Kaiserin erhielt sie erst 1000 Dollar ausgesetzt, während Wen Hsiu über 800 Dollar verfügen durfte. Später wurden die Summen auf 300 bzw. 200 Dollar verringert.

Für meine Ausgaben gab es keine Grenzen. Die Folge dieser ziellosen Geldverschwendung war, daß der Kaiserliche Haushalt im Dschang Garten bald wieder in gleiche finanzielle Bedrängnis geriet wie zuvor in der Verbotenen Stadt. Es kam vor, daß wir von einem Tag auf den anderen nicht mehr in der Lage waren, eingehende Rechnungen und fällige Mieten zu bezahlen und daß selbst die Gehälter meiner »Geheimräte und Minister« gestundet werden mußten.

In diesen ersten Jahren in Tientsin war ich noch viel mehr als zu der Zeit, da Johnston bei mir war, zur Überzeugung gelangt, daß alles Ausländische gut und alles Chinesische – mit Ausnahme des Kaisersystems, versteht sich – schlecht sei. Der Anblick eines Speermint Kaugummis oder einer Aspirintablette von Bayer genügte, um mich über die hoffnungslose Tölpelhaftigkeit der Chinesen im Vergleich zur »Superintelligenz« der Ausländer seufzen zu lassen. Allerdings sah ich mich selbst dabei nicht auch als einen tölpelhaften »Chinesen«: Ich fühlte mich über mein Untertanenvolk erhaben und malte mir aus, daß auch die intelligenten Ausländer meine Selbsteinschätzung teilten.

Die Behandlung, die ich damals in Tientsins ausländischen Konzessionen erfuhr, unterschied sich kraß von der »normaler« Chinesen. Nicht nur die Japaner, sondern auch die diplomatischen Vertreter und hohen Garnisonoffiziere der Amerikaner, Engländer, Franzosen, Italiener und die Besitzer ausländischer Läden erwiesen mir stets großen Respekt und redeten mich nie anders als mit »Eure Kaiserliche Majestät« an. Ich wurde zu allen ausländischen Nationalfeiertagen und Truppenparaden eingeladen, und zu [Chinesisch] Neujahr und an meinem Geburtstag war es Sitte, daß diese Leute bei mir vorsprachen, um mir ihre Glückwünsche zu überbringen.

Bevor Johnston mich verließ, und das war nicht lange nach meiner Übersiedelung nach Tientsin, hatte er mich noch dem dortigen britischen Konsul und dem Kommandeur der Britischen Garnison vorgestellt, und diese hatten mich bei ihren Nachfolgern eingeführt, die mich wiederum mit ihren Nachfolgern bekannt machten, so daß der gesellschaftliche Kontakt mit den Briten nie abbrach. Als der dritte Sohn von Georg V. von England, der Herzog von Gloucester, nach Tientsin kam, besuchte er mich und nahm eine Fotografie von mir für seinen Vater, den König, mit. Georg V. bedankte sich später in einem Brief, dem er ebenfalls eine Porträtaufnahme von sich beilegte und der mir vom britischen Generalkonsul persönlich überbracht wurde. Auch mit dem italienischen König tauschte ich über dessen diplomatische Vertretung in Tientsin Fotos aus.

In Tientsin gab es einen englischen »Country Club«, der zu jener Zeit noch ausschließlich für Ausländer reserviert war. Nur bei mir wurde eine Ausnahme gemacht: Ich konnte nach Belieben allein oder mit Mitgliedern meiner Familie den Club aufsuchen, und wir genossen es alle außerordentlich, als »Chinesen« von Spezialstatus angesehen zu werden.

Um mich in meinem Äußeren den Ausländern anzugleichen, staffierte ich mich in Geschäften wie Whiteway, Laidlaw Co. mit Kleidern und Diamanten aus. Mein Traum war, so auszusehen wie einer jener hochstilisierten Aristokraten im britischen Modemagazin »Esquire«.

Sooft ich ausging, trug ich das Exquisiteste, was gerade an Anzügen aus englischem Tuch in Tientsin erhältlich war. Dazu hatte ich eine diamantene Krawattennadel angesteckt, diamantene Knöpfe in den Manschetten, Diamantringe an den Fingern, einen Spazierstock in der Hand und eine deutsche Zeiß-Brille auf der Nase. Mein Körper duftete nach den vereinten Gerüchen von Max-Factor After Shave, Kölnisch Wasser und Mottenkugeln. Auch wurde ich stets von zwei, drei deutschen Schäferhunden begleitet sowie von zwei bizarr angezogenen Damen – meiner Gattin und meiner Nebenfrau.

Dieser Lebensstil trug mir nicht wenig Kritik von alten Tsching Beamten wie Tschen Bao-schen und Hu Sö-yüan ein. Meine Geldverschwendung und mein Umgang mit Ausländern blieben für sie zwar tabu, aber wenn ich ein Theater besuchte oder mich in ausländischer Kleidung zu einem ausländischen Empfang aufmachte, suchten sie mich nach meiner Rückkehr auf, um mich ernsthaft zu ermahnen, mehr auf meine »Kaiserliche Würde« zu achten. Als wiederholte Ermahnungen nicht wirkten und ich mit Wän Rung gar eine Oper besuchte, um den berühmten Schauspieler Mei Län-fang zu sehen, reichte Hu Sö-yüan eine Throneingabe ein, worin er die Schuld für mein würdeloses Verhalten auf sich nahm und um Entlassung nachsuchte. Als ich ihn dann aber mehrmals bat zu bleiben, ihm die Dringlichkeit seiner Präsenz durch ein Geschenk von Fuchspelzen vor Augen führte und ihm versprach, in Zukunft seine Ermahnungen ernster zu nehmen, schlug sein Groll in Freude um, und ich wurde als »illustrer Herrscher« gerühmt, der sich der Kritik nicht verschließe. Später trug mir ein Besuch im Friseursalon ein neuerliches Rücktrittsgesuch Hu Sö-yüans ein, mit dem ich wieder auf die gleiche Weise verfahren mußte.

Wän Rungs zwanzigster [nach westlicher Rechnung neunzehnter] Geburtstag fiel in das erste Jahr unserer Übersiedelung nach Tientsin. Um den Tag festlich zu begehen, hatte ihr Vater Rung Yüan eine ausländische Kapelle in den Dschang Garten bestellt; aber als dies dem alten Tsching Beamten Ding Ren-tschang zu Ohren kam, eilte er zu mir, um zu protestieren: Ausländische Musik habe einen traurigen Klang, sagte er vorwurfsvoll, und dürfe niemals am »Tag der tausend Herbste« der Kaiserin ertönen. Die Sache endete damit, daß das ausländische Orchester abbestellt wurde und Ding Ren-tschang eine Ehrengabe von 200 Dollar erhielt. Es muß etwa um diese Zeit gewesen sein, daß ich anfing, Geheimräte und Minister, die mich kritisierten, mit Geschenken zu belohnen.

Trotzdem habe ich von Hu Sö-yüans zweitem Rücktrittsgesuch an bis zu meiner Inhaftierung nie mehr öffentlich ein Theater oder einen Friseursalon besucht. Daß ich mich dem Standpunkt Hus anschloß, hieß jedoch nicht, daß ich befürchtete, er könnte mir unbequem werden. In Wirklichkeit hatte seine Erziehung Früchte getragen und ich hielt nun selbst Theaterbesuche und Haareschneiden in ausländischen Läden für etwas, was sich nicht mit meiner Kaiserlichen Würde vertrug. Ich kann diesen »Fortschritt« auch belegen. Denn als später ein schwedischer Prinz nach Tientsin kam und mit mir zusammentreffen wollte, lehnte ich es ab, ihn zu empfangen. Ich hatte in der Zeitung ein Bild von ihm zusammen mit Mei Län-fang, jenem Schauspieler, gesehen und wollte ihm nun meine Mißbilligung zeigen, daß er sich so viel vergeben konnte.

Hu Sö-yüan und andere greise Tsching Beamte vom Schlage eines Tschen Bao-schens oder Ding Ren-tschangs, die in Tientsin langsam die Hoffnung auf eine Restauration verloren, legten viel größeren Wert auf meine »Kaiserliche Würde« als meine jüngeren Minister. Dies war auch der Grund, weshalb ich mich, obwohl ihr Standpunkt oft extrem streng war, ihren Vorschlägen fügte, solange sie einem Loyalitätsdenken entsprangen. Trotz meines merkwürdigen Lebens in einer fremden Umgebung vergaß ich niemals meine Stellung; und nie würde ich mir gestattet haben, anders als ein »Kaiser« zu handeln.

1931 verlangte Wen Hsiu plötzlich die Scheidung, und als sie sie bekommen hatte, bestand der »Rat der Alten« auf der Veröffentlichung eines Edikts, das meine Nebenfrau zu einer gewöhnlichen Untertanin degradierte. Auch hier folgte ich ihrem Begehren. – Meine Scheidung von Wen Hsiu bringt mir das Abnorme meines Ehelebens in Tientsin in Erinnerung. Daß Wen Hsiu mich verließ, war weniger eine Frage von Emotionen als die Folge unseres unnatürlich leeren Lebens im Exil. Selbst wenn ich nur eine Frau gehabt hätte, würde sie das Leben an meiner Seite kaum angenehm empfunden haben; denn mein ganzes Denken konzentrierte sich auf die Wiederherstellung meiner Kaiserwürde. Ehrlich gesagt, verstand ich auch nichts von Liebe, und wo in anderen Familien sich die Ehepartner gleichberechtigt gegenüberstanden, waren für mich die Beziehungen zwischen Mann und Frau Beziehungen zwischen Herrscher und Untertan: Frau und Nebenfrau hatten dem Souverän als Werkzeug zu dienen.

Wen Hsiu war von klein auf dazu erzogen worden, einmal die Sklavenstellung einer Frau in der feudalistischen Gesellschaft einzunehmen, und sie war noch nicht vierzehn Jahre alt, als sie ihr Leben als »Kaiserliche Nebenfrau« begann; daher waren Begriffe wie »Herrschergewalt« und »Gattengewalt« tief in ihr verwurzelt. Daß sie dennoch die Entschlußkraft aufbrachte, auf eine Scheidung zu dringen, ist ein Zeichen von großem Mut. Sie mußte tausend Schwierigkeiten überwinden, um ihre Scheidung auszudrücken, und war danach schweren Repressalien ausgesetzt. Es hieß, daß sie von ihrer Familie zu diesem Schritt gedrängt wurde, um für sich selbst eine große Abfindung herauszuschlagen. In Wirklichkeit war es aber gerade das Verhalten ihrer Familie, das sie in große Not stürzte; denn als sich Anwälte, Mittelsmänner und Brüder von ihren Alimenten bedient hatten, war die ursprüngliche Summe von 50 000 Dollar zu einem kleinen Betrag zusammengeschmolzen. Noch einschneidender war ihr Gesichtsverlust: Sie mußte es hinnehmen, daß einer ihrer Brüder sie in einem offenen Brief an die wichtigste Tientsiner Tageszeitung der Undankbarkeit gegenüber dem Haus der Tsching bezichtigte.

Was aus Wen Hsiu geworden ist, kann ich nicht sagen. Ich weiß nur, daß sie später in Tientsin als Lehrerin in einer Volksschule arbeitete und 1950 starb, ohne wieder geheiratet zu haben.

Zehntes Kapitel

Der unruhige »Stille Garten«

Im Juli 1929 zog ich vom Dschang Garten in den »Stillen Garten«. Dieses Anwesen hieß ursprünglich anders, und daß ich es umtaufte, geschah nicht ohne tiefere Absicht.

Nach dem »Nördlichen Feldzug« hatte die Nankinger Nationalregierung ihre Macht auch im Norden etabliert und war selbst vom Nordosten, auf den ich so große Hoffnungen setzte, anerkannt worden. Im Dschang Garten hatte darauf tiefer Pessimismus die früheren Hoffnungen abgelöst, und viele meiner alten »Berater« hatten sich in andere Wohnsitze verzogen. Von den »Ministern« sprachen in jenen Tagen einzig Dscheng Hsiao-hsü, Luo Dschen-yü und ein paar weitere Unbeirrbare noch von Restauration. Für alle andern gab es nur mehr eine Frage: Wie würde sich das Regime Tschiang Kai-scheks gegenüber dem letzten Kaiser der Tsching verhalten?

Aber gerade, als alles verloren schien, stellte sich heraus, daß auch unter der Kuomintang Regierung das alte Spiel von Intrigen, Allianzen, Mordanschlägen und Bürgerkrieg weiterging. Das verleitete die Bewohner des Dschang Gartens zu glauben, China könne nur unter mir, dem Kaiser, geeint werden. Und damit hatte der alte Traum von der Restauration uns erneut in seinen Bann gezogen. Als ich dann umzog, nannte ich mein neues Domizil nicht einen »Stillen Garten«, weil ich dort Ruhe und Frieden suchte, sondern weil ich mir damit selbst im geheimen bestätigte, daß ich an diesem Ort in aller Stille warten würde, bis meine Stunde gekommen war.

Nach zwei Jahren des Wartens gab es zum erstenmal hoffnungsvolle Anzeichen: Am 19. Juli 1931 sprach der japanische Graf Mizuno Katsukumi bei mir vor. Ich empfing ihn im Beisein von Dscheng Hsiao-hsü und Pu Dschiä, der gerade für die Ferien nach Hause gekommen war. Im Verlauf dieses Höflichkeitsbesuches präsentierte mir der Graf ein ungewöhnliches Geschenk – einen japanischen Fächer, auf dem geschrieben stand: »Der Himmel läßt Gou Dschiän nicht untergehn. Die Zeit ist nicht ohne einen Fän Li!«

Graf Mizuno hatte Pu Dschiä bereits in Japan aufgesucht und ihm die Bedeutung dieses Geschenks erläutert. Ich wußte natürlich, daß Gou Dschiän ein chinesischer König gewesen, der erst von einem Nachbarstaat besiegt worden war, dann aber dank der Ratschläge seines fähigen

Ministers Fän Li Rache nehmen und den ehemaligen Besieger vernichten konnte. Der Vers auf dem Fächer spielte jedoch auf ein geschichtliches Ereignis in Japan an. Kaiser Godaigo war vom Kamakura Schogun gefangengenommen und nach Oki verbannt worden. Darauf hatte ein Samurai diesen Vers als Hinweis für seinen Kaiser in den Stamm eines Kirschbaums geschnitten. Später war es dann jenem japanischen »Gou Dschiän« Godaigo tatsächlich gelungen, den Schogun mit Hilfe einer Schar von »Fän Lis« zu stürzen und nach Kyoto zurückzukehren. – Was Graf Mizuno jedoch Pu Dschiä verschwieg, war, daß Godaigo kurz nach Beginn seiner »Kemmu Restauration« erneut von einem Kriegerfürsten entmachtet worden war, worauf in Japan die Ära des Ashikaga Schogunats begonnen hatte.

Doch damals stand mir nicht der Sinn danach, mich mit japanischer Geschichte herumzuschlagen. In diesem Sommer hatte jeder Tag eine Verschärfung der Lage im Nordosten gebracht, und schon mehrere Nächte hindurch hatte mich der Wunschtraum, wieder auf dem Thron zu sitzen, verfolgt. Ob Graf Mizunos Hinweis nun Ausdruck der selbstlosen Anteilnahme eines einzelnen war oder auf Anregung von offizieller Seite hin erfolgte, war nebensächlich. Wichtig erschien mir nur, daß das Zeichen aus Japan kam – und das hieß in meinen Augen: Die Zeit des Handelns konnte nicht mehr allzu fern sein.

Als es dann am 18. September zu jenem inszenierten Zwischenfall in Mukden kam und die japanische Armee vorrückte, geriet der »Stille Garten« in hektische Bewegung. Seit ich wußte, daß Tschiang Kaischek sich in Nanking verschanzte und auch der »Junge Marschall« Dschang Hsüä-liang den Japanern in der Mandschurei keinen Widerstand leistete, wandten sich meine Gedanken immer mehr dem Nordosten zu. Doch ohne Zustimmung Japans war nichts zu machen, und auch Dscheng Hsiao-hsü mahnte mich zur Vorsicht. Ich dürfe nichts überstürzen, solange die Lage in Mukden nicht eindeutig geklärt sei. Die Japaner würden mir zu gegebener Zeit von selbst ein Zeichen geben, und bis dahin solle ich möglichst viele Informationen sammeln.

Ich folgte Dschengs Rat und schickte Liu Hsiang-yä und Hofmeister Tung in den Nordosten, um die Lage zu erkunden. Liu sollte bei den japanischen Offizieren, vor allem auch bei Uchida Yasuda, dem Chef der Südmandschurischen Eisenbahn, und General Honjo Shigeru, dem Oberbefehlshaber der Kwantung Armee, vorfühlen, und Hofmeister Tung hatte den Auftrag, sich bei den Tsching Anhängern in Mukden umzuhören. Kurz nachdem die beiden abgereist waren, erfüllte sich Dschengs Prophezeiung: Die Kwantung Armee ließ mich rufen.

Am Nachmittag des 30. September 1931 suchte mich Yoshida, ein Dolmetscher der japanischen Kommandantur, auf und bat mich, allein in die Garnison zu kommen. Generalleutnant Kashii Kohei, der Kommandeur, habe eine Angelegenheit von größter Wichtigkeit mit mir zu besprechen. Mit dem angenehmen Vorgefühl, in Kürze eine frohe Botschaft zu hören, machte ich mich auf den Weg. Generalleutnant Kashii wartete bereits vor der Tür und führte mich in den Empfangssalon, wo zwei Gestalten in respektvoller Haltung dastanden: Luo Dschen-yü und ein Unbekannter, den mir Kashii als Kaeisumi Toshiichi vorstellte. Kaeisumi sei vom Stabsoffizier Itagaki der Kwantung Armee hergeschickt worden. Nachdem er uns bekannt gemacht hatte, zog sich der Generalleutnant zurück und wir waren allein.

Nun händigte mir Luo Dschen-yü, der mich zuvor untertänigst begrüßt hatte, ein Schreiben eines entfernten Mitglieds meines Klans namens Hsi Hsia aus. Dieser Hsi hatte in Abwesenheit seines Vorgesetzten der japanischen Armee den Weg in die Provinz Kirin freigegeben und schrieb mir nun, jetzt sei die Gelegenheit gekommen, auf die er seit zwanzig langen Jahren gewartet habe. Er bitte mich, unverzüglich in das »Land, wo für unsere Ahnen Glück und Aufstieg begann« zu kommen, um dort das »Große Werk« selbst in die Hand zu nehmen. Sowie ich in Mukden eintreffe, würde Kirin meine Restauration proklamieren.

Kaum hatte ich den Brief zu Ende gelesen, legte Luo Dschen-yü los. Nach seinen Worten warteten nicht nur 30 Millionen »Untertanen« im Nordosten auf meine Rückkehr, auch die Kwantung Armee befürworte meine Wiedereinsetzung und habe daher eigens Kaeisumi beauftragt, mit mir Kontakt aufzunehmen. Alles sei bereits bestens vorbereitet, und ich bräuchte mich nur noch in ein japanisches Kriegsschiff zu setzen und nach Dairen bringen zu lassen. Während Luo mich zu überzeugen suchte, steigerte er sich in immer größere Begeisterung: Sein Gesicht lief rot an, sein Körper bebte und die Augen quollen ihm fast aus den Höhlen.

Unentschlossen sah ich erst zu ihm und dann zu dem mir fremden Kaeisumi. Diese Begegnung mit meinem ehemaligen Berater hatte einen anderen Charakter als alle früheren. Einmal fand sie jetzt in der Japanischen Garnison selbst statt, und dann war Luo diesmal nicht allein gekommen, er hatte einen Unterhändler von Oberst Itagaki bei sich und konnte überdies noch einen Brief von Hsi Hsia vorweisen, dem ich vertraute. Ich überlegte, daß ich einen Tag zuvor noch in der Dairener Presse gelesen hatte, »alle Schichten der Bevölkerung von Mukden wären bereit, den früheren Kaiser der Tsching zu begrüßen«. Und war nicht auch in den Tientsiner Zeitungen in der letzten Zeit ständig die Rede von neuerlichen Rückzügen der chinesischen Truppen im Nordosten? Hatten England und Amerika nicht gerade den Standpunkt Japans im Völkerbund unterstützt? Wie die Dinge standen, schien Japan tatsächlich seinen Herrschaftsanspruch im Nordosten durchsetzen zu können. Doch dann dachte ich mir, daß es wohl besser wäre, die Sache erst mit Dscheng Hsiao-hsü und Tschen Bao-schen zu besprechen, und so sagte ich Luo und Kaeisumi, ich würde nach einer gewissen Bedenkzeit Bescheid geben. Aber gerade als ich mich verabschieden wollte, stand plötzlich Generalleutnant Kashii wieder neben uns – weiß der Himmel, wo er sich in der Zwischenzeit versteckt gehalten hatte – und sagte mir mit ernster Miene, ich solle bedenken, daß die Lage in Tientsin zu größter Besorgnis Anlaß gebe. Er hoffe deshalb, ich würde den Rat von Oberst Itagaki befolgen und in den Nordosten aufbrechen.

Als ich wieder in meinem Wagen saß, schienen mir die Worte Kashiis mit jeder Minute richtiger, und bald waren meine anfänglichen Zweifel einem Gefühl überschwenglicher Freude gewichen. Doch die kalte Dusche ließ nicht auf sich warten. Nachdem ich im Stillen Garten den Verlauf meiner Unterredung geschildert hatte, meldete Tschen Bao-schen Bedenken an, und dann versuchten auch Hu Sö-yüan und Tschen Dzeng-schou (Wän Rungs Lehrer) mir die Sache auszureden. Alle drei waren der Meinung, Luo sei wieder einmal in seinen alten Fehler verfallen, die Dinge auf verantwortungslose Weise zu überstürzen. Sie hielten mir vor, daß man keinesfalls sein Vertrauen auf den Vertreter eines Obersten setzen dürfe. Noch sei die Lage im Nordosten unklar, und man wisse weder, wie die Großmächte die gegenwärtige Entwicklung aufnähmen noch wie die öffentliche Meinung in China sich dazu einstellte. Man müsse daher zumindest die Rückkehr Lius abwarten, bevor man sich zu einem solch wichtigen Schritt entscheide.

Das war nicht, was ich hören wollte: Unmutig den Kopf schüttelnd, begehrte ich auf: »Was Hsi Hsia in seinem Brief sagt, ist bestimmt nicht aus der Luft gegriffen!« Der 84jährige Tschen Bao-schen war sichtlich verletzt. Er zögerte eine ganze Weile und gab mir dann traurig zur Antwort: »Ist es nicht der lebenslange Wunsch Eures Untertans gewesen, daß die alte Ordnung wiederhergestellt und Himmel und Menschen wieder eins werden? Aber wenn Eure Majestät sich in dieser verworrenen Situation zu unüberlegten Aktionen hinreißen lassen, steht zu befürchten, daß dies später zu größten Schwierigkeiten führen wird.«

Ich sah ein, daß ich mit meiner Ansicht bei diesem »Rat der Alten« nicht durchkommen würde. Deshalb schickte ich nach Dscheng Hsiao-hsü. Dscheng war trotz seiner 71 Jahre noch sehr energisch und zeigte oft eine jugendliche Kühnheit des Denkens, die mich für ihn einnahm. Es war noch nicht lange her, daß ich auf seinen Wunsch hin dem von ihm höchst verehrten Mussolini eine persönliche Kalligraphie mit den Worten »Staatsmann, der seinesgleichen sucht« verehrt hatte. Dscheng hatte mir zuvor auseinandergesetzt: »Italien wird unweigerlich zum Beherrscher der westlichen Nationen aufsteigen, während im Osten das Imperium der Großen Tsching wiederauferstehen wird. Wie läge es in der Absicht des Himmels, daß beide Staaten im Osten und Westen getrennt herrschen?«

Um meinen zukünftigen »schwarzhemdigen Premier« zu ermuntern, hatte ich eben eine Heirat zwischen seinem ältesten Enkel und meiner Zweiten Schwester arrangiert, so daß Dschengs Familie zu »Kaiserlichen Verwandten« aufrückte. Es war deshalb nicht abwegig zu glauben, daß Dscheng von Hsi Hsias Brief und der Einladung der Kwantung Armee begeistert sein würde. Aber er reagierte anders, als ich gehofft hatte. »Nach all den Wechselfällen der Vergangenheit ist jetzt ein neuer Morgen angebrochen«, sagte er bedächtig. »Zweifelsohne wird es im Nordosten zu einer Restauration kommen, und diese Bewegung wird auf China übergreifen, egal, ob die Japaner die ›Geheiligte Karosse‹ willkommen heißen oder nicht.« Hier seufzte Dscheng tief und fuhr dann fort: »Es wäre jedoch sicherer, die Rückkehr von Hofmeister Tung abzuwarten, bevor Eure Majestät etwas unternehmen.«

Was Dscheng tatsächlich befürchtete, war, daß ich im Nordosten wieder von Luo Dschen-yü monopolisiert würde. Aber damals kannte ich ihn noch nicht so gut und nahm seinen Einwand ernst. Außerdem, sagte ich mir, würden meine zwei Kundschafter bald zurück sein. Es konnte nichts schaden, mir erst ihre Berichte anzuhören, ehe ich mich weiter entschied.

Unerwarteterweise suchte mich schon einen Tag nach der Unterredung ein japanischer Vizekonsul auf. Man sei im Konsulat über meinen Besuch in der Garnison unterrichtet und zeige Verständnis für meine Lage. Dennoch dürfe ich Tientsin nicht aus einem übereilten Entschluß heraus vorzeitig verlassen. Da das Konsulat für meine Sicherheit verantwortlich sei, fühle man sich verpflichtet, mir diese Warnung zukommen zu lassen. Derselbe Vizekonsul machte es sich von da an zur Gewohnheit, mich täglich selbst oder über Tschen Bao-schen und Dscheng Hsiao-hsü zur Zurückhaltung zu mahnen, während Garnisondolmetscher Yoshida mir mit gleicher Regelmäßigkeit einzureden suchte, die japanische Armee sei entschlossen, mir auf den Thron zurückzuhelfen; ich müsse deshalb so bald wie möglich in den Nordosten aufbrechen.

Zu jener Zeit hatte ich meine Meinung über die Frage japanische Armee versus japanische Diplomatie bereits geändert. Das heißt, ich war von der Haltung der Gruppe um Tschen Bao-schen abgekommen, die unbeirrbar daran festhielt, daß der Himmel die Regierungsgewalt in die Hände von zivilen Beamten gelegt habe, und die deshalb erklärte, man dürfe sich unter keinen Umständen auf die Avancen der japanischen Militärs einlassen, ohne vorher von Tokio dazu aufgefordert zu werden. Wie ich die Sache sah, konnten nicht die japanischen Politiker über mein Schicksal entscheiden, wohl aber die japanische Armee. Soviel war mir aus dem politischen Tagesgeschehen klargeworden. Denn während die japanische Diplomatie der Nankinger Regierung ihre Bereitschaft bekanntgab, den chinesisch-japanischen Konflikt auf friedliche Weise beizulegen, marschierte die Kwantung Armee unaufhaltsam vorwärts und zwang die zurückweichenden chinesischen Truppen im Nordosten zu verlustreichen Gefechten. Obwohl ich, wie alle damals, glaubte, der internationale Protest Tschiang Kai-scheks und Wang Dsching-weis gegen die erzwungene Abtretung von nationalem Territorium an den japanischen Feind sei echt, änderte das nichts an der Tatsache, daß in diesem politischen Tauziehen die japanischen Streitkräfte der entscheidende Faktor waren.

Zudem teilte ich auch nicht Tschen Bao-schens Besorgnis über die angeblich laue Haltung der Großmächte. Wenige Tage nach meiner Unterredung in der Japanischen Garnison hatte mich der Kommandeur der britischen Truppen in Tientsin, Brigadier F. H. Burnell-Nugent, aufgesucht und mich persönlich zur günstigen Gelegenheit beglückwünscht, welche der Vorfall vom 18. September in Mukden für mich geschaffen habe. Vor dem Abschied hatte mir Burnell-Nugent noch gesagt: »Sollten Eure Majestät im Nordosten wieder den Thron besteigen, wäre der Gefolgsmann Eurer Majestät gerne bereit, unter der Drachenfahne zu dienen.« Es waren diese Worte, die mich – mehr noch als Dscheng Hsiao-hsüs Versicherungen – glauben ließen, daß England mögliche Aktionen Japans im Nordosten decken würde.

Kurz nach Brigadier Burnell-Nugents Besuch traf ich mit Johnston zusammen, der als Unterhändler des British Foreign Office nach China gekommen war und die Gelegenheit nützte, mich nach langen Jahren der Trennung wiederzusehen. Er zeigte sich begeistert über meine Zukunftsaussichten und bat mich, ein Vorwort für sein Buch »Zwielicht in der Verbotenen Stadt« zu schreiben, dem er nun einen Epilog unter dem Titel »Der Drache kehrt heim« anfügen werde.

Auch die Nachrichten, die meine zwei Kundschafter aus dem Nordosten mitbrachten, waren ermutigend. Hofmeister Tung, der als erster zurückkehrte, berichtete, daß sämtliche Tsching Anhänger, die er in Mukden gesprochen habe, meinen unverzüglichen Aufbruch in das Mandschustammland befürworteten. Liu seinerseits hatte zwar weder Uchida noch Honjo gesehen; aber er war mit Oberst Itagaki und meinem früheren Hofminister Dschin Liang zusammengetroffen und konnte bestätigen, daß die Aussagen Luos und Kaeisumis auf Wahrheit beruhten. Vor allem Dschin Liang habe sich äußerst optimistisch gegeben und Liu versichert: »In Fengtiän ist alles bereit und man wartet hier nur noch auf die Ankunft Seiner Majestät!« Liu war auch in Kirin gewesen und hatte sich dort davon überzeugt, daß die ganze Provinz von der japanischen Armee kontrolliert wurde und die chinesischen Beamten um Hsi Hsia bereit waren, auf Abruf meine Rückkehr auf den Thron zu proklamieren.

Abgesehen von diesen Ermunterungen gab es noch einen anderen Grund, weshalb ein baldiger Aufbruch angeraten schien, und das waren gewisse Gerüchte, die damals in der Stadt kursierten. Zu jener Zeit waren die Tientsiner Journalisten außerordentlich hellhörig, und mein Besuch in der Japanischen Garnison blieb ihnen nicht lange verborgen. In einigen Zeitungen war man sogar so weit gegangen zu behaupten, ich sei bereits per Schiff unterwegs in den Nordosten. Gleichzeitig kamen aus unbekannter Quelle Gerüchte auf, man plane von chinesischer Seite eine Aktion gegen mich. Schließlich hielt es mich nicht länger. Ich schickte Dscheng Tschuei (Dscheng Hsiao-hsüs Sohn) zum japanischen Generalkonsul: Falls die japanische Regierung meine direkte Übersiedlung nach Mukden jetzt noch für verfrüht hielte, ließ ich ausrichten, könne sie doch nichts dagegen einzuwenden haben, daß ich zunächst nach Port Arthur zog, wo ich sicherer sei als in Tientsin. Doch der Generalkonsul äußerte sofort Bedenken. Ein Umzug nach Port Arthur sei zur Zeit nicht vonnöten. Außerdem habe sich Uchida Yasuda, der Chef der Südmandschurischen Eisenbahn, gegen meinen Aufbruch nach Nordosten ausgesprochen. Uchida sei bekanntlich ein erfahrener Praktiker der japanischen Politik, und da er auch in Militärkreisen hohes Ansehen genieße, dürften seine Einwände nicht in den Wind geschlagen werden. Für meine Sicherheit in Tientsin stehe er, der Generalkonsul, persönlich ein. Er werde sich aber noch mit Generalleutnant Kashii von der Kommandantur abstimmen.

Am folgenden Tag erhielt Dscheng Tschuei Mitteilung vom japanischen Vizekonsul, daß sein Konsulat mit der Garnison übereingekommen sei, mir zum gegenwärtigen Zeitpunkt von einer Abreise aus Tientsin abzuraten. Diese Nachricht verwirrte mich so, daß ich Garnisondolmetscher Yoshida zu mir bat: Er solle mir die Entscheidung des Kommandeurs erläutern. Zu meinem Erstaunen teilte mir Yoshida darauf mit, daß diese sogenannte »Meinungsabstimmung« in Wirklichkeit gar nicht stattgefunden habe. Generalleutnant Kashii wünsche nach wie vor, daß ich unverzüglich zusammen mit Kaeisumi aufbreche. Yoshida empfahl mir deshalb, ein persönliches Handschreiben an die Kommandantur zu richten und sie von meiner Absicht, Tientsin zu verlassen, in Kenntnis zu setzen. In meiner Verwirrung folgte ich dem Rat des Dolmetschers – und löste damit gleich neue Unbill aus. Wie der Generalkonsul von meinem Schreiben erfuhr, weiß ich nicht, aber er eilte sofort zu Dscheng Hsiao-hsü und Tschen Bao-schen, um sich zu vergewissern, daß es echt und nicht gefälscht sei.

In diesen Tagen traf ein Brief von Liu ein, der ein zweitesmal in den Nordosten gereist war, um sich mit General Honjo, dem Oberbefehlshaber der Kwantung Armee, abzusprechen. Was der General ihm sagte, war folgendes: Da die drei Nordostprovinzen [Liaoning, Kirin, Heilung Kiang] noch nicht ganz unter Kontrolle ständen, sei es ratsam zu warten, bis sich die Lage weiter stabilisiert habe, worauf man Seine Majestät förmlich einladen werde, nach Mukden zu übersiedeln. Damit hatte die höchste Instanz über mein Schicksal entschieden, und mir blieb nichts anderes übrig, als mich zu gedulden. Ich hatte meine Lektion gelernt: Es gab nicht nur Unstimmigkeiten zwischen der japanischen Kommandantur in Tientsin und dem dortigen Konsulat; auch innerhalb der Kwantung Armee klafften die Meinungen auseinander.

Nachdem ich Luo Dschen-yü und Kaeisumi wie verlangt Bescheid gegeben hatte, ich würde vorläufig Tientsin nicht verlassen, wartete ich auf Nachricht – und die Tage wurden mir dabei zu Jahren. Um mir die Zeit zu vertreiben, erließ ich eine Anzahl von Edikten. Ich schickte Hsiän Yüan und Hsiän Dschi, zwei Neffen, die gerade nach Absolvierung der Japanischen Kadettenschule nach China zurückgekehrt waren, in den Nordosten, um die Mongolenprinzen für meine Restaurationspläne einzunehmen. Daneben mußten sie Dschang Hai-peng und Gwei Fu, die sich bereits den Japanern ergeben hatten, mit kostbarer Jade belohnen. Auf Veranlassung der japanischen Kommandantur schrieb ich Briefe an Ma Dschän-schän und andere mongolische Widerstandskämpfer, worin ich ihnen riet, sich zu unterwerfen. Dazu berief ich

Dschang Hai-peng und dessen Widersacher Ma Dschän-schän provisorisch zu Oberbefehlshabern der Unabhängigen Mandschurisch-Mongolischen-und-Nordgebiets-Armeen, während Gwei Fu das Oberkommando über die Westgebiets-Armeen erhielt. Hsiän Yüan und Hsiän Dschi wurden von mir zu hohen Stabsoffizieren befördert, und als ich nichts mehr zu tun hatte, bereitete ich einen Schwung von Reserveedikten für alle möglichen offiziellen Posten und Ämter vor, damit ich zu gegebener Zeit nur noch die entsprechenden Namen einzusetzen hatte.

Auf Dscheng Hsiao-hsüs Ratschlag hin sandte ich, und das muß ich eigens erwähnen, Pu Dschiäs Japanischlehrer nach Japan, um mit dem neuernannten Kriegsminister, Minami Jiro, und dem obersten Anführer der Gesellschaft vom Schwarzen Drachen, Toyama Mitsuru, Verbindung aufzunehmen. Dazu gab ich ihm einen Brief mit, den ich nach einem Entwurf Dscheng Hsiao-hsüs selbst auf gelbe Seide geschrieben hatte. (Nach dem Zweiten Weltkrieg, als Minami Jiro vor dem Internationalen Militärgerichtshof in Tokio diesen Brief zur Entlastung vorwies, stritt ich aus Furcht vor möglichen Folgen seine Authentizität ab, was damals großes Aufsehen erregte.)

Nach drei Wochen des Wartens kam dann endlich der Tag, den ich all die Zeit herbeigesehnt hatte: Doihara, ein japanischer Stabsoffizier, suchte mich im Auftrag von General Honjo auf, um mich in den Nordosten zu holen.

V. Vierzehn Jahre in »Mandschuguo«

Erstes Kapitel

Heimliche Fahrt auf dem Bai Fluß

Unter den 25 Kriegsverbrechern, die vor dem Internationalen Militärgerichtshof in Tokio erschienen, waren Doihara und Itagaki, die beiden, denen die meisten Verbrechen zur Last gelegt wurden; zusammen mit fünf anderen Verurteilten wurden sie 1948 gehenkt.

Doihara war ein Soldat, dessen Aufstieg eng mit der japanischen Aggression in Ostasien zusammenhing. Er kam 1913 mit der Kwantung Armee in den Nordosten und arbeitete die nächsten zehn Jahre als stellvertretender japanischer Berater der örtlichen Kriegsherren: Er war beispielsweise in sämtliche Intrigen mit und um Dschang Dzo-lin verwickelt und, zum Oberst aufgerückt, von 1931 bis 1935 an allen wichtigen Komplotten Japans in China direkt beteiligt. Nach dem »Zwischenfall auf der Marco-Polo-Brücke« vom 7. Juli 1937 [der Japan den Vorwand zur Invasion Chinas lieferte] gab Doihara seine Untergrundtätigkeiten auf und kommandierte japanische Armeen in China und später in Südostasien. Die mysteriösen Geschichten, die über ihn im Umlauf waren, sowie seine Kenntnisse verschiedener chinesischer Dialekte haben ihm in der westlichen Presse den Beinamen »Lawrence des Ostens« eingetragen.

Als ich ihn traf, war er 48 Jahre alt; an den Augenpartien zeigten sich bereits Spuren der Erschlaffung. Er hatte (wie viele Japaner damals) ein kleines Schnauzbärtchen, und seine Art, stets respektvoll und freundlich zu lächeln, gab einem das Gefühl, daß man jedem seiner Worte unbesehen trauen könne. Unsere Unterredung verlief kurz und sachlich. Doihara erklärte mir, sämtliche Aktionen der Kwantung Armee im Nordosten seien allein gegen Dschang Hsüä-liang [Dschang Dzo-lins Sohn und Nachfolger] gerichtet, der die chinesische Bevölkerung ins Elend gestürzt habe und nun auch die Sicherheit der dort ansässigen Japaner bedrohe. Doihara betonte, daß die Kwantung Armee keinerlei territorialen Ehrgeiz hinsichtlich der drei Nordostprovinzen besitze, sondern den aufrichtigen Wunsch hege, »der mandschurisch-mongolischen Bevölkerung zu helfen, einen eigenen, unabhängigen Staat zu gründen«. Er hoffe, daß ich in das Land meiner Vorväter zurückkehren und die Leitung dieses Staates übernehmen würde. Japan sei bereit, mit diesem Staat einen Nichtangriffs- und Verteidigungspakt zu unterzeichnen und seine Souveränität und territoriale Integrität zu schützen, so daß ich dort als Oberhaupt in eigener Verantwortung regieren würde.

Doiharas offene, ernste Sprache, sein respektvolles Lächeln, seine Stellung und sein Ruf machten es mir unmöglich, ihm mit der gleichen Zurückhaltung zu begegnen wie Luo Dschen-yü und Kaeisumi. Es gab aber noch ein äußerst wichtiges Problem zu klären: Was für eine Form würde dieser neue Staat haben? Auf meine Frage, ob eine Republik oder eine Monarchie vorgesehen sei, gab Doihara ausweichend zur Antwort, dieser Punkt werde nach meiner Ankunft in Mukden geregelt werden; aber als ich einwendete, ich würde nur unter der Bedingung in den Nordosten gehen, daß ein solcher Schritt auch meine Wiedereinsetzung als Kaiser bedeute, lächelte er fein und erwiderte, ohne den Ton seiner Stimme zu ändern: »Natürlich wird es eine Monarchie sein. Das steht außer Frage.« Darauf gab ich meine Einwilligung, und wir vereinbarten, daß ich vor dem 16. November in der Mandschurei sein würde.

Nachdem Doihara gegangen war, empfing ich Dschin Liang, der den Japaner nach Tientsin begleitet hatte. Dschin brachte mir Nachricht von Tsching Anhängern in den drei Provinzen. Wie er mir versicherte, war mit der Unterwerfung der alten chinesischen Nordost-Armee ohne weiteres zu rechnen. Damit, schien mir, waren alle Probleme gelöst.

Garnisondolmetscher Yoshida hatte mir nach meinem Gespräch mit Doihara eingeschärft, den Inhalt unserer Abmachungen vor dem Generalkonsul geheimzuhalten; er werde alles Nötige für meine Überfahrt nach Dairen veranlassen. Deshalb wollte ich nur Dscheng Hsiao-hsü ins Vertrauen ziehen. Doch schon am nächsten Tag brachten die Zeitungen detaillierte Berichte über den Zweck von Doiharas Zusammenkunft mit mir. Tschen Bao-schen kam überstürzt aus Peking angereist; und als auch noch ein Telegramm aus Tokio eintraf, worin deutlich gemacht wurde, daß meine Übersiedlung in den Nordosten zum gegenwärtigen Zeitpunkt noch verfrüht sei, sah ich mich gezwungen, eine Sonderkonferenz meiner »Berater« einzuberufen: Mein übereiltes Handeln stieß auf so heftige Kritik, daß ich beschloß, meine wirklichen Absichten geheimzuhalten.

Ungefähr zwei, drei Tage nach meiner Zusammenkunft mit Doihara hielt ich es für geboten, von den vielen Leuten, die mich zu sehen wünschten, wenigstens Gao Yü-tang, den Emissär der Tschiang-Kaischek Regierung, zu empfangen. Gao hatte früher als Tsching Anhänger gegolten, und ich war überrascht, ihn plötzlich als einen Abgesandten der Kuomintang zu sehen. Er richtete mir aus, seine Regierung sei bereit, den ursprünglichen »Wohlwollenden Vertrag« in allen Teilen zu erneuern und mir – je nach Wunsch – eine jährliche Apanage aussetzen zu lassen oder eine einmalige Abfindung auszubezahlen. Auch die Frage des Wohnsitzes sei kein Problem. Man würde es zwar begrüßen, wenn ich mich in Schanghai niederließe, aber sollte ich ins Ausland oder sonst an einen Ort zu gehen wünschen, bestünden – außer gegenüber Japan und dem Nordosten – keinerlei Einwände. Doch ich mißtraute Tschiang, der die Schändung der Östlichen Mausoleen durch seine Truppen zugelassen hatte. Wahrscheinlich war dies alles eine Finte, die mich von den Japanern trennen sollte, um dann, wenn ich allein war, mit mir abzurechnen. Aufgrund dieser Überlegungen gab ich Gao eine unverbindliche Antwort und bat ihn, mich zu einem späteren Zeitpunkt noch einmal aufzusuchen. Als er dann wie abgemacht ein zweites Mal vorsprechen wollte, war ich bereits unterwegs.

In diesen Tagen drängten ununterbrochen Besucher in den Stillen Garten, die Neues in Erfahrung bringen oder mir ihre Loyalität bekunden wollten. Ich erhielt auch zahlreiche Briefe mit Ratschlägen und Warnungen. Ein Mitglied meines Hausklans schrieb mir, ich solle die Würde des chinesischen Volkes wahren und mich nicht mit »Banditen und Räubern« [womit die Japaner gemeint waren] einlassen. Aber ich war dem Traum der Restauration bereits zu sehr verfallen, um noch auf Warnungen zu achten. Das einzige, was mir jetzt wichtig schien, war, vor der mich bestürmenden Presse jegliche Reisepläne in den Nordosten mit Entschiedenheit abzuleugnen.

Zwei Tage bevor ich Tientsin verließ, ereignete sich ein Zwischenfall. Ich ruhte gerade auf einem Sofa, als mein Kammerdiener Tschi aufgeregt ins Zimmer gestürzt kam und mir zurief: »Bomben! Zwei Bomben!« In dem allgemeinen Durcheinander dauerte es eine Ewigkeit, bis ich herausbekam, was wirklich geschehen war: Ein im Stillen Garten Unbekannter hatte ein Geschenk zusammen mit einer Visitenkarte abgegeben und war darauf verschwunden. Als Tschi wie üblich das Paket inspizierte, entdeckte er zwei Bomben in einem Fruchtkorb. Noch ehe sich mein Haushalt vom ersten Schreck erholt hatte, traf die japanische Sicherheitspolizei ein und schaffte Bomben und Korb beiseite.

Am folgenden Tag suchte mich Yoshida auf. Die Untersuchung habe ergeben, daß die Bomben aus Dschang Hsüä-liangs Waffenarsenal stammten. Der Dolmetscher wertete dies als einen Fingerzeig, daß meine Abreise nicht länger verschoben werden dürfte. Er riet mir zu größter Verschwiegenheit, und ich versprach ihm, niemandem etwas zu sagen und zunächst nur Dscheng Vater und Sohn sowie meinen Kammerdiener Tschi nach Dairen mitzunehmen. Denn jetzt, kurz vor der Abreise, häuften sich die Drohbriefe, und Tschi meldete mir einen Anruf eines Kellners vom Victoria-Café, der nicht nur verdächtige Personen mit Waffen entdeckt haben wollte, sondern zudem imstande war, sie gleich als Agenten Dschang Hsüä-liangs zu identifizieren.

Nach den Bomben, Drohbriefen und Telefonanrufen ereignete sich der sogenannte »Tientsiner Zwischenfall« – ein weiteres Meisterstück von Regisseur Doihara. Die Japaner zettelten über ihre chinesischen Agenten im chinesisch verwalteten Teil der Stadt einen wilden Aufstand an, worauf die Japanische Konzession den Ausnahmezustand verhängte und jeden Verkehr mit dem chinesischen Sektor unterband. Der Stille Garten wurde vollkommen von der Außenwelt abgeschnitten, und nur Dscheng Vater und Sohn durften weiterhin frei ein und aus gehen. – Wenn ich jetzt zurückdenke, ist mir klar, daß Doihara nur deshalb so zur Eile drängte, weil eine Gruppe von jüngeren Offizieren der Kwantung Armee meine Anwesenheit im Nordosten benutzen wollte, um eine rivalisierende Gruppe älterer Militärs auszuschalten.

Meine Abreise war auf den 10. November 1931 festgelegt. Laut Plan sollte ich am Abend des besagten Tages in größter Heimlichkeit das große Portal des Stillen Gartens passieren. Aber der Gedanke daran bereitete mir einiges Kopfweh. Zuerst hatte ich vorgehabt, nicht das Hauptportal zu benützen, sondern meinen Chauffeur im letzten Augenblick durch das hintere Garagentor ausfahren zu lassen. Doch als ich dem Großen Li, der mir von all meinen Dienern am nächsten stand, befahl, zu kontrollieren, ob dieser Weg noch benutzbar sei, stellte sich heraus, daß das Hintertor auf der Außenseite bereits ganz mit Plakaten überklebt und nicht mehr zu öffnen war. Schließlich entschied ich mich für einen Plan, den Tschi sich ausgedacht hatte: Ich verbarg mich im geräumigen Kofferraum meines Sportwagens, einer meiner Diener setzte sich ans Steuer, Tschi kletterte auf den Nebensitz, um das »leere« Gefährt zu bewachen, und so fuhren wir aus dem Stillen Garten hinaus.

Unweit des Hauptportals wartete Yoshida in seinem Auto. Als er meinen Wagen herausfahren sah, folgte er uns unauffällig. Es war gerade der dritte Tag der »Tientsiner Unruhen«, und der Ausnahmezustand in der Japanischen Konzession war noch nicht aufgehoben. Ob dies ein Zufall war oder geplant, kann ich nicht mit Sicherheit sagen, aber für meine Flucht schuf dies denkbar günstige Voraussetzungen. An einer Kreuzung wurden wir zwar, wie alle chinesischen Wagen, von japanischen Soldaten aufgehalten, doch ein Zeichen von Yoshida genügte, daß uns der Weg sofort freigegeben wurde. Obwohl mein

Chauffeur spielender Diener sehr schlecht fuhr – bei der Ausfahrt aus dem Stillen Garten hatte er einen Telegraphenmasten gerammt, so daß ich eine Beule am Kopf davontrug und auch sonst sehr durcheinandergerüttelt wurde –, trafen wir ohne weitere Zwischenfälle am Bestimmungsort, einem japanischen Restaurant, ein. Nachdem der Wagen angehalten hatte, nahm Tschi den Fahrer beiseite. Darauf öffnete Yoshida den Kofferraum, half mir heraus und geleitete mich in das Restaurant. Dort wartete ein anderer Offizier mit einem japanischen Militärmantel und Mütze, die er mir nun rasch anlegte, um mich ein wenig zu verkleiden. Als nächstes stiegen wir in ein japanisches Militärfahrzeug, und dann ging es in zügiger Fahrt den Bai Fluß entlang an den Kai hinunter.

Als mir wieder aus dem Wagen geholfen wurde, fiel mir sofort auf, daß wir das japanische Konzessionsgebiet verlassen haben mußten. Aber Yoshida beruhigte mich mit leiser Stimme: Wir befänden uns in der Britischen Konzession. Nun nahmen mich die zwei Offiziere in ihre Mitte und eilten mit mir den Kaimauern entlang nach vorn, wo sich plötzlich ein kleines, unbeleuchtetes Motorboot von der Dunkelheit abhob. Ich entdeckte Dscheng Hsiao-hsü und Dscheng Tschuei in der Kabine und atmete erleichtert auf: Die beiden waren wie verabredet zur Stelle.

Die Barkasse gehörte der Garnison und war für dieses »Sonderkommando« eigens mit Sandsäcken und Stahlplatten gesichert worden. Zwanzig Jahre spater las ich in einer japanischen Zeitung Aufzeichnungen eines Offiziers, der mit uns an Bord gewesen war. Angeblich hatte der japanische Kapitän einen großen Benzinkanister im Boot verstecken lassen – für den unwahrscheinlichen, aber doch möglichen Fall, daß wir von der chinesischen Marine aufgebracht worden wären. Dann hätte das Kommando Feuer gelegt, um unser Boot samt seiner menschlichen Fracht zu vernichten... Damals saß ich wahrscheinlich nur wenige Meter von jenem Kanister entfernt und glaubte, meinem »Glück« entgegenzufahren.

Als ich, den Kopf zurückgewandt, die nächtliche Hafenszene betrachtete, stieg eine leise Wehmut in mir auf, hielt aber nicht lange an. Ich war schon einige Male am Bai Fluß gewesen und hatte mich auf japanischen Kanonenbooten und Kreuzern in Zukunftsträumereien verloren. Jetzt, wo ich wirklich flußabwärts fuhr, verfiel ich in eine freudige Erregung, die mich verstummen ließ. Meine Stimmung wechselte allerdings etwas zu früh, denn unvermutet flüsterte mir Dscheng Tschuei zu, daß wir das ausländische Hoheitsgebiet bereits verlassen hätten und uns jetzt im chinesischen Machtbereich befänden. An diese Tatsache hatte ich gar nicht gedacht, und als Dscheng auch noch die Möglichkeit erwähnte, wir könnten auf chinesische Marineeinheiten stoßen, schlug mir das Herz bis zum Hals. Ich blickte mich um und sah nichts als unbewegte Mienen. Niemand sagte ein Wort.

Nachdem wir rund zwei Stunden in bedrückender Stille dahingeglitten waren, erschallte mit einemmal vom Ufer der Ruf: »Anhalten!« Ich sank vor Schreck wie gelähmt zu Boden; mir war, als habe mir eben jemand sämtliche Nervenstränge durchgeschnitten. Während ich unbeweglich dalag, stürzten die japanischen Soldaten auf Deck. Ich hörte Befehle, die mit leiser Stimme gegeben wurden, und darauf ein Durcheinander von Schritten. Durch ein Fenster konnte ich sehen, daß hinter jedem Sandsack ein Soldat, Gewehr in Anschlag, in Deckung ging. Das Boot schien die Fahrtgeschwindigkeit zu drosseln und auf das Ufer zuzuhalten. Plötzlich gingen die Lichter aus, und kurz darauf krachten vom Ufer her Schüsse. Gleichzeitig heulten die Motoren wieder auf, unser Boot machte einen Satz nach vorn und schoß vom Ufer weg. Nun wurden die Schüsse und Rufe schwächer und waren bald nicht mehr zu hören: Die Finte der Japaner war geglückt.

Um Mitternacht hatten wir die Mündung des Dagu Flusses erreicht, wo wir auf das Handelsschiff »Awaji Maru« zu warten hatten. Japanische Soldaten servierten uns Miso-Suppe, gesalzenes Gemüse und Sake. Dabei wurde Dscheng Hsiao-hsü sehr lebendig. Er verstieg sich zu kühnen Äußerungen über kulturelle und rassistische Gemeinsamkeiten von Japan und China und kam dann so in Fahrt, daß er in einem Stegreifgedicht nach dem anderen das eben glücklich hinter uns gebrachte »gefahrvolle Unternehmen« poetisch feierte.

Zweites Kapitel

Isoliert

Am frühen Morgen des 13. November 1931 sollte die »Awaji Maru« am Kai der Südmandschurischen Eisenbahn in Yinko [Liaoning] anlegen. Während ich mir ausmalte, welch stolzen Empfang mir die 30 Millionen »Untertanen« im Nordosten wohl geben würden, kam mir gar nicht in den Sinn zu fragen, wieso wir ausgerechnet an diesem Ort auf dem Weg nach Mukden Station machen mußten: In meiner Vorstellung hatte sich seit Tagen eine begeisterte Menge eingefunden, die mich – wie damals in der Japanischen Volksschule in Tientsin – jubelnd und fähnchenschwenkend im Hafen begrüßen würde.

Aber je mehr sich das Schiff dem Kai näherte, desto offensichtlicher wurde, daß ich mir etwas vorgemacht hatte. Nur ein paar Leutchen waren vom Schiff aus zu erkennen; und als wir an Land gingen, stellte sich auch noch heraus, daß kein Chinese oder Mandschu dabei war. Mein kleines Empfangskomitee bestand aus Japanern, die Oberst Itagaki hergeschickt hatte, und wurde von Amakasu Masahiko angeführt. Dieser Mann, ein früher berüchtigter Meuchelmörder im Geheimdienst der japanischen Armee (wie ich nach dem Zweiten Weltkrieg erfuhr), geleitete Dscheng Vater und Sohn und mich selbst zu einer wartenden Karosse, die uns zur Eisenbahnstation brachte. Nachdem wir rund eine Stunde im Zug gefahren waren, stiegen wir wieder in eine Kutsche um und erreichten dann, ohne daß unterwegs ein Wort der Erklärung über den Sinn und Zweck dieser Reise gefallen wäre, den Sanatoriumsbezirk von Tangkantzu.

Benommen ließ ich mich in den ersten Stock des Hotels Tuitsuike führen. Die Japaner hatten mir dort eine großartige Suite vorbereiten lassen, in der Luo Dschen-yü, Hofmeister Tung und ein anderer Tsching Loyalist namens Schang Yän-ying bereits auf mich warteten. Luo versuchte gleich, mir meinen Argwohn über den befremdlichen Empfang auszureden. Es gelang ihm auch halb, aber als ich nach seinem Abschied mich etwas in der Gegend umschauen wollte, meldete mir mein Kammerdiener bekümmert, man erlaube uns nicht einmal, das untere Stockwerk zu betreten. Meine Beschwerden bei Kaeisumi und Amakasu wurden höflich mit dem Vermerk zurückgewiesen, die vorläufige Isolierung sei eine reine Sicherheitsmaßnahme.

Empört stellte ich Hofmeister Tung zur Rede. Wieso hatte er mir von Mukden telegraphiert, »alles bereit«, wenn Luo in Wirklichkeit noch mit Oberst Itagaki in Verhandlungen über meine Zukunft stand? Doch Tung zuckte nur hilflos mit den Achseln, er sei falsch informiert worden; und auch Schang, der daneben stand, erklärte niedergeschlagen, ohne Wahrsagealtar könne er nichts zu meiner Erleuchtung beitragen. Tatsächlich wußte damals keiner von uns, daß Japan – neuerdings wieder politisch isoliert – gerade eine innere Krise durchmachte. Es konnte sich nicht entscheiden, welche Regierungsform die neue »Kolonie« annehmen sollte, und solange dieser Punkt nicht geklärt war, durfte mich die Kwantung Armee natürlich nicht auf die politische Bühne lassen.

Nach einer Woche unbehaglichen Wartens erhielt ich einen Anruf von Oberst Itagaki, der mich aufforderte, nach Port Arthur weiterzureisen. In der großen Hafenstadt erwarteten mich die gleichen Bedingungen wie zuvor. Ich stieg im luxuriösen Hotel Yamato ab, belegte den ersten Stock und durfte mich nicht rühren. Die Kwantung Armee betrachte sich zur Zeit als mein Gastgeber, wurde mir mitgeteilt, und bis ich den Thron besteige, habe ich mich billigerweise ihren Wünschen zu fügen. Ich wurde zwar die ganze Zeit sehr zuvorkommend behandelt, aber die japanischen Offiziere, die mich respektvoll mit »Eure Majestät« anredeten, sahen in mir nicht den Monarchen. Ich war für sie ein Kartenspielkönig, ein geheimer Trumpf, von dessen Existenz nichts verraten werden durfte, damit man ihn, angesichts der internationalen Opposition, im richtigen Augenblick auf den Tisch legen konnte. Dscheng Hsiao-hsüs und Luo Dschen-yüs Auffassung von meiner Rolle unterschied sich kaum von der der japanischen Verschwörer; auch für sie war ich nichts als eine Trumpfkarte, mit der sich Macht einhandeln ließ. Deshalb setzten die beiden alles daran, sich einander vor mir auszustechen. In Tangkantzu hatte Luo sich die von den Japanern verfügten Beschränkungen zunutze gemacht, um all meine Kontakte zu anderen Beratern zu unterbinden. In Port Arthur war es dann Dscheng Hsiao-hsü, der von seinem Japanbesuch her eigene Verbindungen zur Armee und der Gesellschaft vom Schwarzen Drachen hatte, gelungen, sich dazwischenzuschalten. Danach schlossen Dscheng und Luo eine Notallianz nach außen, um möglichen Rivalen den Weg zu mir abzuschneiden, während sie untereinander weiterhin um die Gunst der Japaner kämpften. Hofmeister Tung und Schang Yän-ying, der sich in ihren Augen sowieso nur für Orakelsprüche und das Anrufen von hilfreichen Göttern gebrauchen ließ, wurden als harmlos in Ruhe gelassen. Aber Besucher aus Tientsin und anderen Orten sahen sich drastischen Abwehrmanövern ausgesetzt.

Vor meiner heimlichen Abreise hatte ich für Hu Sö-yüan ein Edikt zurückgelassen, das ihm befahl, mir mit Wän Rung und Tschen Dzengschou [Tschen Bao-schens Neffe und Wän Rungs Lehrer] in den Nordosten nachzufolgen. Sowie die drei hörten, daß ich in Port Arthur sei, fuhren sie in das nahe gelegene Dairen, und dort blieben sie stecken; denn Luo hatte ihnen selbstherrlich ausrichten lassen, die Kwantung Armee könne ihre Weiterreise nach Port Arthur nicht genehmigen. Wän Rung, die vermutete, mir sei etwas zugestoßen, inszenierte einen tränenreichen Auftritt und erhielt schließlich die Erlaubnis, mich besuchen zu dürfen. Aber erst nach einem Monat, als mich die Kwantung Armee bei Prinz Sus Sohn einlogierte, durfte sie zusammen mit meiner Zweiten und Dritten Schwester zu mir ziehen.

Ursprünglich hatte ich beabsichtigt, Tschen Dzeng-schou und Hu Sö-yüan bei mir wohnen zu lassen; aber auch da konnte ich mich nicht durchsetzen. Dscheng Hsiao-hsü erklärte mir, die japanische Armee habe angeordnet, daß ich außer ihm, seinem Sohn und Luo Dschen-yü niemanden empfangen dürfe. Selbst mein alter Lehrer Tschen Baoschen, der eigens angereist war, um mich wiederzusehen, wurde nach zwei Tagen wieder nach Hause geschickt: Dscheng hatte sich damals zum Favoriten der Kwantung Armee gemausert, und gerade weil sein Sieg über Luo in nächste Nähe gerückt schien, war er nicht bereit, diesen »Kaiserlichen Großtutor«, der mein volles Vertrauen besaß, neben sich zu dulden.

In diesen Wochen in Port Arthur schlugen Luo Dschen-yü und Dscheng Hsiao-hsü ihre letzte Schlacht. Es war ein Kampf auf Leben und Tod, der mit Luos Niederlage endete. Luo machte den Fehler, in seinen Verhandlungen starr auf einer Tsching Restauration zu bestehen, während Dscheng elastisch genug war, auf japanische Sonderwünsche einzugehen. Zwar schreckte auch er zurück, als ihm die Kwantung Armee beibrachte, sie würden mich zum »Regenten der Republik Mandschuguo« machen. Aber als er sich an den Gedanken gewöhnt hatte, erklärte er sich bereit, mitzuspielen, sofern ihm in diesem Regime der Posten des Premiers angeboten werde. Damit war Luos Schicksal besiegelt. Er sollte bei der Gründung von Mandschuguo nur eine unwichtige Beraterfunktion zugewiesen bekommen – eine Kränkung, die ihn veranlaßte, das Feld zu räumen.

Was mich in Port Arthur am meisten beunruhigte, war indes nicht meine Isolierung, sondern die Tatsache, daß meine Restauration als Kaiser entgegen allen Versprechungen plötzlich in Frage gestellt schien. Wieso hieß es nun, die Form des »neuen Staates« sei noch unbestimmt? Hatte mir Doihara nicht in Tientsin feierlich zugesichert, nur eine Monarchie werde in Betracht gezogen? Mit solchen und ähnlichen Fragen quälte ich mich drei Monate, und dann erreichte mich am 18. 2. 1932 – genau einen Tag nach meinem 26. Geburtstag – die Nachricht, daß das »Administrationskomitee für den Nordosten« (dieses Gremium setzte sich aus hohen Beamten wie Ma Dschän-schän und Hsi Hsia, die zu den Japanern übergelaufen waren, zusammen und stand unter dem Vorsitz von Dschang Dsching-huei, einem früheren Schwurbruder Dschang Dzo-lins) den Entschluß gefaßt habe, eine »Republik« zu gründen. Kurz darauf kam eine zweite Meldung herein: Dasselbe Komitee hatte noch am gleichen Tag unter der Regie von Itagaki eine »Unabhängigkeitserklärung« abgegeben.

Jeder in meiner Umgebung – außer Dscheng Hsiao-hsü – war empört, während ich selbst vor ohnmächtiger Wut förmlich überkochte. Ich lief wie ein Verrückter im Empfangsraum auf und ab und zerbrach dabei Zigaretten in zwei Hälften; dann riß ich das Buch »Von der Kunst, die Zukunft zu erforschen«, in dem ich bis dahin Trost gesucht hatte, vom Tisch und schleuderte es auf den Boden. Ich mußte an den Stillen Garten denken: Wenn ich schon nicht wirklich Kaiser werden konnte, würde es viel besser sein, einen Teil meiner Schätze zu verkaufen, um im Ausland das angenehme Leben eines begüterten Emigranten zu führen.

Gerade als ich Luo und Dscheng mitteilte, ich sei entschlossen, ins Ausland zu gehen, falls die Japaner sich weigerten, mich als Kaiser einzusetzen, rief Itagaki an. Die beiden möchten bitte zu einer Besprechung kommen. Tschen Dzeng-schou [Tschen Bao-schens Neffe] mußte mir in aller Eile zwölf Gründe niederschreiben, wieso das »Richtige System«, das heißt die Restauration der Tsching, unerläßlich war. Dieses gewichtige Dokument, das von moralischen Faktoren bis zu Schmeicheleien über die glorreiche Regierung des japanischen Kaisers Meiji alles enthielt, was uns zu diesem Thema einfiel, gab ich meinen zwei Unterhändlern mit auf den Weg und schärfte ihnen ein, fest aufzutreten, um Itagaki zum Einlenken zu zwingen. Dscheng versprach mir sofort, er werde sein Bestes tun, aber vor Itagaki erklärte er sich mit der Gründung der Republik einverstanden: Er werde es übernehmen, mich zur Annahme der mir vorgezeichneten Rolle als »Staatsoberhaupt« der Republik zu überreden.

Wie versprochen, machte sich Dscheng nach seiner Rückkehr gleich ans Werk, mich in die Falle zu locken. Wenn ich jetzt nicht mit Japan kollaboriere, warf er mir vor, sei es mit allen Hoffnungen auf eine spätere Restauration vorbei. Dazu führte er Dutzende von Beispielen aus der Geschichte an, und erst, als auch das nicht verfing, sagte er schließlich leicht verärgert, ich könne am Nachmittag selbst mit Itagaki sprechen. Er wünsche mich zu sehen.

»Laß ihn nur kommen!« erwiderte ich wütend.

Drittes Kapitel

Das Puppenspiel beginnt

Ich traf Itagaki Seishiro am Nachmittag des 23. Februar 1932. – Itagaki war von zierlicher Gestalt mit glattrasiertem Schädel und einer extrem blassen, faltenlosen Gesichtshaut, von der sich seine tiefschwarzen Augenbrauen und der kleine Schnurrbart auf der Oberlippe wie Pinselstriche abhoben. Er war der gepflegteste japanische Offizier, den ich bis dahin gesehen hatte: Seine Manschetten waren blendend weiß, die Bügelfalte seiner Uniformhosen war messerscharf. Seine makellose Eleganz und die vornehme Art, mit der er seine Hände beim Sprechen leicht aneinanderrieb, verrieten den Mann von Kultur. Ich war beeindruckt.

Nach ein paar einleitenden Höflichkeiten begann Itagaki ruhig und gemessen von Dschang Hsüä-liangs schlechter Herrschaft in der Mandschurei zu sprechen und erklärte mir darauf langatmig die speziellen Interessen, die Japan an die Bevölkerung im Nordosten banden. Ich nickte beifällig zu allem, was er sagte, in der Hoffnung, ihn dadurch schneller zur Sache zu bringen. Endlich war es dann soweit. Itagaki sagte:

»Der neue Staat wird Mandschuguo [Mandschuland] heißen. Als Hauptstadt ist Tschangtschun vorgesehen, das in Hsinking [Neue Hauptstadt] umbenannt wird. Mandschuguo wird fünf Nationalitäten umfassen: Mandschu, Hanchinesen [ursprüngliche Bevölkerung Chinas], Mongolen, Japaner und Koreaner. In Anbetracht der Mühen und Opfer, welche die Japaner im Lauf der Jahrzehnte im Nordosten aufgewandt haben, wird ihr legaler und politischer Status billigerweise dem der anderen Nationalitäten entsprechen. Das heißt, es steht ihnen auch das Recht zu, offizielle Staatsämter zu bekleiden...« Noch bevor der Dolmetscher mit seiner Übersetzung für mich zu Ende war, entnahm Itagaki aus einem Lederköfferchen die »Unabhängigkeitserklärung des mandschurisch-mongolischen Volkes« sowie eine Fahne des neuen Staates »Mandschuguo« und legte sie vor mir auf den Tisch.

Mit vor Empörung zitternder Hand schob ich beides beiseite: »Soll dieser Staat etwa das Imperium der Großen Tsching sein!«

»Natürlich ist das keine Restauration des Imperiums der Großen Tsching«, antwortete Itagaki ruhig. »Dies wird ein neuer Staat sein. Das Administrationskomitee für den Nordosten hat einstimmig eine Resolution verabschiedet und Eure Exzellenz zum Staatsoberhaupt proklamiert. Das heißt, Eure Exzellenz werden das Präsidentenamt übernehmen.«

Dieses »Eure Exzellenz« trieb mir das Blut in den Kopf: Zum ersten Mal hatte ein Japaner gewagt, mich anders als mit »Eure Majestät« anzureden. Ich war nicht bereit, diese Streichung meines Kaiserlichen Titels hinzunehmen – auch nicht für 200 Millionen Quadratli [1 Li = 500 m] und 30 Millionen Menschen. Itagakis Vermessenheit reizte mich so, daß ich kaum mehr stillsitzen konnte:

»Wenn die Namen nicht mehr stimmen, geraten die Worte in Unordnung, und wenn die Worte in Unordnung sind, dann läßt sich nichts mehr vollbringen. Die Völker der drei Ostprovinzen sehnen sich nicht nach meiner Person als Individuum zurück, sondern nach dem Kaiser der Großen Tsching. Wird dieser Titel gestrichen, wird auch ihr Vertrauen und ihre Loyalität untergraben. Ich muß die Kwantung Armee ernstlich bitten, dies zu bedenken!«

Itagaki setzte mir höflich lächelnd auseinander, daß die Kwantung Armee nur den Willen des Volkes respektierte, wenn sie mich zum Präsidenten berief, was ich wiederum abstritt. In diesen Tönen redeten wir drei Stunden lang aneinander vorbei, dann klappte Itagaki plötzlich sein Lederköfferchen zu. Jedes Lächeln war aus seinem Gesicht verschwunden: »Eure Exzellenz (nach meinem Einspruch hatte er mich eben noch Kaiser Hsüan Tung genannt) sollten sich alles noch einmal in Ruhe überlegen. Wir werden die Diskussion morgen fortsetzen.« Mit dieser eisigen Bemerkung erhob er sich und ließ mich allein.

Am Abend gab ich ein Bankett für die Japaner. Dscheng Hsiao-hsü hatte mich gewarnt, es sei gefährlich, die Armee zu verärgern. In der Tat hatte ich es nur deshalb gewagt, Itagaki Widerstand zu leisten, weil ich wie Hu und Tschen halb glaubte und halb hoffte, daß die Japaner unter den gegenwärtigen Verhältnissen nicht ohne mich auskommen würden. Als mir dann aber Dscheng Hsiao-hsü das abschreckende Beispiel von Dschang Dzo-lins Tod [der von den Japanern in die Luft gesprengt worden war] in Erinnerung rief, hatte ich mich einverstanden erklärt, Itagaki durch ein Bankett zu versöhnen.

Der Abend verlief reibungslos, doch schon am nächsten Morgen berief Itagaki Dscheng Hsiao-hsü und Luo Dschen-yü zu sich ins Hotel Yamato: »Die Forderungen der Armee können in keiner Weise mehr geändert werden. Die Armee wird jeden weiteren Einwand als feindlichen Akt betrachten und danach handeln. Das ist unser letztes Wort.«

Als Dscheng und Luo mir Itagakis Ultimatum ausrichteten, verlor ich die Fassung. Meine Knie wurden weich und ich sank auf das Sofa, unfähig, auch nur ein Wort hervorzubringen. In der betroffenen Stille, die darauf folgte, ließ sich mit einemmal Dschengs Stimme vernehmen: »Euer Untertan hat schon immer gesagt, daß man die Gefühle der Japaner nicht verletzen darf!« ... Aber, fuhr er schnell fort, die Lage sei keineswegs so hoffnungslos, wie es den Anschein habe. Im Gegenteil. Immerhin würden die Japaner mich als Staatsoberhaupt einsetzen, was nicht viel weniger sei als eine Restauration. Um diese Gelegenheit herbeizuführen, habe er mir all die Jahre treu gedient. Falls ich mich weiterhin weigere, mein Glück anzunehmen, bleibe ihm nichts anderes übrig, als seine Sachen zu packen und nach Hause zurückzukehren.

Dschengs Drohung brachte mich zur Verzweiflung. Aber er hatte gar nicht die Absicht, sie wahr zu machen, sondern schlug mir vor, den Japanern eine Frist von einem Jahr zu stellen. Falls das »Richtige System« (das heißt meine Wiedereinsetzung als Kaiser) bis dahin nicht verwirklicht sei, hätten sie mit meinem Rücktritt zu rechnen. Damit hatte er gewonnen, zumal keiner meiner Berater eine bessere Lösung fand. Ich schickte ihn zu Itagaki, und es dauerte nicht lange, bis er – mit strahlendem Gesicht – zurückkehrte: Itagaki habe bereits zugestimmt und wolle am Abend ein kleines Bankett »zu Ehren des zukünftigen Regenten« geben.

Das Bankett löste die widersprüchlichsten Gefühle in mir aus. Zu Anfang gab sich Itagaki sehr korrekt. Er prostete mir respektvoll zu und wünschte mir lächelnd Glück und eine erfolgreiche Zukunft. Aber dann begann er heftig zu trinken und auf anstößige Weise mit den Geishas, die er für die Gäste aufgeboten hatte, zu tändeln. Dazwischen lachte er schallend und gab sich nicht die geringste Mühe, seine Genugtuung über den eben errungenen Sieg noch länger zu verbergen. Der Abend geriet immer mehr außer Kontrolle. Plötzlich wandte sich eine von Itagakis Prostituierten zu mir und fragte mich in vulgärem Chinesisch: »Und du, bist du im Großhandel?« Als Itagaki das hörte, brach er in ein irres Lachen aus, und ich spürte, daß ich keinen Anlaß hatte, in die allgemeine Heiterkeit einzustimmen.

Am 28. Februar 1932 verabschiedete die sogenannte »Allmandschurische Nationalversammlung« in Mukden auf Veranlassung der Kwantung Armee eine Resolution, die den Nordosten zum unabhängigen Staat erklärte und mich zum Regenten ernannte. Dscheng Hsiao-hsü half mir, eine Antwortnote für die Delegierten der Nationalversammlung vorzubereiten oder, besser gesagt, deren zwei: eine höfliche Ablehnung für die erste Anfrage, ob ich bereit sei, das Amt zu übernehmen, und ein zweites Schreiben, worin zum Ausdruck kam, daß ich mich nach einer »nochmaligen, inständigen Bitte« seitens der Delegierten nun doch zur Verfügung stelle.

Am 1. März traf eine neunköpfige Abordnung der Nationalversammlung in Port Arthur ein, und ich gab ihnen wie vorgesehen eine Absage aus Gründen der Bescheidenheit, während die auf 29 Abgeordnete verstärkte Delegation, die mich vier Tage später aufsuchte, meine schriftliche Einwilligung erhielt. Im letzten Abschnitt meiner zweiten Antwortnote stand zu lesen:

»... Wie könnte ich es wagen, selbstsüchtig um eines müßigen, faulen Lebens willen abzulehnen, nun, da ich mit dieser großen Verantwortung betraut worden bin? Ich werde mich bemühen, meine bescheidenen Fähigkeiten nach bestem Vermögen einzusetzen, um das Amt des Staatspräsidenten für die Dauer eines Probejahres zu versehen; und wenn meine Unzulänglichkeiten sich hernach als zu zahlreich erweisen, werde ich nach Ablauf dieser Zeit zurücktreten. Sollte jedoch innerhalb dieses Jahres eine Verfassung in Kraft treten und eine Staatsform konstituiert worden sein, die sich mit meinen ursprünglichen Absichten deckt, werde ich sorgsamst meine Tugend und mein [staatsmännisches] Vermögen überprüfen und entscheiden, ob ich das Amt des Staatsoberhaupts weiterhin wahrnehmen kann.«

Am Tag nach diesem »Zwischenakt« brach ich mit meiner Gemahlin Wän Rung, Dscheng Hsiao-hsü, Dschang Dsching-huei und den übrigen Beratern und Delegierten nach Tschangtschun auf. Als wir am 8. März um drei Uhr nachmittags in den Bahnhof der künftigen Hauptstadt einfuhren, hörte ich schon von weitem den Lärm von Musikkapellen und Jubelschreien; und als ich auf den Bahnsteig trat, sah ich einen Kordon von japanischen Polizisten und Sicherheitskräften, die eine riesige, fähnchenschwenkende Menge von Menschen in chinesischen Jacken, westlichen Anzügen und Kostümen und japanischen Kimonos in Schach hielten. Ich war stolz und aufgeregt: Das war endlich der Empfang, den ich in Yinko so vermißt hatte! Während ich an den Leuten vorbeischritt, machte mich Hsi Hsia auf eine Gruppe mit gelben Drachenfahnen aufmerksam, die sich gegen die Konkurrenz all der Fähnchen mit der aufgehenden Sonne Japans durchzusetzen suchte: »Das sind alles Bannerleute. Sie haben mehr als zwanzig Jahre darauf gewartet, Eure Majestät im Nordosten zu sehen!« Mir stiegen die Tränen in die Augen. Meine Zukunft schien mir mit einemmal neue Hoffnung zu bergen.

Am nächsten Tag fand die Zeremonie meiner Amtseinsetzung statt, und dazu kam von japanischer Seite alles, was im Nordosten Rang und Namen hatte. Uchida [der Chef der Südmandschurischen Eisenbahn], General Honjo [der Oberbefehlshaber der Kwantung Armee], Stabschef Miyake und Oberst Itagaki standen Seite an Seite mit meinen »Ministern« Dscheng Hsiao-hsü, Luo Dschen-yü, Hu Sö-yüan, Tschen Dzeng-schou, ehemaligen Tsching Generalen, Mongolenprinzen, alten Fengtiän Kommandeuren wie Dschang Dsching-huei, Hsi Hsia, Dschang Hai-peng und einem Stabsoffizier des früheren »Hundefleischgenerals«. Während die Japaner zuschauten, verbeugten sich die »Gründerväter der Nation« dreimal vor mir, ich verbeugte mich einmal vor ihnen, und dann übergaben mir Tsang Sche-yi und Dschang Dsching-huei im Namen der »Bevölkerung von Mandschuguo« das in gelbe Seide eingeschlagene »Amtssiegel des Präsidenten«. Dscheng Hsiao-hsü verlas meine »Antrittsrede«; danach empfing ich die ausländischen Gäste. Bei dieser Gelegenheit drückte mir Uchida in einer kleinen Rede seine Glückwünsche aus. Luo Dschen-yü seinerseits las die Antwort vor, die ich bereits aufgesetzt hatte, und dann gingen wir alle in den Hof und ließen uns – nach dem Hissen der Fahne von Mandschuguo – zusammen fotografieren. Ein Bankett bildete den Abschluß der Feierlichkeiten.

Am selben Nachmittag suchte mich Dscheng Hsiao-hsü in einer »amtlichen Sache« in meinem Amtszimmer auf: »General Honjo hat vorgeschlagen, daß Euer Untertan das Amt des Premierministers übernehmen und ein Kabinett bilden soll«, sagte er geschmeidig mit einer leichten Verbeugung, die mir eine glänzende Glatze enthüllte. »Hier ist die Liste der Minister und Sonderbeauftragten. Bitte wollen Eure Majestät Euren Kaiserlichen Namen daruntersetzen.« Da ich alle Namen bereits mit Amakasu in Port Arthur abgesprochen hatte, nahm ich, ohne ein Wort zu verlieren, meinen Pinsel und unterschrieb: Ich hatte mein erstes Staatsgeschäft erledigt!

Die Drachenfahnen am Bahnhof, die Militärmusik, das Zeremoniell der Amtsübernahme und die Glückwünsche beim Empfang der ausländischen Gäste hatten mich tief beeindruckt. Ich war mir bewußt, daß ich mir mit meiner offiziellen Amtsübernahme jeden Rückweg verbaut hatte. Aber gerade deshalb durfte ich in meiner Ernennung zum Regenten nicht eine Demütigung sehen; ich mußte meine jetzige Stellung als erste Sprosse einer Leiter betrachten, die, falls ich es richtig anstellte, zu meinem Thron zurückführen konnte. Ich überlegte mir mehrere Tage und Nächte, wie meine neue Position am besten für meine Zwecke zu nutzen war, und gab dann eines Abends meinen zwei Amtssekretären

Tschen Dzeng-schou und Hu Sö-yüan das Ergebnis meiner Überlegungen bekannt:

»Ich habe eben zwei Gelübde abgelegt und einen Wunsch getan. Erstens: Ich will all meine alten Fehler überwinden, und ich schwöre, daß ich mich nie mehr der Faulheit und Frivolität schuldig machen werde, die mir Tschen Bao-schen vor zehn Jahren vorgeworfen hat. Zweitens: Ich schwöre, daß ich alle Bitternis in Kauf nehmen und nicht schlafen werde, ehe ich nicht sämtliche Hindernisse aus dem Weg geräumt und mein Ahnenerbe wiedererlangt habe. Und drittens: Ich flehe zum Himmel, daß mir ein Erbe beschert werde, der die Linie der Großen Tsching weiterführt. Wenn diese drei Dinge erfüllt sind, kann ich glücklich sterben.«

Meine Entschlossenheit, die Gelübde einzuhalten, zeigte sich darin, daß ich tatsächlich jeden Morgen schon in aller Frühe aufstand und den ganzen Tag im Amtszimmer verbrachte, um mich in Übereinstimmung mit der Kwantung Armee den Staatsgeschäften zu widmen. Aber mein Fleiß hielt nicht lange vor, denn ich merkte bald, daß es gar keine Staatsgeschäfte gab, denen ich mich hätte »widmen« können. Die Macht des »Regenten« von Mandschuguo bestand nur auf dem Papier.

Viertes Kapitel

15 Minuten Völkerbund

Die Machtbefugnisse des »Regenten« waren im »Organisationsstatut von Mandschuguo« verfassungsrechtlich verankert worden und sahen vor, daß ich legislative, exekutive und rechtliche Gewalt besaß, Notverordnungen erlassen, das Verwaltungssystem bestimmen und Beamte ernennen konnte; daß ich der oberste Befehlshaber aller Truppen zu Land, zur See und in der Luft war; daß ich das Recht hatte, Begnadigungen auszusprechen und ungerechte Urteile rückgängig zu machen. In Wirklichkeit aber durfte ich nicht einmal selbst bestimmen, wann ich meine Residenz verließ.

Jedem meiner Minister war ein japanischer Vizeminister »unterstellt«, der die tatsächliche Verfügungsgewalt besaß. Auch Dscheng Hsiao-hsüs Premierstatus war nichts als eine hohle Phrase. Mandschuguo wurde von Komai Tokuzo, dem Chef des »Amtes für allgemeine

Angelegenheiten«, regiert, der allmächtig war und in den japanischen Zeitungen offen mit dem Titel »Premierminister« bezeichnet wurde. Die Diäten der Vizeminister waren höher als die ihrer vorgesetzten Minister, da sie, wie man mir mitteilte, »nicht wie die Mandschus Gaoliang [eine im Nordosten vorherrschende Getreidepflanze], sondern teuren Reis essen und für ihre Arbeit fern der Heimat eine besondere Entschädigung verdienen«.

Ungefähr einen Monat nach meinem Amtsantritt eröffnete mir »Premier« Dscheng, daß die Kwantung Armee eine politische Partei unter dem Namen »Concordia« gründen wolle, um die »Mitarbeit der Massen beim Aufbau der Nation« zu organisieren und den »Geist des Respekts für Riten und die frohgemute Befolgung himmlischer Befehle« zu fördern. Das Wort »Partei« hatte für mich schon immer eine ominöse Bedeutung gehabt. Hatte nicht schon Konfuzius gesagt, ein Mann von noblem Charakter habe nie etwas mit Parteien zu tun? Ich wies Dscheng an, der Kwantung Armee meinen Protest zu übermitteln – und tatsächlich blieb die Frage vorläufig in der Schwebe. Schließlich wurde der Name »Concordia Partei« in »Concordia Verein« umgeändert. Aber das war mitnichten ein Sieg für mich, wie ich zunächst meinte. Die Japaner waren nur in der Zwischenzeit zur Überzeugung gelangt, daß sich ein Verein besser für Propaganda- und Spionageaktivitäten und zur Versklavung des Volkes eignete als eine Partei.

In jenen Tagen wurde eine Untersuchungskommission des Völkerbunds im Nordosten erwartet. Ich wußte, daß die Kommission auf Einladung der Kuomingtang Regierung in Nanking kommen würde. Dscheng Hsiao-hsü hatte mich davon unterrichtet und mir auch erklärt, Tschiang Kai-schek, der sich davon Hilfe im Völkerbund gegen Japan erhoffe, würde eine Enttäuschung erleben; denn trotz all der lärmenden Sessionen in Genf und Paris sei in Wirklichkeit kein Mitgliedsland des Nationenbundes bereit, es zu einem offenen Zusammenstoß mit Japan kommen zu lassen. Es gehe nur darum zu erreichen, daß auch die westlichen Mächte an der Ausbeutung von Mandschuguo beteiligt würden. Außerdem habe Amerika, das einzige Land, das außer Japan nach dem Ersten Weltkrieg eine wirkliche Großmacht darstellte, Tschiang bereits früher zu verstehen gegeben, er solle die Mandschurei an Japan verkaufen und Japan dadurch in direkten Konflikt mit der Sowjetunion bringen.

Tatsächlich hatte Tschiang Kai-schek nach dem Ausbrechen der chinesisch-japanischen Feindseligkeiten am 18. September 1931 erklärt, daß China »Macht mit Recht, Grausamkeit mit Frieden beantworten, seine Demütigung auf sich nehmen, seinen Zorn unterdrücken und das Unakzeptierbare akzeptieren werde, bis die internationale Gerechtigkeit ein Urteil gefällt habe«, und Dschang Hsüä-liang den Befehl erteilt, den in der Mandschurei einrückenden Truppen der Japaner keinen Widerstand zu leisten. Die Kuomintang konnte ihre Kräfte nicht im Nordosten verzetteln, wollte sie ihren langjährigen Bürgerkrieg gegen ihre früheren Verbündeten, die Kommunisten, weiterführen.

Am 30. September [das heißt genau 12 Tage nach jenem »Zwischenfall von Mukden«] hatte Tschiangs Delegation im Völkerbund den Antrag eingebracht, eine neutrale Untersuchungskommission in den Nordosten zu schicken, und am 10. Dezember 1931 hatte Japan schließlich seine ablehnende Haltung aufgegeben und der Bildung dieser Kommission zugestimmt.

Die Untersuchungskommission, die sich aus Vertretern von fünf Nationen zusammensetzte – Lord Lytton [Leiter der Kommission] für Großbritannien, Generalmajor Frank Ross für die USA, Generalleutnant Henri Claudel für Frankreich, Graf Aldrovani für Italien und Dr. Heinrich Schnee für Deutschland –, begann ihre Reise am 3. Februar 1932 und erreichte Mandschuguo nach einem Abstecher in andere Teile Chinas und Besprechungen in Japan in den ersten Maitagen. Am 3. Mai erhielt ich Anweisung, den Kommissionsmitgliedern eine Audienz zu gewähren. Die Herren stellten mir zwei Fragen: Wie ich in den Nordosten gekommen wäre und welche Rolle ich bei der Staatsgründung von »Mandschuguo« gespielt hätte.

Bevor ich antwortete, zuckte mir für eine Sekunde der Gedanke durch den Kopf, daß Johnston gesagt hatte, Londons Tore stünden mir jederzeit offen, und ich überlegte, ob diese Leute sich wohl einverstanden erklären würden, mich nach London mitzunehmen, wenn ich ihnen jetzt sagte, daß ich nur aufgrund von Doiharas Falschspiel und Itagakis Drohungen »Regent von Mandschuguo« geworden war. Aber dann kam mir in den Sinn, daß Itagaki und Hashimoto Toranosuke, der Stabschef der Kwantung Armee, neben mir saßen. Mit einem Blick auf Itagakis blasses Gesicht sagte ich gehorsam, was man mir zu sagen befohlen hatte: »Ich kam in die Mandschurei, weil mich die mandschurischen Massen zu ihrem Oberhaupt erwählt haben. Mein Land ist vollkommen unabhängig ...«

Die Herren nickten und lächelten freundlich – und stellten keine Fragen mehr. Ein Fotograf machte ein Gruppenbild, Champagner wurde aufgetragen, und dann war die Farce zu Ende. Die Audienz hatte genau 15 Minuten gedauert. Lord Lytton interviewte zwar noch

Komai, den Chef des »Amtes für allgemeine Angelegenheiten«, bekam aber auch da nur zu hören, was ihm nicht unangenehm in den Ohren klang: Japan folge dem Präzedenzfall, den Robert Hart zu Ende der Tsching Zeit im Namen der britischen Regierung geschaffen habe. So wie es danach zu einer internationalen Administration von Chinas Zoll gekommen sei, würden Japan und Mandschuguo nun in der Verwaltung von Mandschuguo zusammenarbeiten, und jeder Experte, gleich welcher Nationalität, sei willkommen, sofern er die beiden Landessprachen Japanisch und Mandschurisch beherrsche.

Dscheng Hsiao-hsü sollte recht behalten. Als der Bericht der Untersuchungskommission dem Völkerbund vorgelegt wurde, erkannte er Japans »vitales Interesse« in der Mandschurei an. Die Einwände richteten sich lediglich gegen die Exklusivität von Japans Verwaltungsanspruch. Die Kommission schlug vor, von dem gegenwärtigen Regime ausgehend eine neue Regierung zu bilden, wo Ausländer aller Nationen als Berater fungieren könnten. Japan würde angesichts der hohen Zahl seiner Immigranten das Hauptkontingent der Verwaltungsbeamten stellen, aber auch den anderen Ländern sollten feste Quoten zugesprochen werden. Um den Übergang zu dieser neuen internationalen Regierung vorzubereiten, sei eine dem Völkerbund verantwortliche, aus Vertretern Japans, Chinas und »neutralen Beobachtern« zusammengesetzte »Beratende Konferenz« einzuberufen. Die Kommission vertrat daneben die Meinung, daß diese Methode »internationaler Zusammenarbeit« auch für China zu empfehlen sei: Da Chinas Reichtum allein aus seinem riesigen Reservoir von Arbeitskräften bestehe, sei es ohne Zuziehung von Kapital, Talent und Technik aus dem Ausland nicht in der Lage, sich selbst zu entwickeln.

Gerade diese letztere Behauptung war schon immer eine Lieblingsthese von Dscheng Hsiao-hsü gewesen, und als der Bericht herauskam, sagte er mir – begeistert über sich selbst – die Zukunft nehme sich sehr hoffnungsvoll aus. Japans Reaktion auf den Untersuchungsbericht sollte Dscheng Vater und Sohn in tiefe Depression stürzen: Außer in dem Punkt, in dem die Kommission erklärte, die Vorschläge für die Verwaltung Mandschuguos seien auch für China zu empfehlen, stieß der Bericht auf totale Ablehnung seitens des japanischen Außenministeriums. Dschengs Enthusiasmus für eine »Politik der offenen Tür und der gleichen Chance für alle« kosteten ihn die Gunst der Japaner – und ich war mit einemmal froh, daß ich der Kommission meine wahren Gefühle verborgen hatte. Ich war auf Japan angewiesen, wollte ich meinen Traum von Restauration je verwirklichen.

Am 18. August 1932 brachte mir Dscheng Hsiao-hsü einen Stoß Dokumente: »Das ist ein Abkommen, das Euer Untertan mit General Honjo abgeschlossen hat. Bitte wollen Eure Majestät es mit Eurer Unterschrift beglaubigen.«

Schon beim ersten Durchlesen wurde ich wütend: »Wer hat dich geheißen, hier zu unterschreiben?«

»Das sind die Bedingungen, die Itagaki in Port Arthur aufgestellt hat«, antwortete mein »Premier« kalt. »Itagaki hat Eure Majestät damals davon unterrichtet.«

»Mich soll Itagaki davon unterrichtet haben? Das stimmt nicht, und selbst wenn es stimmte, hättest du kein Recht gehabt, von dir aus zu unterschreiben.«

»Ich handelte auf Itagakis Anweisung. Er befürchtete, daß es Verdruß geben würde, falls Hu Sö-yüan und die anderen das Abkommen vor der Unterzeichnung sähen, da sie die Situation nicht verstehen.«

»Wer bestimmt hier. Du oder ich?«

»Euer Untertan würde es nicht wagen, sich zu vermessen. Dieses Abkommen ist nur eine vorläufige Maßnahme. Wie könnten Eure Majestät diesen Artikeln nicht zustimmen, wo Ihr Euch doch Japans Hilfe wünscht. Außerdem trägt der Vertrag nur den bereits vollendeten Tatsachen Rechnung, und wir können später immer noch ein Zusatzabkommen schließen, das besagt, daß diese Vollmachten und Rechte in ein paar Jahren an Eure Majestät zurückfallen.«

Dscheng Hsiao-hsü hatte nicht gelogen. In Wirklichkeit besaß Japan schon längst die Machtbefugnisse, die in diesem Geheimvertrag gefordert wurden. Es kontrollierte die »Verteidigung und Sicherheit von Mandschuguo«, verwaltete die »Eisenbahnen, Häfen, Wasser- und Luftwege« und konnte »weitere öffentliche Bauten« beschließen; »Mandschuguo hatte für den Nachschub und die Ausrüstung japanischer Truppen im Land aufzukommen«; die japanischen Gesellschaften waren berechtigt, »Minen zu erschließen und Bodenschätze auszubeuten«; Japaner durften »offizielle Ämter« bekleiden, und die japanische Regierung hatte die Vollmacht, »weitere Emigranten in Mandschuguo anzusiedeln«. Ich mußte Dscheng beipflichten, daß ich für Japans »Hilfe« einen gewissen Preis zu bezahlen hatte. Aber so bereitwillig hätte er »mein« Land auch nicht zu verkaufen brauchen. Es war schon schlimm genug, daß ich selbst gegen Japans Falschspiel keine Handhabe hatte. Indes, die Sache war bereits geregelt, und ich hatte keine andere Wahl, als – zornig, wie ich war – mich zu fügen. Ich unterschrieb, und Dscheng kehrte mit dem Geheimvertrag zu Itagaki zurück.

Als Hu Sö-yüan, der mich kurz darauf aufsuchte, von dem Vertrag und Dschengs Rolle bei seinem Zustandekommen erfuhr, war er genau so indigniert wie ich: »Dscheng Hsiao-hsü sollte sich schämen. Großtutor Tschen [Bao-schen] hat schon immer gesagt, daß er mit dem Besitz anderer Leute allzu großzügig umgeht, und nun hat er es auch noch gewagt, sich zu dieser Schandtat herzugeben!...«

»Jetzt ist es bereits zu spät, um noch etwas daran zu ändern...«, sagte ich mutlos.

Aber Hu gab sich nicht geschlagen. Er empfahl mir, zwei Unterhändler nach Tokio zu senden. Er habe erfahren, daß an der Spitze der Kwantung Armee ein Führungswechsel bevorstehe, und wir sollten versuchen, daraus Nutzen zu schlagen. Schließlich folgte ich Hus Rat und schickte zwei Emissäre auf die Reise. Sie hatten den Auftrag, bei Kashii [dem früheren Kommandeur der Tientsiner Garnison], Muto Nobuyoshi [dem künftigen Oberbefehlshaber der Kwantung Armee] und dem japanischen Armeestabschef vorstellig zu werden und zu verlangen, daß mir das Recht auf Ernennung von Beamten zurückgegeben wurde. Daneben hatten sie absichtlich noch ein paar unmögliche Forderungen zu stellen wie, daß meine Minister tatsächlich die Kontrolle ihrer Ministerien ausüben müßten; daß das »Amt für allgemeine Angelegenheiten« aufzuheben sei; daß ich die Vollmacht erhalten sollte, das Kabinett umzustellen, und daß ein Rechtsausschuß die Form des Staates endgültig beschließen sollte. Diese zusätzlichen Forderungen waren als sogenannte »Konzessionsartikel« gedacht; das heißt, ich war von Anfang an bereit, nicht darauf zu bestehen, falls ich dadurch das mir wichtigste Recht einhandeln konnte, Beamte zu ernennen. Aber zu meinem Erstaunen meldeten die Unterhändler schon zwei Tage nach ihrer Ankunft in Tokio, daß die Politiker und Militärs mit all meinen Forderungen sympathisierten und Honjos Vorgehen gegen mich verurteilten. Hu Sö-yüan wurde ganz aufgeregt. Seiner Meinung nach mußte sich mit Ankunft des neuen Kommandeurs der Kwantung Armee hier alles ändern, und ich war gerne bereit, ihm zu glauben. Falls ich aber wirklich mehr Macht erhalten sollte, brauchte ich einen Premierminister, der mir gehorchte. Ich beschloß, Dscheng Hsiao-hsü durch Tsang Sche-yi zu ersetzen. Doch Tsang lehnte ab. Er wollte nicht gegen die Kwantung Armee vorgehen.

Als Dscheng von meinem Schachzug erfuhr, schlug er die Taktik ein, sich aus Gesundheitsgründen beurlauben zu lassen. Die guten Nachrichten aus Tokio hatten mich jedoch so ermutigt, daß ich, statt ihn, wie er erwartete, zurückzuhalten, freundlich zustimmte: »Du hast das Alter erreicht, wo du ein Anrecht darauf hast, dich zu pflegen. Ich will dich nicht drängen. Nenne mir einen Nachfolger.«

Dschengs glänzende Glatze verlor mit einemmal ihre natürliche Farbe: »Euer Untertan wollte nur um ein paar Tage Krankenurlaub bitten.«

»Gut. Er sei dir gewährt.«

Als mich Dscheng verließ, sandte ich nach Tsang Sche-yi und bat ihn, den Posten eines amtierenden Premierministers zu übernehmen. Ich dachte, daß ich Dscheng zu einem späteren Zeitpunkt loswerden könnte. Aber bevor Tsang sich festgelegt hatte, war Dscheng Hsiao-hsü wieder »gesund« und auf seinem Posten zurück.

Mitte September traf Muto Nabuyoshi in Tschangtschun ein, und am 15. September unterzeichneten er und Dscheng Hsiao-hsü das »Japanisch-Mandschurische Protokoll«, das im Geheimvertrag vorgesehen war. Nach der Staatszeremonie konnte ich es kaum erwarten, privat mit Muto zu sprechen. Meine Emissäre hatten mir damals aus Tokio berichtet, daß Muto nicht nur ihre Forderungen gebilligt, sondern sich sogar willens gezeigt habe, für die Rückgabe meines Kaiserlichen Titels einzutreten.

Muto Nabuyoshi war in drei Eigenschaften nach Mandschuguo gekommen: er war »Oberbefehlshaber der Kwantung Armee«, »Gouverneur des Kwantung Pachtgebietes« und erster »Botschafter für Mandschuguo«. Die japanische Presse nannte ihn den »Schutzgott von Mandschuguo«. Auch in meinen Augen war dieser weißhaarige Fünfundsechziger mit der Macht eines göttlichen Wesens ausgestattet; als er sich höflich vor mir verbeugte, hatte ich das Gefühl, als sei mir der Himmel an diesem Tag besonders gnädig gestimmt. Muto ließ mich in Ruhe ausreden und sagte dann: »Ich werde die Vorschläge Eurer Exzellenz sorgsamst überprüfen.« Er nahm die Liste der Forderungen, die Hu Sö-yüan für mich aufgesetzt hatte, mit sich – und dabei blieb es. Jedesmal, wenn ich mit ihm offiziell zusammentraf, war er noch dabei, meine Forderungen zu »überprüfen«, und wir redeten statt dessen – bis zu seinem Tod im Juli 1933 – über meine Ahnen und von Buddhismus, Konfuzianismus und »Freundschaft«.

Fünftes Kapitel

Zum drittenmal »Kaiser«

Nach der Vereinbarung zwischen mir und den Japanern war ich berechtigt zurückzutreten, wenn die Kwantung Armee nicht innerhalb eines Jahres nach meinem Amtsantritt als Regent eine Monarchie einsetzte. Als dann aber das Jahr um war, machte ich von meinem Recht keinen Gebrauch, da mir der Mut fehlte und ich auch nicht wußte, wohin ich hätte gehen sollen – falls mich die Kwantung Armee tatsächlich ziehen ließ. Ein paar Tage nach dem Jahrestag meines Amtsantritts kam Muto jedoch zu meinem großen Erstaunen von selbst auf die Frage zu sprechen. Er sagte mir, Japan überprüfe gegenwärtig, welche Staatsform für Mandschuguo gewählt werden sollte; wenn die Zeit reif sei, könne dieses Problem gelöst werden.

Nicht viel später, am 27. März 1933, trat Japan aus dem Völkerbund aus. Gleichzeitig verstärkte es seine Aggression in China. Innerhalb kürzester Zeit durchbrachen japanische Truppen die natürliche Grenze der Großen Mauer und legten einen Ring um Peking und Tientsin. Ende Mai machte die Nanking Regierung – immer noch mit ihrem Bürgerkrieg gegen die Kommunisten beschäftigt – weitere Konzessionen. China und Japan unterzeichneten das »Abkommen von Tangku«, das den Rückzug aller chinesischen Truppen aus einem großen Gebiet südlich der Mauer vorsah und den Japanern eine bessere Kontrolle über Nordchina verschaffte.

Diese Ereignisse fanden ein weites Echo unter den Befürwortern meiner Restauration, die nun im Nordosten und in Nordchina erneut aktiv wurden. Im Juli trat Komai, der Chef des »Amtes für allgemeine Angelegenheiten«, zurück, um im Untergrund für die »Unabhängigkeit« von Nordchina zu arbeiten. Wie er Dscheng Hsiao-hsü mitteilte, würde es sein Hauptanliegen sein, meine Wiedereinsetzung im ganzen Land vorzubereiten.

Ich begann wieder von meinem Kaiserthron zu träumen. Nach der Eroberung von Jehol durch die Japaner gab ich ein Bankett für Muto und die anderen Offiziere, die an den Kämpfen beteiligt gewesen waren, und wünschte ihnen für die Zukunft neue glorreiche Siege. Als die Japaner nach einem weiteren Vorstoß nur 50 km von Peking entfernt haltmachten, suchte mich Dscheng Hsiao-hsü auf, um die Lage zu besprechen. Die Besetzung von Nordchina, ja selbst von Südchina, sei nur noch eine Frage der Zeit, sagte er. Deshalb sei es jetzt absolut vordringlich, die Staatsform von Mandschuguo zu regeln.

Da die letzte Entscheidung nicht bei der Kwantung Armee, sondern in Tokio lag und es Gerüchte gab, daß vor allem die älteren japanischen Politiker meine Rückkehr auf den Thron favorisierten, kam ich zur Überzeugung, daß ich jemanden brauchte, der für mich in der japanischen Hauptstadt Stimmung machte – oder mich zumindest über die Entwicklung auf dem laufenden hielt. Der Mann, den ich für diese Aufgabe auswählte, war mein persönlicher Wächter Kudo Tetsusaburo, der mich von Tientsin in den Nordosten begleitet hatte. Er war der einzige Japaner, der mich nach meiner Einsetzung als Regent noch mit »Eure Kaiserliche Majestät« ansprach; und er hatte mir einmal seine Loyalität dadurch bewiesen, daß er einen Tee, in dem ich Gift vermutete, für mich kostete. Ich gab ihm darauf den chinesischen Namen »Dschung« [Loyal] und behandelte ihn wie ein Mitglied meines Haushalts.

Kudo Tetsusaburo kehrte von Japan mit der Nachricht zurück, er habe von Minami Jiro und anderen wichtigen Persönlichkeiten der Schwarzen Drachengesellschaft gehört, daß auch die Militärs die Gründung einer Monarchie unterstützten. Im Oktober 1933 wurde Kudos Bericht offiziell bestätigt: Hishikari Takashi, der neue Kommandeur der Kwantung Armee [Muto war im Juli gestorben], teilte mir förmlich mit, daß die japanische Regierung mich demnächst als »Kaiser von Mandschuguo« anerkennen werde.

Ich war außer mir vor Freude. Die Drachenroben! Ich würde zu meiner Inthronisation Drachenroben tragen! Sofort ließ ich eine vollständige Garderobe aus Peking kommen; aber gerade, als die Roben eingetroffen waren, teilte mir Dscheng Hsiao-hsü mit, die Kwantung Armee wünsche mich bei den Feierlichkeiten in der »Galauniform eines Generalissimus aller Truppen zu Land, zur See und in der Luft« zu sehen.

»Nein, das ist unmöglich!« protestierte ich entrüstet. »Ich bin ein Sproß der Aisin Gioro. Wie dürfte ich es wagen, mich vom Kaiserlichen Zeremoniell meiner Vorfahren abzuwenden? Was würden die Mitglieder meines Klans denken, wenn sie mich in einer ausländischen Uniform den Thron besteigen sähen?«

»Eure Majestät sagen es!« Dscheng Hsiao-hsü nickte, während sein Blick die Drachenroben auf dem Tisch streifte. Seit ihm der korallenfarbene Hutknopf der I. Klasse und eine dreiäugige Pfauenfeder winkte, gab er sich wieder äußerst beflissen. »Eure Majestät haben völlig recht. Aber was wird die Kwantung Armee dazu sagen?«

»Geh und rede mit ihnen!«

Nachdem Dscheng zur Tür hinaus war, starrte ich lange auf die Drachenroben vor mir. Die Kaisergemahlin Rung Huei hatte sie all die Jahre in Peking für mich aufgehoben, und nun lagen sie auf diesem Tisch. Ich fühlte, wie mich die Bewegung überwältigte. Das hier waren echte Kaiserliche Drachenroben, die einmal Guang Hsü gehört hatten. Zwanzig Jahre schon hatte ich von ihnen geträumt!... Ich würde mich nicht davon abhalten lassen, sie bei meiner Einsetzung als Kaiser zu tragen, damit alle Welt sah, daß die Dynastie der Großen Tsching wiederauferstanden war!

In diesem Augenblick kam Dscheng Hsiao-hsü zurück und meldete kleinmütig, die Kwantung Armee bestehe nach wie vor auf einer Militäruniform. Aber ich konnte mich nicht geschlagen geben. Dscheng mußte weiterverhandeln, und schließlich wurde ein Kompromiß geschlossen: Ich durfte die Drachenroben bei der »Ankündigung der Thronbesteigung an den Himmel« tragen.

Am 1. März 1934 vollzog ich – in Kaiserliche Drachenroben gewandet – auf einem irdenen Altar im Osten von Tschangtschun das alte Ritual, dem Himmel meine Thronbesteigung anzusagen. Danach kehrte ich in die Residenz zurück, um mich in die »Generalissimus«-Uniform zu kleiden. Die Residenz hieß jetzt »Kaiserlicher Palast« (das Wort »Kaiserpalast« war tabu, weil die Residenz des japanischen Tenno so genannt wurde) und war im übrigen mein alter Wohnsitz, an den noch ein neues Gebäude angebaut worden war.

Die Zeremonie der Thronbesteigung wurde in einer meiner Hallen abgehalten, deren Boden mit einem zinnoberroten Teppich ausgelegt worden war. Ich stand vor einem Seidenvorhang an der Nordwand, in dessen Mitte das »Kaiserliche Orchideenemblem« prangte, und war flankiert von Palastbeamten. Nun erschienen, angeführt von »Premier« Dscheng, die zivilen und militärischen Würdenträger, stellten sich in einer Linie vor mir auf und verbeugten sich dreimal tief. Ich verbeugte mich einmal, und dann präsentierte mir Hishikari, der Kommandeur der Kwantung Armee, sein Beglaubigungsschreiben als »Botschafter«. Nach der Zeremonie huldigten mir die Mitglieder des Aisin Gioro Klans, die in großer Zahl aus Peking angereist waren, mit einem neunfachen Kotau.

Viele Tsching Anhänger in ganz China schickten Glückwunschtelegramme – und der Boß der Schanghaier Unterwelt, Dschang Yüdsching, erklärte sich gar in einem Schreiben zu meinem »Untertan«. Am 6. März traf Chichibu-no-Miya Yasuhito [Prinz Chichibu] in

Tschangtschun ein, um mir im Namen seines Bruders, des Tenno von Japan, zu gratulieren. Er verlieh mir das Großband des Chrysanthemenordens, während meine Gemahlin Wän Rung mit dem Kronenorden ausgezeichnet wurde.

Zwar verfügte ich noch immer nicht über die Rechte, die ich eigentlich hätte verlangen sollen, aber diese Tatsache schien wie aus meinem Gedächtnis gelöscht. Wie sehr ich von meiner Bedeutung als Kaiser überzeugt war, mag der Empfang illustrieren, den ich einen Monat nach der Inthronisation meinem Vater und meinen Geschwistern bereitete: Ich schickte ein Komitee von Palastbeamten und meine Leibwache als Ehrengarde an den Bahnhof, während ich mich selbst zusammen mit Wän Rung außerhalb der großen Palasteinfahrt aufstellte. Wän Rung hatte eine traditionelle Mandschuhofrobe angelegt; ich trug Militäruniform, und meine Brust war von oben bis unten bedeckt mit japanischen und »mandschurischen« Dekorationen. Außerdem trug ich sämtliche Orden des »Imperiums der Großen Tsching«: Wenn ich schon bei den Japanern nicht damit großtun konnte – ich wagte sie bei mandschurisch-japanischen Anlässen gar nicht erst anzulegen –, wollte ich zumindest meine Familie mit ihnen beeindrucken. Als der Wagen meines Vaters an uns vorbeifuhr, salutierte ich, während Wän Rung niederkniete. Erst später, als ich meinen Vater in meinen Privatsalon geleitet hatte und wir allein waren, kniete auch ich nieder, um ihm im traditionellen Stil meinen Respekt zu erweisen.

Am Abend gab ich ein großes Bankett, dem ich mit Wän Rung an der Spitze der Tafel präsidierte. Sowie wir den Bankettsaal betraten, mußte eine Kapelle einen Tusch spielen und uns und die Gäste dann weiter mit westlicher Musik unterhalten. Was für Stücke gespielt wurden, weiß ich nicht mehr. Aber es wird nichts Besonderes gewesen sein, da mir damals alles gefiel, wenn nur Trompeten darin vorkamen. Nachdem wir am Ende des Essens zu Champagner übergegangen waren, erhob, wie ich ihn vorher angewiesen hatte, Pu Dschiä sein Glas und rief: »Lang lebe Seine Majestät der Kaiser!« Meine ganze Familie, einschließlich meines Vaters, stimmten in die nachfolgenden »Wän Swei«-Rufe [Zehntausend Jahre] ein, und der Klang ihrer Stimmen wirkte auf mich stärker als der stärkste Wein. Ich war berauscht von meiner eigenen Würde.

Am nächsten Tag schickte die Kwantung Armee einen Beamten vorbei, um im Namen des japanischen Botschafters zu protestieren, daß ich, entgegen dem Abkommens zwischen den früheren Behörden des Nordostens und Japan, das von Mandschuguo anerkannt worden sei, eine bewaffnete Garde an den Bahnhof geschickt hatte. In diesem

Abkommen sei festgelegt, daß ein Streifen Land auf beiden Seiten der Bahnlinie als Territorium der Südmandschurischen Eisenbahn zu gelten habe, wo das Tragen von Waffen allen Personen, japanische Militärs ausgenommen, untersagt sei. Das Hauptquartier der Kwantung Armee – nein, der japanischen Botschafter selbst – verlange eine offizielle Bestätigung, daß ein solcher Zwischenfall nicht noch einmal vorkommen werde.

Das hätte genügen sollen, mich zur Besinnung zu bringen. Doch die Japaner verstanden es meisterlich, mir, solange es nötig war, genügend »Gesicht« zu lassen. Die Protestnote wurde vor der Öffentlichkeit geheimgehalten, und als ich jemanden schickte, um der Armee in meinem Namen eine Entschuldigung für die Vertragsverletzung anzubieten, wurde die Sache zu den Akten gelegt.

Noch mehr zu meiner Selbsttäuschung trug jedoch der Pomp bei, den die Japaner für mich arrangierten. Die Kwantung Armee bestimmte, daß ich ein- oder zweimal im Jahr Ausflüge in das Landesinnere unternehmen sollte, was im japanischen Hofjargon »Kaiserliche Prunkreisen« hieß. Daneben mußte ich jedes Jahr vier Zeremonien in Tschangtschun meine Kaiserliche Gegenwart leihen: Da war zunächst der Opferdienst für die in Japans Aggressionskriegen gefallenen »Märtyrer« der Kaiserlich-Japanischen Armee in der »Pagode der loyalen Seelen«; dann folgte ein anderer Opferdienst für die toten Soldaten der »Mandschuguo«-Marionettenarmee im »Tempel der treuen Seelen der Gründer der Nation«; als nächstes kam ein Besuch im Hauptquartier der Kwantung Armee anläßlich der Geburtstagsfeier des japanischen Tenno; und als letztes folgte dann noch die Jahresversammlung des »Concordia Vereins«.

Die Beschreibung meines Besuchs bei der Concordia wird einen Eindruck geben von dem absurden Aufwand und Getue, das mit solchen Anlässen unweigerlich verbunden war: Ich fuhr in einer Motorkavalkade, die wahrlich eines Kaisers würdig war. An der Spitze rollten Fahrzeuge der Gendarmerie; in einem gewissen Abstand folgte das rote, offene Cabriolet des Polizeipräsidenten und mein Wagen, ebenfalls ganz in Rot, mit zwei Polizeimotorrädern links und rechts. Dahinter kamen die Autos meines Gefolges, und den Schluß der Kolonne bildeten wiederum Fahrzeuge der Gendarmerie.

Am Vortag meiner Ausfahrt nahm die Polizei jeweils sämtliche »zweifelhaften Elemente« und »schmutzigen Vagabunden« der Hauptstadt in Sicherheitshaft, und am Tag selbst wurden auf beiden Seiten meiner Fahrtroute Gendarmen postiert, um mögliche Zuschauer fernzuhalten. Niemand durfte in den kritischen Stunden die Läden und Häuser entlang meiner Route betreten oder verlassen. Es war den Anwohnern sogar verboten, während dieser Zeit den Kopf aus dem Fenster zu strecken. Die Auffahrt des »Concordia Vereins« wurde eigens mit Sand bestreut.

Bevor mein Wagen aus dem Palasthof fuhr, verkündete das Radio über Volksempfänger in ganz Tschangtschun auf chinesisch und japanisch »Der Wagen Seiner Majestät des Kaisers verläßt jetzt den Palast«. Beim ersten Ton dieser Bekanntmachung erhob sich die Versammlung im »Concordia«-Haus, und alle Beamten vom Vorsitzenden an abwärts verfügten sich in den Hof, um respektvoll auf die »Kaiserliche Ankunft« zu warten. Sowie mein Wagen vorfuhr, hatten sie sich – zu den Klängen der Nationalhymne – tief zu verbeugen. Im »Concordia«-Haus suchte ich erst ein Ruhezimmer auf, um mich zu erholen, und empfing dann meine »Kabinettsminister«. Gleichzeitig versammelten sich mir zu beiden Seiten der Reihe nach der Oberhofmarschall, der Chefadjutant, der Kommandant der Palastgarde, der Oberzeremonienmeister, die restlichen Adjutanten und die Kaiserliche Leibwache; später gesellte sich noch mein »Attaché des Kaiserlichen Haushalts«, Yoshioka Yasunari, hinzu. Tische, Stühle und Tischtücher waren alle vorher aus dem Palast herbeigeschafft worden, und an der Wand über mir hing das »Kaiserliche Orchideenemblem«. Nachdem die »Concordia«-Beamten mir in einem langen Defilee ihre Reverenz erwiesen und den Raum verlassen hatten, brach ich – unter laut schmetternder Begleitmusik – in die Haupthalle auf und erklomm, während die ganze Versammlung in einer tiefen Verbeugung verharrte, ein erhöhtes Rednerpult. Der Kommandeur der Kwantung Armee, der sich schon vor mir auf diesem Podium eingefunden hatte, erwies mir mit einer leichten Verbeugung seine Reverenz. Ich antwortete mit einem Kopfnicken und begrüßte die Versammlung. Während sich die Leiber unter mir wieder aus ihrer Verbeugung aufrichteten, reichte mir der Oberhofmarschall mit beiden Händen das »Kaiserliche Reskript« dar. Ich nahm es entgegen, öffnete es und las es der Versammlung vor, wobei alle im Raum Anwesenden mit gesenktem Kopf dazustehen hatten und nicht aufblicken durften. Nachdem ich geendet hatte, verfiel die Versammlung wieder in eine tiefe Verbeugung, und ich verließ unter Marschmusik den Saal. Während ich mich im selben Ruhezimmer wie vorher kurz erholte, bereiteten Sonderbeamte den »Kaiserlichen Abschied« vor. Im Augenblick, in dem ich mit meiner Kavalkade zum zweiten Mal losfuhr, ertönte aus allen Lautsprechern der Stadt das Kommuniqué »Der Wagen Seiner

Majestät des Kaisers kehrt jetzt in den Palast zurück«. Und nach meiner Ankunft zu Hause wurde der Bevölkerung die beruhigende Meldung durchgegeben: »Seine Majestät der Kaiser sind sicher im Palast angelangt.«

Das ganze Zeremoniell und die dabei verwendeten Ausdrücke waren vom japanischen Hof übernommen worden. Die Japaner hatten auch sonst die Tendenz, japanische Wortzusammensetzungen einzuführen, und als die Verwendung solcher Importwörter unter der Bezeichnung »Concordisch« gezielt in Mandschuguo popularisiert wurde, hießen selbst meine Fotografien anders. Sie trugen nun statt der in China gebräuchlichen Bezeichnung »Kaiserliches Antlitz« die Worte »Wahres Kaiserliches Abbild«. Diese Fotografien waren überall, in jedem Büro, jeder Schule, allen Kasernen und allen Gebäuden der öffentlichen Verwaltung auszuhängen. In Konferenzräumen und Lehrerzimmern stand zudem noch eine Art von Schrein mit einem Vorhang, hinter dem außer meiner Fotografie noch je ein Exemplar der »Kaiserlichen Reskripte« angebracht worden war. Jeder, der einen solchen Raum betrat, mußte sich vor diesem Vorhang verbeugen. Gewöhnliche Bürger waren nicht gesetzlich verpflichtet, »Wahre Kaiserliche Abbilder« zu besitzen; aber es kam doch immer wieder vor, daß der »Concordia Verein« auch solche Leute zum Kauf eines Fotos von mir und Wän Rung zwang.

Hauptzentren des Kaiserkults waren Schulen und Garnisonen. Jeden Morgen wurde in allen Schulhäusern und Kasernen eine Versammlung abgehalten, während der alle Anwesenden sich erst in der Richtung des »Kaiserpalasts« in Tokio und dann in der Richtung meines »Kaiserlichen Palasts« in Tschangtschun tief bis auf den Boden zu verbeugen hatten; am Jahrestag eines meiner Reskripte (ich werde noch später darauf zu sprechen kommen) fand zudem eine feierliche Lesung des jeweiligen Textes statt.

Auch bei den »Kaiserlichen Prunkreisen« gab es ein genau festgelegtes Ritual, das wie alles andere, was die japanische Armee unternahm, bis ins letzte Detail durchgeplant war. Wie ich selbst erlebt habe, war dieser Kult mit meiner Kaiserlichen Majestät jedoch nicht nur darauf ausgelegt, die chinesische Bevölkerung an den blinden Gehorsam und die abergläubischen Denkformen einer feudalistischen Gesellschaft zu gewöhnen; er richtete sich auch an die japanischen Siedler der unteren Schichten. Tatsächlich benutzten mich die Japaner oft als Werkzeug, um ihre eigenen Untertanen zu ermuntern. So ließen sie, als ich einmal einem Bergwerk außerhalb Tschangtschuns einen Besuch abstattete, beispielsweise eigens einen japanischen Steiger kommen, damit ich huldvoll ein paar Worte mit ihm wechseln konnte. Dem Kumpel setzte dieser »allerhöchste Gunstbeweis« so zu, daß er in Tränen ausbrach – was mir wiederum das Gefühl gab, ich sei wirklich eine Person von Gewicht.

Den Höhepunkt meiner fatalen Verschätzung der Lage erreichte ich nach meinem Besuch in Japan im April 1935. Dieser Besuch ging auf einen Vorschlag der Kwantung Armee zurück, die es an der Zeit fand, dem japanischen Kaiser persönlich meinen Dank dafür auszusprechen, daß er anläßlich meiner Inthronisation seinen Bruder, Prinz Chichibu, nach Tschangtschun entsendet hatte. Außerdem sei dies eine Gelegenheit, die »Japanisch-Mandschurische Freundschaft« zu festigen und weiter zu fördern.

Die japanische Regierung delegierte ein Empfangskomitee von 14 hohen Würdenträgern mit Baron Hayashi Gonsuke, einem Geheimrat, an der Spitze. Ich wurde mit dem japanischen Schlachtschiff »Hie Maru« und einer Eskorte von weiteren Kriegsschiffen in Dairen abgeholt. Kurz nachdem wir auf See waren, besichtigte ich die Zerstörer Tamama Nr. 12 und Nr. 15. Am vierten Tag der Reise hatte ich Gelegenheit, einem japanischen Seemanöver mit 70 Kriegsschiffen beizuwohnen, und als wir schließlich in Yokohama einliefen, brauste als Willkommensgruß eine Staffel von 100 Flugzeugen über unserem Schiff hinweg.

Schon bevor ich an Land ging, war ich entsprechend beeindruckt von Japans Macht. Die vielen Ehren, die mir auf dieser Reise zuteil wurden, schienen mir zu beweisen, daß Japan mich aufrichtig respektierte. Wie hatte ich früher nur an den lauteren Absichten meiner hilfreichen Freunde aus dem Osten zweifeln können! In Tokio kam Kaiser Hirohito selbst an den Bahnhof, um mich abzuholen. Er gab ein Bankett für mich, und als ich ihm darauf einen offiziellen Staatsbesuch abstattete, ehrte er mich mit einer Gegenvisite. Ich empfing eine Abordnung von Ministern, die mir ihre Glückwünsche darbrachten, nahm zusammen mit Hirohito eine Militärparade ab, besuchte den Kaiser-Meiji-Schrein und ein Militärlazarett für Verwundete aus den Aggressionskriegen in China. Außerdem stattete ich Hirohitos Mutter einen Höflichkeitsbesuch ab, und ein gemeinsamer Spaziergang mit ihr fand in der japanischen Presse einen enthusiastischen Kommentar: Ich hatte ihr über eine Unebenheit hinweggeholfen, und das diente nun als Beweis, daß ich der »Mutter des Tenno« mit dem Respekt eines Sohnes begegnet sei. Am Tag meiner Abreise brachte mich Yasuhito [Prinz Chichibu] in Vertretung seines Kaiserlichen Bruders an den Bahnhof: »Der Besuch Eurer

Kaiserlichen Majestät in Japan wird als wichtiger Beitrag zur Japanisch-Mandschurischen Freundschaft in die Geschichte eingehen«, sagte er in seiner Abschiedsadresse. »Seine Kaiserliche Majestät der Tenno hat bereits größte Genugtuung geäußert, und es ist meine Hoffnung, daß auch Eure Kaiserliche Majestät mit der unerschütterlichen Überzeugung in Euer Land zurückkehren, daß sich die Japanisch-Mandschurische Freundschaft in Zukunft noch enger gestalten kann.«

Bevor ich an Bord ging, bat ich Baron Hayashi, dem Tenno und seiner Mutter, der Kaiserinwitwe, meinen Dank zu überbringen. Mitten im letzten Satz kamen mir die Tränen, was den alten Mann so rührte, daß auch er zu weinen anfing. Wenn ich zurückdenke, hatte ich damals bereits vergessen, wie ein Mandschu zu fühlen. Die außerordentlich ehrenvolle Behandlung, die mir das japanische Kaiserhaus zuteil werden ließ, genügte, um mir den Kopf vollends zu verdrehen. Schon nach meiner Thronbesteigung hatte selbst die Luft für mich eine neue Qualität erhalten, und nun formte sich langsam der Gedanke in mir: Der Tenno und ich, wir sind gleichgestellt; folglich entspricht meine Stellung in »Mandschuguo« der Stellung des Tenno in Japan; also geziemt es sich, daß mich die Japaner genauso behandeln, wie sie ihren Tenno behandeln würden.

Noch ganz berauscht von meinen Illusionen, erließ ich in den ersten Stunden nach meiner Rückkunft in Tschangtschun ein »Reskript zur Belehrung des Volkes anläßlich der Rückkehr des Kaisers«, in dem ich den Tenno mit schmeichelhaften Wendungen bedachte; dann bat ich Minami Jiro, der seinen Vorgänger Hishikari im Oberkommando der Kwantung Armee abgelöst hatte, zu mir, um ihm »meine Eindrücke« von Japan zu schildern. Am folgenden Tag nahm ich begeistert an den Feierlichkeiten für Hirohitos Geburtstag teil; und am nächstfolgenden Tag hatte sich so viel Mitteilungsbedürfnis in mir angestaut, daß ich von einem Moment auf den andern den Befehl gab, alle Seniorenbeamten von Tschangtschun, gleich, ob Chinesen oder Japaner, hätten sich unverzüglich im Palast einzufinden, um mich über meine Reise reden zu hören. Ich unterließ es, die Kwantung Armee vorher zu benachrichtigen und bereitete auch keine Notizen vor; als die Zeit gekommen war, flossen mir die Worte von selbst über die Lippen: Ich beschrieb im Detail, wie mich der Kaiser in Japan empfangen hatte und verbreitete mich lange über den »großen Respekt«, den mir die »Untertanen« des Tenno überall bezeugt hatten. Am Ende meiner Rede verkündete ich im Brustton der Überzeugung: »Jeder Japaner, der gegen die Interessen von Mandschuguo handelt, verrät den Kaiser von Japan, und jeder

Mandschure, der gegen die Interessen von Japan handelt, begeht Verrat am Kaiser von Mandschuguo. Verrat an Seiner Majestät dem Kaiser von Japan ist Verrat an Uns, und Verrat an Uns ist Verrat an Seiner Majestät dem Kaiser von Japan.«

Was war ich naiv!

Sechstes Kapitel

Der Traum zerbricht

Einen Monat nach meiner Rückkehr nach Tschangtschun teilte mir Minami Jiro, der Kommandeur der Kwantung Armee, während einer unserer regelmäßigen Konferenzen mit: »Premier Dscheng Hsiao-hsü wünscht zurückzutreten, da er alt und seiner Aufgaben müde ist.«

Ich hatte bereits gehört, daß Japan mit Dscheng unzufrieden geworden war und nach einer Möglichkeit suchte, um ihn abzuschieben. Als deshalb Minami die Sache zur Sprache brachte, willigte ich nicht nur sofort ein, Dscheng freizugeben, ich hatte auch schon einen neuen Kandidaten bestimmt. Tsang Sche-yi (den ich bereits früher gebeten hatte, Dscheng zu ersetzen) sollte als Premier nachrücken. Ich war überzeugt, daß Minami sofort auf meinen Vorschlag eingehen würde, aber zu meinem Erstaunen rannte ich damit gegen eine Mauer: »Nicht doch«, sagte Minami und schüttelte den Kopf. »Eure Majestät brauchen sich nicht zu bemühen. Die Kwantung Armee hat sich bereits mit diesem Problem befaßt und einen geeigneten Nachfolger gefunden. Wenn wir Dschang Dsching-huei [früherer Fengtiän General und nachmals Vorstand jenes »Administrationskomitee für den Nordosten«, das Mandschuguo zur Republik erklärte] zum Premier machen, ist die Sache bestens geregelt.«

Der wahre Grund für Dschengs jähen Sturz war, daß er die Kwantung Armee mit der Bemerkung verärgert hatte, »Mandschuguo« sei jetzt erwachsen genug, um mit weniger strenger Kontrolle auszukommen. Dscheng wurde von der Armee unter Hausarrest gestellt, sein Bankkonto eingefroren. Er starb drei Jahre später, ein enttäuschter Mann; und sein plötzlicher Tod wurde, wie zuvor der seines Sohnes Tscheng Tschuei, allgemein mit der Kwantung Armee in Verbindung gebracht.

Tatsächlich hatte sich Japan seit seinem Austritt aus dem Völkerbund offen auf Krieg umgestellt. Als Vorbereitung zu seiner späteren Invasion in China zwang es die Nanking Regierung Tschiang Kai-scheks durch bewaffnete Einfälle im Norden zu immer größeren Konzessionen. Nanking akzeptierte eine »Unabhängige Militärregierung der Inneren Mongolei« und eine »Antikommunistische Unabhängige Regierung von Ost-Hopeh«. Es erließ einen »Harmonie-mit-unserem-Nachbarn-Befehl« und verbot der eigenen chinesischen Bevölkerung unter Androhung schwerster Strafen, sich in antijapanische Tätigkeiten einzulassen. Und während all dieser Zeit kollaborierten Restaurationsfanatiker im Nordosten mit der Kwantung Armee, und ich selbst war immer noch berauscht von meiner dritten Thronbesteigung. Doch je tiefer Japan seine Klauen nach China ausstreckte, desto härter griff es in Mandschuguo zu. Und schließlich bekam auch ich etwas davon zu spüren.

Die Kolonisierung im Nordosten war übrigens eine sehr profitable Sache für chinesische Verräter. Als Mandschuguo eine Monarchie wurde, hatten alle »Restaurationisten« von Dscheng Hsiao-hsü abwärts »Belohnungen für die Mühen bei der Gründung der Nation« von 50 000 bis zu 600 000 Dollar, insgesamt 8 600 000 Dollar, erhalten; und jedesmal, wenn in späteren Jahren eine »Getreidevorsorge« oder eine »Patriotische Stiftung« organisiert wurde, konnten sie sicher sein, auch einen Teil der Beute zugeschanzt zu bekommen. Aber kehren wir zurück zu mir.

Die Kwantung Armee hatte mir 1934 offiziell mitgeteilt, daß meine Einsetzung als Kaiser keine Restauration der Tsching bedeute; sie hatte mir verboten, während der Inthronisation selbst die Drachenroben zu tragen; und sie hatte meine Meinung in einer so wichtigen Frage wie der Bestellung eines neuen Premiers ignoriert. All dies hätte mich warnen sollen, aber ich brauchte noch eine Ling-Scheng-Affäre, um in die Wirklichkeit zurückzufinden.

Ling Scheng war der Sohn von Gwei Fu, einem früheren Militärgouverneur der Tsching in der Mongolei, und hatte mit zu jener Delegation der Nationalversammlung von Mandschuguo gehört, die mich damals in Port Arthur bat, Regent zu werden. Er war einer der »Gründer der Nation«, und zur Zeit seiner plötzlichen Verhaftung im Frühjahr 1936 amtierte er als Gouverneur der Provinz Hsingan in Mandschuguo.

Die Kwantung Armee entsandte Oberst Yoshioka, den »Attaché des Kaiserlichen Haushalts«, um mir mitzuteilen, daß Ling Scheng in antimandschurische und antijapanische Aktivitäten verwickelt sei. Als ich wieder allein war, erzählte mir Kommandant Tung [der frühere Hofmeister Tung], daß Ling Scheng an der letzten Sitzung der Provinzgouverneure geklagt hätte, Japan habe sein Versprechen, die Unabhängigkeit Mandschuguos zu respektieren, gebrochen. Ling sei sofort nach dieser Sitzung festgenommen worden.

Ich fühlte mich sehr beunruhigt, da Ling Schengs Sohn sich vor sechs Monaten mit meiner Vierten Schwester verlobt hatte. Aber gerade, als ich überlegte, ob ich die Kwantung Armee über diese Verbindung aufklären sollte, erschien Ueda Kenkichi, der neueste Kommandeur der Kwantung Armee und japanische »Botschafter«, bei mir: »Vor ein paar Tagen hatten wir einen Kriminalfall, in den ein Bekannter Eurer Kaiserlichen Majestät – Ling Scheng, der Gouverneur von Hsingan – verwikkelt war. Er hat mit dem Ausland ein Komplott gegen die Regierung geschmiedet und zum Widerstand gegen Japan aufgerufen. Ein Militärgericht hat ihn schwerer Verbrechen gegen Japan und Mandschuguo schuldig befunden und bereits zum Tod verurteilt.«

»Zum Tod verurteilt?« Ich war entsetzt.

»Zum Tod verurteilt!« Ueda nickte dem Dolmetscher zu, während er »Zum Tod verurteilt« noch einmal wiederholte, um sicher zu sein, daß ich richtig verstand. »Das wird eine Warnung sein, Eure Majestät«, fuhr er dann fort. »Ling muß unbedingt hingerichtet werden, damit sein Tod den anderen als Warnung dient.« Nachdem Ueda gegangen war, sagte mir Yoshioka, ich täte gut daran, die Verlobung zwischen meiner Schwester und Ling Schengs Sohn aufzuheben – und ich beeilte mich, seinem Vorschlag nachzukommen.

Ling Scheng wurde zusammen mit mehreren Mitgliedern seiner Familie enthauptet. Ich erfuhr damit zum erstenmal, daß ein hoher Mandschuguo Beamter von den Japanern getötet wurde; dieser Mann hatte erst kürzlich eine Verbindung mit meiner Familie gesucht, weshalb ich Ling auch für unbedingt loyal gehalten hatte – aber bei der Kwantung Armee zählte augenscheinlich nur seine Einstellung zu Japan. Zweifellos würde ich von der Armee nach den gleichen Maßstäben beurteilt werden. Uedas Bemerkung von der Notwendigkeit einer »Warnung an die anderen« schien mir plötzlich noch bedrohlicher als zu Beginn. Hatten mich die Japaner nicht schon vor einem Jahr über gewisse Restaurationaktivitäten von Tsching Anhängern ausgeforscht? Damals hatte ich nicht besonders darauf geachtet. Aber nun beschloß ich, in Zukunft vorsichtiger zu sein.

Während ich mir überlegte, wie man sich benehmen mußte, um den Japanern zu gefallen, kam mir von selbst ein Mann in den Sinn, dessen

Schicksal sich kraß von dem Ling Schengs abhob, nämlich Dschang Dsching-huei. Offensichtlich hatten die Japaner die Absicht, mir Ling und Dschang als Exempel von Gut und Böse hinzustellen. Zwei Aussagen von diesem zum »Premier« avancierten Ex-Banditenführer mögen genügen, um zu illustrieren, was Japan mit »gut« meinte.

Als die Japaner immer mehr dazu übergingen, ihre eigenen Landsleute im Nordosten anzusiedeln, wollten sie im Kabinett ein Gesetz durchbringen, das ihnen die Möglichkeit gab, Agrarland zu einem Fünftel des Marktwerts zu enteignen. Premier Dschang gab dazu folgenden Kommentar ab: »Mandschuguo hat Land in Massen, aber die Mandschuren sind roh und ungebildet. Wenn japanische Siedler Land erschließen und uns ihre modernen Techniken beibringen, werden beide Seiten davon profitieren.« Das Gesetz kam durch und die Formel »Beide Seiten werden davon profitieren« wurde eine beliebte Redewendung der Japaner.

Später, als die Kwantung Armee Zwangsverkäufe von Getreide in solchen Mengen verfügte, daß den Bauern im Nordosten für den eigenen Bedarf nichts mehr übrigblieb und überall Hungersnot drohte, sagte der Premier: »Die Soldaten der Kaiserlich-Japanischen Armee geben ihr Leben hin für uns, und wenn wir ihnen ein wenig Getreide schicken, ist das nichts im Vergleich zu dem, was sie opfern. Die Leute, die über Hunger klagen, sollen ihren Gürtel enger schnallen, dann wird es schon gehen.« – »Den Gürtel enger schnallen« wurde ein weiterer populärer Ausdruck der Japaner, den sie allerdings nie auf sich selbst anwendeten.

Das Kommando der Kwantung Armee hatte Dschang Dsching-huei schon immer als einen »guten« Premier und einen Mann gepriesen, der »die Japanisch-Mandschurische Freundschaft in Praxis umsetze«. Doch erst mit Ling Schengs Tod wurde mir bewußt, daß diese Bemerkungen speziell gegen mich gerichtet waren.

Der Ling-Scheng-Affäre folgte die Sache mit Prinz Dö, die mich noch mehr aus der Fassung brachte. Prinz Dö, oder Demchukdomgrub, war ein mir sehr loyal gesinnter mongolischer Prinz, den die Japaner als Strohmann für ihre »Unabhängige Militärregierung der Inneren Mongolei« benutzt hatten. Prinz Dö war nach Tschangtschun gekommen, um gewisse Administrationsfragen mit der Armee zu besprechen, und hatte sich bei dieser Gelegenheit die Erlaubnis beschafft, mir einen Besuch abstatten zu dürfen. Er erzählte mir zunächst von den Entwicklungen in der Mongolei und klagte mir dann plötzlich, daß die Kwantung Armee nicht ein einziges all ihrer vielen Versprechen aus der Zeit vor der Gründung der »Regierung« der Inneren Mongolei gehalten habe. Er sei vollkommen machtlos. Seine Worte rührten an meiner eigenen wunden Stelle, und über kurz oder lang ertappte ich mich dabei, daß ich seinen Klagen die meinen hinzufügte, um ihn ein wenig zu trösten. Am anderen Tag sandte die Kwantung Armee Yoshioka zu mir, und der »Attaché des Kaiserlichen Haushalts« fragte mich mit eisiger Miene: »Was haben Eure Majestät mit Prinz Dö gestern zu reden gehabt?«

Mein Herz schlug mir bis an den Hals. Es gab nur einen Ausweg. Ich mußte standhaft alles ableugnen oder, noch besser, einen »Rückzug nach vorn« antreten: »Prinz Dö muß der Armee absichtlich Lügen aufgetischt haben!«

Obwohl sich Yoshioka mit dieser Antwort zufriedengab und die Sache nicht weiter verfolgte, lebte ich die nächsten Tage in panischer Angst. Es gab nur zwei Möglichkeiten: Entweder hatte die Kwantung Armee Mikrofone in meinem Palast eingebaut oder Prinz Dö hatte tatsächlich unsere Unterhaltung weitererzählt. Um der Sache auf den Grund zu gehen, suchte ich ein Zimmer nach dem anderen nach geheimen Abhörgeräten ab. Es war nichts zu finden. Vielleicht hatte Prinz Dö sich doch von mir abgewandt und mich der Armee verkauft? Aber auch dafür gab es keinen Beweis. Ich war vollkommen vor den Kopf geschlagen.

Dieser Vorfall machte mich noch vorsichtiger als die Sache mit Ling Scheng; von da an redete ich nie mehr offen mit Außenstehenden und begegnete auch all meinen sonstigen Besuchern nur noch mit größter Zurückhaltung. Tatsächlich sprachen nach meiner Rückkehr aus Japan ohnehin immer weniger Leute bei mir vor, und nach dem Vorfall mit Prinz Dö hörten die privaten Besuche ganz auf. Außerdem dachte sich die Kwantung Armee nicht viel später ein neues Reglement aus, demzufolge ich keinen Fremden empfangen durfte, ohne daß Yoshioka, der »Attaché des Kaiserlichen Haushalts«, zugegen war.

Von 1937 an geriet ich immer mehr in einen Zustand hysterischer Angst.

In den sechs Monaten vor dem Zwischenfall auf der Marco-Polo-Brücke vom 7. Juli lancierte Japan im ganzen Nordosten eine Terrorkampagne, um für die geplante Invasion in China seine Rückflanke zu sichern. Die Kwantung Armee erließ in meinem Namen ein neues Strafgesetz; sie führte das »Bao Dschia«-System der gegenseitigen Überwachung und gegenseitigen Haftung ein; sie zwang die ganze Bevölkerung zur Mitgliedschaft im »Concordia Verein«, baute Militärstraßen aus, errichtete Bunker, siedelte Familien um und verlagerte Truppen in die Dörfer. Gleichzeitig setzte das Hauptquartier 20 Divisionen gegen die rund 45 000 Mann starke »Antijapanische Alliierte Armee« ein und verhaftete täglich Mitglieder der »Antijapanischen Gesellschaft zur Rettung des Vaterlands« und andere »ungefestigte Elemente«. Aber die Operation war alles andere als erfolgreich; denn schon ein Jahr später mußte sie wiederholt werden, und dabei wurden, wie ich später erfuhr, 700 000 japanische und 300 000 »mandschurische« Soldaten eingesetzt. Von Kommandant Tung wußte ich außerdem, daß immer wieder Leute spurlos verschwanden. Wie es schien, konnte die japanische Armee den Widerstandskämpfern nicht beikommen.

In meinen Gesprächen mit der Kwantung Armee oder mit »Premier Dschang« bekam ich nie zu hören, was im Land vorging. Der einzige, der mich mit Nachrichten über die wirkliche Lage versorgte, war Tung Schi-hsü, mein früherer Hofmeister, den ich zum Kommandanten meiner Leibwache ernannt hatte. Er war es auch, der mich davor warnte, den Siegesberichten der Kwantung Armee zu trauen. Wie er sagte, war es sehr ungewiß, was für »Banditen« die Armee in ihren »Strafkampagnen« aufrieb. Ein Verwandter von ihm sei kürzlich zu Zwangsarbeit für ein geheimes Projekt weggeholt worden und habe selbst erlebt, wie alle Arbeiter – außer ihm und ein paar anderen, denen es gelungen war, rechtzeitig zu entfliehen – nach der Beendigung des Auftrags niedergemetzelt wurden. Seiner Auffassung nach sei zumindest eine jener »Banditenbanden«, deren glorreiche Vernichtung die Presse feierte, mit jener früheren Arbeiterkolonne identisch.

Kurz nachdem mir Tung die Geschichte seines Verwandten erzählt hatte, verschwand mein Englischdolmetscher. Später erfuhr ich von Pu Dschiä, daß er eingesperrt worden war, weil er während seines Aufenthalts in der »Mandschuguo Botschaft« in Tokio Kontakt mit Amerikanern gepflegt habe. Wie Pu Dschiä mir weiter sagte, war der Dolmetscher bereits von der Militärpolizei hingerichtet worden. Kurz vor seinem Tod sei es ihm noch gelungen, ihm, Pu Dschiä, ein Schreiben zuzuschmuggeln, worin er ihn gebeten habe, sich bei mir für ihn zu verwenden. Aber er habe damals nicht gewagt, mir etwas davon zu sagen.

Vieles, was ich in jenen Tagen offiziell billigte, stand in direktem Zusammenhang mit Japans Kriegsvorbereitungen und seiner Politik der Unterdrückung des Nordostens. Ich setzte einen »Fünfjahresplan zur Steigerung der Produktion« fest und befürwortete ein »Eigentumskontroll-Gesetz«, ich verfügte eine »Reorganisation der Regierung«, die

Japan noch größere Rechte einräumte, und führte Japanisch als »Nationalsprache« ein. Aber nichts provozierte mich mehr als die Heirat meines Bruders Pu Dschiä.

Nachdem Pu Dschiä seinen Vorkurs für junge japanische Adlige beendet hatte, absolvierte er die Kadettenschule der japanischen Armee. Im Winter 1935 kehrte er nach Tschangtschun zurück und erhielt den Rang eines Leutnants der Kaiserlichen Palastwache. Und seit jener Zeit brachte die Kwantung Armee in regelmäßigen Abständen die Frage seiner Verheiratung zur Sprache, wobei sie es nie an Hinweisen über die Tugenden der japanischen Frau fehlen ließ. Lange nahm ich dies alles nicht ernst. Aber dann eröffnete mir Yoshioka, der Japaner, der mir seit Beginn 1937 nie mehr von der Seite wich, die Kwantung Armee hoffe, daß sich Pu Dschiä im Sinne der Freundschaft zwischen den beiden Ländern für ein japanisches Mädchen entscheiden werde.

Ich konnte damals bereits nicht mehr offen meine Meinung sagen, aber diese Wendung der Dinge beunruhigte mich sehr. Es war klar, daß die Japaner Pu Dschiä ganz unter ihre Kontrolle bringen und, was noch wichtiger war, von ihm einen Nachkommen halbjapanischer Abkunft erwarteten, der mich einmal ersetzen konnte. Ich beschloß, Pu Dschiä unverzüglich eine Frau aus Peking zu besorgen, um diesen Komplott von vornherein zu unterbinden. Pu Dschiä erklärte sich auch mit meinem Plan einverstanden; aber als ihn Yoshioka mit der Bemerkung unter Druck setzte, General Honjo selbst verwende sich in Tokio als Heiratsvermittler für ihn, fügte er sich den Wünschen der Armee und heiratete am 3. April 1937 in Tokio Saga Hiro, Tochter des Marquis Saga. Weniger als einen Monat später verabschiedete der »Staatsrat von Mandschuguo« ein Gesetz, das Pu Dschiä oder – im Falle von Pu Dschiäs vorzeitigem Tod – dessen Sohn zu meinem Nachfolger bestimmte, falls ich ohne männlichen Erben blieb.

Nach Pu Dschiäs Rückkehr aus Tokio sprach ich nie mehr offen mit ihm und aß auch nichts von den Gerichten, die mir seine Frau zusandte. Nur wenn er selbst zugegen war und Hiros Speisen vor mir kostete, nahm ich von dieser Vorsichtsmaßnahme Abstand. Als Hiro schwanger wurde, fürchtete ich noch mehr für meine Sicherheit, ja ich begann mich sogar um Pu Dschiä selbst zu sorgen. In meinen Augen war die Kwantung Armee durchaus fähig, uns zwei Brüder auf die Seite zu schaffen, um einen Kaiser halbjapanischer Abkunft zu bekommen. Erst als Hiro einer Tochter das Leben schenkte, wagte ich, wieder etwas aufzuatmen.

Aber auch dann blieb mir noch immer die Sorge, was passieren würde, falls ich selbst einen Sohn haben sollte. Die Kwantung Armee hatte mich zur Unterzeichnung eines Dokuments gezwungen, worin festgelegt war, daß jedes männliche Kind von mir mit fünf Jahren nach Japan gegeben werden mußte, um dort unter japanischer Anleitung aufgezogen zu werden.

Am 28. Juni 1937, sieben Tage vor dem Zwischenfall auf der Marco-Polo-Brücke, versetzte mich wieder eine Affäre in Schrecken. Diesmal ging es um meine Leibwache. Die Kaiserliche Leibwache hatte nichts mit der Kaiserlichen Palastwache zu tun, die dem Verteidigungsministerium unterstellt war, sondern wurde von mir selbst bezahlt. Ich hatte mir diese Garde nicht allein deshalb aufgebaut, weil ich ihren Schutz brauchte; ich wollte mir damit vor allem eine kleine Elitearmee verschaffen. Alle 300 Mann erhielten Offiziersausbildung. Hofmeister Tung, den ich zum Kommandanten dieser Garde berief, hatte mich schon lange gewarnt, daß die Kwantung Armee die Existenz dieser Privattruppe nicht tolerieren würde, aber bis zu jenem Tag im Juni hatte ich seine Prophezeiungen nicht ernstgenommen.

Am 28. Juni provozierten zivil geklcidete Offiziere der Kwantung Armee in einem öffentlichen Park einen blutigen Zusammenstoß mit Mitgliedern meiner Leibwache. Danach erschien ein japanischer Sicherheitspolizist in der Palastverwaltung und verlangte im Namen der Armee die sofortige Auslieferung aller Gardesoldaten, die an dem Zwischenfall im Park beteiligt waren – und Tung, der von dieser plötzlichen Attacke ganz verwirrt war, rückte seine Leute widerstandslos heraus. Sie wurden im Hauptquartier der Kwantung Armee verhört und gefoltert, und schließlich brachte mir Yoshioka drei ultimative Bedingungen für ihre Freilassung: Kommandant Tung mußte sich bei den verwundeten japanischen Offizieren entschuldigen; diejenigen Gardisten, die für den »Zwischenfall verantwortlich waren«, mußten entlassen und aus dem Lande verbannt werden; und ich sollte garantieren, daß es in Zukunft nie mehr zu einem solchen Zwischenfall kommen werde. Nachdem ich diese drei Bedingungen angenommen hatte, erhielt ich den Befehl, Kommandant Tung durch einen Japaner zu ersetzen; auch mußte ich die Zahl der Garden verringern und ihre Gewehre durch Pistolen ersetzen.

Die Besetzung von Peking im Anschluß an den »Zwischenfall auf der Marco-Polo-Brücke« vom 7. Juni 1937 verleitete viele Prinzen und alte Tsching Veteranen dazu, erneut von einer Rückkehr zur alten Ordnung zu sprechen. Doch ich war bereits durch Erfahrung klug geworden und schenkte ihren konfusen Plänen keine Beachtung. Ich hatte nur noch eine Sorge: Wie konnte ich mich vor den Japanern schützen – wie konnte ich mit Yoshioka Yasunari, dem »Attaché des Kaiserlichen Haushalts«, fertig werden?

Siebtes Kapitel

Yoshioka Yasunari und die »Kaiserlichen Reskripte«

Wenn man die Kwantung Armee mit einem Hochspannungsgenerator vergleicht und mich selbst mit einem elektrischen Motor, dann war Yoshioka die Hochspannungsleitung dazwischen.

Yoshioka war ein Mann von kleiner Statur mit einem Schnurrbart und hohen Backenknochen; und von 1935, als er zum ersten Mal in den Palast kam, bis zur japanischen Kapitulation im Jahre 1945 wich er nie mehr von meiner Seite. In diesen Jahren avancierte er vom Oberstleutnant zum Generalleutnant. Er hatte zwei Posten: erstens war er Stabsoffizier der Kwantung Armee, und dann amtierte er als »Attaché des Kaiserlichen Haushalts von Mandschuguo«. Das letztere ist ein japanischer Begriff. Aber es kommt nicht darauf an, ob und wie man ihn übersetzt; denn diese Worte beschrieben ohnehin nicht seine wirkliche Funktion. Yoshioka war der Draht, durch den mir die Kwantung Armee ihre Wünsche mitteilte. Die Ausflüge, die ich unternahm, das Protokoll, das ich zu befolgen hatte, meine Ermahnungen an die »Untertanen«, die Trinksprüche, die ich anbrachte, ja selbst mein Mienenspiel standen unter der Regie von Yoshioka. Er entschied, wen ich sehen durfte und wen nicht, und falls ich jemanden sah, was ich dabei zu sagen hatte, und er verfaßte all meine öffentlichen Reden in seinem japanisch gefärbten Chinesisch.

Jedesmal, wenn mir Yoshioka die Besetzung einer großen chinesischen Stadt durch japanische Truppen meldete, hieß er mich aufstehen, und dann mußte ich mich vor seinen Augen tief in der Richtung des jeweiligen Schlachtfeldes verbeugen, um damit meiner Trauer um die in den Kämpfen gefallenen Japaner Ausdruck zu verleihen. Beim Fall von Wuhan brauchte ich bereits keinen Hinweis mehr: Ich verbeugte mich spontan in der gewünschten Richtung. Mit jedem Fortschritt, den ich zeigte, erhöhte Yoshioka die Zahl seiner Lektionen. Nach der Eroberung von Wuhan schlug er mir deshalb vor, den Schlächter Okamura, der die Stadt eingenommen hatte, durch ein Gratulationsschreiben zu ermuntern und dem Tenno ein Telegramm zu senden.

Vor dem 7. Juli 1937 [Zwischenfall auf der Marco-Polo-Brücke] mischte sich die Kwantung Armee nur wenig in mein Privatleben und meine Familienangelegenheiten ein. So waren bis dahin stets viele meiner Verwandten südlich der Großen Mauer zu meinem Geburtstag und oft auch während des Jahres nach Tschangtschun gekommen, um mich zu besuchen. Aber nach der Besetzung von Peking beschränkte die Kwantung Armee die Besuchserlaubnis, und die wenigen Verwandten, die noch zu gewissen, genau fixierten Zeiten zugelassen wurden, durften sich – außer meinen nächsten Angehörigen – nur mehr wortlos vor mir verbeugen und mußten dann wieder gehen.

Meine ganze Post wurde von Yoshiokas Untergebenen gelesen, und er entschied, was ich davon zu sehen bekam. Die Kwantung Armee wußte natürlich, daß ich es nicht gewagt haben würde, »antimandschurisch« oder »antijapanisch« gesinnt zu sein. Aber sie befürchtete, daß ich in ein Komplott zur Wiederbelebung der Tsching Dynastie südlich der Großen Mauer verwickelt werden könnte, was ihnen damals sehr ungelegen gekommen wäre.

In jenen Tagen hatte ich nicht die geringste Möglichkeit, einen Außenstehenden zu treffen oder einen Brief von einer fremden Person zu empfangen, ohne daß Yoshioka darüber Bescheid wußte. Die Kwantung Armee hatte im Palast ein Sicherheitsbüro eingerichtet, das ausschließlich mit japanischen Sicherheitspolizisten in dunkelgrünen Uniformen besetzt war: Niemand konnte ohne ihr Wissen den Palast betreten oder verlassen, und von ihrem Büro aus hörten sie alles, was im Hof unten vorging. Die Beamten der Palastverwaltung standen ebenfalls in Yoshiokas Dienst. Meine Überwachung war bis ins kleinste Detail durchorganisiert.

Übrigens hatte Yoshioka selbst einiges dazu beigetragen, daß er den Vertrauensposten als mein Attaché erhielt. So hatte er sich mit Pu Dschiä angefreundet, als er noch einer seiner Instruktoren an der Armeekadettenschule in Japan war. Einigen Berichten zufolge war er auch mit mir befreundet gewesen, bevor ich in den Nordosten aufbrach. Aber obwohl dies nicht zutraf – er war für mich damals nur einer unter den japanischen Stabsoffizieren gewesen, die mich in Tientsin politisch auf dem laufenden hielten –, gelang es ihm, die Kwantung Armee unter dem Hinweis auf seine Freundschaft mit Pu Dschiä davon zu überzeugen, daß er mit mir in ähnlicher Beziehung stehe. Das brachte ihm schließlich seine Doppelfunktion als »Attaché des Kaiserlichen Haushalts« und Senioren-Stabsoffizier der Kwantung Armee ein.

Während seiner Zeit mit mir reiste Yoshioka oft nach Japan, und bei solchen Gelegenheiten tauschten die japanische Kaiserinwitwe und ich mit seiner Hilfe – und in meinem Fall unter seiner Anleitung – Delikatessen unserer Länder aus, wobei ich allerdings die Speisen aus Japan immer erst von jemandem probieren ließ, bevor ich mich selbst daran wagte.

Yoshioka hatte die Gewohnheit, beim Sprechen abgehackte Laute wie uh! und ha! hervorzustoßen, während er gleichzeitig seine Augenbrauen nervös zuckend zusammenzog. Dieser Tick verschlimmerte sich mit den Jahren, und je ärger es damit wurde, desto mehr irritierte es mich – zumal sich darin eine Änderung in Yoshiokas Haltung zu mir niederschlug.

Nach meinem Besuch in Japan [1935] schrieb mir die japanische Kaiserinwitwe einige *haka* Gedichte, und was Yoshioka damals zu mir sagte, war noch Musik für meine Ohren: »Ihre Majestät die Kaiserinwitwe ist wie die Mutter Eurer Majestät, und da ich fast ein wenig mit Euch verwandt bin, fühle ich mich sehr geehrt.« Zu Pu Dschiä sagte er in jener Zeit: »Sie und ich, wir sind miteinander verbunden wie Hand und Fuß, und obwohl ich mich auf keine derartige Beziehung zu Seiner Majestät dem Kaiser berufen kann, fühle ich mich doch wie ein Finger Seiner Hand. Wir sind beinahe wie Brüder eines Klans.«

1936 änderte sich seine Aussage. Er sagte nun: »Japan ist wie der Vater Eurer Majestät, uh! Die Kwantung Armee vertritt Japan, uh! Also ist die Kwantung Armee der Vater Eurer Majestät, ah!«

Je mehr die japanische Front in Schwierigkeiten geriet, desto tiefer sank ich in der Genealogie, und schließlich stellte Yoshioka fest: »Die Kwantung Armee ist Euer Vater, uh! Und ich vertrete die Kwantung Armee, ha!«

Nach 1937 gewöhnte sich Yoshioka an, zu allen Zeiten und Unzeiten im Palast vorzusprechen. Manchmal blieb er für zehn Minuten und ging dann, nur um nach fünf Minuten wiederzukommen. Dabei gebrauchte er lächerliche Ausreden wie: er habe vergessen, mir etwas zu sagen, oder es sei ihm eben in den Sinn gekommen, daß er mich noch gar nicht gefragt habe, ob es etwas gäbe, was er für mich am folgenden Tag erledigen sollte. Ich realisierte beunruhigt, daß diese Blitzvisiten zu nichts anderem dienten, als mich zu bespitzeln. Um ja keinen Argwohn aufkommen zu lassen, unterwarf ich mich so weit, daß ich Yoshioka jederzeit sofort empfing – selbst wenn ich gerade bei Tisch war, ließ ich lieber mein Essen kalt werden als ihn warten.

Ich habe bereits gesagt, was für eine wichtige Rolle die »Kaiserlichen Reskripte« in Japans Kolonisation des Nordostens spielten. Am Jahrestag ihrer Ausgabe wurden sie wieder verkündet, und diese Lesung in Schulen, öffentlichen Anstalten, Verwaltungsstellen und Kasernen war allenthalben mit einer großen Zeremonie verbunden. Wie ich gehört habe, war das Ritual in den Schulen wie folgt festgelegt: Lehrer und Schüler in dunkelgrünen »Concordia«-Uniformen standen feierlich in Reih und Glied vor einem Podium: die Lehrer vorn, die Schüler hinten. Nun trat aus einem Nebenraum der für »Ideologische Disziplin« verantwortliche Oberbeauftragte mit einem gelben Tuchbündel ein, das er mit weißbehandschuhten Händen ehrfürchtig über seinem Kopf hochhielt. Bei seinem Erscheinen verneigten sich Schüler und Lehrer in einer Neun-Zehntel-Verbeugung. Der Beamte schritt auf das Podium zu, legte das Bündel auf den dort stehenden Tisch, öffnete es, nahm das Reskript heraus und reichte es mit beiden Händen dem Schuldirektor. Dieser nahm es mit ebenfalls weißbehandschuhten Händen entgegen, rollte es ehrfürchtig auf und las es laut vor. Am 1. März war es das »Inthronisationsreskript« von 1934, am 2. Mai das »Reskript zur Belehrung des Volkes anläßlich der Rückkehr des Kaisers« von 1935. Später kamen noch vier weitere Reskripte hinzu:

das »Reskript von der Konsolidierung der Grundlagen der Nation« vom 15. Juli 1940;

das »Reskript über die gegenwärtige Lage« vom 8. Dezember 1941;

das »Reskript anläßlich des 10. Jahrestags der Gründung der Nation« vom 1. März 1942;

und das »Abdankungsreskript« vom 15. August 1945.

Das »Inthronisationsreskript« wurde später durch das »Reskript anläßlich des 10. Jahrestags der Gründung der Nation« ersetzt; und das »Abdankungsreskript« ist nie laut vorgelesen worden. Damit waren vier Reskripte wichtig, und alle Schulkinder, Studenten und Soldaten mußten sie jederzeit fließend aufsagen können. Wer eines der vier vergaß oder nur ungenau wiederzugeben vermochte, wurde bestraft. Die Reskripte dienten jedoch nicht nur als Propagandamaterial im Dienste von Japans Versklavungspolitik, sie wurden auch dazu mißbraucht, die von der Kwantung Armee im Nordosten praktizierte Unterdrückung jeder Art von Widerstand gegen das Regime in letzter Instanz rechtlich abzudecken: Jeder, der auch nur das kleinste Anzeichen von Unzufriedenheit mit der kolonialen Besatzungsmacht zeigte, konnte wegen Verletzung dieses oder jenes Artikels eines Reskripts bestraft werden.

Die Entstehungsgeschichte dieser Reskripte mag als Beispiel dafür stehen, wie tief ein Mann in seinem Leben sinken kann. Ich habe bereits beschrieben, unter welch euphorischer Stimmung Reskript 1 und Reskript 2 zustande gekommen waren. Bei Reskript 3 lagen die Dinge bereits anders. Eines Abends saß ich in meinem Empfangsraum und Yoshioka leistete mir Gesellschaft. Keiner von uns sagte ein Wort. Yoshioka und ich hatten alles besprochen, was von ihm als Grund seines Besuches genannt worden war; aber da mein »Attaché« keine Anstalten machte, sich zu verabschieden, dachte ich mir, daß bestimmt sonst noch etwas folgen würde. Tatsächlich stand Yoshioka plötzlich auf, ging auf eine Buddhastatue zu, die im Hintergrund stand, grunzte zweimal und sagte dann, den Kopf zu mir zurückgewandt: »Buddhismus ist vom Ausland hereingekommen. Uh! Eine fremde Religion! Nachdem Japan und Mandschuguo vom gleichen Geist beseelt sind, sollten sie auch den gleichen Glauben haben, ha?«

Nach dieser Einleitung sagte er, daß der japanische Tenno ein Nachkomme der »Himmelsscheinenden Strahlenden Sonnengöttin« Amaterasu sei; daß jeder japanische Kaiser die Inkarnation eines Gottes sei, und daß deshalb alle Soldaten, die für den Kaiser ihr Leben ließen, selbst zu Unsterblichen wurden. Ich wußte aus Erfahrung, daß die Kwantung Armee in diesem Augenblick wieder Strom über die Hochspannungsleitung schickte. Doch nach dieser mystischen Eröffnung wurde der Strom gleich wieder abgeschaltet, und ich verbrachte mehrere Tage tief in Gedanken, was die Kwantung Armee mit dieser Feststellung über die göttliche Natur des Tenno wohl bezweckte.

Die Kwantung Armee hatte sich in der Tat etwas Neues für mich ausgedacht. Aber bevor die Sache richtig zum Zug kam, wurde ihr damaliger Kommandeur, Ueda, durch die unerwartete Niederlage seiner Truppen in den von ihm provozierten Grenzkämpfen mit der Sowjetunion und der Mongolischen Volksrepublik aus dem Konzept geworfen. Als er wegen dieses Versagens kassiert und nach Japan zurückbeordert wurde [Ende 1939], gab er mir jedoch noch den weiteren Hinweis, daß Japan und Mandschuguo im Sinne der Freundschaft zwischen den beiden Ländern auch durch eine Glaubensgemeinschaft verbunden sein sollten; er hoffe, ich würde dieser Frage meine Aufmerksamkeit schenken.

Bis zu jenem Tag war ich allen Instruktionen meines »obersten Kaisers«, dem jeweiligen Kommandeur der Kwantung Armee und Botschafter, getreulich nachgekommen; aber nun wußte ich nicht, was ich tun sollte. Alle meine alten Berater hatten mich entweder verlassen oder waren von den Japanern hinausgeworfen wurden, und meine Schwäger und Neffen waren noch zu jung, um mir eine wirkliche Hilfe zu sein. Ich mußte dieses Problem selbst lösen. Doch noch bevor ich zu einem Ergebnis gekommen war, traf der fünfte Kommandeur der Kwantung Armee, Umezu Yoshijiro, in Tschangtschun ein. Er ließ mir durch Yoshioka mitteilen, daß Japans Religion auch die Religion Mandschuguos sei und daß ich deshalb die »Himmelsscheinende Strahlende Gottheit« und Ahnin der japanischen Kaiserfamilie willkommen heißen und ihren Kult zur Staatsreligion von Mandschuguo erklären sollte. Da in diesem Jahr gerade der 2 600ste Geburtstag von Kaiser Jimmu [legendärer erster japanischer Tenno] begangen werde, könne es keine günstigere Gelegenheit geben, um die Große Göttin im Nordosten einzuführen. Er schlage mir vor, nach Japan zu gehen, um dem Kaiser meine Glückwünsche darzubringen und die Sache zu arrangieren.

Wie ich später hörte, war die religiöse Gleichschaltung von Japan und Mandschuguo zuerst nicht in allen Reihen der Kwantung Armee auf Unterstützung gestoßen; zumindest einige mit China besser vertraute Offiziere hatten die Meinung vertreten, man werde sich mit einem solchen Schritt einen erbitterten Widerstand der Völker des Nordostens auch in anderen Belangen einhandeln und Japans Isolation noch vergrößern. Aber dann hatte man sich darauf geeinigt, daß der japanische »Weg der Götter« [Shinto] im Lauf der Jahre bei den Jungen Wurzeln fassen würde, während sich die ältere Generation an die Idee gewöhnte, und damit stand der Kampagne nichts mehr im Wege. Zur Überraschung der Armee wehrte sich nicht nur die Bevölkerung mit allen Mitteln gegen den neuen Glauben – das war erwartet worden –, auch die chinesischen Verräter zeigten diesmal sichtlich Widerwillen mitzutun. Und was mich anbetraf, ich fühlte mich in meiner innersten Seele vergewaltigt. Schon nach meiner dritten Inthronisation hatte mir Yoshioka verboten, öffentlich an den Gräbern meiner Ahnen zu opfern, und ich mußte diese heilige Sohnespflicht an Mitglieder meines Klans delegieren. Und nun wollte man mich noch dazu zwingen, eine fremde Linie als meine eigene zu akzeptieren ... Das war schwer zu ertragen.

Obwohl eine jede meiner Handlungen seit der Zeit, von der an ich Itagakis Drohungen nachgegeben hatte, einem offenen Verrat an meiner Nation und an meinen Ahnen gleichkam, hatte ich es bisher fertiggebracht, mich vor mir selbst zu rechtfertigen. Ich hatte alles als Pflichttaten in der Sache meiner Ahnen hingestellt und meine Konzessionen als Notwendigkeiten einer Politik von »einem Schritt zurück, zwei Schritte nach vorn« umgedeutet. Ich hatte gehofft, daß die Seelen meiner Ahnen im Himmel mich verstehen und mich beschützen würden. Aber wenn ich meine eigenen Ahnen für eine fremde Linie aufgab, wie durfte ich da noch auf Vergebung hoffen? Während ich mit mir selbst kämpfte, meldete sich aus den Tiefen meiner Seele der alte Instinkt zu überleben – koste es, was es wolle. Meine Sicherheit hing davon ab, daß ich den Japanern nachgab, und damit war die Entscheidung von selbst gefallen. Allerdings fand ich auch hier schließlich eine Notlösung: Ich würde meinen eigenen Ahnen zu Hause weiter opfern, während ich in der Öffentlichkeit der neuen Linie huldigte. In diesem Sinne verbrannte ich vor den Seelentafeln meiner Ahnen Weihrauch und reiste dann nach Japan. Dieser zweite Japanaufenthalt erfolgte im Mai 1940 und dauerte acht Tage.

Als ich mit Hirohito zusammentraf, las ich eine Begrüßungsadresse aus Yoshiokas Feder, worin ich sagte, daß ich um der »Einheit von Tugend und Seele der beiden Länder willen« hoffe, Seine Majestät der Tenno würde mir erlauben, die »Himmelsscheinenden Strahlende Gottheit« in Mandschuguo zu verehren. Die Antwort des japanischen Kaisers war kurz. Sie lautete: »Wenn dies der Wille Eurer Majestät ist, müssen Wir wohl Euren Wünschen entsprechen!« Mit diesen Worten erhob er sich und zeigte auf drei Gegenstände vor uns auf einem Tisch: ein Schwert, ein Bronzespiegel und ein gebogenes Stück Jade – die drei geheiligten Symbole der »Himmelsscheinenden Strahlenden Gottheit«. Während der Tenno mir ihre Bedeutung erklärte, dachte ich, daß solche Sachen in jedem besseren Antiquitätenladen in Peking geführt wurden. Waren dies große Götter? Waren dies meine Ahnen? – Auf der Rückfahrt in meine Residenz brach ich in Tränen aus.

Nach meiner Heimkehr nach Tschangtschun ließ ich neben meinem »Kaiserlichen Palast« einen »Gründungsschrein der Nation« erbauen. Ich richtete ein »Kultbüro« ein; und am 15. Juli 1940 erließ ich, verachtet und verflucht von der ganzen Bevölkerung des Nordostens, das »Reskript von der Konsolidierung der Grundlagen der Nation«. Verfasser war diesmal nicht mehr Dscheng Hsiao-hsü (der schon vor zwei Jahren gestorben war), sondern ein japanischer Sinologe namens Sato Tomayasu, der den Text im Auftrag des »Amtes für allgemeine Angelegenheiten« erarbeitet hatte:

Dieweil Wir respektvoll den »Gründungsschrein der Nation« errichten, um die Grundlagen der Nation auf alle Zeiten zu konsolidieren und die Prinzipien der Nation ins Unendliche zu verbreiten, erlassen Wir dieses Reskript an Euch, Unsere Untertanen:

Seit der Gründung Unserer Nation haben sich die Grundlagen Unseres Staates verfestigt. Unsere Nation hat sich mit Ruhm bedeckt. Sie genießt eine gute Regierung, die mit jedem Tag besser wird. Während Wir über diese große Leistung nachdachten und sie bis an ihre Quelle zurückverfolgten, sahen Wir, daß Wir all dies dem göttlichen Segen der »Himmelsscheinenden Strahlenden Gottheit« und dem Schutz Seiner Majestät dem Kaiser von Japan verdanken. Wir besuchten folglich das japanische Kaiserhaus und erließen, um Unserer tiefempfundenen Dankbarkeit Ausdruck zu verleihen, dieses Reskript an Euch, Unsere Untertanen, damit ihr ermahnt seid, in Tugend und Seele mit Japan eins zu sein. Tief ist die Bedeutung Unserer Worte.

Der Grund Unserer kürzlichen Reise in den Osten war der Wunsch, den zweitausendsechshundertsten Geburtstag von Kaiser Jimmu feierlich zu begehen und in eigener Person der Erhabenen Gottheit zu opfern. Aus Anlaß der glücklichen Rückkehr in Unser Land haben Wir ehrerbietig den »Gründungsschrein der Nation« errichtet, um darin der »Himmelsscheinenden Gottheit« zu opfern. Wir werden in ihren Schrein in eigener Person und mit tiefem Respekt für die Prosperität der Nation beten; und Wir werden dies zu einem ewigen Beispiel machen, dem Unsere Söhne und Enkel für zehntausend Generationen folgen mögen. Mögen die Grundlagen der Nation durch die Verehrung des Weges der Götter [Shinto] konsolidiert werden und die Prinzipien der Nation auf den Lehren der Loyalität und kindlichen Pietät aufbauen. Befriedet durch Wohlwollen und Liebe und zivilisiert durch Eintracht [Concordia] wird dieses Land rein und ruhmbedeckt und des göttlichen Segens gewiß sein.

Mögen all Unsere Untertanen diese Worte richtig verstehen. Verfestigt die Grundlagen der Nation, verbreitet Unsere Prinzipien. Seid bestrebt, dies ohne Unterlaß zu verwirklichen, und haltet nicht ein in Euren Bemühungen, das Land stark zu machen.

Durch Befehl des Kaisers!

Ausdrücke wie der »göttliche Segen der Himmelsscheinenden Strahlenden Gottheit« und der »Schutz des Kaisers von Japan« gehörten von Tag an zum Grundvokabular meiner Reden.

Die Kwantung Armee scheute keine Mühen, mich und meine Marionettenminister auf den »Weg der Götter« [Shinto] vorzubereiten. Sie engagierten einen Shinto-Experten, der uns mit höchst sonderlichem Lehrmaterial traktierte. So verwendete er beispielsweise eine Rolle mit einem

Bild von einem Baum. Wie er uns erklärte, waren die Wurzeln dieses Baumes Shinto, während die Äste die Religionen der Welt darstellten. Damit wollte er besagen, daß alle Religionen der Welt aus Shinto entsprungen seien. Meine Minister und ich hatten immer etwas Mühe, in diesen Unterrichtsstunden nicht zu lachen oder einzuschlafen.

Am 1. und 15. jeden Monats hatte ich dem Kommandeur der Kwantung Armee und meinen Marionettenbeamten voran zum Gründungsschrein der Nation zu gehen, um dort zu opfern. Für diese Ritualhandlung suchte mir die Armee die absurdesten Kleider aufzuschwatzen; aber hier gelang es mir, mich davor zu bewahren, indem ich vorgab, es stehe mir in diesen Kriegszeiten besser an, eine Militäruniform mit japanischen Orden anzulegen – als Demonstration der »Einheit von Tugend und Seele unserer beiden Länder«. Jedesmal, bevor ich zu diesem Gründungsschrein aufbrach, vollzog ich vor den Seelentafeln meiner eigenen Ahnen einen Entschuldigungskotau, und wenn ich mich dann vor dem Altar der »Himmelsscheinenden Strahlenden Gottheit« verbeugte, sagte ich heimlich schnell: »Ich verbeuge mich nicht vor ›ihr‹, sondern vor dem Palast der Irdischen Ruhe in Peking.«

Als Japan am 8. Dezember 1941 Amerika und Großbritannien den Krieg erklärte, erließ ich folgsam das »Reskript über die gegenwärtige Lage«, worin ich die japanische Kriegserklärung guthieß und meinen »Untertanen« befahl, ihr Letztes hinzugeben, um Japan in seinem Krieg zu unterstützen.

1942, als der japanische Premierminister, Tojo Hidemichi, Mandschuguo einen Blitzbesuch abstattete, war Japan bereits von einem »alliierten Land« zum »Vater-Land« geworden. Diese neuerliche Demütigung ging auf mein »Reskript anläßlich des 10. Jahrestags der Gründung der Nation« zurück. Am Vorabend dieses Jahrestages, der auf den 1. März 1942 fiel, hatte mir Yoshioka gesagt: »Ohne Japan hätte es nie ein Mandschuguo gegeben, uh! Deshalb muß Japan als Mandschuguos Vater angesehen werden. Folglich, uh! sollte Mandschuguo Japan nicht einen Alliierten oder Freund nennen, wie andere Länder das tun; es sollte Japan als sein Vater-Land bezeichnen.« In der Zwischenzeit hatte der Chef des »Amtes für allgemeine Angelegenheiten« den Marionettenministern eine Rede gleichen Inhalts gehalten, und darauf wurde das »Reskript anläßlich des 10. Jahrestags der Nation« erlassen, in dem der neue Begriff bereits vorkam.

Von da an bis zu meiner Abdankung hieß Japan in Mandschuguo nur noch »Unser Vater-Land«.

Achtes Kapitel

Hinter den Mauern des »Kaiserlichen Palasts«

Da ich über keine Regierungsgewalt verfügte und weder die Freiheit hatte, von mir aus den Palast zu verlassen, noch die Möglichkeit, einen meiner »Minister« zur Audienz herbeizurufen, hatte ich – außer wenn die Kwantung Armee gerade »Strom durchschickte« – nichts zu tun. Ich gewöhnte mir an, um elf Uhr aufzustehen und spät nach Mitternacht, manchmal erst gegen drei Uhr morgens, zu Bett zu gehen. Ich aß zweimal am Tag: Frühstück zwischen Mittag und eins und Abendessen zwischen neun und elf Uhr oder noch später. Von vier bis fünf, sechs Uhr nachmittags pflegte ich mich niederzulegen. Außer Essen und Schlafen kann mein Leben mit vier Worten wiedergegeben werden: Bastonaden, Wahrsagung, Medizin und Furcht.

Meine Lust an der Grausamkeit und mein abgründiger Argwohn gingen auf meine Erziehung in der Verbotenen Stadt zurück und hatten sich in Tientsin noch weiter ausgeprägt. Damals erließ ich für meine Diener folgendes Hausreglement:

1. *Zur Verhinderung von Verschwörungen und Betrug ist es verboten, unkontrollierte Unterhaltungen zu führen.*
2. *Es ist verboten, sich gegenseitig zu decken oder einen Dritten zu schützen.*
3. *Schiebungen und Unterschlagungen sind striktest verboten.*
4. *Wenn ein Angestellter eine Verfehlung begangen hat, muß dies sofort berichtet werden.*
5. *Die dienstältesten Angestellten müssen die Jungdiener unverzüglich mit Stockschlägen zur Ordnung rufen, wenn sie in deren Verhalten einen Verstoß gegen das Reglement entdecken.*

   Jede Lockerung in der Anwendung der obigen Regeln zieht eine Erhöhung der Strafe um ein Grad nach sich.

Nach meiner Übersiedlung in den Nordosten ließ ich mein Personal schwören: »Sollte ich diese Regeln brechen, so möge mich der Himmel bestrafen und der Blitz erschlagen!«

In den letzten Jahren von Mandschuguo, als sich die Anzeichen eines möglichen Zusammenbruchs der japanischen Front häuften, ängstigte mich immer mehr der Gedanke, die Kwantung Armee werde mich vor ihrer Kapitulation ermorden lassen, um zu verhindern, daß ich später gegen sie aussagte. Je unterwürfiger ich mich aber aus dieser Furcht heraus meinen japanischen Kerkermeistern gegenüber verhielt, desto ärger wütete ich zu Hause. Es war, als könne mir nur noch Grausamkeit gegen die Mitglieder meines Haushalts Erleichterung verschaffen. Mein Personal hatte schon bei den kleinsten Verfehlungen Schläge, ja selbst Folterungen zu erwarten. Für die Bastonaden gab es genaue Abstufungen, wobei ich jedoch nie selbst den Stock in die Hand nahm, sondern irgendeinen der Palastbewohner, der gerade zugegen war, zu meinem Strafvollzieher ernannte. Der also Aufgerufene mußte sehr hart zuschlagen, da ich sonst argwöhnte, er stecke mit dem Fehlbaren unter einer Decke, und wenn das der Fall war, erwartete ihn dieselbe Strafe.

Außer meinen Gemahlinnen, meinem Bruder und meinen Schwägern war beinahe jedes Mitglied meines Haushalts potentielles Opfer meiner Launen. In jenen Tagen studierte eine Anzahl von jungen Neffen im Palast. Sie hatten mich neben ihrem Schulunterricht zu unterhalten und mir aufzuwarten. Doch obwohl ich plante, mir in ihnen vertrauenswürdige loyale Verwandte heranzuziehen, hinderte mich das keineswegs daran, sie gleich den übrigen Hausangehörigen zu mißhandeln. Sie alle fürchteten nichts mehr, als daß ich den Mund öffnete und sagte: »Bringt ihn nach unten!« Denn das hieß, daß wieder einmal eine Bastonade fällig war.

Wie leicht eine solche Strafe verdient war, mag das folgende Beispiel zeigen. In Tschangtschun litt ich an Hämorrhoiden. Einmal schaute einer meiner Neffen die Tabletten, die ich dagegen nahm, interessiert an und bemerkte dann arglos, sie würden ausschauen wie Kugeln; damit hatte er schon eines meiner Tabus verletzt. Meinte er damit nicht, daß er mich gern erschossen sehen würde? Ich gab einen Wink, und sogleich wurde der Vorlaute von den andern Neffen mit dem Stock bearbeitet.

Am elendsten erging es den zehn, zwölf Pagen, die im Palast angestellt waren. Sie kamen alle aus einem Tschangtschuner Waisenhaus und waren größtenteils Kinder mandschurischer Widerstandskämpfer, die von den Japanern umgebracht worden waren. Aus Furcht vor der Rache der Familien hatte die Kwantung Armee die Marionettenregierung dazu gezwungen, diese Kinder in Waisenhäusern unterzubringen, ihre Namen zu ändern und sie durch harte Sklavenarbeit vorzeitig zu verbrauchen. Einige dieser Waisen waren ganz beglückt gewesen, als sie erfuhren, daß sie fortan in meinem Palast leben sollten. Sie hatten gehofft, sie würden es nun besser haben als im Waisenhaus. Statt dessen wurde alles nur viel schlimmer. Sie aßen Gaoliang [Getreide, das im Nordosten als Reisersatz angepflanzt wird] der mindersten Sorte, waren in Lumpen gekleidet, arbeiteten fünfzehn bis sechzehn Stunden am Tag und mußten oft auch noch zur Nachtwache aufbleiben. Im Winter, wenn zu ihrer Müdigkeit noch Kälte und Hunger hinzukamen, konnte es geschehen, daß sie sich während ihrer Arbeit schnell zum Aufwärmen an einen glühenden Heizungskörper lehnten, sofort einschliefen und erst wieder aufwachten, nachdem sie sich bereits überall verbrannt hatten. Sie wurden ständig geschlagen – für Einschlafen während der Arbeit, unsauberes Putzen, zu lautes Reden. Waren meine eigenen Kammerdiener schlechter Laune, ließen selbstverständlich auch sie ihre Wut an den Pagen aus, und das hieß dann neben Schlägen oft stundenlanges Eingesperrtsein in einer Einzelzelle. Das Leben dieser Jungdiener war so elend, daß sie noch als Siebzehn-, Achtzehnjährige aussahen wie Kinder von zehn.

Einer der Pagen fand in meinen Diensten den Tod. Er hatte bereits einmal versucht, dem unerträglichen Leben im Palast zu entfliehen, war dann jedoch wieder geschnappt und grausam bestraft worden. Das nächste Mal versuchte er, durch den Schacht der Zentralheizung zu entkommen. Zwei Tage tappte er im Dunkeln herum, ohne einen Ausgang zu finden, und dann trieben ihn Hunger und Durst wieder in den Palast zurück, wo er sogleich gefangengenommen wurde. Als man mich über den Vorfall informierte, entschied ich: »Gebt ihm etwas zu essen und erteilt ihm dann eine gute Lektion!« Doch noch ehe er eine »gute Lektion« erhalten konnte, hatten ihn meine Diener halb totgeschlagen. Bei dieser Nachricht geriet ich in hysterische Angst. Was sollte ich tun, wenn er sich nun in einen Rachegeist verwandelte und mich mit in den Tod zog? Verzweifelt schickte ich nach einem Arzt. Aber es war zu spät.

Aus Angst vor Vergeltung verbrachte ich mehrere Tage damit, vor einem Buddha-Altar für eine gute Überfahrt seiner Seele ins nächste Leben zu beten; dazwischen rezitierte ich heilige Schriften oder warf mich auf die Knie, um dem Himmel Entschuldigungskotau zu machen. Ich befahl den Dienern, die den Pagen zu Tode geprügelt hatten, sich selbst als Buße sechs Monate lang jeden Tag mit einem Bambusstöckchen auf die Hände zu schlagen. Ich hoffte tatsächlich, daß diese absurden Maßnahmen mich von der Verantwortung für den Tod eines Menschen entbinden könnten. Trotzdem brachte mich der Vorfall nicht zur Einsicht. Im Gegenteil. Meine Unmenschlichkeit nahm noch zu, als ich gegen Ende meiner Zeit in Mandschuguo vollkommen neurotisch wurde.

Ich stellte die ausgeklügeltsten Vorkehrungen an, um zu verhindern, daß mich das Küchenpersonal auch nur um ein paar Cents betrog:

Spitzel mußten die Köche bei ihren Einkäufen beobachten, oder ich erkundigte mich in Stichproben bei meinen Schwestern nach den gängigen Preisen von Schweinefleisch und Geflügel. Falls ich mit einem Gericht nicht zufrieden war oder etwas Schmutziges darin entdeckte, zog ich eine Geldbuße ein; schmeckte mir etwas besonders gut, war ich natürlich auch bereit, die Köche mit einem Geldgeschenk zu belohnen. Nach außen hin war ich ohne Macht und hatte jedem Wink der Japaner zu gehorchen, aber in meinen eigenen vier Wänden regierte ich als unumschränkter Herrscher.

Gleich nach meiner Ankunft in Tschangtschun suchte ich nach den ersten Enttäuschungen mein Heil in religiösen Büchern, und schließlich wurde ich ein Opfer meiner Lektüre. – Nachdem ich soundso oft gelesen hatte, alle Lebewesen hätten eine Buddhanatur, beunruhigte mich plötzlich die Idee, das Fleisch, das ich aß, könnte eine Reinkarnation eines verstorbenen Verwandten sein. Also begann ich, zusätzlich zu den buddhistischen Sutren am Morgen und am Abend, vor jedem Essen noch ein Gebet für das Tier zu sprechen, dessen Fleisch mir gerade als Mahlzeit diente, wobei ich den Himmel anflehte, er möge seiner Seele im nächsten Leben eine Reinkarnation auf höherer Stufe bescheiden. Zunächst betete ich lautlos für mich allein in Gegenwart der andern; später schickte ich jedermann so lange aus dem Eßzimmer, bis ich mit meinem Gebet zu Ende war. Ich erinnere mich, daß ich einmal im Luftschutzkeller des Palasts ein Ei dreimal mit einem Kotau um Entschuldigung bat, ehe ich es aß. Zu jener Zeit war ich bereits Vegetarier geworden.

Mein Personal erhielt Anweisung, keine Fliegen mehr zu töten. Ich wußte, daß Fliegen Seuchen übertragen konnten, und aß auch nie von einem Gericht, das zuvor von Fliegen berührt worden war. Wenn sich mir eine Fliege auf die Lippen setzte, wischte ich die betreffende Stelle sofort mit einem in Alkohol getränkten Wattebausch ab, den ich zu diesem Zweck stets in einer kleinen Büchse bei mir trug; fand ich ein Fliegenbein unter meinem Essen, mußte der Koch eine Buße zahlen. – Und trotzdem bestand ich darauf, daß niemand in meinem Haushalt auch nur eine einzige Fliege totschlug. Einmal, als ich beobachtete, wie eine Katze eine Maus fing, hetzte ich mein ganzes Personal hinter ihr her, um der Maus das Leben zu retten.

Mit jeder buddhistischen Schrift, die ich las, wuchs meine Verblendung. Ich wurde nun des Nachts auch öfter von Visionen der Hölle heimgesucht, und gerade diese Träume brachten mich schließlich dazu, alles zu glauben, was in meinen Büchern stand. Als ich einmal las,

Buddha würde erscheinen, falls man genügend lange bestimmte Sutren rezitierte, bereitete ich sofort eine Kammer für ihn vor. Nach beendigter Rezitation verkündete ich lauthals, daß »Buddha gekommen war«, worauf ich, zitternd vor Angst, in jenes Zimmer trat und einen Kotau vollzog – vor dem Nichts. Der Raum war natürlich leer.

Unter meinem Einfluß begann mein ganzer Haushalt buddhistische Litaneien zu rezitieren, und von morgens bis abends bebte in regelmäßigen Abständen das dumpfe Echo von Holzfischtrommeln [Mu Yü] und Bronzegongs durch die Luft. Es war, als lebten wir in einem Tempel. Ich gewöhnte mir auch an, täglich mehrmals das Orakel zu befragen – beispielsweise jedesmal, nachdem Yoshioka bei mir gewesen war –, wobei ich so lange damit fortfuhr, bis ich ein günstiges Omen bekam. Überhaupt wurden »Unheil vermeiden« und »Glück anziehen« der Hauptbeweggrund all meines Handelns. Ich kam so weit, daß ich jeden Tag neu überlegte, welcher Ort, welche Kleidung und welches Essen »glücklich« und welcher Ort, welche Kleidung und welches Essen »unglücklich« waren. Dabei hatte ich keine bestimmte Kriterien, sondern setzte die Regeln von Mal zu Mal neu fest. Wenn ich zum Beispiel beim Spazieren einen Ziegelstein auf dem Weg entdeckte, sagte ich mir: »Links daran vorbeigehen ist ›glücklich‹, rechts daran vorbeigehen ist ›unglücklich‹«, worauf ich links daran vorbeiging. Ich könnte noch unzählige Beispiele aufzählen wie, war es »glücklicher«, eine Schwelle erst mit dem rechten oder mit dem linken Fuß zu überschreiten, oder, sollte etwas Weißes vor etwas Grünem gegessen werden oder umgekehrt. Wän Rung war bald genauso abergläubisch wie ich. Sie machte es sich zur Regel, jedesmal schnell mit den Augen zu blinken oder auszuspucken, wenn sie auf etwas »Unglückliches« stieß, und schließlich zwinkerte und lallte sie pausenlos wie eine arme Irre. Meine Neffen, alles junge Männer um die Zwanzig, wurden unter meiner Anleitung zu Asketen. Manche verbrachten den ganzen Tag in Meditation, andere kehrten abends nicht in ihr Heim zurück, obwohl sie frisch verheiratet waren, oder hängten sich Bilder von Totenskeletten über das Bett, und wieder andere murmelten von morgens bis abends Gebete und Zaubersprüche, als gelte es, hundert böse Geister zu beschwören.

Ich selbst zog mich jeden Tag zur Meditation zurück, und solange ich in meine Betrachtungen versunken war, mußte im ganzen Palast vollkommene Ruhe herrschen. Nun hielt ich damals einen großen Kranich im Garten, der diese Regel mißachtete und fröhlich schrie, wenn ihm danach war. Ich machte die Pagen für den Vogel verantwortlich und zog jedesmal 50 Cents von ihnen ein, wenn ich trotz ihrer Überwachung wieder durch Kranichgeschrei gestört worden war. Nachdem die Pagen auf diese Weise schon mehrere Yüan eingebüßt hatten, verfielen sie zu guter Letzt auf eine Idee, wie dem Vogel beizukommen war: Sowie er den Hals zum Schreien ausstreckte, schlugen sie ihm mit einem Stock auf den Kopf, worauf sich der Kranich ruhig verhielt.

Da ich ständig in Todesangst lebte, fürchtete ich nichts so sehr wie Krankheit. Ich wurde arzneisüchtig und bereitete damit mir und dem ganzen Haushalt viel Ungemach. So legte ich eine riesige Apotheke mit westlichen und chinesischen Arzneien an und verschwendete Tausende, wenn nicht Zehntausende von Dollar, um Mittel zu importieren, die ich dann doch nicht brauchte. Meine Neffen mußten sich neben ihren Studien dieser Apotheke annehmen, und sie und mein Arzt brachten jeden Tag einige Stunden damit zu, mich mit Injektionen und Arzneimitteln hochzupäppeln. Als ich noch in der Verbotenen Stadt lebte, hatte ich oft an eingebildetem Unwohlsein gelitten. Aber nun war ich wirklich krank. Schon einmal, als ich auf einer »Kaiserlichen Prunkreise« in Andung ein Wasserwerk besichtigte, war mir in meiner steifen Militäruniform plötzlich der Atem weggeblieben, und nur weil meine Neffen und der Leibarzt rechtzeitig auf meinen Zustand aufmerksam geworden waren und mich mit Notinjektionen behandelt hatten, hatte ich damals den Herzanfall überlebt. Physische Schwäche, zu der noch der psychische Druck neurotischer Angst kam, gaben mir das Gefühl, am Rande des Grabes zu schweben.

Eines Tages entdeckte ich den Spruch »Hast du noch nicht genug Demütigungen von den Japanern eingesteckt?« auf einer Wand im Garten. Ich gab sofort den Befehl, die Kreide wegzuwaschen, und in der Aufregung vergaß ich, daß ich gerade auf dem Weg zum Tennisplatz gewesen war. Mit fliegendem Puls kehrte ich in mein Schlafzimmer zurück und legte mich dort aufs Bett. Mir war so elend, daß ich fest überzeugt war, mein Leben hier sei nicht mehr von langer Dauer. Was würde passieren, wenn die Japaner von der Sache mit diesem Spruch Wind bekamen und eine Untersuchung einleiteten? ... Aber noch mehr als diese Möglichkeit ängstigte mich der Gedanke, daß es an meinem Hof »antimandschurische« und »antijapanische Elemente« gab. Würde jemand, der den Mut aufbrachte, einen solchen Spruch an die Wand zu schreiben, noch vor einem Mord zurückschrecken?

Während ich von einer Angstneurose in die andere fiel, brachte ich für mein Familienleben nicht das geringste Interesse mehr auf. Ich hatte nacheinander vier Frauen geheiratet oder, um im damaligen Sprachgebrauch zu bleiben, eine Kaiserin, eine Nebenfrau und zwei Konkubinen. Aber von Eheleben konnte keine Rede sein: Die Gattinnen dienten nur als Dekor, und obwohl ich sie unterschiedlich behandelte, wurden doch alle gleichermaßen Opfer meines Status.

Möglicherweise können junge Menschen der heutigen Zeit die Lebensumstände meiner Kaiserin nicht mehr verstehen. Und doch, wenn Wän Rungs Schicksal nicht schon bei der Geburt vorausbestimmt war, so war ihr Ende in dem Moment, in dem sie mich heiratete, klar vorgezeichnet. Ich habe mich oft gefragt, ob sie, falls sie sich wie Wen Hsiu damals in Tientsin von mir hätte scheiden lassen, ihrem furchtbaren Ende hätte entgehen können. Aber Wän Rung war so ganz anders als Wen Hsiu. In Wen Hsius Gedankenwelt hatte es etwas gegeben, was über hohem Status und feudalistischer Sittenmoral stand, und das war ihre innere Forderung nach einem gesunden normalen Leben im Kreise einer Familie. Wän Rung hingegen maß ihrer Stellung als »Kaiserin« große Bedeutung bei. Sie konnte und wollte nicht auf den Glanz einer Kaisergemahlin verzichten, und für diesen Glanz war sie bereit, über Jahre hinweg eine Rolle ohne Inhalt zu spielen.

Nachdem Wän Rung Wen Hsiu davongetrieben hatte, empfand ich ihr gegenüber noch größeren Widerwillen als zuvor. Ich sprach kaum noch mit ihr und kümmerte mich auch sonst nicht um sie. Ich wußte nichts von ihren persönlichen Gefühlen, von ihren Hoffnungen und ihren Sorgen; mir war nur bekannt, daß sie heimlich Opium nahm und sich nun oft auf eine Weise aufführte, die mir unerträglich war. Als sich unsere Wege nach der japanischen Kapitulation trennten, war sie bereits unheilbar opiumsüchtig. Sie starb ein Jahr später in Kirin.

Halb um Wän Rung zu strafen und halb, weil eine zweite Gemahlin zu meinem Dekor als Kaiser gehörte, suchte ich mir 1937 ein neues Opfer aus: Tän Yü-ling aus dem alten Mandschu Tatala Klan. Sie wurde mir von einem Verwandten in Peking empfohlen und erhielt den Rang einer Kaiserlichen Konkubine. Als sie mich heiratete, war sie ein Schulmädchen von sechzehn Jahren. Doch auch sie war nur dem Namen nach eine Gattin. Ich hielt sie in meinem Palast, wie man sich einen fremden Vogel hält, bis sie 1942 plötzlich starb. Ich habe Tän Yü-lings Todesursache nie richtig klären können. Sie hatte nur einen leichten Typhusanfall gehabt, der nach der Meinung des von mir zugezogenen chinesischen Arztes keinesfalls hätte tödlich verlaufen dürfen. Doch dann hatte Yoshioka im Büro der Palastverwaltung Quartier aufgeschlagen, um, wie er sagte, besser nach meiner Konkubine schauen zu können. Schon am nächsten Tag war Tän Yü-ling unter den Händen des von Yoshioka hergebrachten japanischen Arztes gestorben.

Mein Verdacht auf vorsätzlichen Mord ging darauf zurück, daß dieser japanische Arzt sich zwar zunächst mit sehr großer Zuversicht an Tän Yü-lings Pflege gemacht hatte, dann aber, nach einem langen Gespräch mit Yoshioka hinter verschlossener Tür, plötzlich seinen Enthusiasmus verlor und auch seine Spritzen und Bluttransfusionen einstellte. Auf Yoshiokas Befehl hin mußten die japanischen Sicherheitsbeamten im Palast die ganze Nacht hindurch mit den Krankenschwestern im Zimmer in Verbindung bleiben – und am Morgen war Tän Yü-ling tot.

Ich hatte kaum von dem Ableben meiner Konkubine erfahren, da suchte mich bereits Yoshioka auf, um mir im Namen der Kwantung Armee zu kondolieren und einen Kranz zu überreichen. Das bestärkte mich nur noch in meinem Argwohn. Wie konnte die Armee so schnell reagieren, ohne zuvor informiert worden zu sein? Ich erinnerte mich mit einem Mal wieder daran, daß Tän Yü-ling oft mit mir über die Japaner geredet hatte. Aus ihren Pekinger Schulbüchern wußte sie gut Bescheid über das Treiben der Japaner südlich der Großen Mauer. Hatte ich schon einmal das Gefühl gehabt, die Japaner belauschten meine privaten Gespräche im Palast, als die Sache mit Prinz Dö gewesen war, so überfiel mich nach Tän Yü-lings Tod diese alte Furcht erneut.

Als Yoshioka mir kurze Zeit später ein Bündel von Fotografien japanischer Mädchen zur Auswahl auf den Tisch legte, war ich mehr denn je überzeugt, daß die Kwantung Armee mit dem Tod Tän Yü-lings in Verbindung stand. Ich gab Yoshioka entrüstet zu verstehen, daß ich mich nicht mit dem Gedanken an eine Wiederverheiratung befassen könne, solange die Leiche meiner Konkubine noch warm sei. Aber Yoshioka redete sich damit heraus, daß mir eine baldige neue Heirat helfen würde, meinen Kummer zu vergessen. Auch meinen Einwand, es dürfe nichts überstürzt werden und es gelte auch das schwierige Problem der sprachlichen Verständigung zu bedenken, ließ er nicht gelten. »Ihr werdet Euch schon verstehen, uh! Sie wird Mandschurisch sprechen.« Solcherart in die Enge getrieben, beeilte ich mich, ihm zu erklären, daß dies keine Frage gleicher Rasse sei. Aber ich würde jemanden brauchen, der in Geschmack und Lebensstil zu mir paßte, und um so eine Person zu finden, brauche es eine gewisse Zeit. Daß mir der Gedanke an eine japanische Frau deshalb unerträglich war, weil ich in ihr bereits die zukünftige Spionin der Kwantung Armee sah, wagte ich natürlich nicht offen zu sagen; aber ich war entschlossen, diesmal hart zu bleiben.

Der »Attaché des Kaiserlichen Haushalts« schien sich nicht eher von mir trennen zu wollen, als bis ich klein beigegeben hatte; denn Tag für Tag mußte ich mir nun von ihm die Ohren vollschwatzen lassen. Schließlich begann er aber doch einzusehen, daß er mich nicht zu einer Heirat mit einer Japanerin bringen würde – oder die Kwantung Armee war von sich aus von dem Plan abgekommen –, jedenfalls zog er eines Tages eine Reihe von Bildern chinesischer Mädchen aus einer Schule in Port Arthur hervor. Obwohl mich meine Zweite Schwester warnte, daß all diese Mädchen zuvor von den Japanern indoktriniert worden seien, fühlte ich, daß ich die Kwantung Armee nicht länger hinhalten durfte, wollte ich vermeiden, daß mir später nicht irgend jemand gegen meinen Willen aufgezwungen wurde. Deshalb wählte ich mir von Yoshiokas Bildern ein Mädchen aus, das noch sehr jung und nicht allzu gebildet war. Mit einem solchen Gegner hoffte ich trotz japanischer Indoktrination leicht fertig zu werden; und es bestand zudem die Aussicht, daß ich diese neue Konkubine später umerziehen und auf meine Seite bringen konnte. Nachdem ich mich entschlossen hatte, gab ich Yoshioka Bescheid.

Und so kam es, daß ein vierzehn Jahre altes Schulmädchen unter dem Namen die »Glückskonkubine« mein viertes Opfer wurde. Zwei Jahre nach ihrer Ankunft in Tschangtschun erfolgte der japanische Zusammenbruch. Danach wurde sie wieder nach Hause geschickt.

Neuntes Kapitel

Der große Zusammenbruch

Als ich später im Gefängnis für Kriegsverbrecher saß, erzählte mir ein ehemaliger »Mandschuguo«-Brigadekommandeur eine Geschichte. In jenem Winter, als der Krieg im Pazifik ausbrach [und Japan den Höhepunkt seiner Macht erreichte], hatte er, in Ausführung eines Befehls der Kwantung Armee, seine Truppen gegen Partisanengruppen der Antijapanischen Alliierten Armee geführt. Die ganze Aktion sollte sich jedoch als ein Stoß ins Leere erweisen. Seine Leute spürten in den Wäldern nur einen einzigen und dazu noch kranken Feind auf, der mit seinen völlig zerrissenen Kleidern und langen struppigen Haaren aussah, als habe er jahrelang in einem Gefängnis geschmachtet. Als ihm diese Jammergestalt vorgeführt worden war, hatte er gehöhnt: »Man braucht dich bloß anzusehen, um zu wissen, daß ihr Kerle keine Zukunft habt! Weißt du schon, daß Hong Kong und Singapur von der Kaiserlich-Japanischen Armee besetzt wurden?« Als der Gefangene darauf laut zu lachen anfing, hatte er seine Faust auf den Tisch geknallt und geschrien: »Was lachst du? Kapierst du nicht, daß du hier vor Gericht stehst?«

Die Antwort des Widerstandskämpfers hatte ihn damals völlig aus der Fassung gebracht: »Wer steht wo vor Gericht? Eure Tage sind gezählt, und bald kommt die Zeit, da werden alle Leute wie du vom Volk gerichtet.« –

Die Offiziere und Regierungsbeamten des mandschurischen Marionettenregimes wußten selbstverständlich genau, wie verhaßt sie und die Japaner bei der Bevölkerung waren; aber sie konnten nicht verstehen, wieso das einfache Volk so viel Mut und Selbstvertrauen besaß oder, anders ausgedrückt, woher es die Gewißheit nahm, daß seine allmächtigen Herrscher am Ende verlieren mußten. Auch ich war überzeugt, die Macht des japanischen Imperialismus sei unübertreffbar und durch nichts zu erschüttern. Selbst das Imperium der Großen Tsching, die Militärregimes der Beiyang Kriegsherren und die Republik der Kuomintang hielten in meinen Augen einem Vergleich mit Japan nicht stand; und was das »einfache Volk« anbetraf, so tauchte es in meinen Berechnungen gar nicht erst auf. Obwohl mir zahllose Vorfälle hätten zeigen müssen, wer wirklich »stark« und wer »schwach« war, tappte ich auch noch lange Zeit, nachdem Yoshioka erste »inoffizielle Bemerkungen« gemacht hatte, im dunkeln.

Als die Kwantung Armee 1939 jene Kampagne gegen die Äußere Mongolei und damit auch gegen die Sowjetunion startete, hatte ihr damaliger Kommandeur Ueda mich, »Premier« Dschang und ein paar weitere Marionettenminister eingeladen, einer »Demonstration japanischer Luftüberlegenheit« beizuwohnen. Nach dem katastrophalen Fiasko dieser »Demonstration« – 50 000 Tote, die Ueda das Kommando der Kwantung Armee kosteten – hatte Yoshioka »inoffiziell« bemerkt: »Die sowjetischen Kanonen reichen sehr viel weiter als die unseren!«

1942 begannen die Japaner ihre große »Säuberungskampagne« in Nord- und Zentralchina, wo sie, gemäß ihrer Losung der »Drei Alles«, alles töteten, alles verbrannten, alles plünderten und ganze Landstriche völlig verwüsteten. Zu jener Zeit hatte mir Yoshioka eines Tages mitgeteilt, die japanische Armee habe eine Reihe von neuen Taktiken wie »Eine Eisenmauer um den Feind bilden« und »Das Feld mit einem feinen Kamm rechen« gegen die »kommunistischen Armeen« eingesetzt. Die Kampfgeschichte der Kaiserlich-Japanischen Armee sei dadurch »unermeßlich bereichert worden«. Als ich diese großen Worte hörte, sagte ich verwundert: »Die kommunistischen Armeen sind doch winzig klein. Wozu braucht man all diese merkwürdigen neuen Taktiken?«

Zu meiner Überraschung handelte ich mir mit dieser Bemerkung Yoshiokas Spott ein: »Wenn Eure Kaiserliche Majestät Kampferfahrung hätten, würden Eure Majestät anders reden.«

»Darf ich um Erklärung bitten?«

»Die kommunistischen Armeen sind ganz anders als die Kuomintang Truppen. Sie sind vom einfachen Volk nicht zu unterscheiden. Uh! Nicht zu unterscheiden. Diese Armeen sind wie rote Bohnen auf roten Kieselsteinen.« Als er mein verständnisloses Gesicht sah, brauchte er die chinesische Wendung »wie Fischaugen unter Perlen« und setzte dann noch hinzu: »Wenn die japanische Armee gegen die kommunistische Achte Route Armee oder Neue Vierte Armee kämpft, gerät sie dauernd in einen Hinterhalt.«

Yoshioka kam so in Fahrt, daß er plötzlich von der offiziellen Darstellung der Kommunisten abwich und mir statt dessen auseinandersetzte, daß die kommunistischen Armeen überall, wo sie operierten, vom einfachen Volk gut aufgenommen würden. Dazu käme noch, daß ihre Soldaten nach einem Dienstjahr nicht mehr desertierten, etwas, was es in der ganzen Militärgeschichte Chinas noch nicht gegeben habe: Diese Armeen seien nach jedem Angriff größer als zuvor und hätten einen solchen Zulauf, daß einem für die Zukunft angst und bange werden könne.

»Schrecklich! Es ist einfach schrecklich!« Yoshioka schüttelte unwillkürlich seinen Kopf und seufzte tief. Daß ein Offizier der »Kaiserlich-Japanischen Armee« einen »winzig kleinen Feind« plötzlich in solch verzweifelten Tönen beschrieb, war so ungewohnt, daß ich lange Zeit nicht wußte, was ich darauf hätte erwidern sollen. Schließlich brachte ich die Bemerkung zustande: »Es ist wirklich schrecklich, wie die morden und brandschatzen und aus Frauen und Eigentum Gemeinbesitz machen!«

»Das ist doch alles dummes Kindergeschwätz!« unterbrach mich Yoshioka grob, doch einen Augenblick später verzog sich sein Gesicht zu einem spöttischen Lächeln, und er sagte verbindlich: »Das war eben eine inoffizielle Bemerkung! Ich muß Eure Majestät bitten, sich an die offizielle Berichterstattung des Stabschefs der Kwantung Armee zu halten.«

Damals begann ich zunehmend auf Radionachrichten zu achten, und was ich dabei zu hören bekam, ließ mich Yoshiokas geheime Ängste besser verstehen. Vor allem von 1944 an brachte das ausländische Radio ständig neue Berichte von japanischen Niederlagen, die durch Meldungen von »Zertrümmerter Jade« [heroische Opfer] in der mandschurischen Presse bestätigt wurden. Sogar ich in meiner völligen Isolation konnte erkennen, daß überall Mangel herrschte. Türringe, Spucknäpfe und andere Gegenstände aus Messing und Blei verschwanden aus dem Palast; die Hofbeamten erhielten so wenig Eßrationen zugeteilt, daß einer nach dem andern mit seiner Familie bei mir erschien und um Hilfe bat. Die »allmächtige« Kwantung Armee lud mich – aus Furcht, ich könnte herausfinden, wie schlecht das Essen der Soldaten war – zu einer Inspektion der Militärrationen ein und schickte mir Filme von japanischen Siegen, um die Wirkung ausländischer Radiomeldungen zu neutralisieren ... Aber niemand in meiner Familie, nicht einmal der kleinste meiner Neffen, ließ sich davon noch täuschen.

Was mich am meisten bestürzte, war, daß viele Japaner aus ihrer eigenen Furcht kein Geheimnis mehr machten. Yamashita Tomoyuki, der so überaus stolz gewesen war, als er nach der Einnahme von Singapur zum Kommandeur der Kwantung Armee ernannt wurde, war ein anderer Mann, als er nach seiner Rückversetzung in den Südosten 1945 zu mir kam, um sich zu empfehlen. Weinend sagte er: »Das ist unser Abschied für immer. Diesmal werde ich nicht mehr zurückkommen!«

Noch mehr Tränen sah ich bei einer Abschiedsfeier für Kamikaze-Piloten. Der Himmel war bedeckt, und ein heftiger Sandsturm fegte über den Hof der Tung Dö Thronhalle, wo die Zeremonie stattfand. Die Sandsäcke als Schutz gegen Bombenangriffe wirkten an diesem Tag besonders deprimierend. Nachdem die rund ein Dutzend Todgeweihten sich in einer Reihe vor mir aufgestellt hatten, las ich meine von Yoshioka verfaßte Abschiedsadresse und erhob dann mein Glas, um dem Unternehmen einen guten Erfolg zu wünschen. Nun erst bemerkte ich, wie grau die Gesichter der Piloten waren. Es gab keinen, dem nicht die Tränen über die Wangen gelaufen wären; und einige der Männer schluchzten laut.

Inmitten wirbelnder Sandwolken fand die Zeremonie ein überstürztes Ende. Während ich in den Palast zurückhastete, waren meine Gedanken in Aufruhr. Yoshioka folgte mir dicht nach. Ich schloß daraus, daß er mit mir reden wollte, und verzögerte meine Schritte. Als er mich eingeholt hatte, räusperte er sich lange und sagte dann unvermittelt: »Eure Majestät haben sehr schön gesprochen. Uh! Die Piloten waren tief bewegt, uh! und haben deshalb japanische Männertränen vergossen.«

»Aha! Du hast also Angst«, dachte ich, »du hast Angst, daß ich die Sache mit diesen ›Menschlichen Kugeln‹ durchschaut habe. Aber wenn du Angst hast, dann habe ich noch mehr Angst!«

Mit der deutschen Kapitulation im Mai 1945 wurde Japans Lage aussichtslos. Jedermann rechnete mit einem russischen Kriegseintritt in Asien, und selbst ich, der ich früher so sehr von Japans unüberwindlicher »Macht« überzeugt gewesen war, wußte nun, daß das Ende nahte. – Der Zusammenbruch erfolgte am 9. August 1945.

An jenem Morgen suchte mich der letzte Kommandeur der Kwantung Armee, Yamata Otozo, mit seinem Stabschef im Palast auf, um mir mitzuteilen, daß die Sowjetunion Japan den Krieg erklärt habe. Yamata war ein kleiner, hagerer Graukopf von ernstem Gebaren, der stets besonders langsam und gesetzt sprach. Aber nun überstürzten sich seine Worte. Er beteuerte mir, daß die japanische Armee für die Zukunft bestens gerüstet sei und fest an einen Sieg glaube... In diesem Moment ertönte der Fliegeralarm, und wir brachten uns alle schnell im Luftschutzkeller des Palasts in Sicherheit. Während ich Buddha um seinen Schutz anflehte, saß Yamata stumm an meiner Seite: Bis wir uns nach der Entwarnung trennten, fiel kein Wort mehr über »einen baldigen Sieg«.

Von dieser Nacht an schlief ich in meinen Kleidern; ich trug eine Pistole und verhängte im ganzen Palast den Ausnahmezustand.

Yamata und sein Stabschef erschienen am nächsten Tag erneut bei mir. Sie teilten mir mit, daß die Hauptstadt in das südliche Tunghua verlegt werde. Ich solle mich sofort reisefertig machen. Ich plädierte für einen Aufschub und erhielt nach langem Bitten drei Tage zugesprochen, um die Übersiedlung meines riesigen Haushaltes vorzubereiten.

Nach Yamatas Weggang kam Yoshioka auf mich zu: »Wenn Eure Majestät nicht mit uns gehen, werden Eure Majestät mit Sicherheit von den sowjetischen Truppen ermordet werden.« Bei diesen Worten verzog sich sein Gesicht zu einer bösen Fratze. Aber was mich noch mehr erschreckte, war die offensichtliche Folgerung, daß die Japaner argwöhnten, ich wolle nicht von Tschangtschun weg, weil ich Verrat plane. »Wenn sie tatsächlich befürchten, ich könnte den Alliierten in die Hände fallen, werden sie mich dann nicht umbringen, um mich mundtot zu machen?« Schon allein der Gedanke an diese Möglichkeit ließ mir die Haare zu Berge stehen. In meiner Angst erinnerte ich mich wieder an eine Finte, die ich zehn Jahre zuvor schon einmal bei Yoshioka angewendet hatte, um ihn von meiner »Loyalität und Aufrichtigkeit« zu überzeugen. Ich sandte nach »Premier« Dschang und Takebe Rokuzo, dem Nachfolger Komais im »Amt für allgemeine Angelegenheiten«, und befahl ihnen: »Wir müssen den heiligen Krieg unseres Vater-Landes mit ganzer Kraft unterstützen und der Sowjetunion Widerstand leisten bis zum Ende. Bis zum Ende!...« Ich drehte mich nach hinten, um in Yoshiokas Gesichtsausdruck die Wirkung meiner Worte zu studieren, und stellte entsetzt fest, daß der »Attaché«, der mir in den letzten Jahren wie ein Schatten gefolgt war, unbemerkt verschwunden war. Mit furchtbarsten Vorahnungen lief ich im Empfangsraum auf und ab, und dann fiel mein Blick auf die Straße: Japanische Soldaten, Gewehr im Anschlag, rückten gegen den Palast vor. Vor Schreck blieb mir beinahe das Herz stehen. Das Spiel war zu Ende! Im Bewußtsein, daß es kein Entkommen mehr gab, stieg ich auf das obere Ende der Treppenflucht im Eingang, um die Soldaten zu empfangen. Aber kaum hatten diese mich dort erblickt, machten sie rechts um kehrt und zogen wieder ab.

Bestimmt waren sie auf Befehl der Kwantung Armee hergekommen, um zu testen, ob ich davonrennen würde oder nicht! Je mehr ich darüber nachdachte, desto schlimmer wurden meine Befürchtungen. Schließlich rannte ich zum Telefon und wählte Yoshiokas Nummer. Ich kam nicht durch. Was, wenn die Japaner ohne mich abgezogen waren? Das wäre genauso schrecklich wie ein gezielter Mord...

Später gelang es mir, Yoshioka zu erreichen. Die Stimme des »Attaché« war sehr schwach; er sei krank, wimmerte er. Ich gab meinem Bedauern Ausdruck, wünschte ihm gute Besserung, hörte ihn »Danke, Eure Majestät« sagen und hängte mit einem tiefen Seufzer der Erleichterung wieder auf. Erst jetzt wurde mir bewußt, daß ich den ganzen Tag nichts gegessen hatte und sehr hungrig war. Ich befahl meinem letzten persönlichen Diener, den Großen Li, mir etwas zum Essen zu bringen. Die Köche waren bereits alle weggelaufen, aber der Große Li schaffte wenigstens ein paar Biskuits herbei.

Am 11. August 1945, kurz nach neun Uhr abends, kehrte Yoshioka an meine Seite zurück. Mein Bruder, meine Schwestern, Schwäger und Neffen waren bereits am Bahnhof; von meiner Familie war nur noch ich selbst mit meinen beiden Gattinnen im Palast. Während wir in den Hof gingen, sagte Yoshioka im Ton eines unumstößlichen Befehls: »Während wir gehen und beim Ein- und Aussteigen kommen die heiligen Objekte, von Hashimoto Toranosuke getragen, stets zuerst. Jeder, der die heiligen Gefäße kreuzt, hat sich bis zur Erde zu verbeugen.« Wie angeordnet wartete ich respektvoll, bis Hashimoto, der Präsident des Kultbüros, mit den heiligen Shinto-Objekten im ersten Wagen Platz genommen hatte. Darauf stieg ich in den zweiten, und dann fuhren wir aus dem Palasthof heraus auf die offene Straße. Vom Fond meines Wagens sah ich, daß sich der Himmel über dem Gründungsschrein der Nation rot verfärbt hatte.

Nach zwei Tagen und drei Nächten Bahnfahrt erreichten wir Talitzukou. Ursprünglich war vorgesehen gewesen, über Mukden zu fahren, aber dann hatte die Armee im letzten Augenblick der Kirin-Meihökou-Linie den Vorzug gegeben, weil dort weniger Bombenangriffe zu erwarten waren. Während der ganzen Reise nahmen wir nur zwei Mahlzeiten und ein paar Biskuits zu uns. Überall entlang der Linie standen japanische Militärfahrzeuge, und die Männer, die in ihnen saßen, sahen aus wie eine Mischung aus Soldaten und Flüchtlingen. In Meihökou hielt unser Zug, um Kommandeur Yamata aufzunehmen. Yamata erzählte mir sogleich, daß die japanische Armee auf ganzer Linie siegreich sei und bereits eine große Anzahl sowjetischer Tanks und Flugzeuge außer Gefecht gesetzt habe. Aber was ich in Kirin sah, strafte seine Worte Lügen. Hunderte von japanischen Frauen und Kindern drängten sich stoßend und schreiend zu den Zügen, wo sie unter Tränen baten, aufsteigen zu dürfen; und an einem Ende des Bahnsteigs waren Soldaten und Sicherheitspolizisten in ein heftiges Handgemenge verwickelt.

Zwei Tage nach unserer Ankunft in Talitzukou erfolgte die japanische Kapitulation, und Yoshioka meldete uns: »Seine Majestät der Tenno hat unsere Kapitulation bekanntgegeben. Die amerikanische Regierung ist bereit, für Sicherheit und Stellung des Tenno zu garantieren.« Ich fiel auf die Knie, um dem Himmel mit einem Kotau für den Schutz, den er Seiner Kaiserlichen Majestät hatte angedeihen lassen, zu danken. Yoshioka folgte meinem Beispiel und sagte niedergeschlagen, daß die Kwantung Armee mit Tokio Kontakt aufgenommen habe. Man würde mich nach Japan bringen, »aber Seine Kaiserliche Majestät kann nicht die unbedingte Verantwortung für die Sicherheit Eurer Majestät übernehmen«, fuhr er dann fort. »Es wird alles von den Alliierten abhängen.« Später erschienen Dschang Dsching-huei und Takebe Rokuzu mit einer Abordnung von »Ministern« und »Sonderbeauftragten« und brachten mir als letzte Farce mein »Abdankungsreskript« aus der Hand des japanischen Sinologen Sato; ich verlas es laut, und die Minister hörten mir zu wie ein Rudel herrenloser Hunde.

Hätte ich damals gewußt, daß mein Status bereits unter den Dschang Dsching-hueis und dessen Kabinett gesunken war, hätte ich mich wohl noch deprimierter gefühlt. Tatsächlich hatten die Japaner nach ihrer Entscheidung, mich nach Japan zu schicken, alles für eine heimliche Rückkehr von Dschang und Takebe nach Tschangtschun vorbereitet. Nach seiner Ankunft in der Hauptstadt stellte »Premier« Dschang über ein Radio Kontakt mit Tschiang Kai-schek in Tschungking her und verkündete die Bildung eines »Komitees zur Aufrechterhaltung der öffentlichen Ordnung«, das alles vorbereite, um die Kuomintang Truppen im Nordosten willkommen zu heißen. Dschang und die Clique um ihn hofften, durch einen blitzartigen Frontwechsel noch den Übergang zu Abgeordneten der Chinesischen Republik zu schaffen, bevor die sowjetischen Truppen Tschangtschun besetzten. Aber der russische Vormarsch erfolgte sehr viel schneller, als erwartet, da die Antijapanische Alliierte Armee unter ihrer kommunistischen Führung jeden japanischen Widerstand auf dem Weg der Sowjets in die Hauptstadt zerschlug. Nach ihrem Einzug in Tschangtschun erhielt »Premier« Dschang vom sowjetischen Hauptquartier Order, auf Befehle zu warten, was er so optimistisch auffaßte, daß er seiner betagten Gattin glücklich meldete, das Schlimmste sei überstanden. Aber als er und seine Marionettenminister am folgenden Tag bei den russischen Besetzern vorsprachen, wurde das Grüppchen in ein Flugzeug verfrachtet und in die Sowjetunion geflogen.

Am 16. August teilte mir Yoshioka mit, daß wir am folgenden Tag nach Japan aufbrechen würden. Ich sollte bestimmen, wen ich mitzunehmen gedächte. Da unser Flugzeug klein war, entschied ich, daß mich vorerst nur Pu Dschiä, zwei Schwestern und drei Neffen sowie mein Leibarzt und der Große Li begleiten sollten. Meine Konkubine fragte mich schluchzend, was denn aus ihr werden solle. »Das Flugzeug ist zu klein«, gab ich zur Antwort, »deshalb mußt du im Zug nachkommen.«

»Kann ein Zug nach Japan fahren?«

»Natürlich kann er das«, sagte ich, ohne nachzudenken. »Du und die Kaiserin, ihr werdet mich in spätestens drei Tagen wiedersehen. «

»Aber was geschieht, wenn dieser Zug nicht mehr für mich kommt. Ich habe keinen einzigen Verwandten hier.«

»Wir sehen uns ins zwei Tagen. Es wird schon alles gutgehen.« Ich war zu sehr mit meiner eigenen Rettung beschäftigt, um mir darüber Gedanken zu machen, ob wirklich ein Zug für sie bereitgestellt würde.

Am folgenden Tag brachte uns Yoshiokas kleines Flugzeug sicher nach Mukden, wo wir um elf Uhr in eine größere Maschine umsteigen sollten. Aber wir hatten uns kaum in der Transithalle niedergelassen, da erschütterte ein Dröhnen abbremsender Motoren den Flugplatz. Nun ging alles sehr schnell. Sowjetische Einheiten mit leichten Maschinengewehren entwaffneten alle Japaner, und dann sah man nur noch Sowjets.

Am nächsten Tag wurde ich in eine sowjetische Maschine gesetzt und in die UdSSR geflogen.

VI. Kriegsverbrecher Pu Yi

Erstes Kapitel

Fünf Jahre im sowjetischen »Sanatorium«

Kurz vor Anbruch der Dunkelheit landeten wir in Chita, wo wir gleich in einem Militärfahrzeug vom Flugplatz abtransportiert wurden. Als ich durch das Fenster des Wagens nach draußen blickte, schien es, als durchquerten wir eine Ebene, die sich schwarz und endlos vor uns ausdehnte. Nach einer Weile führte die Straße durch Wälder und stieg steil an. Der Weg wurde so eng und gewunden, daß das Fahrzeug nur noch langsam vorankam. Plötzlich hielten wir an, und aus der Dunkelheit rief eine Stimme auf chinesisch: »Wer pissen muß, kann aussteigen!«

Ich schrak zusammen; die Stimme machte mich glauben, daß wir auf Chinesen gestoßen wären, die uns wieder zurückbringen würden. Aber dann stellte sich heraus, daß der Sprecher ein Sowjetoffizier chinesischer Abstammung war: Wie so oft schon in meinem Leben hatte ich durch meinen krankhaften Argwohn unnötige Ängste ausgestanden.

Nachdem wir uns erleichtert hatten, kletterten wir wieder in den Wagen und hielten nach zwei weiteren Stunden Fahrt vor einem großen, hellerleuchteten Gebäude, das in einem Bergtal lag. Als wir ausstiegen, flüsterte jemand beim Anblick des stattlichen Gebäudes: »Das ist ja ein Hotel!« und unsere Stimmung stieg beträchtlich.

In der »Hotelhalle« begrüßte uns ein etwa vierzigjähriger Mann in Zivil, hinter dem eine Gruppe sowjetischer Offiziere stand. Feierlich verkündete er uns, daß wir »auf Befehl der sowjetischen Regierung von nun an hier interniert« seien. Dieser Mann, ein Generalmajor der Roten Armee und, wie sich später herausstellte, Kommandant der Garnison in Chita, erklärte uns, daß wir hier zunächst ganz unbesorgt abwarten sollten, bis man sich weiter um uns kümmern würde. Dann zeigte er auf eine mit Wasser gefüllte Karaffe und pries die heilkräftige Wirkung der Mineralquellen, für welche dieser Ort berühmt sei.

Unser Leben als Internierte in diesem Sanatorium begann überaus komfortabel. Wir erhielten täglich drei reichhaltige Mahlzeiten samt Nachmittagstee à la Russe; wir hatten Diener, die sich um uns kümmerten, Ärzte und Schwestern, die unsere Gesundheit überwachten, Radios, Bücher und jede Möglichkeit, uns sonst die Zeit zu vertreiben.

Dieses Leben behagte mir auf Anhieb, und bald gab ich mich der verwegenen Illusion hin, daß ich Rußland vielleicht verlassen dürfte, um nach England oder Amerika ins Exil zu gehen: beides Länder, die ja schließlich Verbündete der Sowjetunion waren. Ich hatte noch genügend Steine und Kostbarkeiten bei mir, um den Rest meines Lebens angenehm und sorgenfrei im Ausland verbringen zu können. Um dieses Ziel zu erreichen, mußte ich allerdings erst einmal sichergehen, daß ich zunächst in der Sowjetunion bleiben durfte. In den folgenden fünf Jahren richtete ich daher drei Eingaben an die sowjetischen Behörden und bat um die Erlaubnis, für immer in der Sowjetunion bleiben zu können. Ich erhielt nie Antwort.

Die anderen »Mandschuguo«-Häftlinge nahmen indes von Anfang an eine völlig andere Haltung ein. Dschang Dsching-huei, Tsang Sche-yi, Hsi Hsia und einige andere ehemalige Minister, die nach mir eintrafen, suchten mich gleich am Tag nach ihrer Ankunft auf. Zuerst nahm ich an, daß sie mir ihre Reverenz erweisen wollten, bis Dschang Dsching-huei sagte: »Es heißt, daß Ihr weiterhin in der Sowjetunion bleiben wollt, aber wir mußten unsere Familien im Nordosten zurücklassen und sie haben niemanden, der nun für sie sorgt. Davon abgesehen haben wir noch einige offizielle Angelegenheiten dort zu regeln. Wäre es Euch vielleicht möglich, Euch bei den Sowjets dafür zu verwenden, daß wir möglichst bald wieder zurückkehren können?«

Ich wußte weder, was es mit den »offiziellen Angelegenheiten« auf sich hatte, noch kümmerte mich das. Anfangs sträubte ich mich noch, auf ihr Verlangen einzugehen, aber schließlich konnte ich nicht gut anders, als ihre Forderung an den sowjetischen Offizier, der für uns verantwortlich war, weiterzugeben. Aber ihrem Gesuch erging es nicht anders als meinen eigenen: »In Ordnung, ich werde das weiterleiten«, erwiderte der Offizier höflich, und dabei blieb es.

Meine Ex-Minister hatten viel eher als ich durchschaut, daß sie in den Augen der Kuomintang von besonderer Wichtigkeit sein konnten. Sie glaubten daher, daß ihre Heimkehr mit keinem Risiko verbunden sei, sondern sich sogar noch Vorteile daraus schlagen ließen. Vielleicht waren diese Hoffnungen allzu trügerisch, aber das Verlangen, in den Nordosten zurückzukehren, brachte einige fast um den Verstand. Später, als wir in Chabarowsk interniert waren, verfiel einmal einer der »Mandschuguo«-Häftlinge, der zum Putzdienst eingeteilt war, in eine Art von epileptischen Anfall. Während er, wirre Worte stammelnd, zu Boden stürzte, warf sich ein früherer Minister, überzeugt, daß ein Geist in ihn gefahren sei, auf die Knie, um dem »Großen Gott« durch einen Kotau zu huldigen und inständig um ein Zeichen anzuflehen, wann er die Sowjetunion verlassen dürfe.

Abgesehen von russischen Dolmetschern, die uns regelmäßig mit Nachrichten versorgten, stand uns auch die chinesischsprachige »She Hua« [Wahrheit] Zeitung zur Verfügung, die von der sowjetischen Armee in Port Arthur herausgegeben wurde. Während die früheren Marionettenminister aufmerksam die politische Entwicklung in China verfolgten, galten ihre Hoffnungen natürlich dem Regime Tschiang Kai-scheks. Sie hielten daran fest, daß die Volksbefreiungsarmee mit Hilfe amerikanischer Unterstützung durch Tschiang Kai-schek geschlagen werden könnte; und ihre anfängliche Weigerung, Meldungen von Niederlagen der Kuomintang Truppen Glauben zu schenken, wich erst nach dem Ende des Bürgerkrieges einer tiefen Bestürzung. Als ein »erfahrener« Minister daraufhin anregte, zur Gründung der Volksrepublik [1949] ein Glückwunschtelegramm zu schicken, fand sein Vorschlag dennoch starken Widerhall. Ich aber nahm an alledem wenig Anteil: Sieger oder Besiegte, sie alle würden mir nach dem Leben trachten.

Selbst in Chabarowsk, wo wir keine Diener mehr um uns hatten, gab es doch noch immer Leute, die mir aufwarteten wie ehedem. Angehörige meiner Familie machten mir das Bett, räumten mein Zimmer auf, servierten mir das Essen und wuschen meine Wäsche. Da sie nicht wagten, mich offen mit »Eure Majestät« anzusprechen, nannten sie mich jetzt der »Höchste«; und jeden Morgen kamen sie auf mein Zimmer, um mir wie in den alten Tagen ihre Ergebenheit zu bekunden.

Eines Tages, nicht lange nach unserer Ankunft in Chabarowsk, bemerkte ich einen früheren Minister, der in einem Stuhl an der Treppe saß und mich ansah, ohne die geringste Notiz von meiner Person zu nehmen, als ich an ihm vorbei wollte. Das regte mich so auf, daß ich beschloß, von nun an nicht mehr nach unten zu gehen und seitdem die meiste Zeit mit der Rezitation heiliger Skripten auf meinem Zimmer zubrachte.

Ich verrichtete immer noch keine Arbeit und wünschte auch nicht, daß Mitglieder meiner Familie für andere arbeiteten. Als Pu Dschiä und meine Schwäger einmal für die anderen den Tisch deckten, ließ ich das sogleich verbieten. Wie konnten Angehörige meiner Familie andere Menschen bedienen!

Um uns Parasiten wenigstens zu einer leichten Arbeit zu veranlassen, wies man uns schließlich im Hof des Lagers ein kleines Stück Land zu, wo wir Gemüse anbauen konnten. Mir und meiner Familie stand dabei eine kleine Ecke zur Verfügung, wo wir grüne Pfefferschoten, Tomaten, Auberginen, Bohnen und andere Dinge zogen. Zu beobachten, wie die grünen Schößlinge jeden Tag weiter hervortrieben, faszinierte mich. Es war mir ein Vergnügen, sie täglich mit einer Gießkanne zu besprengen, denn ich hatte ja etwas Ähnliches noch nie zuvor in meinem Leben getan. Mein Hauptinteresse rührte aber doch daher, daß ich nun einmal mit Vorliebe Pfefferschoten und Tomaten aß, und oft dachte ich, wieviel bequemer es wäre, sie in einem Gemüseladen zu kaufen.

Zur politischen Erziehung hatte uns die Lagerleitung einige chinesische Bücher ausgehändigt. Pu Dschiä und meinen Schwägern fiel dabei die Aufgabe zu, uns während der Schulungsstunden Vorträge anhand von Büchern wie »Probleme des Leninismus« und »Geschichte der Sowjetischen Kommunistischen Partei« zu halten. Wußten aber schon die Vortragenden nicht, wie ihnen dabei geschah, so waren die Zuhörer erst recht ratlos. Auch ich sah nicht ein, was ich mit diesen Büchern zu tun hätte; was wäre mir damit geholfen, selbst wenn ich sie auswendig lernte, falls man mich doch nach China zurückschickte?

Bei diesen Schulungsstunden saß ich jeweils an einem Extraplatz neben dem Vortragspult, und während ich so tat, als ob ich mit gespannter Aufmerksamkeit dem »Dozenten« zuhörte, der etwas über »Menschewiken« und »Duma« radebrechte – Begriffe, die ich weder verstand noch verstehen wollte –, kreisten meine Gedanken um die Frage, wie lange ich wohl mit meinen Juwelen und Kostbarkeiten in Moskau oder London auskommen würde? Oder ich machte mir Sorgen um die Auberginen, die ich eben geerntet hatte. Wie sollte ich sie zubereiten, falls die Russen sich nichts daraus machten?

Nach dem Abendessen waren wir uns selbst überlassen, und lärmende Betriebsamkeit trat jetzt an die Stelle des einschläfernden Unterrichts: An einem Ende des Korridors wurde an Mahjong-Tischen um Geld gespielt, während sich am anderen Ende zusammengefaltete Hände gen Himmel reckten und mit lauter Stimme die Götter angerufen wurden: »Gelobt sei Amithaba Buddha, gelobt sei Kwan-yin, Göttin der Barmherzigkeit!« Vom oberen Stock, wo die japanischen Kriegsverbrecher untergebracht waren, drangen Bruchstücke von Melodien aus japanischen Opern an unser Ohr. Den seltsamsten Anblick aber boten die Leute, die sich von allen Seiten um Stände drängten, wo man die Zukunft aus Schriftzeichen erfahren konnte; und während andere vorzogen, insgeheim auf dem Zimmer Séancen abzuhalten, so bewegte doch alle die gleiche Frage – die Frage der Rückkehr.

Anfangs waren die sowjetischen Wachen noch irritiert durch den Lärm und starrten kopfschüttelnd auf diese verwunderliche Menschenschar, aber mit der Zeit gewöhnten sie sich daran. Ich selbst verbrachte damals die meiste Zeit auf meinem Zimmer, wo ich Münzen warf, um mein Schicksal zu erforschen, und die »Diamantene Sutra« rezitierte.

Damals wandte ich überhaupt keinen Gedanken darauf, bei mir selbst nach irgendeiner Verantwortung für meine »Kriegsverbrechen« zu suchen, und natürlich kam mir noch viel weniger in den Sinn, nach der Art von Ideologie zu fragen, die meinem Verbrechen zugrunde lag. Daß ich vor dem Gesetz Hochverrat begangen hatte, wußte ich, aber das schien mir eine zufällige Fügung des Schicksals zu sein. »Macht ist Recht« und »Der Sieger wird König, der Verlierer ein Bandit«, sprach ich mir vor; und um der Strafe, die auf mich zukam, zu entgehen, versuchte ich alles, um die Sowjets, die jetzt mein Schicksal in der Hand hielten, günstig zu stimmen. Wieder verfiel ich auf meine erprobte Methode: Als »Beitrag zum Wiederaufbau nach dem Kriege« stiftete ich der Sowjetunion meinen Kaiserlichen Schmuck, das heißt, ich gab nur einen Teil dessen ab, was ich besaß – die erlesensten Stücke behielt ich für mich selbst. Diese »Auswahl« verbarg mein Neffe, der Kleine Ruei, für mich im Geheimfach eines Lederkoffers, das aber unglücklicherweise nicht alle Schätze aufnehmen konnte. Schließlich versuchte ich, den Rest an jedem nur denkbaren Ort zu verstauen, bis selbst meine Seifenschachtel mit Diamanten vollgestopft war und ich die Perlen, die noch übrigblieben, im Ofen verbrannte.

Im August 1946 wurde ich als Zeuge vor den »Internationalen Militärgerichtshof für den Fernen Osten« geladen. Da ich die Japaner verabscheute, war ich nur zu gerne bereit, gegen sie auszusagen. Man erwartete von mir, daß ich durch meine Aussage die wahren Hintergründe der japanischen Invasion Chinas ans Licht bringen würde und demonstrieren sollte, wie Japan mich als Marionette mißbraucht hatte, um den Nordosten zu beherrschen.

Während ich vehement die Kriegsverbrechen der Japaner anklagte, hütete ich mich, meine eigene Schuld dabei zur Sprache zu bringen. Ich verschwieg die geheime Zusammenarbeit mit den Japanern, die weit zurückreichte und bei der meine offene Kollaboration nach dem »Zwischenfall von Mukden« am 18. September 1932 nur den Abschluß bildete. Statt dessen sprach ich davon, wie die Japaner mich »genötigt« und mir ihren Willen aufgezwungen hatten.

Einige Male ließ ich mich vor dem Militärtribunal zu Auftritten hinreißen. Als ich schilderte, wie der Kult der »Himmelsscheinenden Strahlenden Sonnengöttin« in »Mandschuguo« zwangsweise eingeführt worden war, stellte mir ein japanischer Verteidiger die Frage, ob mein

Angriff gegen die Ahnen des japanischen Kaisers nicht allen Begriffen fernöstlicher Moral hohnspräche.

»Aber ich habe ihm doch auch nicht meine Ahnen als die seinen aufgezwungen!« rief ich erregt zurück. Der ganze Saal brach daraufhin in Gelächter aus, aber ich war zutiefst entrüstet.

Als der Tod meiner Nebenfrau Tän Yü-ling zur Sprache kam, gab ich meine Vermutungen als feststehende Tatsachen aus und lastete mit tragischem Unterton in der Stimme auch ihren Tod den Japanern an. Die Verteidigung der Angeklagten wandte alles auf, um mein Beweismaterial zu erschüttern und ging sogar so weit, mir die Qualifikation als Zeuge abzusprechen. Natürlich schlugen diese Versuche fehl, und selbst im Falle eines Erfolges hätte dies an dem Schicksal der Angeklagten nichts mehr geändert.

Nur wenn sich die Verteidiger bewußt meine Furcht, selbst bestraft zu werden, zunutze machten, konnten sie teilweise ihr Ziel erreichen. Ich erinnere mich noch, wie ein amerikanischer Anwalt ausrief, nachdem ich eine ganze Liste japanischer Kriegsverbrechen aufgezählt hatte: »Jetzt schieben Sie alles den Japanern in die Schuhe, aber früher oder später wird Sie die chinesische Regierung selbst für Ihre Verbrechen zur Rechenschaft ziehen!«

Damit hatte er mich an meiner verwundbarsten Stelle getroffen. Genau aus dieser Furcht heraus hielt ich an der Version fest, daß ich mein Land nicht verraten hätte, sondern mit Waffengewalt entführt worden wäre. So stritt ich ausnahmslos alle geheimen Abmachungen mit den Japanern ab. Ja selbst den Brief, den ich von Tientsin aus eigenhändig an Minami Jiro geschrieben hatte, erklärte ich als japanische Fälschung.

Acht Tage lang erschien ich vor dem Militärtribunal im Zeugenstand, länger als sonst jemand, während meine Aussagen Schlagzeilen in der Sensationspresse der ganzen Welt machten. Ich fühle mich heute sehr beschämt, wenn ich an diese Aussagen zurückdenke; denn um meine eigene Haut zu retten, unterschlug ich den Teil der historischen Wahrheit, der mit meinen eigenen Verbrechen zu tun hatte.

Zweites Kapitel

Todesfurcht

Am 31. Juli 1950 erreichte der sowjetische Zug, der die »Mandschuguo«-Kriegsverbrecher nach China zurückbringen sollte, die Grenzstation Sweifenho. Major Asenis, der für unseren Transport verantwortlich war, teilte uns mit, daß wir am nächsten Morgen der chinesischen Regierung übergeben würden.

Nachdem ich den Zug in Chabarowsk bestiegen hatte, war ich von meinen Angehörigen getrennt und in einem Abteil zusammen mit sowjetischen Offizieren untergebracht worden. Sie stellten Bier und Süßigkeiten für mich bereit und versuchten, mich unterwegs mit lustigen Geschichten aufzuheitern; aber all dies half mir nicht über die Furcht hinweg, daß sie mich nun in den Tod schickten. Ich war überzeugt, daß mein Leben von dem Augenblick an verwirkt sei, an dem ich meinen Fuß auf chinesischen Boden setzte.

Während ich aus der gegenüberliegenden Schlafkoje die regelmäßigen Atemzüge von Major Asenis hörte, hielt mich die Todesfurcht wach. Ich setzte mich auf und sagte still eine buddhistische Sutra auf, als ich die Schritte von Soldaten hörte, die sich dem Bahnsteig näherten. Ich preßte mein Gesicht ans Fenster, konnte aber niemanden sehen. Die Marschtritte verhallten in der Ferne. Einige verdächtig aufblitzende Lichter waren alles, was ich ausmachen konnte: Seufzend kauerte ich mich in eine Ecke meiner Koje und starrte auf die leeren Flaschen auf dem Tisch. Mir fiel wieder ein, was Asenis gesagt hatte, als wir sie leerten. »Im Morgengrauen werden Sie Ihr Vaterland wiedersehen, und wieder heimzukehren ist immer eine beglückwünschenswerte Sache. Seien Sie unbesorgt, die Regierungsgewalt der Kommunistischen Partei ist die zivilisierteste auf der ganzen Welt, und die Partei und das Volk Chinas sind sehr verständnisvoll und großmütig.«

»Lug und Trug!« dachte ich, während ich Asenis haßerfüllt betrachtete. »Deine Worte, dein Bier, deine Süßigkeiten sind nichts als Lug und Trug! Mein Leben wird nicht länger dauern als der Tau auf dem Fensterbrett, und du liegst hier und schläfst wie ein Stein!«

Daß Kommunisten »zivilisiert« seien, konnte ich nicht glauben. Meine gute Behandlung durch die Kommunistische Partei der Sowjetunion war ja doch wohl weniger ihrer Menschlichkeit als der Tatsache zuzuschreiben, daß sie zu den »Alliierten « gehörte und auf internationale Verträge Rücksicht nehmen mußte. Mit China aber stand die Sache anders: Hier hatte die Kommunistische Partei Tschiang Kai-schek niedergeschlagen. Hier war ich Freiwild.

Während ich mir all die Schrecken ausmalte, die auf mich zukamen, durchwachte ich die Nacht. Als Major Asenis mich dann am Morgen aufforderte, mit ihm zu kommen, um die Vertreter der chinesischen Regierung zu sehen, beherrschte mich nur der Gedanke, ob ich noch den Mut aufbringen würde, »Lang lebe der Erhabene Kaiser Tai Tsu!« [Begründer der Tsching Dynastie] auszurufen, bevor ich starb.

Wie benommen folgte ich Asenis in ein anderes Zugabteil, wo zwei Chinesen saßen. Einer war in Zivil, während der andere eine grasgrüne Uniform ohne jegliche Rangabzeichen trug – nur auf der Brust standen die Worte »Chinesische Volksbefreiungsarmee« geschrieben. Sie erhoben sich, und während sie mit Major Asenis einige Worte wechselten, wandte sich der in Zivil nach mir um, musterte mich abschätzend und sagte dann: »Ich komme auf Befehl von Ministerpräsident Tschou En-lai, um Sie in Empfang zu nehmen. Jetzt sind Sie wieder in Ihr Vaterland zurückgekehrt.«

Mit gesenktem Kopf wartete ich darauf, daß mir der Soldat die Handschellen umlegen würde. Aber er rührte sich nicht vom Fleck und sah mich nur unverwandt an. Er weiß, daß ich ihm nicht entkommen kann, dachte ich, als ich mit Asenis später den Zug verließ und auf dem Bahnsteig stand, wo sich zu beiden Seiten Abteilungen der sowjetischen Armee und der Volksbefreiungsarmee mit präsentiertem Gewehr gegenüberstanden. Wir schritten durch dieses Spalier hindurch und stiegen in den Zug, der auf dem Bahnsteig gegenüber hielt. Ich wurde zu einem Platz fast ganz am Ende des Waggons geführt. Während ein Soldat meinen Lederkoffer in das Gepäcknetz hob, wollte ich noch einen Blick auf die Soldaten draußen werfen, aber ich stellte fest, daß sämtliche Fenster mit Papier zugeklebt waren. Als ich auch noch entdeckte, daß an jedem Ende des Waggons ein Soldat mit einer Maschinenpistole in der Hand postiert war, verließ mich der Mut.

Was konnte das alles anderes bedeuten, als daß wir zur Hinrichtung gebracht wurden? Die Gesichter all der anderen »Mandschuguo«-Verbrecher, die wie gelähmt um mich herumsaßen, waren leichenblaß. Es dauerte nicht lange, bis ein unbewaffneter Mann, offenbar ein Offizier, den Waggon betrat.

»Nun, jetzt seid ihr in euer Vaterland zurückgekehrt«, sagte er und ließ seinen Blick über uns gleiten, »die Zentrale Zivilverwaltung hat bereits alle nötigen Vorkehrungen getroffen und ihr braucht euch keine

Sorgen zu machen... Es gibt ärztliches Personal im Zug und Kranke können sich zur Behandlung melden.« Diese Worte, schien mir, sollten uns lediglich in falscher Sicherheit wiegen und uns darüber hinwegtäuschen, wohin die Fahrt uns führte.

Das Frühstück bestand aus eingelegtem Gemüse, gesalzenen Eiern und Reissuppe. Der lange entbehrte Duft chinesischer Gewürze machte uns allen Appetit, und nach dem Essen entspannten sich die bedrückten Mienen der meisten doch etwas. Daß uns die Soldaten von sich aus noch einen Eimer mit Reisbrei, der für sie bestimmt gewesen war, überlassen hatten, gab später Anlaß zu längeren Diskussionen.

Die meisten hatten durch das ganze Verhalten der Bewachungsmannschaft den Eindruck gewonnen, daß sie wohlerzogen und diszipliniert sei und uns auch – wenigstens während des Transports – nicht mißhandeln würde. Aber ich dachte anders. Ich glaubte, daß die Kommunisten mich zutiefst haßten und daß es gar nicht so unwahrscheinlich wäre, wenn sie mich schon unterwegs aus Rache umbrachten; ja, je mehr ich darüber nachdachte, desto überzeugter war ich, daß alles so kommen mußte, und zwar ziemlich sicher noch diese Nacht.

Einige schliefen nach dem Frühstück ein, aber ich konnte keine Ruhe finden und hatte das dringende Bedürfnis, mit jemandem zu sprechen. Ich wollte den Soldaten, die uns eskortierten, so früh wie möglich klarlegen, daß ich den Tod nicht verdient hätte. Direkt vor mir saß ein noch sehr junger Soldat; er schien mir das geeignetste Objekt für mein Mitteilungsbedürfnis zu sein. Ich musterte ihn sehr eingehend, bis mir schließlich der Schriftzug auf seiner Brust einen Anhaltspunkt bot, um das Gespräch zu beginnen.

»Ihr seid Angehöriger der Volksbefreiungsarmee.« (Zum ersten Mal überhaupt gebrauchte ich dabei »Nin«, eine besondere Höflichkeitsform der Anrede.) »Befreiung – was für eine Bedeutung liegt nicht in diesem Wort! Ich bin Buddhist und in den buddhistischen Skripten findet sich auch die Idee der Befreiung. Mein Buddha ist voller Mitgefühl und Mitleid und hat gelobt, alle Lebewesen zu befreien...«

Der junge Soldat starrte mich mit weitaufgerissenen Augen an und hörte stillschweigend zu, wie ich weiterschwätzte. Als ich davon sprach, daß ich niemals je zuvor auch nur ein Lebewesen getötet oder selbst nur eine Fliege erschlagen hätte, nahm sein Gesicht einen noch verständnisloseren Ausdruck an. Unwillkürlich verzagte ich und hielt inne. Wie hätte ich auch wissen sollen, daß dieser junge Soldat aus mir ebensowenig schlau werden konnte, wie ich aus ihm?

Meine Verzweiflung nahm zu. Das Geräusch der Räder in den Schienen erweckte in mir die Vorstellung, dem Tod entgegenzufahren. Ich verließ meinen Platz und schlenderte ziellos zwischen den Sitzbänken zum anderen Ende des Waggons. Auf halbem Wege hörte ich, wie mein Neffe, der Kleine Hsiu, leise mit jemandem sprach – über »Monarchie« und »Demokratie«, wie ich herauszuhören glaubte. Ruckartig blieb ich stehen und herrschte sie an: »Die Zeiten haben sich geändert und immer sprecht ihr noch über Monarchie? Wenn hier irgend jemand die Demokratie schlechtmachen will, bekommt er es mit mir zu tun!«

Durch meinen Auftritt waren alle wie vor den Kopf gestoßen, aber ich schrie hysterisch weiter: »Warum seht ihr mich alle so an? Ihr braucht doch nichts zu fürchten, ich bin es doch, der erschossen wird!« Ein Soldat kam herbei und zog mich wieder auf meinen Platz zurück. Während er mir gut zuredete, mich erst einmal hinzulegen und auszuruhen, klammerte ich mich wie verhext an ihn und wisperte ihm zu: »Der eine da ist mein Neffe, er hat nur schlechte Gedanken im Kopf, und er ist gegen die Demokratie. Der andere heißt Dschao und war früher Offizier. In der Sowjetunion hat er viele schlimme Dinge gesagt...«

Als der Soldat mich nun entschiedener aufforderte, doch endlich Ruhe zu geben, mußte ich mich zwar wohl oder übel fügen, aber selbst als ich schon mit geschlossenen Augen auf der Sitzbank lag, hörte ich nicht auf, weitere Anschuldigungen hervorzustoßen. Schließlich sank ich übermüdet in Schlaf.

Ich wachte erst am nächsten Morgen wieder auf und war gleich begierig zu wissen, was mit den beiden, die ich gestern denunziert hatte, inzwischen geschehen war. Aber als ich aufstand, um mich umzusehen, zeigte sich, daß die beiden noch immer auf ihren alten Plätzen saßen. Klein Hsius Ausdruck war wie immer, aber Dschao sah doch ein bißchen sonderbar aus. Als ich auf ihn zuging, um ihn genauer in Augenschein zu nehmen, schien er mir einen immer bedrückteren Eindruck zu machen. Da er gerade dabei war, seine Hände sehr eingehend zu studieren, schloß ich, daß er von unserem nahen Tode wußte und sich deswegen bemitleidete.

In diesem Augenblick kamen mir wieder alle Geschichten von rachsüchtigen Geistern Verstorbener in den Sinn. Mich befiel Angst, daß er mich vielleicht nach seinem Tode heimsuchen könnte – und schon trat ich vor ihn hin und machte vor ihm den Kotau. Nachdem ich so alles zukünftige Unheil abgewendet hatte, kehrte ich wieder auf meinen Platz zurück und murmelte dabei eine Litanei zur Beschwörung für hingegangene Seelen.

Als der Zug endlich Mukden erreichte, war ich fest überzeugt, daß ich diesen Ort, wo einst Glück und Aufstieg meiner Vorfahren begonnen hatte, nicht lebend verlassen würde. Der Zug hatte auch kaum angehalten, als ein Fremder mit einem Zettel in der Hand das Abteil betrat. »Wegen des außergewöhnlich schwülen Wetters«, gab er bekannt, »werden mich jetzt die Älteren unter euch zu einer Ruhepause begleiten.«

Als er begann, eine Liste mit Namen vorzulesen, war nicht nur ich darunter, sondern zu meinem Erstaunen auch mein Neffe, der Kleine Hsiu. Ich war immerhin vierundvierzig Jahre alt und mochte gerade noch zu den »Älteren« gerechnet werden, aber doch nicht der Kleine Hsiu, der erst knapp über dreißig war! Das mußte eine Falle sein: Ich war Kaiser, die anderen waren alle Minister, und der Kleine Hsiu mußte unser Schicksal teilen, da ich ihn denunziert hatte. Wir stiegen alle in einen großen Wagen, dem eine Eskorte von bewaffneten Soldaten folgte.

»Das ist das Ende«, sagte ich zum Kleinen Hsiu, während sein Gesicht aschfahl wurde. »Ich werde dich noch heute vor Unsere Ahnen führen!«

Der Wagen stoppte vor einem großen Gebäude, vor dessen Eingang wiederum bewaffnete Posten standen. Ein Soldat nahm uns in Empfang und führte uns ins Innere. Als er nur sagte: »Nach oben!«, war ich schon auf alles gefaßt. Wenn ich schon sterben mußte, dann besser schnell. Ich rollte meinen Mantel zusammen, packte ihn unter den Arm und hastete die Treppe hinauf. Schließlich war ich nicht mehr zu halten und stürmte an den Soldaten vorbei, der uns vorangegangen war und nun alle Mühe hatte, nicht hinter mir zurückzubleiben. Oben angekommen, wies er mich in einen sehr großen Saal mit Sitzreihen und Tischen, auf denen Früchte, Zigaretten und Gebäck bereitstanden. Ich schleuderte meinen Mantel auf einen der Tische, griff schnell nach einem Apfel und biß hinein. Je eher ich diese »Henkersmahlzeit« hinter mich bringen würde, desto besser.

Ich hatte den Apfel schon fast verschlungen, als auch die anderen nachgekommen waren und der Raum sich allmählich mit anderen Uniformierten und Zivilisten füllte.

Nicht weit weg von mir trat nun ein Mann mittleren Alters in Zivil hervor und begann etwas bekanntzugeben. Aber ich war noch so sehr mit meinem Apfel beschäftigt, daß ich keinen Satz davon mitbekam. Als ich den Apfel schließlich verzehrt hatte, stand ich auf und fiel ihm ins Wort: »Hör auf damit, schnell, gehen wir!«

Einige der Anwesenden lachten, und auch der Sprecher antwortete mit einem Lächeln: »Du hast es zu eilig. Nur keine Angst, wenn ihr in Fuschun seid, könnt ihr euch erst einmal gründlich ausruhen...«

Irritiert blieb ich stehen. Hieß das vielleicht, daß ich nicht getötet werden sollte? Um mir Gewißheit zu verschaffen, stürzte ich nach vorn und riß dem Mann, der uns hergebracht hatte, den Zettel aus der Hand. Auch wenn der ganze Saal dabei in Gelächter ausbrach, hatte ich nun den Beweis, daß nicht unser Todesurteil darauf stand. Jetzt kam auch der Kleine Dschang, der Sohn des ehemaligen »Mandschuguo«-Premiers Dschang Dsching-huei, herein. Er war schon mit einer anderen Gruppe von Verbrechern vor uns nach China zurückgekehrt und berichtete uns, wie es ihnen jetzt erging. Als wir hörten, daß alle, die vor uns gekommen waren, noch lebten und es den Familien gutging und daß die Kinder entweder studierten oder arbeiteten, gab es leuchtende Gesichter. Und auch ich konnte meine Tränen nicht mehr halten.

Ohne dieses Gefühl der Entspannung, das mich überkam – auch wenn es kaum länger anhielt als die Stunde, die wir von Mukden nach Fuschun brauchten –, wäre ich wohl verrückt geworden. Denn seit ich in Chabarowsk den Zug bestieg, hatte ich fünf Tage an nichts anderes als ans Sterben gedacht.

Drittes Kapitel

Hinter Gittern in Fuschun

Bevor wir Fuschun erreichten, konnte man alle möglichen Versionen verheißungsvoller und rosiger Vermutungen über unsere zukünftigen Aussichten hören. Die Stimmung im Zug war völlig umgeschlagen, und während wir die Zigaretten rauchten, die wir aus Mukden mitgebracht hatten, kam eine lebhafte Unterhaltung in Gang: Einer glaubte, daß wir in einem luxuriösen Klub untergebracht würden, den er noch von früher her kannte, während andere annahmen, daß wir überhaupt nur kurz in Fuschun bleiben würden; nach ein paar Ruhetagen, verbunden mit der Lektüre einiger kommunistischer Bücher, dürften wir sicher wieder nach Hause. Einige der Gefangenen nahmen sich vor, als erstes nach unserer Ankunft in Fuschun gleich ihren Familien zu telegraphieren, um zu Hause schon alles für die Rückkehr vorbereiten zu lassen. Ja, es gab Gefangene, die sich sogar der Hoffnung hingaben, daß wir vielleicht schon gleich nach einem Bad in den bekannten heißen Quellen Fuschuns entlassen würden.

Als wir über die Ängste sprachen, die wir anfangs ausgestanden hatten – den anderen war es dabei kaum anders als mir ergangen –, brachen wir alle in ein befreiendes Gelächter aus. Doch als wir dann den Zug verließen und sahen, daß wir ringsum von bewaffneten Wachen umstellt waren, verschwand das Lachen von unseren Gesichtern; während wir zu einigen großen Lastwagen gebracht wurden, begannen mir wieder die Sinne zu schwinden.

Ich verfiel in eine Art Dämmerzustand. Als ich daraus wieder erwachte, fand ich mich hinter einer hohen, dunkelgrauen Ziegelmauer wieder, umgeben von Stacheldraht und Wachtürmen an allen Seiten. Ich folgte den anderen, bis wir vor einer Reihe einstöckiger Gebäude haltmachten. Alle Fenster waren mit Eisenstangen vergittert und ich begriff, daß dies unser Gefängnis werden sollte. Die Soldaten führten uns über einen schmalen Gang entlang in ein großes Zimmer, wo wir untersucht und dann in Einzelgruppen zu unseren Zellen gebracht wurden.

Bevor ich mich noch darin umsehen konnte, schrillte mir das quietschende Geräusch eines Eisenriegels, der von draußen vorgeschoben wurde, ins Ohr. In der Zelle gab es eine lange hölzerne Pritsche, einen Tisch und zwei Hocker. Die »Mandschuguo«-Offiziere, die mit mir in die Zelle gebracht worden waren, kannte ich damals noch nicht näher. Ohne einen Laut von sich zu geben, standen sie mit gesenkten Köpfen in der Ecke, während ich nicht wußte, ob auch sie die gleiche Furcht quälte wie mich, oder ob meine Gegenwart sie so befangen machte.

Plötzlich wurde der quietschende Eisenriegel wieder beiseite geschoben, die Türe ging auf und ein Wärter kam herein, um mich in eine andere Zelle zu bringen. Zu meiner größten Überraschung sah ich dort meine drei Neffen, meinen Bruder Pu Dschiä und meinen Schwiegervater Rung Yüan wieder. Man wollte uns also zusammenleben lassen. Meine Familie hatte gerade neue Decken, Matratzen und Waschzeug ausgeteilt bekommen und auch eine Garnitur für mich mitgebracht.

Fürs erste verschafften mir die Überlegungen Rung Yüans, der sich viel auf seine Lebenserfahrung zugute hielt, etwas Trost: »Das ist ein Militärgefängnis«, sagte er mit einem prüfenden Blick auf das Fenstergitter, »alle tragen Militäruniformen, da gibt es keinen Zweifel. Es sieht nicht so aus, als ob wir augenblicklich ... in Gefahr wären, warum hätten sie uns sonst Zahnbürsten und Handtücher gegeben? Bei der Durchsuchung mußten wir zwar alle Wertsachen abgeben, aber wir bekamen Quittungen dafür. Das sieht auch nicht danach aus, als ob ... wir wie gewöhnliche Kriminelle behandelt würden. Und außerdem ist das Essen nicht schlecht.«

»Vielleicht nur deshalb, weil es unser letztes sein soll?« wandte einer meiner Neffen, der Kleine Gu, ein.

»Nein, bei dieser Art von Essen gibt es Wein, und der fehlte bei uns«, stellte Rung Yüan mit der Autorität eines Fachmannes fest. »Warten wir ab, wie die nächste Mahlzeit sein wird. Wenn sie wieder so gut ist, dann hast du mit jenen Vermutungen nicht recht. Ich habe jedenfalls noch nie gehört, daß man mehrere von diesen – äh – Mahlzeiten hintereinander vorgesetzt bekommt.«

Am nächsten Tag begann ich den Worten Rung Yüans mehr Glauben zu schenken, aber weniger wegen des Essens, sondern weil wir durch die Militärärzte untersucht wurden. Sie gingen dabei sehr gründlich vor und stellten eingehende Fragen nach unseren bisherigen Krankheiten und Eßgewohnheiten. Außerdem wurden uns gleichzeitig neue schwarze Hosen, Jacken, weiße Unterwäsche und, was noch erstaunlicher war, Zigaretten ausgehändigt – offensichtlich nicht die Art, Todeskandidaten zu behandeln.

Ein paar Tage darauf erschien ein stämmiger, kleiner Mann um die Vierzig in unserer Zelle. Er fragte jeden nach seinem Namen und erkundigte sich, was für Bücher wir in der Sowjetunion gelesen und ob wir die letzten Nächte gut geschlafen hätten. »Gut«, sagte er schließlich, »ihr werdet gleich Bücher und Zeitschriften bekommen, die sollt ihr dann genau durchstudieren.« Einige Stunden später erhielten wir zusammen mit dem Lesestoff verschiedene Brettspiele und Spielkarten. Von da an konnten wir auch täglich einmal Nachrichten über das auf dem Zellenkorridor aufgestellte Radio hören und einmal Musik.

Jeden Nachmittag durften wir uns außerdem eine halbe Stunde im Hof aufhalten. Als wir das erste Mal hinausgingen, sagte uns der Kleine Gu, er habe gehört, daß derjenige, der uns geraten hatte, die Bücher und Zeitschriften »genau durchzustudieren«, niemand anders als der Direktor dieses Kriegsverbrechergefängnisses gewesen war, während der andere, der sie uns gebracht hatte, Li hieß und Leiter der Abteilung für politische Erziehung war.

Da wir um eine andere Anrede verlegen waren, sprachen wir damals jeden, der zum Gefängnis gehörte, mit »Herr« an. Dieser Herr Li also händigte uns drei Bücher aus: »Über die Neue Demokratie«, »Geschichte Chinas während der letzten hundert Jahre« und die »Revolutionsgeschichte der Neuen Demokratie«. Bis weitere Bücher zur

Kaiserliche Tutoren: links Tschen Bao-schen, rechts der Schotte Sir Reginald F. Johnston in Hoftracht. *»Den größten Einfluß von all meinen Lehrern übte Tschen Bao-schen auf mich aus. An zweiter Stelle folgte dann später Reginald F. Johnston. Johnston beschränkte sich nicht darauf, mir Englisch beizubringen, sein Hauptanliegen war, mich zu einem englischen Gentleman zu erziehen. Ich begann ihn auch in meinen persönlichen Gegenständen zu imitieren, und nur weil er sich über die ›Schweineschwänzchen‹ der Chinesen mokierte, ließ ich meinen Zopf von einem Tag auf den andern abschneiden.«*

Wän Rung, Kanditatin der Kaisergemahlin Duän Kang...

... und Pu Yi zur Zeit der Großen Nuptialien, 1922.

Oben die Phönixsänfte, unten das Drachen-Phönix Lager. *»Weil sich die Kaisergemahlinnen nicht über die Brautwahl einigen konnten, mußte ich gleichzeitig eine Gemahlin und eine Nebenfrau heiraten. Nachdem wir die Söhne- und Enkelsöhnekuchen verzehrt hatten, zogen wir uns gemeinsam in die düstere rote Kammer zurück. Es wurde mir immer unbehaglicher, und schließlich stahl ich mich in meinen Palast des Geistigen Wachstums zurück.«*

Links Wu Pei-fu, Anführer der Dscheli Armee, rechts der ›christliche General‹ Feng Yü-Hsiang. *»1924 desertierte Wus Unterführer Feng Yü-Hsiang und besetzte Peking. Schließlich kam, was kommen mußte. Seine Truppen bezogen Stellung auf dem Kohlhügel, und der Anführer Lu Dschung-lin gab mir drei Stunden Zeit, den Palast zu verlassen.«*

Ein Feng Soldat mit kleiner mobiler Kanone russischer Herkunft.

Das Tschiän Men: Blick vom Kaiserpalast auf das Haupttor der Tatarenstadt.
»Ich sollte die Verbotene Stadt 35 Jahre nicht mehr betreten...«

Die Habe der letzten zwei noch lebenden Kaisergemahlinnen wird aus der Verbotenen Stadt getragen, darunter auch die Drachenroben Kaiser Guang Hsüs.

Der Dschang Garten in Tientsin, genannt der *»Temporäre Palast«*, Pu Yis erster Zufluchtsort in der ausländischen Enklave.

Die ›Berater des Kaisers‹. Links Dscheng Hsiao-hsü, später erster Premier von Manschuguo, rechts sein Rivale Luo Dschen-yü.

Der Fengtiän General Dschang Dzung-tschang, privat im Garten seines Palastes, zusammen mit seiner amerikanischen Konkubine. *»In diesen Mann setzte ich jahrelang meine größten Hoffnungen. Wegen seiner Banditenvergangenheit nannte ihn die südliche Presse ›Hundefleischgeneral‹ und später ›General der langen Beine‹, da er bei Scharmützeln mit unsicherem Ausgang immer als erster davonlief.«*

Die östlichen Mausoleen. Nach Dschang Dzo-lins Ermordung nahm das Banditenunwesen neuen Aufschwung. Ein Fengtiän Unterführer sprengte die kaiserlichen Gräber im Osten, um sie auszuplündern. Sun Diän-ying, Kommandant der 41. Armee Tschiang Kai-scheks und Bewacher der Gräber, verjagte die Fengtiän Soldaten, nur um die Plünderung selbst fortzusetzen. ›Kaiser Tschiän Lung und seine Konkubinen waren in Stücke zerhackt, Tze Hsis Sarg zertrümmert; ihr Jadekörper, bis auf die Hüften entkleidet, zeigte Spuren von Gewalteinwirkung‹, heißt es in einem Bericht, den Pu Yi erhielt.

Dschang Dzo-lin, Kommandant der Fengtiän Armee. *»Im Juni 1925 suchte mich mein Schwiegervater auf, um mir freudestrahlend mitzuteilen, daß Dschang Dzo-lin 100000 Dollar hergeschickt und zugleich die Hoffnung ausgedrückt habe, mich in seinem Haus empfangen zu dürfen. Nach meinem heimlichen Besuch bei ihm gestalteten sich meine Beziehungen zu den Fengtiän Kommandeuren noch enger als zuvor ... Am 4. Juni 1928 sprengte die japanische Kwantung Armee den Marschall, der ihr in der Mandschurei zu unbequem geworden war, samt seinem Panzerzug auf der Peking-Fengtiän Linie in die Luft.«*

Tschiang Kai-schek und Soong Mei-ling am Tage ihrer Hochzeit. Ein Jahr nach Sun Yat-sens Tod 1925 war die Kuomintang Armee unter dem Oberbefehl Tschiang Kai-scheks zum 1. Nördlichen Feldzug aufgebrochen und schon im März 1927 bis nach Schanghai vorgestoßen. Nach dem blutigen Massaker an seinen kommunistischen Verbündeten und einem Zusammenstoß mit den Japanern in Tsinan hielt sich Tschiang einige Zeit bedeckt. Aber im Dezember 1927 heiratete er die Schwester von Sun Yat-sens Witwe, und 1928, nach der Ermordung Dschang Dzo-lins und einem Sieg über Feng Yü-hsiang, war er absoluter Führer der Kuomintang geworden. *»Die erste Reaktion Tschiang Kai-scheks auf die Schändung beruhigte die Gemüter. Aber schon nach kürzester Zeit wurde bekannt, daß die Perlen von Tze Hsis Phönixkrone ein Paar Schuhe der jungen Madame Tschiang Kai-schek zierten ... Ich beschloß, einige Mitglieder meiner engsten Familie auf eine japanische Militärakademie zu schicken.«*

Dschang Hsüä-liang, Sohn Dschang Dzo-lins. Der ›junge Marschall‹ verbündete sich 1928 mit Tschiang Kai-schek.

Mao Tse-tung als Chef der Kuomintang Propaganda-Abteilung zur Zeit des 1. Nördlichen Feldzugs. Dank der guten Arbeit seiner Agenten unter der Bevölkerung waren die republikanischen Truppen viel schneller vorgerückt als zuvor gehofft. Nach dem Massaker in Schanghai setzten sich die Kommunisten zuerst in Kiangsi-Hunan, nach dem Langen Marsch im nördlicheren Schensi fest.

Pu Yi als ›englischer Gentleman‹ im Gespräch mit seinem ehemaligen Tutor Johnston und dem britischen Brigadier Burnell-Nugent. Zum Entsetzen Johnstons hatte Pu Yi in Tientsin wieder Eunuchen angestellt. *»Ich gab in Tientsin wesentlich mehr für Gebrauchsgüter aus als in Peking, und diese Konsumsucht nahm von Monat zu Monat zu. Ich kaufte wahllos durcheinander Pianos, Uhren, Radios, westliche Kleidung, Lederschuhe und Brillen ...«*

Ex-Kaiserin Elizabeth. *»Auch Wän Rung verstand sich als Sproß der ersten Tientsiner Gesellschaft aufs Geldausgeben für unnütze Dinge, und was Wän Rung erstanden hatte, mußte auch Wen Hsiu haben.«* Bei dem inhaltlosen Leben an der Seite Pu Yis wurde Wän Rung opiumsüchtig.

Pu Yi im Kreise seiner Geschwister.

Die Kaiserliche Nebenfrau. *»Wen Hsiu war erst vierzehn, als sie ihr Leben an meiner Seite begann, und Begriffe wie ›Herrschergewalt‹ und ›Gattengewalt‹ waren tief in ihr verwurzelt. Daß sie 1931 die Entschlußkraft aufbrachte, auf eine Scheidung zu drängen, war ein Zeichen von großem Mut.«*

Empfang im Dschang Garten. Rechts in der dritten Reihe Johnston.

Links Itagaki, rechts Doihara, beide als Kriegsverbrecher 1948 von den Amerikanern gehenkt.

Bankett nach der Unterzeichnung des ›Japanisch-Mandschurischen Protokolls‹ von 1932. Links ›Premier‹ Dscheng Hsiao-hsü, rechts der neue ›Oberbefehlshaber der Kwantung Armee‹ und ›erster Botschafter für Mandschuguo‹, Muto Nabuyoshi.

Pu Yi als Kaiser von Mandschuguo in der Uniform des *»Generalissimus aller Truppen zu Land, zur See und in der Luft.«*

Pu Yi auf dem Weg zum ›Altar des Himmels‹ am 1. April 1934.

Pu Yi nach der Einsetzung als Kaiser von Mandschuguo. *»Dscheng Hsiao-hsü erreichte nach langen Verhandlungen mit der Kwantung Armee, daß ich die eigens aus Peking hergebrachten Drachenroben Kaiser Guang Hsüs wenigstens bei der ›Ankündigung der Thronbesteigung an den Himmel‹ tragen durfte. Nach dem Ritual kehrte ich in die Residenz zurück, um mich in die ›Generalissimus‹ Uniform zu kleiden.«*

Die ›Residenz‹ des Kaiser von Mandschuguo. Die Kwantung Armee hatte den verwahrlosten ehemaligen Sitz der mandschurischen Salinenverwaltung zu Pu Yis streng bewachtem Wohnort erkoren. Vor der Inthronisierung wurde am ›Salzpalast‹ ein neues Gebäude hinzugefügt.

Das Hauptquartier der Kwantung Armee in Tschangtschun, eine Mischung von japanischem Schloß und westlicher Kaserne.

Pu Yi mit seinem japanischen Schatten Yoshioka Yasunari. Als früherer Instruktor von Pu Yis Bruder Pu Dschiä auf der Militärakademie in Japan hatte es Yoshioka verstanden, für sich die Position des ›Attaché des Kaiserlichen Haushalts in Mandschuguo‹ zu erringen. *»Wenn man die Kwantung Armee mit einem Hochspannungsgenerator vergleicht und mich selbst mit einem Motor, dann war Yoshioka die Hochspannungsleitung dazwischen.«*

Pu Dschiä und Saga Hiro am Tage ihrer Hochzeit.

Pu Yi bei einer Ritualhandlung in einem japanischen Shinto Schrein.

Pu Yi und Hirohito bei der Abnahme der Ehrengarde anläßlich des ersten Kaiserbesuchs 1936 in Tokio. Nach einer beschwerlichen Schiffsreise, wo er die ganze Zeit seekrank war, weigerte sich Pu Yi standhaft, ein Pferd zu besteigen. Nach langen Beratungen wurde beschlossen, die beiden Kaiser entgegen dem Protokoll in einer Kutsche fahren zu lasssen. Hinter ihnen zu Pferd Prinz Chichibu.

Kommunistische Guerillas: oben bei der Zerstörung eines Geleises, unten beim Legen einer Mine. Bis Ende 1945 waren die kommunistischen Truppen auf 1 000 000 Mann angewachsen. Der entschlossene Kampf der kommunistischen Partei gegen die japanischen Besetzer – im Gegensatz zum gezielten Abwarten Tschiang Kai-scheks und seiner korrupten Militärs – trug wesentlich dazu bei, daß sich das chinesische Volk in den Jahren nach 1945 für Mao Tse-tung entschied.

Jadeflöte und Kaiserin Wän Rung, 1945. Wän Rung, Jadeflöte, Saga Hiro und ihre fünfjährige Tochter wurden von Pu Yi nach der japanischen Kapitulation in Mandschuguo zurückgelassen und gerieten in kommunistische Gefangenschaft. Jadeflöte kam nach kurzem Verhör frei. Wän Rung begann an Entzugserscheinungen zu leiden, weil auf der Polizeistation kein Opium zu beschaffen war. Sie wurde wahnsinnig.

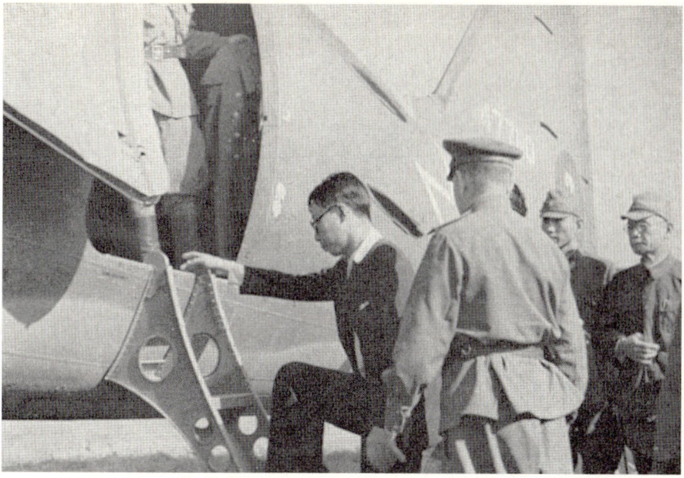

Pu Yi besteigt eine sowjetische Militärmaschine, Einmarsch der Sowjetarmee in Harbin (unten). *»Am 16. August, einen Tag nach der japanischen Kapitulation, teilte mir Yoshioka mit, daß wir am folgenden Morgen nach Japan aufbrechen würden.«* Wegen Nebel flog Pu Yis Maschine nicht wie geplant nach Korea, sondern wurde nach Mukden umgeleitet. Dort erwarteten ihn bereits sowjetische Einheiten. Es wird angenommen, daß Pu Yis Fluchtpläne nach Japan von dem zurückgelassenen Schwager, einem Enkel Dscheng Hsiao-hüls, verraten worden sind.

Jadeflöte vor der städtischen Bibliothek, unten Pu Yi, 1956. Jadeflöte versuchte unter großen Mühen, Pu Yi mit den von ihm gewünschten Büchern zu versorgen. Da ihre Bemühungen, zu Pu Yi ein neues Verhältnis aufzubauen trotz mehrerer Besuche in Fuschun keinen Erfolg hatten, ließ sie sich vor dem Volksgerichtshof von ihm scheiden.

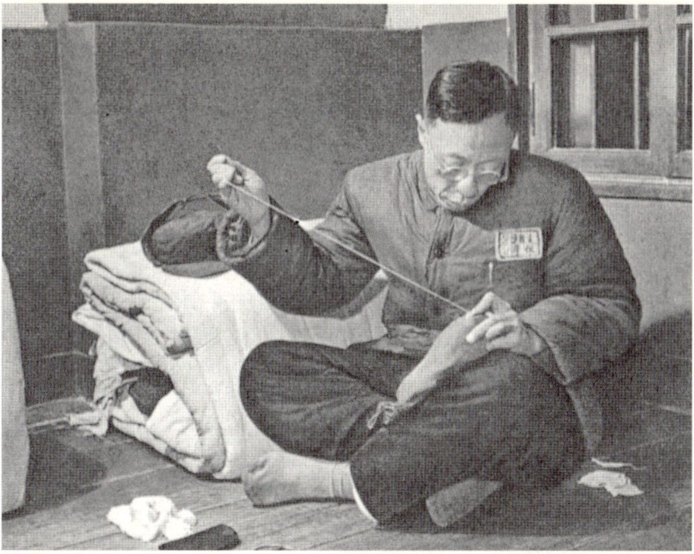

Pu Yi beim Stopfen seiner Kleider. *»Die Arbeit bestärkte mich in meinem Selbstvertrauen. Auch auf anderen Gebieten konnte ich Fortschritte aufweisen: Das Studium von Büchern bereitete mir nicht mehr soviel Mühe.«*

Pu Yi bei der Niederschrift seiner Konfession.

Pu Yi rechts und sein Bruder Pu Dschiä links beim Schachspiel.

Pu Yi im Zeugenstand vor dem Militärgerichtshof in Mukden. Rechts Furumi Tadayuki, Vizechef des ›Amtes für Allgemeine Angelegenheiten‹. Furumi legte ein volles Geständnis ab und entschuldigte sich vor dem Gericht für seine Verbrechen gegen das chinesische Volk – und dann dankte er der Volksrepublik, daß sie ihm sechs Jahre lang die Gelegenheit gegeben hatte, über sein Leben nachzudenken. Er habe sein Gewissen wiedergefunden.

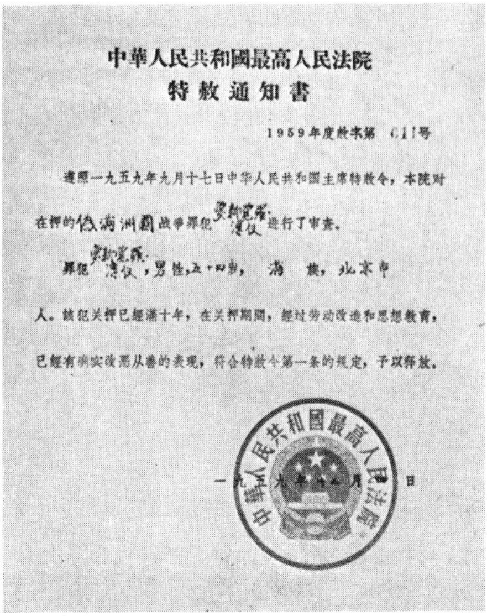

中華人民共和國最高人民法院
特赦通知書

1959年度赦字第 011号

遵照一九五九年九月十七日中华人民共和国主席特赦令，本院对在押的伪满洲国战争罪犯爱新觉罗·溥仪进行了审查。

罪犯爱新觉罗·溥仪，男性，五十四岁，满族，北京市人。該犯关押已經滿十年，在关押期間，經过劳动改造和思想教育，已經有确实改恶从善的表现，符合特赦令第一条的规定，予以釋放。

一九五九年十二月四日

中華人民共和國最高人民法院

Oben der ›Gnadenerlaß‹, unten: Pu Yi nimmt seine Entlassungsurkunde entgegen, Dezember 1959. *»Über der Bühne hing ein Spruchband, auf dem geschrieben stand: ›Fuschun Kriegsverbrechergefängnis Gnadenerlaßversammlung.‹ Als der Vertreter des Obersten Gerichts von einem Papier zu lesen begann: ›Aisin Gioro Pu Yi!‹ tat mein Herz einen Sprung. Ich erhob mich und ging mechanisch auf die Bühne zu. Noch bevor die Mitteilung meiner Entlassung zu Ende gelesen war, brach ich in Tränen aus.«*

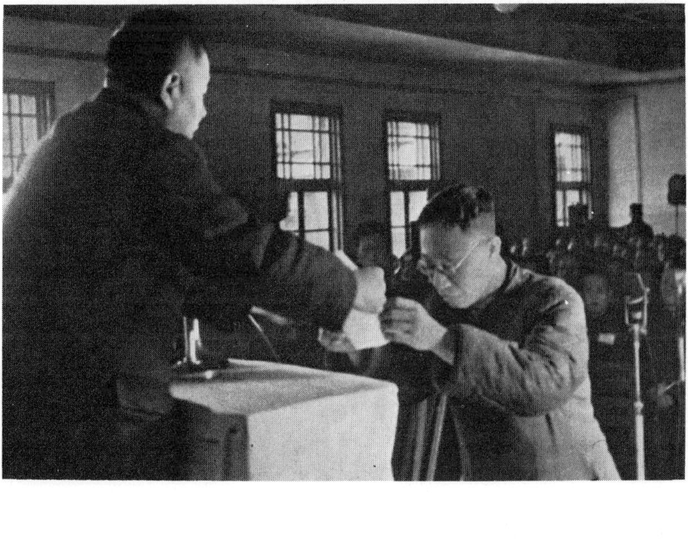

Pu Yi mit seiner Frau auf dem Weg zur Arbeit: *»Ein neuer Tag hat begonnen, ein neues Leben.«*

Verfügung ständen, sollten wir sie erst einmal untereinander austauschen oder einer sollte sie laut für alle vorlesen.

Kamen uns schon die meisten Begriffe in diesen Büchern seltsam vor, so war es doch noch viel merkwürdiger daran, daß man überhaupt Gefangenen wie uns Bücher zum Studium gab. Der Kleine Gu war der erste von uns, der diesen Büchern Interesse entgegenbrachte. Er las schneller als jeder andere und bat immer gleich die anderen um Hilfe, wenn er auf Schwierigkeiten stieß; konnte ihm hier niemand mehr weiterhelfen, hielt er sich an das Personal des Gefängnisses.

Rung Yüan machte sich über ihn lustig: »Glaube ja nicht, daß das eine Schule hier ist – das ist ein Gefängnis.«

»Hat denn der Direktor uns nicht gesagt, daß wir diese Bücher studieren sollen?«

»Und wenn du noch so viel studierst, es bleibt doch ein Gefängnis«, gab Rung Yüan zurück. »Es ist schon immer ein Gefängnis gewesen und es ist auch heute noch eins – trotz der Bücher und Zeitschriften.«

Pu Dschiä erklärte daraufhin, er habe zwar von japanischen Gefängnissen gehört, wo man auch Gefangenen Bücher zu lesen gab, noch nie aber von einem so »zivilisierten« Gefängnis in China. Rung Yüan schüttelte bedächtig seinen Kopf: »Gefängnis bleibt Gefängnis, ob zivilisiert oder nicht. Es ist immer noch besser, sich an Buddha zu halten, als dieses Zeug zu studieren.« Der Kleine Gu wollte gerade widersprechen, aber da hatte Rung Yüan schon seine Augen geschlossen und begonnen, mit leiser Stimme eine der heiligen Skripten aufzusagen.

Als wir am Nachmittag von unserem Rundgang im Hof in die Zellen zurückgingen, versorgte uns wieder der Kleine Gu mit der letzten Neuigkeit: Der frühere Stellvertretende Vorsitzende des »Amtes für allgemeine Angelegenheiten« in »Mandschuguo« habe versucht, einem Wärter eine Uhr zu schenken und sei deswegen verwarnt worden. Dieser Vorfall gab Anlaß zu längeren Erörterungen: »Haben denn die Wärter nicht das letzte Mal extra für uns das Badewasser eimerweise herbeigeschleppt, als der Ofen ausgefallen war?« fragte der Kleine Ruei. »Ich habe jedenfalls noch nie gehört, daß Wärter für Gefangene Wasser tragen.« Auch die anderen pflichteten ihm bei, daß unsere »Bewacher« (wie wir sie hinterrücks nannten) ganz anders als die herkömmlichen »Gefängnisbüttel« seien; denn weder beschimpften noch schlugen sie uns.

Rung Yüan aber sagte nur kalt lächelnd: »Ihr Jungen seid doch zu unerfahren. Viel Geschrei und wenig dahinter. Bestimmt hat er dem

Wärter die Uhr zur Unzeit gegeben und sich dabei beobachten lassen. Wie hätte der sie da gut vor einem anderen annehmen können? Und nur weil sie uns nicht schlagen und beschimpfen, denkst du schon, daß sie uns auch nicht mehr hassen würden. Warte nur ab, die Bestrafung wird erst noch kommen.«

»Daß sie das Wasser für uns hertragen, heißt also, daß sie uns bestrafen?« hielt ihm der Kleine Gu entgegen.

»Sag, was du willst«, Rung Yüans Stimme war kaum noch zu hören, »die Kommunistische Partei kann nun einmal für unsereins nichts übrig haben.« Während er sprach, suchte er in seinen Taschen herum. »Ich habe meine Zigaretten draußen liegenlassen«, sagte er schließlich ärgerlich. »Zu dumm, das war die letzte Packung, die ich noch von Mukden übrig hatte.« Unwillig holte er nun eine von den Zigaretten minderer Qualität hervor, die an uns ausgegeben worden waren, und grollte: »Die Wärter rauchen alle. Die Packung habe ich ihnen jedenfalls umsonst geschenkt!«

Wie auf ein Stichwort ging die Zellentür auf, und ein Wärter namens Wang kam herein. »Vermißt jemand hier diese Zigaretten?« fragte er und hielt Rung Yüans Packung in der Hand. Rung Yüan bedankte sich ausgiebig bei »Herrn Wang«, und nachdem er sich eine von den Zigaretten angesteckt hatte, schlug er sich auf die Schenkel, als sei eine Erleuchtung über ihn gekommen: »Diese Wärter müssen eigens für uns ausgewählt worden sein. Natürlich mußten sie da schon einige etwas zivilisiertere aussuchen, wenn sie es mit uns aufnehmen wollen.« Alle schwiegen vor dem Gewicht von Rung Yüans »Lebenserfahrung«, und auch ich gab ihm nur zu gern recht. Aber schon ein paar Tage später hatten Rung Yüans Argumente viel an Glaubwürdigkeit eingebüßt.

Nach dem nachmittäglichen Spaziergang auf dem Gefängnishof suchte Pu Dschiä ungeduldig nach der neuen Zeitung. Aufgeregt erzählte er uns, daß die übrigen Gefangenen alle einen Artikel diskutierten, der in der heutigen Ausgabe erschienen war, aus dem hervorginge, was das Neue China mit unserer Erziehung bezweckte. Als Pu Dschiä ihn schließlich gefunden hatte, drängten wir uns alle erwartungsvoll um ihn.

Pu Dschiä las uns den Artikel laut vor, und als er an eine Stelle kam, wo es hieß, daß das Neue China einen dringenden Bedarf an allen Arten von Talenten habe, und es daher nötig sei, in großem Maßstab geeignete Kader heranzuziehen, steckten alle ihre Köpfe über der Zeitung zusammen – mit Ausnahme von Rung Yüan. Nach dem, was Pu Dschiä von den anderen Gefangenen erfahren hatte, ließ uns die Regierung studieren und behandelte uns deshalb so zuvorkommend, weil es dem Neuen Staat an fähigen Kräften fehlte und er daher auf uns zurückgreifen wollte.

So überaus lächerlich diese Ansicht heute auch klingen mag, damals dachten aber tatsächlich die meisten so. Und obwohl Rung Yüan Zweifel anmeldete, steigerte sich jeder in unserer Zelle in diesen Glauben hinein. Ich erinnere mich noch, wie von diesem Tage an eine auffällige Veränderung in unserer Zelle vorging und wir uns alle gewissenhaft ans Studium machten.

Bis auf den Kleinen Gu hatte sich vorher niemand für diese Bücher, die voller neuer Begriffe steckten, erwärmen können, und wenn wir auch den halben Tag damit zubrachten, um darin zu blättern und zu lesen, so geschah dies doch hauptsächlich, um den Wärtern auf dem Zellengang etwas vorzumachen. Aber auch dieses »Studium«, dem wir uns jetzt so eifrig hingaben, beschränkte sich nur auf das mechanische Auswendiglernen der neuen Begriffe. Rung Yüan freilich hielt sich zurück: Während wir alle über unseren Büchern saßen, rezitierte er weiterhin wie bisher mit geschlossenen Augen seine Sutren.

Mein blinder Optimismus währte nicht lange. Als bald darauf die Gefängnisverwaltung eine neue Zellenverteilung einführte und mich von meiner Familie trennte, schwand meine Zuversicht endgültig dahin – wie die Blüte der Königin der Nacht, die sich nur einmal zeigt.

Viertes Kapitel

Häftling Nr. 981

Ich habe lange gebraucht, bevor ich einsah, wie wichtig im Verlauf meiner Umerziehung die Trennung von meinen Familienangehörigen für mich war. Aber damals sah ich in dieser Maßnahme nur den unversöhnlichen Haß der Kommunistischen Partei auf mich; ich glaubte, sie beabsichtigten damit, meine Verwandten über meine Vergangenheit auszuforschen, um dann das Urteil gegen mich vorbereiten zu können. Bisher war es mir noch gelungen, alle meine hochverräterischen Aktivitäten und meine geheimen Verbindungen mit den japanischen Imperialisten gänzlich zu vertuschen; in der Sowjetunion hatte ich mich darauf hinausgeredet, daß ich nur unter Zwang und Waffengewalt zum Verräter geworden sei, und ausnahmslos hatten mich alle Angehörigen, die die wahren Umstände kannten, dabei gedeckt. Aber jetzt, wo ich nach China zurückgekehrt war, hing ich noch viel mehr von ihnen ab, wenn ich diese Version aufrechterhalten wollte: Ich mußte sie auf jeden Fall im Auge behalten, wenn ich vermeiden wollte, daß sie nicht ein unbedachtes Wort fallen ließen. Ganz besonders aber mußte ich auf den Kleinen Hsiu aufpassen.

Schon vom ersten Tag an in Fuschun hatte ich bemerkt, daß der Kleine Hsiu sich seit dem Zwischenfall im Zug mir gegenüber anders als sonst verhielt. Als der Kleine Ruei eines Tages wie üblich mein Bett in Ordnung brachte, bat ich ihn, auch meine Matratze auszuschütteln – eine sehr unbeliebte Angelegenheit, da der Staub im ganzen Raum herumwirbelte.

Während sich Pu Dschiä mit vorgehaltener Hand in eine Ecke verzog, hielt sich der Kleine Gu die Nase zu und rief: »Genug, genug, das ist ja zum Ersticken!«

Der Kleine Hsiu aber packte die Matratze und warf sie wieder auf mein Bett: »Ihr seid nicht die einzigen in dieser Zelle hier«, sagte er. »Hier leben auch noch andere. Ihr könnt nicht immer nur an Euch denken!«

»Was heißt hier ›Ihr‹ und ›uns‹?« fragte ich ihn und versuchte mich zu beherrschen. »Hast du denn kein Gefühl für Anstand mehr?« Aber er drehte sich nur um und setzte sich ohne zu antworten an den Tisch. Ich bereute sehr, was ich ihm im Zug angetan hatte, und hatte mir seither die größte Mühe gegeben, ihm zu zeigen, wie zugetan ich ihm war. Als sich einmal die Gelegenheit bot, erklärte ich ihm unter vier Augen, daß der ganze Zwischenfall keiner bösen Absicht entsprungen sei und ich ihn doch stets sehr geliebt habe.

Von nun an nahm ich jede Gelegenheit wahr, meinen drei Neffen lang und breit zu erklären, daß die »unveränderlichen Gebote zwischenmenschlicher Beziehungen« [des Konfuzianismus] nicht einfach abgetan werden durften, und daß wir unbedingt in Zeiten der Not loyal und fest zusammenstehen müßten. War der Kleine Hsiu einmal nicht anwesend, so schärfte ich den anderen ein, ihm gut zuzureden und behutsam mit ihm umzugehen, vor allem aber aufzupassen, daß er keinen Schaden anrichten konnte. Durch unsere vereinten Anstrengungen gab es vorerst keine Probleme mehr mit ihm, und als später jener Artikel in der Zeitung Illusionen in uns wachrief, verhielt sich auch der Kleine Hsiu wieder ganz wie früher zu mir.

Aber gerade als ich mir über ihn keine Sorgen mehr zu machen brauchte, wurde ich alleine in eine andere Zelle verlegt. Der Kleine Ruei und der Kleine Gu packten alles für mich zusammen und brachten mein Bettzeug und meinen Koffer in die neue Zelle hinüber. Als sie wieder gingen, wurde mir inmitten all dieser fremden Gesichter so unbehaglich zumute, daß ich nicht wußte, ob ich stehen bleiben oder mich setzen sollte. Aber auch die acht Leute, mit denen ich nun die Zelle teilte, schwiegen betreten und waren offensichtlich durch meine Anwesenheit befangen.

Nach einer Weile nahm dann jemand meine Matratze und legte sie – wahrscheinlich aufgrund einer stummen Absprache – auf ein Bett nahe der Wand. Erst später begriff ich, daß dies ein Vorzugsplatz war: warm im Winter, da er an der Heizung lag, und kühl im Sommer, weil es ein Fenster dort gab. Aber ich dachte damals nur an die gefährlichen Auswirkungen, die diese Trennung für mich haben konnte, so daß ich dies ebenso wenig wie den ehrerbietigen Ausdruck auf ihren Gesichtern wahrnahm.

Wortlos setzte ich mich auf das Bett, aber selbst die Bretter schienen mir hier von besonderer Härte zu sein. Ich stand wieder auf und ging in der Zelle auf und ab, bis mir schließlich eine Idee kam. Ich pochte ein paar Mal an die Tür.

»Was gibt's?« fragte ein kleiner stämmiger Wärter und öffnete die Tür.

»Bitte, mein Herr, wäre es möglich, daß ich mit dem Herrn Gefängnisdirektor eine Sache besprechen könnte?«

»Worum geht's?«

»Ich wollte sagen, daß ich noch nie zuvor von meiner Familie getrennt wurde und daß es mir sehr schwerfällt, sie zu verlassen.«

Er nickte und ließ mich warten. Schon nach kurzer Zeit kam er wieder zurück, um mir mitzuteilen, daß der Direktor mir erlaube, wieder auszuziehen. Überglücklich nahm ich mein Bettzeug wieder an mich, während mir der Wärter den Koffer abnahm, und machte mich wieder auf den Weg in meine alte Zelle.

Auf dem Korridor begegnete ich dem Direktor. »Aus Rücksicht auf dich und die schon etwas älteren hat man für euch einen etwas höheren Verpflegungsstandard festgesetzt«, sagte er, »da ihr zusammen in derselben Zelle lebt, aber unterschiedliches Essen bekommt, könnte das vielleicht einen ungünstigen Einfluß ausüben, daher ...«

Ich verstand, worauf der Direktor hinauswollte, und ohne zu warten, bis er ausgesprochen hatte, fiel ich ihm schnell ins Wort: »Keine Ursache. Ich verspreche, daß es keinen Einfluß auf sie haben wird.« Fast hätte ich noch hinzugefügt: »Eigentlich sollten sie es noch so gewohnt sein!«

Der Gefängnisdirektor lächelte: »Du machst es dir sehr einfach. Ist dir noch nie der Gedanke gekommen, daß du auch einmal selbst lernen mußt, für dich selbst zu sorgen?«

»Doch, doch«, sagte ich schnell, »aber ich muß mich erst langsam darin üben, ich muß Schritt für Schritt vorgehen.«

»Nun gut«, sagte der Direktor mit einem Kopfnicken, »so fang denn damit an.«

Als ich wieder in meine alte Zelle zurückkam, war mir, als ob ich keinen halben Tag, sondern ein ganzes Jahr weggewesen sei. Die Freude über unser Wiedersehen wurde noch gesteigert, als ich vom Hinweis des Direktors erzählte, mich endlich zu bemühen, selbständiger zu werden; demnach sah es also nicht so aus, als ob die Regierung schon bald darauf dringen würde, mir den Prozeß zu machen.

Aber keiner meiner Familienangehörigen wollte zulassen, daß ich allmählich versuchte, selbst für mich zu sorgen. Und während auch ich nicht die geringste Neigung dazu verspürte, beschäftigten mich nur die Worte des Direktors, aus denen herauszuhören war, daß er uns früher oder später wieder trennen würde. Ich mußte daher alles daransetzen, dies zu verhindern. Doch hatte ich nicht damit gerechnet, daß er mir nur eine so kurze Frist setzen würde; denn bevor ich mir noch eine Lösung zurechtgelegt hatte, mußte ich zehn Tage später ein zweites Mal ausziehen.

Während der Kleine Ruei wieder meine Sachen zusammenpackte, benützte ich die Gelegenheit, meiner Familie noch einige Instruktionen zu hinterlassen. Da ich dies wegen der Wärter vor der Tür nicht gut mündlich vorbringen konnte und außerdem noch zwei frühere Mitglieder der sogenannten »Wang Dsching-wei Regierung« neu in unsere Zelle gekommen waren, schrieb ich in vielen dunklen Andeutungen, daß wir doch bisher so gut miteinander ausgekommen wären und auch fürderhin treu zusammenstehen müßten und daß ich mich jedem einzelnen tief verbunden fühle.

Als ich Pu Dschiä diesen Zettel aushändigte, hoffte ich, alle würden daraus unbedingt ersehen, was ich in Wirklichkeit damit sagen wollte: nämlich, daß sie nun besonders auf ihre Worte achten sollten. Wieder trugen meine Neffen mein Bettzeug und meinen Koffer und brachten mich in dieselbe Zelle zurück. Ganz wie beim ersten Mal, bekam ich wieder den Vorzugsplatz am Fenster und wieder hielt ich es dort auf meinem Bett nicht lange aus. Unruhig ging ich auf und ab und klopfte an die Zellentür. Derselbe stämmige Wärter erschien. Ich wußte jetzt bereits, daß er Liu hieß. Es war noch nicht lange her, daß er uns noch einen Extraeimer mit dampfenden bao-dze [Fleischklößchen in Teig] brachte, nachdem er amüsiert beobachtet hatte, mit welchem Appetit wir dieses lang entbehrte Gericht zum ersten Mal verzehrten. Seitdem betrachtete ich ihn mit einem gewissen Wohlwollen und ich glaubte, daß dieser gutmütige Mensch mich nicht in Verlegenheit bringen würde, wenn ich ihm meinen neuen Wunsch vortrug.

»Herr Liu, ich hätte da eine Sache...«

»Den Direktor sprechen?«

»Ich wollte es erst einmal mit Ihnen besprechen, ich, ich...«

»Fällt es noch immer so schwer?« Er lachte. Mir war jetzt, als ob ich auch die anderen hinter meinem Rücken heimlich lachen hörte. Ich wurde rot im Gesicht, als ich mich zu erklären versuchte:

»Nein, es geht mir nicht darum, wieder umzuziehen. Ich wollte nur fragen, ob ich vielleicht meine Familienangehörigen einmal am Tag sehen könnte? Wenn ich nur mit ihnen einmal zusammensein könnte, dann wäre mir schon viel geholfen.«

»Ist dazu nicht täglich im Hof Gelegenheit? Was gibt es da noch für Probleme?«

»Ich würde gerne mit ihnen sprechen können. Wird der Direktor damit einverstanden sein?«

Nach den Gefängnisvorschriften durfte man mit niemand sprechen, der nicht zur selben Zelle gehörte.

»Ich werde nachfragen.«

Ich erhielt die Erlaubnis und konnte seitdem während unseres nachmittäglichen Rundgangs im Hof täglich einmal mit meiner Familie in Verbindung bleiben. Meine Neffen versorgten mich mit Nachrichten über ihr Zellenleben und berichteten mir auch weiterhin alles, was sie von der Gefängnisleitung erfuhren. Der Kleine Gu war immer noch so unbekümmert wie eh und je, der Kleine Hsiu benahm sich nicht anders als sonst auch, und ergeben wie immer wusch der Kleine Ruei weiterhin meine Wäsche und stopfte meine Strümpfe. Aber kaum war ich die eine Sorge los, als unerwartet neue Probleme auf mich zukamen.

In den mehr als vierzig Jahren, die hinter mir lagen, hatte ich kein einziges Mal auch nur eine Decke zusammengelegt, mein Bett gemacht oder auch nur je mein Waschwasser ausgeleert. Ja sogar meine Füße hatte ich nie selbst gewaschen und auch meine Schuhbänder nie selbst zugeschnürt. Dinge wie einen Reislöffel, ein Messer, eine Schere oder Nadel und Faden hatte ich nie berührt, und als ich jetzt auf einmal bei jedem Handgriff auf mich alleine angewiesen war, geriet ich in eine geradezu verzweifelte Lage.

Wenn die anderen am Morgen schon lange mit dem Waschen fertig waren, war ich gerade erst dabei mich anzuziehen, und wenn ich dann endlich soweit war, daß ich zum Waschen gehen konnte, wurde ich darauf aufmerksam gemacht, daß ich zuvor erst noch meine Decke zusammenlegen sollte; wenn ich die Zahnbürste in den Mund nahm, bemerkte ich erst hinterher, daß ich das Zahnpulver vergessen hatte. Hatte ich schließlich alles hinter mich gebracht, waren alle übrigen schon fast mit dem Frühstück fertig. Den ganzen Tag hinkte ich so stets hinter den anderen her.

Aber ärgerlicher noch, als stets hinter den anderen zurückzubleiben, war der versteckte Spott der Mitgefangenen, die sich hinter meinem Rücken über mich lustig machten. Von den acht ehemaligen »Mandschuguo«-Offizieren, die mit mir die Zelle teilten, hätte früher keiner auch nur gewagt, in meiner Gegenwart seinen Kopf zu erheben; aber jetzt waren ihr spöttisches Grinsen und die Art, wie sie ihre hämischen Mienen vor mir zu verbergen versuchten, besonders unerträglich.

Aber das war noch nicht das schlimmste. Seit wir in Fuschun waren, bestand vom ersten Tag an ein Zellendienst, wonach jeder einzelne der Reihe nach zum Aufkehren, Tisch abwischen und Kübel ausleeren eingeteilt war. Als ich noch in der alten Zelle mit meiner Familie zusammen war, blieben mir diese Dinge natürlich erspart, aber jetzt kam die peinliche Frage auf mich zu, was ich tun sollte, wenn nun die Reihe hier an mich käme. Sollte ich etwa auch den Kübel für andere ausleeren?

Ich hatte keine besonderen Skrupel gehabt, als ich den Geheimvertrag zwischen »Mandschuguo« und der Japanischen Kwantung Armee unterzeichnete, aber den Kübel ausleeren zu müssen, hielt ich doch für eine unerträgliche Entwürdigung meiner Ahnen und für eine Schande gegenüber allen jüngeren Mitgliedern meines Klans. Zum Glück wurde ich schon am Tag darauf aus meiner Notlage befreit: Die Gefängnisleitung ließ allen mitteilen, daß ich krank sei und nicht zum Zellendienst herangezogen werden sollte. Ich fühlte mich erlöst, als sei mir das Leben wieder geschenkt worden, und zum ersten Mal empfand ich auch ein Gefühl der Dankbarkeit. Aber kaum war die Sache mit dem Zellendienst beigelegt, gab es neue Schwierigkeiten.

Wie üblich war auch der Direktor auf dem Hof erschienen, während wir zu zweit und zu dritt unsere Runden machten. Er pflegte bei dieser Gelegenheit immer mit irgendeinem Gefangenen einige Worte zu wechseln, und diesmal schien er es geradewegs auf mich abgesehen zu haben. Als ich merkte, daß er mich bereits eine Weile von oben bis unten betrachtet hatte, schwand mein Mut dahin.

»Pu Yi!« Seit ich wieder in China war, hatte man begonnen mich so anzureden, aber ich konnte mich nur sehr widerstrebend daran gewöhnen, und selbst jetzt noch verletzte es mein Ohr, als ich meinen persönlichen Namen hörte. Da fand ich es selbst noch erträglicher, mit meiner Nummer – 981 – angesprochen zu werden, wie dies in der ersten Zeit bei allen Wärtern üblich war.

»Ja, Herr Direktor.« Ich ging zu ihm hin.

»Du hast deine Kleider zur selben Zeit wie die anderen auch erhalten. Wie kommt es dann, daß sie jetzt schon so aussehen?« fragte er in einem sehr höflichen Ton.

Ich blickte an meinen Kleidern hinunter und sah dann die anderen an. Waren ihre Kleider ordentlich und sauber, so waren die zerknitterten und schlampigen Sachen, die ich am Leibe trug, das krasse Gegenteil: eine Tasche war halb abgerissen, an der Jacke fehlte ein Knopf, am Knie war ein blauer Tintenfleck und auch die Hosenbeine paßten scheinbar nicht zusammen; an den Schuhen war soweit nichts auszusetzen – bis auf die Schnürsenkel, von denen nur noch ein halber übriggeblieben war.

»Ich werde mich gleich etwas in Ordnung bringen«, murmelte ich. »Wenn ich zurückgehe, flicke ich die Tasche und nähe den Knopf an.«

»Wie sind denn alle diese Falten in deine Kleider gekommen?« fragte er mit dem Anflug eines Lächelns weiter. »Du könntest dich etwas mehr nach den anderen richten. Nur wer aus den Vorzügen seiner Mitmenschen zu lernen vermag, kann selbst Fortschritte machen.«

Obgleich der Direktor sehr umgänglich mit mir gesprochen hatte, war ich doch zutiefst beleidigt. Zum ersten Mal hatte jemand in aller Öffentlichkeit meine Unfähigkeit bloßgestellt, und es geschah auch zum ersten Mal, daß ich nicht als Verkörperung majestätischer Würde hingestellt wurde. »Ich bin zum abschreckenden Studienexemplar für die anderen geworden!«

Erbittert wandte ich mich von den Blicken der »Minister« und »Offiziere« ab und hoffte, daß es gleich Nacht würde. Ich sah die graue, hohe Gefängnismauer vor mir, und Wehmut ergriff mein Herz: Mein ganzes bisheriges Leben hatte ich im Schatten von Mauern verbracht. Aber früher war mir doch wenigstens noch eine gewisse Würde geblieben, und ich hatte eine erlauchte Stellung, ja selbst in dem kleinen »Gefängnis« in Tschangtschun wurden noch meine Privilegien aufrechterhalten.

Aber jetzt, da es mir nicht anders ging als den anderen, war hinter diesen Mauern alles dahingegangen, und ich hatte Mühe, mich überhaupt am Leben zu erhalten.

Was mich damals in eine so schmerzlich-traurige Stimmung versetzte, war nicht so sehr das Gefühl meines eigenen Unvermögens und meiner Unfähigkeit. Vielmehr deprimierte mich der Gedanke, daß andere mich für unbrauchbar und unfähig hielten. Oder, anders gesagt, ich warf mir nicht mein eigenes Unvermögen vor, sondern mich quälte der Verlust des – wie ich bisher immer geglaubt hatte – vom Himmel verliehenen Vorrechts, das alle anderen zu meinen Dienern machte.

An diesem Abend fiel mir auf, daß die anderen alle sorgfältig ihre Kleider zusammenfalteten und unter das Kopfkissen legten, bevor sie zu Bett gingen, während ich beim Ausziehen jedes Stück, wie es gerade kam, zusammengeknüllt ans Fußende schleuderte. Ich dachte dabei, am Satz des Direktors, daß man von den Vorzügen der anderen lernen könnte, müsse doch etwas dran sein. Hätte ich dies nur eher gemerkt, wäre mir dann nicht diese blamable Situation erspart geblieben? Nach wie vor grollte ich meinen Zellengefährten. Warum taten sie nur derart »heimlichtuerisch« vor mir? Warum sprachen sie kaum mit mir? In Wirklichkeit jedoch fühlten sich jene Marionettengenerale einfach noch immer befangen, selbst wenn sie nur mit mir allein redeten. Wer hätte es da gewagt, mich auf Fehler hinzuweisen, solange ich selbst nicht bereit war, meine Anmaßung aufzugeben und um Rat zu bitten?

Mehr als zwei Monate verbrachte ich auf diese Weise in Fuschun. Ende Oktober wurde das Kriegsverbrechergefängnis nach Harbin verlegt.

Fünftes Kapitel

Ein »Papiertiger« wird besiegt

Während uns der Zug nach Harbin brachte, war die Atmosphäre in unserem Abteil gedrückt. Selten nur fiel ein Wort. Die meisten von uns konnten weder am Tag essen noch nachts Schlaf finden, und obwohl ich mich nicht mehr so ängstigte wie damals, als ich wieder chinesischen Boden betrat, war ich doch verkrampfter und angespannter als irgend sonst jemand.

Es war noch nicht lange her, daß die chinesische Freiwilligenarmee die Grenzen überschritten hatte, um Korea gegen die amerikanischen Truppen, die bereits kurz vor dem Yalu Fluß standen, zu unterstützen.

Eines Nachts, als wir wieder nicht einschlafen konnten, hatte ich Pu Dschiä vorsichtig nach seiner Meinung über die militärische Situation gefragt. Kaum hörbar hatte er geantwortet: »In Korea dem Krieg beizutreten, kann nur heißen, sich selbst ins Unglück zu stürzen. Es wird nur einen Augenblick dauern, dann ist alles aus!«

Ich begriff, was er mit »aus« sagen wollte: China würde unweigerlich eine Niederlage erleben und wenigstens der Nordosten würde von amerikanischen Truppen besetzt werden, und die Kommunisten würden uns vorher, damit wir nicht in die Hände der Amerikaner fielen, aus dem Wege räumen... Später fand ich heraus, daß alle Gefangenen damals so dachten.

Meine Verzweiflung wuchs noch, als ich das Gefängnis in Harbin sah. Es war ein früheres »Mandschuguo«-Gefängnis, und schon bei seinem Anblick bekam ich einen Vorgeschmack davon, was es heißt, etwas in eigener Münze heimgezahlt zu bekommen. Das Gefängnis war speziell von den Japanern dafür entworfen worden, Verbrecher einzusperren, die »antimandschurischer und antijapanischer Aktivitäten« für schuldig befunden worden waren. Es bestand aus zwei fächerförmig angeordneten zweistöckigen Zellenblöcken, die um einen Wachturm in der Mitte gruppiert waren. Hinter und vor jeder Zelle war eine Brüstung aus zolldicken Eisenstangen, und in jeder dieser Zellen, die voneinander durch Zementwände getrennt waren, hatten sieben oder acht Leute Platz.

Meine Zelle war mit nur fünf Gefangenen verhältnismäßig unterbelegt, aber da sie nach japanischem Muster entworfen worden war, mußten wir auf Matten auf dem Boden schlafen. Ich verbrachte ungefähr zwei Jahre dort. Wie ich hörte, wurde das Gefängnis später abgebrochen.

Obwohl ich damals noch nicht wußte, daß nur die wenigsten von denen, die man hier zur Zeit »Mandschuguos« eingekerkert hatte, mit dem Leben davongekommen waren, so genügte doch allein schon der unheimliche Klang des Schließens und Öffnens der Eisentüren, Schrekkensbilder von Folterungen und Erschießungskommandos in meinem Kopf entstehen zu lassen.

Dennoch: Wir wurden genau wie in Fuschun behandelt. Die Wärter waren so freundlich und das Essen so gut wie zuvor, und auch an der Erlaubnis, Zeitungen zu lesen, Radio zu hören und unsere Freizeit zu gestalten, änderte sich nichts. Dies beruhigte mich zwar etwas, konnte mir aber meine Furcht nicht völlig nehmen. Ich erinnere mich noch, wie der schaurige Ton einer Sirene während eines Probealarms eines Nachts mich noch immer weiterverfolgte, als längst schon alles vorbei war. Solange ich nicht daran glaubte, daß die chinesischen und koreanischen Volksarmeen Siege in Korea errangen, zweifelte ich nicht daran, daß ich – selbst wenn die Chinesen mich nicht umbrächten – einem amerikanischen Luftangriff zum Opfer fallen würde. Ich war sicher, daß China, was immer auch geschähe, besiegt und ich sterben würde.

Niemand von uns glaubte damals den Zeitungsberichten über den ersten Sieg der chinesischen Volksfreiwilligen-Armee an der koreanischen Front, und wir waren nach wie vor mißtrauisch gegenüber Meldungen, wonach die Armee in einer zweiten erfolgreichen Offensive die Amerikaner bis fast an den 38. Breitengrad zurückgeworfen hatte. Kurz nach Neujahr 1951 gab ein Gefängniswärter bekannt, daß die chinesisch-koreanischen Truppen Seoul wiedererobert hatten. Lebhafter Beifall brach daraufhin aus allen Zellen hervor. Aber selbst da noch glaubte ich nur halb an die Siegesnachricht.

Als dann im Februar die »Maßnahmen zur Bestrafung von Konterrevolutionären« veröffentlicht wurden, hielt die Gefängnisleitung alle Zeitungen von uns fern, um uns nicht unnötig zu verängstigen. Da wir den wahren Grund für diese Maßnahme nicht kannten, mußten wir annehmen, daß neue Niederlagen in Korea die Ursache wären. Wir waren nun mißtrauischer denn je gegenüber den früheren Siegesbotschaften, und für mich stand fest, daß mein Schicksal besiegelt war.

Eines Nachts schreckte mich der kreischende Ton einer aufgehenden Eisentür aus dem Schlaf. Durch das Fenster sah ich, wie ein Gefangener aus der Zelle nebenan von einigen Leuten weggeführt wurde. Ich war überzeugt, daß amerikanische Truppen bereits auf Harbin marschierten und die Kommunisten sich unserer nun doch rechtzeitig entledigten. Nackte Angst befiel mich.

Nach einer trostlosen Nacht aber stellte sich heraus, daß ich mich schwer getäuscht hatte. In Wirklichkeit hatte ein Zellennachbar Schwierigkeiten wegen einer Blasenentzündung gehabt, der Wärter hatte dies dem Gefängnisdirektor gemeldet, der einen Militärarzt und Schwestern geholt hatte, um den Kranken zu untersuchen. Ich hatte gesehen, wie sie ihn ins Krankenhaus brachten, aber vor Schreck war ich so verwirrt gewesen, daß ich nur auf die Armeehosen der Pfleger gestarrt und ihre weißen Arztmäntel ganz übersehen hatte. Aber auch das war nur ein geringer Trost für mich. Noch immer argwöhnte ich, jedes Fahrzeug, das ich hörte, komme nur, um uns zu einem öffentlichen Prozeß abzuholen. Den ganzen Tag lauschte und achtete ich angespannt auf alles, was außerhalb des Eisengeländers vorging, und nachts wurde ich von Alpträumen geplagt.

Den vier »Offizieren« in der Zelle ging es dabei kaum besser als mir. Schon bei dem kleinsten Geräusch auf der Treppe wandten wir sogleich die Köpfe, um nach draußen zu spähen: Zeigte sich dort gar ein fremdes Gesicht, dann legte sich eine beklemmende Stille über alle Zellen, als sei für jeden die letzte Stunde gekommen. Aber gerade als unsere Lage ausweglos erschien, traf ein Leiter des Amtes für öffentliche Sicherheit im Gefängnis ein; was er uns im Namen der Regierung mitteilte, gab uns von neuem Mut.

Vor dem Wachturm stehend sprach er länger als eine Stunde zu uns. Er versicherte uns, daß die Regierung keinerlei Absicht habe, uns zu töten, sondern vielmehr wünsche, daß wir durch bewußtes Studium umerzogen würden. Die Kommunistische Partei und die Volksregierung seien überzeugt, sagte er, daß jetzt, wo die politische Macht in den Händen des Volkes liege, die meisten der Verbrecher zu Neuen Menschen gewandelt werden könnten. Der Kommunismus wolle die Welt umgestalten, und für dieses Ideal sei es zuerst einmal nötig, die Gesellschaft und die Menschheit umzuerziehen und neu zu formen.

Nach ihm sprach der Gefängnisdirektor. Ich erinnere mich, daß ein Abschnitt seiner Rede etwa so lautete: »Ihr denkt nur ans Sterben, und deshalb glaubt ihr auch, daß alles, was um euch vorgeht, nur eine Vorbereitung auf euren Tod ist. Wieso stellt ihr euch nicht einmal selbst die Frage: Warum läßt uns die Volksregierung studieren, wenn sie wirklich vorhat, uns hinrichten zu lassen? Viele von euch haben seltsame Ansichten über den Koreakrieg. Vielleicht glauben einige unter euch, daß die Freiwilligenarmee die amerikanischen Truppen auf keinen Fall besiegen könne und die Amerikaner unweigerlich den Nordosten besetzen werden, und fürchten deshalb, daß sie von den Kommunisten vorher getötet werden. Aber laßt mich euch versichern: Das chinesische und das koreanische Volk sind sehr wohl imstande, den USA-Imperialismus zu besiegen. Und die Politik der Chinesischen Kommunistischen Partei von der Umerziehung von Verbrechern wird unstreitig einen Sieg erringen. Die Kommunistische Partei macht niemals leere Worte, das hat die Wirklichkeit bewiesen. Vielleicht werdet ihr sagen: Wenn ihr uns schon nicht tötet, wäre es doch vernünftiger, uns laufenzulassen. Aber das stimmt nicht. Wenn wir euch frei ließen, bevor ihr umerzogen seid, würdet ihr nicht nur andere Verbrechen begehen, sondern auch das Volk würde das nicht billigen und würde euch nicht vergeben, wenn es euch sähe. Ihr müßt daher gewissenhaft studieren und euch zu Neuen Menschen umerziehen.«

Obgleich ich von seiner Rede nicht alles verstand oder glauben wollte, sah ich doch ein, daß das, was er sagte, nicht ganz ungerechtfertigt war. Denn wie wäre es sonst zu erklären, daß die Direktion das Badehaus für uns in Fuschun damals erweitert hatte, Kranken das Leben rettete und mir und den älteren unter uns eine Sonderverpflegung gestattete? Später stellte ich dann fest, daß dies alles in den Gefängnissen des Neuen China nicht Ungewöhnliches war. Aber damals kam uns das doch sehr merkwürdig vor.

Als diese Regierungsbeamten uns also in aller Form deutlich machten, daß die Regierung nicht die Absicht hätte, uns das Leben zu nehmen, atmeten wir auf.

Niemand von uns dachte damals weiter darüber nach, was mit Worten wie »Studieren« und »Umerziehung« eigentlich gemeint war; daß man uns Bücher und Zeitungen zu lesen gab, geschah, wie ich glaubte, mehr zum Zeitvertreib und um uns vor dummen Gedanken zu bewahren. Die Vorstellung, daß schon ein paar Bücher das Denken eines Menschen ändern könnten, erschien mir in der Tat zu abwegig und unvorstellbar. Vollends undenkbar aber war für mich, daß die amerikanischen Truppen geschlagen werden könnten.

Die vier »Offiziere« in meiner Zelle, die sich selbst zu Militärsachverständigen ernannt hatten, waren ebenfalls einhellig der Meinung, daß Amerika – selbst wenn es vor der Weltöffentlichkeit zurückschreckte und nicht wagte, Atombomben einzusetzen – doch immer noch allein mit seinen konventionellen Kriegswaffen die Welt beherrschen könne; zu behaupten, daß eine Macht, der kein Gegner gewachsen sei, geschlagen werden könnte, sei nur leeres Geschwätz.

Aber später begriffen wir allmählich, daß Kommunisten nicht zu den Menschen gehörten, die so leicht leere Worte machten, und es dauerte auch nicht lange, bis wir wieder Zeitungen bekamen mit Meldungen über den Koreakrieg, die kaum erfunden sein konnten. Auch jene »Offiziere«, die mit mir in der Zelle waren, sagten, daß erfahrungsgemäß zwar die Todes- und Verlustmeldungen auf beiden Seiten gefälscht werden könnten, es aber auf längere Zeit so gut wie unmöglich sei, falsche Meldungen über gewonnenes oder verlorenes Territorium aufrechtzuerhalten. Viel weniger aber noch ließen sich Meldungen, wonach das amerikanische Oberkommando den Wunsch nach Verhandlungen geäußert habe, fabrizieren. Wer konnte da noch sagen, daß die amerikanischen Truppen unbesiegbar seien, wenn sie selbst über einen Waffenstillstand verhandeln wollten?

»Im Krieg ist jede Lüge recht«, wandte ein früherer Bataillonskommandeur ein. »Wer weiß, wie das Ganze noch ausgehen wird! Ich glaube nicht, daß Amerika ein Papiertiger ist.«

Aber der Verlauf des Koreakrieges strafte unsere ursprünglichen Erwartungen immer mehr Lügen. Und je deutlicher sich diese unerwartete Wendung der Lage abzeichnete, desto beruhigter fühlte ich mich: Denn würden die Kommunisten nicht besiegt werden, so dachte ich, hätten sie es auch nicht so eilig, eine lästige Bürde wie mich zu beseitigen.

Unsere »Studien«, die früher immer wieder im Sande verliefen, fanden jetzt unter der Aufsicht eines Schulungsleiters statt, der für unsere politische Umerziehung zuständig war. Er begann mit dem eigens für uns ausgesuchten Thema: »Was heißt feudalistische Gesellschaft?«, über das anschließend diskutiert wurde.

Eines Tages erklärte uns der Schulungsleiter: »Ich habe bereits gesagt, daß es erst einmal notwendig ist, zunächst die Ideologie, die das eigene Denken bestimmt, zu begreifen, bevor man sich grundlegend ändern und reformieren kann. Die Ideologie eines jeden Menschen ist untrennbar mit seiner Herkunft und seiner Geschichte verbunden, und daher muß damit auch die Untersuchung beginnen. Um die Reform und Änderung eurer Ideologie zu betreiben, muß jeder von euch objektiv und rückhaltlos über seine eigene Geschichte nachdenken, sich selbst zur Rechenschaft ziehen und seine Autobiographie schreiben ...«

Im stillen sagte ich mir: Soll das die Umerziehung sein? Oder dient das alles nur als Vorwand dafür, ein Geständnis aus mir herauszulokken? Will die Kommunistische Partei vielleicht in aller Ruhe mit mir abrechnen, nachdem sich die militärische Lage stabilisiert hat?

Sechstes Kapitel

Autobiographie – Ich stifte die Tschiän Lung Siegel

Daraus, daß man uns Autobiographien schreiben ließ, schloß ich, daß wir bald vor Gericht gebracht würden. Nun, ich war bereit, nichts unversucht zu lassen, meine Haut zu retten. Wie ich vor Gericht vorgehen würde, hatte ich mir schon längst zurechtgelegt. Meine Familie würde mitspielen, das wußte ich, denn der Kleine Gu hatte mir in Harbin, als wir aus dem Lastwagen kletterten, schnell zugeflüstert: »Wenn sie uns fragen, halten wir uns an das, was wir in der Sowjetunion gesagt haben!« Danach war ich ein Patriot und Volksfreund, wie es bessere nicht gibt; und von Kollaboration konnte überhaupt keine Rede sein.

Doch China war nicht Rußland: Hier würde ich mir nicht die geringste Unstimmigkeit erlauben dürfen. Der Kleine Gu hatte mir zwar stellvertretend für meine Neffen und auch für den Großen Li, meinen persönlichen Diener, zu verstehen gegeben, daß alle gewappnet und mir wie immer treu ergeben seien; aber Loyalität allein genügte nicht, um mein Lügengebäude von allen Seiten abzusichern. Nein, ich würde unbedingt noch genauere Anweisungen zu geben haben. Vor allem dem Großen Li, dem eine Schlüsselrolle zukam, da er als einziger die genauen Umstände meiner heimlichen Fahrt von Tientsin nach Port Arthur kannte: Er hatte damals auf meine Order hin für mich gepackt und dann selbst den Deckel des Kofferraumes über mir zugeschlagen. Wurde diese Episode bekannt, brauchte ich mit der Geschichte meines »Kidnappings« gar nicht erst anzufangen. Die würde mir dann ohnehin niemand mehr abnehmen.

Die jüngeren Strafgefangenen hatten in Harbin angefangen, sich beim Wassertragen, Essenholen und in der Küche nützlich zu machen, und meine Angehörigen (außer meinem Schwiegervater, der inzwischen verstorben war) waren diesem Zellendienst geschlossen beigetreten. Es traf sich nun kaum mehr, daß ich im Gefängnishof alle auf einmal zu sprechen bekam. Aber dafür konnten sie sich viel freier bewegen und dadurch leicht Botschaften von mir empfangen und weitergeben. So war es mir möglich, unauffällig nach dem Großen Li zu schicken, und als er vor mir erschien, raunte ich ihm zu: »Erinnerst du dich noch, wie wir damals Tientsin verlassen haben?«

»Als ich alles für die Abreise zurechtmachte?«

»Wenn du gefragt wirst, wie ich damals aus Tientsin fortkam, sagst du, du wüßtest nichts davon. Du hast erst gepackt, nachdem ich schon fort war. Verstanden?«

»Erst danach?«

»Genau. Erst, nachdem ich schon fort war, hast du auf Anweisung von Hu meine Sachen gepackt und nach Port Arthur nachgeschickt!«

Der Große Li nickte zum Zeichen, daß er sich alles gut gemerkt habe und ging weiter.

Am nächsten Tag suchte mich der Kleine Ruei auf, um mir eine Botschaft zu bringen. Demnach war der Große Li noch am selben Abend mit einem Mann der Gefängnisleitung ins Gespräch gekommen und hatte bei dieser Gelegenheit gleich erklärt, in Mandschuguo seien meine Untergebenen stets vorbildlich behandelt und nie geschlagen oder beschimpft worden, und in Port Arthur hätte ich mich eingeschlossen und keine Japaner sehen wollen. – Ich erschrack. Was hatte den Große Li bloß dazu getrieben, Port Arthur zu erwähnen? Ruei mußte unbedingt dafür sorgen, daß er in Zukunft den Mund besser hielt. Falls man ihn über Port Arthur befrage, ließ ich ihm ausrichten, solle er antworten, er wisse nicht, was dort geschehen sei.

Nachdem ich mich der Ergebenheit meines früheren Dieners versichert und auch meine Neffen entsprechend präpariert hatte, konnte ich mich daranwagen, meine Autobiographie aufzusetzen. Ich begann mit meiner Familie und meiner Kindheit in der Verbotenen Stadt und schilderte dann, wie ich »ganz gegen meinen Willen« in die Japanische Gesandtschaft geraten war. Selbstverständlich hatte ich mich danach von aller Politik fernzuhalten gesucht, was aber die Japaner mitnichten daran gehindert habe, mich nach Tschangtschun zu verschleppen. Bei der Wiedergabe meines Lebens dort hielt ich mich bewußt an die bekannte Version »des unglücklichen Monarchen in Mandschuguo«. An den Schluß, den ich für meine Geschichte gefunden hatte, erinnere ich mich noch genau:

Was mich am meisten schmerzte, waren die Not und das Elend des Volkes um mich und meine Unfähigkeit, etwas dagegen zu tun. Ich wünschte mir inständig, die chinesische Armee möchte sich doch bald zu uns durchkämpfen und hoffte all die Zeit auf eine Änderung der internationalen Lage, die dem Nordosten die Freiheit bringen würde.

Im Jahre 1945 durfte ich dann die Erfüllung all meiner Hoffnungen und Wünsche erleben.

Ich feilte lange an meinem Werk, und als ich mit dem Resultat zufrieden war, verfertigte ich eine mustergültige Reinschrift. Wer auch immer diese Lebensgeschichte las, sagte ich mir, mußte sofort bemerken, daß dies ein Mann geschrieben hatte, der seine »Schuld« zutiefst bereute.

Doch kaum hatte ich meine Autobiographie aus der Hand gegeben, kamen mir Zweifel. Solch ein Schriftstück würde letztlich vor Gericht nicht viel taugen. Nein, ich mußte mir etwas Wirksameres ausdenken, um die Regierung von meiner »Aufrichtigkeit« und meinem »Fortschritt« zu überzeugen. Aber was? Mich vom Großen Li und den andern loben zu lassen, war offensichtlich nicht genug, das sah ich ein. Es mußte etwas richtig Überzeugendes sein, eine Leistung, die von mir selbst kam.

Dieser Gedanke genügte, um mich sogleich in Mutlosigkeit versinken zu lassen. Seit dem Tag, als der Chef der Sicherheitsorganisation und der Gefängnisdirektor jene Reden gehalten hatten, waren wir alle fieberhaft damit beschäftigt, »politisches Bewußtsein« zu demonstrieren, ohne das es keine Überlebenschance gab. Heute kann ich nur noch lachen, wenn ich an unsere Naivität denke. Aber damals waren wir tatsächlich alle der Meinung, wir bräuchten uns nur etwas anzustrengen, um die Regierung über unser wahres Selbst zu täuschen. Solange ich dieser Illusion verhaftet war, bereitete mir denn auch verständlicherweise nichts größeren Kummer als die Tatsache, daß ich in der Erfindung von Beweisen »politischer Bewußtwerdung« weit hinter den andern zurückblieb.

Wir hatten vor allem drei Möglichkeiten, die Gefängnisleitung positiv zu beeindrucken, nämlich Studien, Zellendienst und allgemeines Verhalten. In den Studien war unser Gruppenleiter, der Alte Wang, unschlagbar. Ein ehemaliger Generalmajor in der Rechtsabteilung der Mandschuarmee, hatte er in Peking einige Jahre Politik und Jura studiert, und so fiel es ihm leichter als uns allen, sich mit dem neuen theoretischen Vokabular zurechtzufinden. Die übrigen drei »Militärs« in meiner Gruppe hatten gleich mir größte Schwierigkeiten, mit Begriffen wie »subjektiver und objektiver Standpunkt« klarzukommen, aber es ging mit ihnen doch schneller vorwärts als mit mir, und bald konnte jeder von den dreien in den Diskussionen seine angelernten paar Sätze aufsagen.

Was mir am meisten zusetzte war jedoch, daß wir im Anschluß an die Gruppendiskussionen über die »Feudalistische Gesellschaft« auch noch in eigenen Worten unsere Gedanken dazu niederschreiben mußten. In den Diskussionen selbst hatte ich das gesagt, was ich eben wußte, aber in einer Zusammenfassung würde sich das zu dürftig ausnehmen. Offen gestanden weigerte ich mich damals auch, die Notwendigkeit dieser Studien einzusehen, da sie, statt zu helfen, mich nur ständig vor neue Probleme stellten. Las ich zum Beispiel, daß in der feudalistischen Gesellschaft der Kaiser zugleich auch der erste Grundherr war, so schien das zumindest einen persönlichen Angriff auf mich zu enthalten, um nichts Schlimmeres zu sagen; denn falls ich wirklich der größte Gutsbesitzer gewesen war, hatte ich nicht nur wegen Hochverrat und Kollaboration, sondern auch vom Standpunkt der Landreform aus mein Leben verwirkt.

Diese Vorstellungen ängstigten mich so, daß ich lange Zeit überhaupt nicht fähig war, auch nur den Anfang für meine Zusammenfassung zu finden; und als ich schließlich durch wahlloses Abschreiben ganzer Paragraphen etwas Aufsatzähnliches zustande gebracht hatte, genügte ein Blick auf die Blätter meiner Gruppengefährten, um mich zu überzeugen, daß ich mir mit Studienleistungen bei der Gefängnisleitung keine Meriten holen würde.

Was den Zellendienst anlangte, so hatte ich mich nach der Ankunft in Harbin gleich den anderen dazu gemeldet. In diesem Gefängnis gab es glücklicherweise in jeder Zelle eine Toilette mit Wasserspülung, so daß die scheußlichen Kübel nicht geleert werden mußten. Ich brauchte somit nicht mehr für »krank« ausgegeben werden, aber dies war vorerst auch der einzige Beweis meines »Fortschritts«. Tatsächlich war der Zellendienst nicht weiter anstrengend und bestand lediglich darin, täglich die drei Mahlzeiten und heißes Wasser einzuholen sowie die Fußböden zu schrubben. Als die Reihe an mich gekommen war, hatte ich mich deshalb entschlossen darangemacht, zum ersten Male in meinem Leben andern zu dienen. Indes, schon beim Verteilen des Essens mußte es mir passieren, daß die heiße Gemüsesuppe beinahe auf den Kopf eines Mitgefangenen übergeschwappt wäre. Seither hatte immer jemand an »meinem« Tag mit Hand angelegt. Diese spontane Hilfe geschah wohl halb aus Mitgefühl, halb aus eigenem Interesse. Offenbar wollte niemand das Risiko eingehen, mit suppenverbrühtem Kopf herumzulaufen.

Auch in »allgemeinem Verhalten« durfte ich es nicht wagen, mich mit den andern zu vergleichen. Meine Kleidung war noch so ungepflegt wie eh und je, und für das Waschen und Flicken war ich nach wie vor auf die Hilfe des Kleinen Ruei angewiesen. Seit mich der Gefängnisdirektor öffentlich bloßgestellt hatte, war ich ein Opfer widerstreitender Gefühle geworden. Hatte ich mich gerade wieder einmal vergeblich im Kleiderwaschen geübt, ohne auch nur der Kunst, mit Seife und Waschbrett umzugehen, einen Schritt nähergekommen zu sein, so überkam mich eine ohnmächtige Wut; aber wenn ich dann mit meinen unverändert schmutzigen Sachen in den Gefängnishof gehen mußte, um sie vor den Blicken aller andern dem Kleinen Ruei zu übergeben, peinigte mich das Gefühl, aufs neue versagt zu haben.

Kurz nachdem ich meine kurze Autobiographie abgegeben hatte, beschloß ich, einen weiteren Versuch zu unternehmen. Ich fühlte, daß mir das letztlich nicht erspart bleiben konnte, wollte ich verhindern, daß die Gefängnisdirektion mich nicht als »unverbesserlich« abschrieb. Also nahm ich mir ein weißes Hemd vor und wusch und schrubbte darauflos, bis mir der Schweiß aus allen Poren drang. Erst beim Trocknen sah ich, was ich wieder angestellt hatte: Unter meinen Händen war das ursprünglich weiße Hemd zu so etwas wie einem Aquarell des »Eremiten der Acht Großen Berge« geworden. Betroffen starrte ich auf die Farbflecke, und ein Laut des Entsetzens glitt mir über die Lippen. Darauf kam der Kleine Ruei zu mir herüber und holte mein »Werk« von der Leine, um es unter seiner Kleidung zu verbergen: »Das ist nichts für den Höchsten. Diese Arbeit soll weiterhin Ruei überlassen bleiben.«

Das hörte sich natürlich sehr angenehm an – und während ich nachdenklich auf und ab spazierte, kam ich immer mehr zu der Überzeugung, daß der Kleine Ruei recht hatte. Gut, solche Arbeiten würde ich auch weiterhin nicht übernehmen, ich verstand mich ja auch nicht darauf. Aber womit sonst konnte ich denn noch die Gefängnisleitung beeindrucken? Ich mußte mir etwas ausdenken, das so einfach war, daß ich es auch ausführen konnte, aber zugleich außerordentlich genug, um die andern damit auszustechen.

Gerade als ich mein Gehirn nach einer überzeugenden Lösung zermarterte, drang von nebenan ein Gespräch an mein Ohr. Mein Schwager, der Alte Wän, unterhielt sich mit den anderen Gefangenen in seiner Zelle über die zahlreichen Spenden, die von überall her für den Kauf von Flugzeugen und schwerer Artillerie zur Unterstützung der Freiwilligenarmee in Korea eintrafen. Nach der Gefängnisordnung war es untersagt, mit den Gefangenen der anderen Zellen zu reden, aber ihren Gesprächen zuzuhören, war nirgends ausdrücklich verboten worden. In der Gruppe des Alten Wän gab es einen früheren Mandschuguo Minister namens Dschang, dessen Sohn sich gleich zu Anfang von seinem Verrätervater losgesagt hatte. Dieser Dschang bemerkte nun, sein Junge sei jetzt bestimmt in Korea, und da er früher das Vermögen seines Vaters ausgeschlagen habe, solle es jetzt für den Krieg gegen die Amerikaner geopfert werden, vorausgesetzt, die Regierung habe es nicht bereits schon konfisziert. »Soll dies ein Witz sein?« Die anderen lachten Dschang aus. Ihre Vermögen seien doch schon längst beschlagnahmt, und was seinen Sohn anbelange, so solle er ja nicht glauben, Kinder von Verrätern würden je in die Armee aufgenommen. Diese Bemerkungen ließen Dschang für eine Weile verstummen, doch dann meldete er sich erneut zu Wort. Er wolle wenigstens seine persönlichen Wertsachen, die ja noch von der Gefängnisleitung verwahrt würden, spenden. Aber die anderen machten sich gleich wieder über ihn lustig: »Außer dem Kaiser und dem Premier hat doch keiner von uns etwas, das der Rede wert wäre.«

Dieser letzte Satz brachte mich zur Besinnung. Richtig, ich hatte ja noch Perlen, Juwelen und anderen Schmuck – und davon beträchtlich mehr als jeder andere der Gefangenen. Schon allein, was ich offen in der Zelle hatte, war ein Vermögen wert, von den Schätzen im doppelten Boden meines Koffers ganz zu schweigen. Darunter befanden sich drei kunstvoll aus einem Tiänhuang-Stein herausgeschnittene und mit Kettchen verbundene Siegel, die Kaiser Tschiän Lung nach seinem Rücktritt benutzt hatte – eine Kostbarkeit, die nicht mit Geld aufzuwiegen war.

Mein Entschluß war schnell gefaßt. Mit diesen Tschiän Lung Siegeln würde es mir nun doch gelingen, »politisches Bewußtsein« zu beweisen. Aber warten durfte ich damit keinen Augenblick. Erst kürzlich hatte sich eine große Anzahl von Mitgefangenen spontan zur Armee gemeldet, als die Gefängnisleitung uns den fünften großen Sieg der Volksfreiwilligen in Korea bekanntgab. Natürlich war ihre Bewerbung nicht angenommen worden. Aber dies vergrößerte nur meinen Neid, hatten sie doch damit »politisches Bewußtsein« ohne das geringste eigene Risiko demonstrieren können. Nun, diesmal sollte mir niemand zuvorkommen. Diesmal durfte es nicht danach aussehen, als ob ich nur immer hinter den andern herhinken konnte.

Wie das Glück es wollte, erhielten wir genau an diesem Tag Regierungsbesuch. Als der Inspektor im Korridor auftauchte, sah ich sogleich, daß dies derselbe Mann war, der mir in Mukden meine Angst zu nehmen versucht hatte. Aus der Art, wie ihn der Gefängnisdirektor herumführte, zu schließen, bekleidete er einen hohen Rang. Wenn ich meine Spende ihm übergeben würde, mußte sich der Effekt noch steigern lassen! Also wartete ich ab, bis er bei unserer Zelle vorbeikam und verbeugte mich dann tief: »Ich bitte zu vermelden, daß ich diesen Gegenstand hier der Volksregierung präsentieren möchte.« Damit zog ich die Siegel aus der Tasche. Doch wider Erwarten schüttelte der Beamte nur kurz den Kopf: »Diese Sache besprichst du am besten mit der Gefängnisleitung. Du bist Pu Yi, nicht wahr?« Darauf stellte er noch ein paar Fragen und ging weiter.

Ich sagte mir, wenn dieser Inspektor den unermeßlichen Wert meiner Spende erfaßt hätte, würde er sich wohl kaum so kühl zurückgehalten haben. Doch so, wie die Dinge lagen, blieb mir nichts anderes übrig, als mich an die Gefängnisleitung zu wenden. Dazu schrieb ich einen Brief und übergab ihn zusammen mit den Siegeln Wärter Liu mit der Bitte, beides der Direktion auszuhändigen.

Tag um Tag verging, ohne daß sich etwas rührte, und langsam stieg in mir der Verdacht hoch, der Wärter habe die Siegel gar nicht abgeliefert. Ich verfiel wieder in meinen alten Fehler des Argwohns und des Mißtrauens; und es dauerte nicht lange, da war ich überzeugt, der Wärter habe meine Spende unterschlagen.

Eines Abends, als die andern Schach oder Karten spielten, sonderte ich mich wie gewöhnlich ab, um über den Verbleib meiner Siegel nachzugrübeln. Gerade als ich zu überlegen anfing, ob ich nicht besser bei der Gefängnisleitung nachforschen sollte, kam Wärter Liu vorbei. Da er mich so alleine sitzen sah, blieb er stehen, um mich zu fragen, wieso ich nicht mit den anderen Karten spielte. Meine Antwort, ich könne nicht spielen, ließ er nicht gelten. Das sei leicht zu erlernen. Damit lief er los und kehrte nach kurzer Zeit mit einem Spiel zurück. Während er sich gutmütig ans Gitter setzte und die Karten mischte, überkam mich ein Gefühl des Hasses. Doch Wärter Liu schien nichts zu bemerken. »Ich kann einfach nicht glauben, daß sich das nicht erlernen läßt«, munterte er mich auf, »und außerdem, wenn du dann ein Neuer Mensch bist und ein Neues Leben beginnst, wirst du noch froh sein, dich gelegentlich mit einem Kartenspiel zu entspannen!«

Ich war wie vor den Kopf geschlagen. Daß ein Mensch sich so verstellen konnte! Als dann noch ein Wärter hinzukam und Tabak für eine Zigarette herumreichte, obwohl wir alle wußten, wie sehr er der Pfeife ergeben war, bestand für mich kein Zweifel mehr, daß unsere Bewacher sich gegen uns verschworen hatten. Aber mich würden sie damit nicht hereinlegen, sagte ich mir entschlossen.

In Wirklichkeit bin ich natürlich selbst derjenige gewesen, der alle andern zu täuschen suchte. Nicht lange nach diesem Abend sprach mich der Gefängnisdirektor im Hof an: »Ich habe deinen Brief und die Tschiän Lung Siegel gesehen. Auch die Sachen, die du der Sowjetunion geschenkt hast, sind uns hierhergeschickt worden. Aber vergiß nicht, unserem Volk bedeuten Juwelen nicht viel. Was zählt, ist der Mensch, der durch Umerziehung neu geformte Mensch!«

Siebtes Kapitel

Verspottet und verlassen

Erst viele Jahre später habe ich die tiefere Bedeutung dieser Worte verstanden. Damals nahm ich die Bemerkung des Gefängnisdirektors über die Notwendigkeit der Umerziehung nur als Gewähr dafür, daß mein Leben wenigstens nicht unmittelbar bedroht sei. Aber gerade, als ich es am allerwenigsten erwartete, wurde es gefährlich.

Eines Tages brach der Bügel meiner Brille ab, und ich bat den Wärter, sie dem Großen Li zur Reparatur zu bringen. Der Große Li war in diesen Dingen sehr geschickt und selbst so empfindliche Gegenstände wie Uhren und Füllfederhalter, die man ihm zur Reparatur brachte, wurden in seinen Händen wieder wie neu. Unser Gefängnis war so angelegt, daß man im oberen Stock hören konnte, was darunter vorging und umgekehrt. Nicht lange, nachdem der Wärter meine Brille mit nach unten genommen hatte, konnte ich, wenn auch nur undeutlich, heraushören, wie der Große Li unwillig vor sich hin murmelte. Gleich darauf wurde mir auch die Brille wieder zurückgebracht, und ratlos fragte mich der Wärter, ob ich mir nicht selbst helfen könnte? Der Große Li habe keine Möglichkeit, sie zu reparieren. Ich war schon wütend gewesen, als ich ihn vorhin so mürrisch hatte brummen hören, aber nun wollte ich doch sehen, wie weit er wohl wagen würde, dieses Spiel gegen mich zu treiben.

»Wenn ich das selbst in Ordnung bringen könnte, dann hätte ich ihn nicht darum gebeten. Bitte sprechen Sie doch noch einmal mit ihm, Herr Dschiang!«

Dieses Mal nun sträubte sich der Große Li nicht, aber als ich die Brille wieder zurückbekam, sah ich, daß er den Bügel nur notdürftig mit einem Stück Draht befestigt hatte, und selbst die Schraube am Scharnier fehlte.

Je länger ich über diese Sache nachgrübelte, desto nachdrücklicher mußte ich mir eingestehen, daß die Ursachen für die Veränderung, die in dem Großen Li vorgegangen war, weiter zurückliegen mußten. Schon als ich den Kleinen Ruei vor einiger Zeit zu ihm geschickt hatte, war er unverrichteter Dinge zurückgekommen. »Der Große Li sagt, daß er beschäftigt ist und keine Zeit hat.« Jetzt glaubte ich auch, daß ich aus seinem unwirschen Brummen einen Satz hätte heraushören können wie: »Ich kann nicht immer nur für ihn dasein, ich habe keine Zeit.«

Die Sache mit der Brillenreparatur lag noch nicht lange zurück, als der Neujahrstag 1952 kam. Man ließ uns einen Neujahrsabend veranstalten, wobei die Gefangenen auf dem offenen Platz vor dem Wachturm selbst ein eigenes Programm aufführen sollten. Der Kleine Hsiu, der Kleine Gu und der Große Li hatten hierfür einen Sketch verfaßt, in dem sie auch alle Rollen selbst auf der Bühne übernahmen. Nur der Kleine Ruei nahm nicht daran teil. In Frage-und-Antwort-Form brachten sie ihre Zuhörer mit spaßigen Geschichten aus dem Gefängnisleben zum Lachen und gossen ihren Spott über einige andere Gefangene wie Dschang Huän-hsiang, den früheren Justizminister von »Mandschuguo«, der sich wegen seiner Launen, die er immer an anderen ausließ, unbeliebt gemacht hatte. Die Art, wie sie zusammen ihre Spottverse vortrugen und gleichzeitig dabei die Opfer ihres Spotts imitierten, trug ihnen einen großen Lacherfolg ein.

Von Anfang an war mir klar, daß niemand anders als der Kleine Gu das Ganze inspiriert haben mußte, und ich amüsierte mich zunächst genau wie alle anderen darüber. Aber als sie auf einmal über die abergläubischen Gefangenen herzogen, bekam ich bereits einen Vorgeschmack auf das Kommende, und mir verging das Lachen. Sie spotteten, diese Menschen hätten noch immer nicht begriffen, daß jene Orakel und Götter ihnen schon früher nicht geholfen hätten, sondern beteten heute noch heimlich ihre Litaneien und flehten zu den Göttern. Offensichtlich zielte dieser Angriff auch auf mich, da ich damals meine Gewohnheit, die Götter anzurufen und Beschwörungsformeln zu murmeln, noch nicht ganz aufgegeben hatte. Gewiß, früher hatte ich mich tatsächlich nur zu oft von Orakelsprüchen, Divinationen, Sutren und Zauberformeln narren lassen, und wenn ich auch jetzt in diesem Gefängnis allmählich verstehen lernte, mich besser an die Menschen als die Götter um Hilfe zu wenden – warum mußte man mich dann aber vor aller Öffentlichkeit verspotten?

Aber das war noch nicht alles. Als nächstes nahmen sie sich jenen Typ Mensch vor, der ins Gefängnis kommt, dort Einsicht zeigt, und während er von der Regierung als Mensch wie jeder andere auch behandelt wird, »noch immer den Sklaven für einen anderen spielen will« – mit dem Ergebnis, daß er dieser »anderen Person« nicht helfen könne, ein Neuer Mensch zu werden, sondern nur »behilflich sei, sich weiterhin als Herr und Meister aufzuspielen und sich der Umerziehung zu widersetzen«.

Es war mir nur zu deutlich, wem dieser Spott galt und wer die »andere Person« war; und ich verstand jetzt auch, warum der Kleine Ruei bei dieser Vorstellung nicht mitgespielt hatte. Aber während ich ihn bedauerte, machte ich mir noch größere Sorgen, daß er unter diesen Umständen vielleicht nicht mehr lange standhaft bliebe. Tatsächlich aber hatte sich auch der Kleine Ruei, wie alle anderen, geändert. In letzter Zeit waren der Große Li, der Kleine Hsiu und der Kleine Gu im Gefängnishof nicht mehr zu sehen gewesen, und da auch die Gelegenheiten, bei denen ich den Kleinen Ruei zu Gesicht bekam, spärlich waren, hatte sich meine schmutzige Wäsche schon seit Tagen allmählich zu einem Haufen angesammelt. Aber kaum hatte ich einsehen müssen, daß der Kleine Ruei nach jenem Neujahrsabend offenbar nicht mehr bereit war, meine Wäsche abzuholen, traf mich ein weiterer Schlag.

Ich hatte gerade Zellendienst und saß neben der Eisenbrüstung, um auf die Essensausgabe zu warten, als der Kleine Ruei mit dem Eßgeschirr erschien. Als er mir die letzte Schüssel herübergereicht hatte, zog er noch eine kleine zerknüllte Papierkugel hervor und ließ sie in meine Hand gleiten. Ich stutzte, aber dann ließ ich sie schnell und unauffällig verschwinden und machte dann kehrt, um das Essen auszuteilen, während ich mir die größte Mühe gab, mir nichts anmerken zu lassen. Nach dem Essen gab ich vor, auf die Toilette zu gehen, die sich hinter einer niedrigen Wand in einer Ecke des Zimmers befand, und faltete verstohlen den Zettel auseinander.

»Wir sind alle schuldig«, stand da, »und sollten alles der Regierung offen eingestehen. Habt Ihr die Sachen, die ich für Euch einmal in dem Koffer versteckt habe, schon angegeben? Wenn Ihr sie von Euch aus angebt, wird die Regierung bestimmt Nachsicht zeigen.«

Mich packte eine unmäßige Wut, aber es dauerte nicht lange, bis es mich schauderte bei dem Gedanken, daß selbst meine nächsten Verwandten sich von mir abwandten. Ich spülte den Zettel in der Toilette hinunter, aber die Gefühle, die er in mir ausgelöst hatte, konnte ich damit nicht fortscheuchen. Ich dachte über die Vergangenheit und die Gegenwart dieser jungen Männer nach, und die Veränderung, die in ihnen vorgegangen war, erschien mir unbegreiflich.

Der Vater vom Großen Li war einst Diener im Sommerpalast gewesen, und da er noch der Kaiserinwitwe aufgewartet hatte, wurde dem Großen Li nach der Massenausweisung der Eunuchen erlaubt, im Palast Dienst zu tun. Er war damals gerade vierzehn Jahre alt. Später begleitete er mich dann nach Tientsin, wo ich ihn zusammen mit anderen Jungdienern durch einen Hauslehrer unterrichten ließ. Bald darauf machte ich ihn dann zu meinem persönlichen Begleiter, da ich ihn für einen der zuverlässigsten unter allen meinen Dienern hielt. Ihn hatte ich ausgewählt, als ich aus Talitzukou [1945] nach Japan fliehen wollte, und in der Sowjetunion war er sogar einmal mit Fäusten auf einen Japaner losgegangen, der mir nicht Platz machen wollte. Nie hatte er sich meinen Anweisungen auch nur im geringsten zu widersetzen gewagt und war mir von Anfang an mit dem größten Respekt begegnet.

Ich konnte mir nicht vorstellen, was ihn derart verändert haben konnte. Aber so, wie jetzt die Dinge standen, gab es in seinen Augen bereits keine Unterschiede mehr zwischen »oben« und »unten«.

Der Kleine Gu war der Sohn von Pu Wei, dem zweiten Prinzen Gung. Nach dem Tod seines Vaters hatte ich ihm das Privileg gewährt, den Titel Prinz weiter zu führen, und ihn in der Hoffnung aufgezogen, daß er eine der Hauptstützen einer künftigen Restauration sein würde. Auch er hatte dieses Ziel zu seinem Lebenswunsch gemacht und selbst in der Sowjetunion noch Gedichte verfaßt, worin zum Ausdruck kam, daß er loyal daran festhalte. Unter meiner Anleitung war er ein ernsthafter Anhänger des Buddhismus geworden, und es konnte vorkommen, daß er sich ganze Tage lang vor dem Bild eines Skelettes in »Weiße-Knochen-Meditation« versenkte. Selbst am Tage unserer Ankunft in Harbin noch hatte er nicht versäumt, mir seine unerschütterliche Loyalität zu beweisen. Nie wäre mir in den Sinn gekommen, daß ein Mensch wie er schließlich eine Satire verfassen konnte, die mich in aller Öffentlichkeit dem Spott preisgab und demonstrierte, daß auch seine Loyalität mir gegenüber verschwunden war.

Am unerwartetsten aber traf mich die Veränderung, die in dem Kleinen Ruei vorgegangen war. Er entstammte der Familie des Prinzen Dun, die nach dem Boxeraufstand in Ungnade gefallen war und Macht und Einfluß eingebüßt hatte. Als er neunzehn Jahre alt war, berief ich ihn nach Tschangtschun, um dort zusammen mit den Nachkommen anderer verarmter Adelsfamilien des kaiserlichen Klans zu studieren. Zu jener Zeit hielt ich ihn für einen der gehorsamsten und zuverlässigsten aller meiner Neffen. Und obwohl er mir weniger begabt und aufgeschlossen als die anderen erschien, so schätzte ich doch um so mehr die Bereitwilligkeit, mit der er mir zu Diensten war.

Während der fünf Jahre in der Sowjetunion hatte er mir seine ungebrochene Loyalität bewiesen. Einmal hatte ich ihn auf die Probe gestellt und ihn gefragt: »Wenn du deinem Kaiser wirklich aufrichtig ergeben bist, darfst du mir nichts verheimlichen, was du auf dem Herzen hast. Hast du jemals einen despektierlichen Gedanken gehabt?«

Während ihm das Blut augenblicklich in die Wangen schoß, stieß er hervor: »Ich habe gefehlt, ich habe gefehlt!«

Als ich ihn weiter aushörte, war er so aufrichtig, mir eine Sache einzugestehen, die er schon lange mit sich herumgetragen hatte: Als ich einmal zur Strafe etliche meiner Neffen eine Stunde lang hinknien ließ, habe er sich ungerecht behandelt gefühlt und mir innerlich Vorwürfe gemacht, daß mit mir nicht auszukommen sei. Während er mir dieses Geständnis machte, lief ihm vor Angst der Schweiß über das Gesicht. Aber ich ließ es dabei bewenden und nickte ihm nur zu: »Wenn du nur dein Unrecht einsiehst, dann mag das jetzt hingehen. Das eine Mal soll dir noch verziehen werden!«

Bewegt vor Freude war er eilends auf die Knie gefallen, um mir für diesen Gnadenerweis mit einem Kotau zu danken. In der Sowjetunion hatte ich kurz vor meiner Rückkehr nach China mit meinen Brüdern und Schwägern noch die »Nachfolgefrage« für den Fall meines Todes beraten und den Kleinen Ruei dabei zu meinem Nachfolger bestimmt. Man kann sich vorstellen, wie er diese Entscheidung aufnahm. Wenn ich beispielsweise in der Sowjetunion hin und wieder auch noch andere gebeten hatte, etwas für mich zu erledigen, so ließ dies der Kleine Ruei nach meiner Rückkehr nicht mehr zu: Er tat alles für mich. Und jetzt war gerade er es, der mich zurechtwies und sagte, ich hätte »gefehlt«!

Ein schärferer Beobachter als ich hätte aber bereits einige warnende Vorzeichen dieser unbegreiflichen Veränderung erkennen können. An jenem Neujahrsabend hatte der Kleine Gu in einer Ballade vorgetragen, wie sich ihr Denken gewandelt hatte. Er beschrieb darin, wie sie von Kindheit an bis zur Zeit in »Mandschuguo« nie etwas anderes als reaktionäre Propaganda gehört hätten; wie ihre Erziehung sie zu Sklaven machte und sie glauben ließ, daß die Japaner die stärkste Macht der Welt seien, während das chinesische Volk von Natur aus unfähig sei und geführt werden müsse; daß Menschen von Geburt an in Klassen geteilt wären usw. Erst ihre Rückkehr nach China habe ihnen gezeigt, daß dies alles Lügen gewesen seien: Schon am ersten Tag hätten sie verwundert festgestellt, daß der Lokomotivführer ein Chinese sei, und später wären fast täglich ähnliche Überraschungen gefolgt. Am erstaunlichsten aber sei das Verhalten der Gefängnisleitung und der Sieg im Koreakrieg gewesen.

Damals hielt ich diese Moritat des Kleinen Gu nur für ein Spiel und achtete nicht weiter darauf. Aber war das nicht geradewegs der Grund, warum sie gegen mich hinterrücks rebelliert hatten? Sie sahen jetzt, daß ich sie betrogen hatte, aber ich war noch immer unfähig, das zu begreifen.

Am allerwenigsten konnte ich verstehen, daß sie alle so deutlich ihre neue Stellung beim Umgang mit dem Gefängnispersonal empfanden, seit sie von mir getrennt waren. Sie waren zwar Gefangene, aber sie wurden doch als Menschen mit eigener Persönlichkeit behandelt, während sie früher zwar als Adlige galten, aber in Wirklichkeit doch nur Sklaven ohne Ketten waren. Jetzt hatten sie miterlebt, wie begeistert die Patriotin Dschao Kuei-lin [während der Zug in Mukden gehalten hatte] von allen begrüßt worden war, und die Geschichte dieser jungen Arbeiterin gehört, die eine Hand geopfert hatte, um eine Chemiefabrik zu retten. Zum ersten Mal hatten sie von jungen Leuten erfahren, die ein ganz anderes Leben als sie selbst führten, von den Errungenschaften der Freiwilligenarmee in Korea und den großen Leistungen beim Wiederaufbau ihres Vaterlandes.

Sie begannen sich zu fragen, warum sie nie zuvor von solchen Menschen gehört hatten. Warum hatten sie nie etwas anderes kennengelernt, als zu meditieren und Kotau zu machen? Warum mußten sie für Beschimpfungen und Schläge auch noch dankbar sein, während andere sich ruhmreich auszeichneten? Warum waren andere so tüchtig, während sie so unfähig waren? Gedanken wie diese hatten sie verändert, und sie begannen gewissenhaft zu studieren und der Gefängnisleitung rückhaltlos alles über ihre Vergangenheit zu berichten...

Nachdem ich den Zettel vernichtet hatte, brütete ich düster vor mich hin: Die Kommunisten mußten wirklich gefährlich sein, wenn sie meine Neffen und den Großen Li auf diese Weise verändern konnten. Nur der Gedanke, daß mein Bruder Pu Dschiä und meine Schwäger sich noch immer verhielten wie sonst, verschaffte mir etwas Trost. Aber meine große Sorge blieb: Würde der Kleine Ruei imstande sein, mich zu denunzieren? Ich war ratlos. Ich hatte noch 468 Kostbarkeiten im Geheimfach meines Koffers versteckt: Platin, Gold, Diamanten sowie Perlen und ähnliche Schmuckstücke, die ich alle sorgfältig ausgewählt hatte. Ohne diesen Rückhalt sah ich keine Möglichkeit mehr, später für mein Leben aufzukommen, falls ich je einmal entlassen werden sollte; die Vorstellung, selbst meinen Lebensunterhalt zu verdienen, war mir damals überhaupt noch nicht gekommen. Sie nun mit einem Male auszuhändigen, nachdem ich sie schon so lange verborgen hatte, wäre ein Beweis dafür, wie lange ich schon die Gefängnisleitung betrogen hatte. Aber wenn ich sie weiter zurückbehielt, konnte das gefährlich sein, denn der Kleine Ruei war nicht der einzige, der davon wußte. Und selbst wenn er mich nicht im Stich lassen würde, so war ich den anderen Mitwissern um so mehr ausgeliefert; wenn sie erst einmal diese Sache ans Licht brachten, würde alles nur noch schlimmer.

»Wenn Ihr sie freiwillig angebt, wird Euch die Regierung mit Nachsicht behandeln.« Dieser Satz kam mir kurz in den Sinn, aber dann verdrängte ich ihn allmählich wieder. Damals erschienen mir Worte wie »Kommunistische Partei« und »Nachsicht« als unvereinbare Gegensätze, und obwohl ich schon seit meiner Inhaftierung ganz anders behandelt worden war, als ich jemals erwartet hatte, und in der Zeitung oft gelesen hatte, daß die Vergehen der »Fünf Gifte« [Bestechung, Steuerhinterziehung, Veruntreuung, Pfuscharbeit, Diebstahl] milde behandelt wurden, so konnte ich doch immer noch nicht daran glauben.

Nachdem diese Kampagnen begonnen hatten, waren einige besonders üble Korruptionsverbrecher hingerichtet worden, und bald darauf hatten die Zeitungen auch die kriminellen Aktivitäten einer ganzen Reihe von Kapitalisten enthüllt, die Staatseigentum entwendet, Wirtschaftsspionage getrieben, geschmuggelt, Bestechungen versucht und Steuern hinterzogen hatten – und unwillkürlich verglich ich diese Fälle mit meinem eigenen Sündenregister.

Über den Slogan »Rädelsführer werden unweigerlich bestraft, unfreiwillige Mitläufer werden nicht belangt: wer sich Verdienste erwirbt, wird belohnt«, hatte ich außerdem meine eigene Meinung: Selbst wenn diese Fälle von Nachsicht auch alle echt sein mochten, würden sie doch nicht unbedingt für mich zutreffen; denn immerhin zählte ich ja zur Gruppe der »Hauptübeltäter« und gehörte daher zu denen, die unbedingt bestraft werden mußten.

»Wer offen gesteht, wird nachsichtig behandelt.« Ich lächelte bitter. Ich war überzeugt, daß der Gefängnisdirektor in Zorn ausbrechen würde, wenn ich ihm von meinen Juwelen erzählen würde. Er würde überdies noch nachforschen, ob ich mich nicht noch auf andere Betrugsmanöver eingelassen hätte. Wenigstens hatte ich so einst die Menschen behandelt, die in meiner Gewalt gewesen waren. Nein, sagte ich zu mir selbst, ich durfte kein Geständnis ablegen. Der Kleine Ruei und die anderen würden es nicht fertigbringen, alle Bande zu zerreißen und mich wirklich preiszugeben. Ich schob die Angelegenheit erst einmal beiseite. Eine Woche später aber war der Kleine Ruei wieder mit dem Essenaustragen an der Reihe. Verstohlen beobachtete ich ihn. Sein Gesichtsausdruck war sehr ernst, und ohne einen Blick auf mich zu werfen, starrte er nur einen Moment auf meinen Koffer. Das ließ nichts Gutes hoffen. Keine zwei Stunden später erschien er plötzlich eilig wieder, als wir gerade mit dem Studium (Schulungsunterricht) begannen. Er blieb einen Moment vor unserer Zelle stehen, musterte meinen Koffer und entfernte sich dann schnell wieder.

Für mich bestand kein Zweifel, daß er auf dem Weg zum Gefängnisdirektor war. Ich hielt es nicht mehr länger aus. So lange, bis ich denunziert wurde, durfte ich nicht warten. Ich nahm die Hand des Alten Wang, der unser Zellenchef war, und sagte ruhig: »Ich habe der Regierung etwas zu gestehen ...«

Achtes Kapitel

Ich gestehe, ich lüge

»Ich, Pu Yi, bin nicht aufrichtig gewesen. Obwohl die Regierung mich so human behandelt hat, habe ich doch noch diese Dinge unterschlagen und damit gegen die Vorschriften des Gefängnisses, nein, gegen die Gesetze des Staates verstoßen. Diese Werte gehören an sich nicht mir, sie sind Eigentum des Volkes. Erst heute, da ich dies einsehe, habe ich mich zu einem Geständnis entschlossen.«

Ich stand mit gesenktem Kopf im Empfangszimmer des Direktors. Auf einem Tisch in der Nähe des Fensters funkelten und glitzerten die 468 Stücke, die ich übergeben hatte. »Mögen sie nur funkeln«, dachte ich, »solange mich mein ›freiwilliges Geständnis‹ vor Schlimmerem bewahrt.«

Der Direktor sah mich eine Weile aufmerksam an und nickte: »Setz dich.« Der Ton seiner Stimme weckte neue Hoffnungen in mir. »Hast du viele Gewissenskämpfe deswegen ausstehen müssen?«

Während ich erzählte, wie sehr mir diese Sache zu schaffen gemacht hatte, erwähnte ich mit keinem Wort den Zettel, den mir der Kleine Ruei zugesteckt hatte. »Ich habe nicht den Mut zu einem Geständnis gehabt, weil ich fürchtete, daß ich selbst dann nicht auf Nachsicht rechnen dürfte.«

»Warum?« Auf seinen Lippen zeigte sich die Spur eines Lächelns. »Vielleicht weil du ein Kaiser warst?«

»Ja, Direktor«, gab ich nach kurzem Zögern zu.

»Eigentlich kein Wunder, daß du auf solche Gedanken kommst«, lachte er, »du hast eine einzigartige Vergangenheit, und es ist nur natürlich, daß du auch auf einzigartige Ideen verfällst. Ich kann dir nur noch einmal sagen: Die Kommunistische Partei und die Volksregierung werden immer zu ihrem Wort stehen. Wer gesteht, darf auf Nachsicht rechnen, wer sich in der Umerziehung bewährt hat, dessen Strafe wird verringert werden, und wer sich Verdienste erwirbt, der wird belohnt werden – was immer der einzelne auch früher gewesen sein mag. Es kommt nur auf dein Verhalten an. Du hast gegen die Gefängnisvorschriften verstoßen, weil du diese Dinge nicht gleich am Anfang übergeben hast. Aber da du heute selbst gekommen bist, um ein Geständnis abzulegen und deinen Fehler einzugestehen, ist das ein Beweis für deine Reue. Ich habe daher beschlossen, dich nicht zu bestrafen.« Er ließ daraufhin den zuständigen Wärter herbeiholen und ordnete an: »Pack diesen Haufen Dinge zusammen und gib Pu Yi eine Quittung dafür.«

Ich war so überrascht, daß ich unversehens aufsprang. »Nein, ich brauche keine Quittung. Wenn die Regierung diese Sachen schon nicht beschlagnahmen will, dann will ich sie wenigstens stiften.«

»Wir werden das trotzdem für dich aufbewahren. Hier kannst du die Liste bestätigen.« Der Gefängnisdirektor erhob sich und wollte gehen. »Ich habe dir schon früher einmal gesagt, daß ein neugeformter Mensch für uns noch viel wertvoller ist.«

Als ich mit der Quittung in der Hand wieder in meine Zelle zurückkehrte, waren meine Zellengefährten gerade dabei, über Fragen aus dem Buch »Wie China zur Kolonie und Halbkolonie herabsank« zu sprechen, das wir studierten. Aber als sie mich bemerkten, brachen sie die Diskussion ab und beglückwünschten mich mit einer Wärme und Herzlichkeit zu meinem Fortschritt, wie ich sie nie zuvor bei ihnen erlebt hatte.

»Alter Pu, wir bewundern dich!« – »Alter Pu, deine Tat hat mir den Weg gewiesen!« – »Alter Pu, erst jetzt sehe ich, daß du wirklich tapfer bist.« – »Alter Pu, durch dein Beispiel kann ich erst richtig an die Politik der Nachsicht glauben, ich muß dir dafür Dank sagen.« Sie nannten mich jetzt bereits nicht mehr Herr Pu; und hatte mir auch anfangs »Alter Pu« noch weniger behagt, so wurde mir doch heute richtig wohl dabei.

Zur Zeit, als sie mich Herr Pu nannten, war ich um wenigstens die Hälfte in ihrer Achtung gefallen. Seitdem ich selbst meine Kleider flickte und wusch, war ich mit meinem Äußeren noch mehr ins Hintertreffen geraten, so daß manche mich sogar hinter meinem Rücken »Flohmarkt« nannten: und das Unvermögen, das ich während unseres politischen Studiums zur Schau stellte, war auch nur zu oft mit einem erbarmungslosen Lachen quittiert worden. Aber daß sie mich jetzt immer wieder lobten, gab mir starken Auftrieb.

Während der Ruhezeit hörte ich, wie der Alte Yüan, früher Botschafter »Mandschuguos« in Japan, mit anderen über mich sprach. Dieser Alte Yüan war äußerst beschlagen und konnte in einem Augenzwinkern mehr sagen, als den anderen den ganzen Tag über einfiel. Was er sagte, traf genau, was ich auf dem Herzen hatte: »Der Alte Pu ist ein intelligenter Mensch, kein bißchen dumm. Daß er sich durchgerungen hat, von sich aus diese Kostbarkeiten anzugeben, war völlig richtig. Denn so etwas läßt sich über kurz oder lang doch nicht verheimlichen, und die Regierung hätte nur zu leicht davon erfahren. Die Regierung hat mehr Material über uns in den Händen, als wir uns vorstellen können. Denkt nur an die ›Drei Gifte‹- [Korruption, Verschwendung, Bürokratismus] und ›Fünf Gifte‹-Berichte in den Zeitungen: Millionen von Menschen haben da die Regierung mit Informationen versorgt, und selbst über Dinge, die ihr schon längst wieder vergessen habt, ist die Regierung unterrichtet.«

Ich erschrak. So wie er sprach, würde ich die Lügen in meiner Autobiographie nicht mehr lange verbergen können. Doch wenn ich alles offen zugäbe, würde ich da ebenso unbehelligt davonkommen, wie bei den Perlen und Steinen? Während das ein Vergehen an der Volkswirtschaft war, so ging es jetzt um politische Verbrechen. Ließen sich die auf die gleiche Stufe stellen? Der Gefängnisdirektor hatte darüber zwar ausdrücklich nichts gesagt, doch das Gesetz übertreten hieß das Gesetz übertreten, und Wirtschaftskriminalität mußte demnach nach den gleichen Prinzipien wie irgendein sonstiges politisches Verbrechen behandelt werden. Aber noch immer konnte ich mich nicht entschließen. Ich begann gründlich die Fälle von »Nachsicht« zu lesen, über die die Zeitung berichtete. Es war keiner darunter, der nicht mit Nachsicht behandelt worden wäre.

Während ich mit dem Alten Wang, der ja »Justizbeamter« gewesen war, diese Nachrichten besprach, verglich ich insgeheim jeden Fall mit meiner eigenen Sache und überlegte immer wieder, ob mir diese Politik der Nachsicht nicht vielleicht doch helfen könnte.

Als die Regierung zur Vorbereitung des Verfahrens gegen die japanischen Kriegsverbrecher mit den Untersuchungen begann, rief uns die Gefängnisleitung auf, alles, was uns über die Verbrechen der Japaner im Nordosten bekannt war, aufzuschreiben. Dabei stellte einer der Gefangenen die Frage, ob wir auch noch über andere Verbrechen als die der Japaner schreiben konnten. »Natürlich könnt ihr darüber schreiben«, wurde ihm erwidert, »aber das wichtigste sind vor allem die Verbrechen der Japaner.« Unwillkürlich schrak ich zusammen: »Andere« konnten nur Chinesen sein. Und der größte chinesische Verbrecher war natürlich ich! Würde vielleicht gar jemand aus meiner Familie etwas über »andere« schreiben wollen?

Die »Mandschuguo«-Kriegsverbrecher waren alle sehr eifrig dabei, die japanischen Verbrechen im Nordosten aufzuschreiben. Als der Alte Wang, unser Zellenchef, einsammelte, was unsere Gruppe zu Papier gebracht hatte, sagte er zufrieden: »Kein schlechtes Ergebnis! Morgen können wir bestimmt noch einmal soviel hervorbringen.«

»Wer weiß, wieviel nicht das Volk zu sagen hätte, wenn man es danach fragen würde!« fügte jemand hinzu.

»Das mußt du nicht erst betonen. Die Regierung wird auf jeden Fall bei der Bevölkerung des Nordostens Nachforschungen anstellen! Was meinst du dazu, Alter Pu?« fragte mich jetzt der Alte Wang.

»Ich glaube auch, daß das bestimmt so sein wird. Aber ich weiß nicht, ob dann auch noch Untersuchungen über andere als die Japaner geführt werden?«

»Auch wenn sie nicht nach uns fragen, so wird es doch sicher Leute geben, die über uns schreiben werden. Das einfache Volk haßt uns um nichts weniger als die Japaner!«

Am nächsten Tag waren wir wieder vollauf damit beschäftigt, Material über die Japaner zu liefern. Obwohl ich nicht viel zu sagen hatte und daher auch weniger schrieb als die anderen, war der Alte Wang doch nicht unzufrieden, da die anderen wenigstens zehn Anklagen zustande gebracht hatten. »Denkt euch nur«, sagte er, »wieviel da erst das Volk im Nordosten aufschreiben könnte! Wieviel Material käme da nicht für die Regierung zusammen! Wer einmal bei Gerichten tätig war, der weiß, daß man schließlich jeden zum Reden bringt, wenn man nur Beweismaterial in Händen hat. In der alten Gesellschaft glaubten wir, daß nichts schwieriger sei, als Beweise beizubringen, aber heute mit einer Volksregierung, wo das ganze einfache Volk Informationen beisteuert, herrschen andere Verhältnisse.« Mein Herz tat wieder einen Sprung.

Am Tag darauf hörte ich plötzlich eine Stimme von der Treppe her, als ich gerade an meinem letzten Bericht über die Japaner saß. Ich wandte mich um und sah, wie ein Fremder mittleren Alters in der Nähe des Wachturms auftauchte. Hinter ihm folgte der Gefängnisdirektor. Meine Erfahrung sagte mir bereits, daß es jemand sein müsse, der von höchster Stelle zur Inspektion geschickt worden sei.

Der Besucher inspizierte jede einzelne Zelle eingehend; und sein Gesicht verriet nicht die geringste Bewegung, als ihm der Oberaufseher die Namen der einzelnen Kriegsverbrecher rapportierte. Obwohl er keine Uniform trug, nahm ich – mehr noch wegen seines ernsten Gesichtsausdrucks als aufgrund seiner abgemessenen Schritte und seiner geraden Haltung – doch an, daß er ein Offizier sein müsse.

»Was machst du?« fragte er mich, als er vor unserer Zelle stehenblieb und mich fixierte.

Ich stand auf und meldete, daß ich gerade dabei sei, über die Verbrechen der Japaner zu schreiben.

Meine Antwort schien sein Interesse zu wecken. »Über welche verbrecherischen Aktionen der Japaner weißt du Bescheid?«

Ich berichtete ihm, daß die Japaner alle Arbeiter, die am Bau eines geheimen Konstruktionsprojekts beteiligt gewesen waren, umgebracht hatten.

Vielleicht lag es nur an meinen überreizten Nerven, aber mir schien, daß der Hauch eines Lächelns, das ursprünglich auf seinem Gesicht lag, plötzlich verschwunden war. Seine Augen wurden ernst.

»Als ich damals davon hörte, war ich sehr schockiert darüber. Ich hätte nie geglaubt, daß die Japaner so grausam sein konnten«, sagte ich unsicher.

»Warum hast du bei den Japanern nicht dagegen protestiert?« fragte er und blickte mir geradewegs in die Augen.

»Ich ... ich habe es nicht gewagt.«

»Nicht gewagt aus Furcht?« Er wartete erst gar nicht meine Antwort ab: »Furcht, was Furcht nicht mit einem Menschen anrichten kann!« Seine Stimme klang wieder gefaßt.

»Meine Verbrechen waren an allem schuld«, sagte ich leise, »ich muß dem Volk meine Schuld eingestehen; selbst ein tausendfacher Tod kann meine Schuld nicht sühnen.«

»Alles brauchst du nun auch nicht auf dich zu laden. Nur deine eigene Verantwortung kann dir niemand abnehmen. Du mußt dich an die Fakten halten. Deinen Teil der Schuld wirst du nicht abschütteln können, und was du nicht zu verantworten hast, wird dir auch nicht angelastet werden.«

Dennoch hörte ich nicht auf, über meine Schuld weiterzureden, deren ganzes Ausmaß ich jetzt erkannt hätte, und wie entschlossen ich nun sei, mich gründlich zu bessern. Ich wußte nicht, ob er mir überhaupt zuhörte, sondern sah nur, wie er jeden Winkel unserer Zelle inspizierte und sich sogar von einem Gefangenen den Zahnputzbecher zeigen ließ.

Als ich ausgeredet hatte, schüttelte er den Kopf und sagte: »Wir müssen uns an die Fakten halten. Wenn du aufrichtig deine Schuld eingestehst und Reue zeigst, kannst du sicher auf Nachsicht rechnen. Die Kommunistische Partei steht zu ihrem Wort, aber sie will auch Fakten sehen. Die Volksregierung ist dem Volk verantwortlich. Du mußt durch Tatsachen und dein Verhalten beweisen, daß du Fortschritte gemacht hast – nicht allein mit Worten. Bemühe dich!« Er warf noch einen beiläufigen Blick auf das, was ich geschrieben hatte, und ging dann zur nächsten Zelle weiter.

Mein Herz krampfte sich zusammen. Als ich den Stoß Papier noch einmal zur Hand nahm, den ich beschrieben hatte, schien mir, als ob ich erst jetzt die schwerwiegende Bedeutung der aufgezeichneten Ereignisse erkannt hätte. Seitdem ließ mich der Blick dieser Augen nicht mehr los. Ich spürte, daß ich einer unwiderstehlich vorwärtstreibenden Gewalt gegenüberstand, einer Art von Kraft, die nicht eher rasten würde, bis sie alles bis auf den Grund ausgeforscht hätte.

Jener Tag war ein Sonntag, und ich hing meine Wäsche zum Trocknen im Hof auf, als ich bemerkte, wie der Große Li, der Kleine Ruei und ein Beamter der Gefängnisleitung auf mich zugingen. Sie standen noch eine Weile vor den Blumenbeeten und trennten sich dann. Der Kleine Ruei ging dann auf die Stelle zu, wo ich meine Wäsche trocknete, aber als ich ihn grüßen wollte, ging er geradewegs an mir vorbei, ohne auch nur einen Blick in meine Richtung zu werfen. Ich konnte meinen Argwohn nicht unterdrücken. Hatten sie vielleicht das Unwiderrufliche getan?

Ich ging wieder in die Zelle zurück und nahm mir noch einmal die Berichte über die nachsichtige Behandlung von Fällen während der »Drei Gifte«- und »Fünf Gifte«-Bewegung vor. Nach einer Weile kam der Alte Wang zu mir herüber.

»Was machst du da? Studierst du die ›Fünf Gifte‹?«

»Nein.« Ich legte die Zeitung aus der Hand und faßte einen Entschluß: »Mir kam einiges aus der Vergangenheit in den Sinn, dessen wahren Charakter ich früher nicht durchschaut hatte, aber jetzt erkenne ich, daß es Verbrechen waren. Hältst du es für richtig, wenn ich darüber schreibe?«

»Wie soll das nicht richtig sein? Natürlich wäre das gut!« Mit leiser Stimme fuhr er fort: »Laß dir noch einmal sagen: Bei dem vielen Beweismaterial, das die Regierung bereits über uns in den Händen hat, ist es noch immer besser, freiwillig zu sprechen.«

Ich nahm meinen Federhalter und schrieb alles nieder: Ich beschrieb detailliert meine Begegnung mit Doihara, meine verschiedenen Beziehungen mit den Japanern und meine Aktivitäten in Tientsin. In diesen

Aufzeichnungen nannte ich meine Geschichte geradezu ein Musterbeispiel für den Imperialismus Japans, das bei seiner Aggression gegen China auf die Macht und die Stellung des Feudalismus angewiesen war; und ich betonte, daß ich den feudalistischen Kräften durch die selbstsüchtige Illusion von meiner Restauration als Aushängeschild gedient hatte. – Zwei Tage später wurde mir mitgeteilt, die Gefängnisleitung habe mein Geständnis gelesen und sei der Meinung, daß ich einen gewaltigen Schritt vorwärts gemacht habe, wofür mich unsere Studiengruppe loben sollte.

»Ein Stück konkretes Beweismaterial hilft mehr als tausend Worte«, sagte der Alte Wang, der einst Justizbeamter gewesen war und es wissen mußte.

Neuntes Kapitel

Schachtelkleben

Ende 1952 verließen wir unseren eisenvergitterten Block und zogen in einen Neubau mit geräumigen Zellen, die außer neuen Holzpritschen, Tischen und Bänken auch große, helle Fenster hatten. Und in diesem Gebäude begann ich – da ich sah, daß der Direktor seine Rede über die »Reform« ernst meinte und ich nach dem Einreichen meines Geständnisses statt bestraft gar gelobt worden war – ernsthaft zu studieren.

Allerdings war ich zu jener Zeit noch der Meinung, daß man zur Umerziehung nur ein paar Bücher zu lesen habe, oder anders ausgedrückt, ich dachte, mit der Lektüre bestimmter Bücher ließe sich automatisch eine Umerziehung mit Erfolg bewerkstelligen. Daß »Bücher lesen« nicht unbedingt mit »Bücher verstehen« identisch sein mußte, war eine Möglichkeit, die in Betracht zu ziehen mir damals nicht in den Sinn kam, obwohl ich zwischen Ende 1950 und Anfang 1951 meine Zeit fast ausschließlich mit der Lektüre von »Was ist eine feudalistische Gesellschaft?« verbracht hatte, ohne im geringsten zu begreifen, worauf dieses Buch abzielte. Zwei Jahre später, in dem Frühling nach unserem Umzug, lernte ich durch eine Arbeitsphase verstehen, was mit Feudalismus gemeint war.

In jenem Frühjahr 1953 hatte die Gefängnisdirektion mit einer Bleistiftfabrik in Harbin vereinbart, einen Teil der für die Bleistifte benötigten Schachteln von Gefangenen herstellen zu lassen. Von da an war unser Tag geteilt in vier Stunden Studium und vier Stunden Arbeit. Der Direktor war der Meinung, daß uns das Schachtelkleben ein wenig Abwechslung in die Gefängnisroutine bringen würde. Im übrigen könne uns manuelle Arbeit schon allein deshalb nichts schaden, weil wir uns nie zuvor in so etwas geübt hätten.

Daß diese Worte für mich eine besondere Bedeutung hatten, konnte ich nicht ahnen. Nicht nur, daß ich in meinem ganzen Leben noch nie Kartonschachteln geklebt hatte, es wäre mir auch unerhört erschienen, einmal einen Bleistift selbst zu spitzen. Von Bleistiften wußte ich allenfalls, daß es verschiedene Marken gab wie »Venus« mit einer armlosen Frau darauf und »Stella«-Stifte mit einem Gockel. An die Schachteln selbst hatte ich bis dahin nie einen Gedanken verschwendet, und deshalb war ich gänzlich unvorbereitet darauf, daß Schachtelkleben so mühsam sein würde.

Tatsächlich war der Reiz des Neuen schnell verflogen und hatte einem Gefühl ohnmächtiger Hilflosigkeit Platz gemacht: Mir war, als sei ich selbst schon genau so klebrig wie meine ungeschickten Hände. Während alle anderen bereits mehrere Schachteln fertiggestellt hatten, hantierte ich immer noch an meinem ersten Stück, und es sah gar nicht danach aus, als ob jemals eine Schachtel – oder auch nur sonst etwas – daraus werden würde. »Was um alles in der Welt hast du denn da zusammengebastelt?« Ohne daß ich es merkte, war der Alte Hsiän, ein ehemaliger Direktor eines »Mandschuguo«-Militärspitals, hinter mich getreten und hatte mein Machwerk in die Hand genommen. »Das läßt sich ja gar nicht öffnen!«

Der Alte Hsiän war ein Sohn des Prinzen Su. Er war in Japan aufgewachsen, wo er Medizin studiert hatte; seine Schwester war unter dem Namen ihres japanischen Adoptivvaters Kawashima eine berüchtigte Agentin der Kwantung Armee geworden; sein Bruder hatte als Bürgermeister von Harbin amtiert. Kurz, der Alte Hsiän entstammte einer Familie führender projapanischer Verräter. Als ich ihm in der Sowjetunion zum ersten Mal begegnete, war er noch vor mir niedergekniet und hatte mit tränenerstickter Stimme gesagt: »Der Sklave kann sich nicht fassen vor Glück, daß es ihm vergönnt ist, den Herrn zu sehen!« Aber jetzt, wo wir zusammenwohnten, bereitete ihm nichts größeres Vergnügen, als mich vor den anderen bloßzustellen. Er war überhaupt ein streitsüchtiger Mann. Nur, mit den andern wurde er nicht fertig, und deshalb war ich, der ich auf allen Gebieten Angriffsflächen bot, sein bevorzugtes Opfer geworden ...

Meine Unfähigkeit, mit Papier und Leim umzugehen, hatte so unterschiedliche Gefühle wie Eifersucht, Enttäuschung und Furcht vor Spott in mir geweckt, und nun mußte dieser alte Wichtigtuer ausgerechnet diesen Augenblick wählen, um die Aufmerksamkeit der andern auf mich zu ziehen. Jeder drängte sich nach vorn, um sich auf meine Kosten zu amüsieren. Ich riß dem Alten Hsiän mein Werk aus der Hand und warf es auf den Abfallhaufen.

»Was? Willst du das einfach als Ausschuß deklarieren?«

»Wer sagt hier, daß das Ausschuß sein soll? Ich habe etwas schlecht geklebt, aber das heißt noch lange nicht, daß die Schachtel nicht zu gebrauchen wäre!« Mit diesen Worten fischte ich mein Werk wieder heraus und legte es zu dem Stoß bereits fertiggestellter Schachteln.

»Ausschuß ist Ausschuß, egal wo man ihn hintut!«

Diese zweideutige Beleidigung des Alten Hsiän erbitterte mich derart, daß ich, halb zitternd vor Wut und ganz gegen meine Gewohnheit zurückgab: »Mit mir fertig zu werden, ist gerade noch das äußerste, was du zustande bringst. Das ist wahrlich ›die Schwachen quälen und die Starken fürchten‹!«

Damit traf ich seine wunde Stelle. Er lief rot an und schrie: »Wen soll ich quälen? Wen soll ich fürchten? Du glaubst wohl noch immer, daß du ein Kaiser bist, dem alle anderen aufzuwarten haben!«

Zum Glück achteten die andern bereits nicht mehr auf uns; und während sie an ihre Plätze zurückkehrten, wies der Gruppenleiter den Alten Hsiän an, ruhig zu bleiben. Aber der Alte Hsiän war nicht jemand, der sich leicht geschlagen gab. Am nächsten Tag setzte er sich zum Schachtelkleben direkt neben mich und machte sich ein Vergnügen daraus, meine Arbeit mit kritischen Blicken zu begutachten, bis ich mich so setzte, daß er nur noch meinen Rücken sah.

Obwohl ich auch an diesem zweiten Tag in meiner Leistung hinter den andern zurückblieb, durfte man doch sagen, daß ich einen gewissen Fortschritt zeigte. Gegen Abend verteilte die Gefängnisleitung Süßigkeiten, die aus dem Erlös der Schachteln des Vortages gekauft worden waren. Dies war das erste Mal, daß ich den Lohn meiner Hände Arbeit empfing, und wenngleich meine Produktion an letzter Stelle kam, so erschien mir doch mein Anteil an den kandierten Früchten süßer als alles, was ich je zuvor gegessen hatte.

»Pu Yi hat heute ganz ordentlich ›was zustande gebracht‹, wie?« sagte der Alte Hsiän plötzlich. Um ihm den Wind aus den Segeln zu nehmen, bemerkte ich leichthin: »Ging nicht schlecht. Diesmal ist kein Ausschuß dabei.«

Der Alte Hsiän lachte verlogen. »Ein bißchen mehr Bescheidenheit würde dir wohl anstehen!«

»Ist das unbescheiden, wenn ich sage, daß diesmal kein Ausschuß dabei ist?« Ich war so wütend, daß mir selbst die Süßigkeiten nicht mehr schmeckten. Was ich dem Alten Hsiän am meisten nachtrug, war seine Art, mich mit untrüglicher Sicherheit immer genau dann herunterzumachen, wenn ich einmal mit mir zufrieden war. »Wenn ich wieder Abfall bastle, werde ich dir gern weiter zuhören. Aber jetzt liegt mir nichts an deiner Meinung.« Ich glaubte, ihn damit erledigt zu haben. Aber ich hatte den Alten Hsiän unterschätzt. Er beugte sich über meine Schachteln und hielt dann eine davon in die Höhe, damit alle sie sehen konnten: »Bitte, schaut euch das an!«

Ich sah auf und hätte mich beinahe an der kandierten Frucht in meinem Mund verschluckt: Ich hatte das Etikett mit der Vorderseite nach unten aufgeklebt! Das machte mich so wild vor Wut, daß ich drauf und dran war, dem Alten Hsiän die Schachtel aus der Hand zu reißen, um sie ihm in seine pockenvernarbte Visage zu schmeißen. Aber dann beherrschte ich mich und sagte statt dessen zwischen den Zähnen: »So denk doch, was du willst!«

»Hört diese großen Töne! Man spielt also noch immer den stinkigen Kaiser! Wenn ich dich kritisiere, ist das nur, weil ich es gut mit dir meine. Aber das willst du ja nicht begreifen!!« In diesem Moment hörte man, wie sich im Gang die Schritte unseres Wärters näherten. Der Alte Hsiän schrie darauf gleich um eine Stufe lauter: »Du bildest dir wohl noch immer ein, wieder einmal Kaiser zu werden!«

»Das ist einfach lächerlich!« gab ich erbost zurück. »Ich bin dümmer als du, ich kann weniger gut reden und benehme mich auch sonst in allem ungeschickter, und zwar schon von Geburt an. Genügt dir das?«

Die andern waren mittlerweile alle von ihren Plätzen aufgestanden, um zu vermitteln. Unsere damalige Zelle war groß, und wir lebten zu achtzehn Mann darin: drei »Manschuguo«-Minister, vierzehn ehemalige Generalstäbler und ich. Einer der drei »Minister« war übrigens mein aufgezwungener Muster-Premier Dschang Dsching-huei, der im Alter senil geworden war, gewöhnlich weder mit uns studierte noch mit uns arbeitete, und nur selten noch den Mund auftat.

An diesem Abend veranstalteten wir nach der Arbeit eine Diskussion über die »Schachtelaffäre«, an der alle außer Dschang teilnahmen. Die Meinungen waren geteilt. Einige warfen dem Alten Hsiän vor, daß er, selbst wenn er mich nur im Guten kritisieren wollte, nicht hätte so herumschreien dürfen. Die anderen waren der Ansicht, daß ich, statt pikiert zu sein, besser hätte zugeben sollen, daß meine Schachteln schlecht gemacht waren. Daraufhin meldete sich der Alte Gou, ein Mongole, zu Wort. Für ihn sei klar, daß sich der Alte Hsiän von Anfang an nicht richtig verhalten habe, weshalb meine gereizte Reaktion durchaus gerechtfertigt gewesen sei. Dies veranlaßte einen Regimentskommandeur und Freund des Alten Hsiän wiederum zu dem Protest, der Alte Gou sei parteiisch. Als nächstes kam der Vorschlag, die Frage an der samstäglichen Kritikversammlung zu behandeln, und dann begann alles durcheinanderzuschreien. Plötzlich zog der Regimentskommandeur den Alten Hsiän, der vor Aufregung bereits geiferte, am Mantel und alles verstummte. Verwundert drehte ich mich um: Der neue Gefängnisbeamte, den wir, da er wie unser früherer Schulungsleiter Li hieß, auch mit diesem Titel anredeten, stand in der Tür. Li fragte den Zellenchef, den Alten Wei, nach der Ursache des Streites.

»Ich melde dem Schulungsleiter, daß alles mit dieser beanstandeten Kartonschachtel begann.« Li nahm die Schachtel mit dem falsch geklebten Etikett in die Hand und sagte nur: »Ist das denn so eine große Sache, daß es sich lohnt, darüber zu streiten? Wieso klebt ihr nicht einfach ein neues Etikett auf?« Wir waren baff!

Aber damit war die Angelegenheit noch nicht erledigt. Ein paar Tage später fragte uns der Kleine Ruei, der für die Verteilung des Materials zuständig war, ob wir uns an einem Arbeitswettkampf, den die anderen Gruppen veranstalten würden, beteiligen wollten. Als wir zusagten, verriet er uns noch, daß der Kleine Gu ein neues Klebeverfahren entwickelt habe, das mindestens zweimal so schnell sei wie das alte. Damit war uns klar, daß wir unsere Produktivität gehörig steigern mußten, um uns zu behaupten.

Technische Reformvorschläge, die wir in der Zeitung gelesen hatten, brachten uns schließlich auf den Gedanken, im Fließbandsystem zu arbeiten. Jedermann war sofort dafür, einen Versuch zu wagen. Auch ich war ganz begeistert von der Idee. Das würde meine Arbeit sehr viel leichter machen, und außerdem ließen sich dadurch auch meine Fehler besser verbergen. Aber schon nach kurzer Zeit hatte sich bei mir ein Stau gebildet, und der Alte Hsiän mußte es wieder als erster bemerken: »Das Versagen eines einzigen Mannes wirkt sich auf die ganze Gruppe nachteilig aus. Was können wir bloß dagegen tun?« Hsiän setzte absichtlich eine bekümmerte Miene auf.

Diesmal ließ ich es auf keinen Streit ankommen, sondern verhielt mich ruhig. Doch nun bemerkte auch mein Nebenmann, daß meine Arbeit ungenügend sei, wodurch sich die Ausschußquote der ganzen

Gruppe erhöhe. Das langte. Ich sah ein, daß selbst der Alte Gou oder Studienleiter Li die Kritik des Alten Hsiän nicht von der Hand weisen konnten: Ich zog mich vom Fließband zurück und begann an einem anderen Platz für mich allein zu arbeiten.

Wie nach der Trennung von meiner Familie bekam ich nun erneut zu spüren, was es heißt, allein zu sein. Aber diesmal war meine Einsamkeit viel tiefer, niederdrückender. Die Gruppe hatte mich verstoßen, und das gab mir ein Gefühl, als wenn man mir alle Kleider ausgezogen hätte. Als dann der Alte Hsiän auch noch anzüglich hüstelnd an mir vorbeiging und sich in seinem Pockengesicht unverhohlene Schadenfreude und Genugtuung spiegelten, wären mir beinahe die Lungen geplatzt vor Wut. Ich hätte jemanden gebraucht, der verständnisvoll meinem Kummer zuhörte. Aber die andern waren zu sehr mit ihrer Arbeit beschäftigt, um sich mit mir abzugeben. Ich fühlte, daß eine Grippe in mir steckte, und war unglücklich wie nie zuvor.

In der Nacht hatte ich einen Alptraum: Das Pockengesicht des Alten Hsiän schwebte über meinem Kopf und flüsterte hämisch: »Du bist menschlicher Ausschuß, gerade gut genug, ein Bettler zu sein! ...« In meinem Traum sah ich mich als Bettler an einer Brücke hocken wie jene »Affen, welche die Brücken bewachen«, von denen mir die Eunuchen in meiner Kindheit erzählt hatten. Und dann spürte ich eine Hand auf meinem Kopf und wachte erschreckt auf. Eine verschwommene Gestalt in Weiß betastete meine Stirn:

»Du hast hohes Fieber. Eine schlimme Grippe. Aber das werden wir gleich haben. Laß dich einmal anschauen.«

Mir war schwindlig, das Blut in meinen Schläfen pochte wild und ich hatte größte Mühe, mich soweit zusammenzureißen, daß ich begriff, was um mich geschah. Anscheinend hatte mich unser Wärter im Delirium reden hören und, als er mich nicht wecken konnte, den Anstaltsdoktor herbeigeholt. Nachdem der Arzt die Temperatur gemessen hatte, gab mir die Schwester eine Spritze, und dann versank ich wieder in tiefen Schlaf.

Einen halben Monat lang war ich krank. Meist lag ich schlafend in meinem Bett. Ich studierte nicht, und ich arbeitete nicht, aber ich dachte in diesen vierzehn Tagen mehr nach als in all den Jahren zuvor. Meine Gedanken reichten vom Schachtelkleben bis zu Tze Hsis häßlichem Gesicht, dessen Anblick mich als zweijähriges Kind so erschreckt hatte.

Früher, wenn ich das Bild meiner »Adoptivgroßmutter« heraufbeschwor, verband ich ihre Erscheinung immer mit einem Erlebnis der Furcht. Aber jetzt erschien sie mir hassenswert. Wieso hatte die alte

Kaiserinwitwe nach Guang Hsüs Tod ausgerechnet mich dazu auserwählen müssen, Kaiser zu werden? Bevor ich in den Palast kam, war ich ein unwissendes, unschuldiges Kind gewesen, das in jeder Hinsicht zumindest die gleiche Begabung aufwies wie Pu Dschiä, mein Bruder. Aber dann hatte man mich gezwungen, als Himmelssohn in vollkommener Abgeschlossenheit von der Außenwelt zu leben. Man hatte mir nicht einmal die einfachsten praktischen Kenntnisse beigebracht, so daß ich ein unfähiger Ignorant geworden war. Wegen dieser Erziehung lag ich heute nicht nur in puncto Wissen und allgemeinen Fähigkeiten weit hinter Pu Dschiä zurück. Selbst ein Kind würde sich noch geschickter anstellen als ich. Ich mußte mir den Spott und die Quälereien von Leuten wie dem Alten Hsiän gefallen lassen; und wenn ich auf mich allein gestellt wäre, wüßte ich nicht, wie ich mich am Leben erhalten sollte. War es nicht die alleinige Schuld Tze Hsis, der Prinzen und Hofminister, daß ich heute zu nichts taugte?

Jedesmal, wenn sich andere über mich lustig machten oder mein Unvermögen aufdeckten, hatte ich bis dahin sehr erbittert reagiert. Ich hatte jedermann gehaßt, der mich kritisierte, und diesen Haß auch auf die Volksregierung, die für meine Haft verantwortlich war, übertragen. Aber nun begann ich einzusehen, daß ich wirklich »lächerlich«, »unfähig« und »dumm« war. Wie konnte ich es meinen Neffen verübeln, daß sie schließlich jeden Respekt vor mir verloren hatten und nun meine Würde mit Füßen traten? Ich war ja nicht einmal fähig, Lauch als »Lauch« zu erkennen, wenn ich davon aß, und ich hatte die »Himmelsscheinende Strahlende Gottheit« der Japaner als meine Ahnherrin akzeptiert. Was war denn, einmal objektiv gesehen, überhaupt »Göttliches« an mir? Der Alte Dscheng, ein Sohn jenes Babojabs, der in den ersten Jahren der Republik mit Prinz Su und Prinz Gung einen Aufruhr in der Mongolei entfesselte und dann ermordet worden war, sagte mir, daß seine ganze Familie den Schwur abgelegt hatte, für meine Restauration zu sterben. Seine Mutter habe mich wie einen Gott verehrt: »Zu schade, daß sie schon tot ist. Ich hätte ihr sonst klargemacht, daß ihr Kaiser Hsüan Tung nichts als ein Stück Abfall ist!...« Konnte ich es meinen früheren Untertanen verargen, wenn sie mir jetzt solche Dinge an den Kopf warfen? Nein, ich hatte es allein der Kaiserinwitwe Tze Hsi und meiner damaligen Umgebung zu verdanken, daß ich jetzt von den andern so behandelt wurde. Bei diesem Gedanken überkam mich ein solcher Haß auf die Verbotene Stadt, daß der Alte Hsiän als Feindfigur daneben verblaßte.

Nachdem ich beinahe wieder gesund war, ließ mich der Gefängnisdirektor zu sich rufen. Er erkundigte sich nach meinem Befinden und fragte mich dann, wieso ich mit dem Alten Hsiän in Streit geraten war. Ich erzählte ihm kurz, was vorgefallen war. »Zuerst fühlte ich mich wirklich sehr provoziert«, sagte ich abschließend. »Aber heute kann mich das nicht mehr aufregen. Ich hasse nur meine eigene Unfähigkeit und all jene Leute damals im Palast, die mich zu dem gemacht haben, was ich jetzt bin.«

»Sehr gut. Du hast bereits deine eigenen Unzulänglichkeiten eingesehen. Das ist ein Schritt vorwärts. Aber Unfähigkeit ist kein Grund, sich elend zu fühlen. Wenn du willens bist, kannst du all deine Unzulänglichkeiten überwinden. Viel wichtiger ist, daß du die Ursache deines bisherigen Versagens eingesehen hast. Nur, du solltest auch einmal überlegen, weshalb die Prinzen und Hofbeamten dich so erzogen haben!«

»Die dachten nur an ihre eigenen Interessen. Ich selbst war ihnen gleichgültig. Es war einfach Egoismus!«

»Ich fürchte, daß du mit dieser Analyse nicht ganz richtig liegst«, sagte der Direktor lächelnd. »Kannst du behaupten, daß Tschen Baoschen und dein Vater sich in voller Absicht gegen deine Interessen stellten? Haben sie wirklich vorsätzlich versucht, dir zu schaden?« Als ich darauf stumm blieb, sagte er freundlich: »Laß dir Zeit und überdenke dieses Problem in aller Ruhe. Wenn du wirklich verstehen lernst, warum du so erzogen worden bist, dann ist deine Krankheit nicht vergebens gewesen.«

Seit ich aus dem Zimmer des Direktors in unsere Zelle zurückgekehrt war, ließ mich seine Frage nicht mehr los. Ich begann in meiner Kindheit und Jugend nach einem Anhaltspunkt zu suchen, aber als die erste Kritikversammlung nach meiner Krankheit herannahte, hatte ich bereits mein Leben mehrmals von vorwärts bis rückwärts durchforscht, ohne eine Antwort gefunden zu haben, und meine Erbitterung über diesen Mißerfolg war von Mal zu Mal gewachsen.

Gleich zu Beginn der Kritikversammlung warf jemand dem Alten Hsiän vor, er mäkele aus reiner Boshaftigkeit ständig an mir herum. Mehr als die Hälfte aller Versammelten äußerte darauf eine ähnliche Meinung, und ein paar machten den Alten Hsiän sogar für meine Krankheit verantwortlich und werteten das als Beweis, daß er auf die Umerziehung von uns allen einen schlechten Einfluß ausübe. Als der Alte Hsiän diese Vorwürfe hörte, wurde er ganz grau im Gesicht und begann dann, mühsam stotternd, sich selbst zu kritisieren. Ich hatte all die Zeit stumm dagesessen, da ich innerlich immer noch von meinem

Groll über meine Unfähigkeit, die Frage des Direktors zu beantworten, in Anspruch genommen war. Als mich jemand aufforderte, auch etwas zu sagen, wurde das Gesicht des Alten Hsiän noch um einen Ton grauer.

»Ich habe nichts zu sagen«, murmelte ich halblaut. »Ich hasse nur meine eigene Unfähigkeit!«

Ein Raunen ging durch die Versammlung. Der Alte Hsiän verlor die Beherrschung über seinen Unterkiefer. Und dann hob ich plötzlich meine Stimme und schrie: »Ja. Ich hasse den Ort, wo ich aufgewachsen bin! Ich hasse jenes ganze verruchte System. Was ist Feudalismus? Feudalismus ist, wenn Menschen von klein auf korrumpiert werden!...« Ein Knoten bildete sich in meinem Hals; ich konnte nicht mehr weitersprechen. Halb abwesend nahm ich wahr, daß alles um mich durcheinanderredete...

Zehntes Kapitel

Untersuchungskommission

Seit Ende 1953 studierten wir ausschließlich »Über den Imperialismus«, bis wir dann im März 1954 wieder nach Fuschun verlegt wurden. Auch eine große Anzahl japanischer Kriegsverbrecher war dorthin gebracht worden. Bald darauf traf ein Arbeitsstab der gerichtlichen Untersuchungskommission ein und begann mit der Vernehmung der Gefangenen. Die Regierung hatte bereits seit Jahren Material für diesen Prozeß aufbereitet und große Vorkehrungen dafür getroffen: Mehr als zweihundert Kommissare waren zusammengezogen und für ihre Aufgabe eigens politisch und technisch präpariert worden.

Eine große Versammlung leitete Ende März die Vernehmung der »Mandschuguo«-Kriegsverbrecher ein. Die Ermittlungen waren im wesentlichen gegen Ende des Jahres abgeschlossen und bestanden, soweit wir Gefangene davon betroffen waren, hauptsächlich darin, daß wir Geständnisse ablegten und Aussagen über die Verbrechen anderer machten.

Während der großen Versammlung hatte uns der verantwortliche Leiter der Untersuchungskommission mitgeteilt, daß jetzt nach Jahren des Studiums und der kritischen Überprüfung unserer Vergangenheit die Zeit gekommen sei, unsere eigene Schuld zu bekennen. Wie die Regierung schließlich mit uns verfahren würde, richte sich nach unseren Verbrechen und der Einstellung, die wir zeigten. Ihre Politik sei es, milde gegenüber denjenigen zu sein, die offen gestünden, und streng mit denen zu verfahren, die sich widersetzten. Zugleich kündigte der Gefängnisdirektor an, daß von nun an jeder Austausch von Informationen über unseren Prozeß unter den Gefangenen ebenso verboten war wie Mitteilungen oder Zettel an andere Zellen zu schicken. Seitdem durfte jede Gruppe nur noch getrennt den Gefängnishof aufsuchen und es gab keinerlei Möglichkeit mehr, mit den Gefangenen anderer Zellen Kontakt aufzunehmen.

Nach der Versammlung wurden in den Zellen Gruppendiskussionen abgehalten. Jeder einzelne versprach dabei, rückhaltlos alles einzugestehen und die Verbrechen der anderen aufzudecken, um durch ein demütiges Schuldbekenntnis Schonung zu erhalten; aber es gab auch andere wie der Alte Hsiän, denen anzusehen war, daß sie dem Ganzen mißtrauten. Als ich bemerkte, wie sein Gesicht immer blasser wurde, empfand ich nicht Schadenfreude, sondern wurde meinerseits von seiner Unruhe angesteckt; das Zutrauen, das ich bereits in die nachsichtige Politik der Regierung gesetzt hatte, ging in neuen Zweifeln unter.

Aber was immer auch geschehen mochte, die schlimmsten Vergehen hatte ich bereits bekannt, und während den Alten Hsiän vielleicht noch die Frage plagte, ob er gestehen sollte, blieb meine Sorge nur, wie ich die Kommissare davon überzeugen konnte, daß ich meine Verbrechen schon seit langem eingesehen hatte. Ich beschloß daher, meine Lebensgeschichte noch einmal ausführlicher und systematischer als zuvor niederzuschreiben und dabei alles, was ich über die japanischen Kriegsverbrechen wußte, anzuführen. Dafür verbürgte ich mich vor unserer Gruppenversammlung; doch was ich versprochen hatte, war leichter gesagt als getan.

Als ich daranging, über die letzten Tage »Mandschuguos« und die Kriegserklärung der Sowjetunion an Japan zu schreiben, sah ich klar die Szene vor mir, wie ich nach Bekanntwerden der sowjetischen Kriegserklärung noch am Abend, ohne daß mich hierzu jemand aufgefordert hätte, Dschang Dsching-huei und Takebe, den Vorsitzenden des »Amtes für allgemeine Angelegenheiten«, zu mir rufen ließ und ihnen in einem mündlichen »Dekret« den Befehl erteilte, unverzüglich alle Kräfte zur Unterstützung der Kaiserlichen Truppen Japans gegen die Angriffe der russischen Armee zu mobilisieren.

Was sollte ich jetzt darüber schreiben? Verschwieg ich diese Sache, so war doch nicht ausgeschlossen, daß auch andere davon wußten; erwähnte ich den Vorfall aber – den nur meine Furcht, daß die Kwantung Armee mich in dieser kritischen Lage beiseite stoßen könnte, veranlaßt hatte –, würde dann die Untersuchungskommission nicht bezweifeln, daß ich völlig von Yoshioka kontrolliert worden war? Damit würde meine ganze Geschichte hinfällig. Schließlich entschied ich mich dafür, in den Punkten, wo ich schlecht wegkam, zurückhaltend zu sein und auch den Befehl für jenes »Dekret« Yoshioka unterzuschieben. Dann nahm ich mir noch einmal mein ursprüngliches Konzept vor und gab mir die größte Mühe, alles was ich über die Verbrechen der anderen wußte, genauestens zu Papier zu bringen. Nachdem ich alles der Gefängnisleitung übergeben hatte und auf die Vorladung der Untersuchungskommission wartete, stellte ich alle möglichen Vermutungen über das kommende Verhör an. Ich malte mir aus, daß es bei diesen Verhören kaum anders zugehen konnte als in der Verbotenen Stadt oder im Kaiserlichen Palast in Tschangtschun, wo stets ein Folterinstrument zur Hand war, falls sich Eunuchen oder Diener Verfehlungen zuschulden kommen ließen. Der Gedanke, gefoltert oder selbst nur ins Gesicht geschlagen zu werden, erschreckte mich mehr als der Tod. Noch immer glaubte ich, daß barbarische Torturen und Quälereien zu einem kommunistischen Gefängnis gehören müßten. Seit mehr als drei Jahren war ich nun schon in kommunistischer Haft und hatte nie erlebt, daß jemand anders als mit der Würde, die jedem menschlichen Wesen zukommt, behandelt wurde. Eigentlich hätte dies genügen müssen, um mir meine Zweifel und Ängste zu nehmen, aber ich war überzeugt, daß der Untersuchungskommissar einem Gefangenen unmöglich Glauben schenken konnte und nicht zögern würde, Gewalt anzuwenden, wenn meine Aussage ins Stocken geriet. Zehn Tage brachte ich mit diesen peinigenden Vorstellungen hinter mich, bis schließlich der Zeitpunkt kam, wo mich ein Wärter aufforderte, vor der Untersuchungskommission zu erscheinen.

Ich wurde in ein Zimmer am Hauptkorridor geführt, in dessen Mitte ein großer Schreibtisch stand mit einem Teetischchen davor, auf dem Teeschalen, ein Topf mit Wasser und ein Aschenbecher zu sehen waren. Ein Mann in mittlerem Alter und ein jüngerer gaben mir zu verstehen, daß ich mich setzen sollte.

»Wie heißt du?« fragte mich der Ältere.

»Aisin Gioro Pu Yi.«

Er fragte mich noch nach meinem Alter, Herkunftsort und Geschlecht, während die Federspitze des jungen Mannes kratzend übers Papier fuhr, um meine Antwort festzuhalten.

»Wir haben dein Geständnis gelesen und wollten gerne mit dir persönlich darüber sprechen. Du kannst rauchen.« Die Fragen, die mir daraufhin der ältere der beiden Untersuchungskommissare stellte, reichten von meiner Kindheit bis zu meiner Gefangenschaft. Meine Antworten schienen dabei keinen ungünstigen Eindruck auf ihn zu machen, denn er nickte mir zufrieden zu. »Gut, dabei wollen wir es heute lassen. Später wird Kommissar Dschao vielleicht noch einige Fragen an dich haben.«

Als ich bei meiner zweiten Vernehmung dann feststellte, daß ich mit Kommissar Dschao alleine im Zimmer war, überkamen mich wieder meine alten Ängste. Wem würde er glauben, wenn andere mich fälschlich bezichtigt hatten? Würde er verstehen können, daß ich die Wahrheit sagte? Würde er bei seinem jugendlichen Temperament vielleicht die Beherrschung verlieren?

»Ich habe da ein Problem und wollte dich gerne dazu hören«, sagte er und riß mich aus meinen Gedanken. »Du hast an einer Stelle angegeben, daß die japanischen Aggressoren in einem Jahr 16 Millionen Tonnen Getreide aus dem Nordosten plünderten. Das ist zu ungenau. In welchem Jahr? Wie kommst du auf die Zahl von 16 Millionen Tonnen? Kannst du das näher erläutern?«

Ich war überfragt. Diese Zahl hatte ich lediglich aufgeschnappt, als sich zwei frühere Puppenminister in der Zelle unterhielten, was ich nicht gut zugeben konnte, und so sagte ich, daß die Japaner die Schätze des Nordostens ausnahmslos nach Kräften plünderten und alles an Getreide einzogen, was produziert wurde. Hier wurde ich unterbrochen.

»Weißt du, wie hoch der jährliche Getreideertrag im Nordosten überhaupt ist?« Ich schwieg betreten. »Worauf stützt du dann deine Angaben hier?«

Notgedrungen mußte ich nun zugeben, daß meine einzige Ouelle Gerüchte waren.

»Nun, glaubst du, was du angegeben hast oder nicht?«

»Ich ... ich bin mir nicht sicher.«

»Hm, du glaubst also nicht einmal selbst daran!« Der Kommissar sah mich groß an: »Warum hast du es dann geschrieben?«

Ich wußte nicht, was ich darauf hätte sagen sollen. Aber offensichtlich wollte er keine weiteren Fragen mehr an mich stellen. Er schraubte seinen Füller zu und räumte die Papiere und Nachschlagewerke, die auf dem Tisch lagen, zusammen. Schließlich beendete er die Vernehmung mit dem Satz: »Egal, ob es um andere oder um dich selbst geht, du mußt dich immer an die Fakten halten.«

Ich blickte diesen Mann, der soviel jünger war als ich, an und konnte nichts darauf erwidern, aber im stillen mußte ich zugeben, wie recht er hatte. Daß ich mit diesem jungen Untersuchungskommissar zusammengestoßen war, lag daran, daß er unbeirrt nach den Fakten suchte, während ich so töricht war, mir Sorgen zu machen, er würde mir vielleicht nicht glauben. Ich schrieb deshalb unverzüglich eine Selbstkritik. »Die Situation kann nicht mehr so ernst sein«, dachte ich, nachdem ich das Geständnis übergeben hatte.

Elftes Kapitel

Rückblick in die Hölle

Früher hatte ich nie Genaueres über das Leid, das die japanischen Aggressoren über die Bevölkerung des Nordostens brachten, gehört, und ich hatte auch in den mehr als zehn Jahren danach nie darüber nachgedacht oder mich davon betroffen gefühlt. Ja selbst als ein Kommissar der Untersuchungsgruppe uns in einem Sondervortrag über einige Ermittlungsergebnisse der japanischen Verbrechen im Nordosten unterrichtete, hatte ich mich geweigert, ganz zu glauben, was er sagte. Erst als ich an einer großen Studienversammlung japanischer Kriegsverbrecher teilnahm, konnte ich diese blutigen Tatsachen nicht mehr länger in Zweifel ziehen. Diese Versammlung, an der alle »Mandschuguo«-Verbrecher geschlossen teilnahmen, wurde von einem »Studienausschuß« japanischer Gefangener organisiert, die bereits im Verlauf ihrer Umerziehung zu einem neuen ideologischen Bewußtsein gelangt waren.

Den erschütterndsten Eindruck machte dabei auf uns das offene Geständnis des ehemaligen stellvertretenden Leiters des »Amtes für allgemeine Angelegenheiten«, Furumi Tadayaki, und eines früheren Kommandeurs der Sicherheitspolizei. Furumi war einer der unumstrittenen Machthaber Mandschuguos gewesen und hatte auf Anweisung der Kwantung Armee die Ausbeutung und Beherrschung des ganzen Nordostens geplant und durchgeführt.

Er erläuterte uns nun an konkreten Beispielen die japanische Siedlungspolitik und die gewaltsame Enteignung von Agrarland, den »Fünfjahresplan zur Entwicklung der Produktion«, der den Nordosten seiner Rohstoffe berauben sollte, und die Opiumpolitik, die der Bevölkerung schweren Schaden zufügte; außerdem zeigte er auf, wie Getreide und andere Produkte aus den Nordostprovinzen als Vorbereitung auf den Krieg im Pazifik gepreßt werden sollten. Jeder der internen Beschlüsse der Geheimkonferenzen, über die er berichtete, führte zu grauenvollen Konsequenzen. So wurden etwa 1944 über 15 000 Arbeiter aus allen Teilen des Nordostens zum Bau militärischer Anlagen in Wangyämiao im Hsingän Gebirge zwangsverpflichtet, von denen bis zum Kriegsende mehr als sechstausend unter den miserablen Arbeits- und Lebensbedingungen zugrunde gingen.

Am deutlichsten ist mir noch in Erinnerung, was Furumi über die japanische Opiumpolitik sagte. Die japanische Armee hatte sich 1933 dazu entschlossen, um sich die nötigen Mittel für die bevorstehende Invasion der chinesischen Provinz Jehol zu verschaffen. Damals kontrollierte Japan noch nicht die Opiumproduktion in der Mandschurei und war deshalb gezwungen, für seine weiteren Ziele zunächst einmal selbst über zwei Millionen Unzen Opium aus dem Ausland zu kaufen; gleichzeitig wurden aber über ganz Jehol Flugblätter abgeworfen, in denen die Bevölkerung zum Anbau von Opium ermuntert wurde. 1936 wurde dann in allen sieben Provinzen »Mandschuguos« die Anbaufläche drastisch erweitert und große Anstrengungen unternommen, um die Produktion zu steigern, bis dann kurz darauf die Japaner sich durch Gesetz das Verkaufsmonopol für Opium einräumen ließen.

Um die Opiumsucht zu fördern, wurden überall »Vereinigungen zur Verhütung des Opiumrauchens« und Opiumhöhlen mit weiblicher »Bedienung« gegründet, die vor allem Jugendliche anzogen. 1942 hielt der japanische »Rat der asiatischen Wiedererweckung« eine »Konferenz über den Opiumbedarf und die -versorgung Chinas« ab und brachte dabei eine Resolution ein, wonach »Mandschuguo und die mongolischen Grenzgebiete den Bedarf innerhalb der ›Groß-Asiatischen Ko-Prosperitätssphäre‹ decken sollten«; daraufhin wurde die Anbaufläche in »Mandschuguo« auf 3000 Hektar erweitert.

Nach den Berechnungen Furumis belief sich die gesamte Produktion »Mandschuguos« bis zum Zusammenbruch auf mehr als 300 Millionen Unzen; 1938 bereits machte der Profit aus Opiumverkäufen ein Sechstel aller Staatseinnahmen »Mandschuguos« aus. Als sich die Einnahmen 1944 auf 300 Millionen Dollar gesteigert hatten, waren sie zu einer der wichtigsten Finanzierungsquellen der japanischen Aggressionskriege geworden. Allein in der Provinz Jehol gab es an die 300000 Opiumsüchtige, und im ganzen Nordosten war durchschnittlich jeder zwanzigste bereits diesem Gift verfallen.

Auch der Kommandeur der Sicherheitspolizei belegte sein Geständnis mit ebenso erschütternden wie realistischen Beispielen. Er war Kommandant der Sicherheitstruppen in der Südwestregion »Mandschuguos« gewesen, und sein Geständnis gab uns ein blutiges Bild von der japanischen Unterdrückungspolitik.

Er schilderte, wie nach Massenabschlachtungen, die immer wieder vorkamen, die Bevölkerung zusammengerufen und mit dem Anblick der Leichen konfrontiert wurde. Manchmal griff man aber auch kurzerhand auf Verdacht hin eine Anzahl Menschen auf und stellte sie in eine Reihe, wobei dann einer wahllos herausgesucht und vor aller Augen mit einem Schwert von oben nach unten aufgeschlitzt wurde. Er selbst hatte über dreißig Menschen auf diese Weise umgebracht.

Die Festgenommenen aber mußten alle möglichen Torturen über sich ergehen lassen: Sie wurden mit Stöcken geprügelt, man flößte ihnen Pfefferwasser und Petroleum durch die Nase ein, brandmarkte sie mit rotglühenden Haken, hängte sie an den Füßen auf. Es ist unmöglich, die erschütternden Tragödien aufzuzählen, die im Verlauf dieser Vernehmungen zutage traten: So drang ein japanischer Soldat in ein Haus ein, wo eine junge Mutter gerade ihr kleines Kind in den Armen hielt und stillte. Mit einem Griff riß er es an sich und warf es in den brodelnden Wassertopf; dann vergewaltigte er die Mutter, stieß ihr einen Stock in die Scheide und quälte sie zu Tode. Derartige Vorfälle kamen damals überall im Nordosten und in allen von den Japanern besetzten Gebieten vor.

Daraus bestand also der »Heilige Krieg«, und diese »Helden der Kaiserlichen Armee« hatte ich beglückwünscht und verehrt! Während ich mich auf die Kwantung Armee stützte und mich nach Kräften bemühte, meinen »Ehrentitel« zu bewahren, wurden wer weiß wie viele unschuldige Menschen getötet, vergossen wer weiß wie viele Patrioten im Kampf gegen den Feind ihr Blut.

Aber abgesehen von den Grausamkeiten, die die Bevölkerung direkt unter der japanischen Gewaltherrschaft erleiden mußte, ließen sich auch zahllose Beispiele dafür anführen, wie die »Mandschuguo«-Regierung und chinesische Vaterlandsverräter indirekt mithalfen, das Volk zu drangsalieren.

So wurde durch Gesetze und Maßnahmen die Bevölkerung praktisch um den ganzen Ernteertrag gebracht, und besonders als es mit »Mandschuguo« dem Ende zuging, waren so strenge »Getreideabgabe«-Verordnungen in Kraft, daß die Menschen einzig auf ein aus Maisstengeln, Bohnenresten und Eicheln zusammengesetztes »Ersatzmehl« angewiesen waren, um ihr Leben zu fristen. Das requirierte Getreide wurde, soweit es nicht für das Militär gebraucht wurde, nach Japan transportiert. In den letzten sechs Jahren »Mandschuguos« waren es 36 620 000 Tonnen, wovon acht Millionen Tonnen auf das Jahr 1944 fielen.

Als Folge der Zwangsbewirtschaftung von Getreide, Baumwolle, Metallen sowie anderen Gütern wurde die Bevölkerung zu »Wirtschaftskriminellen« gemacht. So war es dem einfachen Volk beispielsweise strengstens verboten, Reis zu essen; selbst Überreste von Reis, die man im Erbrochenen fand, dienten der Überführung von »Wirtschaftsverbrechern«. Allein in den Jahren 1944 und 1945 wurden 317 000 Menschen als »Wirtschaftsverbrecher« abgeurteilt und bestraft – ohne all diejenigen zu zählen, die nur mit Stockschlägen traktiert und wieder freigelassen wurden.

Am schlimmsten aber erging es den Insassen der »Besserungsanstalten«. Als die Tage »Mandschuguos« bereits gezählt waren, erreichte die japanische Gewaltherrschaft eine Grausamkeit, die an Wahnsinn grenzte. Um den steigenden Bedarf an Arbeitskräften zu decken und den wachsenden Widerstand der Bevölkerung niederzuhalten, wurden 1943 das »Gesetz zur ideologischen Ausrichtung« und das »Sicherheitsgesetz« erlassen.

In allen Provinzen entstanden als »Besserungsanstalten« getarnte Konzentrationslager, in denen Menschen, die in Not geraten und ohne feste Beschäftigung waren oder auch nur im Verdacht standen, mit den herrschenden Verhältnissen unzufrieden zu sein, unter dem Vorwand »zersetzender Gedanken« oder als »Abschaum der Gesellschaft« zur härtesten Strafarbeit gezwungen wurden. Es konnte vorkommen, daß selbst Passanten plötzlich angehalten und, kurzerhand als »Landstreicher« deklariert, in eine »Besserungsanstalt« eingeliefert wurden, die sich für immer hinter ihnen schloß.

Während der Zeit »Mandschuguos« war der Nordosten zu einem Polizeistaat gemacht worden. Fast in jedem kleinen Dorf war Polizei stationiert, und in den Polizeihauptquartieren in den einzelnen Distrikten spielten sich Szenen höllischer Grausamkeit ab.

Dies war also jenes »Paradies des Königlichen Weges«, das ich vor vierzehn Jahren als »Regent« und »Kaiser Kang Dö« [von Mandschuguo] verkündet hatte. In meinem Namen waren alle diese Greueltaten geschehen, wobei die Gepeinigten auch noch gezwungen wurden, sich tief vor dem »Wahren Kaiserlichen Abbild« zu verneigen, die »Kaiserlichen Reskripte« auswendig zu lernen und der Güte und Gnade seines »befreundeten Verbündeten« und dessen »Tenno« zu danken.

Was Wunder, wenn jede Anklageschrift mit Parolen endete wie: »Wir fordern, daß die Volksregierung Rache für uns übt! Wir wollen, daß die japanischen Banditen und Vaterlandsverräter ihre Blutschuld begleichen müssen!« – »Rache für unsere ermordeten Brüder! Bestraft die japanischen Banditen und Verräter!«

Zwölftes Kapitel

Spiegelbilder

Die offenen Geständnisse und Enthüllungen der Japaner und die Anklagen der Bevölkerung im Nordosten verfehlten nicht ihre Wirkung; vor allem die jüngeren unter uns reagierten besonders heftig darauf, und keiner meiner Neffen, Schwäger oder der Große Li wollte mich nun noch länger decken. Ich sah mich von allen Seiten, selbst von meiner Familie, von Haß umgeben. Ich fühlte mich von Spiegeln umstellt, die von überall her mein eigenes unerträgliches Bild zurückwarfen.

Der Angriff auf mich begann mit einer Vollversammlung, die wir im Block 1 abhielten, nachdem wir an der Studienversammlung der japanischen Kriegsverbrecher teilgenommen hatten. Die Untersuchungskommission wollte, daß wir über unsere Eindrücke sprechen sollten, und einige der Gefangenen waren noch so erschüttert von dem, was sie gehört hatten, daß sie aufsprangen und schworen, von sich aus alles über ihre eigenen Verbrechen zu gestehen und rückhaltlos auch jede Schuld der anderen aufzudecken.

Die Anklagen konzentrierten sich dabei vor allem auf Dschang Huän-hsiang (»Großmaul«), den einstigen Justizminister von »Mandschuguo«, der früher alles getan hatte, um sich bei den Japanern beliebt zu machen, und jetzt alle gegen sich aufbrachte, da er den Wärtern nachschrie, sich an keine der Gefängnisvorschriften hielt und mutwillig sein Essen verschüttete. Einige hatten ihn bereits gewarnt, daß sie nicht zögern würden, ihn auf der Stelle anzuzeigen, wenn er sich nicht anders verhalte, und daß die Regierung ihn auch nicht schonen würde. Ich hatte Angst, von den anderen gleicherweise bloßgestellt zu werden, und war besorgt, sie könnten mit meiner Art, mich aufzuführen, nicht einverstanden sein.

Ob die anderen wohl wußten, daß ich bereits ein Geständnis abgelegt hatte? Zur Sicherheit beschloß ich, noch einmal vor der Versammlung meine Einstellung offenzulegen. Nachdem ich der Versammlung alles über mein Geständnis geschildert hatte und zum Abschluß noch einmal meinen festen Willen bekundete, meine Fehler einzugestehen, schnellte plötzlich der Kleine Gu hoch und warf mir die Frage an den Kopf:

»Du hast uns nun schon so viel erzählt. Wie kommt es, daß du nichts von jenem Zettel gesagt hast?«

Einen Augenblick lang stand ich wie vom Donner gerührt da.

»Den Zettel! Den Zettel, den dir der Kleine Ruei gegeben hat!« Auch der Kleine Ruei war jetzt aufgestanden. »Nun gerade hast du noch zugegeben, daß du alle diese Juwelen und Kostbarkeiten freiwillig übergeben hast – warum hast du dann dabei verschwiegen, daß dich der Kleine Ruei dazu veranlaßt hat?«

»Richtig, richtig«, sagte ich schnell, »ich wollte gerade darauf kommen. Der Kleine Ruei hat mir dabei den Weg gewiesen ...« Hastig flickte ich noch dieses Loch in meiner Erzählung, während ich den Blicken des Kleinen Hsiu und des Kleinen Gu ansah, daß sie nicht zufriedengestellt waren. Glücklicherweise wurde gleich darauf die Versammlung beendet. Als ich wieder in meiner Zelle zurück war, machte ich mich sofort daran, eine Selbstkritik für die Gefängnisleitung aufzusetzen. Ich war überzeugt, daß der Gefängnisdirektor wütend über mich sein würde, falls ihm die Sache zu Ohren kam. Daß der Kleine Ruei dem Kleinen Gu und dem Kleinen Hsiu von dem Zettel hatte erzählen müssen!

Als ich bald darauf die Berichte sah, die meine Neffen über mich geschrieben hatten, mußte ich erkennen, daß die Veränderungen, die in meiner Familie vorgegangen waren, noch viel verhängnisvoller waren, als ich mir je vorgestellt hatte.

Es war üblich, daß jeder Bericht von demjenigen gelesen werden mußte, der darin angeklagt worden war, und Kommissar Dschao brachte mir den Stoß von Material, der mich anging.

»Wenn du sie alle gelesen hast«, sagte er, »dann unterschreibe diejenigen Berichte, denen du zustimmst. Wenn du nicht einverstanden bist, mußt du deine Einwände geltend machen.«

Die ersten Berichte, die ich durchsah, stammten von ehemaligen »Mandschuguo«-Ministern und ich unterzeichnete sie alle, da sie sich nur auf altbekannte Tatsachen über das »Mandschuguo«-Regime bezogen. Aber als ich die Berichte, die meine Familie über mich geschrieben hatte, zu lesen begann, wurden meine Hände bald schweißnaß. In dem Bericht meines Schwagers, des Alten Wän, hieß es an einer Stelle:

»Am 8. April 1945 ging ich abends in den Palast, um Pu Yi aufzusuchen. Er schrieb gerade an etwas, während Dschang Dsching-huei und Takebe im Vorzimmer auf Audienz warteten. Pu zeigte mir dann das Schriftstück, dessen ungefährer Inhalt lautete, daß jetzt Armee und Volk von ganz ›Mandschuguo‹ im gemeinsamen Kampf mit den Kaiserlichen Japanischen Truppen den eindringenden Feind [die Rote Armee der Sowjetunion] vernichten mußten. Pu sagte, daß er gerade dabei sei, Dschang Dsching-huei und Takebe einen entsprechenden Befehl zu erteilen, und fragte mich nach meiner Auffassung hierzu. Ich antwortete, daß uns nur noch dieser Weg offenblieb und wir keine andere Wahl hätten.«

Das war verhängnisvoll, da ich in meinem Geständnis bereits Yoshioka für diesen Befehl verantwortlich gemacht hatte. Aber noch erschreckender waren die Aussagen des Großen Li. Er beschrieb nicht nur detailliert alle Umstände meiner Abreise aus Tientsin, sondern gab auch noch an, wie ich im Gefängnis mit ihm Stillschweigen über die ganze Sache vereinbart hatte, bevor ich meine Autobiographie schrieb. Doch das war noch nicht alles. Die Berichte stellten alle mein tägliches Verhalten bloß und schilderten auf sehr anschauliche Weise, wie ich die Japaner behandelte und mit den Angehörigen meiner Familie umging. Falls nur ein oder zwei Einzelfälle dieser Art gegen mich angeführt worden wären, hätte das vielleicht noch nicht viel bedeutet, aber jetzt, wo sich derartige Anschuldigungen über mich geradezu häuften, sah die Sache doch etwas anders aus. – Der Alte Wän zum Beispiel hatte noch folgendes geschrieben: »Wenn im Palast Filme vorgeführt wurden, mußten wir uns erheben, sobald der Tenno gezeigt wurde, und Beifall klatschen, wenn japanische Soldaten auf der Leinwand angriffen. Der Grund dafür lag darin, daß die Filmvorführer Japaner waren. 1944 wurde eine Kampagne durchgeführt, um den Verbrauch an Kohle einzuschränken, wobei Pu Yi, um Yoshioka zu beeindrucken, anordnete, daß der Yi Hsi Lnu [ein Gebäude innerhalb des Palastes] nicht mehr beheizt werden sollte. Währenddessen heizte er aber in seinen eigenen Räumen hinter dem Rücken von Yoshioka mit einem elektrischen Ofen. Als Pu Yi nach Talitzukou floh, stellte er in seinem Zugabteil eine Statue der japanischen Gottheit und ein Bild von Hirohitos Mutter auf, wobei er nie versäumte, eine tiefe Verbeugung zu machen, sooft er daran vorbeiging. Außerdem verlangte er das gleiche von uns.«

Der Kleine Ruei ging in einem Abschnitt seiner Aussagen auf die Waisenkinder ein, die im Alter von elf, zwölf Jahren als Pagen in den Palast kamen, und beschrieb, wie sehr sie mißhandelt wurden und welch grausame und ungerechte Strafe ich über sie verhängte. Unverhohlene Feindseligkeit sprach aus den Worten des Großen Li:

»Yi war unbarmherzig, ängstlich vor dem Tod und außergewöhnlich argwöhnisch; außerdem war er sehr durchtrieben und heuchlerisch bis ins letzte. Er hat seine Diener nie wie Menschen behandelt. Ob sie geschlagen oder beschimpft wurden, richtete sich allein nach seiner jeweiligen Laune. Falls er sich nicht ganz wohl fühlte oder etwas müde war, mußten seine Diener es ausbaden, und sie konnten froh sein, wenn sie dabei mit Hieben und Fußtritten davonkamen.

Waren aber Ausländer anwesend, dann war er heuchlerisch genug, so zu tun, als ob es keinen besseren Herrn geben könnte. In Tientsin ließ er seine Opfer mit Holzstöcken und Pferdepeitschen züchtigen, in ›Mandschuguo‹ kamen noch neue Methoden hinzu. Jeden machte er zu seinem Helfershelfer. Wollte er jemanden durchprügeln lassen, witterte er schon Verrat, falls sich einer weigerte, Hand anzulegen oder nicht fest genug zuschlug. Falls das vorkam, wurde derjenige dann selbst und um einige Grade härter geschlagen. Alle seine Neffen und persönlichen Begleiter haben für ihn andere Menschen durchprügeln müssen. Ein Page im Alter von zwölf oder dreizehn Jahren wurde einmal so übel zugerichtet, daß er an seinen Oberschenkeln ellenlange Wunden davontrug, die erst nach zwei, drei Monaten unter der Fürsorge von Dr. Huang wieder heilten. Während sich dieses Kind wieder erholte, wollte Pu Yi, daß ich ihm Milch und andere Dinge ans Krankenbett brachte und ihm sagte: ›Wie gütig ist doch Seine Majestät zu dir! Hast du jemals so gute Sachen im Waisenhaus zu essen bekommen?‹«

Als ich diese letzten Anklagen gelesen hatte, kamen mir Zweifel über die Entschuldigungen, auf die ich bisher verfallen war. Noch immer hatte ich geglaubt, daß das alles, was ich getan hatte, gerechtfertigt gewesen wäre. Wenn ich mich dem Druck der Japaner gebeugt und ihrem Willen nachgegeben hatte, so nur, weil man mich dazu gezwungen hatte; und wenn ich die Menschen, die mit mir lebten, schlug oder sogar folterte, war dies in meinen Augen mein volles Recht gewesen. Kriecherisch vor den Starken zu sein und die Schwachen einzuschüchtern schien mir ebenso natürlich wie normal, und ich hatte mir vorgestellt, daß auch jeder andere in meiner Lage sich genauso verhalten hätte. Jetzt begriff ich, daß nicht jeder so war wie ich und daß meine ganzen Selbstrechtfertigungen hinfällig waren.

Niemand war schließlich »schwächer« als ein Gefangener, den man all seiner Rechte beraubt hatte, aber dennoch wurden wir von den Kommunisten, die die Macht in Händen hielten, weder beschimpft noch geschlagen oder sonst unmenschlich behandelt. Und was Stärke und Macht anging, so konnten die amerikanischen Truppen mit ihrer erstklassigen Kriegsausrüstung als »mächtig« gelten, aber trotz ihrer eigenen unzulänglichen Ausrüstung hatten die kommunistischen Truppen sich nicht vor ihnen gefürchtet und gewagt, länger als drei Jahre mit ihnen Krieg zu führen, bis sie ihnen schließlich einen Waffenstillstand abzwingen konnten.

Aus den Anklagen der Massen hatte ich erfahren, daß es sehr viele einfache Leute gab, die sich im Angesicht der Gewalttätigkeit und Unterdrückung nicht an meine alten Glaubenssätze gehalten hatten. Ich wußte jetzt, daß nicht alle Menschen auf dieser Welt schwach waren. Die einzige Erklärung für mein Verhalten in der Vergangenheit lag darin, daß ich stets die Schwachen eingeschüchtert und die Mächtigen gefürchtet hatte und mich in meiner Gier nach dem Leben vor dem Tod ängstigte. Meine grundlegende Rechtfertigung war dabei gewesen, daß mein Leben kostbarer und mehr wert als irgendein anderes sei. In den wenigen Jahren, die hinter mir lagen, hatte ich bereits in ersten Ansätzen eingesehen, wieviel wert ich wirklich war, und jetzt hatte ich durch die Anklagen des einfachen Volkes und meiner Familienangehörigen einen noch deutlicheren Begriff davon bekommen.

In den Spiegeln, die mich umgaben, sah ich, daß ich ein Mensch war, der schuldig wurde, für den es nichts gab, worauf er stolz sein konnte, und für dessen Verhalten jede Rechtfertigung unmöglich war. Ich unterzeichnete die letzte Anklage und ging den Korridor entlang, während mir die Brust schwer wurde vor Sorge und Reue.

VII. Ein Neuer Mensch

Erstes Kapitel

Auf mich kommt es an

Das Jahr 1955 begann für mich in tiefem Pessimismus. Ich war in ein Stadium der Selbsterniedrigung geraten, und selbst die Sorge um meine Verurteilung konnte mich nicht aus meiner Lethargie reißen.

Im März kamen einige hohe Offiziere der Volksbefreiungsarmee nach Fuschun, um das Kriegsverbrechergefängnis zu besuchen. Der Direktor bestellte Pu Dschiä und mich zu ihnen ins Büro, wo sich die Generalitäten wohlwollend nach unseren Studien erkundigten. Zum Abschied sagte mir einer aufmunternd: »Lerne gut und arbeite an deiner Umerziehung, dann wirst du eines Tages mit eigenen Augen die Wirklichkeit des sozialistischen Aufbaus sehen!«

Daß so hohe Militärs nicht von einem Prozeß, sondern von einer sozialistischen Zukunft sprachen, wurde allgemein als Grund zur Gratulation gewertet. Nach der Zeit »gegenseitiger Anklage und Schuldbekennens« durften wir wieder in den Ruhepausen miteinander reden; deshalb wußte bald das ganze Lager von der guten Neuigkeit. Aber meine Neffen und der Große Li wollten auch danach nichts von mir wissen.

Im April erhielt unser Block von der Gefängnisleitung die Anweisung, gleich den Japanern von Block 7, eine Studienkommission zu wählen, die in Zukunft unser Leben im Gefängnis regeln würde. Die Kommission war gehalten, der Leitung über unsere Studien zu berichten und in Gruppendiskussionen aufgeworfene Probleme mit ihr zu besprechen. Daneben sollte sie auch, wo nötig, eigene Initiative entwickeln, um unsere Umerziehung positiv zu beeinflussen. Die Kommission bestand aus fünf Mitgliedern: dem Leiter und den vier Verantwortlichen der Ressorts »Studien«, »Tägliches Leben«, »Sport« und »Kulturelle Veranstaltungen«. Die Verantwortlichen setzten sich täglich mit den Zellenchefs zu einem Informationsaustausch zusammen. – Es sollte sich herausstellen, daß diese Kommission für unsere Umerziehung von großer Bedeutung war; aber zunächst konnte ich mich innerlich nicht positiv auf sie einstellen. Zwei der fünf Mitglieder waren Verwandte von mir – der Alte Wän als Leiter und der Kleine Ruei als Verantwortlicher für das Ressort »Tägliches Leben« –, die während der Zeit der »gegenseitigen Anklage« schonungslos gegen mich ausgesagt hatten, was mich von vornherein gegen die Neuerung einnahm. Außerdem sträubte ich mich auch gegen die These der Regierung, nach der die Kommission arbeitete, nämlich daß alle menschlichen Handlungen von einer bestimmten Ideologie getragen wurden, weshalb man die ideologischen Wurzeln einer Straftat aufdecken mußte, um ein Problem von Grund auf zu lösen. Ich hingegen dachte, daß ich zu allem, was ich in der Vergangenheit getan hatte, ohnehin bestimmt nie wieder imstande war. Warum mußte man dann noch unbedingt eine Ideologie ermitteln? – Für mich lag der Schlüssel der Problematik des »Menschwerdens« nicht in mir selbst, sondern darin, wie sich die andern mir gegenüber verhielten.

Ein Vorfall, der sich bald nach dem Bau eines neuen Sportplatzes ereignete, brachte eine erste Änderung in meiner Haltung.

Es war Sonntag, und wie immer wuschen wir unsere Wäsche. Als ich fertig wurde, war es gerade Zeit für unsere kulturellen und sportlichen Aktivitäten. Aber da ich dazu keine Lust hatte, ging ich in die kleine Bibliothek und wollte etwas lesen. Kaum hatte ich mich hingesetzt, hörte ich draußen jemanden sagen: »...spielt denn keiner von euch Tennis?« – »Ich kann nicht spielen. Geh doch Pu Yi suchen, der kann!« – »Spielen kann er schon, aber er wird keine Zeit haben. Wer weiß, wie lange es wieder dauert, bis er seine Kleider gewaschen hat!« – »Neuerdings wäscht er schon viel schneller.« – »Das glaube ich nicht.«

Es war wirklich zum Wütendwerden. Ich war eindeutig mit meiner Wäsche fertig und hatte auch keineswegs weniger als die anderen gewaschen, aber niemand hielt das für möglich – als ob ich von Natur aus unfähig wäre, ein paar Fortschritte zu machen! Mit einem Tennisschläger schlenderte ich auf den Hof. Nicht, daß ich wirklich Tennis spielen wollte, es lag mir nur daran, den anderen zu demonstrieren, daß ich meine Wäsche gewaschen hatte. Ich lief zum Tennisplatz, fand aber den Gefangenen nicht mehr, der sich vorhin abfällig über mich geäußert hatte. Da zufällig ein anderer Tennis spielen wollte, begann ich ein Spiel mit ihm. Um den Tennisplatz versammelten sich einige zum Zuschauen. Ich spielte mit großer Begeisterung und schwitzte am ganzen Körper. Als ich nach dem Spiel an einem Wasserhahn meine Hände wusch, kam mir der Gefängnisdirektor entgegen: »Pu Yi, du hast heute Fortschritte gemacht!«

»Ich habe lange nicht mehr gespielt«, gab ich mit falscher Bescheidenheit zurück.

»Was ich meinte, war...«, er zeigte auf die Wäscheleine, »– weil du hier Fortschritte gemacht hast, geht dir nicht mehr Zeit als den anderen beim Waschen verloren, so daß du nun genau wie sie die Ruhepause genießen oder Sport treiben kannst.« Ich nickte und ging mit ihm über den Hof. »Bisher hatten alle anderen Ruhepause und erholten sich bei Spiel und Sport, während du immer noch mit einer Arbeit beschäftigt warst. Weil du den anderen nicht gleichkommen konntest, fühltest du dich benachteiligt. Erst jetzt, nachdem du deine Wäsche waschen kannst, hast du die gleiche Position wie die anderen erreicht und kannst dich wohl fühlen. So gesehen, liegt der Schlüssel der Problematik bei dir selbst, du brauchst dich nicht darum zu kümmern, wie die anderen zu dir stehen!« Nach einer Weile fuhr er lächelnd fort: »Der Zweite Weltkrieg hat aus dir, dem Kaiser, einen Gefangenen werden lassen. Nun kommt für deine Gedankenwelt ein weiterer großer Krieg, und dieser Krieg wird aus dem Kaiser einen gewöhnlichen Arbeiter machen. Du hast schon die Erfahrung machen können, daß ein Kaiser wirklich nichts ist, trotzdem ist der Krieg noch nicht zu Ende, weil du dich selbst noch immer für etwas anderes hältst als die übrigen. Du mußt dir über dich selbst klarwerden!«

Nachdem der Direktor gegangen war, dachte ich sehr lange über seine Worte nach. Insgeheim erkannte ich den ersten Teil dessen, was er gesagt hatte, an: Die Schwierigkeiten schienen tatsächlich von mir selbst abzuhängen. Doch den zweiten Teil seiner Ausführungen konnte ich nur schwer akzeptieren. Sollte ich jetzt wirklich noch immer das Gebaren eines Kaisers haben? – Das tägliche Leben zeigte mir bald, daß die Worte des Direktors stimmten: Es war, genau wie er gesagt hatte, ein noch nicht beendeter Krieg.

Als unsere Gruppe eines Tages von der Putzarbeit – derartige Putzaktionen waren uns schon einigermaßen zur Gewohnheit geworden – in ihre Zelle zurückgekehrt war, wies uns der Leiter des Ressorts für das »tägliche Leben« zurecht: »Nach dem Händewaschen habt ihr den Wasserhahn nicht zugedreht, das Wasser läuft immer noch! So etwas ist absolut verantwortungslos, das nächste Mal müßt ihr unbedingt darauf achten!« Sofort fragte mich der Große Li: »Pu Yi, warst du nicht der letzte, der die Hände gewaschen hat?« Ich überlegte, wahrscheinlich war ich's: »Ich habe sicher vergessen, den Hahn zuzudrehen.« – »Wann hättest du es mal nicht vergessen?« – »Manchmal habe ich auch daran gedacht.« Sofort lachten einige, auch der Alte Wän, der mich dann fragte: »Das heißt, du vergißt es doch manchmal, und hast also mehrmals den Hahn nicht zugedreht?« Ich kümmerte mich nicht um ihn. Der Große Li wandte sich schließlich verärgert an mich: »Du schämst dich nicht! Und weißt immer noch nicht, woher du solche Angewohnheiten hast! Das sind die Allüren aus der Zeit, in der du

Kaiser warst! Du hast von jeher keinen Wasserhahn selbst zugedreht! Nicht einmal eine Türklinke hast du angefaßt, immer haben andere für dich die Türen auf- und zugemacht. Wenn du jetzt durch das Haus gehst, machst du die Türen auf, ohne sie hinter dir wieder zu schließen. Du siehst, du hast das Gebaren eines Kaisers noch immer nicht abgelegt!« – »Ich erinnere mich nun«, attackierte der Alte Wän, »zuweilen beobachtet zu haben, wie du einfach die Türen aufstößt, statt sie zu öffnen, oder Zeitungspapier über die Türklinke legst – warum machst du das? « – »Du hast Angst, dich zu beschmutzen, nicht wahr!« rief der Große Li dazwischen. »Da faßt jeder hin, da muß es schmutzig sein, nicht wahr?«

Wer hätte gedacht, daß dieser eine Satz den Unmut der anderen Mitgefangenen auf mich ziehen würde. »Wieso sind die anderen nicht sauber?« – »Bist nur du allein sauber?« – »Du mußt auf Hygiene achten, und die anderen sind selbst schuld, wenn sie es nicht tun!« – »Ist dir die schmutzige Tür unangenehm, oder geht es dir eher darum, daß die anderen Leute schmutzig sind?« – »Du bist also doch eine Stufe besser und schaust im Grunde auf alle anderen herab!« ... Ich konnte ihnen nur heftig versichern, daß ich absolut nicht daran dachte, andere als schlechter zu empfinden. Insgeheim aber vermochte ich meine Niedergeschlagenheit nicht zu überwinden: Wie hatte ich das verdient? Wie dachte ich denn in Wirklichkeit über die anderen? Warum war ich anders als sie?

Doch schon brachte einer die Diskussion darauf, daß ich jedesmal beim Baden der erste im Badewasser wäre, und sobald die anderen hineinkämen, herausginge. Ein anderer erwähnte, daß ich früher in der Sowjetunion immer die erste Schale Nudelteigklöße gegessen hatte. Als ich diese Dinge, die ich früher nicht einmal wahrgenommen hatte, zu hören bekam, blieb mir nichts anderes übrig, als der Schlußfolgerung des Großen Li zuzustimmen: »Er hat immer noch nicht das Gebaren eines Kaisers abgelegt.«

Wenn ich heute zurückdenke, war der Große Li in dieser Zeit wirklich ein gestrenger Lehrer. Aber egal, was für Motive ihn damals bewogen, er hat mich doch mit allem, was er sagte, auf Tatsachen, an die ich selbst nie gedacht hätte, aufmerksam gemacht, so daß ich schließlich einsehen mußte, daß ich für meinen Kummer größtenteils selbst verantwortlich war.

Seitdem in Korea und der Mandschurei amerikanische Bakterienbomben entdeckt wurden und dadurch im ganzen Land die patriotische »Hygienebewegung« aufkam, wurden in unserem Gefängnis jedes Jahr zu einer bestimmten Zeit großangelegte Aktionen zur Bekämpfung von

Schädlingen und zur Verbesserung hygienischer Bedingungen durchgeführt. Diese Aktionen hinterließen bei mir sehr viele Eindrücke. Zum Beispiel der Vorfall, der zwischen mir und dem Großen Li beim Fliegenjagen passierte: Li hatte ein paar neue Fliegenklatschen hereingebracht. Die Klatschen reichten nicht für alle aus, viele stritten sich, weil jeder eine haben wollte. Ich bemühte mich nicht sonderlich darum, aber der Große Li bediente mich vor allen anderen. Ich hielt so ein Ding zum ersten Mal in der Hand und hatte daher ein recht sonderbares Gefühl: Ich war ja immer gegen das Fliegentöten gewesen.

Zu jener Zeit gab es im Gefängnis kaum Fliegen. Ich suchte eine Weile herum, bis ich am Fensterrahmen eine entdeckte. Da die Fenster geöffnet waren, schwang ich die Klatsche und trieb die Fliege hinaus. »Was machst du da«, schrie der Große Li hinter mir, »bekämpfst du die Schädlinge oder schützt du sie?« Die anderen hielten das vielleicht für einen Witz, doch ich verstand, worauf er hinauswollte: »Du tötest kein Lebewesen, weil du Angst vor der Vergeltung im Jenseits hast, stimmt's?«

Bei der Diskussionsversammlung am Abend dieses Tages kümmerte sich anfangs keiner um jenen Zwischenfall. Aber nachdem die Geschichte durch den Großen Li bekannt wurde, amüsierten sich alle darüber, wie ich in Tschangtschun verboten hatte, Fliegen zu töten, und wie ich Leute angewiesen hatte, eine Maus aus dem Maul einer Katze zu reißen. Danach kritisierten sie gemeinsam meinen Aberglauben. Insgeheim muße ich ihren Verweis akzeptieren, aber ich konnte mich trotzdem nicht zurückhalten zu erwidern: »Wieso soll ich noch abergläubisch sein? Habe ich nicht letztes Jahr Fliegen getötet?«

»Jetzt fällt's mir ein!« rief der Alte Yüan und konnte sein Lachen kaum unterdrücken: »Wenn du nicht ›letztes Jahr‹ gesagt hättest, wäre ich gar nicht mehr darauf gekommen! Ich erinnere mich, wie du letztes Jahr die Klatschen anderen überließest, während du selbst die Fliegen mit einem Zeitungspapier wegfächeltest.«

In dem großen Gelächter, das darauf folgte, blieb nur der Große Li ernst und sagte bissig: »Wenn andere Leben schützen, traue ich mich nicht zu beurteilen, warum. Aber wenn du Leben schützt, weiß ich, weshalb du das tust. Du tust es nur aus Egoismus, denn du willst dir dafür den Segen Buddhas einhandeln! Andere Leute dürfen ruhig sterben. Du willst nur dich allein schützen, denn du hältst dich selbst für das Wertvollste!«

»Du übertreibst!« protestierte ich.

»Pu Yi ist manchmal schon sehr bescheiden«, sagte der Alte Yüan.

»Jawohl«, fügte ich sofort hinzu, »wie ich mich auch betrachte, ich komme mir selbst nie besser als andere vor!«

»Vielleicht bist du manchmal bescheiden«, gab der Große Li zu, »aber oft findest du dich auch besser und wertvoller als die anderen – wieso, das weiß ich auch nicht!«

Später begann ich zu begreifen: Weil ich vierzig Jahre lang hoch oben über allem stand und mit einem Mal herabgestürzt war, wollte ich mich ie geschlagen geben, wurde jähzornig und fühlte mich beleidigt; und andererseits war ich dadurch, daß mir viele Tatsachen bewiesen, schlechter als andere zu sein, enttäuscht, vergrämt, erniedrigt und traurig. Kurzum, mein majestätisches Gehabe war zwar zerstört, aber meine alten Maßstäbe waren geblieben.

Zweites Kapitel

Wiedersehen mit den Verwandten

Seit dem Sommer 1955 konnten wir mit unseren Verwandten korrespondieren. Aus den Familienbriefen war zu entnehmen, daß die Angehörigen nicht diskriminiert worden waren, daß die Kinder zur Schule gingen und die Erwachsenen arbeiteten, daß sie Wissenschaftler wurden, dem Kommunistischen Jugendverband und sogar der Kommunistischen Partei beitraten. Für viele von uns waren diese Korrespondenzen sehr ermutigend, denn die Bedeutung der sozialen Veränderungen für uns selbst wurden uns um einen weiteren Schritt verständlich.

Aber die Mißtrauischen unter uns zweifelten nach wie vor; einige waren sogar so von Vorurteilen geblendet, daß sie absichtlich Tatsachen verdrehten und in anderer Weise interpretierten. Als der Alte Dschang, Exgeneral von »Mandschuguo«, zum ersten Mal einen Brief seines Sohnes erhielt, der mit dem Satz begann: »Sehr geehrter Herr Dschang, Verzeihung, ich kann Sie nur so und nicht anders nennen ...«, war er durch diesen Brief zutiefst erschüttert und dem Wahnsinn nahe. Auch viele von uns empfanden damals das Benehmen des Sohnes als beispiellose Ungerechtigkeit, und manch einer sagte sich: »Ist das die von der Neuen Gesellschaft erzogene Jugend? Ein Sohn kann jetzt seinen Vater verleugnen, wenn dieser im Gefängnis sitzt!« Ich mußte unwillkürlich an Worte Tschen Bao-schens denken, wie: »Die Kommunisten kennen weder Mitgefühl noch Gerechtigkeit.« Der Alte Liu, ein anderer General von »Mandschuguo«, jetzt mit meinem Bruder Pu Dschiä zusammen in einer Zelle, glaubte ganz und gar nicht an die Neue Gesellschaft. Er sehnte sich nach seiner Tochter und war in großer Sorge, daß sie von der Gesellschaft diskriminiert werden könnte. Die Tochter jedoch schrieb ihm, es ginge ihr gut, sie sei dem Kommunistischen Jugendverband beigetreten und werde von dieser Organisation umsorgt, sie habe viele gute Freunde und auch ein langgehegter Wunsch von ihr sei in Erfüllung gegangen; denn der Staat habe ihrem ersten Studienvorschlag entsprochen und sie auf eine Kunstakademie geschickt. Nach diesem Brief schüttelte der Alte Liu sein weißes Haupt: »Und wenn sie es auch noch so wahrheitsgetreu beschrieben hat, ich glaube es nicht, solange ich es nicht mit eigenen Augen sehe!« – Solche Probleme begannen sich von 1956 an zu lösen, und meiner Meinung nach wurden in jener Zeit nicht nur die Probleme dieser oder jener Familie beseitigt, sondern die eines ganzen Volkes und vor allem der ganzen jüngeren Generation.

Am 10. März teilte ein Gefängniswärter mir, meinem Bruder, meinen Schwägern und meinen Neffen mit, wir sollten uns zur Gefängnisdirektion begeben. Als wir den Empfangsraum der Direktion betraten, standen wir unerwartet meinem Siebten Onkel Dzai Tao und meiner Dritten und Fünften Schwester gegenüber. Angesichts des nach wie vor gesunden Onkels, den ich zehn Jahre lang nicht gesehen hatte, und der beiden Schwestern in Baumwolluniformen, glaubte ich zu träumen.

Dzai Tao war als einziger aus der älteren Generation meiner Verwandtschaft, der noch am Leben war. Bei den Wahlen im Jahre 1954 war er Delegierter des über zwei Millionen großen Mandschu-Volksstammes im Nationalen Volkskongreß geworden. Gleichzeitig wurde er Mitglied des Landeskomitees der Politischen Konsultativ-Konferenz des Chinesischen Volkes. Er erzählte mir, er habe vor ein paar Tagen auf der zweiten Sitzung des Nationalen Volkskongresses den Vorsitzenden Mao gesehen: Premier Tschou En-lai habe ihn dem Vorsitzenden mit den Worten vorgestellt: »Das ist Herr Dzai Tao, Pu Yis Onkel.« Nach dem Händeschütteln habe der Vorsitzende gesagt: »Ich habe gehört, daß Pu Yi ganz schön Fortschritte in seinen Studien macht. Du könntest ihn mal besuchen ...« Als mein Onkel an diesen Punkt seiner Erzählung kam, brach seine Stimme – ich selbst hatte mein Weinen schon längst nicht mehr unterdrücken können. Meine ganze Familie wischte sich die Augen; mein Neffe, der Kleine Ruei, mußte sogar laut heulen ...

Durch diese Begegnung mit den Familienangehörigen kam ich zu dem Schluß, daß nicht nur ich allein gerettet war, sondern auch der gesamte Mandschustamm und der Aisin Gioro Klan. Onkel Dzai Tao hatte mir erzählt, vor der Befreiung seien nur 80 000 Mandschus bei der Volkszählung erfaßt worden. Heute hingegen wären es dreißigmal soviel. Ich war mir über die Bedeutung dieser Zahlen im klaren, denn ich kannte die Lage nach der Revolution von 1911 unter den Beiyang Regimes und der Kuomintang Herrschaft. Damals konnten die Angehörigen des Mandschuvolks kaum Arbeit finden, wenn sie sich nicht als Chinesen der Han-Nationalitat ausgaben. Deshalb hatten Kinder und Enkelkinder der Aisin Gioro damals Han-Namen wie Dschin, Dschao und Luo angenommen. Die Familie meines Vaters in Tientsin nannte sich zum Beispiel Dschin. Nach der Befreiung aber wuchs die Zahl derer, die ihre Minoritätenzugehörigkeit zugaben, Jahr für Jahr. Nach der Verkündung der Staatsverfassung wurden alle Mandschustämmigen erfaßt: so daß es zu dieser – auch für die Mandschus unerwarteten – Zahl von 2,4 Millionen kam.

Ich erinnere mich noch gut daran, wie schwer mich die Schändung der »Östlichen Mausoleen« getroffen hatte. Damals hatte ich vor den Seelentafeln meiner Ahnen geschworen, sie zu rächen. Ich hatte mich für einen Nachkommen der Fokulun Fee gehalten und in mir eine Garantie für das Erstarken der Macht des Mandschustammes gesehen. Aber statt das Schicksal meines Volkes aufzuhalten, hatte ich seinen Untergang noch beschleunigt: Erst nachdem das Bündnis zwischen den Japanern, die angeblich das mandschurische Volk unterstützen wollten, und mir, der ich die Wiederherstellung des Reichs meiner Väter als einen vom Himmel bestimmten Auftrag betrachtete, total zerschlagen war, konnten die Nachfahren unseres Volkes und des Aisin Gioro Klans einer hoffnungsvollen Zukunft entgegensehen.

Als die Befreiungsarmee in die Stadt Peking einmarschierte, waren viele ehemalige Mandschu-Würdenträger, insbesondere des Aisin Gioro Klans, beunruhigt gewesen; und auch nachdem ihnen die »8-Punkte-Proklamation« der neuen Regierung [im April 1949] bekannt wurde, hatten sie weiterhin in Angst gelebt. Diese Alten waren großenteils weder in »Mandschuguo« noch unter dem Marionettenregime Wang Dsching-weis zu »neuen Würden« gelangt. Aber einige konnten ihre »Kaiserliche Abkunft« nicht vergessen und auch ihren Aberglauben an mich nicht aufgeben, und waren daher nach meiner Gefangennahme noch unruhiger geworden als je zuvor. Überdies war es mit allen Mandschus abwärtsgegangen, ihre Lebensverhältnisse waren völlig durcheinandergeraten, ihr Leben ohne jeden Hoffnungsschimmer.

Die erste Überraschung für sie war, daß die Volksregierung in den Nordostprovinzen eigens für die Kinder der Mandschus Schulen gründete. Dann erlebten sie, wie die Vertreter ihres Volksstammes in die »Halle der Menschlichkeit« [im Gebäude des Nationalen Volkskongresses] einzogen, um mit allen anderen Volksvertretern an der Politischen Konsultativ-Konferenz des Chinesischen Volkes teilzunehmen, in der die Verfassungsrichtlinien ausgearbeitet wurden. Später kamen zu vielen von ihnen Funktionäre der Volksregierung zu Besuch und baten sie, dem Lokalkomitee der Politischen Konsultativ-Konferenz beizutreten und ihre Fähigkeiten in den Dienst des Aufbaus der Neuen Gesellschaft zu stellen.

In Peking waren die Nachkommen meines Urgroßvaters, des Kaisers Dao Guang, sowie die Kinder der Prinzen Dun, Gung und Tschün aus meiner Generation, bis auf einige Vetter aus der Linie des Siebten Onkels, über 60 Jahre alt. Auch Pu Dschin, ein Maler, Kalligraph und Zitherspieler, war nun ein alter Mann geworden. Er, der nicht erwartet hatte, noch einmal die alte Zither, deren Spiel nun schon im Aussterben war, von ihrem Platz an der Wand nehmen zu können, er durfte sich einmal wöchentlich am Ufer des Bei Hais mit seinen neuen und alten Freunden dieser alten Kunst, die er von Herzen schätzte, widmen und sogar bei jungen Schülern ein neues Aufblühen der traditionellen Volksmusik feststellen.

Sein leiblicher Bruder Pu Dschiän, ein alter Maler, war ein Meister der chinesischen Staatsgalerie geworden. Dieser bald Siebzigjährige unterrichtete noch die Jugend in chinesischer Malerei. Vetter Pu Hsiu hatte, solange ich in Tschangtschun war, mein Vermögen in Tientsin verwaltet. Später war er erblindet und hatte sich kaum noch im Leben zurechtfinden können. Doch nach der Befreiung fand der lebendige historische Stoff, den sein Gedächtnis bewahrt hatte, so große Beachtung, daß man ihn zu einem Mitarbeiter des Instituts für Zeitgeschichte machte. Solche Institute gab es überall im Land: Literaten aus der letzten Dynastie, aber auch viele Aktive aus der Zeit des Beiyang Regimes, waren dort tätig; außerdem Teilnehmer an der Revolution von 1911 und an früheren Aufständen unter Tung Meng-huei, und Augenzeugen, die den letzten feudalen Kaiserhof hinter den Kulissen miterlebt hatten. Durch sie gelangte man an eine große Menge wertvollen zeitgeschichtlichen Materials und ermöglichte ihnen zugleich, trotz ihres hohen Alters ihre Kräfte der Neuen Gesellschaft zur Verfügung zu stellen. Auch mein erblindeter Vetter hatte von da an wieder Lebensmut gefaßt. – All dies waren für mich nachhaltige, eindrucksvolle Neuigkeiten. Aber noch mehr überwältigten mich die Veränderungen, die ich bei meinen jüngeren Schwestern beobachten konnte:

Vor einem halben Jahr hatte ich mit meinen Brüdern und Schwestern korrespondiert. Schon aus ihren Briefen hatte ich entnommen, daß meine Familie und mein Klan eine große Veränderung durchgemacht haben mußten, aber ich hatte nie ernsthaft darüber nachgedacht. – Während der »Mandschuguo«-Zeit hatten alle meine Geschwister bis auf drei in Tschangtschun gewohnt. Beim Zusammenbruch waren sie mir auf der Flucht nach Tunghua gefolgt. Nach meiner Gefangennahme war ich deshalb besorgt, daß sie diskriminiert würden, weil sie einer Verräterfamilie angehörten. Derartige Sorgen teilte ich mit allen Mitgefangenen, nur waren die meinen noch berechtigter. Erst aus späteren Briefwechseln erfuhr ich, daß mein Kummer ganz unbegründet war. Meine Brüder und Schwestern erhielten wie alle anderen Menschen die Chance, einen Beruf zu ergreifen. Ihre Kinder konnten wie die Kinder anderer zur Schule gehen, höhere Schulen besuchen und Stipendien beanspruchen. Der Vierte Bruder und die Siebte Schwester arbeiteten wie zuvor als Volksschullehrer, die Sechste Schwester war freiberuflich als Malerin tätig, die Fünfte Schwester war als Näherin beschäftigt und die Dritte in der Arbeit für die Gesellschaft aktiv und sogar von den Nachbarn als Sicherheitsbeauftragte in das »Straßenkomitee« gewählt worden. Obwohl sie nun selbst kochen und sich um ihre Kinder kümmern mußten, äußerten sie sich in ihren Briefen fröhlich und zufrieden. Das beruhigte mich.

Ich sehe immer noch vor mir, wie der Mann meiner Fünften Schwester, der Alte Wän, sie bei ihrem Besuch mit großen Augen erstaunt fragte: »Kannst du wirklich radfahren? Und nähen?« Das war es, worüber er sich schon, als er einen ersten Brief erhielt, gewundert hatte. Seine Verwunderung war begründet: Wer hätte geahnt, daß das »Fünfte Fräulein«, das von klein auf nicht einmal schnell zu laufen wagte, später von unzähligen Bediensteten und Zofen umgeben war und niemals eine Küche von innen gesehen, noch eine Schere angerührt hatte, nun sogar mit dem Fahrrad zur Arbeit fahren, mit einer Schere Stoffe zuschneiden und zu einer völlig auf sich gestellten Näherin werden würde? Was unseren jetzigen Studienleiter noch mehr ins Staunen versetzte, war die so selbstverständlich klingende Antwort seiner Frau: »Was ist Besonderes dabei? Das ist doch besser als gar nichts können!« Hätte sie das einst als »Fünftes Fräulein« gesagt, alle Verwandten und Freundinnen hätten sie ausgelacht und sie würde sich auch selbst dessen geschämt haben. Denn damals brauchte sie sich nur schön zurechtmachen, Mahjong spielen und der Etikette gemäß auftreten zu können.

Meine Dritte Schwester hatte noch mehr als meine Fünfte durchmachen müssen. Nach der Kapitulation der Japaner hatte sie nicht sofort nach Peking zurückkehren können, weil ihr ein Kind erkrankt war. So war sie mit zwei Kinderfrauen in Tunghua geblieben. Ihr Vermögen war längst dahin, aber weil sie fürchtete, die paar Kostbarkeiten, die ihr geblieben waren, und ihre Person könnten die Aufmerksamkeit der Leute auf sich ziehen, hatte sie einen Tabakwarenstand aufgemacht, wo sie auch Altkleider verkaufte. Während dieser Zeit wäre sie beinahe von Agenten der Kuomintang vertrieben worden. Zu allem Überfluß war sie auch noch auf einen Händler hereingefallen, der ihr en gros Streichhölzer, die nicht zündeten, verkauft hatte. Erst 1948 konnte sie nach Peking zurückkehren. Nach der Befreiung beteiligte sie sich immer wieder an Straßenversammlungen. Weil sie in den Nordostprovinzen mit der Befreiungsarmee und der Volksregierung in Kontakt gekommen war und über die Politik der Regierung Bescheid wußte, gewann sie das Vertrauen ihrer Nachbarn und wurde mit den Aufgaben des »Straßenkomitees« betraut. Das Thema, worüber sie am liebsten sprach, war die Propagierung des neuen Ehegesetzes.

Ihr Lebensweg mochte in den Augen anderer etwas Gewöhnliches, wenig Aufregendes sein, mich aber versetzte er in Erstaunen. In ihren vergangenen Tagen war sie im Vergleich zur Fünften Schwester ein noch feineres »Fräulein« gewesen und hatte sich nur darauf verstanden, ihre Zeit mit Spielereien zu vertändeln und sich bei mir einzuschmeicheln. Jedesmal wenn sie von Geschenken, die ich anderen gemacht hatte, hörte, mußte sie dieselben »Kaiserlichen Ehrengaben« haben. Wer hätte gedacht, daß aus diesem verdorbenen, faulen, nur auf Geschenke bedachten »Dritten Fräulein« eine Aktivistin in der Gesellschaft werden würde! Das klang so unvorstellbar, und doch war ihre Veränderung verständlich: Ich konnte begreifen, warum sie sich derart aktiv für die Propagierung des neuen Ehegesetzes verantwortlich fühlte, warum sie bisweilen beim Vorlesen der Zeitung vor den Nachbarn in Tränen ausbrach; ich wußte, was es hieß, wenn sie sagte: »Was war ich früher? – Nichts als Dekor!«

Als die Schwestern von ihren Kindern erzählten, wurde ich unweigerlich an einen Onkel erinnert, der von meiner Großmutter verhätschelt, aber andererseits so unvernünftig behandelt worden war, daß er als Kind verhungerte; ich dachte an meine Schwester, die mit 17 Jahren, an meinen Dritten Bruder, der schon einjährig gestorben war und an die ganze Reihe der Namenlosen, die nur kurz im Kaiserlichen Stammbuch vermerkt waren, weil sie gestorben waren, noch ehe man ihnen einen Namen geben konnte. Doch selbst wenn all die Kinder erwachsen geworden wären, hätten sie nur mit einem Vogelkäfig spazierengehen können und keine andere Zukunft als die eines Menschen ohne Schulbildung und Beruf gehabt – das wäre wohl auch nicht viel sinnvoller als ein frühzeitiger Tod gewesen. Das war das Schicksal der meisten Mandschu-Adelssöhne während der republikanischen Zeit. Für die ältere Generation sah das Leben so aus, daß sie jeden Tag entweder mit dem Vogelkäfig im »Hinteren Palastbezirk« spazierengingen, oder von frühmorgens an Tee nippten bis zum Mittagessen, das aus acht bis zehn Schüsselchen mit Rettichscheiben oder getrocknetem Bohnenkäse oder dergleichen bestand, um anschließend an dieses Essen zu Hause die Familienangehörigen zu terrorisieren – ansonsten wußten sie nichts mit sich anzufangen. Bei der noch älteren Generation sah man außer gegenseitigem Fragen nach dem Wohlbefinden, dem Bedienen der jeweils Höhergestellten, die man so gut wie möglich zu imitieren versuchte, kaum etwas Erstrebenswertes. Wenn sie später untätig den Berg ihres Vermögens verbraucht hatten und keine Fähigkeiten zu einem Beruf besaßen, oder trotz gewisser Fähigkeiten keine Arbeit fanden, standen sie vor dem totalen Nichts. Von solchen Fällen kannte ich recht viele, und nun war alles anders geworden. Das Schicksal der nächsten Generation war grundverschieden von dem der vorangegangenen: etwas, das wir uns früher nicht hätten träumen lassen.

In der jüngeren Generation meiner Familie gab es auch Ausnahmen. Dazu gehörte das Schicksal einer Tochter Pu Dschiäs, die in einer anderen Gesellschaft aufwuchs. Seine beiden Töchter lebten mit ihrer Mutter in Japan, die Älteste war achtzehn. Neun Monate nach unserem Wiedersehen mit den Verwandten kam ein Brief von Pu Dschiäs Frau mit der tragischen Nachricht, daß diese älteste Tochter aus Liebeskummer mit ihrem Freund Selbstmord verübt hatte. Später hörte ich alle möglichen Versionen darüber, aber gleichgültig, welche zutreffend sein mochte, in verschiedenen Zeiten und Gesellschaftssystemen ist das Schicksal der Jugendlichen eben unterschiedlich.

Von diesem Jahr an kamen immer häufiger Verwandte im Gefängnis zu Besuch. Es bleibt noch zu erwähnen, wie der hartnäckige Zweifler, der Alte Liu, seine Tochter, die Kunststudentin, mit ihrem Verlobten wiedersah. Die Tochter sagte zu ihm: »Glaubst du es immer noch nicht? Ich bin an der Kunstakademie – das hier ist mein Freund!« – »Ich glaub dir's«, antwortete er. »Verstehst du jetzt, daß ich keine Kunstakademie besuchen und dies nicht mein Freund sein würde, wenn der Vorsitzende Mao nicht wäre!«

Ebenso wie der Alte Liu kam auch der Alte Dschang zur Einsicht. Er war am Rande des Wahnsinns gewesen, als sein Sohn ihn mit »Sehr geehrter Herr« angeredet hatte, doch nun war seine Tochter zu Besuch gekommen und hatte ihm einen Brief des Sohnes mitgebracht, den er überall herumzeigte: »Lieber Vater, jetzt habe ich begriffen, daß ich früher einen übertriebenen ›Linksdrall‹ hatte; die Kommunistische Jugend hat mich nun erzogen und die Genossen haben mich kritisiert – sie haben vollkommen recht, ich hätte dich damals nicht so behandeln dürfen ... Hast du wirklich solche Schwierigkeiten bei deinen Studien? Ich glaube, du könntest dabei einen Füllhalter gut gebrauchen, ich habe einen gekauft und ihn meiner Schwester für dich mitgegeben ...«

Drittes Kapitel

»Der Glanz der Welt«

Im Juni und Juli 1956 hatten ich und ein paar Mitgefangene vor dem Militärgericht in Mukden als Zeugen zu erscheinen. Über eintausend japanische Kriegsverbrecher in chinesischer Gefangenschaft kamen in diesen zwei Monaten vor Gericht; 45 davon wurden verurteilt, der Rest mit Hilfe des Roten Kreuzes nach Japan zurückgebracht. Einer, der zu 18 Jahren verurteilt, aber schon 1963 begnadigt wurde, war Furumi Tadayuki, der frühere Vizechef des »Amtes für allgemeine Angelegenheiten«. Seinetwegen und wegen seines Vorgesetzten Takebe Rokuzo waren ich und vier Marionettenminister in den Zeugenstand gerufen worden.

Als ich den Gerichtshof betrat, mußte ich unwillkürlich an Chinas Sieg im Koreanischen Krieg, die erfolgreiche Unterzeichnung des Genfer Abkommens und Chinas veränderte Stellung in der Welt nach der Gründung der Volksrepublik denken. Der Prozeß gegen japanische Kriegsverbrecher auf chinesischem Boden war ein geschichtliches Novum: Meine eigene unsichere Zukunft schien mit einem Mal nicht mehr wichtig, ich war stolz auf meine Nation.

Furumi legte ein volles Geständnis ab und entschuldigte sich vor dem Gericht für seine Verbrechen gegen das chinesische Volk – und dann dankte er der Volksrepublik, daß sie ihm sechs Jahre lang die Gelegenheit gegeben habe, über sein Leben nachzudenken. Er habe sein Gewissen wiedergefunden. Nachdem ich gegen ihn ausgesagt hatte, fragten die Richter ihn, ob er noch etwas zu bemerken habe. Furumi verbeugte sich tief und sagte, jedes Wort meines Zeugnisses beruhe auf Wahrheit. Wie anders war es doch am Internationalen Militärgericht in Tokio gewesen! Dort hatten die japanischen Kriegsverbrecher Rechtsanwälte eingesetzt, um die Zeugen zu verwirren; jeder hatte seine Verbrechen zu verbergen gesucht in der Hoffnung, dadurch eine geringere Strafe zu erhalten. Aber in Mukden anerkannten alle japanischen Kriegsverbrecher ihre Schuld und nahmen ihre Strafe an.

Briefe von Kriegsverbrechern, die nach 1956 nach Japan entlassen wurden, enthielten oft Sätze wie: »Ich habe in China gelernt, wie man leben muß« oder »Jetzt weiß ich, was ›Leben‹ heißt«, oder: »Nun, da ich in ein neues Leben eintrete, möchte ich Ihnen, Herr Direktor, schreiben, daß ich nie die Wärme Ihres Handschlags vergessen werde, mit dem Sie mir gute Gesundheit gewünscht haben.«

Wir hörten, daß die nach Japan entlassenen Gefangenen in ihrer Heimat über das neue China sprachen und gegen den japanischen Militarismus opponierten; sie plädierten für Unabhängigkeit, Frieden und Demokratie, obwohl sie streng bewacht wurden. Die Veränderungen, die in den einst so brutalen japanischen Kriegsverbrechern – wie auch in meiner eigenen Familie – vorgegangen waren, brachten mir schlagartig zum Bewußtsein: Die Kommunistische Partei veränderte Menschen durch Beispiel und Aufklärung.

Von der zweiten Hälfte des Jahres 1956 an wurde ich oft von ausländischen Journalisten und Besuchern interviewt; andere Ausländer wiederum schrieben mir und baten mich um Fotografien. Im Februar 1957 bekam ich einen Brief von einem Franzosen, der ein Foto signiert haben wollte. Sein Brief enthielt neben ein paar Aufnahmen aus meinem früheren Leben auch einen Artikel, dessen Sinn und Zweck mir nicht ganz einleuchtete:

Der Kaiser von China im Gefängnis

Der Glanz der Welt ist nichts als leerer Wahn: Diese Worte könnten unter dem Leben eines politischen Gefangenen stehen, der jetzt im rotchinesischen Fuschun Gefängnis auf sein Urteil wartet. Als Kind hatte man ihn in kostbare Seiden gewandet, aber jetzt trägt er abgewetzte Baumwollkleider, während er einsam im Hof seines Gefängnisses auf und ab spaziert. Der Name dieses Mannes ist Henry Pu Yi. Vor fünfzig Jahren wurde seine Geburt mit einem verschwenderischen

Feuerwerk gefeiert; heute ist ein Gefängnis seine Wohnung. Als Henry zweijährig war, wurde er Kaiser von China; aber sechs Jahre Bürgerkrieg warfen ihn von seinem Kaiserlichen Thron. 1932 war ein wichtiges Jahr für diesen »Sohn des Himmels«: mit japanischer Unterstützung wurde er Kaiser von Mandschuguo. Nach dem Zweiten Weltkrieg hörte man nichts mehr von ihm – bis auf den heutigen Tag, wo dieses Foto die Aufmerksamkeit der Welt auf sein tragisches Schicksal lenkt...

Wäre mir dieser Brief zwei Jahre früher zugeschickt worden, hätte ich möglicherweise ein paar Tränen darüber vergossen. Aber jetzt kam er zu spät. In meiner Antwort schrieb ich: »Ich bedaure, Ihrer Auslegung meines Schicksals nicht zustimmen zu können. Es ist mir deshalb unmöglich, das Foto zu signieren.«

Schon kurz zuvor waren mir eine Reihe ähnlich »mitfühlender« Fragen von ausländischen Journalisten gestellt worden. »Sind Sie nicht traurig darüber, der letzte Kaiser der Tsching Dynastie zu sein?« Oder: »Sind Sie nicht der Meinung, daß es ungerecht ist, Sie nach so langer Zeit immer noch nicht vor ein Gericht zu bringen?« Ich antwortete, das einzig Traurige sei mein früheres Leben als Kaiser der Tsching und Marionettenkaiser der Japaner gewesen, und wenn etwas unglaublich sei, dann sei es die Milde, mit der man mich behandle. Die Journalisten schienen das nicht verstehen zu können; ich stelle mir vor, daß meine Antwort an jenen Franzosen ebensowenig auf Verständnis stoßen konnte.

Der Glanz der Welt!... Wenn etwas in meinen Augen glanzvoll war, dann waren es die großen Veränderungen bei den jungen Mitgliedern des Aisin Gioro Klans; die Gashähne in den Küchen der Fuschun Bergwerkarbeiter; die chinesischen Drehbänke, die ich anstelle der früheren japanischen Modelle in jener Industrieschule gesehen hatte; und das friedliche Leben von pensionierten Arbeitern in Altersheimen. War dies alles für mich »leerer Wahn«? Sollte es ohne jede Bedeutung sein, daß die anderen hofften und darauf vertrauten, daß ich ein »wahrer Mensch« werden würde? War das nicht vielmehr das wertvollste Urteil, das man über mich befinden konnte?

Ich bin überzeugt, daß meine Gefühle damals bereits von vielen anderen Strafgefangenen geteilt wurden. Einige waren bestimmt schon lange vor mir zu dieser Schlußfolgerung gekommen. Tatsächlich verspürten die meisten von uns nach und nach den Wunsch, sich zu einem neuen Menschsein durchzukämpfen, und damals war gerade die Zeit, wo wir einzusehen begannen, daß wir an unserer Umerziehung aktiv mitzuarbeiten haben würden. Deshalb war die Stimmung am Neujahrsfest von 1957 ganz anders als in den Jahren zuvor.

Während der Neujahrstage gab es neben unseren gewöhnlichen Unterhaltungsspielen wie Tischtennis, Tennis, Volleyball, Schach, Mahjong und den zweimal wöchentlichen Filmvorstellungen jeweils auch eine Abendveranstaltung in unserem Block, wo die Talente unter uns auftraten: Der Alte Lung produzierte sich als Zauberer, der Alte Yü sang chinesische und der Alte Dscheng mit dem Alten Guo mongolische Lieder, der Kleine Gu pflegte mit komischen Dialogen zu brillieren, Pu Dschiä gab sein »Hsiao Hö verfolgt Hän Hsin im Mondenschein« [eine Geschichte aus der Gründungszeit der Han Dynastie, ca. 200 v. u. Z.] zum besten.

Der große Korridor, wo die Abendveranstaltung stattfand, wurde schon ein paar Tage vor Beginn des Neujahrsfestes mit Lampions und bunten Dekorationen geschmückt. Dies und das gute Essen, das während der Festzeit ausgeteilt wurde, hatte bisher genügt, um uns alle in eine zufriedene Neujahrslaune zu versetzen. Aber als das Neujahrsfest von 1957 herannahte, kam uns die Idee, daß wir nicht nur allein für unser Amüsement besorgt sein sollten. Wir schickten unsere Studienkommission zur Gefängnisleitung mit der Bitte, uns – wie schon zuvor den Japanern – die Klubhalle zur Verfügung zu stellen, da wir einen Großen Abend für alle veranstalten möchten. Der Direktor billigte unseren Plan: Falls wir tatsächlich eine Show auf die Beine bringen würden, könnten wir die neuangekommenen Tschiang Kai-schek Sträflinge als Publikum haben. Als diese gute Nachricht in unseren Zellen bekannt wurde, begannen wir begeistert mit den Vorbereitungen.

Wir Strafgefangenen waren glücklich, weil wir uns ein besonders fröhliches Neujahr davon versprachen; und die Gefängnisleitung unterstützte unser Vorhaben, weil solche Veranstaltungen bei den japanischen Kriegsverbrechern sehr viel Erfolg hatten. Die Japaner schrieben für solche Anlässe Stücke aufgrund von Berichten in der Presse ihres Landes. Ein Artikel über die schrecklichen Folgen des amerikanischen Atombombenabwurfs über Japan gab beispielsweise Stoff her für ein Stück, das zeigte, wie es gekommen war, daß sich die japanischen Militaristen gegen ihre eigenen Landsleute und den Rest der Welt versündigen konnten. Jeder, der dieser Aufführung beiwohnte, sei es nun aktiv auf der Bühne oder als Zuschauer im Saal, war am Ende in Tränen ausgebrochen. Angesichts der erzieherischen Wirkung, die damit sowohl auf die Verfasser, wie auch auf die Ausführenden und das Publikum erzielt worden war, beschloß unsere Studienkommission, ein bis zwei Stücke japanischer Art in unsere Show aufzunehmen. Dieser Vorschlag fand allgemeine Zustimmung und bald waren zwei Stücke in Rohfassung vorhanden. Das eine war als politisch aktueller Sketch geplant und trug den Titel »Die Niederlage der Aggressoren«, womit der britische Truppeneinfall in Ägypten gemeint war; das andere beschrieb die innere Wandlung eines »Mandschuguo«-Verräters. Autoren waren Pu Dschiä und ein früherer Beamter von Wang Dsching-weis Marionettenregierung.

Während an den Stücken herumgefeilt und geprobt wurde, waren alle möglichen anderen Vorbereitungen im Gange. Der Alte Lung kündigte beispielsweise an, daß kleine Tricks wie »Eier aus dem Hut ziehen« und »Ping-Pong-Bälle schlucken« in seinem diesjährigen Programm nichts zu suchen hätten. Wir dürften uns auf ganz große Zauberkunst gefaßt machen. Der Alte Dscheng und der Alte Guo studierten eifrig mongolische Volkstänze zu ihren Liedern ein, und der Alte Tschu, unser Zellenchef, der ein Musikliebhaber war, stellte einen Chor auf. Daneben wurden an allen Ecken komische Dialoge, Monologe und Sololieder eingeübt. Am meisten zu tun hatte in diesen Tagen der Alte Wän, der als Leiter unserer Studienkommission für die Koordination der Vorbereitungen verantwortlich war. Unter seiner Regie erhielt der Kleine Ruei die Aufgabe, mit einer Gruppe von Leuten Papiergirlanden und Lampions für die Neujahrsdekoration zu basteln, und der Große Li, nunmehr ein Elektriker von Format, wurde für die Beleuchtung herangezogen.

In den Jahren vor 1957 hatte ich nie aktiv an unseren Korridorveranstaltungen teilgenommen, da alle, einschließlich ich selbst, mich für zu täppisch und unbeholfen hielten, um irgendwo nützlich sein zu können. Ich war deshalb alles andere als darauf gefaßt, daß mich der Alte Tschu vorsingen lassen würde. Aber so geschah es, und als Tschu entdeckte, daß ich eine recht passable Stimme besaß, engagierte er mich für seinen Chor. Ich war tief bewegt über diese Auszeichnung und übte mit Genuß und Ausdauer »Der Osten ist rot«, »Laßt uns das Mutterland besingen« und »Die Leute auf der ganzen Welt sind eines Herzens«. Gerade als ich die Lieder einigermaßen beherrschte, schickte der Alte Wän nach mir: »Pu Yi. Wir hätten im ersten Stück eine Rolle für dich. Das Thema ist aktuell und du kannst improvisieren, wenn du Lust hast. Jedenfalls wäre es eine bedeutungsvolle Aufgabe, ich meine, es ist für unsere gegenseitige Erziehung, es ...«

»Du brauchst mich nicht erst zu überreden«, unterbrach ich ihn. »Wenn du meinst, daß ich so was kann, bin ich dabei.«

»Natürlich kannst du das!« Der Alte Wän grinste. »Du hast eine großartig klare, kräftige Stimme, du ...«

»Übertreib's nicht und sag lieber – in was ich spielen soll!«

»Wir nennen es ›Die Niederlage der Aggressoren‹. Es geht um die britische Invasion in Ägypten und den internationalen Protest, den die ganze Sache auslöste. Den Stoff haben wir in Zeitungsberichten gefunden, und der Alte Run spielt die Hauptrolle: den britischen Außenminister Selwyn Lloyd. Du wirst ein Labour-Abgeordneter vom linken Flügel sein.«

Ich ging zu Pu Dschiä, um mir das Stück erklären zu lassen, las es dann einmal durch und notierte mir meine Zeilen. Als nächstes galt es, mein Bühnenkostüm zu organisieren. Da ich einen Ausländer spielte, würde ich einen westlichen Anzug tragen müssen, aber das war kein Problem. Solche Anzüge gab es in der Tat genug, da unsere Privatkleider in einer Garderobe für uns verwahrt wurden. Ich ließ mir die blaue Kleidung aushändigen, die ich vor dem Militärgericht in Tokio getragen hatte, wählte noch ein Hemd, eine Krawatte und was sonst zu meiner englischen Aufmachung gehörte, und trug alles in meine Zelle. Da ich allein war, begann ich mich gleich umzukleiden. Gerade als ich mir das weiße »Arrow«-Hemd übergezogen hatte, kam der Alte Yüan herein: »Pu Yi, was soll dieser Aufzug?«

Da ich aufgeregt und mein Hemdkragen zu eng war, konnte ich zunächst keinen Satz herausbringen. Schließlich keuchte ich: »Ich werde in einem Stück spielen. Kannst du mir den Gürtel der Weste hinten etwas lockern?« Der Alte Yüan half mir bereitwillig, aber die Weste war auch mit offenem Gürtel noch zu eng. Ich mußte Gewicht angesetzt haben. Selbst die Lederschuhe aus England drückten, und ich fragte den Alten Yüan irritiert, ob man, um einen britischen Labour-Abgeordneten zu spielen, tatsächlich Lederschuhe tragen müsse.

»Das steht außer Frage. Die britischen Labour-Abgeordneten parfümieren sich sogar mit Kölnisch Wasser, da kannst du unmöglich chinesische Stoffschuhe tragen. Aber mach dir keine Sorgen! Wenn du die Schuhe vorher ein paarmal anziehst, werden sie dir an Neujahr nicht mehr weh tun. Und die Weste hier, die können wir etwas auslassen. Geh und lerne nun schnell deine Zeilen. Großartig, Pu Yi! Wer hätte gedacht, daß du auch unter die Schauspieler gehen würdest! ...« Der Alte Yüan brach in ein meckerndes Lachen aus, das mir noch in den Ohren klang, als ich durch den Korridor eilte. Aber ich war in Hochstimmung. Der Alte Wän hatte gesagt, daß dies eine Art Selbsterziehung und gegenseitige Hilfe sein würde. Dies war das erste Mal, daß ich in der Lage war, anderen zu helfen. Bis jetzt war ich immer auf die Hilfe der anderen angewiesen gewesen. Doch nun würde es sich zeigen, daß ich doch etwas konnte.

Ich repetierte meine Zeilen von morgens bis abends. Es handelte sich, wie der Alte Wän gesagt hatte, nur um ein paar Worte, und meine Rolle war aller Wahrscheinlichkeit nach die kleinste im ganzen Stück. Kurz vor dem Ende des Sketches, wenn Selwyn Lloyd seine Verteidigungsrede im Unterhaus hielt, um die Niederlage der britischen Invasion in Ägypten zu erklären, hatten ihn die Oppositionspolitiker erst mit Fragen zu bestürmen und dann anzugreifen. In diesem Moment sollte ich mich aus ihren Reihen erheben und Selwyn Lloyd zurufen: »Bitte wollen Sie ihre Handlungsweise nicht länger verteidigen. Es gibt nur eines dazu zu sagen. Es ist eine Schande, eine Schande, und ich sage es noch einmal, eine Schande!« Darauf mußte ein Tumult ausbrechen, wo ich inmitten der allgemeinen Beschimpfungen und Rücktrittsforderungen unablässig »Abtreten! Abtreten« schreien sollte. Das ganze Stück war einfach gebaut und bestand hauptsächlich aus dieser Parlamentsdebatte, die ungefähr eine Viertelstunde dauerte. Ich aber verbrachte mehrere Dutzend Viertelstunden damit, meine Rolle vorzubereiten, um ja sicher zu sein, meine Worte nicht zu vergessen oder zu verwechseln. Es durfte nicht passieren, daß ich den Alten Wän und die anderen jetzt enttäuschte. Wenn ich früher oft an nervöser Schlaflosigkeit gelitten hatte oder, weil ich deprimiert war oder Furcht hatte, im Schlaf redete, so konnte ich nun zum ersten Mal während meiner Inhaftierung vor Aufregung keinen Schlaf finden.

Als ich am Neujahrsabend in die festlich geschmückte Halle trat und die prachtvolle Bühnenaufmachung sah, vergaß ich meine Nervosität. Über der Tanzbühne hing ein rotes Spruchband mit Neujahrswünschen vom Alten Wän. Auch die Programmtafel durfte sich sehen lassen: Unser Block hat volle acht Nummern zusammengebracht. Als wir bemerkten, wie beeindruckt die Tschiang Kai-schek Kriegsverbrecher dreinschauten, zwinkerten wir uns begeistert zu.

Die ersten Nummern hatten alle großen Erfolg, und es wurde heftig applaudiert. Darauf folgte eine Pause, und dann kam der »aktuelle politische Sketch«. Des Alten Runs Aufmachung war so perfekt, daß man glaubte, den britischen Außenminister in Person vor sich zu sehen. Run hatte von Natur aus eine große Nase und wirkte – als einziger in unserem Parlament – außerordentlich »englisch«. Aber noch hervorragender war seine Gestik: Sein Zorn, seine Furcht, die Untertöne von Verzweiflung, die durch Arroganz kaschiert wurden, wirkten so echt, daß es der geschlagene Lloyd selbst nicht hätte besser machen können. Nach ungefähr zehn Minuten flüsterte mir der Alte Yüan an meiner Seite zu: »Sei nicht so hölzern. Bring ein bißchen Bewegung in das Ganze!« (Dies war im Stück vorgesehen.) Ich drehte mich vorsichtig um zur Seite, um einen Blick ins Publikum zu erhaschen. Jedermann im Saal schien seine Augen nicht auf den Außenminister, sondern allein auf mich, den Labour-Abgeordneten vom linken Flügel, geheftet zu haben. Es war entsetzlich. Aber der Alte Yüan sprach mir gut zu: »So sag schon etwas, sag etwas, um ihn zu widerlegen.« In Panik stand ich auf, zeigte auf den Alten Run, der mit Bravour seine Verteidigung betrieb, und merkte, daß ich meine Zeilen vergessen hatte. In der Not der Verzweiflung schrie ich einfach: »No! No! No!« Dieser Ausbruch brachte den Alten Run zum Verstummen, und damit kamen mir auch meine Worte wieder in den Sinn. Ich bedachte ihn mit dem vorgesehenen dreifachen Ruf der Schande und hörte dann dröhnenden Applaus. Außenminister Lloyd verzog sich unter »Abtreten! Abtreten!«-Rufen konsterniert von der Bühne.

Der Alte Yüan gratulierte mir als erster: »Nicht schlecht! Nicht schlecht! Du warst zwar ein wenig nervös, aber alles in allem hast du glänzend gespielt!« Die anderen zeigten sich ebenfalls mit meiner Leistung sehr zufrieden und lachten herzlich über meine Improvisation. Als darauf einer die Geschichte erzählte, wie ich in Tientsin dem schwedischen Prinzen eine Audienz verweigert hatte, nur weil er sich mit Mei Län-fang (dem Opernschauspieler) zusammen fotografieren ließ, stimmte ich glücklich in die allgemeine Fröhlichkeit ein.

Nachdem es in der Halle wieder ruhig geworden war, begann unsere letzte Nummer »Von der Dunkelheit zum Licht«. Es war wiederum ein einfach gebautes Stück, das in drei Akten den Weg von zwei mandschurischen Beamten zeigte, die ihr Volk verrieten, vor dem Einmarsch der Sowjettruppen zu Tschiang Kai-schek überlaufen wollten, statt dessen in russische Gefangenschaft gerieten; nach China ausgeliefert wurden, wo sie erst die Regierung zu täuschen versuchten, dann aber dank der Politik der Milde und Umerziehung ihre Schuld akzeptierten. Das Ganze war, wie gesagt, nicht hohe Kunst, aber wir erkannten uns in den Personen des Stückes wieder. Sie erinnerten uns an unsere eigene Vergangenheit, und während wir gespannt der Handlung folgten, wurden wir zusehends von einem Gefühl der Scham über uns selbst und unsere Taten überwältigt. Bei der Szene, wo ein paar Verräter die Bevölkerung zum Bau eines »Kaiser Jimmu Schreins« zwangen, konnte man Großmaul, der Ähnliches auf dem Gewissen hatte, murmeln hören: »Diese schmachvolle Angelegenheit hätte man auch nicht extra aufzuwärmen brauchen...« Und als eine Szene später eine Gruppe von Verrätern den japanischen Militärs speichelleckend den Plan zu einer neuen Getreidekonfiskation auseinanderlegten, rief mein Nebenmann aus: »Abscheulich, einfach abscheulich!« Noch abstoßender als die Charaktere im Stück war für mich eine Nische mit Vorhang in einer Ecke der Dekoration, wo ein »Wahres Kaiserliches Abbild« des Verräterkaisers hing. Jeder Schauspieler, der auf die Bühne trat, verbeugte sich in seiner Richtung. Auf der ganzen Welt konnte es nichts Abscheulicheres geben!

Das Stück erreichte seinen Höhepunkt im letzten Akt, als Vertreter der Regierung die kommunistische Politik der Umerziehung von Verbrechern erklärten. Der Applaus und die Parolenrufe, welche die Worte der Delegierten im Publikum und bei uns selbst auslösten, waren lauter als alles, was ich bis dahin gehört hatte. Nicht daß die Meriten des Stückes allein der Grund dafür gewesen wären; es war vielmehr der kombinierte Effekt von Familienbriefen, Besuchen, Besichtigungsfahrten und Bekenntnissen der japanischen Kriegsverbrecher in Mukden, die uns für seine Aussage so empfänglich machten. Inmitten des tobenden Applauses konnte man unterdrücktes Weinen hören: Der Alte Liu, der nicht an die Möglichkeit glauben wollte, daß es seiner Tochter gut erging, und der Alte Dschang, der sich mit seinem Sohn ausgesöhnt hatte, schüttelten sich vor Schluchzen.

Kurz nach Neujahr wurden dreizehn Kriegsverbrecher ohne Prozeß entlassen, unter ihnen meine drei Neffen und der Große Li. Anläßlich des Frühlingsfestes veranstalteten wir einen weiteren Großen Abend mit einem Stück über die Geschichte eines Dorfes in »Mandschuguo-Tagen« und nach der Befreiung. In der darauffolgenden Woche wurden vier weitere Gefangene entlassen, und diesmal waren auch meine zwei Schwäger mit dabei.

Es muß zu dieser Zeit gewesen sein, daß ich den Brief jenes Franzosen über den »Glanz der Welt« erhielt.

Viertes Kapitel

Arbeit und Optimismus

Von einer weiteren Besichtigungsfahrt, die uns in die Städte Schengyang [Mukden], Anschang, Tschangschun, Harbin und zum Dahuofang Staudamm führte, kehrte ich mit der Überzeugung zurück, daß mir die Neue Gesellschaft die Tore geöffnet hatte und es nur noch an mir lag, die letzten Probleme auf dem Weg ins neue Menschsein zu lösen.

Auf dieser unserer Besichtigungsfahrt sah ich viele Beispiele chinesischer Erfolge. Sie sagten mir deutlicher als alles andere, daß das chinesische Volk aus seiner Erstarrung erwacht war. China konnte nicht nur militärische Siege erringen, auch auf der wirtschaftlichen Front eilte es von einem Triumph zum andern.

In den vergangenen vierzig Jahren hatte ich vergessen, daß ich selbst ein Chinese war. Statt dessen hatte ich in den Chorus der Japaner eingestimmt, die ihre eigene Nation als die vortrefflichste der Welt priesen; ich hatte Dscheng Hsiao-hsüs Illusionen über die Einsetzung von »ausländischen Beratern« und »ausländischer Kraft« zur Entwicklung von Chinas Wirtschaft geteilt, und oft hatte ich mit Pu Dschiä zusammen über die Tölpelhaftigkeit der Chinesen geseufzt. Selbst nach meiner Auslieferung nach China hatte ich mich geweigert, daran zu glauben, daß das chinesische Volk seine Stellung in der Welt würde behaupten können. Die Siege der Chinesen und Koreaner von 1950/51 hatten mich nicht in Freude, sondern in panischen Schrecken versetzt, weil ich mir ständig ausmalte, die Amerikaner würden nun Atombomben über uns abwerfen. Ich hatte weder verstehen können, woher die Kommunistische Partei Chinas den Mut nahm, den amerikanischen Imperialismus – ungeachtet aller möglichen Konsequenzen – auf dem Forum der Vereinten Nationen offen anzuprangern, noch hatte ich mir erklären können, weshalb die chinesisch-koreanische Delegation es wagen durfte, die Amerikaner während der Waffenstillstandsverhandlungen in Panmunjon offiziell zu warnen, daß es ihnen unmöglich sein werde, am Konferenztisch das zu gewinnen, was sie auf dem Schlachtfeld nicht erreicht hatten. – Ich hatte all diese Jahre an einer schweren Krankheit namens »Weiche-Knochen-Plage« gelitten.

Nach der Unterzeichnung des Koreanischen Waffenstillstandsabkommens, als bei der Konferenz von Genf ein Neues China seinen Platz in der Weltpolitik einnahm, hatte ich unwillkürlich an die außenpolitische Geschichte meines Landes seit den zwei Opiumkriegen denken müssen: 109 Jahre lang, das heißt von der Regierung meines Urgroßvaters Dao Guang bis zu Tschiang Kai-scheks Kuomintang, war China ein Opfer der »Weichen Knochen-Krankheit« gewesen. In diesen 109 Jahren waren die Ausländer, die sich so zivilisiert und überlegen fühlten, mit Bomben und Opium, Kreuz und Kaugummi bewaffnet nach China gekommen und hatten nach Belieben gebrandschatzt, getötet, geplündert und betrogen. Die Acht Großen Mächte hatten ihre Truppen in unserer Hauptstadt stationiert, hatten Häfen, Großstädte, Hauptverkehrsadern und Festungen in Beschlag genommen und in uns, dem chinesischen Volk, nichts als ein Heer von Arbeitskräften gesehen, Freiwild für ihre Ausbeuterei. Die ausländischen Imperialisten hatten in Chinas Geschichte unzählige »Gedenktage nationaler Schande« hinterlassen, indem sie Kaiser Dao Guang, Tze Hsi, Prinz Tsching, Li Hungtschang, Yüan Sche-kai, Duän Tschi-ruei und Tschiang Kai-schek zu Verträgen zwangen, die das chinesische Volk zu Sklaven machten. Chinas diplomatische Geschichte der letzten hundert Jahre strotzte von demütigenden Wendungen wie »Chancengleichheit«, »Politik der offenen Tür«, »Meistbegünstigung«, »Pachtland«, »gepfändete Zolleinnahmen«, »konsularische Rechtsprechung«, »Garnisonrechte«, »Eisenbahnrechte«, »Bergbaurechte«, »Flußtransportrechte«, »Flugtransportrechte«. Die Ausländer hatten sich sogar das Privileg erzwungen, für einen getöteten chinesischen Esel 100 Dollar und für einen getöteten Chinesen 80 Dollar als Schadenersatz zu bezahlen.

Aber nun war diese Zeit der nationalen Schande endgültig vorbei. Das chinesische Volk hatte sich erhoben und arbeitete zuversichtlich am Aufbau seines Landes; es stopfte mit seinen Erfolgen den Ausländern, die zu Beginn nur höhnisch gelacht hatten, den Mund. –

1958 war für mich ein Jahr der Hoffnung. Ich war optimistisch geworden. Diese neue Haltung ging auf den Herbst 1957 zurück, als wir die für den Winter benötigte Kohle hereinbrachten.

Jeden Herbst bestellte die Gefängnisleitung Riesenmengen von Kohlen, wovon ein Teil zur Beheizung der Zellen diente und der Rest zu Briketts für die Gewächshäuser verarbeitet wurde. Dies war jedoch das erste Jahr, daß wir uns am Kohlenabladen und Brikettherstellen beteiligten. Ich war nun viel geschickter als früher, und meine Zelle – wir lebten jetzt noch zu viert darin: der Alte Wang, der Alte Dscheng, ich selbst und ein ziemlich junger ehemaliger »Mandschuguo«-General – übernahmen den größten Teil der Schwerarbeit. Die körperliche Übung tat mir gut. Ich wurde kräftiger, und meine alten Leiden verschwanden.

Als wir zur Fabrikation der Briketts übergingen, übernahm ich den ziemlich anstrengenden Kohlentransport. Da an jenem Tag auch der Gefängnisdirektor und ein paar Funktionäre mithalfen, ging die Arbeit leicht von der Hand. Kurz vor Schluß trugen der Alte Hsiän und ich noch drei weitere Körbe mit Kohle heran. Dabei hörte ich, wie Wärter Wang zu einem Kollegen sagte: »Pu Yi gibt sich wirklich ganz aus. Da ist nichts simuliert.«

Der Alte Hsiän und ich stellten die Körbe, die wir mit Hilfe einer Stange getragen hatten, nieder und holten unsere Kleider vom Baum. In diesem Moment fragte mich der Direktor lächelnd: »Na, Pu Yi. Wie geht's mit deiner Schulter?«

Ich schaute nach und antwortete: »Weh tut's nicht, und es ist auch nichts geschwollen. Nur die Haut ist ein bißchen rot.«

»Und wie steht's mit dem Appetit?«

»Drei große Schüsseln Reis. Und bei den Dschiao-dze [eine Art große Ravioli] bringe ich es auf dreißig Stück.«

»Immer noch schlaflose Nächte?«

»Ich schlafe ein, sowie ich mich hinlege. Ich bin vollständig gesund.« Meine Antworten lösten eine allgemeine Heiterkeit aus, aber es war nicht mehr das spöttische Lachen von früher. Das würde ich nie mehr hören.

Auch auf anderen Gebieten konnte ich Fortschritte aufweisen. Das Studium von Büchern wie »Die Lehre von der Volkswirtschaft« und »Der historische Materialismus« bereitete mir nicht mehr so viel Mühe wie früher, und meine Kleider konnte ich fast ebenso gut in Ordnung halten wie die anderen. Am meisten Selbstvertrauen flößte mir jedoch körperliche Arbeit ein. Solange man mir nicht Papierblumen oder andere delikate Basteleien abverlangte, war ich immer ein erstklassiger Arbeiter, und selbst diejenigen, die mir in den theoretischen Studien überlegen waren, mußten mir in dieser Hinsicht Bewunderung zollen.

Die Bewunderung der Mitgefangenen und mein wachsendes Selbstvertrauen waren indes nicht so sehr das Resultat einer korrigierten Einstellung, als die logische Folge des neuen Enthusiasmus für Arbeit, der die ganze Gesellschaft in Bann riß. Seit Ende 1957 zeichnete sich diese Begeisterung für die Arbeit in Presseberichten, Familienbriefen und in der Haltung des Gefängnispersonals ab. Es schien, daß sich mit einem Mal jeder an physischer Arbeit als etwas Besonderem beteiligen wollte. Zehntausende von Regierungsbeamten gingen aufs Land, Schulen legten Arbeitsphasen in den Unterrichtsplan ein, und überall taten sich Arbeitsbrigaden zusammen. Bei uns half das Gefängnispersonal nicht nur beim Brikettherstellen und Heizen, selbst das Essen wurde uns nun oft in die Zellen gebracht. Morgens konnten wir, noch ehe wir aufstanden, das Knarren von Schubkarren und Aneinanderschlagen von Hacken und Schaufeln hören. Das hieß, daß der Direktor mit dem Personal bereits unterwegs war, um das Brachland in der Nähe des Gefängnisses zu erschließen. All dies zeigte deutlich, daß in der Neuen Gesellschaft »Arbeit« das Maß war, nach dem die Menschen beurteilt wurden. Das galt auch für uns, die wir umerzogen wurden. Ich habe vergessen, wer mir einmal sagte, daß viele Leute unter der Zwangsvorstellung litten, der Himmelskaiser habe den Menschen die Arbeit zur Strafe auferlegt, und daß nur die Kommunisten in der Arbeit ein primäres Recht des Menschen sahen. Ich hatte 1957 bereits all mein früheres Interesse an Göttern und Buddhas verloren und konnte keinen Zusammenhang zwischen dem Himmelskaiser und Arbeit erkennen. Mir wie allen anderen war klar, daß Arbeit aus kommunistischer Sicht etwas Selbstverständliches war.

Die Bedeutung, die die Regierung der Arbeit beimaß, und der Enthusiasmus, mit dem das Volk diese Richtlinien aufnahm, setzten sich 1958 noch mehr in unserem Bewußtsein fest. Die Briefe aus Peking enthielten die erstaunlichsten Neuigkeiten. Meine Zweite Schwester organisierte im Verein mit dem Straßenkomitee eine Kinderkrippe für die arbeitenden Mütter des Quartiers. Die Vierte Schwester, die im ehemaligen Kaiserpalast arbeitete, meldete sich für ein freiwilliges Seeausbesserungsprojekt und wurde zu einer »Fünf-Gut«-Aktivistin ernannt. Die Dritte Schwester und ihr Mann beteiligten sich an den politischen Studien, die vom Lokalkomitee der Politischen Konsultativ-Konferenz des Chinesischen Volkes organisiert wurden. Der Alte Run arbeitete zusammen mit anderen Betagten am Ming-Gräber-Stausee; seine Gruppe wurde wegen ihrer technischen Neuerungen gelobt. Die Fünfte Schwester und ihr Mann, der Alte Wän, teilten mir voll Stolz mit, daß ihr Ältester, der über die Verwendungsmöglichkeiten von Eis und Schnee forschte, nun mit einer Expedition die Berge im Nordwesten erkundete. Einige meiner Neffen und der Große Li arbeiteten als Teamleiter auf einer Staatsfarm im Außenbezirk von Peking. Überall Arbeit und Enthusiasmus. Überall schlugen die Trommeln zum Angriff auf die Zukunft. In dieser historischen Kampagne, die das Mutterland aus seiner Rückständigkeit riß, wollte jeder seinen Beitrag leisten. Als dann auch noch bekannt wurde, daß der Vorsitzende Mao, Premier Tschou und andere Regierungsminister am Bau des Ming-Gräber-Stausees auch mit Hand anlegten, hielt es uns nicht länger. Unsere Studienkommission sprach bei der Gefängnisleitung vor und bat sie, uns produktive Arbeit zu beschaffen.

Der Direktor entsprach unserer Bitte. Er ließ für uns eine Werkstatt für die Herstellung von Elektromotoren einrichten; aber da wir für diese Arbeit zu wenig Leute stellen konnten, ging sie an die Tschiang-Kaischek Häftlinge in einem anderen Block unseres Gefängnisses über. Darauf wurden wir gemäß unseren Fähigkeiten fünf Arbeitsgruppen zugeteilt: Viehzucht, Nahrungsmittelverarbeitung, Medizin, Blumen- und Gemüseanbau. Der Alte Yüan, der Alte Hsiän und ich bildeten mit zwei anderen die Arbeitsgruppe Medizin. Wir kombinierten Arbeit mit Studium, das heißt, wir putzten jeden Tag die Klinik und verrichteten alle Arten von Hilfs- und medizinischen Nebenarbeiten, lasen uns zwei Stunden täglich in medizinische Fachwerke ein und diskutierten unter der Leitung von Dr. Wen vom Gefängnispersonal. Meine vier Kollegen waren alles ehemalige, studierte Ärzte; drei von ihnen wiederholten westliche Medizin, der vierte und ich studierten chinesische Medizin. Daneben absolvierten wir alle noch einen Kurs in Akupunktur.

Diese Arbeit bestärkte mich in meinem Selbstvertrauen. Zunächst war ich natürlich, was medizinische Nebenarbeiten betraf, nicht so gut wie die anderen. Meine antiseptischen Wattebäusche für die Chirurgie sahen aus, als hätte sie jemand wahllos aus der Baumwollfütterung einer alten, zerschlissenen Jacke herausgezupft. Wenn ich Patienten den Blutdruck maß, konzentrierte ich mich so auf die Uhr, daß ich darüber vergaß, durch das Stethoskop zu hören, oder aber ich achtete nur auf das Stethoskop und vergaß dabei die Zeit. Nur bei den Hilfsarbeiten, wo es auf körperliche Kraft ankam, konnte ich die anderen übertreffen. Aber ich war entschlossen, mein medizinisches Studium zu meistern. Wenn uns der Arzt oder eine Schwester etwas Neues zeigten, bat ich in der Freizeit meine Mitstudenten, das Ganze mit mir noch einmal durchzugehen – und dann wiederholte ich die Sache so lange, bis sie saß. Auf diese Weise lernte ich nach und nach meine Arbeit als Hilfsarzt beherrschen. Und dann erhielt ich die erste Bestätigung.

Ein japanischer Kriegsverbrecher, der jeden Tag zu einer elektrischen Behandlung gegen hohen Blutdruck erschien, verbeugte sich am Ende vor mir und sagte: »Danke, Herr Doktor.« Ich war beglückt. Zwar war ich in meinem weißen Kittel und der Brille leicht mit einem Arzt zu verwechseln; aber auch meine Technik mußte gut sein, sonst hätte dieser Patient nicht so viel Vertrauen zu mir gewonnen. Am Ende des ersten Kurses prüfte Dr. Wen uns alle fünf, und ich bekam, wie meine Kollegen, die Höchstnote. Das bewies schließlich, daß ich kein Vollidiot war. Ich würde einen Beruf haben – und nicht mehr auf meine 468 Schmuckstücke angewiesen sein, um mir eine Zukunft zu garantieren!

Eines Tages war ich soweit: Ich wünschte den Direktor zu sprechen. Der alte Direktor hatte vor einiger Zeit zusätzlich noch ein anderes Amt übernommen und kam nur noch selten nach Fuschun. Deshalb sah ich Vizedirektor Dschin, der in seiner Abwesenheit das Gefängnis führte.

»Die Regierung sollte jene Juwelen, die ich ausgehändigt habe, nun formell übernehmen«, begann ich. »Ich habe den Verwahrungsschein ohnehin schon längst verloren.« Da ich glaubte, der Vizedirektor sei über die Sache nicht genau informiert, schickte ich mich an, ihm alles vom Anfang bis zu Ende zu erzählen. Doch zu meinem Erstaunen antwortete er sogleich mit einem Lächeln: »Ich weiß Bescheid. Traust du dir wirklich schon zu, dich durch eigene Arbeit erhalten zu können? . . .«

Ich verbrachte den Rest des Tages damit, die Herkunft eines jeden der 468 Schmuckstücke zu schildern, während ein Sekretär die Daten niederschrieb. Als wir damit zu Ende waren, ging ich leichten Schrittes in den Hof. War nicht die Haltung des Vizedirektors ein Beweis, daß ich große Fortschritte gemacht hatte? War dies nicht ein Anzeichen, daß ich von meinem Ziel, ein Neuer Mensch zu werden, nicht mehr weit entfernt sein konnte?

Fünftes Kapitel

Die Prüfung

Ich hatte mich überschätzt. Denn als ich eine Prüfung zu bestehen hatte, war ich ihr nicht gewachsen.

Zur Zeit, als der »Große Sprung nach vorn« das ganze Land mobilisierte, erklärte uns der Gefängnisdirektor, daß wir uns einmal einer Gedankenkontrolle unterziehen sollten, um die letzten Hindernisse für unsere ideologische Entwicklung aus dem Weg zu räumen. Dabei hatte jeder von uns während der Studienversammlung den anderen die Veränderungen seines Denkens zu schildern, damit mögliche ungeklärte Fragen diskutiert werden konnten.

Als ich an die Reihe kam, gab es Schwierigkeiten. Ich redete über meine alte Ideologie und versuchte dann, aufzuzeigen, wo und inwieweit sich meine Einstellung bereits geändert hatte. Als ich die anderen um ihre Meinung bat, sagte einer: »Leute mit unserer Vergangenheit sind sehr eng mit dem japanischen Imperialismus verflochten gewesen. Da besteht die Gefahr, daß die gefühlsmäßige Trennung im geheimen noch nicht ganz vollzogen ist. Deine Beziehungen zu den Japanern gingen sehr viel weiter als die unseren. Weshalb schweigst du dich allein über diesen Punkt aus? Willst du etwa sagen, daß du als einziger dieses Problem nicht kennst?«

»Außer Haß habe ich kein Gefühl für die Japaner. In diesem Punkt bin ich anders als ihr.«

Diese Antwort entfesselte einen Sturm der Entrüstung. »Warum bist du so wenig demütig? Denkst wohl noch immer, daß du über uns alle erhaben bist? Was für Gefühle hast du jetzt? Willst du uns weismachen, daß du bereits weiter fortgeschritten bist als wir?« Beispiele aus meiner Vergangenheit wurden zitiert. Ich hätte auf meiner ersten Reise nach Japan auf dem Schiff Gedichte geschrieben, die die Freundschaft zwischen »Mandschuguo« und Japan priesen; ich hätte der japanischen Kaiserinwitwe den Arm gereicht, um ihr über eine Unebenheit hinwegzuhelfen. Bewies das nicht, daß ich mehr Grund als alle anderen hatte, mich den Japanern verbunden zu fühlen? Das könne ich doch nicht einfach ableugnen. Ich versuchte zu erklären, daß in meiner Komplizenschaft mit Japan Gefühle nichts zu suchen gehabt hatten, aber niemand war bereit, dieser Auslegung Glauben zu schenken. Als ich ihnen meine Todesangst auf der Flucht nach Talitzukou schilderte, sagte jemand: »Nachdem die Japaner deine Übersiedlung nach Tokio beschlossen hatten, stellten sie dir 300 Millionen Yen für die Vorbereitungsausgaben zur Verfügung. Hast du dich da dem japanischen Imperialismus nicht sehr verbunden gefühlt?«

»300 Millionen Yen?« Ich war verblüfft. »Ich weiß nicht, was für 300 Millionen Yen du meinst?«

In Wirklichkeit waren diese 300 Millionen Yen gar kein ideologisches Problem. Als die Kwantung Armee die letzten Goldreserven von »Mandschuguo« plünderte, hatte sie der Welt bekanntgegeben, daß diese für den »Kaiser von Mandschuguo« nach Japan transferiert würden. Ich hatte, wie jedermann wußte, nie einen Cent davon gesehen, und das war auch der Grund, weshalb man mir dieses Verbrechen nie angelastet hatte. Daß diese Frage jetzt aufgeworfen wurde, geschah nur, um mir zu helfen, mich auf meine damaligen Gefühle zu besinnen. Hätte ich mir alles in Ruhe überlegt und den andern mit mehr Demut zugehört, wäre ich von meinem Gedächtnis kaum im Stich gelassen worden. Aber so behauptete ich steif und fest: »Ich weiß wirklich nichts von dieser Angelegenheit!«

»So, du weißt nichts davon?« riefen diejenigen, die über die Affäre informiert waren. »Dschang Dsching-huei und Takebe Rokuzo haben das Ding damals gedreht. Denke nur nicht, daß du jetzt, nachdem Dschang gestorben ist, deine Verantwortung ableugnen kannst! Komm uns jetzt bloß nicht damit, daß du in deinem Geständnis diesen Punkt übergangen hast.«

Als ich erwiderte, daß ich tatsächlich nichts davon geschrieben hatte, wurden sie noch mißtrauischer: »Es weiß doch hier jeder, was damals gedreht wurde. Schließlich geht es ja nicht um 300 oder 3000, sondern um ganze 300 Millionen Yen!«

An jenem Abend betrieb ich aufrichtig Gewissenserforschung und dabei fiel mir ein: Hsi Hsia hatte in Talitzukou beiläufig erwähnt, daß die Japaner alles Gold aus dem Tresor der »Bank von Mandschuguo« konfiszieren würden, und zwar unter dem Vorwand, damit meinen Unterhalt in Japan zu sichern. Dies mußten die 300 Millionen Yen sein, von denen die andern gesprochen hatten. Da ich damals nur an die akute Lebensgefahr, in der ich schwebte, denken konnte, hatte ich der ganzen Angelegenheit keine Aufmerksamkeit geschenkt. Am folgenden Tag erkundigte ich mich, und als feststand, daß es sich tatsächlich um jenes Gold handelte, brachte ich die Sache noch einmal vor unserer Studiengruppe zur Sprache.

»Warum hast du das geheimgehalten?« wurde ich sofort gefragt.

»Wieso geheimgehalten? Ich habe es nur vergessen.«

»Warum ist es dir nicht früher eingefallen?«

»Weil ich es einfach vergessen habe. Es kann ja schließlich vorkommen, daß einem manchmal etwas aus dem Gedächtnis entgleitet, oder?«

Das löste einen weiteren Sturm der Entrüstung aus. »Je weiter du zurückgehst, desto besser ist dein Gedächtnis. Aber was nur ein paar Jahre zurückliegt, das ›vergißt‹ du. Ist das nicht merkwürdig? Es ist doch ganz klar, daß du einfach Bedenken hattest, die Sache zuzugeben! Wenn du nicht einmal den Mut aufbringst, deine Fehler einzugestehen, wirst du nie Fortschritte machen. Keiner von uns glaubt dir, und auch die Regierung wird nicht auf deine Lügen hereinfallen, das garantiere ich dir! Du bist nichts als ein Wortverdreher und Lügner! Die Frage ist hier, ob ein so von Grund auf unehrlicher Mensch überhaupt noch umerzogen werden kann!«

Je mehr ich mich verteidigte, um so weniger glaubten mir die andern. Mir wurde angst: Offensichtlich dachten alle, daß ich gelogen hatte.

Und wenn ihrer aller Wort gegen meines stand – konnte mir die Gefängnisleitung dann noch glauben? Zuvor hatte ich keine Bedenken in dieser Sache gehabt, aber nun begann ich mich zu ängstigen. Beim Gedanken, daß man mir allein unmöglich mehr Glauben schenken würde als den andern zusammen, schmolz mein Mut dahin, und ich fiel in meinen alten Fehler zurück: Um diese gefährliche Klippe sicher zu umsteuern, konnte ich keine Prinzipien brauchen. Ich mußte ein falsches Geständnis machen, und dann, dachte ich, wäre alles wieder in Ordnung. Gut denn, ich würde den andern sagen, daß ich zwar erst aus Furcht vor Strafe der Regierung die Sache verschweigen wollte, aber nun könne ich alles zugeben.

Nach diesem »Geständnis« war mein Problem für die Studiengruppe erledigt. Aber ich selbst wurde damit nicht fertig. Je mehr ich über mein Verhalten nachdachte, um so unglücklicher fühlte ich mich, und schließlich wußte ich nicht mehr ein noch aus. Obwohl ich die Sache mit dem Gold wirklich vergessen hatte, war ich aus Furcht, die Regierung könnte an meiner Ehrlichkeit zweifeln, unehrlich gewesen und hatte eine Lüge erzählt. Die Affäre machte mich krank, und ich war selbst schuld daran.

Eines Tages meldete mir ein Wärter, der Direktor wünsche mich zu sprechen. Ich nahm sofort an, daß es um die 300 Millionen Yen gehen würde. Wahrscheinlich zürnte mir der Direktor, daß ich trotz der guten Behandlung, die ich hier erfuhr, noch immer Verbrechen zu verdecken suchte. Oder er freute sich über mein nachträgliches Geständnis und wollte mich nun durch ein Lob ermuntern – was noch schlimmer zu ertragen sein würde. Meine Hände zitterten und waren feucht, als ich in das Empfangszimmer des Direktors ging – und erfuhr, daß er mich einer ganz anderen Sache wegen sehen wollte. Aber dadurch verstärkte sich nur noch meine Seelenqual.

Ich hatte den alten Direktor schon länger nicht mehr gesehen; diesmal war er mit einem anderen Oberbeamten zu uns gekommen. Nachdem sie sich nach meinen Studien erkundigt hatten, wechselte das Gespräch auf die Kampagne gegen die »Vier Plagen« [Spatzen, Ratten und Mäuse, Fliegen, Mücken] über. Der Direktor sagte mir, er habe erfahren, daß ich im Fliegentöten bereits Fortschritte gemacht hätte und nun meine Pflicht wie die anderen erfüllte, aber er wisse noch nicht, ob ich in der laufenden Kampagne gegen Ratten und Mäuse auch schon Erfolge aufweisen könne. Ich antwortete, daß ich bisher noch keinen Plan gemacht hätte. Es sei jedoch anzunehmen, daß jeder in meiner Zelle eine Maus töten werde.

»Und du?« fragte mich der Oberbeamte, der neben dem Direktor saß. Ich bemerkte zu meinem Entsetzen, daß er niemand anders war als jener Mann, der mich in Harbin gefragt hatte, weshalb ich nie gegen die Massaker der Japaner protestiert hätte. Doch nun fuhr er, ohne meine Antwort abzuwarten, fort: »Bist du noch immer gegen jedes Töten?« und lachte dann schallend. Das beruhigte mich etwas. Ich versicherte ihm, daß ich diese Zwänge schon längst aufgegeben hätte und entschlossen sei, diesmal zumindest eine Maus zu töten. Der Oberbeamte schüttelte den Kopf: »Das reicht nicht! Selbst Schulkinder planen, diesmal mehr als eine Maus pro Kopf zu jagen.«

»Ich werde mein Bestes tun und zwei töten!«

Nun mischte sich der Direktor ins Gespräch und sagte, daß er mir keine Grenze setzen würde. Ich solle so viele Mäuse töten, wie ich könne. Darauf war ich entlassen.

Das Herz war mir schwer, als ich die Tür des Direktionszimmers hinter mir schloß. Nicht, daß mir die Aussicht, Mäuse zu töten, zusetzte, obwohl ich in meinem Leben noch nie so etwas getan hatte. Vielmehr belasteten mich die Gedanken, die das Gespräch selbst in mir erweckt hatte. Ich erinnerte mich, wie sich der Direktor während der Antifliegenkampagne extra nach meinem Plan erkundigt hatte und wie ich dank seinen Ermunterungen gelernt hatte, meine Kleider selbst zu waschen. Die Gefängnisbehörden hatten keine Mühen gescheut, um mir zu zeigen, wie ich ein »wahrer Mensch« werden könnte. Nun, wo ich erneut mit einer Lüge lebte, würden selbst hundert Mäuse meine Verfehlung nicht wiedergutmachen.

Als mich Wärter Dschiang, der gerade seinen Dienst beendet hatte, allein im Klub sitzen sah, fragte er mich, ob ich mir schon eine Methode zum Mäusefangen ausgedacht hätte. Er würde mir sonst helfen. Ehrlich gesagt, hatte ich nicht nur keine Methode, ich hätte auch nicht einmal gewußt, wo Mäuse zu finden wären. Deshalb nahm ich seine Hilfe gern an.

Während wir zusammen Fallen herstellten, kamen wir ins Gespräch, und schließlich fragte ich Wärter Dschiang nach seiner Kindheit. Dabei stellte sich heraus, daß er sehr viel durchgemacht hatte. Ich hätte nie gedacht, daß dieser ruhige, zu allen immer so freundliche junge Mann soviel Unrecht erleiden mußte. Er war ein typisches Opfer der japanischen Politik der Umsiedlung von Familien und Befestigung von Dörfern geworden. Nachdem seine Familie mehrere Male zwangsumgesiedelt wurde, mußte sie den Winter in einem Schuppen verbringen, wo alle an Typhus erkrankten. Seine sieben Brüder starben einer nach dem andern; nur noch er allein blieb übrig. Er mußte sie nackt und ohne Sarg verscharren.

Als wir mit den Fallen fertig waren, nahm Wärter Dschiang mich mit, um mir ein paar Mäuselöcher zu zeigen. Ich folgte ihm stumm: Es war mir unerklärlich, daß ein junger Mann, dessen Brüder durch das »Mandschuguo«-Regime den Tod gefunden hatten, mir heute freiwillig zu helfen bereit war. Ob wohl die anderen Wärter, die immer so gut zu uns waren, früher ähnliches Leid durchgemacht hatten? Ich fragte ihn: »Und Wärter Wang und Wärter Liu? Haben sie auch unter ›Mandschuguo‹ Unrecht erlitten?«

»Wer hat damals kein Unrecht erlitten? Wärter Wang wurde dreimal zu Zwangsarbeit eingezogen, und Wärter Liu trat, als er keinen Ausweg mehr hatte, der Antijapanischen Armee bei.«

Ich mußte nicht mehr weiterfragen. Es war klar, daß alle Mitglieder des Gefängnispersonals, die aus dem Nordosten stammten, in der »Mandschuguo«-Zeit Schlimmes durchgemacht hatten.

Dank der Anleitung von Wärter Dschiang gelang es mir, mein Plansoll dreimal zu erfüllen und sechs Mäuse zu töten. Als Wärter Wang und Wärter Liu von meinem Erfolg hörten, kamen sie, um meine »Kriegsgefangenen« zu sehen und meine Fortschritte zu loben. Ihre Gratulation wirkte auf mich wie ein versteckter Vorwurf, diese ehemaligen Opfer des »Mandschuguo«-Regimes maßen meinem Fortschritt solche Wichtigkeit bei, und trotzdem war ich fähig, sie zu täuschen.

Ich ging Tag für Tag in die Klinik und arbeitete und studierte. Und der japanische Kriegsverbrecher fuhr fort, sich nach jeder Behandlung vor mir zu verbeugen. Aber nun nahm ich nicht mehr wahr, was er sagte. Die »Einführung in die chinesische Medizin« machte mir größte Mühe, und es geschah auch wieder, daß ich beim Blutdruckmessen mehrmals neu beginnen mußte.

Als der Herbst kam, stellten wir wie im Vorjahr Briketts her; der Vizedirektor und die Wächter halfen uns wieder bei den Vorbereitungen für die Beheizung der Gewächshäuser. Ich verwandte all meine Kraft dazu, Kohle heranzutragen, war aber stets bedacht, der Aufmerksamkeit des Direktors zu entgehen. Wenn er mich jetzt gelobt hätte, wäre dies schlimmer zu ertragen gewesen als ein Tadel.

Eines Tages, als ich mich nach einer anderen Arbeit für die elektrische Therapie etwas verspätet hatte, warteten bereits zwei Gefangene im Zimmer. Da der eine jener Japaner war, der sich immer vor mir verbeugte, beschloß ich, ihn als regelmäßigen Patienten zuerst zu behandeln. Zu meiner Überraschung winkte er jedoch dem anderen Gefangenen, einem Tschiang-Kai-schek Sträfling, zu und sagte auf chinesisch: »Bitte! Ich habe Zeit.« Als jener protestierte, er sei nach ihm gekommen, erklärte er: »Ich habe wirklich Zeit. Ich werde bald entlassen.«

Während ich den Tschiang-Kai-schek Kriegsverbrecher behandelte, schielte ich mehrmals zu dem Japaner hinüber. Er schaute ernst auf die Wand vor sich, hob dann plötzlich den Kopf und starrte an die Decke: »Dieses Zimmer war in ›Mandschuguo‹-Tagen die Folterkammer des Gefängnisses«, sagte er leise. Ich wußte nicht, sprach er zu sich selbst oder mit mir. »Wer weiß, wie viele patriotische Chinesen hier gefoltert wurden?« Es folgte eine lange Pause, dann zeigte er auf die Decke: »In jenen Tagen hingen hier Ketten herunter und die Wände waren blutverschmiert.« Sein Blick schweifte an den Wänden entlang und blieb an einem Glaskasten haften. Nach einer Weile des Schweigens begann er wieder: »Als das chinesische Volk das Gebäude wieder instand setzte, dachten wir, daß dieses Zimmer als Folterkammer für uns dienen würde. Später, als wir Ärzte in weißen Kitteln sahen, erwarteten wir, zu Versuchszwecken seziert zu werden. Wir hätten nie gedacht, daß hier eine Klinik gebaut würde, um unsere Krankheiten zu heilen.« Ein Schluchzen erstickte seine Stimme.

Nachdem der Tschiang-Kai-schek Kriegsverbrecher gegangen war, forderte ich den Japaner auf, sich für die Behandlung bereit zu machen. Er stand auf und sagte respektvoll: »Nein, ich bin fertig. Ich kam nur, um noch einmal einen Blick auf dieses Zimmer zu werfen. Da ich Dr. Wen verpaßt habe, richten Sie ihm bitte aus, daß ich selbst zwar kein Recht besitze, ihm zu danken, daß ich ihm aber im Namen meiner Mutter danken möchte. Ich danke auch Ihnen, Herr Doktor.«

»Ich bin kein Doktor. Ich bin Pu Yi!...« Ich weiß nicht, ob er mich verstand; ich sah nur, wie er sich verbeugte, umdrehte und aus dem Zimmer ging.

Ich konnte meine Gefühle nicht länger unterdrücken. Ganz gleich, wie schwierig es auch sein würde, dem Direktor die Goldaffäre verständlich zu machen, ich mußte meine Lüge bekennen.

Zufällig war der alte Direktor an diesem Tage gerade da und ließ mich von sich aus in sein Empfangszimmer kommen. Als ich die Tür öffnete, sah ich das altvertraute Gesicht dieses grauhaarigen Mannes, der sich wie immer über den Stapel Papiere auf seinem Pult beugte. Er forderte mich zum Sitzen auf, schob einen Augenblick später die Papiere zur Seite und hob den Kopf: »Ich habe die Aufzeichnungen von euren Studiengruppen gelesen. Wie steht es? Hast du kürzlich wieder ideologische Probleme gehabt?«

Nun, da der Moment der Offenbarung gekommen war, zögerte ich. Ich schaute auf das Protokoll unserer Studienversammlung, das auf dem Tisch lag, und dachte daran, wie mich die anderen einstimmig angegriffen hatten. War es jetzt nicht egal, ob ich die Wahrheit sagte oder nicht? Und doch, ich konnte meine Täuschung nicht länger aufrechterhalten.

»Sag mir, wie eure Gruppensitzungen verlaufen sind?«

»Sie waren sehr hilfreich. Wir haben unsere Ideologie systematisch zusammengefaßt und durchdiskutiert.«

»Oh?« Der Direktor hob seine Augenbrauen. »Erzähle mir genauer!«

Ich spürte, daß ich unregelmäßig atmete: »Es stimmt, was ich gesagt habe. Die Folgerung, daß ich zuvor Bedenken hatte, Dinge zuzugeben, ist ganz richtig. Nur, einmal ...«

»Wieso sprichst du nicht weiter? Du weißt doch, wie sehr ich deine Gedanken kennenlernen möchte ...«

Nein, ich durfte nicht länger mit der Wahrheit zurückhalten. Ich erzählte dem Direktor pochenden Herzens und ohne einmal zu verschnaufen, wie es zu diesem falschen Geständnis gekommen war. Er hörte mir aufmerksam zu, und als ich mit meinem Bericht zu Ende war, fragte er: »Warum war dies so schwer zu gestehen? Was hast du dir dabei gedacht?«

»Ich hatte Angst, weil ich alle gegen mich hatte.«

»Wenn du die Wahrheit sagst, hast du nichts zu befürchten«, sagte der alte Direktor feierlich. »Denkst du wirklich, daß die Regierung die Sache nicht selbst untersuchen kann, um sich ein unabhängiges Urteil zu bilden? Du verstehst noch immer nicht, daß man Mut braucht, um ein ›wahrer Mensch‹ zu sein. Du mußt den Mut zur Wahrheit haben!«

Die Tränen liefen mir über die Wangen. Ich hätte nie gedacht, daß er alles so klar sehen würde. Was hätte ich noch sagen können?

Sechstes Kapitel

Gnadenerlaß

Antrag des Zentralkomitees der Kommunistischen Partei Chinas an den Ständigen Ausschuß des Nationalen Volkskongresses.

Das Zentralkomitee der Kommunistischen Partei Chinas schlägt dem Ständigen Ausschuß des Nationalen Volkskongresses vor, aus Anlaß der Zehnjahresfeier der Gründung der Nation der Großen Volksrepublik China einer Anzahl Kriegsverbrecher, Konterrevolutionäre und gemeiner Verbrecher eine Begnadigung zu gewähren.

Wir haben in der sozialistischen Revolution und im sozialistischen Aufbau unseres Landes bereits einen großartigen Sieg errungen. Das Mutterland blüht, Produktion und nationaler Aufbau entwickeln sich sprunghaft, der Lebensstandard des Volkes wird ständig besser, politisches Bewußtsein und Organisation der ganzen Bevölkerung haben einen noch nie dagewesenen Höhepunkt erreicht. Die politische und wirtschaftliche Lage der Nation ist vorzüglich. Die Politik von Partei und Volksregierung, in der Behandlung von Kriegsverbrechern, Konterrevolutionären und anderen Verbrechern eine Kombination von Strafe und Milde anzuwenden, und die Politik, »Umerziehung durch Arbeit« mit ideologischer Unterweisung zu kombinieren, haben bereits großartige Erfolge gezeitigt. Der Hauptteil der inhaftierten Verbrecher ist bereits in verschiedenen Graden umerzogen worden, und eine beträchtliche Anzahl der Sträflinge hat sich echt reformiert.

In Anbetracht dieser Lage ist das Zentralkomitee der Kommunistischen Partei Chinas der Ansicht, daß es in dieser Zeit der Zehnjahresfeier der Gründung der Großen Volksrepublik China angemessen ist, für eine Anzahl wirklich reformierter Kriegsverbrecher, Konterrevolutionäre und gemeiner Verbrecher einen Gnadenerlaß zu proklamieren und auszuführen. Durch einen solchen Schritt werden negative Faktoren sich in Zukunft leichter in positive umwandeln, und die Umerziehung der anderen noch inhaftierten Verbrecher findet eine große Unterstützung durch die Lehre, daß in unserem großen sozialistischen System jeder, der sich echt reformiert, eine Zukunft hat.

Das Zentralkomitee der Kommunistischen Partei Chinas bittet den Ständigen Ausschuß des Nationalen Volkskongresses, diesen Antrag unverzüglich zu erwägen und eine angemessene Entscheidung zu treffen.

14. September 1959 — *Mao Tse-tung*
Vorsitzender des Zentralkomitees
der Kommunistischen Partei Chinas

Der Freudentaumel, den der Antrag des Vorsitzenden Mao und der drei Tage später proklamierte Gnadenerlaß durch den Vorsitzenden Liu in unserem Gefängnis auslöste, ist mir unvergeßlich geblieben. Als der Nachrichtensprecher den letzten Satz zu Ende gesagt hatte, trat erst eine Totenstille ein, und dann folgte eine Explosion von Hochrufen, Parolen und Applaus: Es war, als hätte man zehntausend Knallfroschschnüre auf einmal losgebrannt.

Vom Moment an, als die Nachricht des Gnadenerlasses bekannt wurde, herrschte im ganzen Gefängnis größte Aufregung. Alle möglichen Meinungen wurden verbreitet: »Wenn Partei und Regierung ›eins‹ sagen, dann meinen sie ›eins‹, und wenn sie ›zwei‹ sagen, dann meinen sie ›zwei‹«, sagten einige und sahen darin gute Aussichten für uns; andere verkündeten, daß es nicht mehr lange dauern würde, bis man uns entließ. Aus der Formulierung sei zu ersehen, daß wir in Gruppen begnadigt würden, behauptete eine Seite. Nein, wir würden alle gleichzeitig entlassen, hieß es auf der anderen. Und dann wurde diskutiert, wer die besten Chancen hatte. Die meisten von uns waren sich bewußt, daß eine Begnadigung davon abhing, ob sich jemand gebessert hatte oder nicht.

Einige bedauerten nun, daß sie sich in letzter Zeit wieder etwas hatten gehenlassen; daneben gab es aber auch solche, die vor den anderen »bescheiden« taten und auf die große Zahl ihrer Fehler verwiesen, die eine Begnadigung gar nicht zuließen – während sie sich heimlich bereits daranmachten, Kleider zu packen, Papiere zu verbrennen und zerrissene Socken auszumustern.

In der ersten Pause im Gefängnishof redete alles durcheinander. Ich hörte, wie der Alte Yüan den Alten Hsiän fragte: »Wer wird wohl bei der ersten Gruppe dabei sein?« – »Bestimmt diejenigen von uns, die sich in letzter Zeit beim Studium besonders hervorgetan haben. Du selbst hast auch eine gute Chance.« – »Nein, ich bin noch nicht soweit. Aber ich bin sicher, daß du dabei sein wirst.« – »Ich? Falls sie mich wirklich entlassen, gehe ich nach Peking und sende euch ein paar Spezialitäten. Ich habe jetzt schon Appetit auf Peking Datteln!« Aus einem anderen Teil des Hofes ertönte Großmauls Stimme: »Sie sollten entweder alle auf einmal oder niemanden entlassen.« – »Du hast zu wenig Selbstvertrauen. Hast du Angst, daß du allein zurückbleibst?« – »Daß ich allein zurückbleibe? Wenn die Pu Yi nicht hierbehalten, werden sie mich auch gehen lassen!« – Großmaul hatte recht. Ich selbst schätzte meine Chancen nicht anders ein.

Es war, glaube ich, am darauffolgenden Tag, daß mich der Vizedirektor fragte, was ich von diesem Gnadenerlaß hielt.

»Ich denke, es steht fest, daß ich als letzter entlassen werde, ich meine, wenn ich mich tatsächlich einmal reformieren kann. Ich werde mich aber sehr anstrengen.«

Für die meisten Strafgefangenen bedeutete der Gnadenerlaß eine Wiedervereinigung mit ihrer Familie; bei mir lagen die Dinge anders. Meine Mutter war schon seit langer Zeit tot, mein Vater 1951 gestorben und meine letzte Frau hatte sich 1956 von mir scheiden lassen [die von den Japanern aufgedrängte zweite Konkubine]. Doch selbst wenn sie alle noch lebten, hätten sie mich nicht so gut verstehen können wie die Leute hier. Niemand, den ich früher gekannt hatte, hätte mich so anleiten können, ein »wahrer Mensch« zu werden, wie das Gefängnispersonal in Fuschun. Entlassung bedeutete für die anderen Wiedererlangen von Freiheit und »Licht«; ich aber hatte im Gefängnis Licht gefunden und die Freiheit erlangt, die Welt zu kennen. Für mich bedeutete eine Begnadigung, daß ich mich als Mensch qualifizierte und ein Neues Leben beginnen konnte.

Einen Monat nach dem Gnadenerlaß machten wir von Block 1 zusammen mit den japanischen Kriegsverbrechern von Block 7 wieder einen Ausflug; wir besuchten ein zweites Mal den Dahuofang Stausee. Als wir das erste Mal zu einer Besichtigung angereist waren, hatten wir nichts als ein riesiges Heer von Arbeitern in einem Tal gesehen. Aber nun war das Projekt seit einem Jahr vollendet: Vor unseren Augen erstreckte sich ein weiter See, den eine Mauer von 48 m Höhe, 8 m oberer und 330 m unterer Dicke und 1367 m Länge eindämmte und der mit einem Fassungsvermögen von 2110 Millionen Kubikmetern nicht nur der größten Flut standhielt, sondern auch 80000 Hektar Land bewässern konnte. Als wir von unserer Besichtigungstour zurückkehrten, bekannte uns Furumi Tadayuki, der japanische Kriegsverbrecher, der in »Mandschuguo« unter Takebe Rokuzo als Vizechef des »Amtes für allgemeine Angelegenheiten« fungiert hatte, im Klub, er sei früher davon überzeugt gewesen, daß in ganz Asien nur Japan solche Riesenprojekte mit Erfolg zu Ende führen könne. Beim Anblick der zwangsrekrutierten, in Lumpen gekleideten chinesischen Arbeiter im Nordosten habe er sich in Gedanken meilenweit von diesen Leuten abgesetzt und arrogant auf sie heruntergeschaut, als ob er allein großartig, brillant und erhaben wäre. Aber nun habe er die chinesischen Arbeiter beim Bau des Dahuofang Staudammes gesehen, Arbeiter, die, anders als früher, voller Energie waren, weil sie sich selbst und der Zukunft vertrauten. Von einem Ende des Dammes auf die Szene unter sich schauend, habe er, der japanische Kriegsverbrecher, sein Unrecht voll erkennen müssen.

Auf der einen Seite war das chinesische Volk, auf der anderen ein japanischer Kriegsverbrecher – und ich mußte die eine Seite zurücklassen und auf die andere, die richtige Seite hinüberwechseln. Dies war der einzige gangbare Weg, der mir nach zehn Jahren des Nachdenkens möglich schien.

Die letzten zehn Jahre hatten mich gelehrt, Recht und Unrecht in den Wurzeln zu unterscheiden. Der Sieg im Koreakrieg, die Geständnisse der japanischen Kriegsverbrecher, Chinas diplomatische Erfolge und seine neue Stellung in der Welt, die Veränderungen im Land, in der Gesellschaft, im Zugehörigkeitsgefühl zur eigenen Nation, in meiner Familie und in mir selbst – dies alles war unter der Leitung jener Kommunistischen Partei geschehen, der ich vor zehn Jahren mit Haß, Vorurteil und Furcht begegnet war. Die Ereignisse der letzten Dekade im Kontrast zum vergangenen Jahrhundert hatten mir deutlich gemacht, daß die Geschichte von jenem einfachen Volk entschieden wurde, für das ich zuvor nur tiefste Verachtung übrig gehabt hatte. Deshalb mußte die erste Hälfte meines Lebens in einer Katastrophe enden, wie auch der japanische Imperialismus von Anbeginn an zum Scheitern verurteilt war. Ich verstand nun, daß mein Schicksal etwas sein mußte, was mir weder Tschen Bao-schen, Dscheng Hsiao-hsü, Yoshioka noch all die Götter und Boddhisattvas sagen konnten, ich mußte ein Mensch werden, der sich durch Arbeit ernährte und der Menschheit von Nutzen war. Erst wenn man sein Schicksal mit dem des Volkes verknüpfte, war die Zukunft gesichert. »Man muß die richtige Seite wählen!« Dies verlangte Mut; und der Gnadenerlaß der Regierung gab mir diesen Mut, wie er auch die andern anspornte.

In unseren Studien und in der Arbeit strengten wir uns noch mehr an als früher. Der Bohnenkäse, den das Team für Lebensmittelverarbeitung produzierte, wurde weich und weiß, die Schweine unter der Aufsicht der Arbeitsgruppe Viehzucht gesund und fett. Und unser medizinisches Team erlaubte sich keine Nachlässigkeit mehr. Selbst Großmaul begann, sich anständig zu benehmen und machte Schluß mit seiner Streitsucht.

Mehr als ein Monat verging, da suchte mich eines Tages unser Vizedirektor auf, um mit mir zu plaudern. Als wir auf den Gnadenerlaß zu sprechen kamen, fragte er mich: »Was hast du in den letzten zwei Monaten gedacht?« Ich schilderte ihm meine neuen Erkenntnisse und fügte dann noch hinzu, daß einige von uns sich selbst schon sehr erfolgreich umerzogen hätten. Als Beispiel erwähnte ich die zwei

Teams von der Lebensmittelverarbeitung und von der Viehzucht sowie einige Leute, die in der letzten Zeit in unseren Studien besonders erfolgreich gewesen waren. Der Vizedirektor lächelte:

»Es fällt dir jetzt ziemlich leicht, die guten Seiten anderer Leute zu sehen. Was würdest du dazu sagen, wenn die Begnadigung auch auf dich erstreckt würde?«

»Das ist unmöglich!« protestierte ich lachend.

»Unmöglich!« dachte ich, während ich in meine Zelle zurückkehrte. »Oder doch?...« Schon allein der Gedanke ließ mich innerlich erstarren. Nach einer Weile sagte ich mir, daß man mich möglicherweise zwar einmal begnadigen würde, aber dieser Tag mußte noch in ferner Zukunft liegen. Trotzdem begann ich Tagträumen nachzuhängen. Ich stellte mir vor, wie ich mit dem Kleinen Ruei, dem Alten Wän und den andern meinen Platz unter den einfachen Menschen einnahm und einfacher Leute Arbeit verrichtete. Ich erhielt den Job eines Hilfsarztes in einem Spital, von dem ich in der Zeitung gelesen hatte. Gewiß, es würde noch lange dauern, bevor ich vor dem Volk bestehen und als einer der ihren angenommen werden konnte. Doch der Gedanke an mein zukünftiges Glück raubte mir jeden Schlaf.

Am folgenden Morgen wurden wir alle aufgerufen, uns im Klubraum zu versammeln. Schon beim Eintreten entdeckte ich etwas, das mir den Atem benahm: Über der Bühne hing ein breites, rotes Spruchband, auf dem geschrieben stand: »Fuschun Kriegsverbrechergefängnis Gnadenerlaßversammlung«. Ein Vertreter des Obersten Volksgerichts, die zwei Direktoren und einige andere Leute nahmen auf der Bühne Platz. Das Reden im Saal verstummte – es war so still, daß ich mein Herz laut hämmern hörte. Nach ein paar einleitenden Worten unseres Direktors begab sich der Vertreter des Obersten Gerichts auf die Mitte der Bühne und begann von einem Papier zu lesen: »Aisin Gioro Pu Yi!« Mein Herz tat einen Sprung. Ich erhob mich mechanisch und ging auf die Bühne zu, wo jemand las:

Bekanntmachung des Gnadenerlasses des Obersten Volksgerichts der Volksrepublik China

Das Gericht hat in Übereinstimmung mit dem Gnadenerlaßbefehl, den der Vorsitzende der Volksrepublik China am 17. September 1959 proklamiert hat, den Fall des »Mandschuguo«-Kriegsverbrechers Aisin Gioro Pu Yi untersucht.

Kriegsverbrecher Aisin Gioro Pu Yi, männlich, 54 Jahre alt, Mandschu, wohnhaft in Peking. Dieser Verbrecher hat bereits eine Haftstrafe von 10 Jahren verbüßt. Während der Inhaftierung zeigte er, daß er sich dank der Umerziehung durch Arbeit und ideologische Unterweisung echt reformiert hat. Er ist deshalb in Übereinstimmung mit Abschnitt 1 des Gnadenerlasses zu entlassen.

4. Dezember 1959 — *Oberstes Volksgericht der Volksrepublik China*

Noch bevor die Mitteilung zu Ende gelesen war, brach ich in Tränen aus. Mein Mutterland hatte mich zu einem Menschen gemacht.

Siebtes Kapitel

Ein neues Leben

Der Zug rollte. Draußen war alles weiß, eine helle, weite Ebene, die sich vor den Augen entfaltete wie ein Symbol meiner Zukunft. Ich saß inmitten von einfachen Arbeitern. Es war das erste Mal, daß ich mit Leuten aus dem Volk zusammensaß. Und nun würde ich mit ihnen leben und mit ihnen am Aufbau der Nation arbeiten. Ich würde…, nein, ich war bereits einer von ihnen geworden.

Am 9. Dezember traf ich in Peking ein, meinem Heimatort, den ich vor 35 Jahren verlassen hatte. Am Bahnsteig entdeckte ich meine Fünfte Schwester, die ich seit mehr als zehn Jahren, und meinen Vierten Bruder, den ich seit mehr als zwanzig Jahren nicht gesehen hatte. Als wir uns die Hand schüttelten, nannten sie mich »Älterer Bruder«, eine Anrede, die in der ersten Hälfte meines Lebens unvorstellbar gewesen wäre. Ich fühlte, daß in meiner Familie das neue Leben bereits begonnen hatte.

Der Bruder trug meinen schwarzen Lederkoffer, während die Schwester und ihr Mann, der Alte Wän, mich in ihre Mitte nahmen. Als wir in der Haupthalle anlangten, schaute ich auf die Bahnhofsuhr und zog meine Uhr aus der Tasche. Bevor ich Fuschun verließ, hatte der Gefängnisdirektor diese Golduhr aus meinen Geschenken an die Regierung ausgewählt und sie mir wiedergegeben. Ich solle sie behalten. Meinen Protest, sie sei mit Ausbeutungsgeldern gekauft worden, ließ er nicht gelten: Diesmal würde mir das Volk die Uhr schenken. Die Uhr hatte einen besonderen Erinnerungswert für mich, denn ich hatte sie damals auf meiner Flucht ins Gesandtschaftsviertel in jenem ausländischen Laden gekauft, als ich versucht hatte, den Verwalter meines Vaters abzuschütteln. An jenem Tag hatte meine Schande begonnen, und nun, wo ich die Uhr auf Pekingzeit stellte, markierte sie den Beginn meines Neuen Lebens.

Als der Direktor mir die Uhr schenkte, hatte er uns zehn, die wir zu gleicher Zeit entlassen wurden, gesagt, daß wir nach unserer Rückkehr nach Hause uns bei unseren Angehörigen und Nachbarn für das Leid entschuldigen sollten, das wir über sie gebracht hatten. »Ich bin überzeugt«, hatte er weiter gesagt, »daß euch eure Familien und die Nachbarn verzeihen werden, sofern ihr aufrichtig an euch weiterarbeitet und dem Volk gewissenhaft dient.« Seine Worte sollten sich bewahrheiten. Denn als ich mit meiner Schwester und dem Alten Wän in ihrer Wohnung anlangte, war jedermann in ihrem Block freundlich zu mir.

Am folgenden Morgen hatte ich gerade vor, den Nachbarn meine Hilfe anzubieten, als ich sah, daß sich bereits eine Gruppe zusammengefunden hatte, um gemeinsam die Gasse zu kehren. Schnell nahm auch ich einen Besen in die Hand und schloß mich ihnen an. Als ich nach getaner Arbeit in die Wohnung meiner Schwester zurückkehren wollte, fand ich den Eingang nicht mehr und landete statt dessen bei fremden Leuten. Diese Familie erriet jedoch sofort, was mit mir los war. Sie begleiteten mich nach Hause, und als ich danken wollte, wehrten sie gleich ab: »Wir sind doch von einer Straße. Und auch wenn wir nicht von einer Straße wären, in der Neuen Gesellschaft ist es selbstverständlich, daß man sich gegenseitig hilft!«

Ich besuchte Onkel Dzai Tao und seine Familie und erfuhr, daß es gut um unseren Klan bestellt war. Mein Siebter Onkel hatte gerade dem Nationalen Volkskongreß über die Bevölkerungsstruktur in den Minderheitsgebieten Bericht erstattet. Pu Dschin spielte für mich auf der Zither und schrieb für mich einen Gedanken nieder; seine Kalligraphie hatte in Kraft und künstlerischem Niveau noch gewonnen. Pu Dschiän zeigte mir seine neuesten Blumen- und Vogelbilder. Ich besuchte meine Zweite Schwester, die nun bereits in ihrer Kinderkrippe arbeitete, und ihr Mann sagte mir, sie sei so beschäftigt, daß ihr altes Migräneleiden völlig verschwunden wäre. Ich suchte auch meine übrigen Schwestern und ihre Männer auf. Die Vierte Schwester arbeitete wieder im Palastarchiv, die Sechste hatte einen Maler, die Siebte einen Lehrerkollegen geheiratet.

Noch mehr beeindruckte mich die jüngere Generation. Am Frühlingsfest [früher Chinesisch-Neujahr] wimmelte es im Haus Onkel Dzai Taos von jungen Leuten mit roten Halstüchern. Unter den Erwachsenen traf ich einen freiwilligen Kämpfer, der sich in Korea

Ruhm erworben hatte, ein Mädchen, das in Peking Motorradchampion war, den Leiter eines Bergsteigerteams, einen Arzt, eine Krankenschwester, einen Lehrer und einen Chauffeur. Der größte Teil der Jugendlichen unter zwanzig besuchte Fach- oder Mittelschulen. Einige waren der Kommunistischen Partei oder dem Kommunistischen Jugendverband beigetreten; die andern kämpften um diese Ehren.

Ich besuchte auch Freunde von früher, wie den alten Schang Yänying, der nun Mitglied des Institutes für Geschichte und Literatur geworden war, und stöberte ein paar Palasteunuchen auf, die in einem speziellen Heim, das die Regierung für sie erstellt hatte, einen geruhsamen Lebensabend verbrachten.

Fast jeder, den ich am ersten Tag nach meiner Rückkehr traf, hatte zu mir gesagt: »Nun, wo du wieder hier bist, mußt du unbedingt Peking kennenlernen!« Und meine Antwort darauf war immer die gleiche gewesen: »Das erste, was ich sehen möchte, ist das Tiän An Men, das Tor des Himmlischen Friedens.«

Der Tiän An Men Platz war mir aus Filmen, Zeitschriften und Briefen wohlvertraut. Und nun stand ich selbst an diesem Ort, mit dem ich mich in Gedanken so oft befaßt hatte. Das majestätische Tiän An Tor vor mir hatte den Wechsel des Mutterlandes von Elend zu Glück miterlebt und war auch Zeuge der Wandlung vom alten Pu Yi in den neuen Pu Yi geworden. Auf meiner Linken sah ich die Große Halle des Volkes, wo über die Geschäfte der Nation – einschließlich dem Gnadenerlaß, der mir ein neues Leben beschert hatte – beschlossen wurde. Zu meiner Rechten stand das Museum der Chinesischen Revolution und in meinem Rücken thronte das Denkmal der Helden des Volkes und erzählten, welch bitteren Kampf unzählige Helden und Märtyrer über ein Jahrhundert lang geführt hatten, um die Früchte der Gegenwart zu erringen, zu deren Nutznießern auch ich gehörte.

Die Überquerung des Tiän An Men Platzes war mein erster Spaziergang als freier, gesicherter, glücklicher, stolzer Mensch. Meine Fünfte Schwester, Vetter Pu Dschiän und ich wanderten langsam in Richtung Westen. Als wir am Kulturpalast der Nationalitäten angelangt waren, fragte mich meine Schwester besorgt: »Älterer Bruder, bist du müde? Bist du das erste Mal zu weit gegangen?«

»Nein. Gerade weil es das erste Mal ist, bin ich nicht müde.«

Die drei Worte »das erste Mal« waren eine Begleiterscheinung meines Neuen Lebens. Das erste Mal ist immer schwierig, aber ich war zu aufgeregt, um mich unsicher zu fühlen. Ich ging zum ersten Mal zum Friseur, oder, strenggenommen, zum zweiten Mal, da ich mir bereits vor 30 Jahren einmal in Tientsin die Haare auswärts hatte schneiden lassen – zum Entsetzen meiner älteren »Minister«. Aber das, was nun geschah, war so oder so ein »Zum-ersten-Mal«-Erlebnis. Als ich mich in einen der Frisierstühle setzte, entdeckte ich ein merkwürdiges Gerät, das mir bereits einmal in einem Warenhaus in Harbin aufgefallen war. Ich fragte den Barbier, was das für ein Ding war, das über dem Nebensitz so summte, und erhielt die Antwort, dies sei ein Föhn zum Haaretrocknen. »Was kommt zuerst, Haaretrocknen oder Haareschneiden?« fragte ich interessiert. Der Barbier war baff: »Warst du noch nie bei einem Friseur?« Offensichtlich dachte er, ich wolle ihn zum besten halten. Nachdem ich ihm alles erklärt hatte, mußten wir beide laut herauslachen, und ich war noch immer vergnügt, als der Summer über meinem Kopf eingeschaltet wurde.

Bei meiner ersten Busfahrt jagte ich Vetter Pu Dschiän einen argen Schrecken ein. Während wir auf unseren Bus warteten, beobachtete ich, daß die Leute älteren Personen und Kindern immer den Vortritt ließen, und so winkte auch ich einer Frau, die neben mir stand, zu, vor mir durchzugehen. Ich konnte ja nicht wissen, daß dies die Busfahrerin war. Als die Frau sah, daß ich nicht einstieg, sprang sie auf, die Türen schlossen sich hinter ihr, und der Bus fuhr davon. Nach einer Weile kam Pu Dschiän von der nächsten Busstation zurückgerannt, und noch ehe er bei mir angelangt war, prusteten wir beide wie auf Kommando laut los. Als wir uns von unserem Lachen erholt hatten, sagte ich zuversichtlich: »Keine Bange, mir kann nichts mehr passieren.« Mit so viel Leuten, die nach mir schauten, hatte ich nichts zu fürchten.

Die städtischen Behörden von Peking organisierten für uns Entlassene der Sonderamnestie, die in die Hauptstadt zurückgekehrt waren – außer uns gehörten dazu auch noch die Ex-Kuomintang-Generale Du Yü-ming, Wang Yao-wu, Sung Hsi-liän und andere –, eine Reihe von Besichtigungen, um uns mit dem Leben in der Hauptstadt vertraut zu machen. Wir sahen Fabriken, öffentliche Dienststellen und städtische Volksgenossenschaften. Nach zwei Monaten solcher Besichtigungen schlugen die andern vor, den Kaiserpalast mit mir als Führer zu besuchen.

Am meisten erstaunte mich in der Verbotenen Stadt, daß von der alten Atmosphäre des unaufhaltsamen Verfalls nichts mehr zu spüren war. Statt dessen sah man überall frische Farben. Die Vorhänge an Türen, Fenstern und Betten, die Kissen, die Tischtücher – alles war neu. Später hörte ich, daß es eine spezielle Fabrik innerhalb der Verbotenen Stadt gab, wo zerschlissene Palasteinrichtungen nach alten Mustern neu hergestellt wurden. Nach den Plünderungen durch die Beiyang Regimes, die Kuomintang Regierung, die früheren Museumsdirektoren und mir selbst waren von der alten Kaiserlichen Sammlung nur noch wenig Jadearbeiten, Porzellan, Kalligraphien und Malereien übriggeblieben. Ich entdeckte jedoch dieses oder jenes Stück, das vom Museum zurückgekauft oder von Kunstsammlern gestiftet worden war. Die Bildrolle »Flußszene am Tsching Ming Fest« des Sung Künstlers Dschang Dzöduän, die Pu Dschiä und ich gestohlen hatten, war beispielsweise auf diesem Wege wieder in den Palast zurückgelangt.

In den Kaiserlichen Gärten spielten Kinder, während alte Männer ihren Tee schlürften. Meine Nase sog genußvoll den Duft der alten Zypressen ein und mir war, als ob die Sonne noch nie so hell geschienen hätte. Der Alte Palast war zu neuem Leben erwacht.

Im März 1960 wurde ich in den Pekinger Botanischen Garten der Chinesischen Akademie der Wissenschaften versetzt, wo ich halb studierte und halb arbeitete. Meine Anstellung in diesem Garten war als Vorbereitung für den Posten vorgesehen, auf dem ich später dem Volk dienen würde. Unter der Anleitung des Gartenpersonals lernte ich, wie man Blumen anpflanzt, wie man Keimlinge hochzieht und in Gewächshäuser versetzt. In der Studienzeit arbeitete ich teils an meiner Weiterbildung; teils schrieb ich an diesem Buch.

In der ersten Hälfte meines Lebens war für mich »Familie« ein Wort ohne Inhalt gewesen; erst in den letzten Jahren in Fuschun entwickelte ich so etwas wie ein Gefühl von »Zuhause« für diesen Ort. – In jenem Sommer stellte der Botanische Garten eine Einheit der Volksmiliz auf, die jeden Tag exerzierte. Ich bewarb mich um Aufnahme, aber die andern sagten alle, ich sei über der Altersgrenze. »Ich bin ein Mitglied der großen Familie des Mutterlandes«, protestierte ich, »deshalb sollte auch ich auf meinem Posten stehen, wenn es gilt, das Mutterland zu verteidigen.« Schließlich überzeugte ich die anderen und erhielt die Erlaubnis, als »zu alter« Milizsoldat am täglichen Drill teilzunehmen. Bald sollte eine andere, ehrgeizige Hoffnung in Erfüllung gehen: Unsere Einheit durfte an der Demonstration mitmachen, die als Zeichen der Solidarität mit dem japanischen Volk in seinem Kampf gegen den japanisch-amerikanischen Sicherheitspakt auf dem Tiän An Men Platz stattfand. Auf der Höhe des Tiän An Tores schrien wir alle im Takt: »Lang lebe die Volksrepublik China! Lang lebe die Solidarität der Völker der Welt!«

Am 26. November 1960 erhielt ich einen Stimmausweis, und als ich den Namen »Aisin Gioro Pu Yi« darauf geschrieben sah, wußte ich, daß ich in meinem Leben noch nie etwas Wertvolleres besessen hatte. Ich war der glücklichste Mensch der Welt, als ich am Tag der Abstimmung meine Karte in die rote Urne legte. Ich, zusammen mit 650 Millionen Landsleuten, besaß 9 600 000 Quadratkilometer Land, und die Hilfe, die von diesem Land an die unterdrückten Völker und Nationen der Welt ausging, war groß und verläßlich.

Im März 1961 ging meine Vorbereitungsphase zu Ende, und ich trat den Posten an, den die Regierung für mich bestimmt hatte: Ich wurde Literatur- und Geschichtsforscher im »Ausschuß für Historisches Material der Politischen Konsultativ-Konferenz des Chinesischen Volkes«. Meine Arbeit bestand in der Forschung und Aufbereitung von literarischem und historischem Material der späten Tsching Zeit und der Ära der Beiyang Kriegsherren. Oft stieß ich auf altvertraute Namen oder Ereignisse, die mich früher selbst betroffen hatten. Die Autoren des gesammelten Materials waren zumeist aktiv an den Geschehnissen beteiligt gewesen, oder hatten sie als Augenzeugen miterlebt. Aus dem reichen Quellenmaterial gewann ich einen klaren Überblick über den Wechsel der Zeiten. Die Kaiserinwitwe Tze Hsi, Yüan Sche-kai, Duän Tschi-ruei, Dschang Dzo-lin und all die anderen Figuren hatten zu ihrer Zeit allmächtig gewirkt, während das Volk, das sie massakrierten und unterdrückten, ihrer Willkür scheinbar hilflos ausgeliefert gewesen war. Aber dann hatte es sich herausgestellt, daß sie nichts als Papiertiger waren, die von der Geschichte verbrannt wurden – und die Geschichte, das war das Volk. »Die Reaktionäre sind dem Aussehen nach furchterregend, aber in Wirklichkeit sind sie nicht gar so mächtig. Auf lange Sicht haben nicht die Reaktionäre, sondern das Volk eine wirklich große Macht.« Meine eigene Erfahrung hatte mir die Wahrheit dieser Worte bestätigt, und ich gab sie nun durch meine Arbeit und in meiner Eigenschaft als Zeuge weiter an das Volk.

Mein Büro half mir auf jede mögliche Art bei meiner Autobiographie und stellte mir viel wertvolles Material zur Verfügung. Einiges davon waren Handkopien, die unbekannte Freunde für mich anfertigten; anderes wurde durch Kameraden im Verlag nachgeprüft, wobei selbst lange Reisen nicht gescheut wurden, wenn es galt, einen bestimmten Punkt abzuklären. Wieder anderes erfuhr ich aus Erinnerungen von alten Leuten, die für mich speziell auf Tonband aufgenommen wurden. Der größte Teil des unveröffentlichten Materials wurde mir von Archiven und Bibliotheken verfügbar gemacht; ich möchte hier die Nationalarchive, das Historische Museum, die Bibliothek von Peking und die Bibliothek der Hauptstadt erwähnen, wo Genossen gezielte Nachforschungen anstellten und Daten zusammentrugen. Die spontane Anteilnahme und Unterstützung, die ich allenthalben erhielt, brachten mich zunächst in Verlegenheit, aber dann sagte ich mir, daß dies nur selbstverständlich war in einem Land, wo jeder, der dem Volk zu nutzen sucht und der Wahrheit dient, neben der Partei und der Regierung auch überall sonst auf Interesse und Hilfe zählen kann.

Mein Buch erregte die Aufmerksamkeit mancher ausländischer Freunde. Ausländische Journalisten und Besucher kamen zu mir und erkundigten sich nach meinen Erfahrungen im Gefängnis und bei der Umerziehung. Ein Südamerikaner, der in meinem Fall die Größe der Ideologie des Vorsitzenden Mao erkannte, ermunterte mich, mein Buch bald zu vollenden; und ein asiatischer Freund sagte: »Ich hoffe, daß Sie mir sofort nach Erscheinen ein Exemplar schicken, damit ich Ihr Buch übersetzen kann. Die Leute meines Landes müssen Ihre phantastische Geschichte kennenlernen!«

1962 war unser bitterer Kampf gegen Schwierigkeiten im In- und Ausland von neuem Erfolg gekrönt. Dieses Jahr brachte auch mir neue Erfüllung. Ich erhielt den Aufruf, der Sitzung des »Nationalkomitees der Politischen Konsultativ-Konferenz des Chinesischen Volkes« beizuwohnen und im Nationalen Volkskongreß Berichte über den Aufbau der Nation zu hören. Am 1. Mai begannen meine Braut Li Schu-hsiän und ich unser Leben zu zweit in einem eigenen kleinen Heim, eine sehr alltägliche Sache, aber für mich ein nie gekanntes Erlebnis.

Das ist das neue Kapitel: Mein Heim, der Stimmausweis, die grenzenlosen Aussichten, die vor mir liegen, werden mir täglich vor Augen führen, wie ich dieses Neue Leben gewann.

Epilog

Der Kleine Ruei sagt, es gebe da noch eine Geschichte aus der Zeit meiner Umerziehung, die »unbedingt in dieses Buch gehört«.

Im Sommer 1960 besuchten der Kleine Ruei und ich zusammen den Park beim Hügel des Wohlgeruchs, und dabei kamen wir auf seine Erfahrungen vor der Entlassung zu sprechen: »Vieles, was mir damals passierte, werde ich nie mehr vergessen. Beispielsweise die Sache, wo mir kurz nach Beginn der neuen Arbeit beim Fensterputzen eine Scheibe zerbrach. Sowie das Glas auf dem Boden aufschlug, kam ein Wärter hereingerannt. Ich war zu Tode erschrocken. Aber zu meiner Überraschung fragte er nur, ob ich mich verletzt hätte. Ich sagte, mir sei nichts passiert, aber die Scheibe sei hin. Darauf erwiderte er, auf ein Stück Glas käme es nicht an, ich solle aber in Zukunft besser aufpassen, damit niemand verletzt würde.«

»Mir ging es früher genauso«, sagte ich versonnen. »Zuerst konnte ich nur daran denken, ob ich umgebracht würde, oder ob die Politik der Milde auch für mich gelten könnte. Die Wende brachte die Schmuckaffäre. Damals, als man mich nach der Übergabe des Schmuckes unerwarteterweise nicht zur Verantwortung zog, begann ich langsam Hoffnung zu schöpfen. Dabei kommt mir in den Sinn, daß ich dir noch gar nicht gedankt habe für deine Hilfe in der Sache.«

»Meine Hilfe?« fragte der Kleine Ruei und riß die Augen auf. »Hat dir der Gefängnisdirektor nie gesagt, was damals passiert ist?«

»Doch. Ich habe später in einem Aufsatz über deine Rolle bei der Übergabe geschrieben, und danach hat mir der Direktor gesagt, daß er dich dazu angeregt hatte, mir diesen Warnzettel zu schreiben. Natürlich lag es vor allem an der Einfühlung des Direktors, daß ich den Schmuck übergab, aber ohne deine Hilfe hätte ich nie so schnell reagiert.«

»Dann kennst du den Hintergrund der Geschichte also immer noch nicht. Ich werde dir erzählen, was sich damals wirklich abgespielt hat. Das gehört unbedingt in dein Buch hinein!«

Erst jetzt erfuhr ich die ganze Geschichte. Der Kleine Ruei hatte dem Direktor das Geheimnis von dem Versteck in meinem Koffer schon früh verraten und ihn aufgefordert, den Schmuck zu konfiszieren. Doch der Direktor hatte abgelehnt: »Es wäre natürlich leicht, den Schmuck dort zu finden. Aber das würde Pu Yi in seiner Umerziehung nichts helfen. Haben wir Geduld. Es ist viel besser, wenn er die Sachen aus eigenem Antrieb heraus hergibt, sobald sein politisches Bewußtsein besser entwickelt ist.« Als die Tage vergingen und nichts geschah, hatte der Kleine Ruei erneut beim Direktor vorgesprochen und eine Suchaktion vorgeschlagen. Aber wiederum wollte der Direktor nicht auf seinen Vorschlag hören. Für die Behörden sei nicht der Schmuck oder das Gefängnisreglement wichtig, wohl aber die Frage, wie man mir am besten bei meiner Umerziehung helfen könne. »Du mußt verstehen«, hatte er dem Kleinen Ruei erläutert, »daß Pu Yi infolge seiner ungewöhnlichen Lebensumstände nur schwer in der Lage ist, zu glauben, daß die Regierung denen, die ihre Schuld bekennen, Milde zeigt. Wenn wir ihn jetzt durchsuchten, würde er der Möglichkeit beraubt, diese Politik der Regierung verstehen zu lernen. Überlassen wir die Initiative ihm selbst.«

Nach diesen Worten hatte der Direktor den Kleinen Ruei gebeten, sich etwas auszudenken, um mein politisches Bewußtsein zu wecken, und so war jener Warnbrief zustande gekommen. Als wieder Tage vergingen und keine Reaktion von mir kam, hatte der Kleine Ruei einen dritten Vorstoß unternommen, um den Direktor zu einer Durchsuchung zu überreden, aber ohne Erfolg. Und dann hatte ich, in Not und Verzweiflung, den Schmuck ausgehändigt – und einen Weg nach vorn entdeckt.

Anhang

In Peking war ich zu einer Cocktail-Party eingeladen worden, auf der ich meine Bekanntschaft mit einigen Professoren, Schriftstellern, Soldaten und anderen Leuten erneuern sollte, dich sich noch aus früheren Zeiten an mich erinnerten ...

Dabei sprach ich auch mit einem schlanken, schmalbrüstigen Gast, der hinter dickgeränderten Brillengläsern aus wimpernlosen Augen hervorstarrte. Seine Haare waren schlecht geschnitten, und in seiner blauen Baumwollarbeitskleidung war er von allen Anwesenden am einfachsten gekleidet. Hätte er nicht mit der einen Hand Hors d'œuvres gegessen und in der anderen ein Weinglas gehalten, ich würde sicher geglaubt haben, er sei nur aus Versehen in diese Gesellschaft geraten. Dennoch kam er mir irgendwie bekannt vor, und da ich die meisten Gäste kannte, hoffte ich mich auch an ihn wieder zu erinnern.

»Was arbeiten Sie jetzt?« versuchte ich vorsichtig zu sondieren.

»Ich bin Gärtner«, gab er zur Antwort. »Ich arbeite in den botanischen Gärten der Academia Sinica und bin auf tropische Pflanzen spezialisiert.«

»Oh, dann sind Sie also Blumenzüchter?«

Er sprach etwas Englisch und mußte mich verstanden haben. Seine Antwort kam über den Dolmetscher und war voll von Selbstanklagen: »Mein Verbrechen hat dazu beigetragen, daß Millionen von Menschen den Tod gefunden haben. Ich hätte dafür ebenfalls den Tod verdient. Statt dessen hat man mir die Chance gegeben, meine Taten zu bereuen und für den Aufbau des Sozialismus zu arbeiten. Ich bin recht glücklich mit meiner Arbeit, zum erstenmal in meinem Leben wirklich glücklich, weil ich etwas Nützliches tue.«

Hier war wirklich ein bekehrter Sünder, der seine neue Gesinnung nicht offener zur Schau tragen konnte.

»Ihr Gesprächspartner«, erklärte jetzt der Chinese neben mir, nachdem er meine Unsicherheit und Ratlosigkeit voll ausgekostet hatte, »ist der frühere Mandschu Kaiser Hsüan Tung.« Er meinte den jugendlichen Kaiser Pu Yi, der jetzt vierundfünfzig Jahre alt war. Im Alter von acht Jahren hatte er auf dem Drachenthron in der Verbotenen Stadt gesessen, als die erste Revolution seine Abdankung erzwang. Später hatte er im Exil in Tientsin gelebt. 1935 ließen ihn die Japaner

verschwinden, um ihn als den Marionettenkaiser Kang Dö von Mandschuguo einzusetzen. 1945 von den Russen gefangen, war er erst vor ein paar Jahren nach China zurückgekehrt. Ich hatte immer gedacht, daß Pu Yi von den Japanern entführt worden sei, und fragte ihn jetzt, ob er sich unter all diesen Umständen denn wirklich schuldig zu fühlen brauche.

»O ja«, gab er zur Antwort. »Ich habe freiwillig mit den Japanern zusammengearbeitet. Ich schämte mich, die Stellung meiner Familie verloren zu haben, und glaubte, die Japaner würden uns helfen, diese Stellung zurückzugewinnen. Das kostete das Leben von Millionen. Jedes andere Land hätte mich zum Tode verurteilt. Statt dessen ließ man mich das tun, was immer schon meine Lieblingsbeschäftigung gewesen war – im Garten arbeiten.«

Es war ihm jedenfalls wesentlich besser ergangen als den Romanows bei der russischen Revolution. Jemand erzählte mir später, das Beste für Pu Yi sei an der ganzen Sache gewesen, daß er sich endlich von zwei der drei Frauen habe scheiden lassen können, mit denen ihn andere verheiratet hatten, so daß er jetzt das relativ ruhige Leben einer monogamen Ehe genießen könne.

»Und heute unterstützen Sie den Sozialismus?« fragte ich ihn.

»Aber sicher!« gab er zur Antwort. »Der Sozialismus ist etwas Gutes.« Er schlug einen Trinkspruch vor, der an diesem Tag auf allen Lippen war: »Auf die Freundschaft des chinesischen und amerikanischen Volkes!«

»Anfang und Ende sind wie ein Kreis«, sagt Tschuang Dse, ein chinesischer Denker aus der Schule von Lao-tse, der um 300 v. Chr. lebte. »Wo das Ende ist, ist auch der Anfang.« Pu Yi war zweifellos am Ende angelangt. *

Der Pu Yi, den Edgar Snow, der berühmte Chinaexperte und Freund Mao Tse-tungs, 1960 auf einer Party in Peking trifft, ist seit einem Jahr ein freier Mann. Unverkennbar steht er unter dem Eindruck jenes neunjährigen Umerziehungsprozesses in den Gefängnissen der Volksrepublik, der aus dem einstigen »Sohn des Himmels« einen »Sohn des Volkes« (so eine chinesische Bezeichnung für Kommunisten) werden ließ. Noch arbeitet er als Gärtner, bald aber wird er sich daran machen dürfen, die Geschichte seines einzigartigen Lebens aufzuzeichnen: Unter dem Titel »Die erste Hälfte meines Lebens« (dies die wörtliche

* Edgar Snow, *Gast am anderen Ufer*, 1967, S. 43 f.

Übersetzung) erscheint die dreibändige Autobiographie 1964 in Peking.

Die »erste Hälfte«: das bezeichnet die radikale Spaltung, die entschiedenste Wandlung eines Lebens, wie sie für westliche, für europäische Vorstellungen nachgerade undenkbar ist. Kein auch nur annähernd treffendes Beispiel aus der abendländischen Geschichte ist zur Hand, an dem sich diese totale Umkehrung eines absolutistischen Herrschers in einen gläubigen Untertan illustrieren ließe.

Der Verdacht liegt also nahe, hinter diesem historisch-politisch zweifellos gewichtigen, aber mehr noch menschlich eindrucksvollen Fall Pu Yi verberge sich tatsächlich eine teuflische Erziehungstortur; nur manipulierende Propaganda habe eine unmenschliche Psychofolter in einen milden und geduldig betriebenen Prozeß der »Menschwerdung« (Pu Yi) geschönt. Der letzte Kaiser von China: ein Opfer brutaler Gehirnwäsche?

In der Tat ist das Wort »Gehirnwäsche« ein zunächst von Amerikanern in den zwanziger Jahren entlehnter Begriff aus dem Chinesischen (hsi nao). Bis in diese Zeit reichen auch die ersten systematischen, wenn auch noch unbeholfenen Umerziehungstechniken zurück, mit denen kommunistische Führer feindliche Soldaten, aber auch Gruppen aus der Bevölkerung auf ihre Seite zu ziehen versuchten. Wie erfolgreich diese Methoden im Laufe der Jahre entwickelt wurden, beweisen die aktenkundigen Wirkungen der Gehirnwäsche bei gefangenen Amerikanern während des Koreakrieges, die in der US-Army geradezu einen traumatischen Schock hinterließen.*

Das Hauptbemühen der chinesischen Kommunisten galt freilich stets der Bewußtseinsschulung ihrer eigenen Landsleute, der Intellektuellen vor allem. Für sie, die zwar mit Mao sympathisierten, aber über keine revolutionären Erfahrungen verfügten, wurden schon in den dreißiger und frühen vierziger Jahren besondere Trainingszentren im Gebiet um Yenan aufgebaut. Sie orientierten sich zunächst an den Erfahrungen der Sun Yat-sen Universität, der einstigen ideologischen Schulungszentrale für chinesische Revolutionäre in Moskau, entwickelten aber dann immer konsequenter eigene, den besonderen chinesischen revolutionären Bedingungen entsprechende pädagogische Modelle. Die entscheidenden Konturen erhielt das Reformprogramm durch die berühmte

* Vgl. Robert J. Lifton, *Home by ship: reaction patterns of American prisoners of war repatriated from North Korea*, in: American Journal of Psychiatry (1954). Vgl. Robert J. Lifton, *Thought Reform and the Psychology of Totalism*, 1961

Rede »Den Arbeitsstil der Partei verbessern«, die Mao Tse-tung am 1. Februar 1942 bei der Eröffnung der Parteischule des Zentralkomitees der KPCh hielt. Für den Kampf gegen »Subjektivismus, Sektierertum und Parteischematismus« erläßt Mao darin »Zwei Gebote«:

Schließlich müssen wir im Kampf gegen Subjektivismus, Sektierertum und Parteischematismus zwei Gebote im Auge haben: erstens, »aus früheren Fehlern lernen, um künftige zu vermeiden«, und zweitens, »die Krankheit bekämpfen, um den Patienten zu retten«. Wir müssen alle früher gemachten Fehler schonungslos aufdecken und alles, was in der Vergangenheit schlecht war, wissenschaftlich analysieren und kritisieren, um künftighin umsichtiger und besser arbeiten zu können. Eben darin liegt der Sinn des Satzes: »Aus früheren Fehlern lernen, um künftige zu vermeiden.« Doch wenn wir Fehler aufdecken und Mängel kritisieren, besteht unser Ziel, ebenso wie das des Arztes, der eine Krankheit bekämpft, einzig und allein darin, den Patienten zu retten, nicht aber ihn zu Tode zu kurieren. Wenn jemand an Appendizitis erkrankt, entfernt der Arzt den Appendix und rettet so dem Patienten das Leben. Wir werden jeden, der einen Fehler gemacht hat, willkommen heißen und ihn von seiner Krankheit heilen, damit er ein guter Genosse wird, wenn er seine Krankheit nicht verbirgt, um der Behandlung zu entgehen, wenn er nicht so lange auf seinem Fehler beharrt, bis er nicht mehr zu kurieren ist, sondern ehrlich und aufrichtig den Wunsch zeigt, sich dem Arzt anzuvertrauen und sich zu bessern. Diese Aufgabe kann nicht erfolgreich gelöst werden, wenn wir uns gehenlassen und auf ihn dreinschlagen. Bei der Behandlung ideologischer und politischer Krankheiten darf man sich nicht grob verhalten, sondern muß ausschließlich nach dem Satz vorgehen: »Die Krankheit bekämpfen, um den Patienten zu retten«; nur das ist die richtige und wirksame Methode. *

Was Mao Tse-tung wie ein verständnisvoller Arzt hier seinen Parteigenossen verschreibt, ist als Erziehungsrezept für die gesamte neue chinesische Gesellschaft zu verstehen. Denn die, wenn sie aus der kranken alten Gesellschaft gesund hervorgehen soll, bedarf der umfassenden Heilung durch eine »Ideologie für alle Klassen«. Die Betonung, die Mao bei diesem Erziehungsprozeß auf Einsicht, Analyse und geduldige Arbeit legt (und sich darin vom Liquidationskult Stalins deutlich unterscheidet), setzt gewissermaßen den jahrtausendealten Glauben des Konfuzianismus an die Erziehbarkeit des Menschen zum Guten fort. Mao versteht es, konfuzianische Tugenden wie Loyalität, Selbstdiszi-

* Mao Tse-tung, *Ausgewählte Werke*, Peking 1969, Band III, S. 52 f.

plin, Aufopferung und Gehorsam für die psychologischen Strategien der Umerziehung zu aktivieren, die nur vor dem Hintergrund chinesischer Kulturtradition zu verstehen sind. Allerdings: die maoistische Denkreform nimmt den einzelnen nun unter dem Gesichtspunkt wissenschaftlicher Gesetzmäßigkeit viel totaler, totalitärer in Anspruch, als es der Konfuzianismus getan hatte.
Für eine solche polit-psychologische Prozedur schien nun ein bereits so extrem manipulierter Mensch wie Pu Yi das ideale Objekt zu sein. Seit ihn das politische Kalkül der Kaiserinwitwe Tze Hsi im Kindesalter auf den Drachenthron gebracht hatte, war er Gegenstand einer bedingungslosen, in Jahrhunderten versteinerten Erziehungsapparatur gewesen, die ihn gewiß nicht weniger entindividualisierte und schematisierte, als später die Kommunisten im Gefängnis von Fuschun.

Von der Verbotenen Stadt über das Exil bis nach »Mandschuguo«: Pu Yi, der in dieser Zeit nicht einmal einen persönlichen Namen trug, war stets der Gefangene eines Anspruchs, der längst seine historische und politische Berechtigung verloren hatte, getrimmt für eine Aufgabe, von der jede seiner servilen Hofschranzen ahnte, daß er nie mehr dafür gebraucht werden würde.

Dummheit, Aberglauben, Engstirnigkeit seiner Umgebung machten aus ihm jenen charakterlichen Krüppel, als der er sich selbst darstellt. Seine Lust am Quälen, sein Mißtrauen, seine Verspieltheit, seine Egozentrik und Gefühlskälte, schließlich seine neurotische Todesfurcht – all diese Verformungen sind die Konsequenzen rigoroser »Hausgesetze« und eines anachronistischen »Ahnenerbes«. Zum Verständnis seiner zweiten Radikalerziehung durch die Kommunisten ist freilich wichtig zu wissen, daß das Zeremoniell des Mandschuhofes ihn zwar nicht vollends zum Automaten reduzierte, ihn jedoch – wie sein Lehrer Johnston, der ihn besser als jeder andere Europäer kannte, schreibt – geradezu zwanghaft daran hinderte, eine eigene Persönlichkeit zu entwickeln:

Er war für Schmeicheleien sehr viel weniger anfällig, als man glauben mochte. Als er zwanzig geworden war, durchschaute er bereits die Korruption und Schurkerei, die in der Verbotenen Stadt herrschten; und seine Meinung über die Höflinge war zu geringschätzig, als daß sie ihm erlaubt hätte, ihre Schmeicheleien ernst zu nehmen, wie er es wohl getan haben könnte, wenn sie Männer gewesen wären, denen er vertraute und die er bewunderte.

Aber die Schmeicheleien jener servilen Art, die von den Lippen der Eunuchen und Beamten des Hofamtes kamen, waren viel weniger gefährlich für die Festigkeit des Charakters eines Jungen als die viel subtilere Liebedienerei, die er in aller Aufrichtigkeit von guten und ehrlichen Männern erfuhr. Seine chinesischen Tutoren waren in der Tat fast, wenn nicht ganz frei von jener halb abergläubischen Ehrfurcht und Verehrung für die Person des Kaisers, die ihren Ausdruck in Worten und Überzeugungen fand wie: »Der Wahre Drache hat eine Natur, die von der gewöhnlichen Menschheit verschieden ist.« Und dabei wußten sie sehr wohl, daß er ein normaler Junge war, weder schlechter noch besser als die anderen.

Aber das gleiche kann kaum von vielen devoten Dienern der Dynastie gesagt werden, für die eine Audienz bei dem Kaiser ein ehrfurchteinflößendes Ereignis und für die Loyalität eine Religion war. Solche Männer pflegten allein deshalb nach Peking zu kommen, um zu Füßen jener Persönlichkeit niederzuknien, die in ihren Augen noch immer der Sohn des Himmels war und für den viele von ihnen gerne gestorben wären; und es wäre in der Tat seltsam gewesen, wenn die spontanen Ausdrücke der Verehrung, die von Männern wie diesen geäußert wurden, das Objekt ihrer Anbetung dabei ganz frei von falscher Selbsteinschätzung gelassen hätten. *

Spiegelt sich in der kaiserlichen Erziehung sozusagen die »erste Hälfte« chinesischer Geschichte, so führt die kommunistische Gehirnwäsche gleichsam die Bedingungen der zweiten vor: beide Entwicklungen exemplarisch vereint in der Person Pu Yis. In den Stadien seines Weges zum »Neuen Menschen«, die glaubwürdig alle Schauermärchen von angeblichen physischen Brutalitäten widerlegen, läßt sich die »logische« Abfolge chinesischer Umerziehungsstrategie exakt nachzeichnen. Vier Grundschritte sind zu erkennen:

1. Der Angriff auf die Identität: In einem schrittweisen Unterminierungsprozeß wird das Selbstbewußtsein erschüttert, bis der Gefangene seine Unzulänglichkeit, seine Fehler und Minderwertigkeit einsieht. Bei Pu Yi führt dies zum Zusammenbruch: »Ich hatte nicht einmal die grundlegendsten praktischen Kenntnisse, mit dem Ergebnis, daß ich nichts konnte und vollständig unfähig war. Mein Wissen und meine Fertigkeiten waren geringer als die eines Kindes... ich wäre unfähig gewesen, mich am Leben zu erhalten.«

2. Der Erkenntnisprozeß: Pu Yi lernt den gesellschaftlichen Ursprung seiner Unfähigkeit verstehen. Er kann sich jetzt bereits in den Kategorien der kommunistischen Ideologie als Opfer des Feudalismus

* Reginald F. Johnston, *Twilight in the Forbidden City*, London 1934, S. 235 f.

begreifen. Der Haß, den das Gefühl der Erniedrigung in ihm weckt, wird umgeleitet auf seine Herkunft, seine Erziehung, den Hof, die Verbotene Stadt: »Ich hasse...«

3. Die Identifikation: Dieser selbstzerstörerische Haß wird nun immer direkter auf den Gefangenen selbst projiziert. Pu Yi bekommt ein durchdringendes Gefühl seiner eigenen Schuld. Er begreift sich als Teil des Feudalismus: »In den Spiegeln, die mich umgaben, sah ich, daß ich ein schuldiger Mann war.«

4. Der Heilsweg: Gebote wie: »Du kannst alles lernen« oder »Du mußt ein Neuer Mensch werden« verheißen ihm einen Heilsweg in die Zukunft. Das erwartungsvolle Verlangen bestimmt ihn, daß sein Bewußtsein eine neue Form erhält, die allerdings nicht im Einklang mit der spezifischen Natur des Individuums und dessen besonderen Bedürfnissen steht, sondern dem bereits vorgezeichneten Bild des Neuen Menschen angepaßt ist.

Sicherlich kann der Prozeß der Umerziehung ein Gefühl vermitteln, in eine Sphäre des Vertrauens einzutreten, einer Wahrheit und Aufrichtigkeit, die alles zurückläßt, was man bisher gekannt hat. (Dieses Gefühl großer Offenheit und Läuterung, geistiger Bewußtheit und Wachheit, Aktivität und »Reinheit« führt nicht selten, wie sich bei den Untersuchungen zur Umerziehung von Ausländern zeigte, noch Jahre später, nachdem sie schon längst wieder in Europa sind, zu einem fast schmerzlichen Heimwehgefühl nach dieser Gehirnwäschezeit – selbst wenn sie entschiedene politische Gegner geblieben sind.)

Pu Yis Autobiographie, gewissermaßen noch geschrieben unter dem unmittelbaren Eindruck dieses Erlebnisses und buchstäblich daraus hervorgegangen, vermittelt nicht zuletzt deswegen den Eindruck eines aufrichtigen, in dieser Art ergreifenden Dokuments: eine Lebensbeichte, wie sie in dieser bohrenden Eindringlichkeit und Schonungslosigkeit der Gewissenserforschung einmalig für einen Mann seiner Herkunft sein dürfte. Es ist eine um Verstehen bittende umfassende Abrechnung, die der ehemalige Kaiser »seinem« Volk zur Rechenschaft und zugleich zum Beweis seiner Läuterung und »Menschwerdung« vorlegt.

Daß diese Läuterung für Pu Yi tatsächlich eine »Heilung« im weitesten Sinn war, steht kaum zu bezweifeln; daß sie ihn befreite von seiner neurotischen Todesfurcht, seinem misanthropischen Mißtrauen, seinem Aberglauben und seinen Ängsten vor den Zwängen und der Chimäre des »Ahnenerbes« und ihn aktiver machte, wird gewiß deutlich.

Zugleich fällt, wenn Pu Yi die Erfolgsschritte seiner »Menschwerdung« nachzeichnet, eine merkwürdige Stilisierung seiner eigenen physischen und psychischen Konstitution auf. Er, der noch in der Rolle des »Mandschuguo«-Kaisers kränkelte und hysterisch jegliche Anstrengung mied, tut sich nun plötzlich als konditionsstarker Kohleträger hervor. Seine persönlichen Fortschritte stilisieren sich zu allgemeinen, exemplarischen. Nicht so sehr eine Person soll jetzt vorgeführt werden, sondern – dies ist zweifellos die agitatorische Absicht des Buches – ein verbindliches Muster: Anleitung und Erfolgsmeldung zugleich für eine siegreiche Ideologie.

Daß Pu Yis Autobiographie dennoch nicht zur ungebrochenen Propagandaschrift verflachte, erklärt sich – abgesehen von ihrer farbigen Authentizität und ihrer historischen Dramatik – aus der Außerordentlichkeit des Schicksals, das sie erzählt. Mag auch der Exkaiser am Ende im Peking Mao Tse-tungs als eine Art Allegorie rotchinesischen Erziehungsglücks erscheinen, ein Hauch von Tragik begleitet sein Schicksal gleichwohl. Denn weder als Hsüan Tung und »Herr der Zehntausend Jahre« noch als einfacher »Alter Pu« erreicht er seine Identität, haben dieser Mensch und was er jeweils darzustellen hatte, etwas miteinander zu tun. Aller Zeremoniendruck, alle Seeleningenieurskunst konnten aus ihm wenig mehr machen als eine Marionette, die sich vorführen ließ auf den verschiedenen Bühnen der Geschichte: ein Puppenkaiser in der Tat. Weil es aber doch ein einzelner ist, der sich in diesem Buch bespiegelt, erscheint zumindest westlichem Verständnis die Autobiographie Pu Yis – wie historisch genau auch immer sie verfährt – als ein absurder und zugleich tragischer Erziehungs-»Roman«.

Nachspiel:

Die »Erste Hälfte meines Lebens« lautet der chinesische Originaltitel der Autobiographie Pu Yis. Den Bericht über die »zweite« Hälfte seines Lebens als Bürger in der Volksrepublik konnte er durch seinen frühen Tod nicht verwirklichen.

Als Pu Yi 1967 starb, war er seit fünf Jahren »Mitglied der Nationalen Konsultativkonferenz des Chinesischen Volkes«; gewichtiger als diese formelle Auszeichnung war die damit verbundene Absolution der Partei. Der »wiedergeborene« Pu Yi war Mao Tse-tung dankbar dafür, daß ihm das Los der »konterrevolutionären Intellektuellen« erspart blieb, über deren hohe Zahl Mao Tse-tung sich bei Gelegenheit auslassen konnte: *»Was zählt der Erste Kaiser der Qin (Tschin) denn schon? Er hat lediglich 460 Konfuzianer lebendig begraben, während wir 46 000 Kon-*

fuzianer lebendig begraben haben. Haben wir denn nicht auch während der Unterdrückung der Konterrevolutionäre einige konterrevolutionäre Intellektuelle einen Kopf kürzer gemacht? Ich habe darüber einmal mit demokratischen Persönlichkeiten diskutiert: ›Ihr beschimpft uns, wir seien wie der Erste Kaiser der Qin. Falsch! Wir haben den Ersten Kaiser der Qin noch um ein Hunderfaches übertroffen. Wenn ihr uns als Ersten Kaiser der Qin, als Diktatoren beschimpft, so pflichten wir euch voll bei. Schade nur, daß ihr damit noch nicht die volle Wahrheit gesagt habt – stets müssen wir euch noch ergänzen.‹ (Großes Gelächter) ...« *

Des dreimaligen Exkaisers Dank und besondere Verehrung gehörte aber Tschou En-lai, der ihm mit Umsicht und Verständnis geholfen hatte, ein neues Leben zu beginnen und sich darin zurechtzufinden.

Nach seiner Berufung in die Konsultativkonferenz lernte Pu Yi 1962 durch Vermittlung die siebenunddreißigjährige Krankenschwester Li Schu-hsiän kennen, die er bald danach heiratete. Dem neuen Paar wurde auf Veranlassung Tschou En-lais eine größere Wohnung zugestanden, und Pu Yi und seine Frau lebten bis zu seinem Tod in einem Haus mit mehreren Zimmern und einem geräumigen Innenhof mit Pinien-, Birnen- und Banyabäumen. Tagsüber wurden Marx und Lenin studiert, die nächtliche Lektüre gehörte der klassischen chinesischen Literatur wie dem »Traum der roten Kammer« oder den »Gedichten der Tangzeit«.

Die »Forschungskommission für literarisches und historisches Material der Konsultativkonferenz des Chinesischen Volkes«, wo er zusammen mit seinem Bruder arbeitete, wurde die zweite Heimat des »Alten Pu«. Nach seinen zwei Krebsoperationen 1965 legte er größten Wert darauf, wenigstens halbtags wieder arbeiten zu dürfen. Aber nicht Krankheit setzte seinem »Einsatz für das Volk« ein Ende.

1966 begann die »Große Proletarische Kulturrevolution«. Viele der Personen, die Pu Yi näher kennen- und als aufopfernde, vorbildliche Parteimitglieder schätzen gelernt hatte, wie z. B. den Vizebürgermeister von Peking, Wu Han, wurden über Nacht denunziert und durch die Stadt getrieben. Bald hatte der sich wie ein Steppenbrand ausbreitende Aufstand der Rotgardisten auch die »Forschungskommission« erfaßt: Die Gehälter wurden um die Hälfte gekürzt, die Mitglieder zu körperlicher Arbeit gezwungen, jede Forschungstätigkeit wurde unterbunden. Tschou En-lai, selbst gefährdet, konnte Pu Yi nur vor direkter körperlicher Bedrohung bewahren. Gegen den einsetzenden Psycho-

* Mao Zedong *Texte*, Band III/1958, S. 121 f., Hg. von Helmut Martin, CHW 1982

terror gab es keinen Schutz. Pu Yi erhielt anonyme Drohbriefe und Telefonanrufe. Li Wen-da, Herausgeber des »Mass Publishing House«, der ihm beim Abfassen seiner Memoiren mit freundlichem Rat beigestanden hatte*, wurde als Spion gebrandmarkt. Der staatliche Getreideladen weigerte sich vorübergehend, der Familie Pu Weizen, Mehl und Reis zu liefern, statt dessen gab es nur mehr grobes Maismehl. In Panik versetzt, zahlte Pu Yi sein Autorenhonorar, wie in den Drohbriefen gefordert, an den Verlag zurück. Im Dezember 1966 wurde er mit einem Nierenkollaps ins »Union Hospital« eingeliefert. Aber auch da war ihm keine Ruhe vergönnt. Er wurde von dieser Privilegierten-Klinik ins Volkskrankenhaus verlegt und dort an seinem Krankenbett wochenlang täglich von einer ehemaligen Palastangehörigen aus Mandschuguo und Rotgardisten wegen seines Verhaltens im Nordosten zur Rechenschaft gezogen. Nach seiner Entlassung folgten von April bis Juni Verhöre im Zusammenhang mit zwei Dokumentarfilmen über sein Leben, bei deren Entstehen er mitgeholfen hatte. Von Juli bis September mußte er sich immer wieder über die »Amnestieliste von Mandschuguo« befragen lassen.

Die größte seelische Erschütterung aber löste bei Pu Yi, laut seinen Tagebucheintragungen, die Tatsache aus, daß im Zuge der innerparteilichen Machtkämpfe hochgeachtete Führer der Konsultativkonferenz in den Wandzeitungen Pekings heimtückisch verleumdet und in den Tod getrieben wurden. Der Exkaiser war seelisch und körperlich gebrochen, als er sich am 4. Oktober in der Nothilfestation des Volkskrankenhauses meldete. Am 17. Okotber 1967 starb er an Nierenkrebs.**

Tragisch war auch das Ende von Lao She. Der im Westen durch seinen Roman »Rikscha Kuli« und das Theaterstück »Das Teehaus« bekannte Autor hatte mitgeholfen, die aus den »Konfessionen« Pu Yis entstandene Autobiographie zu überarbeiten. Daß dieser bedeutende Romancier Chinas Pu Yis Selbstzeugnis, insbesondere den frühen Kapiteln, Glanz verlieh, ist mehr als eine reizvolle Vorstellung: Lao She war ebenfalls »Mandschu«; sein Vater war als Mitglied der Kaiserlichen Garde während des Boxeraufstandes bei dem Versuch gefallen, die Verbotene Stadt zu verteidigen ... Wie zahllose andere Intellektuelle auch, wurde er das brutale Opfer der anderen, »kulturrevolutionären« Art von Umerziehung: Lao She wurde verhört, gedemütigt und von

* Vgl. Brian Power *The Puppet Emperor*, London, 1986, S. 214. Neben Li Wen-da werden auch Lao She und Pu Dschiä als Mitarbeiter an der Autobiographie erwähnt.

** *China's Last Emperor as an Ordinary Citizien*, Peking, 1986, S. 60 f.

aufgehetzten Mittelschülern unnachgiebig gequält und geschlagen. Nach einer der endlosen »Befragungen« wurde die Leiche des Achtundsechzigjährigen im Taiping See, in der Nähe der alten Mandschu-Stadt, gefunden.

Wer hätte sich in diesen Jahren der Bitternis vorstellen können, daß zwei Jahrzehnte später ein Pekinger Theater wieder mit Lao Shes »Teehaus« auf Welttournee gehen und Pu Dschiä, der Bruder Pu Yis, den italienischen Filmregisseur Bertolucci bei der Verfilmung der Lebensgeschichte des Kaisers in der Verbotenen Stadt beraten würde?

Richard Schirach

Zur Übersetzung

Die vorliegende Autobiographie ist 1964 in drei Bänden erschienen und wurde inzwischen in folgenden fremdsprachigen Versionen publiziert:

1964–65 »From Emperor to Citizen«, The Autobiography of Aisin-Gioro Pu Yi, 2 Bde. Übersetzer: W. J. F. Jenner. Verlag für fremdsprachige Literatur, Peking.

1965 »Vom Kaiser zum Bürger«, Autobiographie von Aisin-Gioro Pu Yi, 2 Bde. Übersetzer: Pater Huengsberg. Verlag für fremdsprachige Literatur, Peking.

1967 »The Last Manchu«, The Autobiography of Henry Pu Yi, Last Emperor of China. Herausgeber: Paul Kramer, Übersetzer: Kuo Ying Paul Tsai; Verlag: Arthur Barker Limited, London.

Die englische Übersetzung von Jenner ist eine handwerklich sehr überzeugende Arbeit.

Die deutsche Übersetzung von Pater Huengsberg folgt bis auf ein paar wenige Ausnahmen der Version von Jenner. Anglizismen sowie sonstige Holprigkeiten legen den Gedanken nahe, daß es sich hier weitgehend um eine Nachübersetzung der Jennerschen Version handelt.

Im Vorwort zur zweiten Übersetzung ins Englische, die von Paul Kramer herausgegeben wurde, wird der Jennerschen Version vorgeworfen, sie habe »durch eine geschwollene, schwere Prosa offizieller Propaganda viel von dem Charme und Witz des Originals verloren«. Wenn man diesen Vorwurf auch nicht ganz zurückweisen kann, erweckt doch ein weiterer Satz im Vorwort Kramers beträchtliche Bedenken, nämlich »... Es war notwendig, Pu Yis Gedanken und Handlungen zu vereinfachen und, in gewissen Fällen, neu zu arrangieren, damit sie verstanden werden können«. Kramers eigene Version ist durch diesen »Vereinfachungsprozeß« auf einen kleinen Teil des Originals zusammengeschmolzen.

Jenners Kriterium war die politische Aussage; er hat nach der Wort-für-Wort-Methode übersetzt, daneben aber persönliche Momente geopfert, wenn sich durch Straffung die ideologische Wirkung verstärken ließ. Uns hingegen lag daran, mit unserer Übersetzung dem Leser bei möglichst großer Originaltreue den gleichen Eindruck zu verschaffen, den der Leser der Ausgangssprache bei der Lektüre des Originals gewinnt. Das stellte uns schon gleich zu Anfang vor ein Problem.

Tatsächlich ist der Aufbau von Pu Yis Autobiographie nicht einheitlich. Band I ist nach dem Schachtelprinzip komponiert; Band III hält sich an eine chronologische Darstellung; Band II ist eine Mischung von I und III.

Mit ›Schachtelprinzip‹ meinen wir, daß der Stoff ›Kindheit und Jugend‹ nach

Personen getrennt in mehrere *gleichzeitige* Kapitel eingeteilt ist, die wie Schachteln für sich selbst stehen können. Bei dieser Kompositionsart muß ein Ereignis, an dem Personen verschiedener Kategorien beteiligt sind, in jedem entsprechenden Kapitel gebracht und vom spezifischen Standpunkt her neu beleuchtet werden. Das bedeutet notgedrungen Wiederholungen. Nun wird ein chinesischer Leser dies dem Autor nicht anlasten; denn er kennt diese Stileigenheit aus den historischen Werken seines Landes (die nach dem gleichen Prinzip gebaut sind) und mag in Repetitionen darüber hinaus eine Gelegenheit sehen, sich gedanklich auszuruhen. Ein westlicher Leser andererseits ist gewohnt, Wiederholungen als kompositionelle und sprachliche Schwäche des Autors auszulegen. Daraus ergab sich für uns klar die Notwendigkeit, Wiederholungen in Pu Yis Autobiographie auszumerzen. Szenen, die mehrmals vorkommen, sind in unserer Übersetzung nur in dem Kapitel anzutreffen, wo sie stofflich am besten hinpassen; an allen anderen Stellen wurden sie entweder weggelassen oder durch einen Hinweis ersetzt. Ein zweites Problem vor allem in Band I waren die gedanklichen Seitensprünge. Auch hier wurden kurz aufeinanderfolgende Nebeneinfügungen über das gleiche Thema zusammengruppiert und an der geeignetsten Stelle wiedergegeben.

Bei Band II (Tientsin und Mandschuguo) haben wir den Mandschuguo-Teil der chronologischen Darstellung von Band III angepaßt und namentlich das Kapitel über die Völkerbundkommission zeitlich korrekt vorversetzt. Geschichtliches Füllmaterial, das mit Pu Yi selbst nichts zu tun hat, wurde, wo immer möglich, nicht berücksichtigt.

Bei Band III (Gefangenschaft und Umerziehung) ergaben sich kaum Probleme. Die wenigen durch ideologische Rückschau bedingten Wiederholungen wurden etwas in sich gekürzt; von den zwei, drei Kapiteln, in denen fast ausschließlich das Verhalten der japanischen Kriegsverbrecher geschildert wird (was vom eigentlichen Prozeß der Umerziehung ablenkt), wurden die Essenz und diejenigen Sätze beibehalten, welche die Wirkung auf Pu Yi selbst beschreiben.

An einer Stelle der Autobiographie war unserer Ansicht nach allerdings ein echter Eingriff in den Aufbau angezeigt, nämlich gleich zu Anfang, wo Pu Yi mit seiner Geburt beginnt und dann in mehreren Kapiteln die Geschichte seiner Familie in den 50 Jahren zuvor abhandelt. Wir haben die erste Szene des Originalkapitels »Thronbesteigung und Abdankung« an den Anfang genommen und Pu Yis Familienchronik in das darauffolgende Kapitel »Rückblick« konzentriert, um dem deutschen Leser den Einstieg zu erleichtern. In diesem Kapitel »Rückblick« sind Aussage und Formulierungen von Pu Yi selbst, aber in sich gekürzt; die geschichtlichen Hinweise stammen von uns, z. B. »Schon bald nach dem Ableben Kaiser Hsiän Fengs in Jehol, *wohin sich der Hof nach der Niederlage des 2. Opiumkrieges geflüchtet hatte,* wurde...«

Mulan Lehner

Zur Umschrift

Chinesisch:

Wir haben uns zum Ziel gesetzt, die chinesischen Personen- und Ortsnamen in möglichst einfacher, gut lesbarer Annäherung an die Peking-Aussprache wiederzugeben. Es schien uns daher richtig, im Buch selbst auf die früher übliche – auf englischen Lauten basierende – Wade Giles Umschrift zu verzichten. Statt dessen haben wir uns an die Umschrift gehalten, die Peking in deutschen Publikationen vor der Pinyin-Reform verwendete, wobei folgende Vereinfachungen und weitere Anpassungen vorgenommen wurden: für *tji, dji* (in Pinyin heute *qi, ji,* Beispiel: Beijing = Beidsching = Peking) steht hier *tschi und dschi,* für *tschi, dschi* (heute Pinyin *chi, zhi*) steht *tsche, dsche.* Für heute Pinyin *ch, zh* steht *tsch, dsch,* für heute Pinyin *x* steht *hs* (Beispiel Xuan Tung = Hsüan Tung). Für *a* vor einem *n* am Wortende mit dem Klang *ä* steht *ä,* für *u* vor einem *n* am Wortende mit dem Klang *ü* steht *ü,* für *ui* am Wortende steht *uei. Damit können alle Namen so ausgesprochen werden, wie sie geschrieben sind.* Ausnahme: bereits unter einer anderen Form fest eingeführte Namen wie Mao Tse-tung oder Tientsin etc.

ei	wird e+i (und nicht a+i wie im Deutschen) ausgesprochen.		
	z. B. Hei (schwarz)	=	He+i
ä	wird als einziger Laut, der im Deutschen nicht vorkommt, normal wie ein ›a‹ im englischen Wort ›can‹ (können) ausgesprochen.		
	z. B. chin K*ä*n (sehen)	=	engl. c*a*n (können)
	Ausnahme: folgt das ›ä‹ auf einen i- oder ü-Laut, wird es wie ein normales deutsches ›ä‹ gelesen.		
	z. B. chin. Fengti*ä*n	=	deutsch j*ä*ten
	z. B. chin. Hsü*ä*	=	deutsch h*ä*tten
tsche, dsche, sche	In diesen drei Zeichen ist das ›e‹ kaum zu hören; es tönt etwa wie die Endung ›-er‹ von ›Gletscher‹.		
tze, dze	In diesen zwei Zeichen ist das ›e‹ ebenfalls kaum zu hören, tönt aber wie ein stummes ›e‹ in Hetzə.		
e	in Wortmitte wird immer stumm ausgesprochen.		
	z. B. Feng	=	Fəng

Japanisch:

Hier wurde die international übliche Umschrift beibehalten. Aussprache wie im Deutschen, mit folgenden Ausnahmen:

ei	wird e+i (und nicht a+i) ausgesprochen		
	z. B. Geisha	=	Ge – i – scha

sh = sch	z. B. Geisha	=	Geischa
j = dsch	z. B. Seijiro	=	Seidschiro
ch = tsch	z. B. Chichibu	=	Tschitschibu

Die Vokale werden offen ausgesprochen, wie etwa im Italienischen, die Umlaute sind zu trennen z. B. Ueda = U – e – da (und nicht Weda).

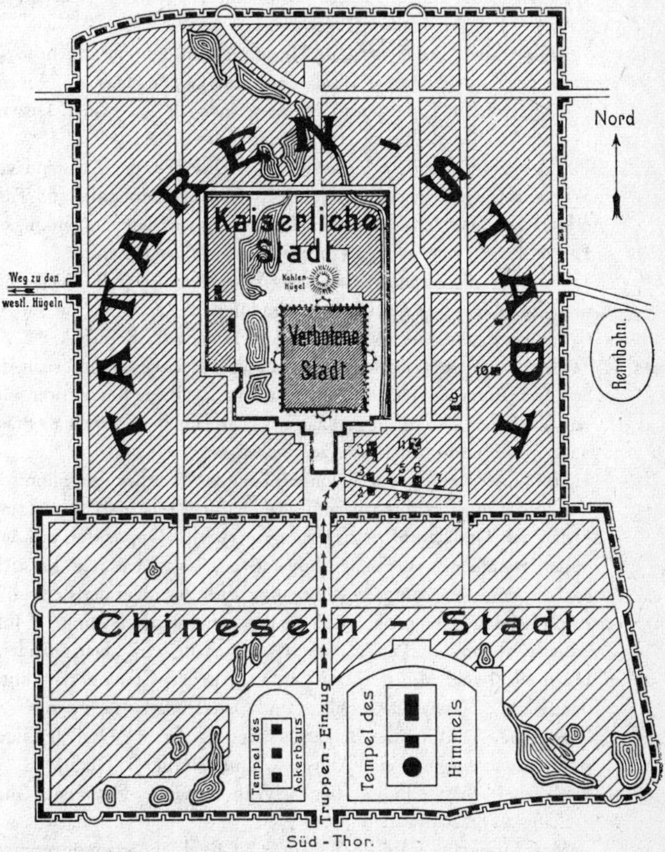

Erläuterungen zum Plan von Peking aus dem Jahr 1901

Gesamt-Umfang Pekings ca. 34 km
Umfang der Tataren-Stadt ca. 24 km
Umfang der Chinesen-Stadt ca. 16 km
Umfang der Kaiserlichen Stadt ca. 10 km
Umfang der Verbotenen Stadt ca. 4 km

Gesandtschaftsgebäude u. dergl.:
1. Deutschland. 2. Amerika.
3. Rußland. 4. Spanien. 5. Japan.
6. Frankreich. 7. Italien.
8. England. 9. Belgien. 10. Tsungli Yamen (Auswärtiges Amt).

Zeittafel

1906 7. Februar oder am 14. Tag des 1. Mondmonats wird Pu Yi als ältester Sohn des Prinzen Tschün II. geboren.

1908 13. November: Pu Yi wird als Thronfolger in den Palast geholt. 14. November: angebliches Todesdatum Kaiser Guang Hsüs. 15. November: angebliches Todesdatum der Kaiserinwitwe Tze Hsi. 2. Dezember: Pu Yi wird als Kaiser Hsüan Tung inthronisiert.

1911 Pu Yi beginnt mit dem Unterricht. 10. Oktober: der Aufstand von Wutschang leitet die chinesische Revolution ein. Mongolei und Tibet erklären sich von China unabhängig. Sun Yat-sen bildet in Nanking ein Parlament mit sich selbst als provisorischem Präsidenten.

1912 12. Februar: die Kaiserinwitwe Lung Yü proklamiert in Pu Yis Namen die Abdankung und verfügt die Gründung der Republik. Sun Yat-sen tritt zurück, und Yüan Sche-kai wird Präsident der Republik.

1913 22. März: Tod der Kaiserinwitwe Lung Yü; Duän Kang erhält das Senioriat unter den vier Kaisergemahlinnen. Die 2. Revolution wird von Yüan Sche-kai niedergeschlagen. Yüan läßt sich formell als Präsident der Republik auf Lebenszeit bestätigen.

1915–16 Japan besetzt die Deutsche Kolonie in Tsingtao. Yüan Sche-kai nimmt die »21 Forderungen« der Japaner an und plant, am 1. 1. 1916 als Kaiser Hung Hsiän den Drachenthron zu besteigen. Heftige Opposition aus dem Süden, vor allem aus dem Lager Sun Yat-sens. Juni: Yüan Sche-kai stirbt nach seiner Abdankung. Li Yüan-hung wird Präsident der Republik.

1917 Juli: Dschang Hsün proklamiert die Restauration der Tsching. 17. Juli: erneute Abdankung Pu Yis. Feng Guo-dschang wird Staatspräsident, Duän Tschi-ruei Ministerpräsident. 14. August: China erklärt unter dem Kabinett Duän Deutschland und Österreich-Ungarn den Krieg. Beginnende Spaltung der Beiyang Häuptlinge in eine Dscheli Clique (Anführer: Feng) und eine Anhwei Clique (Anführer: Duän).

1918 Hsü Sche-tschang, Führer der Beiyang Generale, löst Feng Guo-dschang als Staatspräsident ab.

1919 4. März: Johnston wird Pu Yis Tutor für Englisch. Spannungen zwischen Dscheli und Anhwei Clique erschüttern Hsüs Stellung. Die 4.-Mai-Bewegung löst Machtumschichtungen im Kabinett aus.

1920 Dschang Dzo-lins Fengtiän Clique verbündet sich mit Tsao Kuns (Nachfolger Fengs) Dscheli Clique gegen die Anhwei Clique. Duän Tschi-ruei wird zum Rücktritt gezwungen.

1921 Die Kaisergemahlinnen setzen eine Kommission ein, um Pu Yis Vermählung vorzubereiten. Pu Yis Mutter begeht Selbstmord.

1922 Erster Dscheli-Fengtiän Krieg. Dschang Dzo-lin wird geschlagen. Li Yüan-hung löst Hsü Sche-tschang als Staatspräsident ab. Wu Pei-fu beginnt sich als Dscheli Kommandeur zu profilieren. 1. Dezember: Große Nuptialien – Wän Rung wird Kaiserin, Wen Hsiu Kaiserliche Nebenfrau.

1923 Der Dscheli Anführer Tsao Kun erkauft sich die Stimmen der Parlamentarier und wird Staatspräsident.

1924 Kommunisten und Kuomintang beginnen ihre Zusammenarbeit im Süden. Zweiter Dscheli-Fengtiän Krieg: Feng Yü-hsiang, ein Unterführer Tsao Kuns, meutert, besetzt Peking und löst das Parlament auf. Der Dscheli Kommandeur Wu Pei-fu wird von Dschang Dzo-lin geschlagen. 5. November: Lu Dschung-lin vertreibt auf Feng Yühsiangs Befehl hin Pu Yi aus der Verbotenen Stadt. Duän Tschi-ruei wird amtierender Chef der Exekutive.

1925 Pu Yi geht nach Tientsin ins Exil. Verhandlungen zwischen Nord- und Südregierung. März: Tod Sun Yat-sens in Peking. Feng Yü-hsiangs Nationalarmee wird nach Kansu zurückgetrieben.

1926 9. Juli: Beginn des »Nördlichen Feldzuges«. Duän Tschi-ruei zieht sich aus der Politik zurück.

1927 12. April: der Coup von Schanghai: Tschiang Kai-schek läßt Gewerkschaftler und Kommunisten umbringen. August: Tschiang demissioniert und geht nach Japan. Dezember: Tschiang wird von der Kuomintang an die Spitze zurückgeholt und heiratet Soong Mei-ling.

1928 April: Beginn des zweiten »Nördlichen Feldzuges«. Sprengstoffattentat auf den flüchtenden Dschang Dzo-lin. Dschang Dzung-tschang rettet sich nach Japan. 8. Juni: die Truppen Tschiang Kai-scheks besetzen Peking; Vereinigung von Norden und Süden. Feng Yü-hsiang und Dschang Dzo-lins Sohn, Dschang Hsüä-liang verbünden sich mit Tschiang Kai-schek. Schändung der Östlichen Mausoleen.

1929 Pu Yi zieht in den Stillen Garten um und gerät immer mehr unter den Einfluß der Japaner. Im Süden Aufstände gegen Tschiang.

1930 Weitere Revolten gegen Tschiang. Erste Vernichtungskampagne gegen die chinesischen Kommunisten.

1931 Pu Yi wird von Wen Hsiu geschieden. Zweite und dritte Vernichtungskampagne gegen die chinesischen Kommunisten. 18. September: Zwischenfall von Mukden; die japanische Kwantung Armee besetzt die drei Nordostprovinzen. 10. November: Pu Yi begibt sich in die Hände der Japaner; Uneinigkeit über Pu Yis Zukunft zwischen liberalen Politikern und der Armee in Japan. Pu Yi zieht nach Port Arthur.

1932 19. Februar: das Administrationskomitee für den Nordosten beschließt die Gründung der Republik Mandschuguo. Pu Yi wird Regent (Präsident der Republik). Mai: Pu Yi empfängt die Lytton Kommission des Völkerbundes. Waffenstillstand zwischen China und Japan. August: Geheimvertrag Japan-Mandschuguo.

1933 März: Japan tritt aus dem Völkerbund aus. Vierte und fünfte Vernichtungskampagne gegen die chinesischen Kommunisten.

1934 1. März: Pu Yi wird als Kaiser Kang Dö von Mandschuguo inthronisiert. Oktober: Beginn des Langen Marsches der Roten Armee.

1935 April: Pu Yi besucht Kaiser Hirohito in Japan. Feng Yü-hsiang gründet die Alliierte Antijapanische Armee, muß aber vom Kommando zurücktreten.

1936 Die Rote Armee setzt sich in Schensi fest. Dezember: Zwischenfall von Sian; Dschang Hsüä-liang zwingt Tschiang Kai-schek, im Verein mit den Kommunisten gegen die Japaner vorzugehen.

1937 Pu Yi heiratet Tän Yü-ling. 7. Juli: Zwischenfall auf der Marco-Polo-Brücke; Beginn der japanischen Invasion in Südchina. Dezember: Nanking fällt, und Tschiang Kai-schek verlegt die Hauptstadt nach Tschungking.

1939 Niederlage der Kwantung Armee in der Äußeren Mongolei.

1940 Zweiter Japanbesuch Pu Yis; Pu Yi wird gezwungen, die Ahnen des japanischen Kaisers als die seinen anzuerkennen. Wang Dsching-wei (verübte 1910 das Attentat auf den Prinzregenten, danach enger Vertrauter Sun Yat-sens) bildet am 30. 3. eine Reorganisierte Nationalregierung als Kollaborateur der Japaner. Am 30. November: Staatsvertrag zwischen Tokyo und dem Nanking-Regime.

1942 Tän Yü-ling stirbt. Pu Yi heiratet die Glückskonkubine.

1945 9. August: Rußland erklärt Japan den Krieg und marschiert in Mandschuguo ein. 15. August: japanische Kapitulation. 18. August: Pu Yi gerät in sowjetische Gefangenschaft.

1946 August: Pu Yi tritt als Zeuge am Internationalen Militärgerichtshof für den Südosten in Tokio auf.

1949 1. Oktober: Gründung der Volksrepublik

1950 Freundschaftsvertrag zwischen China und Rußlang. Pu Yi wird nach China ausgeliefert. Beginn des Koreakriegs.

1953 Ende des Koreakriegs.

1956 Beginn der »Hundert Blumen«-Kampagne. Militärgericht in Mukden. Dezember: Die Glückskonkubine läßt sich scheiden.

1958 Beginn des »Großen Sprungs nach vorn«.

1959 18. Oktober: Die Gefangenen erhalten die Nachricht vom Gnadenerlaß. Pu Yi trifft in Peking mit seiner Familie zusammen.

1960 Entlassung Pu Dschiäs. Rußland stoppt Hilfe an China. Ende des »Großen Sprungs«.

1961 Saga Hiro besucht Pu Dschiä und beschließt in China zu bleiben.

1962 Berufung Pu Yis in die Nationale Konsultativkonferenz des Chinesischen Volkes. Pu Yi und Pu Dschiä werden Mitglieder in der Forschungskommission für literarisches und historisches Material der Konsultativkonferenz des Chinesischen Volkes. 30. April: Heirat Pu Yis mit der Krankenschwester Li Schu-hsiän.

1964 Erscheinen von Pu Yis Memoiren.

1965 Pu Yi wird zweimal wegen Krebs operiert und auf Wunsch Tschou En-lais sorgfältig nachbehandelt.

1966 Beginn der Kulturrevolution. Trotz Protektion durch Tschou En-lai gerät Pu Yi unter schweren Psychoterror. Nach der Brandmarkung von Li Wen-da, Herausgeber der Memoiren Pu Yis, als Spion gibt Pu Yi sein Autorenhonorar an den Verlag zurück. Erneuter Krankenhausaufenthalt.

1967 Februar: Tägliche Attacken durch eine ehemalige Palastangehörige aus Mandschuguo und Rote Garden. Entlassung aus dem Krankenhaus. Behandlung wird ambulant im Volkskrankenhaus fortgesetzt. April bis Juni: Verhöre im Zusammenhang mit zwei Dokumentarfilmen über das Leben Pu Yis als Kaiser. Juli–September: Verhöre über die »Amnestieliste von Mandschuguo«. 4. Oktober: Notaufnahme ins Volkskrankenhaus. 17. Oktober: Tod Pu Yis durch Nierenkrebs.

1968 Li Schu-hsiän zieht aus Geldmangel in ein Einzelzimmer.

1971 Abebben der 1. Phase der Kulturrevolution. Li Schu-hsiän erhält auf Veranlassung Tschou En-lais zwei trockene Räume zugesprochen.

1973 Machtergreifung der »Viererbande«.

1976 Januar: Tod Tschou En-lais. Ende der »Viererbande«. Rehabilitierung Li Schu-hsiäns.

1980 Gedenkfeier für Pu Yi und andere Mitglieder der Nationalen Konsultativkonferenz des Chinesischen Volkes, die während der Kulturrevolution den Tod fanden. Li Schu-hsiän überbringt die Urne mit Pu Yis Asche in eine Seitenkammer der Ersten Halle des Revolutionsfriedhofs Babaoschän.

Verzeichnis wichtiger Personen

Dschang Dsching-huei, General, Schwurbruder Dschang Dzo-lins, später »Muster-Premier« von Mandschuguo.

Dschang Dzo-lin, Marschall, genannt »Tiger von Mukden«, Anführer der *Fengtiän Clique* in der Mandschurei. 1928 von den Japanern ermordet.

Dschang Hsüä-liang, genannt der »Junge Marschall«, Sohn von Dschang Dzo-lin und dessen Nachfolger seit 1928.

Dschang Hsün, genannt der »Bezopfte General«, Urheber der Restauration von 1917, Hauptquartier in Hsüdschou, gest. 1923.

Dscheng Hsiao-hsü, Berater Pu Yis in Tientsin, erster Premier von Mandschuguo. Sohn: Dscheng Tschuei. Enkel: heiratet Pu Yis Zweite Schwester.

Dsching Yi, Konkubine Kaiser Tung Dsches und spätere Kaisergemahlin, Rivalin von Duän Kang.

Duän Kang, die »Jadekonkubine« Kaiser Guang Hsüs und Verbündete Lung Yüs. Ältere, häßliche Schwester der 1900 ermordeten Perlkonkubine.

Duän Tschi-ruei, Marschall, Ministerpräsident 1917–1918, vorläufiger Präsident der Republik 1924–1926. Anführer der *Anhwei Clique,* gest. 1936

Dzai Tao, Siebter Onkel, fähigster aller Mandschu Prinzen, Delegierter des Mandschuvolksstammes im Nationalen Volkskongreß der Volksrepublik.

Feng Guo-dschang, General, Präsident der Republik 1917–1918, Anführer der *Dscheli Clique,* gest. 1919. Nachfolger: Tsao Kun.

Feng Yü-hsiang, genannt der »Christliche General«, Anführer der Nationalarmee, vertreibt Pu Yi 1924 aus der Verbotenen Stadt, gest. 1948.

Guang Hsü, Kaiser, Zweiter Onkel Pu Yis und Adoptivvater in 2. Linie. 1898 durch Tze Hsi entmachtet, gest. 1908.

Hsü Sche-tschang, Marschall, Präsident der Republik 1918–1922, ehrenamtlicher Kaiserlicher Tutor, gest. 1939.

Li Yüan-hung, General, Präsident der Republik 1916–1917, 1922–1923.

Johnston, Sir Reginald Fleming, britischer Tutor Pu Yis 1919–1924.

Lung Yü, Kaiserinwitwe, Hauptgemahlin Kaiser Guang Hsüs, Nichte Tze Hsis

Luo Dschen-yü, Berater Pu Yis in Tientsin und Mandschuguo, 1932 Rückkehr nach Port Arthur.

Pu Dschiä, Zweiter Bruder.

Rung Yüan, Vater Wän Rungs, Schwiegervater Pu Yis und von Erster und Dritter Schwester, Hofminister.

Tschen Bao-schen, Großtutor Pu Yis, Onkel von Tschen Dzeng-schou.

Tschün I., Prinz, Großvater Pu Yis.

Tschün II., Prinz, Vater Pu Yis und Regent 1908–1911.

Tung Dsche, Kaiser, Sohn Kaiser Hsiän Fengs und Tze Hsis, Adoptivvater Pu Yis in 1. Linie.

TZE HSI, Konkubine Kaiser Hsiän Fengs, spätere Westliche Kaiserinwitwe, Adoptivgroßmutter Pu Yis, beherrschte China für 50 Jahre.
WÄN RUNG, genannt »Kaiserin Elizabeth«. Hauptgemahlin Pu Yis.
WEN HSIU, Nebengemahlin Pu Yis. Geschieden 1931.
WU Pei-fu, General, Kommandeur der *Dscheli Clique*.

STAMMBAUM DES HAUSES TSCHING

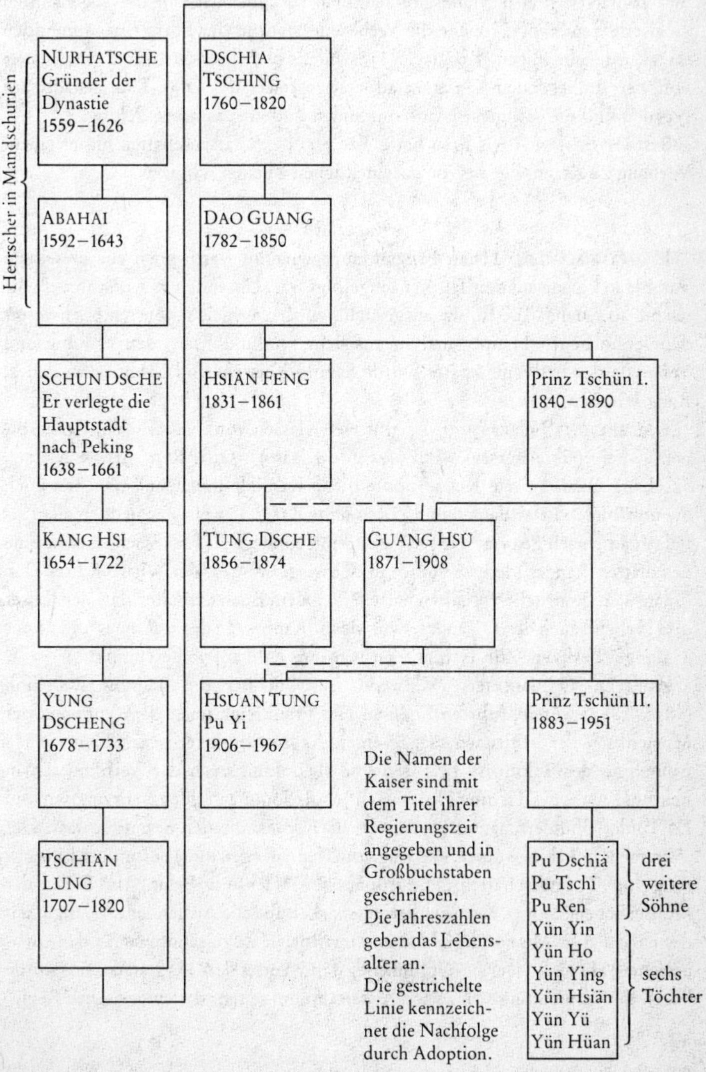

Anmerkungen

Das Mandat des Himmels

Residenz des Prinzen Tschün: Die Residenzen von Kaiserlichen Prinzen und sonstigen hohen Mandschu Familien befanden sich in der sogenannten »Kaiserlichen Stadt«, welche die Verbotene Stadt in der Form eines (im Süden etwas unregelmäßigen) Rechtecks umschließt und ihrerseits durch eine Mauer von der umliegenden »Tatarenstadt« abgegrenzt ist. Die »Tatarenstadt« im Norden und die »Chinesenstadt« im Süden bilden zusammen Peking.

Seidenvorhang: Als Frau hatte Tze Hsi bei Staatsgeschäften hinter einem Vorhang zu sitzen, der sie vor unschicklichen Blicken schützte.

Rückblick

Hauptgemahlin: Hsiän Fengs Hauptgemahlin starb, noch ehe er seinem Vater Dao Guang auf den Thron nachgefolgt war. Unter den 28 Konkubinen, die nach Dao Guangs Tod für ihn ausgesucht wurden, erhielt Sakota (eine Schwester der verstorbenen Hauptgemahlin aus dem Niuhulu Klan) den 2. Rang und Yehonala den 3. Wenig später wurde Sakota Kaiserin und Yehonala in den 2. Rang erhoben.

Kaiserliche Nebenfrau: Es gibt vier Klassen von ›Kaiserlichen Konkubinen‹: »Fei« (erste Klasse), »Pin« (zweite Klasse), »Guei Ren« (dritte Klasse), »Tschang Dzai« (vierte Klasse); potentielle Kandidatinnen sind daneben noch die unzähligen Palastdamen und Zofen ohne Rang. Tze Hsi kam jedoch nicht als Palastdame nach Peking, wie Pu Yi schreibt, sondern als Kaiserliche Konkubine des dritten Ranges, den sie von ihrer Schwiegermutter, der Witwe Kaiser Dao Guangs, zugesprochen erhalten hatte. Nach dem Buch der Riten darf der Kaiser drei Nebenfrauen des 1. Ranges, neun des 2. Ranges, 27 des 3. Ranges und 81 des 4. Ranges besitzen. Zur Tsching Zeit war ihre Zahl auf 70 beschränkt.

Zweiter Opiumkrieg: Während in Südchina die Taiping Rebellion (1850–1865) wütete, führten England und Frankreich unter dem Vorwand der Mißachtung der britischen Flagge einen Aggressionskrieg gegen China. 1858 Einnahme der Takuforts bei Tientsin. 1860 Einmarsch der Verbündeten in Peking, Flucht des Tsching Hofes nach Jehol (Sommerresidenz). Franzosen und Engländer plünderten und zerstörten als Repressalie den Sommerpalast. Der »Vertrag von Peking« (auch »Vertrag von Tientsin» genannt) bestimmte Einrichtung von Gesandtschaften der europäischen Mächte in Peking (im Süden der »Kaiserlichen Stadt«), Konsulargerichtsbarkeit für alle Ausländer, Freizügigkeit der christlichen Mission in China und territoriale Zugeständnisse für den europäischen Handel. (Der 1. Opiumkrieg fand von 1839–1842 statt und wurde durch die Vernichtung von 20 000 Kisten Opium seitens der chinesischen Regierung ausgelöst. Das Opium gehörte der Britischen Ostindischen Kompanie und war illegal in China eingeführt worden, um Devisen für den Teehandel zu bringen. 1842 kam es dann zum »Friedensvertrag von Nanking«: China mußte Hong Kong an Großbritannien abtreten, weitere fünf chinesische Häfen dem europäischen Handel öffnen und 1844 auch mit Frankreich und den USA Handelsverträge abschließen.)

THRONFOLGEGESETZE: Die Notwendigkeit, einen Verwandten aus der nächstjüngeren Generation als Nachfolger für einen kinderlos verstorbenen Kaiser zu bestimmen, erklärt sich aus dem Ahnenkult; denn nur ein Sohn oder ein zu diesem Zweck adoptiertes Mitglied der Familie aus der Generation des Sohnes kann die Totenopfer für einen verstorbenen Vater vollziehen.

Die Ernennung Guang Hsüs zum Kaiser verletzte jegliche Tradition, und Tze Hsi löste mit diesem Gewaltakt einen nationalen Protest aus, der mit dem Selbstmord des Zensors Wu Kö-du endete und die abergläubische Kaiserinwitwe sehr beunruhigte. Deshalb versprach sie, den ersten Sohn Guang Hsüs zum Adoptivsohn Tung Dsches zu erklären; als Guang Hsü kinderlos starb, wurde Pu Yi aus dem gleichen Grund in 1. Linie Sohn Kaiser Tung Dsches und nur in 2. Linie Sohn Kaiser Guang Hsüs.

KOREAKRIEG: auch »Chinesisch-Japanischer Krieg« genannt. China und Japan kämpften um den entscheidenden Einfluß in Korea. 1895: »Friede von Schimonoseki«: China mußte die »Unabhängigkeit« Koreas anerkennen und auf alle seine dortigen Rechte verzichten sowie Taiwan (Formosa) und die Peskadoreninseln abtreten; nur durch die nicht uneigennützige Intervention Rußlands, Frankreichs und Deutschlands wurde verhindert, daß China nicht zusätzlich noch die Halbinsel Liaoting an Japan verlor.

DIE REFORM DER 100 TAGE: Gegen Ende des 19. Jahrhunderts war China bereits fest in ausländische Interessensphären aufgeteilt: Verlust von Hong Kong an England, Abtretung des Amurgebietes und von Teilen der Mandschurei an Rußland; seit 1890 beherrschten die Franzosen ebenso wie die Engländer große Gebiete des Südlichen China, 1897 besetzt das Deutsche Reich als Vergeltung für die Ermordung katholischer Missionare die Kiaotschao Kolonie in Schantung mit der Hafenstadt Tsingtao: Vor diesem Hintergrund sind die Reformversuche Guang Hsüs zu verstehen. Nach dem Tod von Prinz Gung führt Guang Hsüs Tutor, Weng Tung-hö, den fortschrittlichen Kang You-wei beim Kaiser ein. Unter seiner Anleitung versucht Guang Hsü durch eine Serie von reformerischen Edikten China zu modernisieren: Gründung einer kaiserlichen Universität, Ausbildung der Armee nach westlichem Vorbild, Modernisierung der Schulen, Abschaffung der alten kaiserlichen Prüfungen für Staatsbeamte auf der Grundlage der konfuzianischen Klassiker, Schaffung von Eisenbahn- und Bergbaubüros, Förderung des Handels usw.

BEIYANG ARMEE: Chinas Armee bestand ursprünglich aus den acht mandschurischen und acht mongolischen Bannern; später kamen acht chinesische Banner hinzu. Diese 24 Banner blieben bestehen und bildeten unter Tze Hsi das nominelle Heer Chinas. Daneben gab es die »Grüne Standarte«, gewöhnlich die

»Fünf Lager« genannt (Liu Nei), ein Heer von chinesischen Söldnern, das wenigstens bis zum Ausbruch des Koreakrieges die Truppen für alle Feldzüge liefern mußte. In den letzten Jahrzehnten des 19. Jahrhunderts kam dann auch noch ein drittes Heer hinzu, das erst unter dem Namen »Lehrtruppen« bekannt wurde und dann die Bezeichnung »Beiyang Dschün« (Nordarmee) erhielt. Das Adjektiv »modern« erklärt sich daraus, daß diese Truppen als einzige von ausländischen Offizieren gedrillt und mit modernen Waffen ausgerüstet wurden. Nach den Boxerunruhen entwickelte sich die Beiyang Armee zu einem wichtigen Machtfaktor in China, während die beiden anderen Heere ihre militärische Bedeutung verloren.

Boxerunruhen: Die Ihötuan (Vereinigung zum Schutz der Gerechtigkeit und Eintracht oder auch »Faust der Gerechtigkeit und Eintracht«) wurde im Westen als »Boxerbewegung« bekannt. – Die drei ältesten Söhne von Dao Guangs 5. Sohn Yi Dzung (d.h. die Prinzen Dzai Liän, Dzai Yi, auch Prinz Duän genannt; und Dzai Län), die sich für die Boxer stark machten, wurden 1901 auf Befehl der Acht Alliierten Mächte von Tze Hsi degradiert und in die Verbannung geschickt (sie sollten ursprünglich hingerichtet werden). Nachkommen aus diesem zu Pu Yis Zeiten verarmten Zweig der Kaiserlichen Familie sind Pu Dschin, die beiden Pu Dschiän, Pu Hsiu und der Kleine Ruei.

Mögliche Rivalin: Wenn Tze Hsi auf Druck der Ausländer hin die Regierungsgewalt an Guang Hsü hätte zurückgeben müssen, wäre es diesem möglich gewesen, seine ungeliebte Kaiserin (und Nichte Tze Hsis, die spätere Kaiserinwitwe Lung Yü) zu degradieren, um an ihrer Stelle die Perlkonkubine, seine Lieblingsfrau, zur Hauptgemahlin zu ernennen.

Acht Alliierte: Großbritannien, Frankreich, Rußland, Deutschland, Österreich, Italien, USA und Japan.

Prinzentitel: Die männlichen Mitglieder der Kaiserlichen Familie trugen Titel, die sich auf 12 Ränge verteilten. Söhne von Kaisern (d. h. Prinzen) erhielten für gewöhnlich bei Volljährigkeit Patente des ersten und zweiten Grades. Mit jeder Generation verringerte sich der Rang um einen Grad, so daß der Sohn eines Adligen des 12. Ranges keinen Titel mehr erhielt. Ausnahme waren die Nachkommen der »acht prinzlichen Familien« (z.B. Prinz Su), die von jüngeren Brüdern des Dynastiegründers Nurhachi abstammten: Ihr Prinzentitel war erblich »für ewig«.

Thronbesteigung und Abdankung

Regierungstitel: Es war üblich, die Regierungszeit des Kaisers mit einer Devise zu bezeichnen (nien hao); da der persönliche Name des jeweiligen Herrschers tabuisiert war, bürgerte es sich zuweilen ein, den Regierungstitel wie den Namen des Kaisers zu verwenden.

Der persönliche Name des Kaisers bleibt auch nach dessen Tod tabu: er bekommt dann einen postumen Tempelnamen (miao hao) verliehen, mit dem er in die Geschichtsannalen eingeht. So hieß der Vorgänger Pu Yis Dzai Tiän und wurde zu seinen Lebzeiten Kaiser Guang Hsü genannt, während er nach seinem

Tode offiziell als Kaiser Dö Dzung geführt wurde. Der alte Regierungstitel wird nach dem Ableben des Kaisers beibehalten, bis ein neues Jahr beginnt. Daher war z. B. das Jahr 1908, das sich aufgrund des lunarischen Kalenders nur in etwa mit dem westlichen Kalender deckt, das 34. und letzte Jahr der Regierungsperiode Guang Hsüs und 1909 das erste Jahr Hsüan Tungs – dies war die Devise, mit der Pu Yi als Kaiser regierte.

Kotau: Verbeugung, die darin bestand, daß man sich auf die Knie niederwarf und dreimal mit der Stirn den Boden berührte.

Aufstand von Wutschang: Am 10. Oktober 1911 meuterte die in Wutschang stationierte Abteilung der »Neuen Armee« (Lehrtruppen, die von Deutschen Instruktoren ausgebildet worden waren) auf Drängen der südlichen Revolutionäre (unter der Führung von Sun Yat-sen) und sagte sich von der Tsching Dynastie los. Der Vizekönig der Provinz floh nach Schanghei, worauf die Truppen ihren Regimentskommandeur, der sich unter seinem Bett versteckt hatte, vor die Wahl stellten, die Revolution anzuführen oder erschossen zu werden. Der Kommandeur entschied sich vernünftigerweise für das erstere: es war Li Yüan-hung, der spätere zweimalige Präsident der Republik. Innerhalb eines Monats hatten sich 15 der 18 Provinzen gegen die Mandschudynastie erhoben, und Dr. Sun Yat-sen war Präsident der Provisorischen Regierung geworden. Die drei wichtigen Nordprovinzen waren allerdings immer noch fest in der Hand von Yüan She-kai und dessen moderner Beiyang Armee. Obwohl Sun lieber mit seinen schlecht ausgerüsteten »Todesmutigen«, einem zusammengewürfelten Haufen ihm ergebener Truppen, auch gegen Yüan She-kai den Kampf aufgenommen hätte (Yüans zweimaliger Verrat in der Vergangenheit, einmal an Kaiser Guang Hsü und einmal an Tze Hsi selbst, die er während des Boxeraufstandes im Stich ließ, empfahl ihn nicht als vertrauenswürdigen Partner), ließ er sich von seinen Beratern dazu überreden, einen Kompromiß zu wählen. Unter der Bedingung, daß Yüan den Kaiser zur Abdankung zwingen würde, stellte er ihm sein Präsidentenamt zur Verfügung. So wurde Yüan She-kai am 12. 2. 1912 Präsident der Republik China. Als Revolutionsdatum wird aber nach wie vor der 10. Oktober 1911 gefeiert.

Hanyang: Hanyang bildet zusammen mit Hankou und Wutschang einen Städtekomplex am Yangtzekiang, der auch unter dem Namen Wuhan bekannt ist.

Mein Leben als Kaiser

Yamendiener: Ein Yamen ist das Amtsgebäude eines Mandarins und zugleich Sitz der lokalen Verwaltungs- und Polizeibehörden.

Kang: eine in Nordchina übliche, etwa fünfzig Zentimeter hohe Ziegelsteinlagerstätte, die meist auch als Bettstelle dient und beheizbar ist. Gewöhnlich bietet ein ›Kang‹ fünf bis sechs Personen bequem Platz.

Traum der roten Kammer: berühmter chinesischer Roman, erschienen 1792, der in 80 Kapiteln den Untergang einer weitverzweigten Familie schildert.

Ming: Name der letzten chinesischen Dynastie, die von den Mandschus gestürzt und 1644 durch die mandschurische Tsching, die »Reine« Dynastie, abgelöst wurde, der als letzter Herrscher auch Pu Yi angehörte.

HANLIN-AKADEMIKER: Die Auszeichnung, nach Bestehen der Kaiserlichen Examen in der Hauptstadt als »Hanlin« in den Dienst an den Hof gerufen zu werden, war eine Ehre, die der Aufnahme eines Franzosen als »Unsterblicher« in die Académie Française entsprach. Die Hanlin-Akademie war das oberste literarische Gremium des Kaiserreichs und hatte die Aufgabe, Regierungsdokumente, Ehrentitel, Biographien berühmter Männer und Materialien zur Geschichte der Dynastie abzufassen.

Viele Mütter und ein Sohn

MILCHNAME: Chinesen haben eine Vielzahl von Namen: den »Milchnamen« erhält das Kind bald nach der Geburt, und einfache Leute aus dem Volk behalten diesen Namen oft ihr Leben lang bei. Den eigentlichen Namen, unter dem das Kind in das Familienregister eingetragen wird, erhält es meist zu Beginn der Schulreife. Daneben gibt es noch Großjährigkeitsnamen, Prüfungsnamen, Beinamen, Spitznamen und postume (Ehren-)Namen für hohe Beamte. Der Familienname wird im Chinesischen stets vor dem persönlichen Namen genannt.

Studium im Palast der Glückschaffenden Tugend

DREIZEHN KONFUZIANISCHE KLASSIKER: Die dreizehn Klassiker bildeten die Grundlage der klassischen Erziehung und Bildung im alten China, und ihre genaue Kenntnis war unerläßliche Voraussetzung zum Aufstieg in den Staatsdienst. Neben den »VIER BÜCHERN«, d.h. den »Gesprächen« des Konfuzius (Lun yü), der »Großen Lehre« (Da hsüeh), dem »Weg der Mitte« (Dschung yung) und den Schriften des »Menzius« (Meng-dze), waren es vor allem die »Fünf Klassiker«: das »Buch der Wandlungen« (I-dsching), das »Buch der Lieder« (Sche-dsching), das »Buch der Geschichte« (Schen-dsching), das »Buch der Riten« (Li-dschi) und die »Frühlings- und Herbstannalen« (Tschun-tschiu), die den kanonischen Korpus konfuzianischer Ethik und Gelehrsamkeit ausmachten.

YIN UND YANG: Die zwei Urprinzipien konfuzianischer Philosophie: das männliche Prinzip yin (Himmel, Sonne, hell) und das weibliche Prinzip yang (Erde, Mond, dunkel).

VIER SYMBOLE: die vier Nebenfiguren der ersten zwei Symbole »Himmel« und »Erde« der acht Trigramme aus dem Buch der Wandlungen.

MANDSCHURISCH: Gehört in einem weiteren Sinn der Ural-altaischen Sprachfamilie an und ist somit dem Finnischen, Lappländischen und Ungarischen verwandt. Die mandschurische Schrift entstand 1599 durch Übernahme des mongolischen Alphabets. Aber während das Mongolische eine noch heute lebendige Sprache geblieben ist, konnten alle Bemühungen der Mandschudynastie den Niedergang des Mandschurischen seit Mitte des 18. Jahrhunderts nicht aufhalten. Es wird nur noch in einer Enklave in Turkestan gesprochen.

GROSSEKRETARIAT: Die chinesische Zentralregierung bestand aus dem Groß- oder Staatsrat und dem Großsekretariat. Unter diesen zwei Organen standen die sechs Ministerien: Zivilämter (Li Bu), Finanzwesen (Hu Bu), Riten (Li Bu), Krieg (Bing Bu), Justizwesen (Hsing Bu), Öffentliche Arbeiten (Gung Bu). Später kam noch das Tsungli Yamen (Außenministerium) dazu.

BÜRGERKRIEGSGENERALE: Bürgerkriegsgenerale waren meistens die Militärgouverneure der entsprechenden Provinzen, auch Kriegsherren genannt, die ihre Truppen selbst ausbildeten und besoldeten und sich gegenseitig in Machtkämpfe verwickelten. Der Ursprung des Kriegsherrentums lag in der Dezentralisierung der Armeen. Nach der Desintegration der Tsching Dynastie wurde ganz China eine Beute der rivalisierenden Militärs, die das Land mit Bürgerkrieg überzogen. Von 1911–1949 herrschte in China ständig Krieg. (1911–1926 lokale Machtkämpfe im Norden und Süden. 1926–1928 die zwei Nördlichen Feldzüge, 1928–1936 lokale Machtkämpfe und die sechs Vernichtungskampagnen der Kuomintang gegen die Kommunisten, 1936–1945 Japanische Invasion, 1945–1949 Machtkampf zwischen Kuomintang und der kommunistischen Befreiungsarmee.)

MAHJONG: Spiel mit 32 Steinen und zwei Würfeln, bei dem mit Geld gesetzt wird und dem viele Chinesen mit Leidenschaft verfallen sind.

BEAMTENRANG: Es gab neun Ränge für Zivil- und Militärbeamte, wobei die verschiedenen Grade durch Hutknöpfe und Stickereien auf den Amtsroben der Mandarine kenntlich gemacht wurden.

PFAUENFEDER: Die dreiäugige Pfauenfeder wurde den Tsching Gesetzen zufolge nur Kaiserlichen Prinzen, durch Heirat mit dem Kaiser verwandten mongolischen Prinzen und Adligen der höchsten Grade für außergewöhnliche militärische Verdienste verliehen. Die doppeläugige Pfauenfeder war für Würdenträger der hohen Verdienstklassen bestimmt. Die einäugige Pfauenfeder war eine gewöhnliche Form der Anerkennung für Verdienste in öffentlichen Ämtern. Diese Pfauenfedern wurden nach unten hängend hinten am Zeremonienhut befestigt.

HUNGERTOD (von Sulas): Eunuchen, die im Kaiserpalast arbeiteten, durften, falls sie entlassen wurden, von niemandem beschäftigt werden. Das bedeutete erst Bettlertum und dann Tod durch Unterernährung. Eunuchen aus prinzlichen Haushaltungen konnten hingegen nach Entlassung von einer anderen adligen Familie übernommen werden.

3-ZEICHEN-KLASSIKER: Fibel in Reimen von drei Worten, die ungefähr 1000 Ausdrücke und 500 Schriftzeichen enthält und folgende Themen behandelt: die vier Jahreszeiten und Himmelsrichtungen, die fünf Elemente, fünf Getreidearten, sechs Haustiere, sieben Gemütsbewegungen, acht Musiknoten, neun Grade der Verwandtschaft und zehn verwandtschaftliche Pflichten sowie einen Abriß über die Geschichte und Beispiele von Studieneifer trotz großer Hindernisse. Das Buch beginnt mit dem Satz: »Der Mensch ist bei Geburt gut.«

BUCH DER FAMILIENNAMEN: zählt 436 chinesische Familiennamen (Mandschunamen fehlen).

SCHLANGEN-, FUCHS-, WIESEL- UND IGELGEISTER: Diese vier Tierarten haben zusammen mit der Ratte nach chinesischen Volksglauben das Geheimnis der Unsterblichkeit entdeckt, können sich in Genien verwandeln und besitzen überirdische Kräfte. Der Prozeß der Umgestaltung ist sehr langsam; die Tiere müssen sich viele Jahrzehnte lang vervollkommnen, ehe sie unsterblich werden. Von einem gewissen Stadium der Umwandlung an können sie jedoch Menschengestalt annehmen.

Meine Amme

BOXTRAINING: oder »Schattenboxen«, eine chinesische Art der körperlichen Ertüchtigung, wobei man in langsamem Tempo Kampfbewegungen vollzieht. Auch heute noch sehr populär, vor allem bei älteren Leuten.

MU: Flächenmaß. 15 Mu = 1 ha.

STRAFEXPEDITIONEN DER ACHT ALLIIERTEN: Thomas Willard, ein altgedienter Chinajournalist und Augenzeuge, schrieb: »Jede Stadt, jedes Dorf, jede Bauernhütte auf dem Weg der (Alliierten) Truppen wurde erst geplündert und dann niedergebrannt...«

Die Ära Yuän Sche-kai

FÜNF NATIONALITÄTEN CHINAS: Han, Mandschu, Mongolen, Tibetaner, Turken. Han ist der Name für die ursprüngliche Bevölkerung des Landes, die noch immer den größten Prozentsatz ausmacht. Die anderen vier Gruppen stellen die wichtigsten Minoritäten dar. Die Mandschus, die vom 17. Jahrhundert bis zu Pu Yi den Kaiser stellten, machten nur zwei Prozent der Bevölkerung aus.

Die Restauration von 1917

TAIPING-REBELLEN: Der Taiping Aufstand dauerte von 1850–1866 und richtete sich gegen die Mandschuregierung. Der Gründer der Bewegung, ein Chinese mit »christlichen« Visionen, ließ sich nach der Eroberung von Nanking zum Himmlischen König ausrufen und gründete im Süden »das Himmlische Reich des Höchsten Friedens« (Taiping). Dzeng Guo-fän gelang es, nicht zuletzt auch dank des Beistands von Oberst Gordon (einem Engländer) und dessen »Ever Victorious Army« von europäischen Abenteurern, den Aufstand niederzuschlagen. (Dzengs Schriften und Strategien haben in China großen Nachhall gefunden und namentlich Feng Yü-hsiang und Tschiang Kai-schek sehr beeinflußt.)

GUÄN-DI: Guän Yü war erst Straßenhändler, dann gemeiner Soldat, avancierte zur Zeit der »Drei Königreiche« (220–280) zum General. Nach seinem Tod begann eine erstaunliche Karriere: der letzte Kaiser der Nördlichen Sung Dynastie (960–1127) verlieh ihm erst den postumen Rang eines Herzogs und ernannte ihn dann zu einem Prinzen; gegen Ende der Ming Dynastie (1368–1644) erhielt er den Titel »Di« (Kaiser und Beschützer des Landes). Während der Taiping Rebellion soll er 1856 am Himmel erschienen sein, worauf sich das Schlachtenglück zugunsten der Tsching zu wenden begann. Kaiser Hsiän Feng erhob ihn zum Dank in den gleichen Rang wie Konfuzius. Als Kriegsgott hatte Guän-di zu Ende der Tschingzeit über 1600 Staatstempel neben den unzähligen kleinen Tempeln des Volkes, und sein Bild hing in jedem Militärlager, jedem Zelt, jedem Zimmer eines Offiziers und in vielen Privathaushaltungen.

Die Häuptlinge der Beiyang Clique

Beiyang Clique: Beinahe alle großen Namen der nördlichen Bürgerkriegsära sind mit der ehemaligen Beiyang Armee verbunden. Aus dieser Armee gingen hervor: Yüan Sche-kai, Hsü Sche-tschang, Feng Guo-tschang, Tsao Kun, Duän Tschi-ruei, Feng Yü-hsiang, Lu Dschung-lin, Dschang Hsün etc.

Hoffnungen und neue Hoffnungen:

Marquis Brückenwächter: Die Bettler hatten in Peking den Spitznamen »Affen, welche die Brücken bewachen« erhalten, da sie sich meist in Rudeln an einer Brücke niederkauerten, um die Passanten anzubetteln. Da Marquis (hou) und Affe (hou) im Chinesischen homonym sind, konnte sich der Kaiser dieses Wortspiel erlauben.

Posthumer Ehrentitel: Militärbeamte, die im Krieg fielen, und zivile Beamte, die ihr Leben während einer Dienstreise auf See oder einem Inlandgewässer verloren, hatten Anrecht auf einen posthumen Titel, wobei dem ältesten Sohn eines solchen Beamten überdies noch ein offizieller Rang verliehen wurde. Der »Verrückte Liang« wählte deshalb das Wehr eines offiziellen Wasserwerks für seinen »Unfalltod«.

Fengtiän: Früher gebräuchlicher Name für die Nordostprovinz Liaoning und deren Hauptstadt, die im Westen Mukden und in China heute Schenyang genannt wird.

Reginald Fleming Johnston

Johnston: Pu Yis britischer Lehrer kam erst an den Hof, nachdem der damalige Präsident der Republik, Hsü Sche-tschang, durch Verhandlungen mit dem britischen Gesandten in China erreicht hatte, daß das britische Kolonialamt Johnston, der als Gouverneur von Weihaiwei amtierte, für den Posten eines Kaiserlichen Tutors zur Verfügung stellte. Deshalb war er im Kaiserpalast stets bevorzugt.

Interne Zusammenstöße

Kohlenhügel: Dieser Hügel, auch Aussichtsberg genannt, befindet sich direkt vor den Toren der Verbotenen Stadt.

Dr. Hu Shih: Unter dem Eindruck der Sprachreformen Luthers und Dantes hatte der damals 26jährige Hu Shih 1917 zum erstenmal den Vorschlag gemacht, die klassische Literatursprache, deren esoterische Künstlichkeit ein jahrelanges Studium voraussetzte, durchgehend durch die Umgangssprache zu ersetzen. Seine Absicht war dabei die Schaffung einer »literarischen Nationalsprache und einer nationalsprachlichen Literatur« mit dem Ziel, Umgangssprache und Literatursprache wieder zu vereinen. Die neue Literatur, die sich die großen volkssprachlichen Romane des 17. und 18. Jahrhunderts – wie etwa den »Traum der roten Kammer« – zum Vorbild nehmen sollte, sollte dabei als Instrument der Erziehung dienen. Bestimmend für Hu Shih war der Gedanke, durch die Erneuerung von Sprache und Literatur ein neues China »von unten her« aufzubauen. Hu Shih lieferte damit das Stichwort zur Literaturrevolution, die in ihrer Forderung nach einer »klarverständlichen und volkstümlichen sozialen Literatur« als Waffe im Kampf gegen das reaktionäre alte China die anfänglichen Reformvorschläge Hu Shihs bald weit hinter sich zurücklassen sollte.

JOHNSTONS HILFE: Es ist anzunehmen, daß Pu Yi nie Johnstons Buch »Zwielicht in der Verbotenen Stadt« (»Twilight in the Forbidden City«, London 1934) auf englisch gelesen hat. Denn Johnston erklärt darin sehr genau, weshalb er sich nicht für die Flucht des Kaisers einsetzte: Seinen Informationen zufolge standen hinter diesem Fluchtversuch die beiden Schwager Dschang Dzo-lin und Dschang Hsün, die den jungen Kaiser nach Mandschurien entführen wollten. Ein Prinz (Dzai Tao?), der Pu Yi das Haus in der britischen Konzession Tientsin besorgte, spielte die Vermittlerperson. Johnston schreibt nichts von der holländischen Gesandtschaft, sondern erwähnt nur das Faktum, daß die britische Konzession in Tientsin als Zwischenstation auf dem Weg in die Ostprovinzen eingeplant war. Die genauen Hintergründe des mißglückten Fluchtversuchs sind wohl nicht mehr zu klären.

Luo Dschen-yü und die Tsching Loyalisten

WANGS HEIRAT: Hier ist des Kaisers Erinnerung nicht genau. Nicht Wang Guo-wei selbst, sondern dessen Sohn heiratete Luos Tochter. Dieser Sohn starb 1926. Wang Guo-wei suchte ein Jahr später, am 2. Juni 1927, den Tod im Kunming See. (Diesen Hinweis verdanken wir Dr. Hermann Kogelschatz.)

Die Fengtiän Kommandeure

DSCHANG DZUNG-TSCHANG: Neben »Hundefleischgeneral« und »General der langen Beine« hieß Dschang auch noch »Drei-Dinge-unbekannt«, weil niemand wußte, wieviel Geld, Soldaten und Konkubinen er besaß. Dem Gerücht nach unterhielt er einen Harem von 42 Damen: Chinesinnen, Japanerinnen, Koreanerinnen, 21 Weißrussinnen und eine Amerikanerin, die er, in zwei private Eisenbahnwaggons gestopft, von einem Schlachtfeld zum anderen nachfahren ließ. Sein intimer Spitzname war »Alter Sechsundachtzig«, weil, wie die Rede ging, die Länge seines Penis der Höhe von 86 aufeinandergestapelten Silberdollars entsprach. Es hieß, er habe »den Körper eines Elefanten, das Gehirn eines Schweins und das Temperament eines Tigers«.

DSCHANG DZO-LINS TOD: Was Pu Yi hier nicht schreibt, aber den Anschlag der Japaner primär ausgelöst haben wird, ist die Tatsache, daß Dschang vorhatte, sich zum Kaiser auszurufen. Die nötigen Drachenroben waren bereits fertiggeschneidert und bestickt, als das tödliche Sprengstoffattentat diesen Plänen ein Ende setzte.

Semionow und der »Kleine Dschugö«

DSCHUGÖ: Dschu Gö-liang war ein bedeutender Staatsmann zur Zeit der »Drei Königreiche« (220–280), dessen Name in China zum Synonym für politisches und militärisches Genie wurde.

Die Schändung der östlichen Mausoleen

ÖSTLICHE MAUSOLEEN: Johnston beschreibt in seinem Buch »Zwielicht in der Verbotenen Stadt«, daß sich in Pu Yis Charakter vom Moment der Gräberschändung an eine Änderung abzuzeichnen begann. Tatsächlich erspart Pu Yi den Lesern seiner Autobiographie die schlimmsten Details der Grabplünderung. Aus dem Schock, den diese Schändung seiner Ahnen bei Pu Yi hinterläßt, und der Notwendigkeit der Rache erklärt sich manches in Pu Yis späterer Haltung: seine Kompromißbereitschaft und Feigheit (er muß überleben, gelte es, was es wolle, um das Ahnenerbe wiederherzustellen) und sein Mißtrauen (die Regierung hat den Vertrag gebrochen, indem sie nicht für den nötigen Schutz der Gräber gesorgt hatte).

Der unruhige »Stille Garten«

ZWISCHENFALL VON MUKDEN: Die inszenierte Ermordung des japanischen Offiziers wurde zum Anlaß für den japanischen Vormarsch in den drei Nordostprovinzen genommen.

Zum drittenmal Kaiser

KULT DER KAISERLICHEN MAJESTÄT: Um die Bedeutung des Personenkultes um Pu Yi richtig zu ermessen, vergleiche man ihn mit dem Kult von Sun Yat-sen in Tschiang Kai-scheks China: sein Portrait hing überall, sein Testament wurde in wöchentlichen Gedenkfeiern, bei allen öffentlichen Anlässen, politischen Versammlungen und Landesfeiertagen verlesen und Schulkinder mußten es jeden Montag rezitieren. Sein Leichnam wurde in ein 6-Millionen-Dollar-Mausoleum auf dem Purpurberg vor Nanking überführt.

Der Traum zerbricht

SAGA HIRO: Pu Dschiä selbst wählte Hiro als zukünftige Gemahlin; Honjo und die Armeestäbler versuchten ihm eine andere Kandidatin aufzureden, drangen aber nicht durch. Hiro hat über ihre Zeit in Tschangtschun ein Tagebuch geschrieben.

Hinter den Mauern des »Kaiserlichen Palasts«

LEBENSUMSTÄNDE DER KAISERIN: Wän Rung war schon in Tientsin opiumsüchtig geworden. Nach dem Zusammenbruch wurde sie, zusammen mit Hiro und Jadeflöte, von Dscheng Hsiao-hsüs Enkel denunziert (sie hätten Staatseigentum aus Tschangtschun mitgenommen) und geriet in kommunistische Gefangenschaft. Es folgte eine Internierung in Tunghua, dann eine Überführung nach Tschangtschun, wo die Frauen der Kaiserlichen Familie in Räumen über einem

Gemüseladen untergebracht wurden. An beiden Orten war es möglich, für Wän Rung unterderhand billiges Opium zu beschaffen. Jadeflöte wurde nach einem kurzen Verhör freigesetzt, Wän Rung und Hiro sollten danach entlassen werden und bei ihr wohnen; aber dann denunzierte Jadeflötes Mutter Hiro und die Kaiserliche Familie als Volksfeinde. Daraufhin wurden Hiro und Wän Rung in die Polizeistation von Kirin überführt. Wän Rung, die sich kein Opium mehr beschaffen konnte, begann an Entzugserscheinungen zu leiden; sie wurde irrsinnig. Als die Nationalisten Tschiang Kai-scheks Kirin bombardierten, wurden die Gefangenen nach Yenchi evakuiert und Wän Rung und Hiro voneinander getrennt. Als eine weitere Evakuation nötig schien, war Wän Rung bereits zu schwach, als daß man sie mitnehmen konnte. Man brachte sie nach Tumen, einem Ort in der Nähe der koreanischen Grenze, und dort fand ihre Agonie ein Ende. (Die Umstände von Wän Rungs Tod sind in Hiros Tagebuch festgehalten. Pu Yi war offensichtlich nicht genau darüber informiert; er glaubte, die ehemalige Kaiserin sei schon in Kirin gestorben.)

TÄN YÜ-LING: Tän ist ein chinesischer Familienname, den gewisse Mitglieder des Tatala Klans unter den widrigen Umständen nach der Vertreibung von Pu Yi aus der Verbotenen Stadt angenommen hatten. Yü-ling, oder Jadejahre, wurde von Prinz Tschün für Pu Yi ausgewählt. Madame Li, die Gattin eines hohen Mandschuadligen, übernahm die Rolle der Heiratsvermittlerin.

Autobiographie – ich stifte die Tschiän Lung Siegel

EREMIT DER ACHT GROSSEN BERGE: Angenommener Name von Dschu Da, einem Mitglied des Kaiserhauses der Ming, der nach dem Fall der Dynastie 1644 Mönch wurde und sein restliches Leben dem Weintrinken, Malen und der Kalligraphie widmete.

Ein neues Leben

HIRO kehrt mit ihrer zweiten Tochter im Sommer 1961 nach Peking zurück, wo man ihr und Pu Dschiä ein geräumiges Haus, das früher dem Prinzen Tschün gehört hatte, zur Verfügung stellte. Pu Yi lebte von da an bis zu seiner Heirat am 1. Mai 1962 zusammen mit Pu Dschiä und seiner Schwägerin.

PU DSCHIÄN: In diesem Kapitel geht es um zwei verschiedene Pu Dschiän. Der Vetter, der Pu Yi bei Stadtausflügen begleitet, ist jünger als der Vogelmaler Pu Dschiän.

LI SCHU-HSIÄN: Pu Yis fünfte Frau stammt aus Hangdschou und war Krankenschwester. Zur Zeit der Heirat war sie vierzig Jahre alt.

Bildnachweise

Bildrecherche: Richard Schirach und Mulan Lehner
Bildlayout: © Mulan Lehner

Quellennachweis:
Archiv Lotte Erell; Archiv Schirach/Lehner; Mansell Collection; Radio Times Hulton Picture Library; Ullstein Bilderdienst.

Seite 2 gibt den Titel der chinesischen Originalausgabe mit der Handschrift Pu Yis und seinem Siegel wieder.

Herausgeber und Übersetzer danken Dr. Hsien-chang Hwang und Dr. Cornelia Hwang für ihre stets gegenwärtige Hilfe bei der Übersetzung.

Zhang Jie

Zhang Jies Satiren sind stark vergrößerte, eingehend betrachtete Details aus dem chinesischen Alltagsleben, welche die Autorin, bekannt durch ihren Roman SCHWERE FLÜGEL, allerdings nie hämisch, sondern grotesk und komisch auf die spitze Feder nimmt. Sie legt damit die kleinen Fußangeln auf dem Weg in die ›strahlende Zukunft‹ bloß. Was soll zum Beispiel ein mit knappen Devisen ausgestatteter Leiter einer Delegation ins kapitalistische Ausland tun, wenn ein blasenschwaches, aber verdientes Delegationsmitglied alle halbe Stunde um Münzen für die Toilette bittet?

Solange nichts passiert, geschieht auch nichts
Satiren
Aus dem Chinesischen von
Michael Kahn-Ackermann.
1987. 240 Seiten. Gebunden.

bei Hanser

China, China, China

»Es sind nicht unbedingt vor ihnen liegende hohe Berge oder breite Flüsse, die die Menschen unendlich müde machen, sondern vielmehr die Kleinigkeiten zu ihren Füßen: ihre drückenden Schuhe.«
Zhang Jie

10710

10837

10532

10728

10826

2152

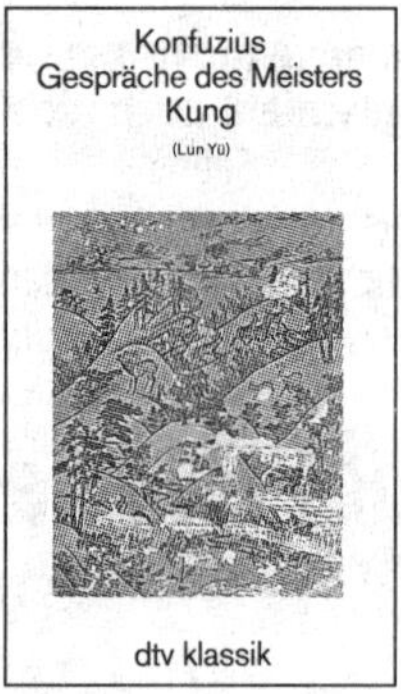

2165

79003